WERNER J. PATZELT

CDU, AfD

UND NOCH MEHR POLITISCHE TORHEITEN

NEUE ANALYSEN, INTERVIEWS UND KOMMENTARE 2019-2024

WELTBUCH

Weltbuch Verlag® GmbH
Sargans/Schweiz
www.weltbuch.com

1. Auflage der deutschsprachigen Ausgabe,
22. März 2024
ISBN: 978-3-907347-16-4

Band 1 der Reihe „CDU, AfD und die politische Torheit“ von 2019 erhalten Sie unter der
ISBN: 978-3-906212-43-2

*„Es zeugt von Torheit,
die Fehler der anderen zu erkennen,
die eigenen aber nicht zu beachten."*

Marcus Tullius Cicero
106 - 43 v. Chr.
römischer Politiker, Anwalt, Schriftsteller, Philosoph
und einer der vielseitigsten Köpfe der römischen Antike

INHALTSVERZEICHNIS

VORWORT

Im Frühjahr 2019 veröffentlichte ich eine erste Sammlung meiner publizistischen Texte über „CDU, AfD und die politische Torheit".[1] Es gab auch einen sehr guten Anlass dafür, meine – oft durchaus verleumderisch ausgeflaggte Position zur AfD klarzustellen. Ich war nämlich im Januar 2019 zum Ko-Vorsitzenden der Wahlprogrammkommission der sächsischen CDU bestellt worden. Gemeinsam gesetztes Ziel war es, am Wahlabend die CDU vor der in Sachsen immer stärker werdenden AfD liegen zu sehen.

Dass es auf ein solches Ziel überhaupt hinzuarbeiten galt, war – so schien mir damals wie heute – die Folge einer sehr falsch angelegten Auseinandersetzung der etablierten Parteien mit der AfD als ihrer neuen, fast von Anfang an auf dem Erfolgsweg befindlichen Konkurrenz. Insbesondere jene Fehler ärgerten mich, welche die CDU dabei begangen hatte.[2] Bundespolitisch hatte nämlich gerade sie die Gründung der AfD als einer selbstbewussten Alternative zur für alternativlos erklärten CDU-Politik provoziert. Und landespolitisch hatte die CDU nichts aus den seit 2014 in Dresden vonstatten gehenden PEGIDA-Demonstrationen lernen wollen. Dabei war bereits an diesen gegenstandsnah zu erkennen, welche Art von breiter Unzufriedenheit mit vielen bislang als selbstverständlich erachteten Politiken zur Umschichtung unseres bisherigen Parteiensystems führen würde, falls keine wirkungsvollen Gegenmaßnahmen ergriffen würden.[3]

Weil aber oft fühlen muss, wer nicht hören will, hat es seither eine beträchtliche Wählerwanderung weg von der CDU hin zur AfD gegeben, und hat obendrein die AfD sehr viele jener Nichtwähler an sich zu binden ver-

---

[1] CDU, AfD und die politische Torheit, Dresden 2019 (Weltbuch). Zu diesem Buch erschien eine höchst inkompetente Rezension von zwei Australiern in einer polnischen politikwissenschaftlichen Zeitschrift, nämlich Thomas Klikauer / Norman Simms: On CDU, AfD, and the political folly, in: Polish Political Science Review / Polski Przegląd Poitologiczny 7/2, 2019, S. 108-114. Auf sie antwortete ich wenig später richtigstellend: Unaware of Facts, Strong in Opinion: The Review by Thomas Klikauer and Norman Simms of Werner J. Patzelt, „CDU, AfD Und Die Politische Torheit", in: Polish Political Science Review / Polski Przegląd Politologiczny 8/1, 2020, S. 130-140. Beide Texte sind erreichbar über folgende Links: https://sciendo.com/article/10.2478/ppsr-2019-0018 und https://sciendo.com/article/10.2478/ppsr-2020-0009, Zugriff jeweils am 1. Februar 2024.

[2] Meine Auseinandersetzung damit ist ausführlich auf meinem Blog wjpatzelt.de dokumentiert und findet sich leicht greifbar großenteils in diesem Band sowie dessen in Anm. 1 zitierten Vorgängerband.

[3] Siehe Werner J. Patzelt / Joachim Klose: PEGIDA. Warnsignale aus Dresden, Dresden 2016 (Thelem).

mocht, die einst in Sachsen für – jahrelang sogar absolute – CDU-Mehrheiten gesorgt hatten.

Alle dazu führenden Politikfehler fasste ich unter den Begriff der „Torheit". Die noch drastischere Rede von „politischer Dummheit" erschien mir als nicht ganz angemessen, weil doch auch kluge Argumente – oder zutreffender: Argumente von klugen Leuten – zu jenem ganz kontraproduktiven, allgemein abwertenden und ausgrenzenden Umgang mit der AfD geführt hatten, über den sich Journalisten und Wissenschaftler, Leute aus Kirchen und Zivilgesellschaft, desgleichen Politiker von der Linken über die Grünen und die Sozialdemokraten bis hin zur CDU, so lange so einig waren. Doch leider verfehlten viele jener Argumente die zu berücksichtigenden Tatsachen, und etliche Aussagen waren vor allem auf Wunschdenken gegründet.

Oft lässt sich erst im Nachhinein erkennen, wer bei einem Grundsatzstreit klüger oder törichter argumentiert, besser oder schlechter gehandelt hat. Auch deshalb mag es nützlich sein, im Licht der seitherigen politischen Entwicklung meine vor und nach 2019 erstellten Analysen und Kommentare zur AfD zur Kenntnis zu nehmen.[4] Leider ist so gut wie alles so gekommen, wie ich es warnend für den Fall in Aussicht gestellt hatte, dass man nicht meinen, sondern gegenläufigen Lagebeurteilungen und Handlungsempfehlungen folgen würde. Jedenfalls lässt sich seit dem Aufstieg der AfD zur – zumindest derzeit – stärksten Partei in Ostdeutschland, auch zur wohl zweitstärksten Partei bundesweit, keineswegs mehr behaupten, die allenthalben praktizierten Umgangsweisen mit der AfD wären im beabsichtigten Sinn erfolgreich gewesen.

Doch es wurden meine – seit 2014 immer wieder gleich vorgetragenen – Argumente jahrelang wenn schon nicht für abwegig gehalten, so doch als parteiisch ausgegeben. Und zwar als parteiisch dahingehend, dass mein Anliegen weder ein gemäß den Grundsätzen pluralistischer Demokratie ausgetragener Parteienstreit noch die Stärkung realpolitischer Vernunft in der AfD wäre, auch nicht deren politisches Niederringen seitens der CDU, sondern dass ich auf nichts anderes hinauswollte als auf die Herbeiführung eines politischen Bündnisses zwischen AfD und CDU. Das war zwar schlicht abwegig und fand keinerlei Bestätigung in meinen einschlägigen Interviews und Publikationen, heilte aber anscheinend die kognitiven Dissonanzen derer, die mich für einen anderen als den üblich

[4] Grundsätzlich sind die in diesem Band wiedergegebenen Analysen chronologisch angeordnet, bisweilen aber auch thematisch. Erscheinungstermin und Publikationsort werden stets angegeben.

gewordenen Umgang mit der AfD eintreten sahen. Nämlich für einen solchen, bei dem diese Partei inhaltlich ernst genommen und diskursiv wie jede andere Konkurrenzpartei behandelt würde.

Unter der von vielen als nachgerade unbezweifelbar behandelten Annahme, dass eigener guter Wille und neugierige Offenheit hinsichtlich einer „zweifelsfrei rechtspopulistischen, ja rechtsextremen Partei" ohnehin nicht infrage kämen, konnten meine anderslautenden Verhaltensratschläge vielleicht wirklich klingen wie die eines verhohlenen AfD-Freundes – zumindest solange, wie man sich nicht ernsthaft mit ihnen auseinandersetzte. Und gar als eine Bestätigung einer solchen Wahrnehmung mochte es gelten, dass etliche AfD-Anhänger mich öffentlich als auf ihrer Seite stehend einschätzten, weil ich nämlich – sehr anders als die meisten akademischen Beobachter – stets fair über sie schrieb und sprach. Doch das hielt man damals eben nicht für ein angemessenes Verhalten beim Umgang mit der AfD und sieht es wohl auch heute noch nicht als ein solches an. Offensichtlich ist „hate speech" nur dann verpönt, wenn sie sich gegen die eigenen Positionen richtet.

Jedenfalls war meine Rolle in der Wahlprogrammkommission der CDU kaum öffentlich geworden, als es schon zu einer Art Kampagne kam, mit der meine politische und wissenschaftliche Integrität in Zweifel gezogen werden sollte.[5]

---

[5] Auch wurde von vielen Seiten her versucht, meine fallweisen Vortrags- und Gutachtertätigkeiten für AfD-Politiker zu skandalisieren; siehe u.a. https://www.saechsische.de/cdu-mitglied-werner-patzelt-arbeitete-fuer-die-afd-5023901.html, https://www.mdr.de/nachrichten/sachsen/politik/patzelt-afd-cdu-100.html, https://www.tagesspiegel.de/politik/die-zweifelhafte-nahe-des-cdu-wahlhelfers-patzelt-zur-afd-6039166.html oder https://www.zeit.de/2019/04/werner-patzelt-politologe-beratung-afd-fraktion (Zugriff jeweils am 31. Januar 2024). Meine Antworten dazu finden sich u.a. unter https://www.n-tv.de/politik/Patzelt-wehrt-sich-gegen-Vorwuerfe-article20820996.html (Zugriff am 31. Januar 2024) sowie, unter Beifügung oder Verlinkung der jeweiligen Originaldokumente bzw. Videomitschnitte, unter https://wjpatzelt.de/2019/01/15/patzelt-und-die-afd-gutachten-vortraege-publikationen/ und https://wjpatzelt.de/2020/02/01/patzelt-geheimgutachten-fuer-die-afd/, Zugriff jeweils am 21. Juli 2023. In diesem Zusammenhang sei darauf verwiesen, dass mein Umgang mit der AfD ganz einfach die jahrzehntelange Gepflogenheit fortsetzte, mit sämtlichen Parteien Kontakt zu halten, die mit entsprechenden Wünschen an mich herantreten. Beispielsweise unterhielt ich anfangs der 1990er Jahre engere Beziehungen mit dem Reformflügel der sächsischen PDS und sprach auf einem ihrer Parteitage in Chemnitz, ebenso bei einer Jubiläumsveranstaltung der Dresdner PDS, desgleichen in jenen Jahren auf mindestens einer Veranstaltung der sächsischen SPD über Strategie und Taktik dieser Partei. Ähnliches habe ich vor rund fünfzehn Jahren bei der CDU-Fraktion im Sächsischen Landtag getan, für die ich später ein langes Gutachten über sinnvolle plebiszitäre Instrumente verfasste und im Jahr 2019 eben als Ko-Vorsitzender ihrer Wahlprogrammkommission tätig wurde. Von vielen weiteren Referaten bei Organisationen wie dem Wirtschaftsrat oder der Mittelstandsvereinigung oder vor Gremien der CDU will ich gar nicht reden. Die Initiative ging – und geht – bei solchen Veranstaltungen stets von den Einladenden aus.

Diese Kampagne nährte sich gerade auch davon, dass ich nicht nur einen anderen als den rasch üblich gewordenen, ausgrenzenden Umgang mit der AfD angeraten, sondern diesen auch selbst praktiziert hatte. Ich war nämlich Einladungen der AfD gefolgt, auf einer Dresdner Tagung über vernünftige Formen direkter Demokratie zu reden,[6] auf einer Berliner Veranstaltung die Verantwortung der AfD hinsichtlich von aufkommendem Extremismus zu erörtern[7] sowie in Bremen über Populismus zu sprechen.[8] Obendrein hatte ich in Sachsen nicht nur bei einem internen Seminar den erstmals in den Landtag gelangten AfD-Abgeordneten erläutert, wie man im parlamentarischen Regierungssystem Oppositionsarbeit zu erledigen habe.[9] Vielmehr hatte ich der damaligen AfD-Landtagsfraktion in einem detaillierten Gutachten auch noch vor Augen geführt, wie man sich als konstruktive Opposition bei der Parlamentsarbeit mit dem Koalitionsvertrag der sächsischen CDU/SPD-Koalition auseinanderzusetzen hätte.[10]

Zwar war die an dieser Form höchst praktischer politischer Bildungsarbeit[11] geäußerte Kritik schlicht töricht. Parteischädigend für die CDU konnte sie dennoch sein.[12] Deshalb erklärte ich umgehend, während meiner ehrenamtlichen Tätigkeit für die CDU würde ich keine AfD-Einladungen mehr annehmen. Nach der Landtagswahl beantwortete ich solche stets mit der Aussage, über meine öffentlich erteilten Ratschläge für die AfD hinaus würde ich Einladungen zu AfD-Veranstaltungen erst dann wieder annehmen, wenn sich parteiintern der realpolitische Flügel gegenüber den „Fundamentalisten" durchgesetzt habe. Das aber ist bis heute nicht der Fall.

Den bisherigen Siegeslauf der „Fundis" in der AfD, öffentlich meist „Rechtsextreme" genannt, erachte ich als eine Folge von politischen Torheiten, welche die AfD selbst begangen hat. Doch zumindest Beihilfe dazu leistete jahrelang die CDU. Von den für das Hochkommen der AfD zusätzlich ursächlichen Kurzsichtigkeiten der Grünen, Linken und Sozialdemokraten lässt sich im Zusammenhang mit jenen Torheiten handeln, derer sich vor allem die CDU – gemeinsam mit der stets mitzudenkenden CSU – schuldig gemacht hat. Und weil es seit 2014 weiterhin allseits zu – für die AfD meist förderlichen – Dummheiten kam, setzt sich die politische Polarisierung unserer deutschen Gesellschaft bis heute fort. Gleiches gilt für das um sich greifende Kündigungsverhalten von vielen im Land gegenüber einer Politikerschaft, deren Illusionsblasen immer öfter an den rauen Wänden der sich real auswirkendenden deutschen Migrationspolitik, Energiepolitik, Sozialpolitik und Sicherheitspolitik zerplatzen.

Insofern sind es durchaus nicht nur CDU und AfD, denen sehr viele jahrelang begangene politische Torheiten vorzuwerfen sind, an deren Ende der Aufstieg der AfD zu einer anhänger- und wählerstarken Partei stand. Doch meine zwei „Torheitsbände“ befassen sich aufgrund ihrer Entstehungsumstände vor allem mit den Fehlern von CDU und AfD. Der erste Band enthält meine weithin verstreuten einschlägigen Texte aus den Jahren zwischen dem September 2014 und dem Februar 2019, der zweite jene, die zwischen dem März 2019 und dem Januar 2024 erschienen sind. Also werden knapp zehn Jahre analytischer Auseinandersetzung mit dem Aufstieg der AfD und dem Abstieg der Union dokumentiert.

Brüssel, im Februar 2024
Werner J. Patzelt

---

[6] Ein vollständiger Videomitschnitt findet sich auf https://wjpatzelt.de/2015/ 05/18/wie-laesst-sich-deutschlands-demokratie-verbessern/.

[7] Ein vollständiger Videomitschnitt findet sich auf https://www.youtube.com/watch?-v=Ac6R47HU6dA, Zugriff am 31. Januar 2024.

[8] Das geschah auf einer Veranstaltung des AfD-MdB Frank Magnitz zum Thema „Ein Jahr AfD im Bundestag – ein Jahr populistische Opposition im Bundestag?“ im Haus der Bürgerschaft, Bremen; der dort vorgetragene Text ist nachlesbar auf https://wjpatzelt.de/2017/04/25/merkmale-von-populismus/.

[9] Dort trug ich im Wesentlichen den die Rolle von Opposition betreffenden Stoff meiner einschlägigen Vorlesung über „Monismus und Pluralismus“ vor (https://www.youtube.com/watch?v=7A6BzNydjoM&list=PLrh9G_-bUlsZ9dX605kdJiTHdaNxyc10N&index=6 (Zugriff am 31. Januar 2024) und verwendete auch die Vorlesungsfolien zum angemessenen Rollenverständnis und Rollenveralten von Opposition.

[10] Es ist wiedergegeben in https://wjpatzelt.de/2020/02/01/patzelt-geheimgutachten-fuer-die-afd/.

[11] Meine lebenslang befolgten Vorstellungen von politischer Bildung finden sich in meinem Buch „Politische Bildung für ein demokratisches Deutschland. Ziele, Inhalte, Bilanzen“, Baden-Baden 2019 (Nomos). Zu meinen – gerade auch für den Umgang mit der AfD einschlägigen – politischen Positionen siehe meine Bücher „Neue Deutsche in einem alten Land. Über Zuwanderung, Integration und Beheimatung“, Baden-Baden 2018 (Ergon) sowie „Deutsche und ihr demokratisches Land. Herausforderungen und Antworten“, Baden-Baden 2018 (Ergon).

[12] Ein geläufiger Vorwurf war, bei meinen Aussagen u.a. zur AfD hätte ich „Politik und Wissenschaft unzulässig miteinander vermischt“. Vorgetragen im Radio vom zuständigen Dekan anlässlich seiner Ablehnung meines Angebots, Dresdens Philosophischer Fakultät weiterhin als Seniorprofessor zur Verfügung zu stehen, wurde es somit für vorwerfbar erklärt, dass sich ein Politikwissenschaftler öffentlich über Politik äußert. Diese Bemerkung ausgerechnet eines Kommunikationswissenschaftlers halte ich bis heute für grotesk dumm. Immerhin wundert sich niemand, wenn Professoren einer Juristischen Fakultät Rechtsgutachten und Professoren einer Wirtschaftswissenschaftlichen Fakultät Wirtschaftsgutachten verfassen oder zu praktischen Aspekten ihrer Fachgebiete vor interessierten Gremien referieren. Also muss es ebenso wenig wundern, wenn die Kompetenz von Professoren der Politikwissenschaft aus der Praxis abgerufen wird. Zum größeren systematischen Zusammenhang siehe: Werner J. Patzelt, „Wertfreie Wissenschaft? Motive, Adressaten und Regeln einer praxisnützlichen Politikwissenschaft“, in: Karl-Rudolf Korte / Timo Grunden, Hrsg.: Handbuch Regierungsforschung, Wiesbaden 2014 (Springer VS), S. 33-41.

ZUR POLITISCHEN AUSEINANDERSETZUNG MIT DER AFD

veröffentlicht am 3. März 2019 auf meinem Blog wjpatzelt.de

I. Zweck und Mittel

Ist bei der Auseinandersetzung mit einem Gegner alles erlaubt? – Nicht einmal im Krieg ist das so. Verletzungen seiner Regeln nennt man Kriegsverbrechen und bestraft sie nach Möglichkeit. Auch im Sport ist nicht alles zulässig, was beim Bezwingen eines Gegners helfen kann. Etwa ahndet man beim Fußball Regelverletzungen mit Frei- und Strafstößen, mit gelben und mit roten Karten.

Ebenso sollten wir es in der Politik halten. Wir *müssen* das auch tun, wenn wir einen Staat als pluralistische Demokratie betreiben wollen, also im fairen Wettkampf um Wählerstimmen und Macht. Dann nämlich gilt: Bei politischen Auseinandersetzungen ist nicht wirklich alles gut, was der eigenen Sache nutzen mag. Zwar gibt es kein Gebot, ausgerechnet dem politischen Gegner freie Bahn zu schaffen. Sehr wohl aber sollten wir alle die Demokratie mitsamt jenen *Regeln* mögen, deren Befolgung ein demokratisches Spiel überhaupt erst ermöglicht.

Bloß in sehr wenigen Fällen darf ein guter Zweck auch schlechte Mittel nahelegen. Selbst dann bleibt aber fraglich, ob ein guter Zweck den Einsatz eines schlechten Mittels wirklich rechtfertigen kann. Viel öfter ist es ohnehin so, dass der Einsatz übler Mittel den verfolgten Zweck entwürdigt – und den Anwender solcher Mittel erst recht. So gehört es sich auch, wenn wir nicht Bösartigkeit und Niedertracht wie Tugenden behandeln wollen.

Glücklicherweise wollen wir das meistens wirklich nicht. Sogar in einer Nebensache wie dem Sport verurteilen wir „Schwalben“ oder Doping als unfaires Ausgehen auf einen Vorteil selbst dann, wenn wir uns zutiefst wünschen, den Rivalen zu bezwingen. Doch in einer Hauptsache wie der Politik empfinden leider viele durchaus Freude, wenn unfaires Verhalten – und gerade nicht ein erhoffter Fehler des Gegners – ihnen erwünschte Vorteile beschert. Leider ist es so in der politischen Auseinandersetzung mit der AfD gekommen.

II. Schlechtes beim Umgang mit der AfD

Gewiss ist es beim politischen Spiel ganz in Ordnung, viele Inhalte, Personen und Aktionen der AfD nicht zu mögen. Umgekehrt ist es ebenso in Ordnung, dass die Anhänger der AfD viele Inhalte, Personen und Aktionen anderer Parteien nicht mögen. Hieraus entstehendes Ringen um öffentliche Aufmerksamkeit, Deutungsmacht und Wählerstimmen ist nichts weiter als die konkrete Erscheinungsform von pluralistischer, auf Vielfalt und auf fairem Streit beruhender Demokratie.

Diese ist, neben der Sicherung der Menschenwürde, der zweite Brennpunkt unserer freiheitlichen demokratischen Grundordnung. Wer sie – wie ich – für etwas Gutes hält, muss dann aber auch die folgenden Kunstgriffe des politischen Kampfs gegen die AfD unterlassen und, entsprechend abgeändert, ebenso gegen jede andere Partei. Außerdem sollte er es öffentlich kritisieren, wenn derlei üble Mittel aus wie guten Absichten auch immer gegen die AfD eingesetzt werden – oder, inhaltlich abgewandelt, gegen irgendeine andere politische Konkurrenzpartei:

- *Die Gleichsetzung von „AfD-nahe" mit „menschlich fragwürdig", „intellektuell verwerflich" oder „politisch rechtsextrem".* Denn sehr wohl kann jemand auch noch die heutige AfD aus politischen Gründen mögen und unterstützen, ohne allein schon deswegen ein „schlechter Mensch", ein „Gedankenverbrecher" oder ein Feind unserer freiheitlichen demokratischen Grundordnung zu sein. Aus der Tatsache, dass es in den Reihen der AfD eben auch üble Typen mit törichten Ansichten und ohne Sympathie für unsere Demokratie gibt, folgt nämlich keineswegs, das verhalte sich mit jedem so, der diese Partei unterstützt.

- *Die Befürwortung von Gewalt bei der streitigen Auseinandersetzung mit der AfD.* Gewaltanwendung beginnt schon mit dem Anschreien von AfD-Anhängern und dem Niederschreien von AfD-Rednern. Sie setzt sich fort im Verfertigen und Verwenden verleumderischer Behauptungen über die AfD und ihre Anhänger. Gewaltanwendung wird offensichtlich bei Versuchen einer Verhinderung von AfD-Veranstaltungen. Und sie nimmt klar kriminelle Formen an bei Übergriffen auf das Eigentum oder auf Leib und Leben von (mutmaßlichen) AfD-Anhängern oder von AfD-Politikern. Das alles wird auch nicht dadurch besser, wenn solches von „Tätern mit gutem Gewissen" begangen wird, die sich vom politischen Konsens einer im „Kampf gegen rechts" vereinten Mehrheitsgesellschaft getragen wissen. Es stimmt nämlich nicht, dass richtig und gut schlicht das wäre, was eine Mehrheit es will.

- *Der Einsatz von Institutionen unserer Demokratie gegen politische Gruppierungen aus anderen Gründen als dem Schutz unserer Demokratie.* Natürlich haben wir aus der Geschichte gelernt, dass der Kampf gegen die Demokratie oft genug im Gewand der Demokratie geführt wird. Also gibt es keine gute Rechtfertigung für politische Naivität beim Umgang mit solchen politischen Gegnern, die man als demokratiefeindlich einschätzt. Doch gerade ein liberaler Staat wie der unsere tut gut daran, sich an bewährte Regeln zu halten, etwa: „Im Zweifel für die Freiheit!" oder „Freiheit ist immer die Freiheit des Andersdenkenden". Außerdem sollten sich gerade jene zwei Institutionen stets nur demokratiepolitisch, nie aber parteipolitisch in den Dienst nehmen lassen, die ihrerseits wichtige Voraussetzungen praktizierter pluralistischer Demokratie schaffen bzw. sichern. Das sind die Massenmedien und die Verfassungsschutzbehörden.

Die *Massenmedien* werden ihrer Rolle nicht gerecht, wenn sie das „Eintreten für die Demokratie" gleichsetzen mit dem „Kampf gegen die AfD". Zum Eintreten für die Demokratie gehört nämlich auch die vorbildliche Befolgung jener Regeln, von deren frageloser Geltung das Funktionieren von Demokratie abhängt. Es befolgt diese Regeln aber gerade nicht, wer Berichterstattung und Kommentierung vermengt – oder wer solche Journalisten mit Preisen auszeichnet, deren Reportagen sich mehr an politisch erwünschten Aussagen als an den Tatsachen orientieren.

Und die *Ämter für Verfassungsschutz* werden ihrer demokratiepolitischen Rolle nicht gerecht, wenn sie die AfD aufgrund rein politischer Wünsche im öffentlichen Diskurs so hinstellen, als hätten sie im Grunde schon erkannt, dass diese Partei auf die Beseitigung der freiheitlichen demokratischen Grundordnung ausginge, weshalb es zu diesem „Prüffall" nur noch die abschließenden Beweise zu liefern gelte. Erfreulicherweise hat das Verwaltungsgericht Köln dem Entstehen einer solchen semantischen Grauzone unlängst zu wehren versucht. Durchschlagender Erfolg wird aber wohl ausbleiben, weil die Denkfigur „Die AfD wird vom Verfassungsschutz beobachtet, ist also ein Prüffall für den Verfassungsschutz" sich inzwischen allgemein verbreitet hat und von jeder Privatperson im Rahmen der politischen Meinungs- und Kommunikationsfreiheit natürlich auch verwendet werden darf.

III. Einige Ratschläge für alle

Entlang der umrissenen Prinzipien habe ich stets als Beobachter und Kommentator politischen Geschehens argumentiert oder geurteilt. Und obwohl ich nun vom Beobachterplatz aufs politische Spielfeld gegangen bin,[13] werde ich das weiterhin so halten. Denn wie im Sport sind Regeln auch in der Politik zunächst einmal bindende Verhaltensanweisungen für die Akteure – und erst in zweiter Linie unterhaltsamer Debattenstoff für die Zuschauer.

Also werde ich eine von mir jüngst mehrfach in Interviews verwendete, allzu bequeme Formulierung nicht mehr wiederholen. Sie lautete: Mit der AfD lässt sich deshalb nicht zusammenwirken, weil sie für den Verfassungsschutz „ein Prüffall ist“. Diese Redewendung nutzt einfach nur effektvoll die „Hermeneutik des Verdachts“, während in einem rationalen Diskurs vor allem die folgenden grundsätzlichen Hindernisse für ein Zusammenwirken mit der AfD zu erörtern wären: Will die AfD eine Partei sein, die unser politisches System zu beseitigen wünscht, oder eine solche, die es reformierend mitzutragen beabsichtigt? Kann eine mit den etablierten Parteien zusammenarbeitende AfD-Führung überhaupt auf Rückhalt aus den eigenen Reihen zählen? Befindet sich ein nennenswerter Teil der Mitglieder und Wähler der AfD womöglich in einem solchen Radikalisierungsprozess, dass Zweifel an der Verfassungstreue der AfD, einzelner AfD-Gliederungen oder maßgeblicher AfD-Politiker nicht länger zu zerstreuen sind, weshalb sich eine Zusammenarbeit mit der AfD schon aus konkreten inhaltlichen Gründen verbietet?

Im Rahmen des mir Möglichen werde ich weiterhin dazu beitragen, dass die Auseinandersetzung mit der AfD entlang genau der Spielregeln pluralistischer Demokratie geführt wird. Das heißt: einesteils ohne Diffamierungsliturgien, ohne Gewaltsamkeit, ohne die parteipolitische Verzweckung von Institutionen, die allein unserer pluralistischen Demokratie verpflichtet sein sollten, und andernteils in konkreter, tatsachen-

[13] Anmerkung vom Januar 2024: Siehe dazu u.a. mein Interview mit Antje Hildebrand im Cicero vom 8. Januar 2019, erschienen unter dem Titel „Man bekämpft die AfD nicht, indem man sie zum Partner erklärt“ (https://www.cicero.de/innenpolitik/landtagswahlkampf-sachsen-cdu-michael-kretschmer-afd-pegida?fbclid=IwAR1TJI-fs8flWhPRVe1I-I2KBVdZ_x2qPQfgkAbjkXu79igH2BTONkHovuDI; Zugriff am 31. Januar 2024), sowie mein Interview mit Hannsjörg Müller und Benedict Neff von der Neuen Zürcher Zeitung vom 28. Januar 2019, erschienen unter dem Titel „Ich bin jemand, dem auch die Rechten zuhören“ (https://www.nzz.ch/international/deutschland/ich-bin-jemand-dem-die-rechten-zuhoeren-ld.1454705; Zugriff am 31. Januar 2024). Beide Interviews finden sich auch in meinem in Anm. 1 zitierten Buch „CDU, AfD und die politische Torheit“.

und vernunftgeleiteter Auseinandersetzung mit den Schwächen von Positionen, welche die AfD vertritt, sowie mit den Unzulänglichkeiten von Personen, welche für die AfD stehen.

Wenn umgekehrt die AfD mit ihren Gegnern ebenso verführe, könnten wir gemeinsam unsere pluralistische Demokratie besser machen, als sie derzeit funktioniert. Wer sich aber nicht an solche Spielregeln hält, der schadet unserer pluralistischen Demokratie – ganz gleich, ob er sich für oder gegen die AfD engagiert. Am besten orientieren wir alle uns am einstigen „Tennis-Baron" Gottfried v. Cramm (1909-1974), der nicht nur sehr erfolgreich als Sportler war, sondern der seiner Lust am Gewinnen nie die Freude am schönen Spiel opferte – und sein Ethos der Fairness schon gar nicht.

KEIN BUNDESTAGS-VIZE VON DER AFD. GUT SO?

veröffentlicht am 5. April 2019 auf meinem Blog wjpatzelt.de, nachgedruckt am 21. April 2019 auf „tabularasa. Zeitung für Gesellschaft und Kultur"[14]

Wie ist zu bewerten, dass die Mehrheit im Bundestag sich einmal mehr weigerte, jemanden aus der AfD-Fraktion zum Vizepräsidenten des Parlaments zu wählen? – Rein emotionale Reaktionen (etwa zwischen „richtig so!" und „Saustall!") bringen nicht weiter. Klären wir lieber sinnvolle Beurteilungsmaßstäbe und sehen wir dann, wie sich anhand ihrer die gestrige Bundestagsentscheidung ausnimmt.

Erstes Urteilskriterium:

„Wen soll man wählen? Doch nur den, welchen man mag!" – Das ist zwar grundsätzlich richtig. Doch im Parlament werden von der Wählerschaft dank freier Wahl nun einmal auch jene gemeinsam vor den zu ziehenden Staatskarren gespannt, die einander oft nicht einmal riechen können – so wenig, wie insbesondere Grüne und AfDler. Und in einer pluralistischen Demokratie ist das Parlament eben jener politische Ort, an dem alle sachlichen Gegensätze öffentlich aufeinander prallen sollen (!)

---

[14] https://www.tabularasamagazin.de/werner-patzelt-warum-hat-der-bundestag-angst-vor-einer-afd-bundestagsvizepraesidentin/; Zugriff am 29. Januar 2024.

und dabei, aufgrund der Natur politischer Auseinandersetzungen, sich oft mit persönlichen Gegensätzen potenzieren. Umso wichtiger wird es dann, dass ein Parlament diese Gegensätze in sich *aushält* und mit ihnen so umgeht, dass beim Austragen auch aufwühlender Streitsachen nicht die institutionelle Glaubwürdigkeit des Parlaments gegenüber der Bürger- und Wählerschaft verspielt wird.

Diesem wichtigen Ziel dient, was man den „wünschenswerten parlamentarischen Stil" nennt. Zu ihm gehört auf alle Fälle das wechselseitige Zuhören und Lernen, gerade auch aus gegnerischen Argumenten. Und dazu gehört vor allem Konsequenz beim Anwenden selbstgesetzter Regeln. Die aber sollten fair sein. Der Bundestag setzt diese Forderung weitestgehend und sehr gut dadurch um, dass er alles, worauf seine Mitglieder Anspruch haben, proportional zu den Fraktionsgrößen verteilt – von der Redezeit im Plenum bis hin zu den Vorsitzen in den Ausschüssen des Bundestages. Ganz in diesem Sinn hat er vor einem Vierteljahrhundert beschlossen, alle Parlamentsfraktionen sollten einen der Bundestagsvizepräsidenten stellen. *Deshalb ist zu kritisieren, dass gestern die Mehrheit der Abgeordneten eine selbst (!) aufgestellte Regel gerade nicht eingehalten, also sich unfair benommen hat – und in dieser Wahlsache nun schon zum wiederholten Mal.*

***Zweites Urteilskriterium*:**

„Ein Abgeordneter ist bei seinen Wahl- und Abstimmungsentscheidungen an Aufträge und Weisungen nicht gebunden." – Das ist wirklich gut so. Diese Regel hindert aber nicht daran, als Abgeordneter beim Nachdenken über eine Entscheidung auch deren Folgen zu bedenken sowie – falls diese Folgen als ein größeres Übel gelten sollten als jene Kröte, die man bei der Entscheidung selbst zu schlucken hat – sich in solchen Fällen, und zwar erneut ganz nach eigenem Ermessen, eben anders zu entscheiden, als man das ohne eine Abschätzung jener Risiken und Nebenwirkungen tun würde, also nur den eigenen Wünschen und Gefühlen entsprechend.

Also ist die Aussage sehr richtig, es könne kein Abgeordneter zur Entscheidung für einen AfD-Politiker als Vizepräsident des Bundestages angehalten werden, falls er – oder sie – einen solchen Kandidaten schlicht nicht wählen will. Nicht weniger richtig ist aber die Aussage, dass die Folgen eigener Entscheidungen selbst dann eintreten, wenn man diese Folgen nicht will. Kein Abgeordneter muss beispielsweise Fraktionsdisziplin üben und einer Gesetzesvorlage der eigenen Fraktion zustimmen, und es muss auch kein Parlamentarier bei einer Vertrauensfrage einem wenig gemochten Regierungschef aus den eigenen Reihen das Vertrauen aussprechen. Trotzdem wird man abwägen, mit welcher Entscheidung man mehr Nutzen oder mehr Schaden anrichtet – und für wen. *Somit ist festzustellen, dass sich die Bundestagsabgeordneten gestern ganz rechtskonform verhalten haben – doch dass unabhängig davon auch noch zu prüfen ist, ob sie ebenfalls politisch klug entschieden haben.*

***Drittes Urteilskriterium*:**

„Wenn man ein Ziel erreichen will, sollte man zielführende Mittel anwenden – falls man sich nicht lächerlich oder verhasst machen will!" Es ist jedenfalls ganz in Ordnung, wenn Abgeordnete anderer Fraktionen die AfD nicht mögen und bei der nächsten Wahl aus dem Bundestag verdrängen wollen. Umgekehrt ist es ebenso in ganz in Ordnung, wenn Abgeordnete der AfD-Fraktion andere Parteien nicht mögen und diese bei der nächsten Wahl weit überholen, ja sogar aus dem Bundestag verdrängen wollen. Das alles sind nämlich politische Ziele, die für falsch zu halten in einer pluralistischen Demokratie ebenso in Ordnung ist, wie sie anzustreben. Der Mehrwert von pluralistischer Demokratie, ihrerseits widergespiegelt in einem bunten Mehr-Parteien-Parlament, ist ja nicht Einmütigkeit, sondern politischer Streit samt der von ihm ermöglichten politischen Lernfähigkeit.

Doch es ist schlechterdings unklug, beim politischen Streit solche politischen Mittel einzusetzen, die einen dem angestrebten Ziel *nicht* näher bringen, sondern es vielmehr in die Ferne rücken. Unklug ist es somit seitens der AfD, für Wahlämter Leute vorzuschlagen, gegen deren Wahl gute inhaltliche oder persönliche Gründe sprechen können. Doch es ist nicht weniger unklug, solche Amtsträger, die es aus Fairnessgründen zu wählen gälte (siehe Kriterium 1), selbst dann nicht zu wählen, wenn gegen sie persönlich kaum etwas einzuwenden ist.

Bei der erneuten Ablehnung der AfD-Kandidatin für das Amt des Bundestagsvizepräsidenten mögen sich viele Abgeordnete zwar wie Verteidiger unserer parlamentarischen Demokratie vorgekommen sein. Doch die ist überhaupt nicht gefährdet, bloß weil eine AfD-Abgeordnete als Sitzungspräsidentin amtieren und dabei vom Ältestenrat ebenso kontrolliert würde wie jeder andere Sitzungspräsident. Viele ablehnende Abgeordnete mögen auch von der Empfindung geleitet worden sein, auf diese Weise „Haltung gezeigt" und „der AfD Widerstand geleistet" zu haben. Bei einer geheimen Abstimmung braucht es aber nicht viel Haltung, und wirksamen „Widerstand gegen die AfD" leistet man am besten, indem man Wähler davon abbringt, bei dieser Partei ihr Kreuz zu setzen.

Nach allen Erfahrungen mit den Folgen bislang modischer Auseinandersetzungsweisen mit der AfD kann man dessen gewiss sein, dass durch das neuerliche unfaire Verhalten der Mehrheit im Bundestag die Sympathisanten, Wähler und Mitglieder der AfD weiter in ihrer Haltung der trotzigen Solidarität und des solidarischen Trotzes bestärkt worden sind. Anders gewendet: Man hat wieder einmal das Gegenteil dessen bewirkt, was man erreichen wollte; und auf diese Weise wird der „Krieg gegen die AfD" (so höchst überspitzt Alexander Gauland) gewiss nicht gewonnen werden. *Also erkennen wir: Die gestrige Ablehnung der AfD-Kandidatin war politisch dumm.*

Zusammenfassend lässt sich somit urteilen:

Die Mehrheit der Bundestagsabgeordneten hat, in völliger rechtlicher Korrektheit, eine institutionell unfaire sowie politisch törichte Entscheidung getroffen. Zwar leidet die AfD – ganz wie von ihren politischen Gegnern auch gewünscht – nun kurzfristig an dieser gegnerischen Machtdemonstration. Mittelfristig wird die AfD aber die gestrige, erneut ablehnende Bundestagsentscheidung als gegnerische Einzahlung aufs eigene Sympathiekonto erleben. Und in längerfristiger Betrachtung wird sich zeigen, dass die Gegner der AfD durch ihre gefühlsgesteuerte, nicht vom Verstand geleitete Reaktion wieder einmal die Rolle von AfD-nützlichen Idioten gespielt haben.

WAHLANALYSE ZUR EUROPAWAHL 2019

veröffentlicht auf Facebook am Sonntag, 26. Mai 2019, gegen 17:00, und somit noch vor Schließung der Wahllokale; Nachtrag dann am 27. Mai 2019 auf meinem Blog wjpatzelt.de

So wird es kommen: Die SPD verliert dramatisch, die Union schmerzhaft, FDP und Linke verändern sich wenig, und Grüne sowie AfD gewinnen wuchtvoll.

Fransen da die früheren Volksparteien zu ihren Konkurrenten aus? Ja, und mehr noch: Unser Parteiensystem schichtet sich tiefgreifend um!

Es wird, wie früher schon, vom jeweils zeitgenössisch zentralen gesellschaftlichen Großkonflikt geprägt. Das ist heute der um die wünschenswerte Rolle des Nationalstaats mitsamt seiner Souveränität und Kultur, und zwar unter dem Druck von Globalisierung, Europäisierung und Migration.

Hier vertreten Grüne und AfD ganz gegensätzliche, in den Augen ihrer Sympathisanten aber völlig stimmige Positionen. Die SPD wurde in diesem Großkonflikt schon zerrissen; der Union droht Ähnliches. Nur Linke und FDP bleiben in ihren Nischen halbwegs ungeschoren. Unterm Strich gibt es eine starke nicht-linke Bevölkerungsmehrheit, die seitens der Union aber politisch nicht genutzt werden kann. Auf diese Weise verliert sie als verbliebener Stabilitätsanker unseres Staates mehr und mehr an Kraft.

Außerdem wurde den EU-Wählern im Wahlkampf gerade nicht die im derzeitigen Großkonflikt gestellte Alternative vorgelegt: Soll die EU ein Bundesstaat werden – oder eine Gemeinschaft von Vaterländern bleiben? Also kam es bei rund einem Drittel der deutschen Wähler zu Stellvertreterentscheidungen: teils für die nationalstaatsüberwindenden Grünen, teils für die nationalstaatsbewahrende AfD. Solange dieses sich seit Jahren wiederholende Wahlergebnis jede Partei nur zum „Weiter so!" motiviert, wird die Umschichtung unseres Parteiensystems samt einem Ausfransen der einstigen Mitte nicht enden. Schade!

Nachtrag zur Wahlanalyse, veröffentlicht am Montag, 27. Mai 2019, auf meinem Blog wjpatzelt.de

Die Analyse von gestern Abend war offenbar völlig zutreffend. Sie muss nur in einem einzigen Punkt klarstellend ergänzt werden – nämlich dort, wo es um die wuchtvollen Gewinne von AfD und Grünen geht.

Wie das seit der Wiedervereinigung bekannt und auch leicht erklärbar ist, umfasst Deutschland zwei verschiedene „Wahlgebiete". Da ist die alte Bundesrepublik mit ihrem vergleichsweise gefestigten und sich nur schrittweise wandelnden Parteiensystem. Und da sind die neuen Bundesländer mit ihrer großen Volatilität („Flatterhaftigkeit") im Wahlverhalten, mit der viel geringeren Verankerung ihrer Parteien in der Gesellschaft sowie mit einer besonders großen Neigung zum „Anti-BRD-Protestwählen". Im ersten Jahrzehnt nach der Wiedervereinigung machte das die PDS zur „ostdeutschen Protestpartei", und seit Mitte des dritten Jahrzehnts nach der Wiedervereinigung wurde das die AfD. Anders ausgedrückt: Früher zeichnete sich das Territorium der DDR in den Stimmenanteilen der PDS/Linken ab, und heute tut das entlang ihrer Stimmenanteile der AfD.

Dabei erwies sich die ostdeutsche Gesellschaft und Wählerschaft allenthalben als „Avantgarde", ganz gemäß dem Titel des bekannten Buchs von Wolfgang Engler aus dem Jahr 2004: „Die Ostdeutschen als Avantgarde". Denn in den neuen Bundesländern wurden, dank ihrer im Vergleich zum Westen viel geringeren Stabilität, jene Trends zunächst einmal sichtbar, die sich Jahre später auch in den Altbundesländern durchsetzten. Vom Einflussverlust der Gewerkschaften reichte das über die Aufsplitterung des Parteiensystems und die Regierungsbeteiligung der PDS/Linken bis hin zum fortan unübersehbaren Aufkommen des deutschen Rechtspopulismus 2014 in Gestalt von PEGIDA und zum Starkwerden der AfD in den Landtagswahlen ab 2015, vor allem von 2016.

Und deshalb sahen wir gestern: Die Grünen haben in Westdeutschland wuchtvolle Gewinne erzielt – und die AfD tat das in Ostdeutschland. Nur die gesamtdeutsche Durchschnittsbetrachtung, derzeit beliebt bei Verharmlosern des realen Geschehens, lässt den Aufstieg der AfD als weniger dramatisch erscheinen, als er tatsächlich ist. In Sachsen und in Brandenburg (letzteres, ganz anders als Sachsen, jahrzehntelang SPD-regiert und einst angetreten mit dem Wunsch, dort eine „kleine DDR" unter besseren Umständen fortzusetzen) wurde die AfD zur stärksten Partei, in Thüringen, Sachsen-Anhalt und Mecklenburg-Vorpommern zur zweitstärksten Partei. Lediglich im großstädtischen Milieu trumpften auch im Osten die Grünen auf – dort dann aber sehr stark, zumal in Leipzig und in Dresden. Dort finden wir genau die im Westen bekannte Kombination: metropolitanes Kulturmilieu plus akademische Bildung plus (erreichter oder, wie bei Studierenden, erhoffter) Wohlstand gehen einher mit einer Anverwandlung der Leitideen und des Lebensgefühls der Grünen. Gleichsam ist dort „der Westen im Osten angekommen", während der Osten insgesamt anzeigt, wohin sich auch der Westen – allerdings mit einiger Zeitverzögerung – entwickeln wird.

Insgesamt polarisiert sich Deutschland derzeit – und wohl dauerhaft – vierfach: zwischen Ost und West („Sachsen gehört gar nicht zu Deutschland!", „Baut die Mauer wieder auf!"); zwischen Grünen und AfD („Licht gegen Dunkel", „Gut gegen Böse"); zwischen „denen unten" (den „Somewheres") und „denen oben" (den „Anywheres"), also zwischen den Verlierern und den Gewinnern einer Welt ohne Grenzen und nationalstaatliche Kontrolle über die Ressourcen einer länger schon in einem Land lebenden Bevölkerung; und zwischen den Jüngeren bis 25 Jahren (mehrheitlich die Grünen wählend) sowie den Älteren ab 60 Jahren (mehrheitlich CDU oder AfD wählend).

Vielleicht halten die Versuche noch einige Jahre lang an, den Aufstieg der AfD simpel als das Zutagetreten des realen Umfangs von Rassismus und Faschismus in Deutschland zu deuten. Sie werden aber immer weniger plausibel, und also werden sie den weiteren Aufstieg der AfD eher fördern als verhindern. Vielleicht begreifen aber auch mehr und mehr Journalisten, Sozialwissenschaftler und Politiker, dass wir hier einfach die pfadabhängige Dynamik des fahrlässigen Aufreißenlassens einer Repräsentationslücke[15] teils im rechten Bereich des politischen Spektrums, teils zwischen „oben" und „unten" vor Augen haben, in der die AfD entstand, durch falsche Reaktionen auf sie Starthilfe bekam und nun wirklich nur noch sich selbst schaden kann. Das freut die einen, entsetzt die anderen – und ließ sich lange schon aus der Warte eines Beobachters mit kühlem Tatsachenblick erkennen.

ZUM PROGRAMM DER SÄCHSISCHEN AFD

veröffentlicht am 2. Juni 2019 auf meinem Blog wjpatzelt.de

I. Gesamteinschätzung des „Regierungsprogramms"

Die AfD fordert die sächsischen Wähler auf, sich zu trauen – um nämlich die AfD an die Regierung zu wählen und dadurch Sachsen zu verändern. Ihrem – auch im jüngsten Zehn-Punkte-Plan bekundeten – Selbstverständnis nach ist Sachsens AfD keine revolutionäre Partei (mehr), welche die freiheitliche demokratische Grundordnung ablehnt oder Deutschlands repräsentative Demokratie „abwickeln" will, sondern jene „sächsi-

[15] Anm. vom Januar 2024: Siehe dazu meine Veröffentlichungen „Repräsentationslücken" im politischen System Deutschlands? Der Fall PEGIDA, in: Zeitschrift für Staats- und Europawissenschaften 1/13, 2015, S. 99-126; Der 18. Deutsche Bundestag und die Repräsentationslücke. Eine kritische Bilanz, in: Zeitschrift für Staats- und Europawissenschaften 14, 2017, S. 245-285; Pegida: Demokratie, Demokratievorstellung und Repräsentationslücken in Deutschland, in: Zeitschrift für Parlamentsfragen 49, 2018, S. 111-128; Mängel in der Responsivität oder Störungen in der Kommunikation? Deutschlands Repräsentationslücke und die AfD, in: Zeitschrift für Parlamentsfragen 49, 2018, S. 885-895.

sche Volkspartei, ... die hält, was die CDU nur verspricht". Damit hat sich die AfD so unangenehm wie nur möglich zu Sachsens CDU positioniert.

Tatsächlich legt die AfD nicht weniger als ein „Regierungsprogramm" vor. Dieses behandelt – nach einer alle wesentlichen Ziele ansprechenden Präambel – ins Einzelne gehend die folgenden Themen:
- Wirtschaft, Steuern und Haushaltspolitik;
- Geld- und Währungspolitik;
- Innere Sicherheit, Justiz und Datenschutz;
- Familie und Demographie;
- Bildung, Wissenschaft, Kultur und Medien;
- Soziale Sicherungssysteme, Rente, Arbeits- und Sozialpolitik;
- Zuwanderung, Asyl, Staatsangehörigkeit;
- Umwelt, Natur-/Tier-/Verbraucherschutz, Landwirtschaft;
- Gesundheitspolitik;
- Energie, Technik und Klimaschutz;
- Infrastruktur, Wohnbau, Digitalisierung.

Das alles sind wirklich wichtige Politikfelder, auf denen man sich mit den AfD-Positionen sachlich-inhaltlich auseinandersetzen kann, ja um demokratieförderlichen pluralistischen Streitens willen das auch so halten muss. Im Übrigen ist der Programmtext weitgehend frei von Polemik. Nur selten, sehr wohl aber an Schlüsselstellen, finden sich Aussagen, die mit Vernunftgründen schwerlich haltbar sind. In der Regel aber werden politische Herausforderungen, Ziele und Mittel sachlich beschrieben. Also wird eine bloße Fortführung konventioneller Polemik gegen die AfD eher die Kritiker als die Kritisierten schlecht aussehen lassen.

AfD-typische Schwerpunkte gibt es im Programmtext bei der Ablehnung des Islam und seines befürchteten kulturellen Einflusses auf Deutschland, bei der Migrations- und Integrationspolitik sowie bei Vorbehalten gegenüber den Institutionen und Gestaltungsansprüchen der Europäischen Union. Das alles liegt aber weitgehend im Kompetenzbereich der Bundespolitik. Im landespolitischen „Regierungsprogramm" der AfD dient die Auflistung solcher Themen wohl vor allem dazu, behauptete Politikfehler der CDU auf Bundesebene anzusprechen sowie Empörung darüber mobilisierend für den Landtagswahlkampf zu nutzen.

Einige Politikvorschläge der AfD scheinen im Rahmen des Grundgesetzes nicht verwirklichbar zu sein (etwa ein Verbot des Baus von Moscheen), etliche nicht im Rahmen der geltenden internationalen Verträge (etwa Vorstellungen zur Handhabung des Migrationsgeschehens) und manches scheint schwer finanzierbar zu sein (wie das sachlich plausible Begrüßungsgeld für Neugeborene) oder scheint wenig wünschenswerte Nebenwirkungen zu haben (wie die Abgrenzung zwischen Anspruchsberechtigten und Nicht-Anspruchsberechtigten bei diesem Begrüßungsgeld).

Viele der AfD-Positionen werden Grüne, Sozialdemokraten und Linke aufgrund ihrer anders ausgerichteten politischen Grundhaltung für unvernünftig halten und somit scharf kritisieren, etwa als harmlos nur wirkende Konsequenzen von grundsätzlich falschen Herangehensweisen an politische Probleme. Gar nicht wenige konkrete AfD-Positionen werden auch von der CDU für sachlich ungut gehalten. Sofern derlei Kritik ihre – meist ja konkurrierenden – Wertmaßstäbe offenlegt, auf Fakten gründet, sich in logisch korrekten Argumenten verdichtet und kommunikativ fair gehandhabt wird, ist sie ganz in Ordnung und sollte von der AfD redlich debattierend aufgegriffen werden.

Manches am AfD-Programm passt allerdings unübersehbar gut zu Positionen der CDU. Das erlegt der Union im Wahlkampf vielfach ein herausforderndes „Zwar – Aber" auf. Derlei Schwierigkeiten hätte sich die CDU erspart, wenn sie ihre originalen Positionen in den letzten Jahren nicht für einen nennenswerten Teil ihrer früheren Wähler hätte zweifelhaft werden lassen. Doch leider sahen große Teile der CDU fahrlässig dem Aufreißen jener Repräsentationslücke zu, in der sich nun die AfD – sie schließend – mit der Behauptung festgesetzt hat, ihrerseits breitem Bevölkerungswillen besser gerecht zu werden als die CDU. Und anscheinend kann die CDU von den Grünen gar nicht so viele Stimmen (zurück-) gewinnen, wie sie in Sachsen nun (zunächst einmal?) an jene AfD verloren hat, welche frühere CDU-Positionen kopiert.

II. Mit Vernunftgründen unhaltbare Aussagen in der Präambel des AfD-Programms

- Die CDU habe „unseren liebenswerten, traditionsreichen Freistaat weiter und weiter in Sackgassen regiert". *Zwar werden – überzeichnend als „Sackgassen", auch mit einigem Verbalradikalismus bei den angefügten Eigenschaftswörtern – durchaus bestehende Missstände angesprochen: „überregulierter Mittelstand, vernachlässigter öffentlicher Raum, explodierende Kriminalität, darbende Bildung, arbeitsplatzvernichtende Energie-Abenteuer". Doch die Kritik als „Sackgasse" schießt weit über die realen Probleme hinaus, zumal die CDU sich deren Lösung nicht nur programmatisch zum Ziel gesetzt, sondern praktisch schon wichtige Schritte hin zur Problemlösung getan hat.*

- Es habe „die CDU-geführte Bundesregierung [die freiheitliche demokratische Grundordnung] seit 2015 außer Kraft gesetzt". *Das stimmt schlechterdings nicht und ist absurde Polemik.*
- „Dieses Land müssen ... wir uns zurückholen!" *Sofern mehr gemeint sein sollte, als dass es eingetretene Missstände zu beseitigen gilt, ist auch diese Aussage absurd. Sachsen ist schließlich weiterhin da, und sehr wohl als ein Land von uns allen!*
- Es habe die CDU „alle Ideale vom November 1989 vergessen". *Welche Ideale sind genau gemeint? Und aus welchen Tatsachen scheint hervorzugehen, die CDU – und nicht etwa ihre linke politische oder zivilgesellschaftliche Konkurrenz – hätte jene Ideale „vergessen"?*
- Die CDU habe „die Begriffe Freiheit, Demokratie und Wohlstand zu Worthülsen verkommen [lassen] ..., weil sie Menschen und deren Leistungen nur nach ihrem Marktwert beurteilte und das Volk der Wirtschaft und der Bürokratie unterordnete". *Auch das stimmt einfach nicht mit den Tatsachen überein und ist reine Polemik.*
- Es habe die CDU „alle konservativen, patriotischen und freiheitlichen Inhalte über Bord [geworfen]..., um sich sämtlichen anderen Parteien anzudienen, ... [womit sie] Machterhalt vor Politik" setze. *Das mag für manche Teile der deutschlandweiten CDU zutreffen, stimmt aber durchaus nicht für die sächsische CDU.*

III. Schnittmengen zur Programmatik der CDU in der Präambel des AfD-Programms

- Sachsen soll „eine stolze, familienfreundliche und sichere Heimat [sein] ... die eine sichere sächsische und deutsche Identität prägt, ... in der sich alle wohlfühlen, die unsere Sprache sprechen, die unsere Werte und Gesetze achten und die bereit sind, ihren Anteil zu unserem Wohlstand beizutragen". *Die CDU versteht dieses Ziel als Integrationseinladung, nicht als Exklusionsprogramm!*
- „Für uns ist ein gesunder Mittelstand die Grundlage einer leistungsfähigen und erfolgreichen Wirtschaft." *Wie wir dieses Ziel erreichen können, ist im CDU-Wahlprogramm ausführlich beschrieben.*
- „Für uns ist eine solide, nachhaltige Geld- und Währungspolitik, die auf eine Vermeidung von Neuverschuldung zielt, die Basis für die gedeihliche wirtschaftliche Weiterentwicklung und damit den Wohlstand in Sachsen." *Diesem Grundsatz entsprach klar die CDU-Politik in Sachsen während der letzten Jahre. Hinsichtlich der Bundes- und EU-Politik gilt allerdings: Leider ist die Sachsenunion keine Großmacht, die sich immer und überall politisch durchsetzen kann!*

- „Für uns ist das auch in Sachsen weiterhin vorherrschende traditionelle Familienmodell aus Mann, Frau und deren Kindern Grundlage und Voraussetzung unseres Handelns." *Das heißt aber nicht, dass die CDU andere Formen des Zusammenlebens oder der Übernahme von Verantwortung zwischen den Generationen ablehnt!*
- „Für uns ist die Ausrichtung der Bildungsstandards der verschiedenen Schulformen an den Anforderungen der weiterführenden Bildungseinrichtungen selbstverständlich." *Für die CDU heißt das: Wir wollen anspruchsvolle Schulen mit hochgesteckten Bildungs- und Erziehungszielen; und wir sehen dabei ebenfalls auch die berufliche Bildung – gerade nach dem Durchlaufen der Oberschule – als persönlich besonders förderlich und als gesellschaftlich höchst wertvoll an.*
- „Für uns ist der Erhalt unseres Sozialstaates ein wichtiges Anliegen. Einwanderung braucht deshalb klare Regeln und geschützte Grenzen." *Sozialstaatlichkeit und Migrationspolitik zusammenzudenken unterscheidet die realistische Position der sächsischen CDU seit jeher von vielen Utopien unserer Konkurrenzparteien zwischen der Mitte und dem linken Rand.*
- „Für uns als der Welt zugewandte Sachsen, die gleichwohl das Eigene bewahren und schätzen, ist die Gewährung von Asyl selbstverständlich." *Natürlich; und zugleich wissen wir, dass hier vieles nicht mehr allein nationalstaatlichen Regelungen, sondern dem EU-Recht sowie internationalem Vertragsrecht unterliegt, was einfache Antworten auf die hier anstehenden Fragen humanitärer Migrationspolitik oft nicht tragfähig ausfallen lässt.*
- „Für uns ist die gesundheitliche Versorgung der sächsischen Bevölkerung eine gesamtgesellschaftliche Aufgabe, die deutlich mehr Gemeinwohlorientierung erfordert und sich am Patienten, seiner Würde und seinen Grundrechten auszurichten hat. Wir wollen den praktischen Arzt wiedereinführen, die Telemedizin ausbauen, ... und eine Landarztquote bei der Studienplatzvergabe festsetzen." *Ja; und die CDU will bei alledem gesundheitlich versorgungsbedürftige Migrantinnen und Migranten nicht schlechter stellen als die länger schon im Land lebende Bevölkerung.*
- „Für uns bietet die digitale Entwicklung mehr Chancen als Risiken, weshalb wir sie aktiv zum Wohle des einzelnen Menschen sowie der Gesellschaft gestalten. Wir wollen ... die Versorgung mit schnellem Internet sowie flächendeckender Mobilfunkanbindung als Elemente staatlicher Daseinsvorsorge beschleunigen sowie die Industrie 4.0 ebenso wie das E-Government fördern. Daneben wollen wir mit Blick auf die (Wieder-) Belebung des ländlichen Raumes in Sachsen den Erwerb von Wohneigentum stärker unterstützen sowie Bebau-

ungsplan- und Planfeststellungsverfahren beschleunigen." *Klar – was denn sonst? Und steht so auch im CDU-Wahlprogramm.*

IV. Zusammenfassende Würdigung

Das vorliegende AfD-Programm macht es unglaubwürdig und wenig sinnvoll, die AfD als nichts weiter denn eine sachlich inkompetente und rein populistische Partei hinzustellen. Abzuwarten bleibt allerdings, ob das konkrete Auftreten von AfD-Politikern im Wahlkampf sich auf der Höhe der vernünftigen Teile des Programms bewegen wird oder man mehr die Niederungen von nicht mit Vernunftgründen zu vertretenden Aussagen aufsucht. Auch wird immer zu hinterfragen sein, welche Teile des AfD-Auftretens inhaltlicher Einsicht, welche anderen aber taktischer Selbstdisziplinierung geschuldet sind.

Bei der inhaltlichen Auseinandersetzung mit dem AfD-Programm muss es gewiss auch um die folgenden Fragen gehen:

- Wie weit ist das AfD-Programm wirklich ein *landes*politisches Programm? Inwieweit werden *bundes*politische Ziele vertreten, auf deren Verwirklichung die AfD mit den Mitteln der Landespolitik gar nicht hinwirken kann?
- Sind besonders wählerattraktive Teile des Programms nicht oft solche Positionen zu den „Altparteien", zur Migrationspolitik und zum Islam, die mit Vernunftgründen gerade nicht haltbar sind?
- Sind die landespolitischen Programmteile wirklich finanzierbar; und wenn ja: mit welchen Risiken und Nebenwirkungen?
- Hat die AfD, ausweislich ihrer Kandidatenliste und ihrer Selbstdarstellung, tatsächlich das Personal, um die von ihr in Aussicht gestellte Politik erfolgreich betreiben zu können?

Unterm Strich ist es gut, dass man nun weiß, wofür genau die AfD in Sachsen um Wählerstimmen wirbt, und dass man fortan vom polemischen Unterstellen zum kritisch-rationalen Umgang mit dieser Partei übergehen kann. Und noch besser wäre es, wenn die erforderliche politische Debatte um die AfD-Positionen und um die Gestaltungsansprüche dieser Partei endlich *ernsthaft* sowie nach *diskursethisch akzeptablen Regeln* geführt würden. Möge jeder, dem unser Land und seine politische Kultur am Herzen liegt, sich in den kommenden Monaten deshalb so verhalten, dass er als Vorbild dienen kann! Und selbstverständlich gilt dieser Wunsch – trotz des generischen Maskulinums – nicht nur für Männer, sondern auch für Frauen ...

KOALITIONSFRAGEN: FAKTEN-ANALYSE UND TAKTISCHE ANALYSE

veröffentlicht am 6. Juni 2019 auf meinem Blog wjpatzelt.de

I. Arten von politisch nützlichen Analysen

Bei einer *Faktenanalyse* geht es um die – mitunter durchaus schwierige – Antwort auf eine einfache Frage: „Was ist der Fall?" Bei einer *taktischen* Analyse geht es hingegen um die Frage: „Was soll unter den gegebenen Umständen zu welchem Zweck getan oder unterlassen werden?" Die taktische Analyse mündet also in *praktische Ratschläge*. Diese können sich darauf richten, etwas zu bewirken, zu bewahren oder zu verhindern.

Beide Formen von Analyse hängen zwar zusammen, sind aber nicht dasselbe. Für eine taktische Analyse muss erst einmal ausfindig gemacht werden, *was der Fall ist*; anschließend sind die *Interessen* der taktisch zu berücksichtigenden Akteure ausfindig zu machen („*Interessenanalyse*"). Und an eine Faktenanalyse kann sich außerdem eine *normative Analyse* anschließen („Anhand welcher Maßstäbe ist wie zu bewerten, was der Fall ist und was sich in diesem Fall an Handlungen als möglich erweist?"). Idealerweise, wenngleich allzu selten in der Praxis, entsteht eine taktische Analyse aus der *Verbindung* von Faktenanalyse, normativer Analyse und Interessenanalyse.

Für die *Politikberatung* nutzt es zwar wenig, wenn allein praktische Ratschläge gegeben werden, also Handlungsanweisungen ohne eine Klärung ihrer Grundlagen in den Fakten, in den zu berücksichtigenden Interessen sowie in plausiblen Bewertungen, ob ein Zustand oder Ziel in sich eher gut oder eher schlecht ist. Doch manchmal wollen politische Akteure nur solche Ratschläge hören, die in ihr faktisches oder normatives Weltbild passen. Dann wünscht man sich als taktische Analyse letztlich nur eine Bekräftigung dessen, was man ohnehin tun will.

Wer aber nur eine Unterstützung des ohnehin schon Geglaubten und Gewollten wünscht, kann sich eine ernstgemeinte Beratung auch sparen. Er wird ohnehin dazu neigen, eine rein an den Fakten interessierte *Analyse* politischer Sachverhalte mit einer politischen *Positionsnahme* zu verwechseln; und deshalb wird er lieber dem Analytiker Vorwürfe machen, wenn dessen Befund nicht gefällt, als sich zum Überdenken der eigenen Position zu bequemen.

II. Typische Wahrnehmungs- und Denkfehler

Diese zunächst abstrakt wirkenden Zusammenhänge füllten sich für mich mit handfesten politischen, journalistischen und akademischen Erfahrungen seit dem Jahr 2015. Damals schrieben mir – folgenreich bis heute – sehr viele Politiker, Journalisten, Intellektuelle und sonstig politisch Interessierte eine „politische Parteinahme für PEGIDA" zu, weil ich nämlich durch – hinsichtlich ihrer Ergebnisse mehrfach replizierte – empirische Befragungen herausfand, dass die Mehrzahl der Dresdner PEGIDA-Demonstranten (damals) gerade das nicht war, was sie nach der vorherrschenden politischen Standarderzählung unbedingt zu sein hätte: nämlich nichts weiter als Rassisten und Faschisten. Auch legte man es mir als „Sympathisieren mit PEGIDA" aus, dass ich dringend anriet, die empirisch leicht erkennbaren Sorgen der Demonstrierenden ernst zu nehmen sowie jene Probleme durch tatkräftiges politisches Handeln zu lösen, deren – teils zutreffende, teils verzerrte – Wahrnehmung die Dresdner Demonstranten zunächst zu besorgten Bürgern gemacht hatte und alsbald zu wirklich empörten Leuten werden ließ. Inzwischen haben besorgte und empörte Bürger in großem Umfang unseren staatstragenden Parteien innerlich gekündigt und wählen jene Partei, die sich als Alternative zu den bestehenden Parteien empfindet bzw. darstellt. Tatsächlich führte die falsche, doch ganz beratungsresistente Reaktion auf das, was zunächst in PEGIDA zum Ausdruck kam, die nicht minder falschen Reaktionen auf jene AfD vor, in der Dresdens PEGIDA inzwischen seine auf ganz Deutschland ausgeweitete Potenzierung erlebt.[16]

Nicht minder erhellend waren unlängst die Reaktionen auf meine – oben abgedruckte – Kurzanalyse des Anfang Juni beschlossenen Wahlprogramms der sächsischen AfD. Weil aber kaum etwas so völlig nutzlos ist, dass es nicht wenigstens als schlechtes Beispiel dienen könnte, beziehe ich mich nachstehend auf mancherlei dazu über Twitter unter *#patzelt* verbreiteten Unsinn. Regelmäßig werden dort drei völlig verschiedene Dinge miteinander verwechselt: die Faktenanalyse, die Bewertung des Analysierten sowie praktische Ratschläge auf der Grundlage des Analysierten und Bewerteten. Am Fall meiner Kurzanalyse des AfD-Wahlprogramms verhält sich das alles so:

[16] Zum PEGIDA/AfD-Komplex siehe meine Beiträge „Neun unorthodoxe Thesen zu PEGIDA", in: Karl-Siegbert Rehberg / Franziska Kunz / Theo Schlinzig, Hrsg.: PEGIDA. Rechtspopulismus zwischen Fremdenangst und „Wende"-Enttäuschung? Analysen im Überblick, Bielefeld 2016 (transcript), S. 69-82, sowie „Wer sind und wie denken die Pegidianer?", in: Werner J. Patzelt / Joachim Klose, Hrsg., PEGIDA. Warnsignale aus Dresden, Dresden 2016 (Thelem), S. 148-294.

Faktenanalyse: Mein Analyseergebnis war, dass das sächsische AfD-Wahlprogramm weitestgehend sachlich geschrieben ist; dass es an manchen – doch wichtigen – Stellen zu solchen Behauptungen gelangt, die sich nicht mit Vernunftgründen halten lassen; dass etliche AfD-Forderungen im Rahmen des Grundgesetzes wohl nicht umsetzbar sind oder – falls rechtlich umsetzbar – schwer zu finanzieren wären; und dass es – neben etlichen Positionsunterschieden – im AfD-Wahlprogramm auch einige Schnittstellen mit der Programmatik der CDU gibt. Diesem empirischen Befund wurde bislang von niemandem unter konkretem Verweis auf Belegstellen im AfD-Programm widersprochen.

Normative Analyse: Eine Analyse, nach welchen Maßstäben welche Positionen der AfD gut oder schlecht wären, unterließ ich weitestgehend, weil sich meine Fragestellung eben nur darauf bezog, was – und wie formuliert – tatsächlich im AfD-Wahlprogramm steht. Nur ein wenig kam ich in die Nähe einer normativen Analyse, nämlich dort, wo von möglicher Grundgesetzwidrigkeit oder mangelnder Finanzierbarkeit von AfD-Vorschlägen die Rede war. Doch einige Twitterer waren anscheinend nur an einer *Bewertung* des AfD-Programms interessiert und dabei wohl nur an einer solchen, die für sie schon im Vorhinein feststand, also ohne Zurkenntnisnahme des tatsächlichen Programmtextes. Jedenfalls vermissten etliche Twitterer bewertende Aussagen der Art, das AfD-Programm wäre wenig mehr als ein übles Machwerk, das insgesamt von einer menschenfeindlichen und verfassungswidrigen Grundhaltung der AfD zeuge. Auch scheinen manche genau eine solche Bewertung als schlechterdings zwingenden Bestandteil jeder Analyse eines AfD-Programms erwartet zu haben.

Solche Leute empfanden, wie einst im Fall meiner PEGIDA-Analysen, den folgenden Schluss als naheliegend: Wenn jemand feststellt, ein AfD-Programm sei weitestgehend sachlich geschrieben, und wenn dieser Jemand obendrein darauf verzichtet, die Programminhalte moralisch zu verurteilen, dann wäre ein solcher Jemand doch zweifellos ein Parteigänger der AfD. Und wenn er zugleich noch Schnittstellen zur Programmatik der CDU aufzeige, dann könne das gar keinen anderen Grund haben als den Wunsch, der CDU eine Koalition mit der AfD zu empfehlen – bzw. der AfD eine kommende Koalition mit der CDU in Aussicht zu stellen. Wer so schlicht denkt, der übersieht freilich, dass zu Erwägungen hinsichtlich einer Koalition mindestens auch eine *Interessenanalyse* gehört, also eine Antwort auf die Frage, ob und unter welchen Umständen eine Koalition mit wem welcher Partei politisch nutzen oder schaden kann. Letztlich wurde so getan, als wäre eine Faktenanalyse dasselbe wie eine taktische Analyse.

Eine taktische Analyse aber deutete ich nur insofern an, als ich dazu riet, sich – auch um der Vermehrung eigener Gewinnchancen willen – mit dem Wahlprogramm der AfD im Detail sowie sachlich auseinanderzusetzen, also auf pauschale Polemik zu verzichten. Empirischer Grund dieses Rates war, dass erfahrungsgemäß – wie gerade die letzten Wahlergebnisse der AfD zeigten – bloße Anti-AfD-Polemik oder demonstratives Ausgrenzungsverhalten keine Erfolge im Ringen mit der AfD um Stimmenanteile bringt. Dazu wurde von Twitterern aber nur angemerkt, *man dürfe sich mit den politischen Positionen der AfD gar nicht inhaltlich auseinandersetzen,* sondern man habe sie – um unserer Demokratie willen – schlichtweg abzulehnen. Eine solche Haltung im politischen Streit mit einem durchaus machtvoll gewordenen Rivalen ist nun aber an intellektueller Dürftigkeit und an politischer Hasenfüßigkeit kaum zu unterbieten. Deshalb lehne ich sie seit jeher ab.

Lustigerweise kamen nicht nur AfD-Gegner, sondern auch AfD-Anhänger – letztere eher auf meiner Facebook-Seite auftretend als bei Twitter unter *#patzelt* – zum Eindruck, ich sympathisierte mit der AfD oder drängte auf eine Koalition mit ihr. Anders als die AfD-Gegner waren die AfD-Anhänger zwar mit der Fairness meiner Analyse einverstanden, auch mit meinem Verzicht auf Polemik sowie mit meinem Ratschlag, sich fortan sachlich mit den Inhalten des AfD-Wahlprogramms auseinanderzusetzen. Doch ebenso wie die AfD-Gegner schlossen sie aus alledem, dazu könne nur jemand raten, der für eine Koalition aus AfD und CDU einträte, sich aber scheue, das auch klar so zu sagen. Aber wie kommt man eigentlich auf eine solche, aus meinen tatsächlichen Aussagen gar nicht ableitbare Idee? Wenn etwa Borussia Dortmund bekundet, fair gegen RB Leipzig spielen zu wollen, dann folgt doch daraus in keiner Weise, beide Vereine wollten nun bald fusionieren – oder wenigstens mit einer gemeinsamen Mannschaft gegen den FC Bayern auflaufen!

III. Eine knappe Interessenanalyse vor der sächsischen Landtagswahl

Für oder gegen Koalitionen einzutreten hat – weit über die rein empirische Feststellung programmatischer Schnittstellen oder Unverträglichkeiten hinaus – viel mit praktischer politischer Vernunft zu tun, mit Kosten/Nutzen-Abwägungen sowie mit Prognosen über die wahrscheinlichen Folgen politischer Spielzüge. Über das alles habe ich mich an anderen Stellen längst ausführlich geäußert, etwa in meinem Buch „CDU, AfD und die politische Torheit“ (Dresden 2019). Hier sei deshalb nur eine sehr knappe und unvollständige Interessenanalyse hinsichtlich der sächsischen Parteien und der kommenden Landtagswahl vorgetragen:

- Die CDU hat das Interesse, weiter zu regieren – und zwar möglichst als stärkste Fraktion im neuen Landtag und obendrein nicht gedemütigt durch eine Machtteilung mit ihrem schärfsten, stark zur Häme neigenden Gegner in der eigenen politischen Spielfeldhälfte, also mit der AfD. Auch will sich kein CDU-Politiker das Ungemach antun, als „Türöffner für die rassistisch-faschistische AfD" verschrien und so um die Fortsetzung seiner politischen Laufbahn gebracht zu werden. Diese Interessen könnten gut erfüllt werden durch die – allerdings erst noch zu leistende – Erringung eines Wahlergebnisses, das der CDU eine für sie politisch unschädliche „bürgerliche Koalition" ermöglichte, also ohne SPD und Grüne, oder durch eine Minderheitsregierung, sie sich an keinen (!) festen „Tolerierungspartner" bindet.
- Die AfD hat das Interesse, nach der Landtagswahl Regierungsmacht auszuüben. Das verlangt nach einer dauerhaften Schwächung der CDU zugunsten der eigenen Partei. Weil die AfD sicher nicht die absolute Mehrheit erringen wird, braucht sie zur Erfüllung ihres Regierungsinteresses entweder die CDU als Koalitionspartner oder die Tolerierung einer Minderheitsregierung der AfD. Nichts davon steht in Aussicht. Das antizipierend, hat die AfD Interesse daran, sich als zwar für Deutschland das Beste wollende, dennoch aber von allen etablierten Parteien ausgegrenzte politische Bewegung zu inszenieren, der man gleichsam „aus Fairnessgründen" am besten dadurch beispringe, dass man im Zweifelsfall für sie als der Alternative zu jenem Establishment stimmt, das Deutschland „ins Elend regiert" habe.
- FDP und Freie Wähler haben das Interesse, in den Landtag zu gelangen und dort gemeinsam mit der CDU eine bürgerliche Koalition zu bilden. Dieses Interesse ist nur durch ein sehr starkes Abschneiden der CDU zu Lasten sowohl der AfD als auch von Grünen, SPD und Linken zu erfüllen. Es ist aber völlig offen, ob die „bürgerlichen" Parteien überhaupt stark genug für ein solches Dreierbündnis sein werden.
- Grüne, SPD und Linke haben das Interesse, sowohl die CDU zu schwächen als auch eine Regierungsbeteiligung der AfD zu verhindern. Am liebsten möchten diese Parteien – wie in Bremen – ein grün-rot-rotes Bündnis gegen CDU und AfD bilden. Und weil es unwahrscheinlich ist, dass dafür die Mehrheit im Landtag reichen wird, haben Grüne und SPD ersatzweise das Interesse, *in einer Koalition mit der CDU jene Regierungsmacht auszuüben, die sie anders nicht erlangen würden.* Dieses Interesse lässt sich durch folgende Dreifachstrategie verwirklichen:
  - Die CDU muss zur bindenden Erklärung veranlasst werden, in keinem Fall mit der AfD zu koalieren.

- Die CDU muss zur Erklärung veranlasst werden, nötigenfalls werde man mit SPD und Grünen eine Art „Anti-AfD-Koalition“ bilden. Das würde erst recht viele nicht-mittige CDU-Wähler entweder zur AfD oder zum Nichtwählen treiben, schwächte also in erwünschter Weise die CDU und stärkte so die Chancen von SPD und Grünen, in der kommenden Wahlperiode ihre eigenen Politikziele der CDU erst recht aufzuprägen.
- Es sind die eigenen politischen Positionen attraktiv zu machen. Das ist weniger für die SPD, sehr wohl aber für die Grünen ein realistisches Vorhaben.

Unklar ist vielen Beobachtern und politischen Akteuren dabei der folgende Zusammenhang, der deshalb auch nur selten ins politische Interessenkalkül eingeht:

Unser Parteiensystem polarisiert sich derzeit – vor allem durch den so schnell nicht vergehenden Streit über die Rolle von Nationalstaat, Migration und Integration – nachhaltig zwischen Grünen und AfD. Im Zug dieser Polarisierung verändern sich auch die bisherigen Machtpositionen und Machtoptionen. Das heißt für die CDU: Mit den Grünen zusammenzuwirken führt unweigerlich zu weiteren Stimmenverlusten entweder an die AfD oder an die Nichtwähler als „Nicht-mehr-CDU-Wähler“. Strittig ist dabei weiterhin unter Beobachtern und Akteuren, ob die CDU „in der Mitte“ (gemeint ist dabei meist: von den Grünen) mindestens ebenso viele Stimmen hinzugewinnen kann, wie sie an die AfD oder an die Nicht-mehr-CDU-Wähler zu verlieren pflegt. Und solange Antworten auf diese Frage zumal in der CDU umstritten sind, ergibt sich für die Union auch keine klare Präferenz entweder für eine „Anti-AfD-Koalition“ gemeinsam mit den Grünen – oder für eine Minderheitsregierung.

IV. Die AfD im Blickwinkel der CDU

Hinsichtlich der AfD lässt sich jeder politisch Verantwortliche in den Reihen der CDU am besten die folgenden Überlegungen durch den Kopf gehen:

- Die AfD ist nicht nur nach ihrer programmatischen Selbstdarstellung, sondern auch nach jenen Einstellungen ihrer Funktionsträger und Anhänger zu beurteilen, die gerade in halböffentlichen Foren wie dem Internet fassbar werden. Die dort von vermutlichen AfD-Sympathisanten bezogenen Positionen und geäußerten Ansichten sind aber oft radikal und demagogisch, mitunter auch menschenverachtend-hämisch, in mehr als nur Einzelfällen auch extremistisch im fachlichen

Sinn einer Gegnerschaft zur freiheitlichen demokratischen Grundordnung. Deshalb kann das Wahlprogramm der AfD nur als ein *Teil* dessen genommen werden, was und wie die AfD „insgesamt ist". Diesbezüglich ist es nun aber Sache allein der AfD, ihren *Gesamtauftritt* glaubwürdig als den einer „normalen systemtragenden Partei" zu gestalten – falls die AfD denn auch wirklich genau eine solche Partei sein will.

- Sich als CDU auf die *derzeitige* AfD einzulassen setzt jeden CDU-Politiker, der solches unternimmt, großen Risiken für seine Stellung und für seinen Einfluss in der CDU oder in der Öffentlichkeit aus. In jedem Fall würde er als übler „Parteigänger von Ultrarechten" hingestellt werden – und vermutlich als noch Schlimmeres: nämlich als „Verharmloser von Rassisten", als „Wegbereiter von Nazis", als „Steigbügelhalter von Faschisten" usw. Ein solches Risiko ließe sich für einen vernunftgeleiteten Politiker überhaupt erst dann eingehen, wenn *vorab* von der AfD selbst *für alle praktischen Zwecke* glaubhaft gemacht worden wäre, sie wolle weder eine „Partei von Ultrarechten" sein noch drohe solchen Führungspolitikern der AfD alsbald ihre Entmachtung, die auf eine Verlässlichkeit der AfD als „normaler systemtragender Partei" ausgingen und entsprechende Absprachen mit anderen Parteien zu treffen versuchten. Von einem glaubwürdigen Auftritt solcher Art ist die AfD aber noch ziemlich weit entfernt.
- Politisch am bequemsten für die CDU wäre eine AfD, die alledem ganz entspricht, was Grüne, Sozialdemokraten und Linke ihr ohnehin – und seit jeher – zuschreiben. Von einer solchen AfD kann sich die CDU nämlich leicht fernhalten bzw. durch Pauschalkritik distanzieren, muss sich also auf keine Detailauseinandersetzung mit der AfD einlassen. Am politisch unangenehmsten wäre hingegen für die CDU eine AfD, die sich glaubwürdig als eine Art „bundesweite CSU" aufstellte oder zumindest inszenierte. Insofern bestärkt linke Kritik an der AfD, zumal wenn sie durch öffentlichkeitswirksamen Radikalismus von AfD-Mitgliedern plausibilisiert wird, die weit verbreiteten CDU-internen Hoffnungen auf einen erfolgreichen Ausgang ihres Ringens mit der AfD anhand von Pauschalpolemik und klarer Ausgrenzung. Gegen eine sich strategisch und taktisch klug verhaltende AfD hülfe der CDU hingegen nur eine ernsthafte, von Durchhaltefähigkeit getragene inhaltliche Auseinandersetzung.

V. Meine eigene Position

Eben diese Überlegungen habe ich mehrfach in CDU-Kreisen vorgetragen, unter anderem bei jenem Auftritt in Plauen, über welchen die „Freie

Presse“ im Mai berichtete, und zwar mit der völlig zutreffenden Überschrift „Patzelt warnt Sachsen-CDU vor Koalition mit der AfD“.[17] Ganz albern wäre es somit, meinen ausdrücklichen Hinweis auf diesen Artikel als ein „Abrücken“ von meiner sachlichen Analyse des AfD-Programms wahrzunehmen – oder gar zu vermuten, man habe auf ein solches „Abrücken“ durch entsprechende Kritik an meinen Analysen selbst hingewirkt.

Nicht weniger albern ist es, erst einmal einen „Widerspruch“ zwischen einerseits meiner Forderung nach einem fairen Umgang mit der AfD und andererseits meinen ablehnenden Ratschlägen hinsichtlich einer CDU/AfD-Koalition zu erfinden – und diesen „Widerspruch“ dann gar noch, obwohl er gar nicht existiert, mit Hinweisen der Art zu erklären, ich wäre inzwischen ein „Parteisoldat“ geworden, änderte meine Meinung „gemäß den Wünschen meines jeweiligen Auftraggebers“ oder erwiese mich als Opportunist. Vielmehr halte ich es ganz einfach mit der Vernunft und gründe die von mir vertretenen Positionen auf transparente, bei ernstlichem Mitdenken leicht nachvollziehbare Fakten- und Taktikanalysen.

Dass ich dabei nicht nur das Interesse unserer Demokratie und unseres Landes im Sinn habe, sondern ebenfalls die Interessen der CDU als meiner Partei seit 1994 ist eine blanke Selbstverständlichkeit. Doch gerade im Dienst eines parteipolitischen Interesses ist ein vor allem „parteiischer Blick“ auf die Wirklichkeit überhaupt nicht hilfreich, weil sich die Beschaffenheit und Dynamik der Wirklichkeit doch gerade *nicht* um parteiliches Wunschdenkens schert. Vielmehr muss die Wirklichkeit ganz unabhängig von allem, was man sich wünscht oder was man befürchtet, gerade so erkannt und verstanden werden, wie sie eben ist.

Wäre es in dieser Lage nicht besser, wenn wir alle – gleich ob links, mittig oder rechts – es so hielten wie ich? Und wenn wir alle dabei versuchten, solche Irrtümer, die trotz aller Sorgfalt unterlaufen können, in fairen Debatten mit unbestechlichem Tatsachenblick entlang argumentativer Redlichkeit zunächst zu erkennen und dann zu korrigieren? – Gewiss wäre das besser; und machen wir deshalb alle miteinander einen neuen Anfang!

---

[17] https://www.freiepresse.de/vogtland/plauen/patzelt-warnt-sachsen-cdu-vor-koalition-mit-afd-artikel10521423?fbclid=IwAR1AE0E1CCDdhmXhrpiud_X3P7adv17GJ-J4X1RGOKZVsCFYKNH7Z5XTKsPQ , Zugriff am 24. Januar 2024.

PATZELTS POLITISCHE POSITION

veröffentlicht bereits ein Jahr früher als die vorstehenden und unmittelbar nachstehenden Texte, nämlich schon am 18. September 2018 auf meinem Blog wjpatzelt.de

Zunächst wird der Entstehungszusammenhang dieses Blogbeitrags umrissen; sodann folgt in Originallänge ein – am 15. September 2018 verkürzt publiziertes – Interview mit der Chemnitzer „Freien Presse".

Während der letzten Woche wurde wieder einmal haarsträubender politischer Unsinn über mich verbreitet – in Online-Medien von Journalisten wie Lennart Pfahler, auf Twitter von Politikern wie Ralf Stegner (SPD), Bodo Ramelow (Linke) und Jutta Ditfurth (ehemals Grüne), ja in einem „Offenen Brief" sogar von einem Kollegen (Gerd Schwerhoff, Historiker, TU Dresden).[18] Wer wissen will, wo ich tatsächlich politisch stehe, kann dies – wieder einmal – ziemlich geballt nachlesen im unten folgenden Interview, das gekürzt am 15. September in der „Freien Presse" Chemnitz erschienen ist. Nachstehend findet sich dessen ungekürzte, nur leicht redigierte Langfassung.[19]

Zu jenen Kommentaren auf der Seite der „Freien Presse", in denen inhaltlich Fehlendes bemängelt wird, sei angemerkt:

In einem Interview antworte ich auf Fragen, die andere mir stellen – und habe natürlich nicht die Gelegenheit, meine Position umfassend darzulegen. Wer also wirklich mehr wissen will über die – das Migrationsthema weit übergreifenden! – Ursachen verbreiteter Unzufriedenheit über Politiker, Medien und unser politisches System, einschließlich der Rolle wachsender sozialer Ungerechtigkeit sowohl im nationalen als auch im internationalen Rahmen, der kann darüber sehr vieles sehr bequem nachlesen auf meinem Blog wjpatzelt.de.

---

[18] Siehe zu alledem u.a. die folgenden Dokumentationen bzw. Beiträge auf meinem Blog wjpatzelt.de: https://wjpatzelt.de/2018/09/24/drei-denunziationen-drei-flops/; https://wjpatzelt.de/2018/09/19/gerd-schwerhoff-eine-ausfuehrliche-antwort/; https://wjpatzelt.de/2018/09/25/gerd-schwerhoff-zum-ausklang-einer-debatte/.

[19] Anm. vom Januar 2024: Die Interviewführung selbst ist eine Art Zeitzeugnis, wurde doch immer wieder Bestätigung für einen vermeintlichen Hintersinn meiner Antworten gesucht, der in diesen selbst nicht einmal angedeutet und natürlich auch gar nicht enthalten war.

Ausführliche Auseinandersetzungen mit alledem finden sich außerdem in meinem im März erschienenen Buch „Neue Deutsche in einem alten Land. Über Migration, Integration und Beheimatung" sowie in meinem neuen, im Oktober herauskommenden Buch „Deutsche und ihre Demokratie. Herausforderungen und Antworten".[20]

Ob wohl eines Tages dem einen oder anderen doch noch auffallen wird, dass sich das, was meine Kritiker über mich behaupten, von dem, was ich tatsächlich sage und schreibe, so sehr unterscheidet wie die Nacht vom Tag? Bleiben wir gespannt!

Und hier folgt nun jenes Interview, das meine politische Position glasklar wiedergibt:

Was bedeutet der Rechtsruck in Europa, der sich gerade bei der Schweden-Wahl bemerkbar gemacht hat, für die deutschen Parteien?

Europas Parteiensysteme haben sich seit dem 19. Jahrhundert um zentrale gesellschaftliche Großkonflikte entwickelt, etwa Konservative gegen Liberale oder Kapital gegen Arbeit. Jetzt gibt es einen neuen Großkonflikt, um den herum sich Europas Parteiensysteme umschichten.

Der geht um den Wert des Nationalstaats und seiner Kultur, um seine Leistungsgrenzen und seine Migrationspolitik. Hier haben sich zwei Lager mit in sich stimmigen Positionen herausgebildet. Da sind europaweit die Grünen und ein Großteil von Sozialdemokraten und Linken.

Ihre Vision ist eine Welt ohne Nationen und Grenzen, in der sich jeder überall in multikulturellen Gesellschaften niederlassen darf. Und da sind die Rechtpopulisten, in Deutschland die von der AfD, die Staaten, Nationen sowie deren Kulturen mögen und nichts davon durch zu viel Migration gefährden wollen. Zwischen diesen zwei Lagern werden alle anderen Parteien allmählich zerrieben. Auch die Spaltung innerhalb der Union verläuft genau entlang dieser Grenze.

Was heißt das für die Landtagswahl am 1. September 2019?

Die AfD wird zulegen. Als stärkste Partei sehe ich sie weiterhin nicht. Doch wenn es weitergeht wie in Chemnitz und mit der medialen Aufbe-

[20] Anm. vom Januar 2024: Zu beiden Büchern siehe oben die Anm. 11.

reitung derartiger Ereignisse,[21] dann erodiert das bisherige Vertrauen in das politische System sowie in die Union als dessen tragende Kraft noch weiter. Das linke Lager wird davon in Sachsen nicht profitieren, weil es zerstritten ist: Die SPD ist orientierungslos und zerrissen; die Grünen sind ihren realpolitischen Flügel los; die Linke ist keine Volkspartei mehr. Und leider passt dieses sächsische Muster, von ein paar landesspezifischen Besonderheiten abgesehen, ins gesamteuropäische Muster.

Warum kann eine vernünftige Mitte die Polarisierung nicht überwinden?

Weil die konkurrierenden und inhaltlich in sich stimmigen Positionen zu Nation und Migration nun einmal unvereinbar sind! Zudem will jede Seite Recht behalten, möglichst nicht dazulernen. Wer da in der Mitte steht, wird deshalb allseits angegriffen.

Etwa galt jeder, der 2014 und 2015 behauptet hat, wir könnten durchaus ein Problem mit Zuwanderern und deren gesellschaftlicher Integration bekommen, rasch als übler Pegida-Sympathisant. Und wer sagte, wir brauchen zwar Zuwanderung, müssen sie aber kontrollieren und wirkungsvoll die Grenzen sichern, der war in den Augen der „No borders, no nations"-Linken schlicht AfD-nah, aus Sicht der ganz Rechten aber ein Verräter am eigenen Volk. Bis heute werden auf Vermittlung angelegte Positionen der Mitte von der jeweils anderen Seite mit Aktivistenlust und intellektueller Dreistigkeit niedergemacht.

Aber die Asylpolitik hat sich seit 2015 sehr wohl verändert.

Ja, unter dem Druck der vorhergesagten Probleme! Und auch, weil die AfD groß wurde. Irgendwann haben wenigstens Teile der CDU begriffen, dass die Etikettierung der Kritiker als rassistisch und xenophob nur wenig nützt. Also hat die CDU bzw. Große Koalition unter dem Radarschirm der Öffentlichkeit eine Kehre ihrer Asylpolitik vollzogen. Im Nachhinein erkennen nun viele: Hätten Union und SPD ihre jetzige Politik gleich nach dem Aufkommen von Pegida vertreten, so wäre den Pegidianern keine Luft zum politischen Atmen geblieben. Doch diese Politikwende ist nur vollzogen, allerdings nie dahingehend erklärt worden, dass sich frühere

---

[21] Anm. vom Januar 2024: Diese Bemerkung bezieht sich auf die – vermeintlichen – „Chemnitzer Hetzjagden". Siehe dazu https://wjpatzelt.de/2018/09/02/was-von-den-chemnitzer-hetzjagden-bleibt-samt-einigen-lehren/, https://wjpatzelt.de/2018/09/05/zur-regierungsamtlichen-deutung-von-hetzjagden/, https://wjpatzelt.de/2018/09/05/merkels-schlusswort-zu-chemnitz/ sowie https://wjpatzelt.de/2018/09/10/verleumdender-journalismus/.

Positionen eben als illusorisch herausgestellt hätten. Man will nämlich um keinen Preis den Rechtspopulisten zugestehen, auch blinde Hühner könnten bisweilen ein Korn gefunden haben. Derlei Arroganz hat die öffentliche Debatte vergiftet. Jeder Rechte in Deutschland fühlt sich jetzt bestätigt, wenn ein Asylbewerber einen Deutschen verletzt oder in den Tod befördert – weil das ja beweise, dass man schon immer Recht hatte.

Was empfehlen Sie, um die Polarisierung zu überwinden?

Vor drei Jahren habe ich gesagt: Man muss über reale Bürgersorgen reden! Jetzt wird das nicht mehr helfen. Da ist zu viel Trotz entstanden, haben allzu viele unserer politischen Ordnung innerlich gekündigt. Also wird man jetzt kaum mehr einen AfD-Wähler durch bloßes Reden über seine Probleme zurückholen. Nicht nur die wollen jetzt Entscheidungen sehen! Doch in der Großen Koalition ist eine neue Migrationspolitik kaum hinzubekommen, weil sie die SPD zerreißen würde und gegen den Mainstream der veröffentlichen Meinung ginge. Also bleibt nur die bittere Einsicht: Erst wenn die Migrations- und Integrationsprobleme so groß geworden sind, dass sich „Chemnitz" nicht nur in Köthen, sondern auch in anderen Orten wiederholt, wird die Einsicht wachsen, dass wir einen wirklichen Politikwechsel brauchten, und nicht nur einen von kosmetischer Art.[22]

Was heißt das konkret?

Wir brauchen eine positive Vision von Deutschland als einem Einwanderungsland.

Aber die Einwanderung ist doch gerade der Streitpunkt ...

Ja. Umso mehr müssen wir dafür sorgen, dass jene, die skeptisch sind, gar nicht erst zu einer Horrorvision von Einwanderung gelangen. Die aber entstand, als dekretiert wurde, man könne es niemandem verwehren, nach eigenem Ermessen nach Deutschland einzuwandern; und das wäre auch ganz unschädlich, denn es kämen fast nur Ärzte und Ingenieure.

Obendrein tat man zeitweise so, als gingen sinkende Kriminalitätsraten vor allem auf die Einwanderung zurück. Letzteres ist für die meisten

---

[22] Anm. vom Januar 2024: Es scheint so zu sein, dass die Begleiterscheinungen von Deutschlands naiver Migrationspolitik inzwischen so übel geworden sind, dass sie nun auch von Sozialdemokraten und Grünen nicht länger umstandslos als ganz nebensächlich zur Seite geschoben werden.

aber unplausibel. Jedenfalls kommt sehr vielen die Vorstellung wie ein Alptraum vor, dass nun jeder nach Deutschland und in den deutschen Sozialstaat einwandern können soll – und dass sich dies europarechtlich auch gar nicht verhindern ließe. Wir brauchen also ein klar überarbeitetes Einwanderungskonzept – und einen guten Kopf, der es auch zu vertreten versteht.

Was würde drinstehen, wenn Sie es zu schreiben hätten?

Eine Gesellschaft, die – warum auch immer – nicht genügend junge Leute hervorbringt, wird unkreativ. Also sollten wir aus Staaten mit zu vielen jungen Leuten Leistungswillige anwerben und hier nicht nur durch Ausbildung und Arbeitsplätze, sondern auch kulturell integrieren. Dazu brauchen wir eine nicht-rassistische, also kulturalistische Vorstellung von Deutschland. Die muss münden in die Pflege eines aufgeklärten Patriotismus, bei dem die Herkunft wenig, die Arbeit an einer guten gemeinsamen Zukunft aber viel zählt. Und gerne darf dann auch wieder Stolz darauf entstehen, Teil eines guten und leistungsstarken Landes zu sein, in dem Einheimische und Hinzugekommene gerne zusammenhalten.

Selbst Frankreich – mit einem deutlich selbstbewussteren Umgang mit Patriotismus – hat riesige Probleme mit der Integration.

In Frankreich mochten sich die Eliten kulturarrogant lange Zeit nicht vorstellen, ein Zuwanderer könne etwas anderes wollen, als seinerseits ein Franzose zu werden. Das erwies sich als falsch. Deutsche Eliten haben dann noch eins draufgesetzt: Unabhängig von ihrer weiterhin beibehaltenen Kultur wünschten sich Zuwanderer sehnlichst, fortan nach den Regeln des Grundgesetzes zu leben. Was also in Frankreich allein mit Patriotismus nicht klappte, wollten wir dann eben ohne Patriotismus zum Gelingen bringen. Der Mittelweg wäre da klüger gewesen: Patriotismus plus Integration ins Bildungssystem und in den Arbeitsmarkt.

Was wird aus denen, die wir nicht auswählen, die für sich aber auch das Recht auf ein besseres Leben reklamieren?

Bei denen beginnt das Rendezvous mit einer Wirklichkeit, die eben auch sehr anders funktionieren kann, als wir uns das wünschen. Gewiss hat jeder Mensch das Recht auf ein gutes Leben. Doch folgt daraus, dass er sich zu diesem Zweck in jedem Land seiner Wahl ansiedeln darf, und zwar ohne Weigerungsrecht des Ziellandes? Und wenn es in einem Land wirklich kein gutes Leben gibt: Wäre es dann nicht die Aufgabe der Leute dort, gegen korrupte Regierungen zu revoltieren und ein leistungsfähiges, nicht ideologisch-religiös ausgebremstes Bildungs- und Wirtschaftssystem aufzubauen? Zugespitzt: Entweder dulden wir Migration so lange, bis das Armutsgefälle etwa zwischen Europa und Afrika ausgeglichen ist. Dagegen werden die meisten Europäer rechtspopulistisch revoltieren. Oder man bietet als Gegenleistung für die Verhinderung einer Auswanderung nach Europa den afrikanischen Staaten an, dass wir viele ihrer jungen Leute in Europa kostenfrei ausbilden – und sie dann nach Hause zurückschicken.

Allerdings um den Preis einer Festung Europa...

Wenn die nördlichen Mittelmeeranrainer keine Bootsflüchtlinge mehr aufnähmen, würde sich das rasch bei denen herumsprechen, die sich jetzt Schleppern anvertrauen. Nur noch wenige machten sich dann auf den lebensgefährlichen Weg nach Norden. Im Kalten Krieg nannte man die Herbeiführung einer solchen Situation, in der ein anderer nicht gewinnen konnte und deshalb von seinem Vorhaben abgebracht wurde, schlicht Abschreckung. Die funktioniert auch bei der Steuerung von Migration, wie die Verlagerung der Migrationswege von Griechenland über Italien nach Spanien gezeigt hat.

Also ist die Migrationsfrage auch nach Ihrer Auffassung „die Mutter aller Probleme"?

Ja. Doch nicht die Migranten sind das Problem, sondern jene Politiker, die keine Alternative zum Treibenlassen der Dinge anbieten.

Lassen Sie uns zurück nach Sachsen kommen. Was würden Sie der sächsischen CDU mit Blick auf die Landtagswahl im September 2019 raten?

Wenn die Beziehung von zwei Leuten zerrüttet ist, hilft gar kein Rat mehr. Mir scheint, dass die Sachsenunion und Sachsens Wähler weithin in diese Lage gelangt sind. Richtig bleibt es trotzdem, auch empörten Bürgern zuzuhören. Das macht Michael Kretschmer sehr gut. Sodann gehört es sich, Fehler der Vergangenheit einzugestehen: von der unnötigen Herbeiführung unseres Lehrerproblems über die Schaffung zu großer Einheiten bei der Gebietsreform bis hin zur verbesserungsbedürftigen Infrastruktur im ländlichen Raum. Doch auch Konsequenzen aus eingestandenen Fehlern wirken sich erst mittelfristig aus. Und das zentrale Problem der CDU ist ohnehin ihre schrumpfende Glaubwürdigkeit.

Wie kommen Sie darauf?

Als Pegida aufkam, wären viele Demonstranten nachgerade glücklich gewesen, wenn seitens der CDU der Ministerpräsident, vielleicht sogar die Kanzlerin eingestanden hätte: Ja, wir haben Probleme, sind sogar mitschuldig an ihnen; und selbst wenn wir diese Probleme und deren Ursachen anders einordnen als Ihr, machen wir uns nun doch schleunigst ans realistische Problemlösen! So kam es aber nicht. Zwar wurde gerade die Migrationspolitik geändert, doch ohne zu erklären, warum man sie zuvor überhaupt so änderungsbedürftig anlegte. Viele zwar besorgte, doch im Grunde gutwillige Bürger hat man auf diese Weise den Rechtsradikalen zugetrieben, statt sie weiterhin an die CDU zu binden. Die Linke hat vor allem Trennstriche gefordert – im Idealfall in der redlichen Hoffnung, Ausgegrenzte würden sich schämen und schlicht verschwinden, im politisch weniger naiven Fall: um der dominierenden CDU eine rechte Konkurrenzpartei zu verschaffen. Und die CDU hat sich, trotz vieler Warnungen, tatsächlich in diese üble Lage bugsieren lassen. Dabei hätte sie ein stimmiges Politikangebot machen können: gerechte Ordnung, Nachhaltigkeit allenthalben, aufgeklärter Patriotismus. Für eine solche Anstrengung war diese Partei aber zu bräsig.

Aber zu wenig Patriotismus kann man gerade der sächsischen CDU nicht wirklich vorwerfen.

Das ist doch nicht mehr als ein Gefühl, garniert mit Leerformeln! Das von mir mitverfasste Patriotismuspapier blieb – ein Papier.[23] Wie schade, dass die folgende Einsicht von Karl Marx so sehr verkannt wird: Dass Leute einer bestimmten Klasse angehören macht sie noch lange nicht handlungsfähig; sie müssen ihre Klassenlage erst begreifen! Und dafür braucht es kommunikationsstarke Anführer, hier also: Politiker, die Patriotismus auch in konkrete Integrationspolitik umsetzen. Solche Anführer hat die Sachsenunion aber nicht mehr.

Wie gefährlich kann die AfD, die sich selbst als neue Volkspartei feiert, der CDU werden?

Feiern reicht ja nicht! Die AfD muss erst einmal klären, was sie sein will: eine Protestpartei gegen unser Parteiensystem, ein Sammelbecken für Empörte oder eine konstruktive Mitmachpartei für einen breiten Quer-

---

[23] Zum Kontext und zum „Patriotismuspapier" selbst siehe https://wjpatzelt.de/2016/12/02/aufruf-zu-einer-leit-und-rahmenkultur/.

schnitt der Bevölkerung. Derzeit zeichnet sich unter den Wählern ein Schwerpunkt bei der Arbeiterschaft ab, bei den Mitgliedern viele der früheren CDU-Anhänger. Doch da gibt es auch eine Menge von rechten Glücksrittern, Intriganten und Möchtegerns. Mit Luckes Professorenpartei hat die AfD nichts mehr zu tun. Gerade das Doppelpack von Verachtung durch Dritte und Selbstradikalisierung hat der Partei Aufsehen beschert, und unsere fehlerhafte Migrations- und Integrationspolitik hat ihr Aufwind gegeben. Klare Gestaltungskonzepte hat die AfD kaum. Vor dem sächsischen Landtagswahlkampf wird sie da noch einiges liefern müssen. Nach dem Wahlabend wird ihr nämlich politische Verantwortung zugewiesen sein. Im Übrigen scheint mir: Eine AfD, die sich als eine bundesweite Original-CSU aufstellte, hätte Zukunftschancen – eine AfD als „NPD light" aber nicht.

Die bundesweite CSU will ja schon Frauke Petrys Blaue Partei werden ...

Vom Anliegen her ist das vernünftig. Doch vielleicht füllt die AfD dauerhaft jene Repräsentationslücke, welche die CDU schuldhaft hat aufreißen lassen.

Wie empfanden Sie es, als am 1. September die AfD gemeinsam mit der extremen Rechten in Chemnitz auf die Straße ging?

Seit 2015 sage ich: AfD und Pegida sind zwei Seiten derselben Medaille! Die Gleichsetzung von Rechten mit Rechtsradikalen erleichtert es Leuten von rechts der Mitte, mit ganz Rechten zu paktieren. Und solange jede Kritik an Deutschlands Migrationspolitik als rechtsradikal hingestellt wird, fallen bei empörten Leuten auch leicht alle Hemmungen. Deshalb verschmilzt nun rechts vom allzu nahe der Mitte gezogenen Ausgrenzungsstrich alles Nicht-Mittige mit Rechtspopulismus und, vielleicht, bald auch Rechtsradikalismus. Leider wird das so bleiben, solange die CDU bloß eine Partei der Mitte sein will und keine ernsthaften Anstrengungen unternimmt, den rechten Bereich wieder zu erobern.

Was sagen Sie zu Sahra Wagenknechts Sammlungsbewegung „Aufstehen"?

Mir hätte ein Bündnis aus Sahra Wagenknecht, Frauke Petry und Antje Hermenau durchaus gefallen. Eine Querfront muss bei einem Umbruch des Parteiensystems ja nichts Schlimmes sein.

Sie meinen das wirklich ernst?

Im Ernst: Ich sehe für Wagenknechts Bewegung kurzfristig keine Erfolgschancen. Wer Macht will, muss nämlich zu Wahlen antreten, wird auf diese Weise zur Partei und konkurriert dann mit SPD, Grünen und Linken. Vielleicht ist „Aufstehen" aber auch der Vorbote einer eines Tages hoffentlich wiedervereinten Linken.

Sie haben mit Ihrem Aufruf, die Bundeskanzlerin möge erklären, wie sie im Fall Chemnitz auf den Begriff „Hetzjagd" gekommen sei, selbst für Schlagzeilen gesorgt.[24] Haben Sie damit Ihre Rolle als Wissenschaftler, Außenstehender und Spielbeobachter verlassen?

Man kann das so sehen, muss das aber nicht. Die Überprüfung, ob Aussagen mit den Tatsachen übereinstimmen, ist ja das Kerngeschäft von Wissenschaft. Und nichts anderes versucht mein Aufruf. Zugleich ist es schon auch politisch wichtig zu wissen, worauf die Regierung künftig Begriffe wie „Hetzjagd" oder „Zusammenrottung" anwenden will. Und so geht hier die Wissenschaftlerrolle nahtlos in die Bürgerrolle über.

Wäre für Sie dennoch der Weg in die Politik vorstellbar?

Das wäre ein Weg ohne Rückkehr, und der könnte nur eingeschlagen werden, wenn es anschließend für mich eine ähnlich wirkungsvolle Rolle gäbe wie jetzt als öffentlicher Intellektueller.

Und in dieser attraktiven Mannschaft müssten dann Petry, Hermenau und Wagenknecht mitspielen?

Nein. Ich bin in einer politischen Familie zu Hause, die mit C anfängt. Und ich bin weder ein Opportunist noch jemand, der seine Familie im Stich lässt.

Es gibt Situationen, da geht man lieber zu den Freunden als zu den Verwandten.

Sollte meine politische Familie mir sagen: Wir brauchen Dich, etwa um dank mehrseitigen Vertrauens ansonsten Getrenntes zu verbinden, dann würde ich mir schon überlegen, ob ich hilfreich sein könnte.

[24] Anm. vom Januar 2024: Zur verleumderischen Berichterstattung über mich in diesem Zusammenhang und zur Klarstellung des tatsächlichen Geschehens siehe https://wjpatzelt.de/2018/09/10/verleumdender-journalismus/.

Sie meinen, wenn es nach der Landtagswahl 2019 keine andere realistische Option gibt als ein Bündnis aus CDU und AfD?

Die CDU wird vermutlich auch andere Koalitionspartner finden!

SACHSENS DEMOKRATIE IST GERETTET!

veröffentlicht am 5. Juli 2019 auf meinem Blog wjpatzelt.de

Vorbemerkung aus leider gegebenem Anlass: Der nachstehende Text enthält ironische Aussagen. Das heißt, dass der tatsächlich gemeinte Sinn so manchen Satzes ein ganz anderer ist, als ihn ein naiver Leser herauslesen mag. Es braucht zum Textverständnis daher schon eine gewisse Anstrengung des Verstandes, nicht allein die Lust auf empörte oder zufriedene Gefühle.

Sachsens Demokratie ist gerettet – und zwar schon vor der heißen Phase des Wahlkampfs. Aufrichtig sei dem Landeswahlausschuss gedankt. Der nämlich entschied heute: Es gab keinen zusammenhängenden AfD-Parteitag zur Listenaufstellung, sondern gleich deren zwei, und zwar mit unterschiedlichen Verantwortlichen und Regeln. Von diesen zwei Parteitagen wird wiederum nur der erste als Beschlussgremium einer gültigen Kandidatenliste anerkannt. Deshalb dürfen nur die 18 damals aufgestellten Kandidaten (von insgesamt 61 nach Ansicht der AfD gemäß ihrem Willen Nominierten) bei der Wahl für den – gesetzlich 120 Mitglieder umfassenden – Landtag antreten. Maximal 15 Prozent der Sitze im neuen Landtag kann die AfD somit über ihre Landesliste besetzen – und zwar selbst dann nicht mehr, wenn sie 30 Prozent der Stimmen erhalten sollte.

Also werden sich die AfDler aufs Gewinnen von Direktmandaten stürzen? Gemach! Das können sie schon versuchen. Doch warum sollten wir Anständigen nicht erneut nach dem „Görlitzer Modell" verfahren, das ja auch in Frankreich bei den Wahlen zur Nationalversammlung im zweiten Wahlgang benutzt wird? Es geht so: Wir guten Parteien sprechen uns darüber ab, welchen Kandidaten wir wo gemeinsam unterstützen. Natürlich achten wir dabei auf einen gewissen Proporz, selbstverständlich im Rahmen realer Siegesaussichten – etwa für CDU-Kandidaten in Leipzig oder für Kandidaten der Linken im Vogtland. Jedenfalls soll der AfD-Direktkandidat einer möglichst geschlossenen Front von uns Verteidigern repräsentativer Demokratie gegenüberstehen. In keinem Wahlkreis darf ein AfDler die relative Mehrheit erreichen – und somit auch kein Direktmandat erlangen. Also bleibt es für die AfD möglichst bei 16 Abgeordneten im neuen Landtag.

Und weil das so kommen wird, kann die AfD auch nicht – anders als von ihr erhofft und demoskopisch einstweilen absehbar – die stärkste Landtagsfraktion stellen. Deshalb müssen wir, die nunmehr absehbaren Wahlsieger von der CDU, uns nach dem 1. September auch nicht mehr auf schwierige Verrenkungen bei der Bildung einer Anti-AfD-Koalition einstellen. Vielleicht schaffen wir es unter diesen Umständen sogar, gemeinsam mit FDP und Freien Wählern zu regieren, gerne auch unter Einschluss der SPD – falls uns eben die passenden Absprachen in den Wahlkreisen gelingen!

Welch ein großer Sieg für unsere repräsentative Demokratie steht somit in Aussicht! Welch ein neuer Triumph beim Kampf gegen rechts! Welch eine wirklich niederschmetternde Niederlage für die AfD! Nie wieder und nirgendwo wird sie sich davon erholen. Und auf diese Weise wird doch noch alles, alles wieder gut.

Bevor wir uns aber auf diese Weise in einen Glücksrausch hineinreden, sollten wir noch drei Fragen bedenken.

Erstens: Wird die AfD denn nicht Rechtsmittel gegen den Beschluss des Landeswahlausschusses einlegen, etwa in Leipzig beim Sächsischen Verfassungsgerichtshof? Und könnte eine entsprechende Klage vielleicht sogar erfolgreich sein?[25]

Immerhin erscheint es als grob unverhältnismäßig, einer so großen Anzahl von AfD-Kandidaten ihr passives Wahlrecht nur deshalb zu entziehen, weil eine Formalie, die von der Sache her nebensächlich ist, nicht gewahrt wurde: Handelte es sich rechtlich um einen einzigen Parteitag – oder um nicht weniger als zwei Parteitage? Doch auch einen fehlerhaft ausgefüllten Wahlschein „heilt" der jeweilige Wahlvorstand recht routi-

---

[25] Am 25. Juli ließ der Sächsische Verfassungsgerichtshof die Listenplätze 19 bis 30, welche der Landeswahlausschuss gestrichen hatte, im Weg einer einstweiligen Anordnung wieder zu, was er am 16. August im endgültigen Urteil bestätigte. Die Listenplätze 31 bis 61 wurden hingegen für vertretbar gehalten. Am Ende zog die AfD mit 35 Sitzen in den Landtag ein. 38 wären es gewesen, wenn auch die Listenplätze 31 bis 33 rechtlich als korrekt vergeben gegolten hätten.

nemäßig, sofern auf ihm der Wählerwille zweifelsfrei erkennbar ist. Es steht nun aber ganz außer Zweifel, wen die AfD – wenn auch unter klaren, vorwerfbaren Formfehlern – als ihre Listenkandidaten ab Platz 19 aufstellen wollte.

Zweitens: Welche Auswirkungen wird der Beschluss des Landeswahlausschusses schon ab heute auf das politische Klima im Sachsenland haben? Die einen werden den – durchaus berechtigten – Eindruck verbreiten, dass die AfD nicht einmal zu einer rechtskonformen Listenaufstellung in der Lage ist, weshalb solchen Dilettanten wirkliche politische Macht schon gleich gar nicht anvertraut werden sollte. Und die anderen werden die folgende Sichtweise quer übers Land streuen: Die AfD-Gegner scheuen keinerlei Mittel, und zwar auch unfaire nicht, um mit ihnen eine Partei niederzuhalten, der sie mit inhaltlicher Auseinandersetzung nicht beikommen können.

Drittens: Wird mit alledem wirklich dem Glauben des Wahlvolks gedient, es würden faire Wahlen veranstaltet? Und ist es wirklich gut, wenn man um parteitaktischer Vorteile willen grundsätzliche Legitimitätszweifel schürt?

Mein eigenes Fazit, und nun ganz ohne alle Ironie, lautet so: Was der Landeswahlausschuss mit womöglich üblen Folgen beschlossen hat, rettet nicht unsere Demokratie, sondern setzt sie dem Verdacht aus, es nähmen gerade ihre Verfechter die zu beachtenden Spielregeln vor allem dann ernst, wenn derlei zu den eigenen politischen Interessen passt – und andernfalls eben viel weniger. Erhärtet sich aber ein solcher Verdacht, dann zerbricht zuerst die Vertrauensgrundlage von Demokratie – und dann womöglich auch diese selbst.

Lassen wir es nicht so weit kommen! Die einen sollten bei den Formalien und Prozeduren des Wahl- und Parteienrechts künftig mehr Sorgfalt walten lassen als bislang. Und die anderen sollten in dieser verfahrenen Lage einen Weg eröffnen, der – ganz gemäß dem rechtsstaatlichen Grundsatz der Verhältnismäßigkeit – die AfD mit all jenen Kandidaten antreten lässt, welche diese Partei für die kommende Landtagswahl wirklich aufstellen wollte. Politisch kämpfen kann man gegen die AfD und ihre Kandidaten ja ohnehin jederzeit – nämlich gerade so (und nicht anders!), wie es den Leitgedanken fairer, demokratischer Parteienkonkurrenz entspricht.

PEGIDA, AFD – UND KOALITIONS-FRAGEN

Interview mit Jan Sternberg, Redaktionsnetzwerk Deutschland, ganz oder in Auszügen veröffentlicht in mehreren deutschen Zeitungen, vollständig am 7. Juli 2019 auf meinem Blog wjpatzelt.de

Pegida-Demonstranten beschimpfen den ermordeten CDU-Politiker Werner Lübcke als „Volksverräter" und halten politischen Mord in Deutschland für „normal". Was ist da eskaliert?

Da verrennen sich Leute in ihrer Empörung über Deutschlands Politiker und verlieren jede zivilisierende Selbstkontrolle. Doch es wundert mich nicht, dass es so weit gekommen ist. Wir sehen hier die Folgen unzulänglicher Migrationspolitik und falsch ansetzender Reaktionen auf den fiebernden Rechtspopulismus.

Pegida ist eine kleine, radikalisierte Gruppe geworden. Wie weit reichen solche Ansichten dennoch?

Bitte keine Verharmlosung durch Beschränkung des Blicks auf Pegida und auf Sachsen! Diese Ansichten gibt es nämlich quer übers Land, und Pegida ist unter dem Namen AfD bundesweit erfolgreicher denn je.

Aber in Sachsen ist die Betriebstemperatur höher, nirgendwo sonst gibt es so viele wütende Bürger, die öffentlich komplett eskalieren. Woran liegt das?

Einesteils ist da der ostdeutsche Affekt gegen die BRD und ihr Establishment. Früher gab ihm die PDS politischen Ausdruck, heute tut das die AfD. Andernteils ist diese dort besonders stark, wo man zuvor – wie in Sachsen – überaus großes Vertrauen in die CDU setzte. Das aber wurde von der CDU auf Bundes- und Landesebene verspielt.

Ist diese Radikalisierung wieder zurückzudrehen?

Kaum. Versuche der CDU, auf zur AfD abwandernde Wähler zuzugehen, wurden eingestellt oder blieben halbherzig. Vielmehr stehen die Zeichen jetzt auf Schwarz-Grün. Das aber empört jene, denen die migrations- und klimapolitische Neuausrichtung der CDU ohnehin nicht passt. Und umfassende Kontaktverbote zur AfD radikalisieren deren Sympathisanten erst recht.

Plädieren Sie etwa für eine schwarz-blaue Koalition?

Nein, denn ein solches Wagnis würde kein CDU-Anführer politisch überleben. Trotzdem muss auch nach dem 1. September regiert werden. Gewiss kann die CDU eine Anti-AfD-Koalition schmieden. Die aber würde der AfD zu Lasten der CDU einen dauerhaften Wählerzulauf bescheren. In dieser Lage erscheint mir eine Minderheitsregierung der CDU als das kleinstmögliche Übel.

Also wollen Sie die AfD durch eine Tolerierung an der Regierung beteiligen?

Nein, kein „Magdeburger Modell"! Praktizieren wir lieber die skandinavische Form der Minderheitsregierung: Man sucht sich fallweise die nötigen Mehrheiten zusammen und erkennt dabei, wem es um das Gemeinwohl geht – und wem nur um Parteitaktik. Das ist anstrengend, wäre aber geeignet, unserer Polarisierung entgegenzuwirken.

So eine Regierung wäre das Gegenteil von stabilen Verhältnissen.

Ja, und sie hielte vielleicht auch keine fünf Jahre. Dann wäre wieder der Wähler gefragt. Der hat die etablierten Parteien aus ihren stabilen Verhältnissen gestoßen, weil er anscheinend möchte, dass sie aus vergangenen Fehlern lernen. Unterbleibt solches Lernen, so zerfällt unsere Gesellschaft im Großkonflikt um Migration, Identität und sozialstaatliche Solidarität zwischen den Polen „Grüne" und „AfD". Das sähe ich gerne abgewendet.

Der Landeswahlausschuss hat Teile der AfD-Liste nicht angenommen. Welche Entscheidung wird das auf die Landtagswahl haben?

Das können wir erst abschätzen, wenn klar ist, ob der Beschluss des Landeswahlausschusses gerichtsfest ist. Unabhängig davon dürfte sich bei den einen im Land der Eindruck verbreiten, dass die AfD nicht einmal zu einer rechtskonformen Listenaufstellung in der Lage ist – und bei den anderen, dass AfD-Gegner keinerlei Mittel scheuen, um eine Partei niederzuhalten, der sie mit politischen Mitteln nicht beikommen können.

Die AfD kündigt eine Klage an. Sehen Sie Erfolgsaussichten?

Ich bin kein Wahlrechtsexperte. Doch es scheint mir unverhältnismäßig zu sein, einer großen Anzahl von Kandidaten ihr passives Wahlrecht nur deshalb zu entziehen, weil Formalien, die von der Sache her nebensächlich sind, nicht gewahrt wurden. Auch einen unklar ausgefüllten Wahlschein „heilt" doch der jeweilige Wahlvorstand, sofern auf ihm der Wählerwille klar erkennbar ist. Und es ist nun einmal deutlich zu ersehen, wen die AfD – unter vorwerfbaren Formfehlern – als Listenkandidaten aufstellen wollte.

Der Wahlkampf wird sich stärker als zuvor auf die Direktmandate konzentrieren. Ist das ein Vorteil für die CDU, die taktisch Wählende anziehen könnte?

Wenn sich die AfD auf das Erringen von Direktmandaten konzentriert, kann in vielen Wahlkreisen der „Görlitz-Effekt" auftreten: Alle Parteien geben eine Wahlempfehlung zugunsten des aussichtsreichsten AfD-Gegners ab – und hoffen auf entsprechendes Wahlverhalten. Kommt es dazu, wird die CDU profitieren. Ob freilich auch dem Glauben des Wahlvolks gedient wäre, es würden faire Wahlen veranstaltet, ist zu bezweifeln. Es wäre jedenfalls nicht gut, wenn man um taktischer Vorteile willen Legitimitätszweifel schürte.

CDU: IRRUNGEN UND WIRRUNGEN

veröffentlicht am 8. Juli 2019 auf meinem Blog wjpatzelt.de, desgleichen unter dem Titel „Auf dem Holzweg" in: Bayernkurier, 7/2019

Die Bundesführung der CDU scheint Schwierigkeiten zu haben, die Ursachen der niederschmetternden Ergebnisse der letzten Wahlen wirklich zu verstehen. Das deutete sich schon an, als die Bundesvorsitzende am Abend der Europawahl ausgerechnet die CDU zum Wahlsieger erklärte – weil sie nämlich, trotz starker Verluste, wieder stärkste Partei geworden sei. Man verharmlost aber nur den eigenen Abstieg, wenn man auf noch schwächere andere verweist.

Schon gar nicht kommt die Bundesführung der CDU strategisch mit der Tatsache zurecht, dass Deutschland faktisch aus zwei recht verschiedenen Wahlgebieten besteht, in denen sich für die Union sehr unterschiedliche Herausforderungen stellen. In den Altbundesländern – und nur in den Großstädten der neuen Bundesländer – sind die Grünen auf der Siegerstraße und haben die SPD vom Rang des Champions zwischen der politischen Mitte und dem linken Rand verdrängt. Mit Ausnahme Bayerns gibt es in den alten Bundesländern nicht mehr jene stabilen Mehrheiten zwischen der politischen Mitte und dem rechten Rand, in denen die Union so lange den Stabilitätsanker unseres politischen Systems geben konnte. In den neuen Bundesländern hingegen gibt es klare Mehrheiten zwischen der Mitte und dem rechten Rand. Dort aber befindet sich inzwischen die AfD auf der Siegerstraße und hat sogar Chancen, bald die CDU als Champion zwischen der Mitte und dem rechten Rand abzulösen.

Bundesweite Durchschnittsbetrachtungen ebnen diese politisch hochbrisanten Unterschiede verharmlosend ein. Und weil es im Westen nun einmal eine viel größere Wählerschaft gibt als im Osten, prägt leicht der bequeme Blick auf den Westen die Lagebeurteilung der Führung einer bundesweit agierenden CDU. Tatsächlich beruhigen sich die meisten westdeutschen CDU-Landesverbände über die Aufwärtsentwicklung der AfD mit dem Hinweis, diese Partei habe doch nur ein paar Prozentpunkte dazugewonnen. Doch in Ostdeutschland ist die AfD in zwei Bundesländern die stärkste und allenthalben sonst die zweitstärkste politische Kraft. Eine weitere Fortsetzung jenes CDU-Kurses, der die AfD in den neuen Bundesländern so stark werden ließ, wird die dortigen Landesverbände der CDU gegen Ende des Jahres vermutlich in jene verzweifelte Lage gebracht haben, in der sich überall die SPD hinsichtlich der Grünen als ihrer viel attraktiveren Konkurrenzpartei befindet.

Das scheint die Bundesführung der CDU aber nicht ernst zu nehmen. Vielmehr glaubt sie, sich mit den Grünen als der neuen Führungspartei eines – meist möglichen – grün-rot-roten Bündnisses gutstellen zu sollen. Schwarz-Grün – oder bald wahrscheinlicher: Grün-Schwarz – scheint dann jenes politische „Bündnis der Mitte" zu sein, das in Fortsetzung der früher bewährten Unions-FDP-Koalitionen unsere Gesellschaft zusammenhalten kann. Tatsächlich wirken auf breite Teile der deutschen Öffentlichkeit Politikstil und Programmangebot der Grünen wie „vorbildlich, zukunftsträchtig und alternativlos" richtig. Deshalb hat inzwischen – nach SPD und Linken – auch die CDU das politische Ringen gegen die Grünen weitgehend eingestellt. Vielmehr versucht die CDU, in der „Mitte" dadurch Anhänger an sich zu binden, dass man sich selbst als „die besseren Grünen" vorstellt. Die CDU scheint beim Blick auf die Grünen vergessen zu haben, dass Wähler im Zweifelsfall lieber zum Original als zur Kopie greifen – also lieber die Grünen wählen als eine CDU, die so tut, als wäre sie „endlich auch" eine irgendwie grüne Partei.

Gewiss dürfen ebenfalls Unionspolitiker der Ansicht sein, die politischen Positionen der Grünen – vom Atomausstieg über den Kohleausstieg bis hin zur Klimapolitik und zum Lob einer multiethnischen-multikulturellen Gesellschaft – wären alternativlos richtig und sollten deshalb auch von der CDU vertreten werden. Doch es ist für die CDU nicht wirklich ratsam, die folgende Tatsache zu übersehen: Unser ganzes Parteiensystem schichtet sich seit einigen Jahren um, nämlich im politischen Spannungsfeld zwischen Grünen und AfD. Beide Parteien vertreten nämlich in sich gut zusammenpassende, doch einander völlig entgegengesetzte Positionen im seit einigen Jahren zugespitzten, wohl noch jahrzehntelang unser Land prägenden gesellschaftlichen Großkonflikt: Was soll die Rolle des Nationalstaats samt seiner Souveränität, sozialstaatlichen Solidarität, Kultur und Bevölkerungszusammensetzung im Zeitalter von Globalisierung, Europäisierung und vielfach bewirkter Massenmigration sein? In diesem Großkonflikt tendiert eine Mehrheit der Westdeutschen (vor allem der Jüngeren) zum Pol der Grünen, eine Mehrheit der Ostdeutschen (zumal der Älteren) aber zum Pol der AfD. Eben das zeigt sich im Aufstieg der Grünen im Westen sowie in den „kulturell westdeutsch“ geprägten ostdeutschen Großstädten und im Aufstieg der AfD im Osten außerhalb der Großstädte.

Eine CDU, die sich mit den Grünen zusammentut, eröffnet somit der AfD einen noch viel weiteren politischen Entfaltungsraum, als ihn die AfD derzeit ohnehin schon hat – und zwar nicht nur im Osten, sondern eben auch im Westen. Am Ende wird die den Grünen zugetane CDU deshalb nicht nur in den neuen Bundesländern den politischen Raum zwischen der Mitte und dem rechten Rand vollends der AfD überlassen haben, sondern sie wird auch im Westen zugunsten der AfD in jene strukturelle Minderheitsposition geschrumpft sein, mit der sich mittlerweile die SPD abfinden muss. Im Grunde steht die CDU deshalb vor der Entscheidung, ob sie sich zwischen Grünen und AfD ebenso zerreißen lassen will, wie das – zwischen Grünen und Union – der SPD widerfahren ist, oder ob sie Positionen zu finden versucht, die ihr die Behauptung ihrer früheren Führungsrolle zwischen politischer Mitte und rechtem Rand erlauben.

Es kommt im Übrigen einem Ausweichen vor solchen Richtungsentscheidungen gleich, wenn man einfach erklärt, „rechts“ und „links“ taugten nichts mehr bei der Vermessung des politischen Raums. Denn zwar kann man statt dieser einen Entscheidungsdimension gedanklich mit zwei, drei oder noch mehr politischen Orientierungsdimensionen arbeiten. Am Ende muss man aber trotzdem sagen, wo man im Verhältnis zu den Grünen sowie zur AfD steht. Und vor allem muss man einer Wählerschaft, die – etwa beim „Kampf gegen rechts“ – ihre eigene Position weiterhin zwischen „links“ und „rechts“ verortet, mit für sie verständlichen politischen Orientierungsbegriffen kommen.

Was aber hat die Bundesgeschäftsstelle der CDU in einer wirklich viel zu kurzen „Kurzanalyse“ an Ursachen jenes Wahldebakels ausfindig gemacht und der vom Wahlergebnis schockierten Parteiführung als Verständnisschlüssel vorgelegt?

- Die JU (Junge Union) sei, wenigstens in der öffentlichen Wahrnehmung, „zu weit nach rechts gerückt“ – gerade so, als ob nicht die Sozialdemokratisierung und Vergrünung der CDU viele jahrelang auf die CDU vertrauende Wähler der AfD zugetrieben hätte!
- Die WerteUnion sei medial mit ihrer Kritik am Kurs der CDU-Spitze zu präsent gewesen – gerade so, als ob die WerteUnion eine ansonsten populäre CDU gleichsam madig gemacht und nach unten gezogen habe! In Wirklichkeit aber fordert die WerteUnion nichts anderes, als dass sich die CDU wieder zu jenem Original erneuere, das seit Angela Merkels Energie-, Eurozonen- und Migrationspolitik sehr vielen im Lande zu fehlen scheint – weshalb sie begonnen haben, ihre Stimme der AfD als einer (nicht wirklich guten) Kopie jenes entschwundenen Originals zu geben.
- Man habe auf die falschen Themen gesetzt. Das stimmt insofern, als die im Großkonflikt zwischen „Grünen-Pol“ und „AfD-Pol“ entscheidende Frage nach Europas Zukunft nicht mit einer sowohl sachlich tragfähigen als auch wählerattraktiven Position verbunden wurde. Unklar blieb nämlich: Steht die CDU für einen künftigen europäischen Bundesstaat – oder für einen Verbund eng zusammenwirkender Nationalstaaten mit, je nach Politikfeld, „variabler Geometrie“? Hingegen zu hoffen, mit Themenfeldern wie „Digitales“ oder „Umwelt/Klima“ erreiche man die Denk- und Gefühlswelten derer, die sich von der Union hin zur AfD abgesetzt hätten, führt schlicht in die Irre. Allenfalls Sympathisanten der Grünen spricht man damit an; doch die sind von der Union ohnehin nur um den Preis noch viel größerer Stimmenverluste an die AfD zu gewinnen.

Richtig lag jene Kurzanalyse allerdings in drei Punkten:

- Es gab keinen „Merkel-Bonus“. Wie denn auch in einer Zeit, in der die für das Sozialdemokratisieren und Vergrünen der CDU verantwortliche Kanzlerin einer der Hauptgründe für einen sehr großen Teil ehemaliger Unionswählerschaft ist, die AfD zu wählen! Und warum sollten grüne oder sozialdemokratische Bewunderer der Kanzlerin, deren es sehr viele gibt, eigentlich lieber die CDU als ihre eigene Partei wählen?

- Es gab keinen „Weber-Effekt"[26]. Wie denn auch, wenn es bei diesem Spitzenkandidaten nur um einen politischen Schönheitswettbewerb ging, nicht aber um die Personalisierung einer wichtigen europapolitischen Streitfrage?
- „Junge Wähler wurden abgeschreckt". Ja, weil die Mehrzahl von denen ohnehin dem „grünen Pol" der deutschen Politik zuneigt und ihre Wahlentscheidung für die Grünen dadurch nur bestätigt findet, wenn die CDU nun auch selbst grüne Positionen vertritt! Den eigenen Parteinachwuchs aber demotiviert man nur, wenn dessen politische Zukunftschancen durch grundsätzliche Fehlpositionierungen der Bundes-CDU verdüstert werden.

Leider wird man nicht viel Hoffnung haben dürfen, dass die Bundesführung der CDU aus ihren Irrungen und Wirrungen herausfindet, bevor CDU-Niederlagen bei den kommenden, für ganz Deutschland weichenstellenden ostdeutschen Landtagswahlen auch den jetzt noch Einsichtsunwilligen gezeigt haben, dass sie die Union auf einen Holzweg geführt haben. Warum nur muss eine Partei, die jahrelang pragmatisch zu sein und vorauszudenken vermochte, erst dadurch klug werden, dass sie unwiederbringlich ihre Rolle als Volkspartei von der Mitte bis zum rechten Rand verspielt? Und wie schön wäre es hingegen, wenn mehr und mehr in der CDU den Ernst der Lage begriffen und die richtigen, auch in dieser Analyse wieder einmal vor Augen geführten Konsequenzen zögen!

ERHOFFTE LEHREN AUS DEN KOMMENDEN WAHLEN

veröffentlicht am 19. August 2019 auf meinem Blog wjpatzelt.de

Es ist gut, dass in zwei Wochen in Brandenburg und Sachsen so manche politischen Schleier endlich fallen. Die Landtagswahlergebnisse sowie die zutage tretenden Wählerwanderungen werden nämlich weiteren Aufschluss darüber geben, was für eine Politik der AfD in die Hände spielt – und welche wohl nicht.

---

[26] Manfred Weber (CSU) war der Spitzenkandidat der Europäischen Volkspartei für das Amt des Kommissionspräsidenten. Von der Tatsache, dass ein Deutscher diese herausragende Rolle spielte, erhoffte sich die Union Mobilisierungseffekte zu ihren Gunsten.

Reizvoll wird insbesondere der Vergleich der Wahlergebnisse im seit der Wiedervereinigung SPD-regierten Brandenburg mit denen im seit der Wiedervereinigung CDU-regierten Sachsen sein. Der weiß-grüne Freistaat gilt bekanntlich als rechts und saumselig im Umgang mit dem aufbrandenden Rechtspopulismus, das Land des roten Adlers hingegen als links und bedacht auf den „Kampf gegen rechts". Wenn also starke Wahlergebnisse der AfD – so die mediale Standarderklärung – darauf zurückgehen sollten, dass eine „viel zu rechte CDU" den Rechtspopulismus „salonfähig" gemacht und die „Grenzen des Sagbaren" hin zum Rechtsradikalismus verschoben habe, dann sollte die AfD im „rechten Sachsen" sehr stark, im „linken Brandenburg" hingegen eher schwach abschneiden. Falls aber die AfD in beiden Bundesländern ein gleichermaßen starkes Wahlergebnis erzielt, kann jene „Standarderklärung" nicht stimmen. Dann wird freilich auch weiterhin eine auf sie gegründete „Eindämmungspolitik" gegenüber der AfD misslingen.

Unter solchen Umständen sollte man ernsthafter als bislang die von mir seit vielen Jahren vertretene konkurrierende Erklärung des Aufstiegs der AfD in Betracht ziehen: Diese Partei wird dort stark, wo (1) das Vertrauen in die etablierten Parteien versiegt ist, ganz gleich, ob die CDU oder die SPD ein Land regiert, und wo (2) die CDU nicht länger die Rolle des Platzhirschs im Bereich zwischen der „politischen Mitte" und dem „rechten Rand" einnimmt, also: wo am rechten Rand durch die abnehmende Bindekraft der CDU eine Repräsentationslücke entstanden ist.

In Verbindung mit demoskopischen Befunden zu Kompetenzvermutungen hinsichtlich der konkurrierenden Parteien sowie zu solchen Themen, welche für die eigene Wahlentscheidung wichtig waren, können sodann die Wählerwanderungsanalysen sehr genauen Aufschluss über die Gründe des absehbaren, weiteren Erstarkens der AfD geben. Anschließend hängt es „nur" von der Lernfähigkeit tonangebender Politiker, Analytiker und Journalisten ab, ob künftig der AfD noch mehr Entfaltungsraum als in der Vergangenheit gegeben wird – oder ob die bislang unser Land regierenden Parteien es schaffen, das Vertrauen ihrer früheren Wähler zurückzugewinnen.

Mir scheint: Insbesondere die CDU wird nach dem 1. September ernsthafter als bislang die Doppelfrage erörtern müssen, was ihr Dahinkümmern in Brandenburg angesichts einer nicht gerade stattlichen Regierungsbilanz der rot-roten Koalition wirklich erklärt – und ihren Absturz von den Höhen einer großen relativen, einst gar absoluten Mehrheit in Sachsen. Solche Debatten werden sich im Kleinen zuspitzen auf die Frage, ob denn wohl die WerteUnion samt dem in Pension geschickten Verfassungsschutzpräsidenten Maaßen der Hauptgegner einer nach alter Stärke strebenden CDU wäre – und im Großen auf die Frage, ob denn nach der Kanzlerin Merkel nun auch die jetzige Parteivorsitzende und Verteidigungsministerin schuld am Niedergang bzw. am ausbleibenden Neuaufstieg der CDU wäre.

Meine eigene Antwort auf diese politisch explosiven Analysefragen ist längst bekannt und lässt sich in vielen Texten auf diesem Blog (wjpatzelt.de) nachlesen. Sie lautet: Ursächlich für den Niedergang der Union ist das von ihr selbst verschuldete Aufreißen jener Repräsentationslücke am rechten Rand, in der inzwischen die AfD floriert; und nur ein Wiederanknüpfen an jene vernünftige Wirtschafts-, Gesellschafts-, Migrations- und Europapolitik, welche der CDU einst Stimmenanteile von über 40 Prozent einbrachte, wird das Schrumpfen dieser – als Stabilitätsanker Deutschlands so wichtigen – Partei aufhalten.

Meine Hoffnung geht dahin, dass nach dem 1. September mehr Leute als bislang meine Position als die richtige begreifen. Doch meine Erfahrung sagt mir, dass wohl erst noch die Landtagswahl in Thüringen sowie die kommende, womöglich vorgezogene Bundestagswahl zum Desaster unserer etablierten Parteien werden müssen, bevor wirklich jene politisch-strategischen Lernprozesse einsetzen, die eigentlich schon 2014 durch das Aufkommen von PEGIDA angeraten wurden. Wie viel Schaden hat also noch einzutreten, bis unsere politisch-mediale Klasse aus ihm klug wird? – Wohl viel zu viel!

GRÜNE IN DIE REGIERUNG! – ??

veröffentlicht am 24. August 2019 auf meinem Blog wjpatzelt.de

Sehr gern würden die Grünen in Sachsen mitregieren. Weil es für die ihnen liebste Koalition – nämlich Rot-Grün-Rot – auf absehbare Zeit keine Mehrheit geben wird, wünschen sie sich eine Rolle als Partner der schwächlich gewordenen CDU.

Falls die nämlich keine Koalitionsmehrheit ohne Einschluss der Grünen zustande bringt, fällt den Grünen sehr große Verhandlungsmacht zu, denn im Grunde können sie eine alternativlos auf sie angewiesene CDU erpressen. Eben darauf freut man sich und meldet schon einmal die eigenen inhaltlichen Ansprüche an. Obendrein versuchen Zeitungen wie TAZ und Tagesspiegel, eine Regierungsbeteiligung der Grünen so plausibel wie möglich herbeizuschreiben.

Sobald die sächsische CDU wunschgemäß mit den Grünen koaliert, wird aber ein Großteil der CDU-Wähler endgültig zur AfD abwandern. Die nämlich gilt ihnen dann als einzig verbliebene Alternative zur fortan auch von Sachsens CDU betriebenen grün-linken Politik. Ein klares und dadurch attraktives CDU-Profil wird eine sächsische Staatsregierung unter Einschluss der Grünen jedenfalls nicht mehr aufweisen. Mit dem so bewirkten weiteren Aufstieg der AfD als gefährlichster CDU-Konkurrenz ist dann das lange Zeit unerreichbar scheinende strategische Ziel der Linken erreicht: Man hat die in Sachsen so lange dominierende CDU auf den Weg zur Verzwergung gebracht – und alsbald zur Strecke.

Ob es bei solchen Aussichten für die CDU nicht vernünftiger wäre, eine von ihr geführte Minderheitsregierung ins Amt zu bringen, falls es für "Schwarz-Rot-Gold" nicht reichen sollte, also für eine Koalition aus CDU, SPD und FDP? Eine Minderheitsregierung zu führen ist gewiss nicht vergnügungssteuerpflichtig, und eine solche Regierung wird auch nicht länger als ein, zwei Jahre halten. Doch während dieser Zeit könnte die CDU mit nun wirklich allen Landtagsfraktionen um eine für Sachsen gute Politik ringen und dabei den Wählern zeigen, bei wem sich politische Substanz findet – und bei wem vor allem Polemik und Heißluft. Auch ließe sich vieles – natürlich nicht alles – am Regierungsprogramm der CDU durch tatkräftige Führung der Ministerien verwirklichen, bräuchte also gar keine Gesetzesbeschlüsse des Landtags. Am Ende könnte eine solche Regierungsführung auf eine vernünftige Ökologie-, Infrastruktur- und Integrationspolitik hinauslaufen, auch auf eine Spaltung der AfD und auf eine womöglich 2021 neu herbeigewählte bürgerliche Landtagsmehrheit.[27]

---

[27] Anm. vom Januar 2024: Die CDU hat keinen meiner Ratschläge befolgt. Die absehbaren Folgen sind inzwischen eingetreten. Im Januar 2024 lag – trotz der sehr geringen Popularität der SPD-geführten Ampelregierung – die CDU bei der auf Sachsen bezogenen „Sonntagsfrage" gemäß den Befunden von Infratest dimap mit 30 Prozent deutlich hinter der AfD mit 35 Prozent, gefolgt vom Bündnis Sahra Wagenknecht mit 8 Prozent sowie, mit jeweils 7 Prozent, den Grünen und der SPD. Auf die „sonstigen Parteien" entfielen 9 Prozent.

WARUM IST ES VERNÜNFTIG, AM 1. SEPTEMBER DIE CDU ZU WÄHLEN?

veröffentlicht am 26. August 2019 auf meinem Blog wjpatzelt.de

Mit Bedauern habe ich festgestellt, dass Sachsens CDU im Wahlkampf von meinen Möglichkeiten weniger Gebrauch gemacht hat, als sie das hätte tun können. Wenn aber die CDU auch ohne merklichen Einsatz meinerseits ein gutes Wahlergebnis erzielt, dann lobe ich gern alle Wahlkämpferinnen und Wahlkämpfer – und freue mich über den Erfolg des gemeinsamen Anliegens!

Um nun meine bisherige Tätigkeit für die sächsische CDU abzurunden, die im Januar mit der Übernahme des Ko-Vorsitzes der Programmkommission begann, mache ich nachstehend jenen Sprechzettel öffentlich, den ich für den Programmparteitag am 29. Juni vorbereitet hatte, und welchen ich – in der Regel aus dem Gedächtnis und situationsabhängig variiert – bei jenen wenigen Wahlkampfveranstaltungen zur Grundlage meiner Ausführungen machte, zu denen einzelne Landtagskandidaten mich eingeladen hatten.

Im Übrigen mag es aufschlussreich sein, meine heutige politische Position mit jener zu vergleichen, die ich vor einem Jahr in einem – damals sehr gekürzt erschienenen – Interview mit der Chemnitzer „Freien Presse" vertreten habe: Sie blieb ganz die gleiche![28]

Für eine überzeugende Antwort auf die Themenfrage sind zwei Vorbemerkungen hilfreich.

Erstens: Der kommende Landtagswahlkampf ist völlig anders als alle vorhergehenden!

- Es geht nicht mehr um die absolute Mehrheit oder um eine starke relative Mehrheit für die CDU, sondern überhaupt um die politischen Gestaltungsmöglichkeiten der CDU in Sachsen – und insgesamt um die politische Stabilität im Land.
- Es geht weichenstellend um die Zukunft der CDU: Wer besiegt wen beim Ringen um das Vertrauen jener sehr vielen Bürgerinnen und Bürger, die sich nicht als links oder mittig verstehen, sondern eben als

[28] Jenes Interview ist oben auf Seite 50-61 abgedruckt.

rechts von der Mitte oder überhaupt als rechts? Gewinnt deren dauerhafte Anhänglichkeit die CDU – oder gelingt das der AfD?

Zweitens: Es war schon einmal leichter, in Sachsen für die CDU in den Wahlkampf zu ziehen!

- Die Landesverbände der CDU werden vom Wähler für objektive politische Fehler auf Bundesebene bestraft: von der Energiewende bis hin zur Migrationspolitik.
- Gerade die ostdeutschen Landesverbände der CDU werden vom Wähler für objektiv falsche Reaktionen auf rechtspopulistischen Politikprotest bestraft: für kollektive Herabsetzung und Ausgrenzung statt nachhaltiger Bereitschaft zu einem solchen argumentativen Streit in der Sache, der den Gegner als zu bezwingenden Rivalen ernst genommen hätte.
- Sachsens CDU wird vom Wähler bestraft für objektiv fehlerhafte Politik in den letzten Jahren: Lehrer, Polizisten, Einzelzüge der Gebietsreform samt Vernachlässigung des ländlichen Raums.
- Alles in allem: Die CDU insgesamt, und die Sachsenunion ebenso, leidet an einem großen, selbstverschuldeten Vertrauensverlust – gerade seitens der früher besonders treuen CDU-Wähler!

Und warum ist es dennoch vernünftig, bei der Landtagswahl die CDU zu wählen?

- Die sächsische CDU hat ihre landespolitischen Fehler erkannt, zugegeben und abgestellt. Allerdings braucht das Eintreten der zu erwartenden positiven Folgen etliche Zeit. Also bitten wir um Geduld.[29]
- Die sächsische CDU bedauert ihre falschen Reaktionen auf Bürgerprotest gegen unplausible Politik und hat auch hier einen Neuanfang gemacht: Sie geht seit längerem, gemeinsam mit ihrem Vorsitzenden, auf die Bürger zu und nimmt deren Sorgen ernst. Es ist deshalb ver-

[29] Anm. vom Januar 2024: Tatsächlich war die Position der sächsischen CDU nicht ganz so klar und reformorientiert, wie ich sie – durchaus wider besseres Wissen – im Wahlkampf darzustellen pflegte. Im Übrigen fanden meine Argumente zur Wahlkampfführung in den Reihen der CDU-Führung immer weniger Echo, galt ich mit meinen Urteilen immer mehr als eine „lose Kanone", wurde auch immer seltener zu Wahlkampfveranstaltungen eingeladen oder erhielt dort das Wort. Anscheinend war meine Bestellung zum Ko-Vorsitzenden der Wahlprogrammkommission nicht mehr als ein schnell verpuffender PR-Gag gewesen. Konsequenzen aus meinen Ratschlägen wurden jedenfalls nicht gezogen. Deshalb muss es niemanden wundern, wenn sich die CDU bei der Landtagswahl 2024 von ihrem seit 1990 innegehabten Führungsplatz vertrieben finden wird.

nünftig, auf die bleibende Wiederkehr der vernünftigen Original-CDU zu vertrauen – zuerst in Sachsen, eines Tages auch wieder auf Bundesebene!

- Bei der Landtagswahl geht es in erster Linie, wenn nicht ausschließlich, um Sachsen. Es ist deshalb unvernünftig, sich am 1. September gegenüber der Bundes-CDU und der Kanzlerin einer Art von „politischen Rachegefühlen" hinzugeben und nur deshalb eine Alternativpartei zur CDU zu wählen. Wen nicht mehr motiviert als Protest, wird nämlich jahrelang in Sachsen unter instabilen politischen Verhältnissen leben müssen!
- Abgesehen von ihren längst zugegebenen und – auf Landesebene – bereits abgestellten Fehlern hat die CDU seit Jahrzehnten bewiesen, dass sie gut und im Dienst des Gemeinwohls regieren kann. Ist es vernünftig, das aufs Spiel zu setzen und die erprobte Leistungsfähigkeit der CDU zurückzuweisen?
- Die sächsische CDU hat ein gutes, klares und detailliertes Regierungsprogramm, entstanden unter intensiver Beteiligung vieler Bürgerinnen und Bürger. Es lohnt sehr, dieses Programm zu lesen – und seine Wahlentscheidung vom dabei Gelernten prägen zu lassen!
- Sachsen hat einen tüchtigen, bürgernahen Ministerpräsidenten. Der kann aber nur dann weiterhin wirkungsvoll für Sachsen arbeiten, wenn man jene Partei wählt, die seine Machtgrundlage ist: die CDU. Wäre es wirklich vernünftig, Michael Kretschmer politisch zu schwächen?
- Die CDU ist der Stabilitätsanker des gesamten Parteiensystems in Sachsen. Wäre es wirklich vernünftig, diese von der politischen Mitte aus das Land zusammenhaltende Partei so weit zu schwächen, dass keine starke, CDU-geführte Regierung mehr zustande käme? Wie sollte denn dann eine Fortsetzung des bisherigen, in den meisten wesentlichen Dingen sehr erfolgreichen Kurses unseres Landes gelingen?
- Gibt es wirklich vernünftige Alternativen zu zu einer von der CDU geführten Staatsregierung?
  - Wären Ministerpräsidenten wie Dulig, Gebhardt oder Urban für Sachsen wirklich besser als der Ministerpräsident Kretschmer?[30]
  - Würde eine Koalition der CDU mit den Grünen Sachsen wirklich auf seinem bisherigen Erfolgskurs voranbringen? Falls aber nicht: Welche Partei sollte man dann vernünftigerweise wählen, um die Grünen aus der kommenden Staatsregierung herauszuhalten?
- Ist es, gerade auch in diesem Zusammenhang, für einstige Wähler der CDU wirklich vernünftig, überhaupt – oder „bis auf weiteres" – die AfD zu wählen?

[30] Das waren die Namen der Spitzenkandidaten von SPD, Linker, AfD und CDU.

- Wer durch sein Protestwahlverhalten die CDU zur Einsicht in unterlaufene Fehler bringen wollte, der hat hinsichtlich der Sachsenunion sein Ziel inzwischen doch erreicht!
- Müssten jetzt also nicht die sachpolitischen und personellen Schwächen der AfD viel stärker ins Gewicht fallen?
- Was immer sich an vernünftigen Zielen und Mitteln im Wahlprogramm der AfD findet, steht klipp und klar auch im Wahlprogramm der CDU! Dort findet sich aber gerade nichts von alle dem, was an den von der AfD propagierten Zielen oder Mitteln unvernünftig ist. Man sollte also einsehen: Die AfD ist im Wesentlichen eine sehr fehlerhafte Kopie jenes CDU-Originals, das einige Zeit lang leider nicht mehr verfügbar war, jetzt aber erneut gewählt werden kann!
- Die AfD hat sich, ausweislich vieler Reden ihrer Anführer und Anhänger, noch nicht entschieden, ob sie eine Partei sein will, die unsere etablierte Demokratie unzweifelhaft mitträgt, oder ob sie auf die „Überwindung" unseres politischen Systems ausgeht, in dem sie – gemäß ihrer Rhetorik – vor allem „Volksverräter" im Verbund mit einer „Lügenpresse"' am Werk sieht. Außerdem ist die AfD eine intern gespaltene Partei, die bislang keinerlei Gewähr dafür bietet, dass vernünftige Absprachen auch eingehalten werden und pragmatische Parteiführer ihre Machtstellung behalten. Solange sich die AfD aber in einem solchen „gärigen" Zustand befindet, lässt sich mit ihr eben keinerlei Zusammenarbeit verabreden, falls man nicht eine Art „politi schen Selbstmord" riskieren will.
- Also ist es unvernünftig, bei der kommenden Landtagswahl der AfD seine Stimme in der Hoffnung zu geben, damit würde eine handlungsfähige „nicht-linke" Mehrheit geschaffen und die CDU zur Zusammenarbeit mit der AfD „gezwungen".

Zusammenfassender Ratschlag:

- Die kommende Landtagswahl ist viel zu wichtig, als dass man seine Wahlentscheidung von einer Art „Rachegefühl" leiten lassen sollte. Man sollte vielmehr vernünftig bedenken, die Wahl welcher Partei für Sachsens Zukunft am besten ist.
- Nach Maßgabe politischer Vernunft gilt dann: Es führt zu nichts Gutem für Sachsen, wenn man als Nicht-Linker eine andere Partei wählt als die CDU!
- Das gilt im Übrigen nicht nur für die Zweitstimme, mit der die Stärkeverhältnisse im Landtag festgelegt werden, sondern auch für die

Erststimme: Welcher Kandidat bietet wohl am ehesten Gewähr dafür, dass auch künftig jene engen Kontakte zwischen kommunaler Ebene und der Landesebene gepflegt werden, von denen eine gute wirtschaftliche Entwicklung im Wahlkreis abhängt? Der jeweilige Kandidat der CDU – oder jener von der AfD? Man blicke also sorgfältig auf das jeweilige Persönlichkeitsprofil und die bislang unter Beweis gestellte Kompetenz!

- Unterm Strich sollte die Zeit der „Bestrafungsaktionen am Wahltag" vorbei sein; und deshalb ist die bestmögliche Vernunftentscheidung: beide Stimmen für die CDU!

KURZANALYSE DER LANDTAGS-WAHLEN VOM 1. SEPTEMBER 2019

veröffentlicht am 3. September 2019 auf meinem Blog wjpatzelt.de

Am zweiten Tag nach den innenpolitisch hochbedeutsamen Landtagswahlen in Sachsen und Brandenburg wird so manche – abgesehen von der AfD – eher unbegründete Hochstimmung verflogen sein, so manche – vor allem bei der Linken – gut verständliche Niedergeschlagenheit aber anhalten. Und weil „nach der Wahl" stets auch „vor der Wahl" ist, mag in dieser Lage eine nüchterne Lagebeurteilung zu vernünftigen praktischen Schlussfolgerungen verhelfen. In zwanzig Punkten lässt sich zusammenfassen, was – zumal aus der Warte der mir besonders am Herzen liegenden CDU – auf jeden Fall bedacht werden sollte.

1. Großer Wahlgewinner ist die AfD, weil sie – als noch sehr junge Partei – ihre ohnehin schon sehr ansehnlichen Wahlergebnisse so weit verbessern konnte, dass sie nun in Sachsen und Brandenburg jeweils zweitstärkste Partei ist.

2. Kleiner Wahlgewinner sind die Grünen, weil sie deutlich zulegen konnten. Zwar gewannen sie wesentlich weniger als von ihnen erhofft. Doch in beiden Ländern werden sie aller Wahrscheinlichkeit nach Minister- und Staatssekretärsposten erhalten sowie erheblichen gestalterischen Einfluss ausüben.

3. Große Wahlverlierer sind die CDU in Sachsen und die SPD in Brandenburg. Beide schnitten zwar – aufgrund der Polarisierung zwi-

schen CDU und AfD in Sachsen, zwischen SPD und AfD in Brandenburg – um vieles besser ab, als nach den vorangehenden Umfragen zu erwarten war. Deshalb überdeckte am Wahlabend die Freude über diesen unerwarteten Bonus die bleibenden, sich in den erheblichen prozentualen – nicht: absoluten – Stimmenverlusten ausdrückenden Probleme beider Parteien. Zum gleichen Effekt führte bei CDU und SPD die Gewissheit, dass die bisherigen Ministerpräsidenten im Amt bleiben werden. Obendrein täuscht die Sitzverteilung im Landtag über die reale gesellschaftliche Verankerung und Stärke der CDU: Viele Direktmandate gewann sie mit nur sehr geringem Vorsprung vor der AfD. Die Macht der sächsischen CDU ist somit zu einem Großteil geborgte, ungefestigte Macht.

4. Ein großer Wahlverlierer ist auch die Linke. Entgegen dem Rat von Sahra Wagenknecht hat sie, die einst so starke und stolze Protestpartei des Ostens, das zentrale Protestanliegen der Bevölkerung in den neuen Bundesländern nicht thematisieren wollen: die Zuwanderung, welche gerade die auf einen nicht übernutzten Sozialstaat angewiesenen Unterschichten unter Druck setzt.

5. Ein ins Mark getroffener Wahlverlierer ist auch die FDP: Sie kam gar nicht mehr in die Landtage. Das zeigt einen – durchaus traurig stimmenden – Nachfragemangel an liberaler Ordnungspolitik an.

6. Bei der brandenburgischen CDU zahlte es sich nicht aus, Koalitionsbereitschaft sowohl mit der AfD als auch mit der Linken zu bekunden und obendrein einen klar „merkeltreuen" Kurs zu fahren. Entweder wird sie nun als – an der Seite der Grünen durchaus austauschbarer – Juniorpartner der SPD gedemütigt werden, oder sie muss neben der AfD die zweite Geige als Oppositionspartei spielen.[31]

7. Bei beiden Regierungsparteien verursachte die Bundespolitik der jeweiligen Partei eine strategisch schwierige Wahlkampflage. Bei der SPD war es der Orientierungsverlust und die Führungslosigkeit der Bundespartei, bei der CDU – in Verbindung mit ihrer Energie- und Russlandpolitik – die bis heute bei vielen ehemaligen CDU-Wählern empörungsauslösende Migrationspolitik von 2015/16 mitsamt recht hochnäsigen Reaktionen auf den so provozierten Protest. Insbesondere in Sachsen gelang es der Landes-CDU allerdings, auch die positiven Errungenschaften ihrer Regierungszeit vor Augen zu führen.

[31] Es kam zu einer Koalition zwischen SPD, CDU und Grünen.

8. Die sächsische CDU verdankt ihren alle Vorhersagen so klar übertreffenden Zugewinn den folgenden Faktoren:
   - einer sehr erfolgreichen Bilanz als Regierungspartei seit 1990 samt Eingeständnis und Korrektur jener offensichtlichen Fehler, die während der bisherigen Regierungszeit unterlaufen sind;
   - dem vorbildlichen persönlichen Engagement des Spitzenkandidaten, das ihn populär machte und das mit klaren politischen Richtungs- und Gestaltungsansagen verbunden war;
   - der Tatsache, dass diesmal auch die Landtagsabgeordneten intensiv kämpften, statt – wie noch 2014 – ihre Mandate für kraft Nominierung gesichert zu halten;
   - wirksamen Werbemitteln, zumal bezüglich von Person und Positionen des Spitzenkandidaten;
   - der Betonung dessen, dass es um Landespolitik und die Stabilität in Sachsen gehe, nicht aber um ein Abstrafen der Bundes-CDU und ihrer Führung;
   - einer klaren und unbeirrbar durchgehaltenen Absage an eine Koalition mit der AfD, weswegen die Linke hier keinerlei Skandalisierungschancen hatte;
   - in letzter Minute: solchen Wählern, die eigentlich lieber die SPD oder die Grünen gewählt hätten, bei der Entscheidung zwischen Pest und Cholera – „Soll die ungeliebte CDU stärkste Partei werden oder die verhasste AfD?" – sich aber lieber „für die Pest" entschieden. Führende Grünen-Politiker verweisen inzwischen denn auch triumphierend darauf hin, dass die CDU nur durch Leihstimmen aus dem Lager links der Mitte die AfD besiegt hätte, nicht aber durch eigene Kraft.

9. Von ihrem stärksten Rivalen – der AfD – hat die CDU nicht nur keine Wähler zurückgewonnen. Vielmehr hat sie sogar rund 85.000 ehemalige CDU-Wähler an die in der eigenen politischen Spielfeldhälfte konkurrierende AfD verloren. Das war – ebenso wie der Erhalt von „Leihstimmen" seitens der Parteien links der CDU – kein Zufall, sondern eine in Kauf genommene bzw. beabsichtigte Folge der verfolgten Wahlkampfstrategie: In der (linken) Mitte müsse die CDU punkten, nicht rechts; und rechts könne sie ohnehin nicht so viele Wähler (zurück-) gewinnen, wie sie bei einer anderen Wahlkampfführung nach links hin verliere.

10. Die von mir – angesichts des nun jahrelang anhaltenden Aufstiegs der AfD zu Lasten der CDU – immer wieder bezweifelte Richtigkeit dieser Vermutung, die aber von der CDU seit langem ihrer Politik zugrunde

gelegt wird, lässt sich anhand der Wählerwanderungen in Sachsen und Brandenburg sowie demnächst in Thüringen leicht überprüfen. Warten wir ab, ob oder wann und unter welchen Umständen aus einer solchen Überprüfung auch Schlussfolgerungen gezogen werden, die eines Tages zu wieder besseren Wahlergebnissen der CDU führen können!

11. Man muss bei der Analyse von Wahlergebnissen in den neuen Bundesländern zumindest die folgenden Sonderfaktoren Ostdeutschlands in Rechnung stellen: die geringere Verankerung der (wesentlich personalschwächeren) Parteien im vorpolitischen Raum und in der Gesellschaft; die größere Volatilität des Wahlverhaltens aufgrund einer viel geringeren durchschnittlichen Parteiidentifikation sowie von viel fragileren bzw. sich rascher wandelnden sozioökonomischen Strukturen; die viel ausgeprägtere Protestneigung teils aufgrund von echten oder vermeintlichen Benachteiligungen, teils aus Empörung über unverständliche West- und Elitenreaktionen auf ostdeutschen Protest, teils auch in Fortsetzung einer in DDR-Zeiten zurückreichenden „Meckerkultur"; die andersartigen kulturellen Prägungen einer Gesellschaft, die gerade nicht die westeuropäischen Erfahrungen eines verselbstverständlichten Wohlstands sowie von Liberalisierung und kultureller Heterogenisierung teilt, sondern in vielen Charakteristika eher polnischen oder ungarischen Gegebenheiten ähnelt. Das alles beschert selbst einer *gleichen* Gesellschafts- und Kulturpolitik in West- und Ostdeutschland sehr *unterschiedliche* Deutungen und Reaktionen, diversifiziert also auch die Rationalitätskalküle west- und ostdeutscher Parteien. Verhängnisvoll ist in diesem Zusammenhang für die ostdeutschen Landesverbände gesamtdeutscher Parteien, dass deren westdeutsche Mehrheiten oft Verhaltensvorgaben machen, die sich in den neuen Bundesländern kontraproduktiv auswirken.

12. Der große Wahlerfolg der AfD in Sachsen und Brandenburg ist Teil eines bundesweit gleichen, doch nur im Osten – aufgrund der oben umrissenen Ost-Charakteristika – besonders markanten Musters. Das legt es nahe, anhand der AfD-Ergebnisse in Sachsen und Brandenburg einige bundesweit gehegte Standardvermutungen zu den Ursachen des Erfolgs dieser Partei zu überprüfen, die üblicherweise der Auseinandersetzung mit der AfD zugrunde gelegt werden:
    - „Die AfD ist die Partei der Rassisten und Nazis." Sind denn die Zehntausende von früheren SPD- und Linkspartei-Wählern, auch die einigen Tausende von früheren Grünen-Wählern, die nun ihr

Kreuz bei der AfD machten, wirklich allesamt Rassisten und Nazis – oder solche Leute, die den Rechtsradikalen, die es unzweifelhaft bei der AfD auch gibt, unbedingt an die Macht verhelfen wollen?

- „Die AfD ist die Partei der Abgehängten und Gescheiterten." Passt diese Deutung wirklich zu den soziographischen Merkmalen jener Wahlkreise, in denen die AfD besonderes stark abschnitt?
- „Die AfD ist die Partei der Alten, die vergangenen Zeiten nachtrauern." Dem widerspricht klar die Altersverteilung der AfD-Wähler. Gerade bei den jüngeren Wählern konnte die AfD – ebenso wie die Grünen – stark punkten, während tatsächlich CDU und SPD sehr stark die Parteien jener „Alten" sind, die nun freilich bald die Mehrheit der Wähler stellen werden.
- „Die AfD ist dort besonders stark, wo ein Land konservativ regiert wird, wo die CDU besonders rechts ist und wo man keinen entschlossenen Kampf gegen rechts führt." Falls das stimmt, müsste die AfD im seit der Wiedervereinigung SPD-regierten Brandenburg mit seiner merkeltreuen CDU und einem klaren „Kampf gegen rechts" der rot-roten Landesregierung besonders schwach abgeschnitten haben. So war es aber nicht.

13. Schlüssel zum Verständnis der AfD-Erfolge, des Abstiegs bisheriger Volksparteien und zur Erarbeitung einer erfolgsträchtigeren Strategie der Auseinandersetzung mit diesem neuen politischen Rivalen bieten vielmehr die folgenden Fakten: Der AfD wird auf den allermeisten Politikfeldern viel weniger Kompetenz zugeschrieben als – insbesondere – der CDU; die Mehrheit der AfD-Wähler erklärt, für diese Partei nicht wegen ihrer Kompetenz gestimmt zu haben, sondern aus Unzufriedenheit mit den „etablierten Parteien"; die weitaus meisten Wähler der AfD erachten die Migrationspolitik von Union, SPD und Grünen als vom Ansatz her falsch und in ihren Folgen für Deutschland sehr übel; die Wähler von Parteien zwischen der Mitte und dem rechten Rand (FDP, CDU, AfD) stellen in den meisten deutschen Ländern die Mehrheit, die Wähler der Parteien von der Mitte bis zum linken Rand (Grüne, SPD, Linke) hingegen in den meisten Ländern die Minderheit; die „rechte" Bevölkerungsmehrheit ist aber nirgendwo in eine „rechte Parlamentsmehrheit" umsetzbar, weil ein Zusammenwirken zwischen CDU und AfD teils aufgrund des Charakters bzw. Zustands der AfD unmöglich ist, teils als „politisch unkorrekt" verboten wurde, wogegen man sich bei Strafe eigener Ausgrenzung besser nicht vergeht.

14. Erkennen lässt sich aus diesen knapp umrissenen Fakten: Die etablierten Parteien betrieben eine (Migrations-) Politik, die einem erheblichen Teil der länger schon im Land lebenden Bevölkerung weiterhin nicht einleuchtet; dieser Teil empfindet (auch, nicht nur deshalb) unser politisches System als schlecht funktionierend und die es betreibenden Politik- und Medieneliten als unzulänglich; dieser Protest gegen unser System und dessen Funktionseliten artikuliert sich im rechten politischen Spektrum, weil er sich nämlich an der Migrationsthematik auskristallisiert, Deutschlands Migrationspolitik aber entlang linker Politikvorstellungen ausgestaltet wird; die neu aufgekommenen oder aufgebrachten Gestaltungsaufgaben (vor allem: die wechselseitig verbundene Energie- und Klimapolitik) werden ebenfalls vor allem entlang linker Politikvorstellungen erörtert, was sie zu weiteren Angriffspunkten rechter Kritik macht; die CDU war – und ist in Teilen weiterhin – nicht nur eine treibende Kraft jener Migrations- und Energie- bzw. Klimapolitik, die (weit) rechts der Mitte Empörung auslöst, sondern die CDU will auch nicht länger eine Partei derer sein, die sich weder als links noch als mittig verstehen, sondern klar als rechts der Mitte („Repräsentationslücke"); und somit entstand – und wird weiterhin offen gehalten – eine „Repräsentationslücke", d.h. ein breiter politischer Raum, in dem die AfD seit langem gedeiht.

15. Ein größerer Rahmen des Abstiegs der SPD (zugunsten der Grünen) und des Aufstiegs der AfD (zu Lasten der CDU) ist ein neuer gesellschaftlicher Großkonflikt („Cleavage"). Wie seine historischen Vorgänger („Konservative gegen Liberale", „Sozialisten gegen Bürgerliche", „Faschisten gegen Liberale und Kommunisten") reicht er tief in die sehr unterschiedlichen Interessenlagen, Weltsichten und emotionalen Tiefenschichten der Bürgerschaft hinein. Umstritten ist im neuen Großkonflikt die Rolle des (National-) Staates im Zeitalter von Europäisierung und Globalisierung. Die Europäisierung setzt der nationalstaatlich organisierten Demokratie Grenzen durch supranationales Regieren und erzeugt Anti-EU-Affekte „im Namen der Demokratie". Die Globalisierung setzt der nationalstaatlich organisierten Demokratie höchst wirksame Grenzen durch die Übermacht von international tätigen (und in vielen Ländern sich einer wirksamen Besteuerung entziehenden) Konzernen, und sie erzeugt jene Globalisierungskritik, die traditionell Linke mit alten sowie neuen Rechten verbindet. Obendrein ermöglicht (und bewirkt) die Globalisierung großen Migrationsdruck, der mehr und mehr auch die bislang gut verwalteten und reichen Sozialstaaten zumal des eurasischen (Nord-) Westens erreicht. Gerade in den dortigen Demokratien er-

zeugt das vielerlei, auch weit verbreitete, Sorgen ob der Aufrechterhaltbarkeit des wirtschaftlich und (!) kulturell Erreichten, um eine mögliche Übernutzung der sozialstaatlichen Wohlfahrtsangebote sowie um eine unfaire Ausnutzung bislang praktizierter (Steuer- und Abgaben-) Solidarität.

16. In diesem Großkonflikt machen zwei Parteien in sich stimmige und deshalb emotional attraktive Gestaltungsangebote:
    - Die Grünen stellen als Lösung dieser Probleme einen bewusst multikulturellen, multiethnischen sowie in supranationale Regierungsstrukturen eingebetteten Staat in Aussicht, der – möglichst ohne Patriotismus und Leitkultur – eine humanitäre Zugewandtheit gegenüber grundsätzlich willkommenen Migranten mit durchsetzungsstarker Regulierung eines nachhaltigen und zuwanderungsermöglichenden Lebensstils der länger im Land Lebenden verbindet.
    - Die AfD bietet zu alledem die Antithese: Beibehaltung des demokratisch über sich selbst bestimmenden Nationalstaats mitsamt solcher innerstaatlicher Solidarität, die ganz wesentlich auf die Pflege einer verbindenden Kultur gegründet ist; und zu diesem Zweck: Begrenzung der Migration auf humanitäre Ausnahmetatbestände sowie solche Migranten, die der Stärkung der Wirtschafts- und Innovationskraft des eigenen Landes dienlich sind.

17. Je nach ihren biographischen Prägungen und Lebensumständen neigen Bürger eher der von den Grünen oder von der AfD angebotenen Lösung dieses Konflikts um die wünschenswerte Rolle des Staates zu. In Deutschlands Westen, in großstädtischen Milieus und in Kreisen mit als garantiert empfundenem Wohlstand vertraut man in diesem Großkonflikt mehr den Grünen; im Osten, in ländlichen Milieus und in Kreisen ohne sonderlichen Wohlstand bzw. mit als gefährdet empfundenem Wohlstand setzt man hingegen mehr auf die AfD.

18. Parteien, die sich in diesem Konflikt nicht plausibel positionieren, werden zwischen Grünen und AfD zerrieben. Die SPD, an der Spitze den Grünen zuneigend, an der traditionellen Arbeitnehmerbasis hingegen der AfD, wurde davon schon stark geschädigt. Auch die CDU erlebt diese Erosionsprozesse, will aber deren tiefere Ursachen mehrheitlich noch nicht erkennen, sondern versucht es mit Personalisierung und Loyalität: Erfolgreich werde bleiben, wer „Merkels Erbe" bewahrt; und schuld am Glaubwürdigkeitsverfall der CDU wären eben die „Merkel-Kritiker".

19. Es wäre politisch weise, bei allen Koalitionsüberlegungen und Koalitionsvereinbarungen diese wohl für viele Jahre prägende Polarisierung zwischen dem „Grünen-Pol" und dem „AfD-Pol" sehr ernst zu nehmen. Im Osten prägt sie jetzt schon die Wahlentscheidungen, und im Westen wird das bei den nächsten Wahlen ebenfalls unübersehbar werden: nämlich beim Blick auf die Entwicklung der wechselseitigen Stimmenanteile von CDU und AfD dort, wo die Union mit den Grünen koaliert.

20. Letztlich sind die Wahlergebnisse in Sachsen und Brandenburg (sowie die kommenden bei der regulären Thüringer Landtagswahl sowie der in Aussicht stehenden Bundestagswahl) die – von jedem klarsichtigen Analytiker erwarteten – Folgen von falschen Reaktionen des politisch-medialen Establishments auf das Aufkommen bereits der Lucke-AfD und sodann von PEGIDA, in deren Protesthaltung im Sommer 2015 die AfD trat und sich so in die Lage versetzte, zum Hauptprofiteur großer Politikfehler der Union/SPD-Koalition auf Bundesebene zu werden. Doch allzu wenige wollten damals die „Zeichen an der Wand" zur Kenntnis nehmen oder gar sinnvoll auf sie reagieren.[32]

IST DIE WERTE-UNION AN DEN STIMMENVERLUSTEN DER SACHSEN-CDU SCHULD?

veröffentlicht am 12. September 2019 auf meinem Blog wjpatzelt.de

Die „Frankfurter Allgemeine Sonntagszeitung" (FAS) hat am 8. September in ihrem Aufmacher Hans-Georg Maaßen – und somit die WerteUnion – als den Schuldigen an den Stimmenverlusten der sächsischen CDU ausgemacht. Die Schlagzeile lautete „Maaßen schadete der CDU. Sächsische Gastgeber verloren ihre Wahlkreise. Abgrenzung zur AfD brachte Gewinne".

Außerdem brachte es die FAS fertig, mich wie einen Kronzeugen für diese Einschätzung ins Feld zu führen, indem aus der auf meinem Blog publi-

[32] Anm. vom Januar 2024: Es scheint, dass nun – gut vier Jahre später – diese Analyse mehr und mehr zum politischen Standardnarrativ wird. Wie schade, dass erst einmal so großer politischer Schaden eintreten musste!

zierten differenzierten Wahlanalyse[33] *nur ein einziger von vielen Punkten – seinerseits ohne den Kontext der anderen irreführend – zitiert wurde: Das wider die Erwartungen stärkere Abschneiden der CDU verdanke sich „einer klaren und unbeirrbar durchgehaltenen Absage an eine Koalition mit der AfD". Allerdings wurde der wichtige Nachsatz weggelassen: „... weswegen die Linke hier keinerlei Skandalisierungschancen hatte". Obendrein hatten die mich betreffenden Passagen auch noch den Dreh, mich wie einen Wendehals aussehen zu lassen. Was wirklich meine Einschätzung ist, habe ich in einer internen Stellungnahme für die Führung der WerteUnion aufgeschrieben. Hier folgt, leicht redigiert, dieser Text:*

Es ist so, „dass der FAS-Text an der Oberfläche bleibt und richtig Beobachtetes in irreführende Kontexte stellt. Vorab müssen wir selbst uns aber eingestehen, dass Maaßens Auftritte zweifach suboptimal waren: Er stellte (falls die Medienberichterstattung zutrifft) eher den objektiv falschen Umgang mit sich selbst in den Mittelpunkt seiner Auftritte, als dass er erklärt hätte, warum es – trotz allem – vernünftig sei, die CDU zu wählen; und statt die zu erwartenden unfairen Skandalisierungsversuche zu unterlaufen, bot er ihnen immer wieder neue Ansatzpunkte. Zu den oberflächlichen Beobachtungen und irreführenden Deutungen ist festzustellen:

a) Anhand der Korrelation von Maaßen-Auftritten und CDU-Wahlkreisniederlagen einen Kausalzusammenhang zu konstruieren ist ebenso sinnvoll, wie aus der Häufigkeit von Störchen und Geburten im ländlichen Raum sowie der Seltenheit von Störchen und Geburten im städtischen Raum zu schließen, Störche brächten die Kinder. Der Zusammenhang ist vielmehr: Insbesondere von der AfD bedrohte Kandidaten luden Maaßen ein; der stellte sich aber eher in den Dienst der eigenen Sache als in den der sächsischen CDU; das wurde medial sowie von der CDU skandalisiert; und deshalb erhielten die CDU-Kandidaten dort weniger Leihstimmen von SPD, LINKEN und GRÜNEN als in Wahlkreisen, wo die CDU-Kandidaten brav das linkserwünschte Mantra aufsagten, sie liebten Grünes und Linkes derzeit mehr als jene früheren eigenen Positionen, die nun die AfD einnimmt.

b) Die AfD hat weiterhin viele Stimmen von der CDU gewonnen und wird diese Wähler in der kommenden CDU/Grüne/SPD-Koalition wohl dauerhaft an sich binden, während die CDU-stärkenden Leihstimmen von Grünen und Linken sich nicht der Zuneigung zur CDU verdanken, sondern allein dem Wunsch, die AfD nicht zur stärksten Partei wer-

[33] Siehe den vorstehenden Text vom 3. September 2019.

den zu lassen. Im Grunde hat sich die CDU in die Falle ihrer Gegner von links begeben. Derzeit ist sie jedenfalls ein Scheinriese: Das x von „29 % plus x“ verdankt sich Leihstimmen, und die meisten Direktmandate wurden auch nur mit hauchdünnem Vorsprung gewonnen.

c) Klug war die Abgrenzung von der AfD nur aus zwei Gründen: Erstens wurde der AfD so gezeigt, dass ihr bequemer und selbstgefälliger Radikalisierungskurs sie gerade nicht an die Seite der CDU bringt. Zweitens wurde der Linken ihr erhofftes Wahlkampfthema genommen: Schwächt die mit der AfD kooperationswillige CDU so sehr, dass die Linke eine Parlamentsmehrheit bekommt! Ein CDU-Wahlkampferfolg war es somit durchaus, dass Linke und Grüne nun ganz im Gegenteil die CDU wählen mussten (!), um auf linke Politik hinwirken zu können.

Fazit: Die Schlussfolgerung der FAS hilft der CDU nicht weiter. Nur wenn wir der AfD Wähler abnehmen, werden wir wieder stark. Und leider nahm die CDU ihrerseits die Auftritte von Maaßen zum Anlass, weitere Wähler lieber der AfD zuzutreiben als ihnen zu sagen: „Eine Wahl der AfD ist fortan unnötig, denn die verlässliche und vernünftige CDU ist wieder da!“

Im Übrigen hat mein Auftauchen im fraglichen FAS-Aufmacher eine kleine Vorgeschichte, die ebenfalls berichtet sei. Die zuständige Redakteurin fragte per Email, wieso ich mich nicht genug im sächsischen Landtagswahlkampf eingesetzt fühle, und sie bat um Angabe der Anzahl meiner „Auftritte“. Womöglich war also ein Doppelporträt beider „CDU-Schädlinge“ in Erwägung gezogen. Ich antwortete postwendend mit dem folgenden Text:

Die Sache ist im Grunde ganz einfach: Ich hatte meine politische Rolle dahingehend verstanden, dass ich jene CDU–Wähler, die zur AfD abzuwandern bereit sind oder schon abgewandert waren, in besonderer Weise ansprechen und nach Möglichkeit doch wieder an die CDU binden sollte. Tatsächlich aber wurde die Wahlkampfstrategie dahingehend festgelegt, dass es vor allem auf das Gewinnen von Wählerstimmen aus dem Bereich von SPD und Grünen ankäme.

Diese Strategie ist dann ja auch in letzter Minute noch aufgegangen, wie man an den Wählerwanderungsanalysen und am im Vergleich zu den Umfragen deutlich besseren realen CDU-Ergebnis ablesen kann. Dem steht freilich gegenüber, dass wir 81.000 Stimmen an die AfD verloren haben und derzeit eben nicht aus eigener Stärke vor der AfD liegen. Doch da die Wahlkampfstrategie ja im Wesentlichen aufgegangen ist, habe ich an dieser Stelle nicht nachzukarten.

Weiterhin glaube ich allerdings, dass wir mit mehr Anstrengungen gegenüber den AfD-Sympathisanten auch in diesem Bereich unsere Verluste hätten durchaus eindämmen können. Dass ich genau dazu eben doch nicht beitragen konnte, habe ich bedauert – allerdings nicht mit Trompetenschall, sondern nur als Eingangsbemerkung zu einem Beitrag auf meinem Blog, in dem ich erläuterte, warum es in jeder Hinsicht vernünftig wäre, am 1. September die CDU zu wählen.

Insgesamt habe ich mit fünf Landtagsabgeordneten – allesamt unter AfD-Druck – je eine Wahlveranstaltung gemacht. Der Außeneindruck war: Patzelt wurde von seiner Partei – für die einen „Gott sei Dank", für die anderen „leider Gottes" – kaltgestellt. Mein Eindruck hingegen ist: Ich habe meine Pflicht getan, freilich auch nicht mehr.

Und damit, meine ich, darf ich meine persönliche Rückschau auf den Wahlkampf nun auch beenden.

MERKELS ENDSPIEL

veröffentlicht am 30. Oktober 2019 auf meinem Blog wjpatzelt.de

Gestern bat mich die Berliner Redaktion der BILD-Zeitung um eine Einschätzung der Kritik von Friedrich Merz an Angela Merkels Regierungsführung. Ich stimmte dieser Kritik pauschal zu, ergänzte das allerdings um die folgende – nachstehend leicht redigierte und erweiterte – Begründung:

Angela Merkel surft seit langem auf den Wellen der öffentlichen Meinung. Diese wird, wie empirische Jornalistenuntersuchungen immer wieder zeigen, im Wesentlichen von solchen Medienleuten gestaltet, die im Wesentlichen den Grünen und den Sozialdemokraten zuneigen. Davon geprägt, machte Angela Merkel jahrelang Politik gegen die Anhängerschaft ihrer eigenen Partei. Sie konnte das erfolgreich tun, weil eben Medien, Sozialdemokraten und Grüne ihre zentralen politischen Entscheidungen (Energiewende, „Eurorettung", Migrationspolitik, Aussetzung der allgemeinen Wehrpflicht ...) mittrugen und weil Merkels Wahlerfolge in der Vergangenheit – gemeinsam mit der Ausschaltung aller möglichen innerparteilichen Rivalen – jegliche Revolte innerhalb der CDU so lange aussichtslos machten, wie nicht ein Großteil der Parteibasis das Vertrauen in die Bundesführung der CDU verloren hatte.

Nun aber ist es so weit. Unübersehbar entfremdete Angela Merkel sich selbst und ihre Partei einem großen Teil der früheren Wählerschaft der Union. Diese einstigen Anhänger sind nun, schlimmstenfalls sogar dauerhaft, zur AfD abgewandert. Die Serie von CDU-Verlusten – oder gar von eindeutigen Niederlagen der CDU – zwischen der Bundestagswahl und der thüringischen Landtagswahl hat jedenfalls wesentlich mehr Leuten als je zuvor nicht nur in der CDU, sondern auch unter Journalisten die Augen dafür geöffnet, dass tatsächlich die Kanzlerin mit ihrem Regierungsstil ihre eigene Partei geschädigt hat – und, so nach Ansicht vieler früherer CDU-Wähler, auch unser Land. Der blamable Streit zwischen Verteidigungsministerin und Außenminister um die Türkei- und Syrienpolitik Deutschlands hat ferner gezeigt, dass die Kanzlerin auch nicht mehr das Handeln der Bundesregierung zu koordinieren vermag, sofern dieses über die planwirtschaftliche Abarbeitung des – Koalitionsvertrag genannten – „Vier-Jahres-Plans" der Großen Koalition hinausgeht.

Angela Merkel ist im Grunde zur „lame duck" geworden. Als solche befindet sie sich nun im Endspiel ihrer Kanzlerschaft. Sie wird es nicht gewinnen. Die Attacken von Merz und Koch sind vermutlich nur jenes rhetorische Artilleriefeuer, das die endgültige Revolte vorbereitet. Kommt die aber – trotz aller Merkel-Fehler der letzten Jahre – nicht rechtzeitig, so wird wohl Annegret Kramp-Karrenbauer die CDU in die kommende Bundestagswahl führen, deren desaströses CDU-Ergebnis anschließend der einst so stolzen Partei Adenauers und Kohls das beklagenswerte Schicksal der heutigen SPD beschert.

KEIN RÄTSEL: DAS WAHLVERHALTEN IM OSTEN

Interview mit Klaus Rimpel, um die drei letzten Fragen verkürzt, veröffentlicht am 31. Oktober 2019 im Münchner Merkur;[34] desgleichen vollständig am 3. November 2019 auf meinem Blog wjpatzelt.de

Erklären Sie uns bitte den Osten: Warum wählen die Menschen dort in so großem Ausmaß die Parteien vom Rand, AfD und Linke?

[34] https://www.merkur.de/politik/nach-thueringen-wahl-experte-erklaert-ergebnis-gibt-natuerlich-auch-waehler-zr-13177444.html, Zugriff am 25. Januar 2024.

Die Linke ist hier nicht unbedingt eine Partei „vom Rand". Keiner im Osten würde sie ernsthaft als linksextrem bezeichnen. Die PDS war nach der Wiedervereinigung sogar eine authentische Volkspartei. In Thüringen hat es Bodo Ramelow zudem verstanden, die Linke zu einer geradezu sozialdemokratischen Partei zu machen – und er konnte sogar ordentlich Stimmen von der CDU gewinnen.

Und die AfD?

Sie schließt jene Lücke, welche die CDU durch ihre Sozialdemokratisierung zum rechten Rand hin hat aufklaffen lassen. Die AfD besteht ja nicht nur aus Rechtsradikalen; wohl ein Drittel ihrer Mitglieder sind ehemalige CDU-Mitglieder. Und Wählerwanderungsanalysen zeigen, dass auch ein Großteil der AfD-Wähler – sofern nicht zuvor Nichtwähler – ehemalige CDU-Wähler sind.

Die Thüringer Höcke-AfD gilt nun aber als besonders extrem rechts – warum schreckt das diese ehemaligen CDU-Wähler nicht ab?

Die politische Strategie hat ja noch nie verfangen, die AfD durch lautstarkes Beschwören ihrer rechtsradikalen Teile als Horrorgespenst auszugeben. Die Leute sagen vielmehr: Nur weil es den Höcke gibt, verzichte ich doch nicht darauf, klarzumachen, dass ich eine andere Migrationspolitik oder den Osten nicht länger benachteiligt sehen will! Aber es gibt natürlich auch Wähler, die der AfD nicht trotz, sondern wegen Höcke ihre Stimme geben.

Sie haben ja die CDU im Sachsen-Wahlkampf beraten. Warum haben da Ihre Rezepte auch nicht funktioniert, AfD-Wähler zur CDU zurückzuholen?

Die Rede von der Beratung war immer schon zu hoch gegriffen. Ich war nur Ko-Vorsitzender der Programmkommission und habe bloß die Präambel des Wahlprogramms geschrieben. Im Übrigen sind meine Ratschläge in der sächsischen CDU-Führung nicht auf sonderliche Zustimmung gestoßen. Ich hatte nämlich empfohlen, von der CDU-enttäuschte AfD-Wähler zurückzugewinnen oder weiteres Abwandern zur AfD aufzuhalten. Die Parteiführung hingegen beschloss, in der Mitte zu punkten. Tatsächlich gewann die CDU Stimmen von ihren künftigen Koalitionspartnern SPD und Grüne, verlor aber stark an die AfD.

So geht es ja allen einstigen Volksparteien: Wenn SPD, CSU oder CDU an den Rändern gewinnen wollen, verlieren sie die Wähler in der Mitte. Wie kommen sie aus diesem Dilemma heraus? Und wie groß ist die Schuld der Bundes-CDU und namentlich der Vorsitzenden AKK am schlechten CDU-Ergebnis?

Partein müssen sich klar entscheiden, wofür sie zuständig sein wollen. Lange ist die Union gut damit gefahren, von der Mitte bis zum rechten Rand für alle zuständig sein zu wollen. Unter Angela Merkel aber hat sich die CDU ausdrücklich zur Partei allein der Mitte erklärt – und hat dadurch der AfD ihre eigenen Wähler zugetrieben.

Die Verursachungskette beginnt also schon bei AKKs Vorgängerin Merkel, zumal mit der Migrationspolitik und der falschen Reaktion auf den mit Pegida im Osten aufbrandenden rechtspopulistischen Protest. Viele, die sich erhofft hatten, unter AKK würde die CDU frühere Politikfehler abstellen, sehen sich nun getäuscht. Hinzu kommen Ungeschicklichkeiten der neuen CDU-Chefin. Auch die haben das Vertrauen in sie nicht gerade gestärkt.

Warum tun sich FDP und Grüne im Osten so schwer?

Die Grünen florieren in Regionen mit einer wohlhabenden akademischen Schicht. Solch ein großstädtisches, wohlsituiertes akademisches Milieu existiert aber im Osten viel weniger als im Westen – und in Thüringen auch nur stellenweise. Was die FDP betrifft: Liberale Wirtschaftspolitik wurde seit langem erfolgreich als übler Neoliberalismus diffamiert.

Warum ist die SPD im Osten noch schwächer als im Westen?

Sie ist die einzige Partei, die im Osten nach der Wende neu gegründet wurde, während die anderen Parteien auf Fundamenten von DDR-Parteien fußen. Zweitens hat sich die SPD nach der Wiedervereinigung geweigert, pragmatische frühere SED-Mitglieder aufzunehmen; die haben dann die PDS und später Linke stark gemacht. Drittens hat Bodo Ramelow es geschafft, in Thüringen die Linke als „die wirkliche SPD" erscheinen zu lassen. Und viertens ist die SPD bundesweit in einem ruinösen Zustand, eingeklemmt zwischen der sozialdemokratisierten CDU auf der einen und den Grünen sowie der Linken auf der anderen Seite. Die SPD kann sich erst dann wieder erholen, wenn die CDU nach rechts rückt und Platz in der Mitte frei macht.

ZUM CDU-RICHTUNGSSTREIT

Interview mit Patrick Mayer, veröffentlicht am 3. November 2019 auf web.de,[35] desgleichen am 3. November 2019 auf meinem Blog wjpatzelt.de

Herr Patzelt, nach der Wahlschlappe in Thüringen wird in der CDU eifrig über die künftige Ausrichtung gestritten.

Nicht mehr nur die Basis der Partei fragt sich, ob der bisherige Kurs der Kanzlerin und langjährigen Parteivorsitzenden Angela Merkel die CDU doch noch voranbringen kann, oder ob er sie in der Wählergunst weiter absacken lässt. Vielmehr erörtern nun auch die Führungskreise der Union diese Frage. Man kann ja allmählich nicht mehr sehenden Auges eine Wahl nach der anderen verlieren und dann auf die kommende Bundestagswahl zugehen, ohne eine verlässliche Analyse darüber gemacht zu haben, ob der bisherige Parteikurs wohl eher richtig oder eher falsch war – und im letzteren Fall eben korrigiert werden müsste. Genau darüber wird gestritten, und das hat Friedrich Merz auch – mit etwas anderen Worten – ausgedrückt.

Weil verschiedenen Kräften in der Union der Kurs der Bundeskanzlerin nicht mehr konservativ genug ist?

Das „Konservative" an Merkels Kurs besteht inzwischen im „Weiter so". Das betrifft vor allem die Aufstellung der CDU als zweite sozialdemokratische Partei. Außerdem war für den Abstieg der CDU in der Wählergunst eindeutig jene Migrationspolitik von 2015/16 entscheidend, die unser Land so stark und wider vieerlei Wünsche verändert hat. Dieser Kurs ist mittlerweile zwar durch die sogenannten Asylpakete stark korrigiert worden. Es wurde aber von der CDU-Führung nicht eingestanden, dass diese Kurskorrekturen genau wegen der Fehlerhaftigkeit der zuvor betriebenen Migrationspolitik nötig wurden.

Auch wurden die inzwischen getroffenen Neuregelungen ehe-dem, und oft mit Nachdruck, als unseren Werten ganz widersprechend hingestellt – vor allem dann, wenn sie auch von der AfD gefordert wurden. Ausreichend wurde auch noch nicht kommuniziert, dass Deutschland nun eine

---

[35] https://web.de/magazine/politik/prof-dr-werner-patzelt-cdu-akk-merkels-abwaertskurs-34148990, Zugriff am 25. Januar 2024.

sehr andere Migrationspolitik zu praktizieren versucht als damals. Also sitzt die Partei der Kanzlerin weiterhin in der Unglaubwürdigkeitsfalle.

Sie selbst gehören der sogenannten WerteUnion an, einem konservativen Flügel der CDU. Was sagen denn die Parteikollegen?

Viele Leute, die sich selbst als konservativ empfinden, fühlen sich in der CDU nicht mehr willkommen oder von ihr nicht mehr vertreten. Deshalb will die WerteUnion im Grunde nur, dass die CDU wieder solche Positionen vertritt, wie sie die Partei zur Zeit von Helmut Kohl wirklich wählerstark gemacht haben. Geschwächt aber wurde die Union bei der eher konservativen Wählerschaft insbesondere durch die allzu brüske Energiewende, auch durch die handstreichartige Aussetzung der allgemeinen Wehrpflicht, Einführung der „Ehe für alle" und insbesondere Merkels neue Migrationspolitik.

Im Wahlprogramm von 2002 – Parteivorsitzende war damals schon Merkel – steht beispielsweise noch klar, dass die Migration nach Deutschland „gesteuert und begrenzt" werden muss. Von dieser – und manch anderer – sehr plausiblen Position aber hat sich die CDU nicht erst seit 2015 wählerabschreckend entfernt. Deshalb machen nun viele Wähler, die früher der CDU anhingen, ihr Wahlkreuz bei der AfD. Das kann einen CDUler nicht freuen. Um diesen Gesamtzustand zu ändern, engagiert sich nun eine veränderungswillige Minderheit bei der WerteUnion. Den Merkel-Anhängern in der CDU missfällt das natürlich sehr.

Würden Sie, als Politikwissenschaftler, nicht als Parteimitglied, die jüngsten Niederlagen eher an Kanzlerin Merkel festmachen? Oder an ihrer Nachfolgerin im Parteivorsitz, Annegret Kramp-Karrenbauer, kurz AKK?

Die Lagebeurteilungen des Parteimitglieds folgen in meinem Fall stets denen des Politikwissenschaftlers! Hier lautet dessen Lagebeurteilung so: Die Serie der Wahlmisserfolge fing schon bei der Bundestagswahl von 2017 an. Mit Ausnahme der Bremen-Wahl musste die CDU seither besonders heftige Verluste hinnehmen. Merkel trat als Vorsitzende ab, als sich der begonnene Niedergang ihrer Partei nicht mehr gesundbeten ließ. Anschließend enttäuschte AKK große Hoffnungen, sie werde die CDU auf einen nachweislichen Erfolgskurs zurückführen und zu diesem Zweck erneuern. Vielleicht fehlte ihr die Durchsetzungskraft, vielleicht aber ohnehin ein entsprechender Wille. Jedenfalls ist die CDU auch unter AKK immer noch auf Merkels Abwärtskurs.

Ist nun eine Reaktion der Kanzlerin zu erwarten? Anders gefragt: Müsste jetzt nicht eine Reaktion von Frau Merkel kommen?

Wenn Angela Merkel noch eine weitere Wahlperiode vor sich hätte, müsste sie etwas tun. Da aber klar ist, dass ihre letzte Wahlperiode läuft und diese vielleicht - durch Ausstieg der SPD - schon in wenigen Monaten endet, steht sie unter keinerlei Druck, sich nochmals in den Dienst ihrer Partei zu stellen. Nur zum Vergleich: Helmut Schmidt tat das bis zum Tag seiner Abwahl, obwohl er niemals Parteivorsitzender war.

Doch nachdem klar ist, dass genau Merkels Politik ursächlich für die Stimmenverluste der CDU war, wäre es wohl auch parteipolitisch nutzlos, würde sich die Kanzlerin wieder in innenpolitische Niederungen begeben. Also nimmt sie mit Vorliebe außenpolitische Termine und zeremonielle Anlässe wahr. Doch ihr Amt verdankt sie in unserer Demokratie nun einmal der Zustimmungsbereitschaft der Bevölkerung; also müsste sie eigentlich um den Fortbestand von Zustimmung werben. Auf den letzten Metern ihrer vor der Energiewende erfolgreichen Kanzlerschaft kann man Merkel ihr durchaus plausibles Meideverhalten aber wohl nachsehen.

Widersacher formieren sich nun, etwa der ehemalige Bundestagsfraktionsvorsitzende Friedrich Merz oder der Bundesminister für Gesundheit, Jens Spahn.

Jetzt gibt es zum ersten Mal die Chance, Merkel im Staatsamt zu beerben. Auf dem Papier stünde der Zugriff AKK zu. Sie wird sicher um dieses Vorrecht des Parteichefs auch kämpfen. Doch Friedrich Merz hat mit Merkel noch eine saftige Rechnung offen, und die will er gern beglichen haben. Jens Spahn wiederum hat im letzten Jahr seinen Hut in den Ring geworfen. Würde er jetzt so tun, als ginge ihn das aktuelle Kräftemessen nichts an, verlöre er an Ansehen und Autorität. Armin Laschet hält sich lauernd im Hintergrund sowie in Reserve für den Fall der Fälle. Und manche bringen den bayerischen Ministerpräsidenten Markus Söder von der CSU ins Spiel, um die taktischen Optionen zu vermehren. Vor allem die Junge Union will um eigener Karrierechancen willen eine Kursänderung - und setzt ihre Hoffnungen, wegen seiner guten Performance im Ringen mit AKK und Spahn, auf Merz.

Sind die Machtkämpfe in der CDU schon mit dem Ringen innerhalb der SPD zu vergleichen?

Die SPD hat seit den Zeiten von Hans-Jochen Vogel einen Vorsitzenden nach dem anderen verschlissen, weil sie seit der Ära Kohl auf der Suche nach einem zur immer linkeren Parteiseele passenden Kurs ist. Sogar ein Schwergewicht wie Gerhard Schröder fiel dem zum Opfer.

Die CDU ist dagegen ein wirklich gern folgewilliger Kanzler-Wahlverein – aber nur so lange, wie das Alpha-Tier Wahlsiege und somit auch Mandate garantiert. Das ist mit Merkel nicht mehr der Fall und mit AKK wahrscheinlich auch nicht. Also sind nach schmerzlichen Wahlniederlagen gerade in der CDU Führungsdebatten angesagt. Die Union muss sie aber redlich als Richtungsdebatten führen und dann mit einer klaren Kursentscheidung beenden. Verhält sie sich nicht so, wird sie das Schicksal der SPD ereilen.

Abschließend: In den letzten Jahren war erkennbar, dass es in der Politik mittlerweile mehr um Personen als um Themen geht. AKK hat in kurzer Zeit schwere Niederlagen erlebt. Kann sie für die CDU überhaupt noch eine Kanzlerkandidatin sein?

Ihre beim Amtsantritt gegebene Chance, für einen neuen Kurs zu stehen, hat AKK verstreichen lassen. Niemand weiß, ob sich ihr eine solche Chance noch einmal bietet. Außerdem ist das von AKK leichtfertig übernommene Verteidigungsministerium so geartet, dass es noch jeden Amtsinhaber seit Volker Rühe politisch beschädigt hat. Zumindest dürften jene Probleme, die auf AKK im neuen Regierungsamt zukommen, keine Aura einer künftigen Siegerin entstehen lassen.

VORSITZENDER VOM EIGENEN AUSSCHUSS ABGEWÄHLT

veröffentlicht am 13. November 2019 auf meinem Blog wjpatzelt.de

Heute wurde – wie seit Tagen angekündigt – der AfD-Abgeordnete Stephan Brandner als Vorsitzender des Rechtsausschusses des Bundestags von seinen Kolleginnen und Kollegen abgewählt. Dergleichen gab es in der Geschichte dieses Parlaments noch nicht.

I. Zur Rechtslage

Zum Verständnis des Gesamtvorgangs ist zu wissen hilfreich, dass a) Ausschussvorsitze im Bundestag den einzelnen Fraktionen proportional zur deren Stärke zustehen; b) die Zuweisung der Vorsitze an die Fraktionen ausgehandelt wird; c) jede Fraktion für ihr zustehende Ausschussvorsitze einen Personalvorschlag macht, dem der Ausschuss in der Regel ohne Wahlakt folgt; d) auch Ausschussvorsitzende, wie alle Inhaber parlamentarischer Funktionen, dann abgewählt werden können, wenn eine Mehrheit im entsprechenden Gremium sich wegen ihrer Amtsführung oder ihres außerparlamentarischen Verhaltens dazu entscheidet. Im Fall einer Abwahl übernimmt der jeweilige stellvertretende Vorsitzende bis auf weiteres das Amt. Der für die Besetzung des Ausschussvorsitzes zuständigen Fraktion steht das Recht zu, aus ihren Reihen einen Nachfolger oder eine Nachfolgerin zu benennen. Ob diesem Vorschlag dann gefolgt oder ein ausdrücklicher Wahlakt verlangt wird, steht im Belieben (der Mehrheit) des Ausschusses. Eine Pflicht zur Wahl des Vorgeschlagenen besteht nicht.

II. Meine persönliche Bewertung

Abgeordnete üben ein herausgehobenes öffentliches Amt aus, parlamentarische Amtsträger erst recht. Sie alle haben sich anschließend amtsangemessen zu verhalten und zu äußern. Die Fortsetzung von Stammtischgerede oder Internet-Geschimpfe gehört dazu nicht.

Einfachen Abgeordneten kann man bei alledem einen größeren Fehlerspielraum zugestehen als Mandatsträgern mit parlamentarischen Führungsfunktionen. Ohnehin kann man einfache Abgeordnete allein durch Fraktionsausschluss oder Nichtwiederaufstellung als Kandidat für unangemessenes Verhalten bestrafen. Hingegen vermag man von Kollegen gewählte Amtsinhaber auch abzuwählen, wenn sie ihrer Rolle nicht gerecht werden oder nicht gerecht zu werden scheinen.

Eben eine so begründete Abwahl hat sich heute im Bundestag hinsichtlich des – nunmehr ehemaligen – Vorsitzenden des Rechtsausschusses vollzogen. Die Begründung für diese Abwahl scheint mir schlüssig zu sein, obwohl jeder nicht-naive Beobachter sie überdies als einen weiteren Zug im – auch ohne Fehlverhalten eines AfD-Ausschussvorsitzenden erwünschten – „Kampf gegen die AfD“ zu erkennen vermag.

Für AfD-Parlamentarier könnten der heutige Akt und die ihm vorangehenden Diskussionen eine Lehre sein: Schlagkräftige Opposition und scharfe Reden sind Ordnung, und gewiss selbst dann, wenn sich die

Angegriffenen über das alles ärgern; doch auch Oppositionelle oder Empörte haben sich an Benimmregeln für Parlamentarier zu halten – und das gilt selbst dann, wenn diese Regeln entlang unterschiedlicher Maßstäbe für Freunde oder Gegner oder voller parteiischer Schadenfreude durchgesetzt werden sollten. Außerdem hat gerade eine Partei wie die AfD, welche für sich „Bürgerlichkeit" in Anspruch nimmt, selbstgesetzten „bürgerlichen" Maßstäben des Redens, Tuns und Unterlassens auch ihrerseits gerecht zu werden. Also sollten AfD-Politiker in der jetzt gegebenen Lage besser auf öffentliches Klagen verzichten, sehr wohl aber hinzulernen – und dann fraktions- und parteiintern für ein möglichst allzeit angemessenes Verhalten ihrer Parlamentarier oder sonstigen hervorgehobenen Parteimitglieder sorgen.

NACHTRAG ZUR BRANDNER-ABWAHL

veröffentlicht am 14. November 2019 auf meinem Blog wjpatzelt.de

Wirklich viele, oft vorwurfsvolle Reaktionen gab es gestern auf meinen – im Kern für die „Augsburger Allgemeine"[36] verfassten – Beitrag zur Abwahl von Stephan Brandner als Vorsitzendem des Rechtsausschusses des Deutschen Bundestages. Kritik schätze ich nun aber ebenso sehr wie die – natürlich viel angenehmere – Zustimmung, weil sie einesteils den Kritisierten auf Mängel seines Arguments aufmerksam macht und es anderenteils ermöglicht, Kritiker auf von ihnen unzureichend bedachte Zusammenhänge aufmerksam zu machen.

Also verdeutliche ich meine Einschätzung des Vorgangs um Stephan Brandner in fünf Punkten und lade alle Leser dazu ein, diese Punkte ebenfalls gründlich zu bedenken.

1. Mit vernünftigen Gründen kann nicht bezweifelt werden, dass sich ein großer Teil der deutschen Journalisten- und Politikerschaft sowie der Zivilgesellschaft gegenüber der AfD durchaus unfair verhält. Die auffälligeren Fouls reichen von Übergriffen auf AfD-Wahlkampfstände bis hin zur absichtlichen Nichtwahl eines – laut Geschäftsordnung der AfD-Fraktion zustehenden – Bundestagsvizepräsidenten aus den Reihen jener Partei. In Brandenburg und

[36] https://www.augsburger-allgemeine.de/politik/Bundestag-Es-hat-sich-ausgehetzt-fuer-Stephan-Brandner-id55964081.html, Zugriff am 25. Januar 2024.

Sachsen wurden Landtagsvizepräsidenten aus den Reihen der AfD übrigens ganz reibungslos gewählt, obwohl dort das Personalangebot der AfD dem im Bundestag wohl nicht überlegen ist. Es gibt also Alternativen zum grundsätzlichen Durchfallenlassen von AfD-Politikern im Bundestag; und immerhin wurde auch Stephan Brandner anfangs der Wahlperiode von seinen Ausschusskollegen gewählt. Zu den obendrein aus der linken Hälfte des politischen Spektrums erklingenden Aufrufen geradezu zum Hass (!) gegen AfD-Politiker und AfD-Wähler hat unlängst Jan Fleischhauer das Erforderliche im Focus geschrieben.[37]

2. In einer solchen Lage kann man zwar nachfühlen, dass AfD-Politiker und AfD-Anhänger zur Verhaltensregel neigen „Wie du mir, so ich dir!". Doch Revanchefouls oder Zurückwüten erlauben es dem ursprünglichen Angreifer, in der Rolle und Pose des moralisch Überlegenen zu bleiben. Viel klüger wäre es deshalb, sich selbst in Gedanken, Worten und Taten grundsätzlich an alle einschlägigen Form- und Höflichkeitsregeln zu halten, um nämlich auf diese Weise mit Geduld und langem Atem immer breiteren Kreisen vor Augen zu führen, ob einem angesichts anhaltender Angriffe Unrecht widerfährt oder eben doch Recht geschieht. An solcher Klugheit aber lässt es die AfD – etwa seit dem Weggang von Bernd Lucke – immer wieder mangeln. Gerade wer es mit den gar nicht wenigen redlichen Mitgliedern und Anhängern dieser Partei gut meint, wird deshalb der AfD und ihren Politikern immer wieder zu einem Kommunikationsverhalten raten, das sich nur mit klar bösem Willen skandalisieren lässt. Umgekehrt freut Gegner der AfD nichts mehr, als wenn hervorgehobene Mitglieder dieser Partei in die ihnen – oft bewusst provozierend – gestellten Fallen hineintappen, etwa wenn Interviews lieber abgebrochen als mit überlegener Selbstkontrolle zu Ende geführt werden.

3. Die Erregung über Brandners Rede vom „Judaslohn" war zwar billiges Theater. Hätte jener Gefährte von Jesus, der diesen am Tag vor seiner Hinrichtung in Jerusalem aufspürbar machte, David oder Jakob geheißen, dann hätte die weiterhin auf einen Bericht im Neuen Testament zurückgehende Rede vom „Davidslohn" oder „Jakobslohn" jede gedankliche Verbindung zum heutigen Judentum und somit

[37] https://www.focus.de/politik/deutschland/schwarzer-kanal/die-focus-kolumne-von-jan-fleischhauer-wir-muessen-alle-afd-waehler-aechten-linke-steigern-sich-in-nazi-notstand-hinein_id_11329591.html?fbclid=IwAR0O8liMujEaNXOBHDbNFGyWG4iM-RfBKKtbtm-YvxnXo9O9IHY2Ijgc9cwg, Zugriff am 25. Januar 2024.

auch zum Antisemitismus erschwert – zumindest für jene vielen, die nichts von der Rolle des Königs David oder des Stammvaters Jakob im Alten Testament wissen. Doch politisch wirksame Empörung – echte oder heuchlerische – konnte Brandners Bezeichnung einer Ordensverleihung als „Judaslohn" eben deshalb auslösen, weil sich diese Skandalisierungsmöglichkeit bestens in Brandners schon bekanntes politisches Kommunikationsmuster einfügte, das ihn bereits im Thüringer Landtag zum – darauf auch noch stolzen – Top-Sammler von Ordnungsrufen gemacht hatte. Einmal mehr zeigt sich somit: Nur solche AfD-Politiker werden nachhaltig politischen Erfolg haben, die scharfe, doch durchaus vernünftiges Denken anzielende Polemik treffsicher von jenem schmierigen Andeutungsgehabe zu unterscheiden wissen, das im Grunde nur auf – meist recht niedrige – Gefühle ausgeht. Brandner beherrscht in seiner Kommunikationspraxis nach allem, was im Internet dokumentiert ist, jene Unterscheidung offenbar nicht.

4. Es ist schon richtig, dass sich auch Leute wie Claudia Roth oder Ruprecht Polenz bei der Auseinandersetzung mit der AfD oft genug im Ton vergreifen. Gewiss muss man beim ethischen Urteil über dergleichen stets dieselben Maßstäbe anlegen, wenn man nicht willkürlich oder parteiisch verfahren möchte. Doch bei eigener politischer Kommunikation sollte man besser nicht jene Machtverhältnisse außer Acht lassen, aus denen die Folgen eigenen Kommunikationsverhaltens ganz unweigerlich erwachsen. Und diesbezüglich gilt: Die kommunikative Hegemonie liegt in Deutschland immer noch bei den politischen Freunden von Claudia Roth und Ruprecht Polenz; und also gilt nun einmal, was die alten Römer aufs Sprichwort brachten: „quod licet Jovi non licet bovi" – ausgedeutscht: Wenn zwei das Gleiche tun, dann ist es (hinsichtlich seiner Folgen) noch lange nicht das Gleiche. Solche Machtasymmetrien mitsamt den ihnen entspringenden Doppelstandards kann man gerne beklagen; nur ändern sie sich durch empörtes Beschwerdeverhalten durchaus nicht. Also gilt für den machtmäßig Unterlegenen erst recht, was oben im Absatz 2 ausgeführt wurde.

5. Was mich selbst betrifft, sei wieder einmal angemerkt: Ich war kein PEGIDA-Freund, als ich im Widerspruch zu damals beliebten Quasi-„Relotius"-Narrativen[38] beschrieb, wer da wirklich (konkret: während meiner vom Herbst 2014 bis zum Januar 2016 reichenden empirischen Studien) demonstrierte. Ich war kein AfD-Freund, als ich die – eng mit PEGIDA zusammenhängenden – Ursachen des

Aufstiegs dieser Partei (wie sich im Rückblick zeigt: völlig zutreffend) erläuterte, als ich die dazu führenden Fehler der etablierten Politiker- und Journalistenschaft kritisierte, oder als ich der AfD ganz persönlich in Gutachten und Vorträgen vor Augen führte, was ich meinerseits als eine ordnungsgemäße Ausübung der von dieser Partei errungenen Rolle in unserem Staatswesen erachte.[39] Während der wenigen Monate meiner Zeit als Ko-Vorsitzender der Wahlprogrammkommission der sächsischen CDU hat mich umgekehrt auch nicht meine grundsätzliche Sympathie für diese Partei samt meiner aufs Jahr 1994 zurückreichenden Mitgliedschaft in ihr blind für jene politischen Fehler gemacht, welche die CDU – meinem Urteil nach – begangen hatte und weiterhin zu begehen im Begriff ist. Ebenso wenig sind auch weiterhin meine Einschätzungen politischer Zusammenhänge und Vorgänge von einer anderen „Parteilichkeit" geprägt als von der, dass ich nun einmal eine auf fairen Streit und auf wechselseitigen – doch immer wieder zu erwerbenden – Respekt gegründete pluralistische Demokratie für die bestmögliche politische Ordnungsform halte. Wo AfD-Politiker einer solchen Ordnung schaden, kritisiere ich sie – und wo etablierte Politiker, zivilgesellschaftliche Akteure oder Journalisten einer solchen Ordnung schaden, dort kritisiere ich das ebenfalls und stelle mich dann gerne jeder Gegenkritik. So einfach ist das. Und dennoch, leider, recht unverständlich für anscheinend ziemlich Viele ...

SOLL MAN DER AFD EINEN SAAL ÜBERLASSEN?

veröffentlicht am 29. Januar 2020 auf meinem Blog wjpatzelt.de

Soll man der AfD einen Saal überlassen, damit sie dort einen Parteitag abzuhalten kann? – Was vor sehr vielen Jahren noch als eine reine Testfrage für die Fähigkeit zu juristischer Spitzfindigkeit bei der Bearbeitung

---

[38] Anm. vom Januar 2024: Claas Relotius war ein mehrfach preisgekrönter deutscher Journalist, dessen Ansehen im Jahr 2018 endete. Da wurde nämlich bekannt, dass er mehrfach große Teile seiner Reportagen, sogar manche Passagen seiner Interviews, frei erfunden hatte. Eine ähnliche Bevorzugung politisch erwünschter Narrative anstelle der Auseinandersetzung mit sperrigen Fakten nahm ich seitens etlicher Journalisten hinsichtlich jener Dresdner PEGIDA-Demonstrationen wahr, die ich 2014/15 aus der Nähe beobachtete.

absonderlicher Fälle hätte gelten können, wurde vor nicht allzu vielen Jahren tatsächlich zum Fall für ein Verwaltungsgericht: Muss eine Stadt der NPD für eine gesetzlich vorgeschriebene Parteiveranstaltung einen Raum zur Verfügung stellen, wenn sich dafür kein Privater findet? Die entsprechende Stadt musste – und tat das dann auch.

Das Grundgesetz verlangt von Parteien, dass ihre innere Ordnung demokratischen Grundsätzen entspricht. Das Parteiengesetz verlangt deshalb, dass jede Partei in mindestens jedem zweiten Kalenderjahr einen Parteitag veranstaltet. Und die Grundsätze der Rechtsstaatlichkeit verlangen, dass der Staat es den in seinem Hoheitsbereich befindlichen natürlichen und juristischen Personen ermöglicht, sich gemäß den sie betreffenden Rechtsvorschriften zu verhalten. Das wiederum heißt im hier betrachteten Fall: Wenn Privatpersonen es einer Partei unmöglich machen, einen rechtlich vorgeschriebenen Parteitag abzuhalten, hat der Staat dies subsidiär zu ermöglichen. Nötigenfalls hat er also eine in seinem Besitz befindliche Räumlichkeit der Partei für die Erfüllung dieser Rechtspflicht zur Verfügung zu stellen.

Das alles ist gerichtlich längst entschieden und rechtssystematisch ohnehin klar. Dennoch tat Berlins Regierender Bürgermeister Michael Müller unlängst so, als handele es sich dabei um eine dreist an ihn herangetragene Willkürforderung. Die wollte er mit dem Hinweis abschmettern, es wäre die Annahme „einigermaßen absurd", dass „die Senatskanzlei dafür zuständig ist, Räumlichkeiten für Veranstaltungen für Parteien zur Verfügung zu stellen". Doch absurd war nicht die Bitte der AfD um Staatshilfe bei der Erfüllung einer vom Staat auferlegten Pflicht. Absurd ist es vielmehr, seitens der Zivilgesellschaft ausgerechnet im Namen der Demokratie durch Drohungen gegenüber möglichen Vermietern die AfD überhaupt in die Lage zu bringen, ohne staatliche Hilfe eine Pflicht nicht erfüllen zu können, die ihr gerade um der Demokratie willen auferlegt ist.

Niemand muss die AfD mögen; jeder darf allein schon ihr Bestehen missbilligen. Niemand muss die AfD fördern; jeder darf sie – solange gewaltfrei – politisch bekämpfen. Niemand muss auf Argumente der AfD hören; jeder darf ihr gegenüber Ohren und Verstand verschließen. Und natürlich darf jeder auch lautstark gegen die AfD und ihre Versammlungen demonstrieren. Doch wir vergehen uns gegen die Leitgedanken und Spielregeln pluralistischer Demokratie, wenn wir es zulassen, dass die AfD sich nicht auch ihrerseits am politischen Streit beteiligen kann – und wir vergehen uns sogar gegen aus guten Gründen bestehendes Recht, wenn wir dieses Recht der Sache oder dem Grad nach unterschiedlich auf die AfD und auf andere Parteien anwenden.

Gewiss ist Faschismus keine akzeptable Meinung und erst recht keine hinnehmbare Haltung, sondern ein geschehenes und in der Gegenwart sowie für alle Zukunft zu verhinderndes Verbrechen. Doch Verbrechen lebender Täter haben von Gerichten abgeurteilt, nicht der Selbstjustiz von Privatleuten überlassen zu werden. Und bei der Verfolgung oder Prävention von Verbrechen haben die Zeitgenossen sich sowohl reiner Willkür zu enthalten als auch den Grundsatz der Verhältnismäßigkeit zu wahren, falls sie nicht den Zivilisationsgewinn realer Rechtsstaatlichkeit verspielen wollen.

All dem wird vieles am in Deutschland üblich gewordenen Umgang mit der AfD nicht gerecht. Dass man etliche Grundsätze von pluralistischem Wettbewerb – oder gar unserer Rechtsstaatlichkeit – ausgerechnet im Namen des Schutzes unserer Demokratie verrät macht die Sache um keinen Deut besser. Wann kommt endlich die Zeit, in der mehr Leute als bislang erkennen und dann auch öffentlich sagen, dass sich eine Minderheit in unserem Land beim Kampf gegen politische Gegner so weit verrannt hat, dass sie sich auch über einen Kampf mit falschen Mitteln durchaus freut, wenn er nur „den Richtigen trifft"!

Verzichten wir außerdem darauf, Fehler des einen politischen Lagers mit Fehlern des anderen politischen Lagers gleichsam zu verrechnen und so zu rechtfertigen. Gerade wenn wir – übrigens aus guten Gründen – politische Gegnerschaft praktizieren wollen, müssen wir die Möglichkeit fairen politischen Streits auch unter Inkaufnahme von Risiken gewährleisten. Andernfalls spaltet sich unsere Gesellschaft auf zwischen Freund und Feind, ja kann politisches Terrorisieren sich wechselseitig anfachen und am Ende ganze Landstriche an den Rand eines Bürgerkrieges bringen. Also muss jener Grundsatz, der alle Freunde unserer freiheitlichen demokratischen Grundordnung verbindet, wirklich lauten: Wehret den Anfängen – und zwar gerade auch dort, wo aus gut Gemeintem schlecht Getanes wird!

MINDERHEITSREGIERUNG – WESHALB UND WOZU?

veröffentlicht unter dem Titel „Minderheitsregierung? Warum eigentlich nicht!" am 9. Dezember 2019 in der „Frankfurter Allgemeinen Zeitung", leicht redigiert auch am 17. Januar 2020 auf meinem Blog wjpatzelt.de

Dieser Text gibt an, warum ich während des letzten Jahres der Sachsen-Union immer wieder zum Anstreben einer Minderheitsregierung geraten habe – und weshalb ich mich sehr freue, dass in Thüringen in den kommenden Jahren gezeigt werden wird, dass eine Minderheitsregierung sehr wohl ein deutsches Bundesland verwalten kann. Gutes Verwalten ist aber allemal eine erwägenswerte Alternative zum schlechten Regieren. Wieder einmal wird eine von mir vertretene politische Position dann sehr klar, wenn man sich die Mühe macht, die ihr zugrunde liegende wissenschaftliche Position nachzuvollziehen.

I. Weshalb eine Debatte um Minderheitsregierungen?

Durch reale Herausforderungen in Thüringen und vielleicht bald in Berlin aufgezwungen, gibt es sie jetzt doch: die politische Diskussion um Minderheitsregierungen. Das sind Regierungen, denen eine verlässliche Mehrheit im Parlament fehlt. Sie entstehen, wenn weder eine Partei die Mehrheit der Mandate errungen hat noch eine Koalition mit Parlamentsmehrheit gebildet werden kann. Dazu kommt es in Viel-Parteien-Systemen – und außerdem, wenn die Schaffung einer rechnerisch möglichen Parlamentsmehrheit aus politischen oder persönlichen Gründen nicht möglich ist. In diese Lage ist Deutschland inzwischen geraten. Erster Grund ist die Ablösung des früheren Zweieinhalb-Parteien-Systems (Union gegen SPD, FDP als „Zünglein an der Waage") durch das jetzige Sechs-Parteien-System von Linken, SPD, Grünen, FDP, Union und AfD. Zweiter Grund ist jene innenpolitische Polarisierung, als deren Folge Koalitionen mit der parlamentarisch so stark gewordenen AfD auf absehbare Zeit unmöglich sind. Deshalb müssen entweder Bündnisse vom Typ „Wir alle gegen die AfD" geschlossen werden, notfalls quer über bislang gegnerische Lager wie in Sachsen-Anhalt, Brandenburg und Sachsen. Oder man versucht es mit einer Minderheitsregierung.

Eine solche lässt sich in vielen Bundesländern verfassungsrechtlich leicht schaffen: In einem „dritten Wahlgang" reicht dem vom Parlament zu bestellenden Regierungschef die einfache Mehrheit der abgegebenen Stimmen. So ist es auch auf Bundesebene. Nur kann der Bundespräsident dort, alternativ zur Einsetzung einer Minderheitsregierung, den zur Mehrheitsbildung unfähigen Bundestag auflösen, also der Wählerschaft eine politische Richtungsentscheidung zuweisen. Doch auch der Bund bekommt eine Minderheitsregierung stets dann, wenn eine Koalition zerbricht und der Kanzler dann einfach im Amt bleibt. Gegen seinen Willen kann er nämlich nur durch ein konstruktives Misstrauensvotum abgelöst werden, also durch eine neue Mehrheitsregierung.

Deutsche Spitzenpolitiker mögen Minderheitsregierungen nicht, denn diese können nicht im üblichen wechselseitigen Einvernehmen von Regierungs-, Fraktions- und Parteichefs geleitet werden. Ohne das in Koalitionsregierungen leicht zu plausibilisierende Erfordernis von Fraktionsdisziplin sind nämlich Parlamentarier ohne Spitzenpositionen nicht länger „einfaches Fußvolk", das von seinen Offizieren auf Linie gehalten wird. Also ist im Fall von Minderheitsregierungen stets mit Eigensinn und Machtproben solcher Parlamentarier zu rechnen, die es zur gerade erforderlichen Mehrheitsbildung braucht. Das aber führt leicht zu solcher Eigendynamik im Parlament, die sich kaum mehr kontrollieren lässt. Schon gar nicht kann eine Minderheitsregierung ihre Arbeit so organisieren, wie das in Deutschland seit längerem üblich wurde: Koalitionswillige Parteiführer handeln einen detaillierten Koalitionsvertrag aus und arbeiten diesen dann ab, wobei man dem jeweils anderen Koalitionspartner in dessen Zuständigkeitsbereich solange freie Hand gibt, wie dieser vertragstreu handelt. So wird das Regieren zur Ausführung eines Vier- oder Fünfjahresplans unter Dienstaufsicht des Regierungschefs. Geht alles gut, kann der sich rühmen, dem Land eine stabile Regierung beschert zu haben.

Doch schwierig wird es, wenn die vereinbarte Agenda nicht länger zu dem passt, was veränderte Umstände verlangen oder einem Großteil der Bürgerschaft einleuchten will. Dann entstehen von unten her Politikerverdrossenheit, Populismus und Protestparteien. Von oben her fragt man sich alsbald, ob die den Koalitionsvertrag tragenden Gemeinsamkeiten wohl noch reichen oder ob man nicht von einer anderen Koalition politisch mehr profitierte – beziehungsweise, nach herbeigeführtem Koalitionsbruch, von einer zeitweiligen Minderheitsregierung. So entstanden auch in der Bundesrepublik Deutschland schon mehrfach Minderheitsregierungen. Die Erblasten ihrer Vorgänger vom Ende der Weimarer Republik mussten da nicht schrecken: „Präsidialkabinette" können in der Bundesrepublik Deutschland gar nicht entstehen, weil es auf Landesebene keine Staatsoberhäupter gibt – und weil im Bund der

Präsident keinerlei Machtmöglichkeiten besitzt, um eine fehlende Parlamentsmehrheit durch eigene Notverordnungen zu ersetzen. Das politische Spiel läuft deshalb anders als in der parlamentarisch-präsidentiellen Mischverfassung von 1919.

II. Minderheitsregierungen in Deutschland und anderswo

Rein übergangsmäßig amtierten Minderheitsregierungen auf Bundesebene bisher zweimal. Die erste bestand vom 28. Oktober bis zum 1. Dezember 1966, als die FDP ihre Koalition mit der Union verlassen hatte; es folgte die erste Große Koalition. Die zweite Minderheitsregierung gab es zwischen dem 17. September und dem 1. Oktober 1982, als die FDP ihre Koalition mit der SPD aufgegeben hatte; es folgte eine 16-jährige Koalition von Union und FDP. Noch öfter gab es auf Landesebene Minderheitsregierungen, die sich parlamentarischen oder parteipolitischen Krisen verdankten: in Berlin 1990/91 und 2000/01; in Brandenburg 1994; in Hamburg 1982, 1986/87 sowie 2010/11; in Niedersachsen 1950/51, 1976/77, 1989/90 und kurzfristig 2017; in Nordrhein-Westfalen 1950 sowie im Saarland 2012.

Lehrreicher sind die längerfristig bestehenden Minderheitsregierungen auf Landesebene. In Berlin amtierte zwischen 1981 und 1983 ein CDU-Minderheitssenat unter Richard v. Weizsäcker nach Abwahl der dortigen sozialliberalen Koalition; er wurde zur Mehrheitsregierung durch die spätere Koalitionsbildung von CDU und FDP. In Hessen gab es eine SPD-geführte Minderheitsregierung unter Holger Börner, seit 1982 die FDP die dortige sozialliberale Koalition verlassen hatte und auch die Landtagswahl von 1983 keine neue Regierungsmehrheit bescherte; erst 1985 entstand wieder eine Mehrheitsregierung: durch die damals neuartige Koalitionsbildung zwischen SPD und Grünen. In Nordrhein-Westfalen gab es zwischen 2010 und 2012 nach einer Landtagswahl eine Minderheitsregierung von SPD und Grünen, die wegen des Nichtzustandekommens eines Haushaltsgesetzes in einer vorzeitigen Auflösung des Landtags mündete. Die erforderlichen Neuwahlen gewannen SPD und Grüne. Im Saarland erzeugten die Wahlen von 1975 ein Patt zwischen CDU und SPD, in dem bis 1977 eine CDU-Minderheitsregierung amtierte, der sich dann die FDP anschloss. Und in Sachsen-Anhalt gab es während nicht weniger als acht Jahren, nämlich von 1994 bis 2002, eine von der PDS koalitionsähnlich „tolerierte" Minderheitsregierung der SPD. Als „Magdeburger Modell" prägt sie bis heute Deutschlands Debatten um Minderheitsregierungen dahingehend, dass selten eine ergebnisoffene Zusammenarbeit zwischen Minderheitsregierung und allen Parlamentsfraktionen vor Augen steht, sondern meist ein „fester Tolerierungspartner" mitgedacht wird.

Doch auf diese Weise versteht man Minderheitsregierungen nur als Vorstufe einer „politisch noch nicht möglichen" Koalition, nicht aber als konstruktiven Umgang mit einem sich umschichtenden Parteiensystem oder mit einem polarisierten Parlament. So entspricht es freilich den bundesdeutschen Erfahrungen: Bislang gab es Minderheitsregierungen nur beim – nicht allzu lange dauernden – Übergang zwischen alter und neuer Koalition oder, dann länger dauernd, zum Zweck einer gegen Widerstreben aufgezwungenen Neuorientierung bei der politischen Partnerwahl. Das Ursachenmuster war in beiden Fällen: Sich wandelnde Wählerpräferenzen veränderten die Machtverhältnisse zwischen den Parlamentsfraktionen teils schon am Anfang, teils im Lauf einer Wahlperiode so, dass bisherige Bündnisse nicht fortgesetzt werden konnten; und entweder fand die Minderheitsregierung bald einen neuen, zu ihr passenden Koalitionspartner – oder es kam zu (vorgezogenen) Neuwahlen, die ihrerseits für eine Neuanpassung der Parlamentsmehrheit an die politischen Verhältnisse in der Bevölkerung sorgten.

Vor dem Hintergrund solcher Erfahrungen gelten Minderheitsregierungen in Deutschland als Abweichungen vom wünschenswerten Normalzustand, als ein bestenfalls notwendiges Übel. Dabei kommen außerhalb Deutschlands Regierungen ohne parlamentarische Mehrheit gar nicht selten vor. In Dänemark, Norwegen und Schweden sind sie nachgerade der Normalfall – und auch in Irland, Portugal oder Tschechien durchaus nicht reine Ausnahmen. Gerade in den skandinavischen Ländern ist es überhaupt nicht so, dass Regierungen ohne Parlamentsmehrheit ein Land destabilisierten oder Ausdruck politischer Krisen wären. Am Ende hängt der Umgang mit Minderheitsregierungen nämlich nur davon ab, wie entspannt oder aufgescheucht man in einer repräsentativen Demokratie mit einem Viel-Parteien-System umgeht – oder mit der Herausforderung, auf Meinungsumschichtungen in der Bevölkerung zu reagieren. Nach nicht weniger als 70 Jahren, in denen unser Regierungssystem seine Robustheit erwiesen hat, braucht es aber auch in Deutschland die aufs Scheitern der Weimarer Republik zurückgehende Neigung zur politischen Apokalyptik nicht mehr wirklich.

III. Parteipolitische Gründe für Minderheitsregierungen

Nervöser als die Einrichtung zeitweiliger Minderheitsregierungen sollten uns jedenfalls deren derzeit erkundeten Alternativen machen. Nötig wurden sie wegen des Aufstiegs der AfD sowie durch einen inneren Zustand dieser Partei, der sie als politischen Partner auf absehbare Zeit unmöglich macht. Erstens bietet die AfD allenfalls in ihren Programmen, noch nicht aber in den Reden vieler Politiker oder gar im Gerede von Mitgliedern und Anhängern eine Gewähr dafür, unsere freiheitliche demokratische Ordnung wirklich mittragen, also keine quasi-revolutionäre Partei sein zu wollen. Zweitens hat die AfD immer wieder solche Anführer erst um ihren Einfluss und dann um ihre Posten gebracht, die einen Kurs einschlagen oder halten wollten, der zu unserem bewährten politischen System passt. Also kann man sich derzeit bei keinem AfD-Politiker auf innerparteiliche Durchsetzungsfähigkeit verlassen, auch wenn er redlichen Kooperationswillen an den Tag legt. Drittens sorgen AfD-Politiker und AfD-Mitglieder bislang so erwartbar für skandalisierbare Aussagen oder Verhaltensweisen, dass es für jeden Politiker etablierter Parteien einer Selbstbeschädigung gleichkäme, auf ein Zusammenwirken mit der AfD auch nur auszugehen. Solange das so bleibt, muss Regierungsarbeit ohne die AfD erfolgen.

In Westdeutschland und auf Bundesebene gelang dies bislang durch Koalitionen ohne die AfD. In Ostdeutschland aber musste man es bereits mit Koalitionen gegen diese neue Partei versuchen. Zu diesem Zweck üblich gewordene „Kenia-Koalitionen" binden freilich solche Parteien zusammen, die sich lange Zeit als Gegner verstanden. Früher sorgten Union, SPD und Grüne durch ihre Konkurrenz für wünschenswerten Politikpluralismus, während sie jetzt oft als vereinte Mitte-Links-Volkspartei auftreten. Auch haben Anti-AfD-Koalitionen nirgendwo der neuen Konkurrenzpartei rechts von der Union geschadet. Im Gegenteil nutzte es der AfD, dass sie sich als „Alternative zu Blockparteien" darstellen konnte, denn eben dadurch zog sie von der Union immer mehr solche Wähler ab, die sich nicht als mittig oder als links verstehen, sondern eben als rechts. Die wollen nämlich nicht länger für eine CDU stimmen, welche bloß noch eine Partei der Mitte mit Dauerpräferenz für Mitte-Links-Bündnisse sein will. Und keinen guten Grund gibt es für Erwartungen dahingehend, diese Zusammenhänge würden bald verschwinden.

In Thüringen ist auch keine Anti-AfD-Koalition mehr möglich, sofern die CDU nicht mit der Linken zusammengeht. Dazu hat mancher die Union mit dem Argument aufgefordert, nur so lasse sich der Verantwortung gerecht werden, dem Land eine Mehrheitsregierung geben. Doch bei einer solchen Koalition würden nicht nur in Thüringen sehr viele CDU-Mitglieder und bisherige CDU-Wähler mit ihrer Partei brechen, weil sie eben keine Politik „links der Mitte" wünschen. Also wird in einem Bündnis mit der

Linken die CDU noch mehr Rückhalt und Unterstützung in der Bevölkerung verlieren als bislang, und zwar wohl zugunsten der AfD. Eine unter solchen Umständen in eine Krise geratene CDU wird aber kein stabiler Koalitionspartner der Linken sein können. Die zwar dürfte sich auf ein Bündnis mit der Union voller Genugtuung einlassen, nun genau jenen Gegner zum zeitweiligen Mehrheitsbeschaffer genötigt zu haben, der die eigene Partei so lange wie einen Erzfeind behandelte. Der Preis bestünde freilich darin, durch einen weiteren Linksruck der CDU genau jene AfD dauerhaft zu mästen, die doch der Hauptgegner von Linken und Grünen ist.

In Deutschlands sich umschichtendem Parteiensystem scheinen Minderheitsregierungen für die bislang staatstragenden Parteien deshalb politisch vorteilhafter zu sein als zusammengezwungene Anti-AfD-Koalitionen. Vor allem gilt das für „echte" Minderheitsregierungen einer einzigen Partei, womöglich der Linken in Thüringen. Dann nämlich kann die regierende Partei ein klares Politikangebot unterbreiten, personell untersetzen und es – soweit keiner neuen Gesetze bedürfend – durch tatkräftige Verwaltungsführung auch verwirklichen. Wann immer Gesetzgebungstätigkeit erforderlich ist, wird es natürlich zum Geben und Nehmen zwischen Minderheitsregierung und fallweise kooperierenden Parlamentsfraktionen kommen. Dessen Erträge sind dann öffentlich zurechenbar, können also zum Gegenstand eines kommenden Wahlkampfs gemacht werden.

Die Minderheitsregierung einer Koalition hingegen, wie sie in Thüringen von Linker, SPD und Grünen erwogen wird, setzt ganz auf die Hoffnung, beim parlamentarischen Kuhhandel könne man jene vergleichsweise wenigen Abgeordneten, die für eine Gesetzgebungsmehrheit noch fehlen, persönlich und eher leicht aus den Reihen der Opposition an die Seite der Regierung ziehen. Das freilich steigert das politische Gewicht jedes einzelnen zu gewinnenden Abgeordneten und somit das Risiko, durch Eingehen auf dessen Sonderwünsche die Spannungen im minoritären Regierungsbündnis zu verschärfen. Umgekehrt wäre eine Minderheitsregierung mit festem Tolerierungspartner, wie einst im „Magdeburger Modell", nur eine Vorübung für künftiges Koalieren und entließe den Tolerierungspartner trotz großen politischen Einflusses aus der öffentlich einforderbaren Verantwortung. Das schadet erfahrungsgemäß jener Partei, die sich durch einen Tolerierungspartner erpressbar macht.

IV. Systematische Gründe für Minderheitsregierungen

Allerdings sprechen in Umbruchszeiten nicht nur parteipolitische Gründe für Minderheitsregierungen. Zwar sind in parlamentarischen Regierungssystemen grundsätzlich *Mehrheitsregierungen* wünschenswert. Doch selbst wenn diese gut funktionieren, haben sie einige Schattenseiten. Zum eigentlichen Machtzentrum wird nämlich in einer Koalitionsregierung mit Parlamentsmehrheit der kleine Kreis von Regierungschef, aktuell wichtigsten Ministern, Vorsitzenden der Koalitionsfraktionen und Chefs der regierungsunterstützenden Parteien, falls diese nicht ohnehin eines der genannten Ämter ausüben sollten. So war es beispielsweise zwischen 2013 und 2017 auf Bundesebene, als es zur Kernrolle von Fraktionsvorsitzenden der Großen Koalition wurde, Beschlüsse solcher Runden parlamentarisch umzusetzen. Bei übergroßen Mehrheiten wird dann ein Großteil der regierungstragenden Abgeordneten zum Zuschauer, weil es – das Normalmaß an Fraktionsdisziplin vorausgesetzt – auf die eigene Stimme gar nicht mehr ankommt. Und Oppositionsabgeordnete finden sich von realer Willensbildung und Entscheidungsfindung sogar völlig ausgeschlossen, falls nicht die Opposition in einer zweiten, an der Gesetzgebung zwingend zu beteiligenden Parlamentskammer über eine Mehrheit verfügt. Eine solche Institution aber gibt es in Deutschland nur auf Bundesebene. Das ist der Bundesrat. Nach Machtwechseln im Bundestag findet sich in ihm aufgrund von Landtagswahlen, die ihrerseits oft durch die Bundespolitik überschattet werden, dann bald schon eine Mehrheit der zur Bundesregierung oppositionellen Parteien. Also haben wir auf Bundesebene bei vielen Politiken, die der Gesetzgebung von Bundestag und Bundesrat bedürfen, eine faktische Minderheitsregierung, auch wenn sie von der Öffentlichkeit als solche nicht wahrgenommen wird. Hingegen gibt es in den Bundesländern keine Zweiten Kammern. Also kann eine Mehrheitsregierung die Landtagsopposition dort ganz machtlos halten – und ebenso die meisten, in Fraktionsdisziplin eingebundenen Koalitionsabgeordneten. Beides aber bringt den Landesparlamentarismus um Substanz und Gewicht.

Die unvermeidliche Kehrseite stabiler Mehrheitsregierungen ist jedenfalls eine gewisse Entbehrlichkeit – und alsbald geminderte Ernsthaftigkeit – von parlamentarischen Debatten zwischen den Anführern von Regierungsmehrheit und Opposition. Das führt bei Vielen im Land an sich schon zu Zweifeln am Parlamentarismus. Diese wiederum wachsen sich aus zu grundsätzlichen Zweifeln am Funktionieren unserer repräsentativen Demokratie, wenn nicht nur (Allparteien-) Koalitionen gegen eine neue, politisch unerwünschte Oppositionspartei gebildet werden, sondern wenn dies auch noch zum ganz offen bekundeten Zweck geschieht, die Opposition um möglichst jeden Einfluss auf Willensbildung und Entscheidungsfindung zu bringen. Zwar lässt sich das mit guten Gründen rechtfertigen, falls es um ein Abwehrbündnis von Demokraten gegen

Feinde der freiheitlichen demokratischen Grundordnung geht. Sobald aber plausible Vermutungen aufkommen, es gehe weniger um die Abwehr von Extremisten als vielmehr um eine Ausgrenzung unerwünschter politischer Konkurrenz, schadet solche parlamentarische Mehrheitspolitik dem legitimitätsnotwendigen Glauben an das Bestehen einer wirklich repräsentativen Demokratie.

Dieser Gefahrenzone nähern wir uns derzeit. Auch um gar nicht erst in sie zu geraten, sind Minderheitsregierungen dort sinnvoll, wo andernfalls der Parlamentarismus zur Schaufassade zu geraten droht. Minderheitsregierungen revitalisieren nämlich demokratische Parlamente gemäß ihrer Leitidee, die zentrale Stätte öffentlich ausgetragenen Streits um eine dem Gemeinwohl dienende Politik zu sein. Angesichts eines so wichtigen Zwecks dürfen die politischen Transaktionskosten parlamentarischer Politik dann einige Jahre lang durchaus über dem Normalniveau liegen – und zwar so lange, bis eine Minderheitsregierung wieder durch eine Mehrheitsregierung mit breitem Rückhalt in der Bevölkerung abgelöst werden kann.

GUTE WÜNSCHE FÜR THÜRINGENS MINDERHEITSREGIERUNG

veröffentlicht vor Weihnachten 2019 in der Wahlkreiszeitung eines Thüringer CDU-Landtagsabgeordneten, sodann am 10. Januar 2020 auf meinem Blog wjpatzelt.de

Vorbemerkung der Publikation des Textes auf meinem Blog: Auch eine „Projektregierung", wie sie für Thüringen inzwischen ins Gespräch gebracht wird, ist eine Minderheitsregierung – nur eben eine solche, die diesen Namen scheut. Sie hat nämlich keine Mehrheit im Parlament, die sich auch gegen parlamentarisches Widerstreben stabil halten ließe.

Vielmehr kann – falls medial oder innerparteilich dafür stark genug geworden – der ohne Mehrheit regierende Ministerpräsident sich auch an andere Projekte als die vorab vereinbarten mit anderen Partnern machen, und zwar ganz ohne dass der anfängliche „Projektpartner" die Macht hätte, den Regierungschef daran zu hindern. Umgekehrt lässt sich alles, was an „Projektregierungen" sinnvoll sein kann, auch über eine „typenreine" Minderheitsregierung anstreben: Sobald man Vertrauen zu nicht an der Re-

gierung beteiligten Führungspolitikern anderer Parteien gefasst hat, kann man mit ihnen konkrete Projekte vereinbaren und politisch durchsetzen.

Im Grunde zeugt das Verlangen nach einer „Projektregierung" oder nach einer „Regierung mit festem Tolerierungspartner" nur von Denk- und Strukturkonservatismus: Letztlich wünscht man unverändert wie in jenen Mehrheitsregierungen arbeiten zu können, die Deutschland gewohnt war, bevor die Politikerschaft unser Parteiensystem durch ihre törichterweise mangelnde Bereitschaft zersplittern ließ, auf entstehende Repräsentationslücken durch innerparteiliche Positionsreformen zu reagieren. Dafür bezahlen wir heute durch die Einführung von Minderheitsregierungen, wie sie allerdings Skandinavien – dank einer anderen Geschichte seiner Parteiensysteme – längst kennt. Und Thüringen wird zeigen, dass man diese Entwicklung von der Mehrheitsregierung als Standardform parlamentarischer Regierungsweise hin zur Minderheitsregierung als deren Ausnahmeform zwar zu Recht bedauern kann, dass es aber keinen Grund zum Alarmismus dahingehend gibt, fortan werde ein Land unregierbar.

Die Thüringer Landtagswahl brachte der Linken die Amtszeitverlängerung ihres Ministerpräsidenten und eine Parlamentspräsidentin, hält die CDU mit erneut drastischen Verlusten für weitere Jahre von landespolitischer Macht fern, versetzte der SPD eine neue Niederlage, ließ grüne Träume platzen – und bescherte der AfD einen großen Wahlsieg. Ansonsten gab es geringe Gewinne von regierender Linker und knapp ins Parlament gelangter FDP.

Thüringens Linksregierung wurde zwar nicht abgewählt. Dazu gehörte nämlich ein Wahlsieger, der eine alternative Mehrheitsregierung anführen kann. Den aber gibt es nicht. Dramatisch ist am Wahlergebnis vor allem, dass nun – erstmals zu bundesdeutschen Zeiten – keinerlei „politisch natürliche" Koalition mehr eine Landtagsmehrheit errang. Der sich gut zusammenfügende „Linksblock" aus Linker, SPD und Grünen, wohl bald auch auf Bundesebene koalitionsbereit und wählbar, errang gerade keine Zustimmung, die seine Politik bestätigt hätte. Und nicht einmal mehr eine rechnerische Mehrheit hat jener von der Linken so sehr gefürchtete, ja abgrundtief gehasste „Rechtsblock" aus CDU und AfD, der auf absehbare Zeit ohnehin politisch nicht zustande kommen kann. Denn viel zu gärig ist immer noch die AfD, und weiterhin lebt sie in der allzeit skandalträchtigen Versuchung, mit rechtsdemagogischen Tönen Beifall zu erheischen. Durchaus ist offen, ob ihr letzter Bundesparteitag wirklich eine Wendung zum bundesdeutschen Normalverhalten brachte.

In dieser Lage wollten manche die Thüringer CDU in die Pflicht nehmen, sich als Mehrheitsbeschafferin an die Seite der Linken zu begeben. Zwar ist es grundsätzlich erstrebenswert, dass alle Parteien, die unsere Demokratie tragen wollen, untereinander koalitionsfähig und koalitionsbereit sind. Doch Bündnisse müssen auch einen politischen Sinn haben. Der aber fehlt nicht nur bei allzu geringen Schnittmengen der Partner, sondern auch dann, wenn schon anfangs klar ist, dass eine Partei sich durch ihre Regierungsbeteiligung unglaubwürdig machen, ja nachhaltig schädigen wird. Der SPD sind solche Überlegungen inzwischen zur zweiten Natur geworden. Für Thüringens CDU, einst besonders eifrig in „Rote-Socken-Kampagnen" gegen die PDS, würde ein Bündnis mit der Linken sogar zum Auslöser des endgültigen Absturzes. Niemand könnte dann mehr an eine klare, vernünftige Linie dieser Partei glauben. Also gingen noch viel mehr ihrer früheren Mitglieder, Wähler und Anhänger an die AfD verloren. Im Grunde büßt Thüringens Union nun für jene politischen Fehler der Bundes-CDU, die den Aufstieg der AfD überhaupt erst möglich gemacht haben.

Wird aber Thüringen jetzt unregierbar? Nein. Dieses Land wird einfach das erste Beispiel für eine wirkliche Minderheitsregierung in Deutschland geben, nämlich für eine solche, die – anders als einst beim „Magdeburger Modell" – *ohne* einen festen, mehrheitssichernden „Tolerierungspartner" auskommt. In Brandenburg und Sachsen glaubten die dortigen Ministerpräsidenten, derlei wäre zu gefährlich – entweder für ihr Land oder für sie selbst. Also schufen sie, wie zuvor schon in Sachsen-Anhalt, Anti-AfD-Bündnisse aus CDU, SPD und Grünen. In Brandenburg wollte sich dafür auch die SPD, anders als in Thüringen, nicht mehr mit der Linken verbünden. Das Ergebnis dürfte trotzdem in allen drei Ländern ein weiterer Aufstieg der AfD als „Anti-Linksblock-Partei" sein.

Indessen ist das Risiko von Minderheitsregierungen auf Landesebene überschaubar, auch aufgrund der stark ausgedünnten Landeskompetenzen. Ins Amt kommt der Ministerpräsident beim dritten Wahlgang durch einfache Mehrheit. Die hat in Thüringen die Linke – erst recht, wenn SPD und Grüne den linken Kandidaten mitwählen. Auch ist der Haushalt für das kommende Jahr schon beschlossen; später kann man das Land immer noch nach den Grundsätzen vorläufiger Haushaltsführung verwalten. Vor allem darf (!) eine echte Minderheitsregierung mit allen politischen Kräften im Land zusammenwirken: In den Ausschüssen des Landtags debattieren dann Minister, Ministerialbeamte und Abgeordnete aller (!) Fraktionen über das Tun und Lassen der Regierung, und zwar ohne jede legitime Möglichkeit institutioneller Ausschließeritis. So muss es eine Minderheitsregierung erst recht halten, sobald sie für Gesetzgebung und Haushalt eine Parlamentsmehrheit braucht. Dann aber wird sich unabwendbar zeigen, mit wem eine pragmatische Regierung politisch arbeiten kann, mit wem aber nicht – etwa: weil von ihm viel Polemik, doch wenig Sachkunde eingebracht wird. Unter derlei Umständen könnte in Ländern wie Sachsen und Sachsen-Anhalt eine CDU-Minderheitsregierung die AfD an ihrer „Sollbruchstelle“ spalten, nämlich zwischen verbitterten Ex-CDUlern und in die Partei gelangten Rechtsradikalen. Einer linken Minderheitsregierung wie in Thüringen mag es hingegen gelingen, die CDU zu spalten: zwischen solchen, für die seit einigen Jahren eine Mitte-Links-Politik zum einzig vorstellbar vernünftigen Kurs geworden ist – und denen, welche die Dauerpräsenz der AfD nicht wie eine Naturtatsache hinnehmen wollen, sondern jene Positionen erneut zu besetzen wünschen, welche die Union inzwischen, ganz zum Nachteil von Partei und Land, der AfD überlässt.

Vielleicht also zeigt sich bald in Erfurt, wie man viel geschickter, auch für die AfD unangenehmer, mit der unser politisches Leben so sehr belastenden Polarisierung unseres Parteiensystems umgehen kann. Diese hat ganz wesentlich die nach links gerückte CDU verschuldet, wenn auch unter dem Druck und der Verführungskunst von Medien und linken Parteien. Jedenfalls wollte die Union nicht mehr ihre frühere Integrationsaufgabe bis hin an den rechten Rand erfüllen, sondern ließ ihren Führungswillen aufs Mitschwimmen „in der politischen Mitte“ verzwergen. „Schwarzgrün“ wurde zum Leitmotiv dieses Unternehmens ohne dauerhafte Rendite. Nun aber wird – zunächst in Thüringen – die CDU gezwungen, einen weniger bequemen, dafür aber wohl langfristig erfolgreicheren Weg zu gehen: den einer inhaltlichen Auseinandersetzung mit der AfD als Schicksalsgenossin in der Opposition.

REGIERUNGSBILDUNG IN THÜRINGEN

veröffentlicht am 21. Januar 2020 auf meinem Blog wjpatzelt.de

Zur Regierungsbildung in Thüringen stellte mir neulich ein Journalist vom Focus einige Fragen. Ich beantwortete sie schriftlich, weiß aber nicht, was aus den Antworten wurde. Deshalb veröffentliche ich aus aktuell gegebenem Anlass diese Art von „Interview“ nachstehend.

Was halten Sie von der Idee einer Projekt-Regierung in Thüringen?

Gar nichts! Wenn man nicht nur eine rechnerische Parlamentsmehrheit hat, sondern auch so viele inhaltliche Gemeinsamkeiten erkennt, dass man zusammen ein Land gestalten kann, dann soll man eben eine Koalition machen – und darf die dann gern auch überflüssigerweise eine „Projekt-Koalition" nennen. Wenn man aber, durchaus mit guten Gründen, gerade nicht miteinander regieren will, sondern nur fall- oder projektweise nach Zusammenarbeit sucht, dann kann man das auch als bzw. mit einer Minderheitsregierung tun – und wird obendrein nicht für solche andere Politik in Mithaftung genommen, die nur der Projektpartner will, die eigene Anhängerschaft aber verübelt.

Ist die Ost-CDU Ihrer Einschätzung nach eher bereit zu einer Kooperation mit der Linkspartei oder mit der AfD? Welches Risiko birgt die jeweilige Entscheidung?

Mit keiner der beiden Parteien können CDU-Anführer kooperieren, ohne ihrer Partei nachhaltig zu schaden. Erstens müsste die Union in beiden Fällen wortbrüchig werden. Zweitens verscheucht ein Bündnis mit der Linkspartei mindestens die eine Hälfte bisheriger CDU-Wähler, ein Bündnis mit der AfD hingegen die andere Hälfte. Seit dieses Dilemma für die Union absehbar ist, empfehle ich ihr deshalb Offenheit für eine Minderheitsregierung: am besten mit einem CDU-Ministerpräsidenten, am zweitbesten mit der Erklärung, als gemeinwohldienliche Opposition mit der auf ihre fallweise Unterstützung angewiesenen Regierung genau dann zu kooperieren, wenn der politische Preis dafür stimmt.

Was würden Sie Mike Mohring in seiner Situation raten?

Erstens: Keine Anbiederung, weder zur Linken noch zur AfD! Zweitens: Der entstehenden linken Minderheitsregierung grinsend alles Gute wünschen – und den Preis für deren fallweises Fischen in den eigenen Reihen ohne nach außen gewandte Theatralik möglichst hochtreiben. Drittens: Ankündigen, dass natürlich auch ein CDU-Politiker sich der Wahl zum Ministerpräsidenten stellen wird – und jeden Abgeordneten, ganz ohne alle Vorab-Verhandlungen, zur Stimmabgabe für Ramelows Rivalen einlädt, der keine linke Regierung wünscht. In diesem Fall wäre es nicht ausgeschlossen, dass der CDU-Kandidat von der in Verlegenheit gebrachten AfD etliche Stimmen erhielte, ja theoretisch sogar mehr Stimmen auf sich vereinte als Ramelow. Im schlimmsten – doch höchstwahrscheinlich gar nicht eintretenden – Fall müsste dann ein CDU-Politiker eben eine Minderheitsregierung anführen. Doch Macht nutzt nun einmal nur jenen ab, der sie nicht besitzt!

Wie sollte sich die Bundes-CDU verhalten?

Sie sollte – und sei es stillschweigend – begreifen, dass sie schuld ist am deutschlandweiten Niedergang der CDU sowie an den Schwierigkeiten ihrer ostdeutschen Landesverbände, die seit längerer Zeit von der AfD kannibalisiert werden. Nach außen sollte die Bundes-CDU drei Punkte betonen. Erstens: Sie vertraut der politischen Klugheit ihrer ostdeutschen Verbände und lässt diese nach eigener Lagebeurteilung entscheiden. Zweitens: Es ist Sache allein der AfD, sich entweder als Außenseiterpartei zu benehmen – oder durch ihr eigenes Verhalten während der nächsten Jahre so viel Vertrauen zu sich aufzubauen, dass sie für das eine oder andere Zusammenwirken in Betracht gezogen werden könne. Drittens: Es macht die CDU Entscheidungen über Positionen und Personen grundsätzlich nicht von möglichen Reaktionen der AfD abhängig, sondern ausschließlich von den eigenen Interessen und davon, was vermutlich unserem Lande dient.

Wo sehen Sie die CDU im Osten Deutschlands in zehn Jahren?

Ohne Glaskugel lässt sich da nur mit Szenarien arbeiten. Die eine Möglichkeit: Die CDU macht mit ihrem grünen Mitte-Links-Kurs weiter, während die AfD sich zu einer vernünftigen Partei rechts der CDU entwickelt. Dann teilt die ostdeutsche Union das Schicksal der SPD und verfällt der politischen Nachrangigkeit. Die andere Möglichkeit: Die CDU unternimmt ernsthafte Anstrengungen, ihre seit sieben Jahren der AfD überlassenen Positionen wieder selbst zu besetzen, ist – ganz wider mein Erwarten – darin erfolgreich, und unterdessen radikalisiert sich die AfD zu einer neuen NPD. Dann bleibt der jetzige Erfolg der AfD Episode – und die CDU hat gelernt, dass sie ihre Bereitschaft zum Einbinden auch möglichst vieler Rechter nur um den Preis eigenen Machtabstiegs aufgeben kann. Die wirkliche Entwicklung wird wohl zwischen beiden Szenarien liegen und uns ein Dahinsiechen der ostdeutschen CDU, eine brüchige Allparteienfront gegen die AfD und eine sich weiter verfestigende Entfremdung eines Viertels der ostdeutschen Wähler von der bestehenden Demokratie bescheren.

DAS STRATEGIE-SCHLAMASSEL DER CDU

veröffentlicht unter der Überschrift „Aus Feind wird Freund. CDU: Mögliche Bündnisse mit der Linkspartei gleichen politischem Selbstmord" am 17. Januar 2020 in der „Jungen Freiheit", unter dem hier verwendeten Titel leicht redigiert auch am 24. Januar 2020 auf meinem Blog wjpatzelt.dew

Parteien sind – mitsamt jenen Bündnissen, die sie eingehen – Karrierevehikel für ihre Anführer. Doch sie sind auch Bindeglieder zwischen der Welt der Berufspolitik und der Alltagswelt der Bürger. Obendrein haben sie in einer Demokratie für die politische und parlamentarische Repräsentation der mannigfaltigen, oft widersprüchlichen Sichtweisen und Interessen unterschiedlicher Bevölkerungsteile zu sorgen. Das schränkt die politische Beweglichkeit von Parteiführern ein: normativ ohnehin – und praktisch dann, wenn sich immer weniger Leute von ihrer Partei vertreten fühlen sowie zur Konkurrenz wechseln.

So kann man das Grundproblem der Thüringer Regierungsbildung umreißen. Gern möchte die CDU mitregieren, verriete aber viele Noch-Wähler und riskierte Selbstmord zum Nutzen der AfD, wenn sie sich auf ein Bündnis mit der Linken einließe. Durchaus danken dürfte sie Bodo Ramelow dafür, wenn er ihr Angebot einer „Projektregierung" ablehnte. In einer solchen kann nämlich die CDU, da zum Regieren nicht wirklich gebraucht, jederzeit brüskiert werden. Folge wäre das Anwachsen der jetzt schon sichtbaren CDU-internen Spannungen bis hin zur offenen Spaltung der Thüringer CDU. Und der Bürgerschaft würde noch drastischer als in Sachsen gesagt: Wer keine linke, sozialdemokratische oder grüne Politik will, der möge doch bitte gleich die AfD wählen – weil nämlich CDU-Anführer politische Bequemlichkeit stets der Vertretung ihrer bisherigen oder einstweilen verlorenen Anhängerschaft vorziehen. Ein solcher Glaubwürdigkeitsverlust der Union griffe dann auch auf weitere Bundesländer über, zudem ja unklar ist, zu welchen Machtkalkülen die inzwischen wohl fristgerechte – und somit vom weiteren Siechtum der Bundes-CDU geprägte – Bundestagswahl Anlass geben mag.

Sprechen solche Zusammenhänge überhaupt gegen eine Minderheitsregierung? Nein. Nur muss man bei dieser Spielart der parlamentarischen Regierungsweise von der Versuchung lassen, risikoscheu und strukturkonservativ nach einem Seitenstück zur Mehrheitsregierung zu suchen.

Insbesondere kann ein Tolerierungsabkommen wie einst in Sachsen-Anhalt nur für den Tolerierungspartner attraktiv sein, da dieser dann Erpressungsmacht besitzt, ohne zur Verantwortung gezogen werden zu können. Also sollte sich die Führungspartei einer Minderheitsregierung auf derlei nicht einlassen. Sie muss sich vielmehr Verhandlungsspielräume samt der Möglichkeit offen halten, mit verlockenden Kompromissen die Rivalen zu spalten. So halten es Sozialdemokraten in Dänemark, und so hätte es die Sachsenunion bei mehr strategischem Weitblick und taktischer Traute auch vermocht. Hingegen kann eine „Projektregierung" nur dann wechselseitig vorteilhaft sein, wenn einander politisch nahestehende Parteien zusammenwirken. Solche nämlich können durch „Regieren auf Halbdistanz" einige gemeinsame Ziele anstreben, schließen aber das Risiko aus, für darüber hinausgehende wählerabschreckende Aktionen des Partners haftbar gemacht zu werden.

Doch CDU und Linke stehen einander politisch nicht nahe. Was sie verbindet, ist nur die – bei manchen Linken nicht fraglose – Treue zur freiheitlichen demokratischen Grundordnung, desgleichen lobenswerte Lust auf die Ausübung politischer Macht. Doch obwohl es wünschenswert ist, wenn im Notfall alle unsere Demokratie tragenden Parteien untereinander koalitionsfähig sind, ist es noch erstrebenswerter, dass sie politischen Pluralismus praktizieren und es der Bürgerschaft ermöglichen, zwischen Politikalternativen zu wählen. Dafür gehört es sich, dass Parteien links der Mitte zusammenarbeiten – und Parteien rechts der Mitte ebenso. Hingegen entzieht eine „Projektregierung" von Linker und CDU dem Wähler die Chance, eine Richtungsentscheidung zu treffen. Das aber ist selbst dann schlecht, wenn – wie glücklicherweise noch immer – die Mehrheit der Bürgerschaft in der politischen Mitte steht. Solange diese nämlich der Schwerpunkt des Staatsschiffes ist, kann es nötige Wechsel von Links- und Rechtskurs ohne jede Gefahr des Kenterns geben. Der Kurs in nur eine einzige Richtung führt hingegen nicht zum Ziel, sobald Gegenwind aufkommt und man sich deshalb ans Kreuzen gegen den Wind machen muss.

Doch den Untergrund oder größeren Zusammenhang politischer Debatten bilden leider nicht derlei systematische Überlegungen. Vielmehr brodeln dort Gefühle. Das können von ihrer Wirkung her gute sein wie Zuneigung oder Abneigung, doch auch funktional schlechte wie blindes Glaubenwollen oder belehrungsresistenter Hass. Solche Gefühle übersetzen sich seit langem politisch dahingehend, dass Linkes im Grunde geglaubt und gemocht werden kann, Rechtes aber grundsätzlich schlecht und letztlich zu hassen ist. Eben dieses Ungleichgewicht im Emotionshaushalt unserer politischen Ordnung hat einst die – inzwischen von der AfD geschlossene – Repräsentationslücke rechts der CDU entstehen lassen und die dafür verantwortlichen Parteien zum Glauben an eine geschichts- und staatspolitische Pflicht gebracht, überall Einheitsfronten gegen die AfD zu bilden. Genau das wurde allerdings zum Grund für politisch widersprüchliche Bündnisse oder für Minderheitsregierungen dort, wo es zwar rechte Mehrheiten in der Bevölkerung gibt, diese aber parlamentarisch nicht nutzbar sind. Den Preis für daraus entstehende Dilemmata bezahlt die CDU – und zwar zu Recht, denn vor allem sie ist schuld am Aufkommen der AfD.

ZUR MINISTERPRÄSIDENTENWAHL IN THÜRINGEN

veröffentlicht am 5. Februar 2020 auf meinem Blog wjpatzelt.de

An der Wahl des FDP-Landtagsabgeordneten Thomas Kemmerich zum Thüringer Ministerpräsidenten erkennt man, wie töricht es vom CDU-Vorsitzenden Mohring war, nicht gleich am Wahlabend dreierlei erklärt zu haben: die bisherige Thüringer Regierung ist abgewählt; die beste Lösung wäre es, nun in Thüringen eine Minderheitsregierung mit klarem Politikangebot ins Amt zu bringen; und deshalb werde er oder ein anderer CDU-Politiker als Gegenkandidat antreten, wann immer sich Ramelow zur Wiederwahl als Ministerpräsident stelle. Wie die heutige Wahl eines FDP-Abgeordneten zum Ministerpräsidenten zeigt, hätten die Chancen auch für einen CDU-Politiker nicht schlecht gestanden; und plausibler als eine Regierungsführung durch die kleine FDP wäre es allemal gewesen, einen Politiker der größeren CDU als Ministerpräsidenten zu haben.

Wie nun weiter?

Sarkastisch formuliert: Der Ministerpräsident Kemmerich muss sofort zurücktreten und sich öffentlich dafür entschuldigen, überhaupt der AfD die Chance gegeben zu haben, für jemand anderen als Ramelow zu stimmen![40] In Japan wäre außerdem Harakiri geboten, um diesen politischen Tabubruch zu sühnen.

---

[40] Anm. vom Januar 2024: So kam es dann auch. Am 5. Februar gewählt, kündigte Kemmerich – unter allseitigem Druck – schon am Folgetag seinen Rückzug an, trat am 8. Februar mit sofortiger Wirkung zurück, hatte aber aus verfassungsrechtlichen Gründen sein Amt noch bis zum 4. März formal auszuüben, als sein Vorgänger Ramelow zum neuen Ministerpräsidenten gewählt wurde.

Analytisch formuliert: Kemmerich sollte an die Spitze der Ministerien FDP- und CDU-Politiker stellen; er sollte mit ihnen im Rahmen des ja beschlossenen Haushaltes eine möglichst unkontroverse Politik weiterführen; und zur unvermeidlichen Frage, wie er es denn nun mit der AfD-Unterstützung halte, sollte er erklären:

„Es ist das Recht eines jeden Abgeordneten, für mich zu stimmen. Und nun ist es die Pflicht meiner Regierung, in den Ausschüssen des Landtages mit den Abgeordneten aller Fraktionen so redlich zusammenzuarbeiten, dass eine unserem Gemeinwohl dienliche Politik zustande kommt. Meine Regierung wird sich dabei allein von sachlichen Überlegungen leiten lassen, also auf jede unnötige Schärfe oder Polemik in der politischen Auseinandersetzung verzichten. Wer es unter den Thüringer Landtagsfraktionen ebenso halten will, dem biete ich die Hand zur Zusammenarbeit. Dass auch zu einer von grundsätzlicher Kooperationsbereitschaft getragenen Politik der Streit um das Richtige gehört versteht sich von selbst. Nutzen wir jetzt aber alle die Chance, uns von früherer Polemik abzukehren und zu einer Debattenkultur zu finden, die unserer freiheitlichen Demokratie und einem pluralistischen Parlamentarismus wirklich angemessen ist!"

DEUTSCHLANDS ZENTRALES POLITIKTABU

veröffentlicht am 7. Februar 2020 in „The Epoch Times", desgleichen auf meinem Blog wjpatzelt.de

Das Erfurter Drama um Deutschlands Rekordhalter im Kurzzeit-Regieren handelte vom zentralen Gebot deutscher Innenpolitik: Nie darf eine nicht-linke Parlamentsmehrheit gegen die Linke verwendet werden, falls diese Mehrheit die AfD einschließt! Weil aber Deutschlands Rechte nun zwischen zwei ins Gewicht fallenden Parteien gespalten ist, seit nämlich die Sozialdemokratisierung samt Vergrünung der CDU den Aufstieg sowie die Verfestigung der AfD ermöglichten, verlangt die Befolgung dieses Gebots von der Union: Sofern sie nicht – was mittlerweile auszuschließen ist – eine absolute Mehrheit erringt bzw. dank FDP oder Freien Wählern eine Mehrheitskoalition bilden kann, hat sie mit Grünen und Sozialdemokraten zusammenzugehen oder eine Minderheitsregierung der Linken zu unterstützen.

Doch unter solchen Umständen wird die CDU dauerhaft schwächer, die AfD hingegen stärker. Also verheißt das Erfurter Lehrstück: Linke und Grüne werden fortan Deutschland immer regieren oder mitregieren, während eine klare Politik rechts der Mitte auf Dauer ausgeschlossen ist. Ausnahme wäre, dass die AfD jemals mehr als die Hälfte der Parlamentsmandate erränge. Dem aber lässt sich abschreckend durch das Abbrennen von „Fascho-Autos" und Verwüsten von „Fascho-Büros" entgegenwirken, ferner einschüchternd durch Tätlichkeiten gegen „Faschos und ihre Familien". Falls andere Abhilfe nicht möglich scheint, strengt man eben ein Verbotsverfahren gegen die AfD an. Es werden sich doch hoffentlich noch Richter finden, die in Höcke Hitler wiedererkennen! Und wenn nicht, muss man deren Lernprozesse eben beschleunigen – nötigenfalls so, wie man CDU und FDP nach der Wahl Kemmerichs schnell wieder zur Räson gebracht hat.

Wenn dann bald Bodo Ramelow – zweifellos ein populärer und persönlich schätzenswerter Ministerpräsident – im Thüringer Landtag wiedergewählt ist, wird im Rückblick die Frage zu beantworten sein: Warum nicht gleich so? Warum dieser Umweg über den gescheiterten Versuch, den Verlust einer parlamentarischen Mehrheit in freien Wahlen auch noch durch eine veränderte Regierung sichtbar, ja folgenreich zu machen? Und weshalb sieht die CDU nicht endlich ein, dass ihre Gestaltungsmacht jetzt gebrochen ist, es also für sie eine Zukunft nur noch als Partner am besten der Grünen gibt? Und dass diese Zukunft dann auch immer wieder neu verdient werden muss: durch den Grünen genehme Gestaltungsbereitschaft, auch durch den alltäglichen Exorzismus in Richtung AfD ...

Und wann eigentlich begreift die AfD, wie leichtfertig es war, sich durch jahrelang tatsächlich zunehmende, nicht selten auch radikale Rechtslastigkeit um jede Chance gebracht zu haben, für alle jene nicht tödlich-toxisch zu wirken, die in ihre Nähe geraten? Gibt es irgendwann AfD-Anführer mit Durchsetzungskraft, die ihre Partei zu einer wirklich normalen Partei rechts der Mitte zu machen verstehen, an der eine noch so demagogisch-üble Nachrede abprallen kann? Schafft es die AfD wirklich nicht, angesichts manch üblen Spiels, das mit ihr getrieben wird, durchaus nicht die Fassung zu verlieren, sondern durch demonstratives eigenes Fair Play jene zu blamieren, die Spielregeln nur so lange einhalten, wie sie ihnen nutzen? Falls ein Nein die richtige Antwort auf diese Fragen wäre, wird in Deutschland dauerhaft die politische Linke regieren – und sich zwischen ihr und einer rechtsradikalen AfD das Land mit schlimmen Folgen spalten. Sollten wir uns das aber wirklich wünschen?

Und wann endlich begreifen die bislang unseren Staat tragenden Parteien, dass man Politik besser nicht wie ein Spiel betreibt, dessen Konsequenzen man einfach auf sich zukommen lässt? Denn wenn die Erfurter Wahl eines FDP-Ministerpräsidenten mit den Stimmen der AfD strategisch gewollt und taktisch durchdacht war, dann darf man doch anschließend nicht die Nerven verlieren, den Bettel hinwerfen und das Geschehene als eine erstaunliche Verkettung unerwarteter Ereignisse hinstellen! Dann hat man vielmehr das Begonnene mit Tatkraft, Umsicht und gutem Willen weiterzuführen – entweder bis sich Erfolg einstellt oder bis dessen Aussichtslosigkeit unbezweifelbar ist. Wenn man aber einfach nur ein Zeichen setzen und Ramelow samt seiner Minderheitskoalition folgenlos ärgern wollte, dann muss man doch im Vorhinein sicherstellen, etwa durch ausreichend viele Stimmenthaltungen, dass aus einem solchen Spiel gerade kein Ernst wird, der unser politisches Gesamtsystem erschüttert und – zum Vorteil von Linken und AfD – bislang vertrauenswürdige Parteien wie CDU und FDP noch weiter nach unten zieht!

Wenn sich also in Erfurt kein misslungenes Bubenstück zugetragen hat, dann gab es zumindest ein Pokern unter Hochstaplern. Auch das rechtfertigt zwar nicht jenen selbstgerechten Hass, den nun Kemmerich, Mohring & Co. zu ertragen haben. Doch verständlich ist sehr wohl die nun voller Häme formulierte Empörung über eine politische Klasse, die in einer für ihr Niveau zu hohen Liga spielt.

ZUR ERFURTER REGIERUNGS-BILDUNG, TEIL 1

ursprünglich erschienen in der „Jungen Freiheit" vom 14. Februar 2020 unter dem Titel „Zerklüftete Landschaften. Thüringen: Die politischen Verhältnisse in Deutschland sind ins Wanken geraten", sodann am 1. März 2020 auf meinem Blog wjpatzelt.de

Im Erfurter Drama verknüpfen sich viele Handlungsstränge. Sie führen zu bundesweiten Herausforderungen deutscher Innenpolitik. Deshalb wurden von Erfurt aus die politischen Verhältnisse ganz Deutschlands ins Wanken gebracht. Dahin ist die Autorität einer Bundeskanzlerin, die wider alle Amtskompetenz verlangte, das Ergebnis einer geheimen Abstimmung von Landtagsabgeordneten „rückgängig" zu machen. Und dahin ist Kramp-Karrenbauers Zukunft als CDU-Bundesvorsitzende und

Kanzlerkandidatin nach ihrem Versuch, Parteibeschlüsse gegen das freie Mandat von Abgeordneten durchzusetzen.

Erstens erkennen wir, dass Teile unseres politischen Personals in einer Liga spielen, die ihr persönliches Niveau überfordert. Denn entweder begreift man als CDU und FDP in Thüringen, dass ein verabredetes Zusammenwirken mit der AfD zum Zweck der Verhinderung eines populären Ministerpräsidenten der Linken ein medial und politisch durchgesetztes Tabu deutscher Politik bricht, also gar nicht anders kann, als eine politische Großkrise auszulösen. Dann muss man, falls bewusst auf eine solche Krise zugesteuert wurde, nach deren Einsetzen beim vorbedachten Plan bleiben und darf nicht davonlaufen, nur weil der von vornherein zu erwartende Sturm ausbricht. Oder es ging gar nicht um Grundsätzliches, sondern man wollte durch sein Abstimmungsverhalten nur Ramelows Minderheitskoalition ärgern. Dann aber hätten CDU und FDP ausreichend viele Stimmenthaltungen sicherstellen müssen, damit aus dem Spiel gerade kein Ernst würde. Das freilich unterblieb. Wenn es also nicht um einen strategisch gewollten und dann nicht durchgehaltenen Tabubruch ging, dann haben Kinder gezündelt – und waren erschrocken, als echter Sprengstoff hochging.

Zweitens handelt das Erfurter Lehrstück vom zentralen Gebot deutscher Innenpolitik: „Nie darf eine nicht-linke Parlamentsmehrheit gegen die Linke verwendet werden, falls diese Mehrheit die AfD einschließt!" Seit freilich, vorangetrieben unter Mediendruck, die sozialdemokratisierende Vergrünung der CDU zunächst den Aufstieg und dann die Verfestigung der AfD ermöglicht hat, ist Deutschland rechts der Mitte zwischen zwei politisch ins Gewicht fallenden Parteien aufgespalten. Das heißt für die CDU: Sofern sie nicht – mittlerweile auszuschließen – eine absolute Mehrheit erringt oder – selten genug – mit FDP oder Freien Wählern eine politisch bequeme Mehrheitskoalition bilden kann, hat die Union mit Grünen und Sozialdemokraten zusammenzugehen oder eine Minderheitsregierung ihrer Rivalen zu unterstützen. Also verheißt das Erfurter Lehrstück: Linke, Sozialdemokraten und Grüne werden fortan Deutschland wohl immer regieren oder mitregieren, während eine klare Politik rechts der Mitte auf absehbare Zeit ausgeschlossen ist. Das aber wird die AfD zu Lasten der CDU weiter stärken.

Die Folge dessen werden – drittens – in Deutschlands verfestigtem Sechs-Parteien-System dauerhafte innenpolitische Feindseligkeiten sein. Anders als einst die Grünen und die PDS wird nämlich die AfD auf absehbare Zeit als Mitspielerin nicht akzeptiert werden. Eine tiefe Kluft wurde vielmehr geschaffen von Politikern, Medien und Zivilgesellschaft zwischen der AfD als sozusagen „fraglos faschistischer“ Partei sowie den übrigen, den „anständigen“ Parteien. Am Rand dieser Kluft zerreißt es nun die CDU. Ausgerechnet die den alten CDU-Idealen in Jesuitentreue ergebene WerteUnion wird als der im Inneren der Partei wühlende, böse Feind behandelt. Anscheinend hofft eine Mehrheit in der Union, vor allem durch die Herabsetzung von Konservativen oder von Leuten rechts der Mitte würde sie der CDU nutzen. Mancher versteigt sich sogar zur Illusion, immer weniger Konservative und Leute rechts der Mitte würden ihr Wahlkreuz bei der AfD setzen, falls man ihnen nur scharf genug sagte: „Niemals wird die AfD politischen Einfluss ausüben, und also sind Eure Stimmen für diese Partei verschenkt!“ Doch was, wenn – dank realem Koalitionsverhalten der Union – die Wahlparole der AfD verfängt, dass jede Stimme für die CDU unweigerlich eine Stimme für Grüne, Sozialdemokraten und Linke sei? Dass also die einzige Alternative zum allenthalben regierenden Allparteienbündnis die AfD wäre? – Dann erleidet die CDU das Verzwergungsschicksal der SPD.

Viertens zeigen sich nun die selbstschädigenden Folgen der Torheit jener Politiker, Mitglieder und Sympathisanten der AfD, die durch leichtfertiges Verwenden oder Bejubeln rechtsdemagogischer, auch rechtsradikaler Rede- und Denkweisen der AfD insgesamt den Ruf, ja in Teilen wohl gar die Haltung einer Partei beschert haben, die sich nicht nur gegen unsere politische Kultur, sondern auch gegen die Praxis unserer Verfassungsordnung wendet sowie in geistiger Verwandtschaft zum deutschen Faschismus steht. Dieser Partei irgendwie nahezukommen ist jetzt toxisch und politisch tödlich geworden. Das wird zwar weder den Ex-CDUlern in der AfD noch der Satzung oder den Programmschriften der AfD gerecht. Doch politisches Vertrauen muss praktisch erarbeitet, muss verdient werden. Diesbezüglich hat ausgerechnet der Thüringer Landesvorsitzende seiner Partei mehr geschadet als genutzt. Eben das verurteilte eine in Erfurt womöglich gewollte Kooperation von CDU und FDP mit der AfD von vornherein zum Scheitern und machte ein unbeabsichtigtes Zusammenwirken zum politischen Super-Gau.

TEIL 2

veröffentlicht am 4. März 2020 auf meinem Blog wjpatzelt.de

Jetzt ist also Bodo Ramelow wieder Thüringer Ministerpräsident. Und er steht an der Spitze einer Minderheitsregierung, die gemäß Art. 70,3 der Landesverfassung auch ganz einfach durch Wahl eines Ministerpräsidenten im dritten Wahlgang mit einfacher Mehrheit ins Amt gebracht werden kann. Hätten sich Thüringens Landespolitiker vernünftiger verhalten, wäre dieses Ergebnis schon vor einem Monat herbeizuführen gewesen. Stattdessen kostete törichtes Verhalten eine Bundesvorsitzende und einen Landesvorsitzenden der CDU ihre Ämter, einen FDP-Politiker mindestens einen Monat normalen Lebens – und der CDU weiteres Ansehen und Vertrauen.

Kern des aktuellen Übels war der Unwille der CDU-Oberen, vielleicht auch deren emotionale oder intellektuelle Unfähigkeit, zu begreifen und zu akzeptieren, dass eine Minderheitsregierung eine völlig legitime und durchaus funktionierende Weise ist, ein deutsches Bundesland zu regieren. Hätte sich nämlich die CDU seit dem Sommer 2019 zu dieser Einsicht verstanden, so hätte ihr damaliger Spitzenkandidat Mohring am Wahlabend selbstbewusst erklären können: Die Mehrheit von rot-rot-grün ist vergangen; eine andere Mehrheitskoalition ist angesichts von Festlegungen der Parteien im Wahlkampf nicht zu erwarten; folglich sollte Ramelow nun bald als Kandidat einer Minderheitsregierung antreten; und er, Mohring, werde natürlich sein Gegenkandidat sein. Das Ergebnis wäre genau das heute Nachmittag erzielte gewesen. Klugerweise hätte nämlich Mohring auf die Annahme einer Wahl zum Ministerpräsidenten mit AfD-Stimmen verzichtet, denn andernfalls hätte er politisch ebenso wenig überlebt wie – angesichts seines tatsächlichen, hilflosen Taktierens – der Kurzzeit-Premier von der FDP.

Wäre es wie angeraten gekommen, so wäre Mohring aber weiterhin CDU-Landesvorsitzender. Auch wäre dem Freistaat Thüringen ein Monat mit faktischem Interregnum erspart geblieben – und der CDU Thüringens eine schmerzliche Demütigung. Die vollzog einerseits Angela Merkel, als sie einfach – und weit jenseits ihrer innerparteilichen oder gar staatlichen Kompetenzen – von oben herab verfügte, die Wahl eines FDP-Politikers mit auch (!) AfD-Stimmen zum Ministerpräsidenten müsse rückgängig gemacht werden. Nicht minder demütigend war andererseits die öffentlichkeitswirksame Forderung der Linken, ausgerechnet die CDU habe dem MP-Kandidaten der Linken gleich im ersten Wahlgang eine absolute Mehrheit zu bescheren. Andernfalls wolle dieser vielleicht Thüringen gar nicht mehr dienen – und zur Strafe dafür werde man erst recht eine die CDU halbierende Neuwahl herbeiführen. Letzteres nennt man auch Erpressung.

Grundsätzlich aber entstand das Übel der CDU daraus, dass ihre Bundesführung vor einigen Jahren durch praktizierte Ignoranz hinsichtlich parteiintern nicht-linker und nicht-mittiger Positionen überhaupt politischen Platz für das Aufkommen der AfD schuf. Dann mästete man die damals schon halbverschlissene AfD durch Merkels Migrationspolitik von 2015, und anschließend begab sich die CDU auch noch in eine gewiss lang andauernde Minderheitsposition dadurch, dass sie zur AfD einfach einen Trennstrich zog, doch keinerlei ernsthafte Versuche unternahm, diese Konkurrenzpartei durch das einzig zielführende Mittel kleinzubekommen: nämlich durch eine Wiedergewinnung der von der CDU zu ihr abgewanderten Wählerinnen und Wähler. Verschärft wurde dieses grundsätzliche Übel dadurch, dass die CDU-Führung die eigene Partei in eine ganz ausweglose Lage bugsierte: Weder mit der Linken noch mit der AfD dürfe man zusammenarbeiten – und zugleich solle man unbedingt eine Minderheitsregierung verhindern. Das aber konnte weder rechnerisch noch politisch aufgehen.

Mit Ramelows Minderheitsregierung aber hat man jetzt, was ein jeder vernünftige Beobachter vorhersehen und auch anraten konnte. Und obwohl ohnehin alles auf dieses Ergebniss zutrieb, hat niemand anderes als die CDU-Führung die Glaubwürdigkeit der eigenen Partei durchs Ausgehen auf Alternativen zum Unvermeidlichen beschädigt: einesteils durch jenes versuchsweise Paktieren mit der Linken, das „Stabilitätsmechanismus" genannt wurde, und andernteils mit der praktizierten Dummheit, die strategisch unwünschbare Wahl eines FDP-Ministerpräsidenten mit AfD-Stimmen nicht von vornherein dadurch unmöglich zu machen, dass vier CDU-Abgeordnete der Ministerpräsidentenwahl im Februar einfach fernblieben. Also hat sich die CDU alle Schadenfreude, mit der so viele auf den jetzigen Zustand dieser einst großen Partei blicken, sich redlich selbst verdient. Nicht minder redlich, nur eben auf bessere Weise, hat sich Bodo Ramelow seine Wiederwahl verdient: Anders als Mohring war er nämlich bereit, sich auf eine von ihm geführte Minderheitsregierung einzulassen.

Jetzt aber wollen wir sehen, wie gut er sie führt – und wie geschickt die CDU jene Machtmöglichkeiten zu nutzen versteht, über die sie als Oppositionspartei gerade in der Auseinandersetzung mit einer Minderheitsregierung verfügt. Obendrein warten wir neugierig ab, ob – und wann – die AfD wohl begreifen wird, dass man durch Polemik zwar Radikale mobilisieren, im Parlament aber nicht jene Partner gewinnen kann, die man zur Ausübung legitimer Macht nun einmal benötigt. Sollten also die Beteiligten am Erfurter Drama aus dessen Ablauf und Begleitschäden lernen, dass es für Politik viel mehr als bloßes Taktieren, Prinzipienreiterei oder Freude an sich selbst braucht, dann hätte jener Monat des Missvergnügens zwischen beiden Ministerpräsidentenwahlen immerhin ein wenig Gutes bewirkt. Doch um einen wie hohen Preis!

ZUM RÜCKZUG VON AKK

veröffentlicht am 11. Februar 2020 unter dem Titel „AKK ist ein Opfer der Politik ihrer Vorgängerin als Parteivorsitzende" in „The Epoch Times"[41]

Das Erfurter Drama hat sein erstes Opfer aus der obersten politischen Liga gefordert. Es ist die CDU-Bundesvorsitzende Kramp-Karrenbauer. Bleibt man an der Oberfläche, so ist klar: AKK scheiterte an ihrem mangelnden politischen Gewicht beim Streit mit der Thüringer CDU um deren landes- und bündnispolitischen Kurs. Geht man analytisch in die Tiefe, so erkennt man überdies: AKK ist daran gescheitert, den notwendigen richtungspolitischen Streit in der CDU einer Entscheidung näherzubringen.

Die einen in der CDU sind nämlich der Ansicht, der Kurs der langjährigen Vorsitzenden und Kanzlerin Merkel sei ein Erfolgskurs oder immerhin alternativlos: Gleichsetzen von Euro-Interessen mit deutschen Interessen, Energiewende, Hinnahme selbstermächtigter Einwanderung, Trennstrich zu allen Nicht-Linken und Nicht-Mittigen. Andere in der CDU meinen, dass eben diese Politik die Entstehung und Machtverfestigung der AfD ermöglicht habe. Also muss sich die CDU entscheiden, den Merkel-Kurs entweder fortzusetzen oder zu verändern. Sich nicht ausdrücklich zu entscheiden heißt nur: die Dinge treiben zu lassen. Das aber ist die schlechteste Amtsführung, die sich vorstellen lässt.

Natürlich haben Volksparteien die „Beweglichkeit eines Tankers", weshalb Kurskorrekturen konzeptionell und kommunikativ vorbereitet werden müssen – und anschließend mit taktischer Beweglichkeit um eine klare strategische Linie herum zu vollziehen sind. Hoffnungen darauf hatte AKK zwar einst mit ihrer „Migrationskonferenz" einst erweckt, doch dann nicht erfüllt. Erst ist sie im Schatten Merkels verkümmert, dann hat sie sich auf ein Himmelfahrtskommando im Verteidigungsministerium eingelassen, und am Ende ist sie an den sackgassenartigen Folgen der Absicht gescheitert, gerade als schrumpfende Partei nur noch mit Grünen, SPD und FDP zusammenwirken zu wollen, niemals aber mit der Linken oder mit der AfD – und obendrein auch nicht auf solche Minderheitsregierungen der CDU auszugehen, in denen die Union ihre eige-

---

[41] https://www.epochtimes.de/meinung/gastkommentar/politologe-patzelt-akk-ist-ein-opfer-der-politik-ihrer-vorgaengerin-als-parteivorsitzende-a3152483.html; Zugriff am 29. Januar 2024.

nen Positionen zumindest hätte klar markieren können. Auf diese Weise entzog AKK ihrer Partei jede eigenständige Machtperspektive.

Derweil verliert die CDU immer größere Stimmenanteile an die AfD. Auch deshalb kann sich die CDU nicht viel länger unbeschadet um die Entscheidung drücken, ob sie die Wiedergewinnung eigener Stärke, wie bisher, durch Abwehrbündnisse gegen die AfD versuchen will – oder umgekehrt durch Rückeroberung jener politischen Räume, in denen jetzt die AfD zu Lasten der CDU dominiert.

AKK ist also nicht einfach nur ein Opfer eigener Überforderung im Amt. Sie ist weitgehend auch ein Opfer der Politik ihrer Vorgängerin als Parteivorsitzende und faktischen Rivalin im Kanzleramt. Was die CDU jetzt braucht, ist deshalb eine Richtungsdebatte – und die Bündelung dieser Debatte um Personen, die – bei aller Fähigkeit zur innerparteilichen Integration – für eine klare Ausrichtung der CDU stehen. Dieser Streit möge offen, redlich und wechselseitig lernbereit geführt werden. Unbedingt sollte er in diesem Jahr entschieden werden. Ob die dann mit knapper oder großer Mehrheit eingeschlagene Richtung aber wirklich stimmt, werden erst die kommenden Wahlen zeigen.

DIE CDU IN DER FALLE

veröffentlicht in der „Sächsischen Zeitung" vom 22./23. Februar 2020, unter dem gleichen Titel auch am 26. Februar 2020 auf meinem Blog wjpatzelt.de

Die CDU in der Falle? Warum denn das? Die CDU ist doch zusammen mit den Grünen die neue Mitte! Schwarzgrün wird die nächste Bundesregierung stellen, und den Sachsen hat die CDU, vereint mit Grünen und SPD, eine stabile Regierung beschert. Deren überzeugende Politik wird die Union wieder nach oben bringen – und die AfD zur Verzweiflung treiben. So sehen das viele im medialen und politischen Diskurs, und bundesweit tut das die Mehrheit der CDU-Oberen. Können die alle irren?

Klar ist: Die CDU hat ihre Dominanz rechts der Mitte verloren. Dort setzt ihr die AfD zu. Das ist eine Folge dessen, dass die Union eine Partei allein der Mitte sein will – und dazu durch Erosion ihrer „dritten Säule" auch wurde. Das war die konservative Säule, die einst gleichberechtigt neben der liberalen und der sozialen Säule stand. Seit das nicht mehr so ist, wundert sich die CDU, warum sehr viele Leute sie nicht mehr wählen. Auf diese Abgewanderten aber wollte man nicht durch Aufgreifen ihrer Sorgen und Interessen zugehen – auch nicht im letzten sächsischen Wahlkampf, nach dem weitere 80.000 Wählerinnen und Wähler zur AfD übergingen.

Lieber machte man den Begriff „besorgte Bürger“ zum Synonym für Rassisten. Vor allem auf Volkspädagogik richtete man die Hoffnung: Voller Missionarsgeist nannte man alles nicht mehr Mittige „rechtslastig“ – und zog das in den Bedeutungshof von „rechtsradikal“ oder „faschistisch“. Am Ende befanden sich Linke, SPD, Grüne und Union im gemeinsamen Abwehrkampf gegen die „faschistische AfD“ sowie einen „gerichtlich zertifizierten“ Faschisten als Thüringer Landesvorsitzenden.

Das kann man so machen. Dem Ruf der AfD hat das alles wirklich geschadet – freilich nicht deren Wählerzahlen. Und obwohl die CDU, stolz auf ihre Trennstriche nach rechts, sich sehr um die Sympathie von Grünen und Sozialdemokraten bemüht, bekundete ein SPD-Politiker vor kurzem, es stünden wohl nur noch die Parteien links der Mitte fraglos für unsere Demokratie. Nicht nur die AfD, sondern bereits Teile der CDU gefährden also unsere freiheitliche Ordnung. Tatsächlich schrieb man schon den einstigen CSU-Chef Franz Josef Strauß gern mit der SS-Rune.

Heute steht offenbar die WerteUnion in dessen übler Tradition. Tatsächlich gilt sie vielen, auch in der CDU, als eine innerparteiliche AfD. Deshalb müsse man „mit aller Rücksichtslosigkeit“, so ein ehemaliger CDU-Europaabgeordneter, dieses „Krebsgeschwür“ bekämpfen. Jedenfalls ist der Trennstrich zwischen Anständigen und Faschisten fortan auch innerhalb der CDU zu ziehen. Ob es die CDU aber wirklich stärkt, wenn sie nach so vielen früheren Wählern auch noch ihre Hardcore-Mitglieder vergrault?

In diesem politischen Umfeld ist der Auslösemechanismus der CDU-Falle das folgende Hauptgebot deutscher Innenpolitik: „Demoskopische, gar parlamentarische Mehrheiten dürfen gegen Linke, SPD und Grüne politisch nicht genutzt werden, wenn eine solche Mehrheit die AfD einschließt“. Also muss die CDU – falls nach dem Wahlabend nicht stark genug für ein Bündnis mit der meist schwachen FDP – mit Grünen oder Sozialdemokraten koalieren, oft auch mit beiden, weil die CDU für ein Zwei-Parteien-Bündnis zu schwach geworden ist. Und wenn die CDU zum Regieren nicht gebraucht wird, Linke, SPD und Grüne aber auch keine Mehrheit haben, dann hat die CDU gefälligst einen Ministerpräsidenten sogar der Linken ins Amt zu bringen, möglichst im ersten Wahlgang! Andernfalls erfüllte sie nämlich ihre staatspolitische Aufgabe nicht, jeden Anschein einer nicht-linken Mehrheitsbildung mit der AfD zu vermeiden.

Also kann die AfD fortan in jedem Wahlkampf die Parole ausgeben: „Jede Stimme für die CDU ist eine Stimme für eine Regierungsbeteiligung der Grünen, gern auch unter Beteiligung der Sozialdemokraten!" Angesichts der sich drastisch verringernden Anziehungskraft der SPD stimmt der Wähler dann am besten fürs grüne Original, falls er grüne oder halbwegs linke Politik will, nicht aber für dessen CDU-Kopie. Und wer grüne oder linke Politik nicht will? Der wählt eben die AfD. Die aber kann künftig sagen: „Die Regierungsbildung in Sachsen, erst recht die Erfurter Ereignisse, bestätigen unsere Behauptung, dass einzig wir die Alternative zu links-grün sind!" Die Folge solcher Wahlwerbung, inzwischen beglaubigt durch reale CDU-Politik, werden weitere Stimmenverluste der CDU an die AfD sein.

Das Verbot einer Zusammenarbeit mit der AfD, welches die CDU politisch stranguliert, ist freilich plausibel. Erstens hat sich die jetzige AfD, auch in Reaktion auf kommunikative und reale Aktionen ihrer Gegner, noch keineswegs glaubwürdig dafür entschieden, eine ganz normale Partei sein zu wollen, die unsere gemeinsame politische Ordnung mitträgt – nur eben rechts von der CDU als ihrerseits einer Partei allein der Mitte. Zweitens pflegt die AfD ihre Anführer abzuwählen, sobald diese ihre Partei gegen Widerstand auf einem systemverträglichen Kurs halten wollen. Also kann man sich auf Absprachen mit AfD-Politikern nicht verlassen. Drittens schafft es die AfD, der gegen sie gerichteten Skandalisierungslust verlässlich so viel Stoff zu bieten, dass nicht nur echte, sondern schon vermeintliche AfD-Nähe für jeden toxisch wirkt, dem sie nachgesagt wird.

Natürlich begab sich die CDU nicht absichtlich in diese Falle. Doch „gut gemeint" ist auch in der Politik oft das Gegenteil von „gut getan". Es summierten sich einfach die Fehlleistungen: die eigene Politik quasi-autoritär als „alternativlos" darzustellen; die Empörung in der Bevölkerung über absehbare und dann eintretende Folgen solcher Politik zu unterschätzen; sich aufs Standardrezept zu verlassen, unerwünschte rechte Konkurrenz mit der Nazikeule totzuschlagen; und – wie in Erfurt – fürs Taktieren zu leichtfertig, für eine strategische Linie aber zu unentschlossen zu sein.

Geradezu naiv ist der nun schon jahrelang erfolglose Versuch, den Wählern plausibel zu machen: „Jede Stimme für die AfD ist verschenkt, denn mit dieser Partei wird ohnehin niemand zusammenarbeiten!" Allein schon die Existenz der AfD verändert nämlich die Lage der CDU zu deren Nachteil, und selbstgerechte Provokationen von AfD-Wählern befördern nur jene Solidarität, die aus der Empfindung von Ungerechtigkeit quillt.

Ratschläge an die CDU, mit dieser Lage zum eigenen Vorteil umzugehen, treffen auf verschlossene Ohren. AfD-Wähler anzusprechen gilt nämlich als inakzeptabler Rechtsruck – und eine Minderheitsregierung ohne Tolerierungspartner, also mit klarem CDU-Profil, hält man für nicht machbar. Also kann nur noch die AfD jene Falle ums Funktionieren bringen, in die sich die CDU aus eigenem Antrieb und auf Drängen linker Konkurrenz begeben hat. Wird die AfD nämlich genau das, wovor wir unsere Demokratie bewahren wollen, dann kann man sie mit bewährten Mitteln als rechtsradikale Partei zum Nutzen der CDU kleinbekommen. Doch eine AfD, die sich zur „bundesweiten CSU" mauserte, wäre aufgrund der reinen Mittigkeit der CDU im deutschen Parteiensystem nicht mehr besiegbar – und für die CDU genau das, was die Grünen für die SPD geworden sind.

STIMMUNGEN IN DEUTSCHLAND

veröffentlicht in der „Preußischen Allgemeinen Zeitung" vom 9. Januar 2020, unter dem gleichen Titel auch am 14. Januar 2020 auf meinem Blog wjpatzelt.de

Vielerlei Stimmungen lassen sich derzeit in Deutschland erspüren. Da sind die spiegelbildlichen Triumphgefühle von Grünen und AfD, die sich vom Stolz aufs Erreichte nähren: Die einen sind nun fast flächendeckend an der Macht, die anderen oft die größte Oppositionspartei. Da ist die mit wiederkehrenden Erlösungshoffnungen versetzte Verzweiflung der SPD: Sie versucht durch Führungswechsel jene Attraktivitätsprobleme zu lösen, denen allein mit einem neuen „Godesberg" beizukommen wäre, also mit dem Abräumen wählerverschreckender Positionen. Da gibt es die bemühte Munterkeit der FDP, derweil sich die Linke in einem gutwilligen Meinungsklima an eigener Rechthaberei erfreut. Und da findet sich bei der Union eine Mischung aus Depressivität („Wie nur weiter ohne Merkel?") und Autoaggression („Der Feind steht in den eigenen Reihen!"). Das erinnert an die Spätzeit Helmut Kohls.

Nur stand damals ein befreiender Aufbruch in Aussicht, nämlich Rot-Grün als machbarer Neubeginn. Doch die AfD gleitet immer wieder in jenes phrasenartige Empörungsgehabe ab, das ihre Ausgrenzung selbst jenen plausibilisiert, die sich lieber auf pluralistischen Streit mit ihr einließen. Deshalb politisch alternativlos, empfindet man in den traditionell sozial- und christdemokratischen Milieus unseres Landes die Gegenwart wie ein Dahinsiechen von Überlebtem. Hingegen gedeiht bei den Grünen und der AfD als den neuen Polen unserer politischen Kultur eine erfolgsgewisse Aufbruchslust. Die ersteren wurden nämlich von einem Großteil der Union als Mitstreiter beim Aufbruch zu neuen, verlockenden Ufern geradezu ins Herz geschlossen. Gemeinsam, so die Hoffnung, würden Union und Grüne fortan einen ökologischen Umbau unserer Gesellschaft herbeiführen, auch den Sieg des politisch Guten und Schönen, darunter die – der „alten CDU" misslungene – Überwindung von Nationalismus und Rassismus. Das alles leuchtet vielen ein und macht das schwarz-grüne Projekt gefühlsmäßig nicht minder anziehend, als es einst das rot-grüne Projekt gewesen ist.

Jenes aber zog die entscheidende Trennlinie noch zwischen den Konservativen und den Fortschrittlichen, also zwischen zwei ganz legitimen Positionen. Die neue Trennlinie verläuft hingegen zwischen den „Anständigen" sowie jenem „rechtspopulistischen Unrat", den – teils vorgeblich, teils wirklich – die AfD übers Land schwappen lässt. Doch deren Anhänger, sofern nicht tätig im öffentlichen Dienst oder in Unternehmen der öffentlichen Hand, stört eine solche – inflationär gewordene – Etikettierung kaum mehr. Rechts wollen sie ja wirklich sein, nämlich als Alternative zu jenen Mitte-Links-Regierungen, die allenthalben als Schutzwall gegenüber der neuen Protestpartei errichtet werden. Und populär sind viele Positionen sowie manche Politiker der AfD durchaus, und zwar in durchaus großen Bevölkerungskreisen. Das gilt zumal für Ostdeutschland, wo CDU und SPD es inzwischen als großen Wahlsieg zu feiern pflegen, wenn sie knapp vor einer Partei liegen, die es vor sieben Jahren noch gar nicht gab.

Die Grünen hingegen überholen die AfD meist nur in den Umfragen, nur selten aber auch am Wahltag. Umso wortgewaltiger gehen sie in den symbolischen und kommunikativen „Kampf gegen rechts". Der darf nämlich, so ein weit verbreitetes Gefühl, nur von einer einzigen Seite gewonnen werden, nämlich von den Linken und Mittigen. Deren geistiger Angelpunkt ist aber inzwischen das Weltgefühl der Grünen. Das alles macht „Mitte-Rechts" als Aufbruch aus den entstandenen Umständen für die kommenden Jahre praktisch unmöglich. Einerseits liegt das an der AfD, wie die internen Spannungen zwischen dem „Flügel" und den „Systemlingen" zeigen. Andererseits kommt das vom toxischen Hysteriegehalt politischer Gefühlswallungen, die schon bei bloßen Denkspielen über schwarz-blaue Konstellationsmöglichkeiten einsetzen. Obendrein fühlt es sich mittlerweile wie illegitim an, in der Frontstellung zwischen den etablierten Parteien und der AfD der letzteren auch nur dann beizuspringen, wenn diese Partei – bemessen an den Spielregeln pluralistischer Demokratie – unfair behandelt wird.

Auch in dieser Hinsicht hat sich an unserer politischen Kultur viel verändert, und wohl nicht zum Besseren. Gerhard Schröder und Joschka Fischer bezweifelten nämlich nie die Legitimität eines Machtwechsels zugunsten der Union, auch wenn sie ihn verhindern wollten. Doch an eine mögliche Abwahl bisheriger Mehrheiten zugunsten einer Regierungsübernahme der AfD allein schon zu denken fühlt sich heute an wie ein Pflücken der „Blumen des Bösen" oder wirkt wie ein leichtfertiges Nachspielen der Katastrophe von 1933. Tatsächlich hat sich die AfD jenes politische Vertrauen noch keineswegs verdient, das es für ein – das rein Punktuelle überschreitende – Zusammenwirken nun einmal bräuchte.

Mangels jeder realistischen Politikalternative rechts der politischen Mitte richtet sich deshalb alle politische Aufbruchshoffnung auf einen Erfolg von Schwarz-Grün. Ihn anzustreben, setzt aber genau jene Politik fort, deren Anbahnung einst rechts jenen Freiraum für die AfD schuf, in dem diese sich nun festgesetzt hat. Vergrößert sich künftig das der AfD überlassene Terrain noch mehr, nämlich durch eine weitere Sozialdemokratisierung oder Vergrünung der CDU, so werden eines Tages Minderheitsregierungen von der Linken bis hin zur CDU zur einzigen Alternative einer Regierungsbeteiligung der AfD. Letzteres zu verhindern, wurde aber zum – gerade auch emotional – verbindenden Ziel aller etablierten Kräfte. Deren Abscheu, bisweilen gar Hassgefühle gegenüber der AfD verstellen freilich den Blick darauf, dass eben die Frontstellung „Wir alle gegen die AfD" den weiteren Aufstieg dieser dann wirklich einzigen Alternative zur bisherigen, weiterhin kulturell hegemonialen Politik fördern wird. Speziell für die CDU gilt: Es werden viele Wähler bei der Entscheidung zwischen „grünem Original" und dessen Kenia-bewirkter „CDU-Kopie" genau dann für das Original stimmen, wenn „Kenia-Politik" in der schwarz-grün erhofften Weise erfolgreich war, sich dann aber an die AfD halten, wenn auf dem „Kenia-Kurs" viel weniger erreicht wurde, als in Aussicht gestellt war. Versprochen aber wird von schwarz-grünen Koalitionen kaum weniger als eine fortan lichte Zukunft unseres Landes.

Alle Schatten, welche die misslungene Einwanderungs- und Integrationspolitik Deutschlands zum Nachteil der Grünen auf „Kenia" werfen könnte, wurden zwar durch alarmistisches Beleuchten der durchaus realen Folgeprobleme eines nicht zu bezweifelnden Klimawandels um ihre zuvor weit verbreitete Wahrnehmung gebracht. Viel weniger ins allgemeine Blickfeld geraten sind im Vergleich damit allerdings die unmittelbar bedrohlichen Anschlussprobleme des Verlusts deutscher technologischer und wirtschaftlicher Wettbewerbsfähigkeit. Dieser ist eine Folge nicht nur des Aufstiegs Chinas im Besonderen und Asiens im Allgemeinen, sondern auch der bürokratischen Gängelung unserer Unternehmen und Forschungseinrichtungen, des Niedergangs unseres Bildungssystems und des Versiegens von Ressourcen wie Leistungswille, Pflichtgefühl und Selbstdisziplin. Hinzu kommen die unausweichlichen Folgeprobleme der lockeren Geldpolitik in der Eurozone, des – wohl noch längere Zeit anhaltenden – außenpolitischen US-Autismus sowie jener sicherheits- und geopolitischen Herausforderungen, die mit dem Abstieg des Westens und zumal Europas einhergehen.

Viele Leute nicht nur in Deutschland, sondern in allen westlichen Staaten empfinden deshalb, dass bislang erfolgreiche Politiken in ihren Grenznutzenbereich gelangt sind, ja inzwischen wohl mehr schaden als nutzen. Doch der erhoffte schwarz-grüne Aufbruch – um von linken und sozialdemokratischen Politikvisionen erst gar nicht zu handeln – geht gerade nicht von einer solchen Lagebeurteilung aus, wird also bei alldem wenig zum Besseren wenden. Das wiederum wird in Europa noch mehr Leuten als derzeit den rechtspopulistischen Systemprotest als plausibel erscheinen lassen. Aussichten darauf aber dürften die allermeisten erst recht nicht in gute Stimmung versetzen.

CORONA, PEGIDA UND DIE POLITIK

veröffentlicht unter dem Titel „Die neue Querfront der Populisten" am 27. Mai 2020 in der „Sächsischen Zeitung", desgleichen unter dem hier verwendeten Titel auf meinem Blog wjpatzelt.de

Spektakulär war seit März die Fügsamkeit im Land. Einhellig wie lange nicht mehr wurde ziemlich alles getan, was Deutschlands Regierungen „gegen Corona" anordneten. Nun aber gibt es viele Protestaktionen. Nicht wenige fühlen sich an die Pegida-Demonstrationen erinnert. Wutbürger, wie einst zu „Stuttgart 21", sind auch wieder dabei, sogar Hutbürger – diesmal allerdings mit Alu auf dem Kopf, nicht mit Schwarz-Rot-Gold.

Ähnlich sind Corona- und Pegida-Kundgebungen darin, dass lautstark Sorgen über laufende Politik sowie Empörung über Politiker zum Ausdruck gebracht werden. Doch unterschiedlich sind die Sorgen: damals die Einwanderung, vor allem von Muslimen – heute die Stilllegung großer Teile des Wirtschafts- und Arbeitslebens. Unterschiedlich sind auch die Quellen von Wut: damals der Unwille von Politik und Medien, die Aufbegehrenden inhaltlich ernst zu nehmen – heute eine zeitweise Einschränkung von Freiheitsrechten. Unterschiedlich ist die Zusammensetzung der Demonstrierenden: damals nur Leute aus dem Spektrum rechts der Mitte, mit dann immer stärkerer Präsenz von Rechtsradikalen – heute auch viele Leute, die man bislang eher auf von Linken organisierten Veranstaltungen sah.

Die Pegida-Proteste richteten sich gegen ein von den Demonstrierenden wahrgenommenes „staatliches Nichtstun". Die Corona-Proteste hingegen wenden sich gegen einen – wie es den Demonstrierenden scheint – „übergriffigen Staat". Deshalb kommt unsere Gesellschaft, die sich so lange in einer Polarisierung zwischen einem „autoritär-rechten" und einem „libertär-linken" Politikverständnis gefiel, mit den Corona-Protesten viel schwerer zurecht als einst mit denen von Pegida. Denn nun protestieren Rechte gegen staatliche Autoritätsansprüche, hadern aber Linke mit Forderungen nach einem Vorrang von Selbstverantwortung. Jedenfalls befeuerte Pegida nur den Rechtspopulismus, wogegen Politik, Medien und Zivilgesellschaft sich leicht solidarisieren konnten. Die Anti-Corona-Politik hingegen facht auch den Linkspopulismus an, für den es allenthalben Sympathien gibt.

Um trotz dieser unüblichen Frontstellung emotionale und intellektuelle Distanz zum Protest zu sichern, nutzt man jetzt den Abgrenzungsbegriff „Verschwörungstheoretiker" gerade so wie einst gegen Pegida das Wort „Rassist" – wenn auch mit klar größerem Wahrheitsgehalt. Mit beiderlei Gelichter will sich niemand gemein machen, und das ist auch gut so. Dennoch könnte bald schon eine Querfront aller Populisten gegen einen Staat entstehen, der zwar „gegen Corona" lobenswert entschlossen handelte, doch genau dadurch die Phantasmen beider Seiten anregte: Was den einen als übles Spiel von Bill Gates erscheint, wirkt auf andere wie die neue Variante einer „Kanzlerdiktatur".

Allzu tief ist wohl giftiges Misstrauen in unsere Gesellschaft eingesickert. Es richtet sich besonders gegen eine Politikerschaft, die nun jahrelang von oben herab festlegte, welche raschen Entscheidungen bei der Energie-, Euro- und Migrationspolitik unbedingt zu treffen wären, und die es vermied, im Parlament redlich-kontroverse Debatten darüber zu führen, welche Ziele und welche Mittel denn auch vernünftig wären. Wie schon während der Euro- und der Migrationskrise verhielt sich der Bundestag auch bei der Corona-Krise als ein recht stilles Parlament und gab der Vielfalt von Bevölkerungsansichten kaum Ausdruck. Insgesamt mehr an selbstgerechtes Durchregieren von oben nach unten als an offenes Debattieren von unten nach oben gewöhnt, haben sich nun ziemlich viele in eine private Meckerkultur zurückgezogen, aus der heraus man lustvoll gute Gelegenheiten rüden Aufbegehrens nutzt.

Doch anders als auf dem Höhepunkt von Pegida schmollt und schimpft nun die Politikerschaft nicht einfach zurück. Inzwischen wird auch in deren Führungsriegen eingesehen, dass man besorgten Bürgern besser zuhört, als dass man sie zur inneren Kündigung gegenüber unserem Gemeinwesen treibt. Tatsächlich hat in einem freien Land nicht die Bürgerschaft um das Vertrauen der Regierenden zu werben, sondern die Sache liegt genau anders herum: Die Regierenden müssen sich jenes Vertrauens als würdig erweisen, das wir alle ihnen bei ihren ganz außergewöhnlichen Anordnungen seit dem März schenkten.

Etliche Politiker stellen sich deshalb nun auch dem zornigen Volk, antworten sachlich sogar auf dreisten Unsinn – und zeigen, wie falsch jene lagen, die 2014/15 solches Verhalten als Anbiederung ausgaben und jedes Verstehen als ein Einverständnis auslegten. Doch gerade so, wie von Sachsens Ministerpräsidenten praktiziert, geht nun einmal Bürgernähe. Auch wehrt man nur so einer Entwicklung, die aus Besorgnis erst Empörung und dann Radikalismus macht. Wie viel Polarisierung und bittere Entfremdung hätten sich wohl vermeiden, wenigstens mindern lassen, wenn führende Politiker auch mit Dresdens Pegida-Demonstranten so weitblickend umgegangen wären!

Denn es ist höchst vernünftig, wenn Politiker Demonstrantenforderungen nicht gleich abbügeln, sondern erst einmal abwägen. Etwa wurden schon seit längerer Zeit Lockerungen des nun wochenlang verhängten Stopps unseres wirtschaftlichen, gesellschaftlichen und kulturellen Lebens verlangt. Manche Wünsche waren sinnvoll, wenngleich unzivilisiert vorgebracht. Richtig war, dass als sinnvoll Erscheinendes von gewählten Politikern dennoch aufgegriffen wurde. Sollten deshalb die Ansteckungszahlen gefährlich steigen, werden zwar neue Einschränkungen unseres Lebens erforderlich werden. Sie werden dann aber frische Plausibilität und viel mehr Legitimation besitzen als eine bloße Fortsetzung bisheriger Politik. Deshalb sind Fehler bei den unternommenen Lockerungsmaßnahmen auch nicht grundsätzlich vorwerfbar. Einen anderen Weg als den des Lernens aus Versuch und Irrtum gibt es in unübersichtlichen Lagen nun einmal nicht.

Vernünftig ist es auch, einen solchen Weg gerade nicht mit zentralstaatlich einheitlichen Vorgaben zu beschreiten, sondern alle Vorteile von Föderalismus und kommunaler Selbstverwaltung zu nutzen. Dank ihrer kann nämlich sowohl bei Lockerungen als auch bei neuen Einschränkungen regional differenziert verfahren werden. Wo außerdem eine übergreifende Abstimmung von Maßnahmen erforderlich ist, hindert nichts daran, diese durch Landesrecht oder durch eine neuerliche, von der Kanzlerin moderierte Koordinationsrunden zwischen den Ländern zu gewährleisten. Ferner ist es sehr vernünftig, die verhängten Einschränkungen unserer Freiheiten nicht wie eine Nebensächlichkeit zu behandeln. Es ändert sich durchaus Wichtiges, wenn in einer Demokratie politische Versammlungen keine Selbstverständlichkeit mehr sind.

Doch unvernünftig ist es, sich trotzig oder provokativ zu Kundgebungen mit Ansteckungsrisiko zusammenzufinden. Natürlich darf das Demonstrationsrecht nicht ausgehebelt werden; die zulässigen Gruppengrößen und Abstände machen medienträchtiges Demonstrieren aber sehr wohl möglich. Und ein politischer Notstand, der die Auflehnung der Bürgerschaft verlangte, besteht nun wirklich nicht. Niemand bereitet hierzulande eine Diktatur vor! Erst recht ist es unvernünftig, hinter „Corona" Verschwörungen gleich welcher Art zu sehen. Alle Erfahrung spricht nämlich dafür, dass selbst fataler politischer Unsinn sich durch Beurteilungs- und Handlungsfehler verantwortlicher Akteure viel besser erklären lässt als durch das Agieren von Strippenziehern im Hintergrund. Dass manche Unternehmen von Krisen besonders profitieren zwingt ebenfalls nicht zum Schluss, diese Unternehmen hätten jene Krisen selbst ausgelöst. Lieber sollte man bedenken, dass gerade die heutige Globalisierung mit ihrem gigantischen Verkehr an Personen und Gütern immer wieder Seuchen auslösen kann, gegen die lange Zeit kein Mittel zu finden ist. Und gerade so, wie es im 14. Jh. abwegig war, den Ursachen der Pest in Gestalt „der Juden" ein – dann verbrecherisch zugerichtetes – Gesicht zu geben, so unvernünftig ist es auch heute, ungeliebte Personen und Gruppen zum Schuldigen oder kollektiven Feind zu erklären. Halten wir es lieber mit der Vernunft – gerade dann, wenn die Verhältnisse schwierig sind!

WECHSELSEITIGES VERACHTEN LÖST POLITISCHE PROBLEME NICHT

veröffentlicht unter dem Titel „Die Diffamierung des politischen Gegners hat Hochkonjunktur" am 3. September 2020 in „Die Welt",[42] desgleichen am 5. September unter dem hier verwendeten Titel auf meinem Blog wjpatzelt.de

Woher kommt die heftige Kritik an der Corona-Politik der Bundesregierung, die auf Demonstrationen und im Internet auch noch mit abgrundtiefer Verachtung für Deutschlands Politiker und Staat verbunden ist? Weil breiter Anti-System-Protest seit Jahren aus dem politisch rechten Bereich aufzieht, scheint für viele das auch „bei Corona" der Fall zu sein. Dann sind „Covidioten" nur Wiedergänger der „Pegidioten", und gegen sie hilft am besten mehr „Kampf gegen rechts".

Doch vielleicht liegt unser Problem mit der neuen Welle grundsätzlicher System- und Politikerkritik viel tiefer. Womöglich ist das alles Teil einer neuen „Großen Weigerung" (Herbert Marcuse) gegenüber politischen Entscheidungen, deren Richtung man nicht will und an deren Vernunft man zweifelt: die permissive Migrationspolitik; Deutschlands Willfährigkeit beim finanziellen Einstehen für EU- und Euro-Partner; die jetzige Drosselung unseres Wirtschafts-, Gesellschafts- und Kulturlebens. Bei alledem handle die Regierung, schweige das Parlament, lobten die Medien. Zivilgesellschaftlicher Widerstand werde da zur Pflicht.

Solche Bekundungen von Empörung und Widerständigkeit gibt es aber schon lange. Zu denken ist nicht nur an PEGIDA oder an die Stuttgarter Bahnhofsproteste, wo der „Wutbürger" auftrat. Eine Spur von Angst und selbstbehauptender Aggressionslust führt auch an die Baustellen der Nuklearwirtschaft, an die Depots amerikanischer Atomwaffen, zu den Protesten der 1960er Jahre gegen die Notstandsgesetze. Seit Jahrzehnten wird „das System" herausgefordert – teils mit zivilem Ungehorsam, teils mit offener Gewalt, meist gegen Polizisten. Zwar sind die Inhalte und Zeitumstände sehr verschieden. Doch ähnlich ist der Empörungskern: weithin geteilte Empfindungen, eine politisch gewollte oder ermöglichte Entwicklung führe auf schlimme Wege. Große Gefahren drohten; doch

---

[42] https://www.welt.de/debatte/kommentare/plus214942674/Querdenker-Diffamierung-des-politischen-Gegners-hat-Hochkonjunktur.html?utm_source=headtopics&utm_medium=news&utm_campaign=2020-09-04, Zugriff am 26. Januar 2024.

„die Politiker" mitsamt ihren Unterstützern im Medien-, Kultur- und Wissenschaftsbetrieb wollten das nicht wahrhaben. Also müsse man sie aufrütteln. Hier verbinden sich Protestbewegungen mit aufquellendem Populismus: Es wird das Handeln „der Politik" wahrgenommen als im Widerspruch zu den „eigentlichen Interessen" einer Mehrheit der Leute im Land, als Provokation des „wahren Volkswillens". Im so aufklaffenden Gegensatz zwischen „uns hier unten" und „denen da oben" treibt der Wille zum Erzwingen politischer Korrekturen leicht zur Radikalisierung und Polarisierung – und dabei je nach Empörungsgegenstand nach links oder nach rechts oder in eine Querfront der endlich „Aufgewachten".

Leicht auch können sich Erregung und Wut an rein eingebildeten Problemen entzünden. Der als Folge der NATO-Nachrüstung vorhergesagte Dritte Weltkrieg ist jedenfalls ebenso ausgeblieben wie der „Atom-Staat"; und von einer Beseitigung unserer Demokratie im Zug der Corona-Politik ist auch nichts zu erkennen. Bei so umstrittenen Lagebeurteilungen wäre es zwar vernünftig, die ganze Bandbreite empfundener Besorgnisse aufzufächern, ihren Kern ausfindig zu machen und dann redlich zu klären, welche Ängste sich an realen Problemen entzünden, welche anderen hingegen eher eingebildet sind. Doch so gehen wir mit alledem gerade nicht um. Was immer von Protestierenden oder deren Gegnern vorgebracht wird, geht einher mit einem nachgerade selbstberauschenden Gefühls- und Polemiküberschuss. Bei PEGIDA reichte es nicht, Unplausibles an Deutschlands Einwanderungs- und Integrationspolitik zu kritisieren; es mussten die Politiker auch noch Volksverräter, die Medien Lügenpresse sein. Bei den Corona-Demonstrationen erregt man sich nicht nur über die zweifellos vorhandenen Kollateralschäden einer wirklich alternativlosen Politik von Versuch und Irrtum, sondern sieht gleich auch Deutschlands Demokratie vorsätzlich in Gefahr gebracht. Und an den Baustellen von Kernkraftwerken oder den Lagerorten von Atomwaffen ging es um kaum weniger als um die Verhinderung der Apokalypse. Wer aber solche Gefühls- und Denkwege aufsucht, wird rasch gesprächsunfähig.

Spiegelbildlich hegen viele eine schon gefühlsmäßige Abscheu gegen aufsässige Protestierer. Gehasst wurden einst „langhaarige linke Chaoten", später „rechtsradikale Glatzköpfe", dann „sächsisch blökende Pegidioten". Rasch verbindet sich das mit Analysefaulheit. Dann will man auch gar nicht näher hinsehen, denn es „ist ja klar", worum es „wirklich geht": bei PEGIDA um Rassismus, bei den Anti-Nachrüstungsdemonstranten um „von Moskau ferngesteuerte Linksextremisten", bei den Corona-Demonstranten um „Verschwörungstheoretiker".

Wechselseitiges Verachten löst aber politische Konflikte nicht. Die werden dann nur von solchen, die man anhand fairnesssichernder Spielregeln austragen könnte, zu Kämpfen, bei denen es vor allem auf Macht und auf die Rücksichtslosigkeit ihrer Anwendung ankommt. Auf der Straße führt das zur Gewalt, im Alltag zur denunziatorischen Ächtung von Gegnern. Wer sich schützen will, praktiziert am besten Selbstzensur und Heuchelei. Politisch-medial kämpft man um den Fortbestand kultureller Hegemonie: durch Sicherung von Grenzen politischer und sprachlicher Korrektheit, die man entlang eigener Interessen zieht, durch „Cancel Culture", durch selbstradikalisierende Gegenwehr.

Das aber zerstört genau jenen Diskurs, der allein die auf friedliche Konflikte gegründete pluralistische Demokratie zusammenhalten kann. Es gibt dann Debatten Gleichgesinnter in einer „offiziellen Öffentlichkeit" – und jene „alternativen Diskurse", die in den selbstbezüglichen „Gegenöffentlichkeiten" der sozialen Medien geführt werden. Aus diesen nährt sich wohl die jetzige „Große Weigerung" gegen jenen „Verblendungszusammenhang" (Horkheimer/Adorno), den heute viele von „Geschwätzwissenschaftlern", „Lügenpresse" und „volksverratenden Politikern" verfertigt empfinden. Im Vergleich zu den1960er Jahren haben sich anscheinend nur die Strukturen der Öffentlichkeit gewandelt, nicht aber die Pathologien einander meidender Diskurse. Also könnten die derzeitigen Corona-Demonstrationen ein weiterer, warnender Vorbote dessen sein, was sich zwischen breiten Bevölkerungsschichten und ihren Eliten, zwischen den Regierten und Regierenden noch viel konfrontativer aufschaukeln wird, wenn in kommenden Krisenzeiten die Rechnungen für Politikfehler des letzten Jahrzehnts zu begleichen sind.

Ohnehin endet in funktionierenden Demokratien jeder Versuch einer repressiven Sicherung kultureller Hegemonie an der Tür zum Wahllokal. Dahinter münzt sich Protest gegen machtarrogante Praktiken meist in Stimmen für populistische Parteien um. Es scheint auch nur vom Zusammenwirken jeweils aktueller Empörungsanlässe mit deren zeitspezifischer ideologischer Rahmung abzuhängen, ob Bevölkerungsprotest in Populismus eher von rechts oder von links, eher von unten oder von oben mündet. Unstimmigkeiten deutscher Migrations- und Integrationspolitik haben jüngst den Rechtspopulismus gemästet, Unzulänglichkeiten unserer Ressourcen- und Klimapolitik den Populismus von links. Nur darf der nicht so heißen, weil Linkes sich immer als intellektuell durchdacht, dem wahren Gemeinwohl verpflichtet und somit allem Populismus wesensfremd versteht.

Ist das aber wirklich so? Stehen breit bejubelte Demonstrationen gegen staatliche Verbote und ziviler Ungehorsam nicht auch in einer linken Tradition? Wurde denn von Linken nie geglaubt, Politiker wären Charaktermasken eines Systems, das von der Kapitalverwertungslogik großer Wirtschaftsunternehmen getrieben würde, die ihre Märkte gern auch manipulierten? Tatsächlich fügen sich die jetzigen Corona-Demonstrationen nicht gut ins traditionelle Links/rechts-Schema. Also dürfte der routinierte „Kampf gegen rechts" diesmal noch weniger bewirken als einst gegen Pegida und die AfD. Wo aber fänden sich realistische Ansatzpunkte, um mit solchen Protesten hinzulernend umzugehen?

Wenn immer wieder so viele gegen ein Weiterbefahren bislang selbstverständlicher Gleise protestieren: Könnte das damit zu tun haben, dass ehedem erfolgreiche Politiken (Europäische Integration, Globalisierung, grundsätzlicher Multilateralismus, postnational-multikulturelle Gesellschaft ...) mittlerweile in ihren „Grenznutzenbereich" geraten sind? Wenn Verschwörungstheorien grassieren: Kann das mit einem Bildungssystems zusammenhängen, das Kritik vor allem als überzeugungsbasierte inhaltliche Kritik lehrt, doch viel weniger als erfahrungsbegründete Methodenkritik? Wenn beim Streit selbstgerechtes Polemisieren, demonstratives Verachten und systematisches Ausgrenzen wie unverzichtbar gehandhabt werden: Auf welche Unzulänglichkeiten von Persönlichkeitsbildung und Regelvermittlung in unserem Erziehungswesen lässt das schließen? Und wenn weitverbreitete Zweifel an der Verlässlichkeit von journalistischen Wirklichkeitsbeschreibungen entstanden sind: Könnte dafür ein allzu anwaltschaftlicher Journalismus mitursächlich sein, der auch ordnungsgemäß recherchierte Daten vor allem nach Maßgabe ihres politischen Gebrauchswerts mitteilt? Vielleicht liegen jene Anfänge, denen es zu wehren gilt, gerade auch hier.

GEWALTANDROHUNGEN GEGEN DIE WERTEUNION

veröffentlicht am 13. Februar 2020 auf meinem Blog wjpatzelt.de

Ralf Höcker, bislang Bundessprecher der WerteUnion, trat heute aus der WerteUnion aus und legte alle politischen Ämter nieder.[43] Ursache waren

[43] https://www.zeit.de/politik/deutschland/2020-02/ralf-hoecker-werteunion-drohungen-ruecktritt-afd-cdu#comments; Zugriff am 25. Januar 2024.

nicht Meinungsunterschiede mit Mitgliedern der WerteUnion, sondern Drohungen gegen Ralf Höcker bis ins Persönliche hinein. Obendrein ist unübersehbar, dass derzeit eine Art politische Kampagne gegen führende Mitglieder der WerteUnion läuft, anscheinend auch zum Wohlgefallen etlicher CDU-Leute, zumal auf den höheren Parteirängen.

Leider werden Gewaltandrohungen und Gewaltanwendung gegen Leute, die politisch in der Öffentlichkeit stehen und dabei missliebig geworden sind, fast schon als normal angesehen, und zwar quer über sehr verschiedene Politikrichtungen und Parteien. Doch normal ist daran überhaupt nichts. Im Gegenteil ist jede – auch physische – Gewalttätigkeit verwerflich und widerspricht den Geboten freiheitlicher Demokratie.

Wer sich also über Ämterniederlegungen, Parteiaustritte, Meideverhalten oder Verschwinden aus der Öffentlichkeit als Folge einer Androhung oder Anwendung von Gewalt gar freut, gleich ob öffentlich oder klammheimlich, der verrät schlechterdings die Spielregeln pluralistischer Demokratie.

Er oder sie ist dann nicht besser als es – jedenfalls in der Wahrnehmung von Gewaltakzeptierenden – diejenigen sind, vor denen die Sympathisanten politisch motivierter Gewalt unsere Demokratie wirklich oder vermeintlich schützen wollen.

Lassen wir uns deshalb nie selbst auf gewaltbereite Haltungen oder Handlungen ein. Relativieren wir derlei niemals. Seien wir nicht einäugig. Und unterlassen wir unsererseits alle Ansätze von Revanchefouls. Nur so zeigt man nämlich jene Haltung, die prodemokratisch und wirklich antifaschistisch ist.

ZUM KRANKHEITSBILD DER CDU

noch unveröffentlichter Text eines Vortrags bei der WerteUnion, März 2020

I. Einige Symptome

Kaum einer würde derzeit behaupten, die CDU wäre in einem guten Zustand. Weder die Entwicklung ihrer Mitgliederzahlen noch die ihrer Stimmenanteile spricht dafür. Auch lassen sich reale Verluste, wie bei so gut wie allen Wahlen der letzten Jahre, kaum mehr als „eigentlich Wahlerfolge" verkaufen – etwa, weil man wie in Sachsen doch nicht so stark abgeschmiert sei, wie das zuvor befürchtet wurde. Tatsächlich weiß die CDU auch nicht recht, welchen Gegner sie mit welchen Mitteln bekämpfen soll. Die SPD, unverzichtbar gewordener Koalitionspartner, durch eine weitere Übernahme ihrer sozialpolitischen Positionen? Die Grünen durchs ohnehin im Dienst der „neuen Mitte" gewünschte Koalieren, damit diese hoffentlich wieder schrumpften wie die SPD? Die AfD – doch wohl lieber mit Trennstrichen oder besser durch eigene Neubesetzung des dieser neuen Partei einst freiwillig überlassenen Raums? Oder den „inneren Feind", also die WerteUnion, gleichsam den Jesuitenorden innerhalb der Partei? Kein Wunder, dass die CDU angefangen hat, ihre Vorsitzenden zu verschleißen, wenn auch noch lange nicht schlimm wie einst die SPD. Doch was, wenn der nächste Bundesvorsitzende sich als christdemokratischer Martin Schulz erweist?

Vielen scheint, dass die einst stabil auf drei Säulen – liberal, sozial, konservativ – ruhende CDU sich durchs Verkommenlassen ihrer konservativen Säule in eine Schieflage gebracht hat. Doch die Sozialen in der Partei kümmerte das so lange nicht, wie die CDU gemeinsam mit der SPD Mehrheiten fand. Und die Liberalen in der CDU fühlen sich seit langem viel mehr von den Realo-Grünen angezogen als von den Konservativen in der Partei. Sie fühlen sich wohl in Kenia-Koalitionen, falls es schon nicht zum eigentlich bevorzugten schwarz-grünen – notfalls grün-schwarzen – Bündnis reicht. Die Konservativen hingegen, trotzig in der WerteUnion zusammenfindend, werden vielfach als ein „Krebsgeschwür" angesehen, das man rücksichtslos entfernen müsse. Und weil inzwischen zur AfD sehr viele Wähler und gar nicht wenige Mitglieder der CDU abgewandert sind, denen ihre ursprünglich Partei zu „linksgrün" wurde, gilt vielen jetzt die AfD als „konservativ" – und wirkt deshalb als „AfD in der CDU", wer sich an der Wiederherstellung ihrer konservativen Säule versuchen möchte. Also tritt man diesem Teil der Union ebenso verachtungsvoll und abneigungsstolz entgegen wie der AfD.

II. Zur inneren Schwäche: allzu flacher Konservatismus – und seine Therapie

Zu den tieferen Gründen dieser Entwicklung gehört, dass in der CDU ein intellektuell sehr flacher Umgang mit dem Konservatismus gepflogen wird, und zwar sowohl mit der Sache als auch mit dem Begriff und den ihn umfangenden Denkweisen Zwar kann man sehr wohl – und durchaus gemäß seiner Entstehung ab der Französischen Revolution – den Konservatismus gleichsetzen mit Rückwärtsgewandtheit und Verbohrtheit, mit Fortschrittsfeindlichkeit und Rechtslastigkeit. Letzteres wird dann oft auch empfunden als Übergang zum Rechtspopulismus, Rechtsradikalismus, Rechtsextremismus, also zum Rassismus und Faschismus. So halten es auch die Gegner der Union, und zwar seit Jahrzehnten. Doch weshalb lässt die CDU diese offene Flanke ungeschützt, indem zum Konservatismus – ebenso wie zum „Rechtssein" – aus dieser Partei meist nicht mehr als Bekenntnisse pro und contra sowie Leerformeln zu vernehmen sind? Außer intellektueller Arbeitsvermeidung und - immer weniger begründeter – machtgestützter Selbstzufriedenheit lässt sich dafür kein Grund erkennen, und ein guter schon gleich gar nicht.

Tatsächlich scheint es ein Bräsigkeitkonservatismus zu sein, der erst die konservative Säule der Union brüchig machte und nun die ganze CDU gegenüber ihrer Konkurrenz von links und rechts einbrechen lässt. Stolz blickte diese Partei auf ihr Werk, das sie einst gegen vielerlei innenpolitische Widerstände durchsetzte: Soziale Marktwirtschaft, Westintegration, Wiedervereinigung. Doch bräsig erklärte die Parteiführung seit den Nuller Jahren, warum alternativlos sei, was man darauf aufsetzte: Perfektionierung des Sozialstaates, Energiewende, großzügige Zuwanderungspolitik – letztere auch „um des christlichen Menschenbildes willen", dessen Benennung den meisten in der CDU eine inhaltliche Füllung dieser Sprechblase entbehrlich zu machen scheint. Doch der Kern von Konservatismus ist gerade nicht das Beharren auf dem jeweils Geschaffenen oder Begonnenen, sondern jenes besondere Verhältnis zur Wirklichkeit, bei dem nicht das bewährte Bestehende sich zu rechtfertigen hat, sondern das behauptetermaßen bessere Neue. Also wäre von der CDU redlich zu erörtern, ob und wie weit sich unsere inzwischen entstandene multikulturelle und multiethnische Gesellschaft besser als die zuvor bestehende dazu eignet, ein Land zu betreiben, „in dem wir alle gut und gerne leben". Oder inwiefern unsere derzeitige Energiewirtschaft bessere Ergebnisse liefert als eine solche, die auch auf die friedliche Nutzung der Kernenergie setzt. Doch statt solche Debatten zu führen, ließ sich die CDU, getrieben vom jeweiligen medialen Meinungsklima, auf eine diesbezüglich unser Land tiefgreifend verändernde Politik ein. Die CDU praktizierte hier Konservatismus nicht einmal als jene für ein sich wandelndes System so fruchtbare Methode, zwar vielerlei in beschränktem Rahmen auszuprobieren, doch nur das zu behalten und in größerem Umfang durchzusetzen, was sich wirklich bewährt hat. Auf diese Weise verriet sie jene im Land, die sich konservativ in dem Sinn verstehen, dass sie Vorsicht beim politischen Experimentieren für eine Tugend halten.

Die CDU ließ aber auch jene im Stich, die zwar „irgendwie konservativ empfinden", doch schon auch eine Vision jener Gesellschaft wünschen, auf die eine konservative Partei hinarbeitet. Da reicht es nun einmal vielen nicht, nur von der „Stärkung unserer Wirtschaftskraft", vom Aufrechterhalten innerer und äußerer Sicherheit oder von der „Pflege des kulturellen Erbes" zu hören. Vielmehr lässt sich der Attraktivität sozialdemokratischer oder grüner Position nur dann begegnen, wenn eine klare inhaltliche Füllung jener Leerstelle gelingt, welche die CDU mit dem Begriff „konservativ" im Grunde nur anzeigt, doch dann überdeckt. Die Wiederaufrichtung der „konservativen Säule" der CDU braucht deshalb das, was in den Reihen dieser Partei besonders wenig gilt – nämlich: eine politiktheoretische Orientierung. Eine solche aufzuweisen ist aber auch ohne jenes akademische oder ideologische Abheben vom gesunden Menschenverstand möglich, das so kennzeichnend für linke Parteien ist. Im Wesentlichen muss man sich nur ein Dreieck vorstellen mit dem Begriff der „Nachhaltigkeit" an der Spitze, mit „gerechter Ordnung" am linken Eck sowie mit „Patriotismus" am rechten Eck.

Nachhaltigkeit, oder „aufrechterhaltbare Entwicklung", ist schon intuitiv der konservativste Wert, der sich vorstellen lässt. Allerdings muss man die Politikverpflichtungen, zu denen er führt, dann auch quer über die einzelnen Politikfelder konkretisieren. Es geht dann nicht nur um ökologische Nachhaltigkeit oder energetische Nachhaltigkeit. Konservative Politik muss vielmehr auch ausgehen auf ökonomische Nachhaltigkeit, also auf lebenskräftige Wirtschaftsstrukturen; auf fiskalische Nachhaltigkeit, also ein Vermeiden staatlicher und privater Schuldenfallen; auf demographische Nachhaltigkeit, also eine stetige, nicht sprunghafte Bevölkerungsentwicklung – gleich ob durch eine Familienpolitik, welche die Reproduktion einer Gesellschaft sichert, oder durch eine Einwanderungspolitik, die das Aufkommen ethnischer Spannungen vermeidet. Und ebenso geht es bei konservativer Politik um kulturelle Nachhaltigkeit, also um die Pflege und Weitergabe jener kulturellen Muster an die jeweils nächsten oder neu im Land lebenden Generationen, denen eine Gesellschaft ihr Funktionieren und ihr Ausmaß an selbsterzeugter Freiheit verdankt. Offensichtlich lässt sich Konservatismus dieser Art bestens mit vielen Politikzielen der Grünen vereinbaren.

„Gerechte Ordnung" umfasst klar mehr als jenes Eintreten für „Recht und Ordnung", das die meisten mit dem Konservatismus gedanklich verbinden und als „law and order-Politik" durchaus herabwürdigen. Zwar ist Ordnung die Voraussetzung jeglichen gesellschaftlichen Wohlergehens, und ist Recht das Mittel, um Ordnung herbeizuführen und aufrechtzuerhalten. Doch Recht und Ordnung allein kann auch eine Diktatur durchsetzen. Also ist allein in Begriffen von „Recht und Ordnung" zu denken ein Ausfluss jenes Autoritarismus, dem sich sehr viele Konservative seit den Nachwehen der Französischen Revolution nahe fühlten. Doch eine Ordnung, die nicht als gerecht empfunden wird, muss vor allem mit den Mitteln autoritär ausgeübter Macht verteidigt werden und macht Recht viel stärker zum Werkzeug der *Durchsetzung von Macht als des Ausgehens auf Gerechtigkeit.* Aufrechterhaltbar aber sind vor allem als gerecht empfundene Ordnungen und solche Rechtsnormen, die den Anforderungen an Gerechtigkeit standhalten. Also dürfen es gerade Konservative nie mit „Recht und Ordnung" bewenden lassen. Vielmehr müssen sie Kriterien für Gerechtigkeit entwickeln – von der Geschlechtergerechtigkeit bis zur Generationengerechtigkeit unter Einschluss von sozialer Gerechtigkeit – und durch konkrete Politikgestaltung diesen Kriterien auch gerecht werden. Unverkennbar ist derlei konservatives Streben nach einer gerechten Ordnung mit vielen Politikzielen von Linken vereinbar.

„Patriotismus" gilt vielen als der am meisten kritikwürdige Bestandteil der Haltung von vielen, die sich als konservativ verstehen. Das nimmt freilich Entartungen des Patriotismus, etwa den Nationalismus, Chauvinismus und kulturalistischen Rassismus, für die eigentliche Sache. Deren Name kommt vom lateinischen Wort *patria*, welches teils das Vaterland meint, teils die Heimat. Das ist jenes Gebiet, wo man aufwuchs, Wurzeln schlug, sich zugehörig fühlt – oder wohin man zog, dann Wurzeln schlug und seither zugehörig ist. Wer eine solche *patria* besitzt, der möchte dort oft auch ein gutes Gemeinwesen bestehen sehen, und nicht selten will man dann auch selbst zu dessen Gedeihen beitragen. Liebe zur Heimat oder zum Vaterland *samt jenem Handeln, das von ihr ausgeht*: nichts anderes ist Patriotismus. Und offenbar ist er eine zweifach politische Haltung. Erstens ist Patriotismus die Haltung eines Menschen, der an seiner *patria* tätigen Anteil nimmt, also eines *Bürgers*, eines *citoyen* – und darin ausgerichtet auf eine politische Gemeinschaft, die auch viel größer sein kann als die engere Heimat, oft viel mehr erfasst als deren gerade bestehende politische Ordnung, und die gar nicht selten mit dem Wunsch einhergeht, die gegenwärtig zur Erledigung anstehenden Zukunftsaufgaben vom Verstehen des bislang geschichtlich Gewordenen her anzupacken. Und zweitens ist Patriotismus, sobald er sich selbst reflektiert und so zur Aufklärung über seine Eigenart gelangt, eine schon im Ansatz *pluralistische* Haltung. So wie es nämlich im eigenen Vaterland viele Heimaten gibt, so finden sich auf unserer Erde viele Vaterländer. Indem dann ein jeder zum Besten seines Vaterlandes wirkt und dabei die Vielfalt der Heimaten darin achtet, erreicht man für dieses Land das Bestmögliche;

und indem überhaupt sehr viele zum Besten ihrer jeweiligen Vaterländer wirken und dabei die Vielfalt der Vaterländer aller achten, erreicht man das Bestmögliche für die gesamte Menschheit. Eigentlich könnte ein so gearteter Patriotismus auch Linken und Grünen als eine sehr sinnvolle, das jeweils Erreichte sichernde und neuerungswillig in die Zukunft verlängernde Haltung einleuchten. Einstweilen sind es aber vor allem jene, die sich rechts der CDU positionieren, die mit einem solchen Patriotismus vor der Engführung einer nationalistischen oder gar chauvinistischen Vaterlandsliebe geschützt werden könnten.

III. Zur äußeren Schwäche: die CDU in der Falle

Die CDU hat ihre Dominanz rechts der Mitte verloren. Dort setzt ihr die AfD zu. Das ist eine Folge dessen, dass die Union eine Partei allein der Mitte sein will – und dazu durch Erosion ihrer „dritten Säule" auch wurde. Das war die konservative Säule, die einst sogar gleichberechtigt neben der liberalen und der sozialen Säule stand. Seit das nicht mehr so ist, wundert sich die CDU, warum sehr viele Leute sie nicht mehr wählen. Auf diese Abgewanderten aber wollte man lange Zeit gerade nicht durch Aufgreifen ihrer Sorgen und Interessen zugehen – auch nicht im letzten sächsischen Landtagswahlkampf, nach dem weitere 80.000 Wählerinnen und Wähler zur AfD übergingen. Lieber machte man den Begriff „besorgte Bürger" zum Synonym für Rassisten. Vor allem auf Volkspädagogik richtete man die Hoffnung: Voller Missionarsgeist nannte man alles nicht mehr Mittige „rechtslastig" – und zog das auch gleich in den Bedeutungshof von „rechtsradikal" oder „faschistisch". Am Ende befanden sich Linke, SPD, Grüne und Union im gemeinsamen Abwehrkampf gegen die „faschistische AfD" und einen „gerichtlich zertifizierten" Faschisten als Landesvorsitzenden.

Das kann man so machen. Dem Ruf der AfD hat das alles wirklich sehr geschadet – freilich nicht deren Wählerzahlen. Und obwohl die CDU, stolz auf ihre Trennstriche nach rechts, sich sehr um die Sympathie von Grünen und Sozialdemokraten bemüht, bekundete ein SPD-Politiker vor kurzem, es stünden wohl nur noch die Parteien links der Mitte fraglos für unsere Demokratie. Nicht nur die AfD, sondern bereits Teile der CDU gefährden also unsere freiheitliche Ordnung. Tatsächlich schrieb man schon den CSU-Vorsitzenden Franz Josef Strauß gern mit der SS-Rune. Heute steht offenbar die WerteUnion in dessen übler Tradition. Tatsächlich gilt sie vielen, auch in der CDU, als eine innerparteiliche AfD. Deshalb müsse man den Trennstrich zwischen Anständigen und Rechten fortan auch innerhalb der CDU ziehen. Ob es die CDU aber wirklich stärkt, wenn sie nach so vielen früheren Wählern auch noch ihre Hardcore-Mitglieder vergrault?

In diesem politischen Umfeld ist der Auslöser-Mechanismus der CDU-Falle das folgende Hauptgebot deutscher Innenpolitik: „Demoskopische, gar parlamentarische Mehrheiten dürfen gegen Linke, SPD und Grüne politisch nicht genutzt werden, falls eine solche Mehrheit die AfD einschließt." Also muss die CDU, wenn nach dem Wahlabend nicht stark genug für ein Bündnis mit der meist schwachen FDP, mit den Grünen oder Sozialdemokraten koalieren, oft auch – weil die CDU für ein Zwei-Parteien-Bündnis zu schwach geworden ist – mit beiden Parteien. Und wenn die CDU zum Regieren gar nicht gebraucht wird, Linke und SPD und Grüne aber auch keine Mehrheit haben: Dann hat die CDU gefälligst einen Ministerpräsidenten selbst der Linken ins Amt zu bringen! Andernfalls erfüllte sie nämlich ihre staatspolitische Aufgabe nicht, jeden auch nur Anschein einer nicht-linken Mehrheitsbildung mit der AfD zu vermeiden. Also kann die AfD fortan in jedem Wahlkampf die Parole ausgeben: „Jede Stimme für die CDU ist eine Stimme für eine Regierungsbeteiligung der Grünen, gern auch unter Beteiligung der Sozialdemokraten!". Angesichts der sich drastisch verringernden Anziehungskraft der SPD stimmt der Wähler dann am besten fürs grüne Original, falls er grüne oder halbwegs linke Politik will, nicht aber für dessen CDU-Kopie. Und wer grüne oder linke Politik nicht will? Der wählt eben die AfD. Die aber kann künftig sagen: „Die Regierungsbildungen in den folgenden Bundesländern ... erhärten unsere Behauptung, dass einzig wir die Alternative zu links-grün sind!" Die Folge solcher Wahlwerbung, inzwischen beglaubigt durch reale CDU-Politik, werden weitere Stimmenverluste der CDU an die AfD sein – also genau das Gegenteil dessen, was eine im Eigeninteresse rational handelnde CDU anstreben würde.

Das Verbot einer Zusammenarbeit mit der AfD, das die CDU politisch stranguliert, ist freilich plausibel. Erstens hat sich die jetzige AfD, auch in Reaktion auf etliche kommunikative und reale Aktionen ihrer Gegner, noch keineswegs glaubwürdig dafür entschieden, eine ganz normale Partei sein zu wollen, die unsere gemeinsame politische Ordnung mitträgt – nur eben rechts der CDU als einer Partei allein der Mitte. Zweitens pflegt die AfD ihre Anführer abzuwählen, sobald diese ihre Partei gegen Widerstand auf einem systemverträglichen Kurs halten wollen. Also kann man sich auf Absprachen mit AfD-Politikern nicht verlassen. Drittens schafft es die AfD, der gegen sie gerichteten Skandalisierungslust stets verlässlich so viel Stoff zu bieten, dass nicht nur echte, sondern schon vermeintliche AfD-Nähe für jeden toxisch wirkt, dem sie nachgesagt wird.

Natürlich begab sich die CDU nicht absichtlich in diese Falle. Doch vieles an ihrer Politik war eher „gut gemeint" als „gut getan". So summierten sich die Fehlleistungen: die eigene Politik quasi-autoritär als „alternativlos" darzustellen; die Empörung in der Bevölkerung über absehbare und dann eintretende Folgen solcher Politik zu unterschätzen; sich aufs Standardrezept zu verlassen, unerwünschte rechte Konkurrenz mit der Nazikeule versuchsweise totzuschlagen; und – wie unlängst in Erfurt – fürs Taktieren zu leichtfertig, für eine strategische Linie aber zu unentschlossen zu sein. Und geradezu naiv ist der nun schon jahrelang erfolglose Versuch, den Wählern plausibel zu machen: „Jede Stimme für die AfD ist verschenkt, denn mit dieser Partei wird ohnehin niemand zusammenarbeiten!" Allein schon die Existenz der AfD verändert nämlich die Lage der CDU zu deren Nachteil, und selbstgerechte Provokationen von AfD-Wählern befördern nur jene Solidarität, die aus der Empfindung von Ungerechtigkeit quillt.

Ratschläge an die CDU, mit dieser Lage zum eigenen Vorteil umzugehen, treffen auf verschlossene Ohren: AfD-Wähler anzusprechen gilt als inakzeptabler Rechtsruck; und eine Minderheitsregierung ohne Tolerierungspartner, also mit klarem CDU-Profil, hält man für nicht machbar. Also kann nur noch die AfD jene Falle ums Funktionieren bringen, in die sich die CDU sowohl aus eigenem Antrieb als auch auf Drängen linker Konkurrenz begeben hat. Wird die AfD nämlich genau das, wovor wir unsere Demokratie bewahren wollen, dann kann man sie mit den bewährten Mitteln als rechtsradikale Partei zum Nutzen der CDU kleinbekommen. Doch eine AfD, die sich zur „bundesweiten CSU" mauserte, wäre aufgrund der reinen Mittigkeit der CDU im deutschen Parteiensystem nicht mehr besiegbar – und für die CDU genau das, was die Grünen für die SPD geworden sind. Das Siechtum der CDU wird also weitergehen.

ZUM KURS DER WERTEUNION

veröffentlicht am 31. Mai 2021 auf meinem Blog wjpatzelt.de

Seit Max Otte zum Bundesvorsitzenden der WerteUnion gewählt wurde, ist innerhalb und außerhalb der WerteUnion eine heftige Debatte um Wesen und Kurs der WerteUnion entstanden. Aus somit gegebenem Anlass veröffentliche ich nachstehend, was ich während der letzten zwei Jahre in nicht wenigen Reden vor Mitgliedern der WerteUnion über die Rolle und die Aufgaben der WerteUnion vorgetragen habe. Vielleicht hilft dieser Text ein we-

nig, um sowohl in der Innenperspektive als auch in der Außenperspektive ein klareres Bild von dem zu schaffen, was die WerteUnion soll und will.

I. Auf welche künftige Rolle soll sich die WerteUnion einrichten?

Drei Zeitperspektiven sind hier zu unterscheiden: die kurzfristige, die mittelfristige und die langfristige Rolle.

Kurzfristig kommt der WerteUnion jene Rolle zu, die Kassandra in Homers „Ilias" spielt. Sie erkennt die Gefahren, die von jenem hölzernen Pferd ausgehen, das die scheinbar abziehenden Griechen als vermeintliches Geschenk zurückgelassen haben, in dem sich aber ihre besten Kämpfer befinden. Kassandra warnt die Trojaner dringend vor ihrer leichtfertigen Bereitschaft, das hölzerne Pferd in die Stadt zu bringen, sich also ohne den Schutz ihrer Stadtmauern von innen her angreifbar zu machen. Sie erkennt aber, dass sie nichts gegen jenes üble Schicksal Trojas unternehmen kann, das nun bald seinen verhängnisvollen Lauf nehmen wird. Und als Troja dann erobert wird, ist sie zutiefst unglücklich – und ohne jegliche triumphierende Rechthaberei. Es ist nämlich die ihr ans Herz gewachsene Stadt, die nun Schaden nimmt, und es macht sie einfach traurig, dass sie es nicht schaffte, dieses Unglück abzuwenden. Troja ist hier die CDU, das hölzerne Pferd der wählervertreibende Kurs der Merkel-Jahre, der Brand der Stadt das Abschmieren der CDU zugunsten ihres schärfsten Rivalen: der AfD.

Mittelfristig kommt der WerteUnion jene Rolle zu, welche die SPD im Kaiserreich spielte. Diese Partei stand gegen das Beharren der Konservativen auf einem „Weiter so", hatte bessere Reformkonzepte anzubieten als die Liberalen und bewirkte viel Gutes unter der Arbeiterklasse als jener Bevölkerungsschicht, der die Konservativen und Liberalen allenfalls mit Sorgen begegneten, doch ohne sonderliches Wohlwollen. Aufgrund der Ignoranz ihrer Gegner wurden die Sozialdemokraten zu Reichsfeinden erklärt und jahrelang sogar verfolgt. Doch die SPD lehnte jegliche Radikalisierung ab, war von unüberbietbarer Loyalität zum eigenen Land und zog seit der Revolution von 1918 sozusagen den Karren aus jenem Dreck, in den ihn die arroganten Eliten des Kaiserreichs gesteuert hatten. Das Land ist hier die CDU, als Verfolger betätigt sich das Establishment der CDU – und nach einer weiteren Reihe von Wahldebakeln der CDU wird sich die WerteUnion ohne Murren und nachtragendes Gehabe mit allen anderen, die dann zu besseren Einsichten als heute gelangt sind, an den Wiederaufbau einer starken CDU machen.

Langfristig kommt der WerteUnion jene wiederkehrende Rolle zu, die in England „His/Her Majesty's most loyal opposition" spielt. In den Worten des klugen, die Frühphase der Bundesrepublik Deutschland mitprägenden SPD-Politikers Carlo Schmid ist die Opposition nämlich jener „andere Beweger der Politik", der immer wieder dafür sorgt, dass etablierte Denkweisen und Handlungsroutinen hinterfragt und – wenn nötig – korrigiert werden. Die Majestät ist hier die Gesamtpartei, und Loyalität ist die Grundhaltung jener, die das Establishment der CDU genau dafür kritisieren, dass es für die Partei nicht das Bestmögliche erreicht. Und gerade so, wie in einem Parlament die Rollen von Mehrheit und Opposition einander abwechseln, hat die WerteUnion nichts dagegen, zu manchen Zeiten für eine Minderheitsposition einzustehen – und zu anderen Zeiten eben mit der Mehrheit der Partei identisch zu sein.

II. Was wäre eine angemessene Strategie der WerteUnion für eine solche Zukunft?

Vier Teile einer sachlich und menschlich angemessenen Strategie der WerteUnion sind zu unterscheiden.

Erstens: Die WerteUnion darf nie eine Ausdeutung ihres Namens dahingehend zulassen, sie allein schreibe es sich zu, Werte – oder gar „die Werte" der CDU – zu vertreten. Natürlich hegen auch jene, die mit den Positionen der WerteUnion nicht übereinstimmen, achtbare Werte, auch wichtige Werte der CDU – doch eben in anderer Gewichtung und Akzentuierung, als das die WerteUnion für wünschenswert hält. In gleicher Weise hochgeschätzt werden von dieser – beispielsweise – der Wert der Würde des Menschen, der Wert der freiheitlichen demokratischen Grundordnung oder der Wert pluralistischen Streits.

Zweitens: Die WerteUnion steht für jene bewährten CDU-Werte, die anderen in der CDU inzwischen weniger wichtig sind, und die von manchen womöglich auch beiseite geschoben wurden. Zu diesen Werten gehören …

- die *soziale Marktwirtschaft*, wertgeschätzt in beiden Begriffsbestandteilen. Wir wollen Marktwirtschaft; aber deren Leistungskraft und Erträge müssen in den Dienst der Gesellschaft gestellt werden – und zwar zumal jener, die der Hilfe anderer bedürfen.
- *aufgeklärter Patriotismus*. Anders als mancher Vertreter mancher anderen Partei können wir sehr wohl etwas „mit Deutschland anfangen". Wir haben unser Land gern. Wir sind dankbar, dass es nach den selbstverschuldeten Katastrophen von Diktatur, Krieg und Völker-

mord wieder auf einen guten Weg gelangt ist und auf ihm auch viel Vorbildliches erreicht hat. Wir freuen uns, in genau diesem neuen, guten Deutschland leben zu können. Und wir wollen dafür arbeiten, dass dieses Land auch weiterhin ein gutes Land bleibt.

– das *Eintreten für das bislang Bewährte*. So richtig es ist, dass sich Denkweisen, Verhaltensformen und Institutionen immer wieder auf neue Herausforderungen einstellen und deshalb verändern müssen, so wichtig ist es auch, dass sich der jeweils neue Zeitgeist an einem Widerlager abarbeiten kann. Wir übernehmen deshalb gern die – oft unangenehme – Rolle dessen, der vom Neuen verlangt, seine Überlegenheitsansprüche erst einmal in rational diskutierbarer Weise zu begründen. Und so gern wir uns durch den zwanglosen Zwang des besseren Arguments überzeugen lassen, so wenig sind wir bereit, Bewährtes bloß aufs Geratewohl zu verändern.

Drittens: Die WerteUnion darf nie Zweifel an ihrer Loyalität zur Mutterpartei aufkommen lassen. Beschimpfungen wie die als „Krebsgeschwür" oder Verleumdungen wie die als „parteiinterne AfD" ertragen wir gelassen; wir wissen nämlich, dass sie falsch sind. Wir werden uns jedenfalls nicht von der CDU abspalten – sondern uns allenfalls von ihr abspalten lassen. Auch warnen wir alle Unzufriedenen in der CDU dringend davor, sich bei der Suche nach einem „Weg zwischen CDU und AfD" ins politische Abseits zu begeben. Wir sind und bleiben CDU – ganz gleich, wie unwillkommen wir manchen in unserer Partei sind.

Viertens: Bei allen Gesprächen innerhalb und außerhalb der WerteUnion gilt der altrömische Grundsatz *suaviter in modo, fortiter in re*. Das meint: Wir verzichten auf jeden Verbalradikalismus und lassen uns weder von Gegnern in der CDU noch von Gegnern außerhalb der CDU zu einer anderen Haltung als einer solchen drängen, die von Vernunft, Sachlichkeit und Gesprächsoffenheit geprägt ist.

An diesen vier Forderungen muss sich die WerteUnion samt ihrer neuen Führung sich ausrichten und bald auch messen lassen. Im Übrigen gilt nicht nur für die WerteUnion, sondern auch für die CDU ingesamt, was bei Matthäus 7, 16 steht: „An ihren Früchten werdet ihr sie erkennen." Nur muss man schon auch genau hinsehen – und sollte sich nicht mit einer Einschätzung nach Gutdünken begnügen.

UNVERZEIHLICHE WAHLEN

veröffentlicht am 1. Juni 2020 auf meinem Blog wjpatzelt.de

Einst reichte es, zwei Arten von Wahlen zu unterscheiden. Da waren die unfreien Wahlen, bei denen man zu wählen hatte, wen man wählen sollte. Vorsichtshalber wurde die Stimmabgabe überwacht, um Fehler beim Wählen zu verhindern. Und es gab die freien Wahlen. Da wählte man, wen man wählen wollte. Anschließend ärgerte man sich, wenn zu viele anders als genau so gewählt hatten, wie man es selbst es für richtig hielt. Dann reute es, wenn man zu wenig Einsatz bei der Willensbildung vor der Wahl gebracht hatte. Doch man nahm das Wahlergebnis hin – wie die Leute im Frühmittelalter ein vermeintliches Gottesurteil.

Heute gibt es eine dritte Art von Wahlen. Das sind die unverzeihlichen Wahlen. Bei denen wurde falsch gewählt. Das Unverzeihliche besteht in der Falschheit der Wahlentscheidung. Nur ein Akt tätiger Reue kann dann zur Erlassung dieser Sünde führen. Er besteht darin, die Wahl rückgängig zu machen und sich öffentlich für sie zu schämen. Die einem Menschen angemessene Freiheit besteht nämlich nicht darin, zu wählen, was man will. Sie besteht darin, freiwillig das zu tun, was man soll.

Ich bin leider nicht mehr dessen sicher, dass alle die Ironie im letzten Absatz bemerken; deshalb dieser Hinweis. Doch ziemlich viele werden mitbekommen haben, dass es diese dritte Art von Wahlen in Deutschland wirklich gibt. Eine solche Wahl fand vor etlichen Wochen im thüringischen Erfurt statt bei der Wahl eines Ministerpräsidenten, eine andere vor kurzem im sächsischen Radebeul bei der Wahl eines Kulturamtsleiters. Das werden wohl auch nicht die einzigen „unverzeihlichen Wahlen" bleiben. Womöglich dürfen wir noch erleben, dass sich ein Parlament nach öffentlichem Druck auflöst, weil nämlich die Wähler unverzeihlich falsch abgestimmt haben – und jetzt die Gelegenheit bekommen sollen, sich zu bessern. Mehreres läuft da schief.

Erstens: Anscheinend nehmen manche ihre Stimmabgabe nicht so ernst, dass sie wirklich nur das wählten, was sie im Konfliktfall auch öffentlich vertreten wollten. Doch das Wählen und Abstimmen ist in einer freiheitlichen Demokratie nun einmal deutlich mehr als bloß ein unverbindliches Ritual. Beides hat Folgen. Genau die sollte vorher bedenken, wer seine Stimme abgibt – und sollte anschließend zu seiner Entscheidung auch stehen.

Zweitens: Anscheinend meinen manche, eine Wahl oder Abstimmung wäre nur ein *Signal* dafür, sich jetzt endlich zu engagieren. Doch Wahlen und Abstimmungen sind der *Abschluss* eines Willensbildungs- und Entscheidungsprozesses, in den man sich *vorher* einzubringen hat. Unverzeihlicher als ein unwillkommenes Abstimmungsergebnis ist deshalb ein Treibenlassen der Dinge vor der Wahl oder Abstimmung. Vielleicht aber sollte man an noch mehr Stellen Gebrauch von jener Weisheit machen, die in der Staffelung von Vorwahlen und Wahlen oder in den parlamentsüblichen drei „Lesungen" beim Entscheidungsprozess besteht.

Drittens: Anscheinend meinen manche, eine Wahl oder Abstimmung könne nur dann legitim sein, wenn sich gerade nicht der Rivale oder Gegner durchsetzt. Das kann man so sehen – insbesondere dann, wenn einem die Welt vorkommt wie der Kampf von Gut gegen Böse, der Anständigen gegen die Unanständigen, des Wahren gegen das Falsche. Doch eben die Trennung von „Wahrheit" und „Mehrheit" ist die Voraussetzung für Freiheit. Wo dies nicht begriffen oder nicht praktiziert wird, fangen die Fundamente von Demokratie zu bersten an.

Wer sich also nicht vom jeweils konkreten Streit ums klare Denken bringen lässt, wird wohl erkennen: Unverzeihlicher als eine unwillkommene Wahl ist es, nach einer Wahl die Debatte darüber zu führen, ob diese Wahl denn nicht rückgängig gemacht werden müsse. Sobald wir das nämlich zur Verfassungspraxis erheben, werden Wahlen und Abstimmungen nicht mehr den – um der Freiheit willen erforderlichen! – politischen Streit fürs Erste beenden. Vielmehr werden sie ihn sogleich weiter anfachen. Auch wird bald jeder damit rechnen, dass sich ein medial unterstützter Aufstand gegen Wahlergebnisse politisch lohnt. Doch so beginnt erfahrungsgemäß der Weg hin zu Revolution und Bürgerkrieg. Den aber sollten wir um keinen Preis betreten.

Zwar kann wirklich – und wird mitunter – bei einer Wahl oder Abstimmung „der Falsche" oder „das Falsche" gewinnen. Doch in einer Demokratie ist „nach der Wahl" ja auch immer „vor der Wahl". An den Früchten konkreter Amtsführung wird man dann schon erkennen, welche Samen da ausgebracht wurden. Dann kann man Verantwortliche zur Rechenschaft ziehen, Gewählte zum Rücktritt treiben, sie auch wieder abwählen. Und glücklicherweise stehen wir in Deutschland nicht auf so schwankendem Grund, dass alles politisch wenig Wünschenswerte uns bald schon in den Untergang risse.

Also wäre uns allen anzuraten: Engagieren wir uns immer rechtzeitig – und akzeptieren wir sogar als falsch Erscheinendes genau dann, wenn zu ihm ein im Grundsatz vernünftiges Verfahren führte. Viel mehr Intelligenz scheint nämlich in Institutionen verankert zu sein und viel weniger in den Köpfen oder Seelen von politisch erregten Menschen.

KIRCHENTAG UND AFD

veröffentlicht am 13. Juni 2020 auf meinem Blog wjpatzelt.de, nachgedruckt am 29. Juni 2020 in „The European"[44]

Das Präsidium des kommenden Ökumenischen Kirchentags hat beschlossen, dass AfD-Mitglieder nicht als Panel-Teilnehmer eingeladen werden dürfen.[45] Ich halte das für eine Fortsetzung der bislang schon erfolglosen Versuche, die AfD lieber durch Ausgrenzung als durch Auseinandersetzung zu besiegen. Und weil mich solche Torheit schon seit Jahren ärgert, habe ich diesmal bei einem Kommentar für die katholische Zeitung „Die Tagespost" nicht mit Ironie gespart. Beiliegend mein Text – für den, obwohl im erbetenen Umfang verfasst, sich dann eben doch kein Platz fand ...

Nun ist es amtlich: Zur auf Podien vorzeigbaren Ökumene gehört nicht, wer Mitglied der AfD ist. Alle AfDler treten nämlich – so das Präsidium des Kirchentags zwischen den Zeilen seiner entsprechenden Erklärung – für rassistische oder antisemitische Überzeugungen ein und machen sich für fremdenfeindliche und antidemokratische Positionen stark. Die Kirche aber, so der politik-theologische Kontext, ist die Gemeinschaft der Heiligen. In die passen AfDler nicht, weil der Heilige Geist sie offenbar verschmäht. Andernfalls dächten sie ja längs der Gebote politischer Korrektheit, doch nicht quer.

Also sollten AfDler froh sein, wenn sie immerhin als Zuhörer zu jenen Veranstaltungen kommen dürfen, auf denen die richtigen liturgischen Farben getragen werden: nämlich rot für den Heiligen Geist, grün für die Hoffnung. Möge nun der Unvereinbarkeitsbeschluss des Kirchentagspräsidiums auch allen jenen eine Lehre sein, an denen sich die Rechtferti-

---

[44] https://www.theeuropean.de/gesellschaft-kultur/kirchentag-will-afd-ausschliessen; Zugriff am 29. Januar 2024.
[45] Siehe etwa https://www.katholisch.de/artikel/25717-oekumenischer-kirchentag-schliesst-afd-mitglieder-als-mitwirkende-aus; Zugriff am 25. Januar 2024.

gung klar aus dem rot-grünen Glauben vollzieht und die deshalb, anders als die Verworfenen von der AfD, auf Kirchentagspodien dürfen: Keine falschen Lehren sollen sie dort verkünden, keine falschen Signale senden, nie ein Argument verwenden, das sich auch bei AfDlern nachweisen lässt!

Und warum nicht gleich die ganz klare Kante zeigen? Wenn schon Restaurants – wie in Berlin geschehen – die Bewirtung von AfDlern verweigern: Warum soll man sie dann weiterhin zum Abendmahl oder zur Kommunion zulassen? Die ist doch kein leeres Ritual! Und wie ernst kann man die Versicherung von AfD-Eltern nehmen, ihre Kinder im christlichen Glauben aufzuziehen – und nicht in einem undemokratisch-verfassungsfeindlichen Glauben? Na klar; also lässt es sich auch nicht länger verantworten, AfD-Babys zu taufen oder AfD-Teenies zu konfirmieren. Wann endlich distanzieren sich Pfarrer und Bischöfe von ihrem schändlichen Tun, Sakramente zu spenden ohne die Würdigkeit der Empfangenden vorher überprüft zu haben! Da war ein Frankfurter Fußballclub schon einmal weiter: Er wollte AfD-Anhänger nicht mehr ins eigene Stadion lassen. Gut so! Lasst uns also auf dem Kirchentag einmütig beweisen: Mit uns Christenmenschen haben AfDler nichts gemein, und die ganze Ökumene steht zusammen im Kampf gegen rechts!

Ähnliches unternahmen früher die „Deutschen Christen" im – wie sie das empfanden – „Abwehrkampf" gegen das „christenfeindliche Judentum". Den Galiläer Jesus wollten diese Gesinnungsarier deshalb zum Germanen machen, mindestens zum Gesinnungsgermanen. Jetzt ist das uns allen ein Anlass für weit mehr als bloßes Fremdschämen. Doch Anlass fürs Fremdschämen war vielen seiner Zeitgenossen Jesus selbst: Als er einmal zum Abendessen eingeladen war, „da kamen viele Zöllner und Sünder und saßen zu Tisch mit Jesus und seinen Jüngern. Als das die Pharisäer sahen, sprachen sie zu seinen Jüngern: Warum isst euer Meister mit den Zöllnern und Sündern? Als das Jesus hörte, sprach er: Nicht die Starken bedürfen des Arztes, sondern die Kranken. ... Ich bin nicht gekommen, Gerechte zu rufen, sondern Sünder" (Matthäus 9, 10). Welch verantwortungslose Leichtfertigkeit! Gottlob trennte sich das damalige Establishment von diesem Grenzgänger – und gab uns Heutigen ein gutes Beispiel.

Nun endlich ohne Ironie oder Sarkasmus: Wo gesellschaftspolitische Debatten geführt werden, widerspricht es dem Geist einer pluralistischen Demokratie, nur unter Freunden über Feinde zu schimpfen. Besser wäre es, sich mit Gegnern öffentlich zu streiten – und sie zu besiegen. Mit den besseren Argumenten natürlich und mit vorbildlichem Anstand.

ZUM AFD-RICHTUNGSSTREIT

Interview mit Dieter Stein, veröffentlicht am 26.* Mai 2020 auf dem Internet-Auftritt der „Jungen Freiheit" unter einer Überschrift, die durch die tatsächliche Entwicklung zunächst einmal bestätigt wurde: „Es könnte sein, dass sich diesmal die Vernünftigen durchsetzen",[46] desgleichen dem hier verwendeten Titel am 22. Juni 2020 *auf meinem Blog wjpatzelt.de

Dem Richtungsstreit in der AfD schaut man von außen interessiert zu. Von innen her dürfte er sich schlimm anfühlen. Mir selbst scheint: Im Interesse der AfD wäre es, wenn sie dem „Meuthen-Kurs" folgte – und im Interesse aller anderen Parteien wäre es, wenn sie dem Kurs der Meuthen-Gegner folgt und dann allgemein als „NPD 2.0" behandelt würde. Hier eine Entscheidung zu treffen ist natürlich Sache allein der AfD. In welchem Rahmen ich meinerseits, nämlich als ein stets um Fairness bemühter Beobachter, diesen Streit wahrnehme und verstehe, habe ich in einem Interview erläutert, das ich vor wenigen Wochen mit Dieter Stein führte, dem Geschäftsführer und Chefredakteur der „Jungen Freiheit":

Der Bundesvorstand der AfD hat mit (knapper) Mehrheit die Mitgliedschaft von Andreas Kalbitz annulliert: Ist damit endgültig das Ende der Koexistenz von bürgerlich-konservativer Parlaments- und „sozialpatriotischer" Bewegungspartei eingeläutet?

Vielleicht nicht das Ende der Koexistenz von Parlaments- und Bewegungspartei, womöglich aber das Ende des Versuchs, in derselben Partei auch mit Rechtsradikalen zu koexistieren. Seit deren Hochkommen und wachsender Einfluss die Beobachtung der AfD durch den Verfassungsschutz plausibilisierten, ist es ganz unverkennbar, dass jener Schaden, den Kalbitz & Co. für die AfD anrichten, deren Nutzen für die Partei übersteigt.

Zur Erläuterung seines Vorgehens verschickte der Vorsitzende Jörg Meuthen ein Mitgliederrundschreiben an alle Parteifreunde. Sein Ko-Parteichef Tino Chrupalla erwiderte mit einem Gegen-Brief, in dem er das Minderheiten-Votum im Bundesvorstand erläuterte. Ist das ein professionelles Vorgehen, wie man es von der größten Oppositionskraft im Bundestag erwarten sollte?

---

[46] https://jungefreiheit.de/debatte/interview/2020/241519/; Zugriff am 26. Januar 2020.

Professionell wäre es, innerparteiliche Konflikte schon im Vorfeld ihrer öffentlichen Wahrnehmung zu schlichten. Das ist beim AfD-Konflikt zwischen Lucke, Petry und jetzt Meuthen mit ihren Gegnern stets misslungen, weil es um Grundsätzliches, nicht nur um Stilistisches ging. Jetzt muss der Richtungsstreit erneut ausgetragen und wieder einmal entschieden werden. Meuthen muss seine Behauptung glaubhaft machen, nicht persönliche Rechnungen, sondern die besten Interessen seiner Partei im Sinn zu haben. Dafür braucht es Erklärungen vor den Parteimitgliedern. Gerade so halten es nun auch Meuthens Gegner. Beides dient jener Transparenz politischer Entscheidungsfindung, die wir – zu Recht – immer wieder einfordern. Dass es besser gewesen wäre, es mit einer einst als vernünftig-liberalkonservative Partei gegründeten politischen Bewegung gar nicht erst so weit kommen zu lassen, ist ohnehin klar.

Könnte es sein, dass die mit dem Rauswurf von Kalbitz verdeutlichte „rote Linie" zu spät gezogen worden ist und deshalb die verschreckten bürgerlichen Wähler (und Ex-Mitglieder) nicht mehr zurückkehren? Enttäuscht die Disziplinierung des rechten Flügels jetzt auch noch diejenigen, die gerade wegen des rustikaleren Protests gegen „den Mainstream" die AfD gewählt haben?

Es geht nicht um „rustikaleren" Protest! Franz Josef Strauß konnte – weiß Gott – sehr rustikal auftreten; dennoch stand für jeden vernünftigen Beobachter des politischen Spiels außer Zweifel, dass er voll und ganz zu unserer freiheitlichen demokratischen Grundordnung stand. Das ist aber bei solchen Leuten nicht klar, die unentwegt von einer „Kanzler-Diktatorin" phantasieren und sich lustvoll den ehedem linksextremen Spruch anverwandelt haben, die Probleme „des Systems" wären unlösbar, denn: „Das System ist das Problem" – und wäre deshalb „abzuwickeln". Solche Leute, die unsere freiheitliche demokratische Grundordnung für gar nicht bestehend halten, weshalb es ihnen auch nicht aufs Reformieren ankommt, sondern aufs Ersetzen, sind also nicht „rustikal". Sie sind vielmehr Extremisten, von denen man sich trennen muss. Außerdem werden die womöglich von Meuthen & Co. nach rechts verscheuchten Noch-AfDler den zahlenmäßigen Umfang der NPD-Anhängerschaft nicht überschreiten. Also wird man mit ihnen gut mittels der bewährten Ausgrenzungspraktiken gegen Extremisten fertig werden.

Einige Unterstützer des nun in die Wüste Geschickten verweisen gern auf die Wahlergebnisse, die die AfD mit ihm als Spitzenkandidat in Brandenburg erzielte und vergleichen dies dann beispielsweise mit dem eher mageren Abschneiden zuletzt in Hamburg. Spricht das nicht für einen Kalbitz-Höcke-Kurs als Erfolgskonzept?

In Ostdeutschland mit seiner auf die 1990er Jahre zurückgehenden Empörungs- und Protestlust samt geringer Stabilität des Parteiensystems mag der Kalbitz-Höcke-Kurs auch künftig erfolgreich sein. Zeitmodisch ist aus linkem Protest gegen das „übergestülpte BRD-System" nun zwar ein rechter Protest geworden; doch ostdeutsche Aufsässigkeit gegen „weltanschauliche Besserwessis" könnte in den neuen Bundesländern durchaus ein wirkungsvoller Mobilisierungsfaktor für eine rein rechtspopulistische AfD bleiben. Derlei würde die AfD allerdings zu einer ostdeutschen Regionalpartei machen, die ihren Westteil weiterhin toxisch sein lässt und ihm jede Möglichkeit nimmt, jemals Regierungsverantwortung anvertraut zu bekommen. Mir scheint, dass inzwischen viele AfD-Politiker, die ganz Deutschland im Sinn haben, dieses Problem begriffen haben – und dass sie sich deshalb auf jenen ganz unvermeidlichen Richtungsstreit einlassen, der gewiss nicht nur Alexander Gauland persönlich schmerzt.

Man dürfe nicht eine „CDU 2.0" werden, heißt es gern in AfD-Kreisen. Wäre das in der Tat existenzgefährdend?

Das hängt ganz vom Kurs ab, den die „CDU 1.0" weiterhin einschlägt! Derzeit geht die CDU auf Bündnisse mit den Grünen aus, und sie wird das auch künftig tun. Ein Großteil der CDU-Mitglieder und CDU-Spitzenpolitiker hält das nämlich für richtig. Die meisten tonangebenden Massenmedien unterstützen auch keinen anderen CDU-Kurs als diesen. Und jeder Brückenschlag von der CDU zur AfD wird noch jahrelang für jeden politisch tödlich enden, der ihn versucht. Obendrein kommt ein Großteil der jetzigen CDU-Unterstützer tatsächlich aus der Anhängerschaft von Grünen und SPD. Das zeigt der Blick auf den Corona-bedingten demoskopischen Aufstieg der CDU: Er geht nicht zu Lasten der AfD, sondern zu Lasten – vor allem – der Grünen. Eben der Kurs, welcher ihr das grüne Wählerpotential einbrachte, hat aber der CDU sehr, sehr viele Mitglieder und Wähler entfremdet, die es deshalb mit Karrieren in der AfD oder zumindest mit dem Wahlkreuz bei dieser Partei versucht haben. Schaffte es unter solchen Umständen die AfD, sich als Fortsetzer-Partei des früheren CDU-Kurses in Sachen Eurozonen-Stabilität und vorsichtiger Migrationspolitik aufzustellen, also wirklich als „CDU 2.0", dann würde ihr das gewiss nicht schaden, sondern dauerhaft nutzen. Anders wäre es nur, wenn die CDU wieder auf ihren früheren Erfolgskurs als Partei von der Mitte bis an den rechten Narrensaum einspuren wollte. Die dafür nötige Einsicht findet sich allerdings nur bei einer Minderheit der CDU-Mitglieder. Die aber wird sich höchstwahrscheinlich nicht durchsetzen. Also brauchte eine gemäßigt rechte „Meuthen-AfD" nur entspannt darauf zu warten, wie immer mehr Leute mit den realen Folgen schwarz-grüner Politik unzufrieden werden. Hingegen verschaffte eine klar nationalrevolutionäre Kalbitz-Höcke-AfD der CDU weitere Zeit zum Treibenlassen der Dinge, weil mit einer solchen Partei die CDU nun wirklich nicht zusammenwirken kann – und sich deshalb alternativlos auf die Grünen einlassen muss.

In Erfurt konnte die AfD die Rolle eines Mehrheitsbeschaffers zur Ablösung von Rot-Grün-Rot spielen – allerdings nur für kurze Zeit. Wäre die Empörung über die Wahl des Liberalen Kemmerich genauso groß gewesen, wenn sie mit den Stimmen einer Meuthen- statt einer Höcke-AfD zustande gekommen wäre?

Angesichts der großen Popularität Ramelows und der klaren Ablehnung eines jeglichen AfD-Einflusses aufs Regierungshandeln sowohl durch die Medienmehrheit als auch durch die Bundesführung der CDU wäre selbst eine „Meuthen-AfD" mit der Abwahl Ramelows nicht durchgekommen. Doch dass es ausgerechnet – und in Thüringen ja auch unvermeidlich – Björn Höcke war, der Ramelow und manch anderen ausmanövrierte, brachte diesen ganz unerwarteten AfD-Erfolg erst recht um jede Nachhaltigkeit.

Könnte sich die AfD in Zukunft auch als eine reine „Hinweis-Partei" etablieren, die den mit vielem Unzufriedenen eine Stimme verleiht?

Mit einer reinen „Hinweis-Partei" ist niemandem gedient – schon gar nicht einer solchen Partei selbst. Es müssen sich Parteien vielmehr in die Lage bringen, die von ihnen aufgegriffenen und dann öffentlich artikulierten „politischen Hinweise" aus der Bevölkerung auch politisch umsetzen zu können. Womöglich droht die bisherige AfD, freilich auf ihre Weise, dem „Gesetz der Sozialistenspirale" zu verfallen: Je reiner die Lehre, desto kleiner der Kreis ihrer Anhänger – und umso geringer der aus eigener Kraft erreichbare politische Einfluss. Nur auf Protest zu setzen führt zunächst zu einem selbstberauschenden, rein demagogischen Parteicharakter – und dann ins politische Nirwana. Es bräuchte die AfD, sozusagen, ihren Joschka Fischer.

Und wenn nicht: wie müsste sich die AfD entwickeln, um über kurz oder mittellang auch mal Regierungsmitverantwortung übernehmen zu können?

Die AfD müsste – bemessen an ihrem Führungspersonal, an ihrer Programmatik und am Verhalten ihrer Anhänger in Öffentlichkeit und Internet – zu einer Partei werden, deren Treue zur freiheitlichen demokratischen Grundordnung sich nicht mit plausiblen Gründen bezweifeln lässt. Das vordringliche Ziel wäre erreicht, wenn der AfD von einem Großteil der Medien erst die Fähigkeit zur konstruktiven Politikkritik, dann zur kompetenten Politikmitgestaltung zugeschrieben würde. Doch um ein solches Ziel überhaupt anstreben zu können, muss sie sich erst einmal redlich und wirkungsvoll von ihren Demagogen und Radikalen trennen. Die CDU hat der AfD durch ihre – von mir so oft kritisierte – Torheit, rechts von sich eine Repräsentationslücke aufreißen und dann auch klaffen zu lassen, zwar eine große Chance beschert. Doch nutzen muss die AfD diese Chance schon selbst.

Zum Schluss noch eine Bitte um den Blick in Ihre Glaskugel: Wie geht die Sache weiter? Kommt der große Knall, die Teilung der AfD? Haben Meuthen und seine Mitstreiter nur einen Pyrrhus-Sieg errungen und müssen am Ende dem Zorn einer aufgebrachten Basis weichen? Oder ist die Aufregung in der Partei in Wahrheit gar nicht so groß, sondern nur wieder mal in einer besonders lauten Minderheit, die sich in den sozialen Netzwerken Luft verschafft?

Ich bin kein Wahrsager, auch wenn ich politische Entwicklungen ziemlich gut einschätzen kann. Die AfD ist allerdings immer noch ein „gäriger Haufen", bei dem Politisches leicht persönlich, Persönliches rasch politisch wird. Also ist da wenig so verlässlich, dass man Kommendes mit einiger Verlässlichkeit prognostizieren könnte. Mir scheint allerdings, dass die Beobachtung der AfD durch den Verfassungsschutz die wichtigste Rahmenbedingung des innerparteilichen Streits entscheidend verändert hat: Jetzt geht es nicht mehr nur um Ideologisches oder um Stilfragen, sondern um die künftige Anziehungsfähigkeit der Partei für Leistungsträger – und somit um den Bestand einer nicht bloß am Wahltag erfolgreichen AfD. Also könnte der Streit diesmal so ausgehen, dass sich einmal nicht die Radikaleren, sondern die Vernünftigeren durchsetzen.

CDU: WEITER AUF MISSERFOLGS-KURS?

veröffentlicht unter der Überschrift „Dem Zeitgeist verfallen. CDU: Ein Kulturkampf ist der inhaltsleeren Partei nicht mehr zuzutrauen" am 17./24. Juni 2020 in der „Jungen Freiheit", desgleichen unter dem hier verwendeten Titel am 17. Juli 2020 auf meinem Blog wjpatzelt.de

Bundesdeutschlands wichtigste Partei ist die CDU. Länger als sie hat niemand unser Land regiert. Bei dessen Gestaltung ist sie oft der Zustimmungsbereitschaft im Land vorausgeeilt: bei der Westintegration, bei der Wiederbewaffnung und NATO-Nachrüstung, bei der Wiedervereinigung nach westdeutschem Vorbild. Zwar wurde Kohl 1998 besiegt. Doch sieben Jahre später war die CDU wieder an der Macht. Ab 2005 wurde die Partei nach Angela Merkels Fast-Niederlage bei ihrer ersten Bundestagswahl schrittweise auf den neuen Zeitgeist ausgerichtet. Das führte dazu, dass die CDU-Vorsitzende und Kanzlerin viele Jahre lang an der Spitze der Beliebtheitsskala stand. Zwar verdunkelten die Folgen ihrer Migrationspolitik manchen Glanz. Doch dank der – im Vergleich zur Migrationskrise – plausiblen Handhabung der Corona-Krise ist die CDU wieder Deutschlands weitaus populärste Partei. Also alles richtig, alles gut.

Wirklich?

Ihr Höhenflug, versüßt von einer öffentlichen Liebeserklärung der Grünen zum Geburtstag der CDU, verdankt sich der Sympathie aller etablierten Medien für die Kanzlerin – nicht aber für deren Partei. Über zwei Drittel der Journalisten neigen nämlich den Grünen und der SPD zu; so immer wieder das Ergebnis von Umfragen unter Medienleuten. Deren Wohlwollen hat sich die Kanzlerin umsichtig erworben, und zwar durch jahrelange Ausrichtung ihrer Politik an dem, was grüne-rote Journalisten für richtig halten sowie in ihren Medien als alternativlos richtige Politik hinstellen. Das reichte vom Ausstieg aus Atom- und fossiler Energie über deutsches Einstehen für die Schulden anderer EU- oder zumindest Eurozonen-Staaten bis hin zur bedingungslosen Offenheit für Zuwanderungswillige, mit oder ohne rechtlich vorgesehene Aufnahmeverpflichtung. Weil aber das alles einem nennenswerten Teil der Bevölkerung nicht als vernünftig erscheint, entstand Spannung zwischen der großen Popularität der Kanzlerin in den Medien und der viel geringeren Sympathie für die merkeltreue CDU im Wahlvolk. Das rächt sich seit langem an Wahltagen.

Deren Folge: Medial akzeptierte CDU-Regierungen gibt es wohl nur noch im Bündnis zwischen CDU und Grünen, nötigenfalls ergänzt um SPD oder FDP. Davon die Konsequenz: Rechts von der CDU wird dauerhaft eine Partei bestehen, die mit ihr um 5 bis 15 Prozent der nicht-rechtsextremistischen Stimmen im Westen und Osten konkurriert. Sollte sich in der AfD die Meuthen-Richtung dauerhaft durchsetzen, droht der CDU wohl das Erosionsschicksal der SPD. Setzte sich in der AfD aber die Höcke/

Kalbitz-Richtung durch, dann könnte die CDU noch eine kleine Chance haben, in Konfrontation mit einer klar rechtsradikalen AfD ihre frühere Dominanz nach rechts zurückzugewinnnen. Doch dafür müsste die CDU einen regelrechten Kulturkampf mit der rot-grünen Journalistenschaft bestehen. Ihn angesichts sicherer Niederlagen und zerstörter Karrieren zu führen ist der CDU aber nicht zuzutrauen. Man wird also darauf warten müssen, bis sich die üblen Folgen grün-rot propagierter Politikprojekte in medial nicht länger beschweigbarem Umfang zeigen: international nicht konkurrenzfähige Strompreise samt Netzwerkinstabilität, die Vernichtung des Vertrauens in den Euro, weitere Einbußen an innerer Sicherheit und gesellschaftlichem Zusammenhalt. Doch wie könnte sich die CDU gegenüber einer womöglich einst systemloyalen AfD-Opposition gegen den Vorwurf wehren, eine solche Politik nicht nur mitgetragen, sondern als eigenes Gestaltungsvorhaben wider viele Warnungen selbst geführt zu haben?

Konrad Adenauer und Helmut Kohl sicherten der CDU ihre Macht oft genug im Ringen gegen die Meinungsführer von besonders angesehenen Medien. Das zwang sie und ihre Partei zu jener inneren Stärke, die aus akzeptierter innerparteilicher Vielfalt samt integrationssichernden Richtungsvorgaben erwächst und die sich am Wahltag in großen, gegen mediale Widerstände erkämpften Stimmenanteilen auszahlt. Angela Merkel hingegen sicherte der CDU ihre Macht durch bereitwilliges Surfen auf den Wogen des jeweils Mediengefälligen. Das verlangte nach jener Art von Führungsstärke, die innerparteiliche Vielfalt aufs medial Akzeptable beschneidet und solche Richtungsvorgaben ermöglicht, die von oben nach unten durchgestellt werden. Wenn aber diese Richtungsvorgaben bisherigen CDU-Wählern nicht mehr gefallen? Dann gelten solche Leute als selbst daran schuld, wenn sie die grün-roten Zeichen der Zeit nicht erkannt haben. Oder sich gar auf verstocktes Wutbürgertum einlassen – und so offen legen, dass sie es eigentlich gar nicht wert waren, ihr Stimmkreuz je bei der CDU machen zu dürfen. Also nieder mit jenen Ex-CDUlern, die immer schon Rassisten, Rechtsradikale und Kryptofaschisten waren! Und würden die bald dennoch wieder statt der AfD die CDU wählen, dann wäre die gewiss nicht länger der Kanzlerin Partei. Den Parteivorsitz hat sie ohnehin aufgegeben, während ihre Glaubensgeschwister nach wie vor dafür sorgen, dass sich nie mehr „die Falschen" als CDU-Wähler betätigen werden.

Ob die jetzt zu beschließende Frauenquote die jahrelang unübersehbar weiblich geführte CDU wieder auf einen Erfolgskurs bringt? Und ob es sich für die CDU wirklich auszahlt, die loyale innerparteiliche Opposition aus der WerteUnion als „Krebsgeschwür“ zu traktieren und deren Kritik mit Parteistrafen zu bedrohen? Schade, dass die CDU wohl auch diesen Abweg beschreiten wird. Denn eigentlich ist diese Partei für unser Land viel zu wichtig, als dass ihre Anführer sich lieber Stimmungen hingeben als solchen Analysen zu folgen, die immer wieder durch die tatsächliche Entwicklung bekräftigt wurden.

75 JAHRE CDU – EIN INTERVIEW

Hörfunkinterview mit Sputnik News zum 75. Geburtstag der CDU,[47] in Textform sowie leicht redigiert veröffentlicht am 27. Juni 2020 auf meinem Blog wjpatzelt.de

Die CDU feiert 75. Geburtstag. Und ich habe einen Gratulanten am Telefon – Prof. Dr. Werner Patzelt. Er ist emeritierter Professor der Universität Dresden. Und seit 26 Jahren Mitglied der CDU. Wenn Sie der CDU etwas wünschen dürften, etwas geben dürften, was wäre Ihr Geschenk?

Mein Geschenk an die CDU wäre eine bessere Einsicht in ihre reale strategische Lage, die keine wirklich gute ist. Denn nur wenn man erkennt, was man falsch macht, kann man in der Zukunft durch Korrekturen Erfolg haben.

Das war schon mal eine gute Vorlage für die nächsten Minuten, die wir miteinander verbringen. Aber erstmal möchte ich mit Ihnen ein bisschen emotional werden. Sie sind 1994 in die CDU eingetreten. War das der Zeitpunkt, wo Sie der Partei erstmals nahe gekommen sind? Wie haben Sie die CDU erstmals wahrgenommen in Ihrem Leben?

Weil ich in Bayern aufgewachsen bin, habe ich als Allererstes naturgemäß die CSU wahrgenommen; und in die Zeit meines politischen Erwachens fiel die hohe Zeit des begabten Volksanführers und Volksverführers Franz Josef Strauß. Das heißt: Ich bin politisiert worden in den Auseinandersetzungen zwischen CSU und SPD, insbesondere um die Neue Ostpolitik. Und weil ich ein glühender Befürworter der Neuen Ostpolitik war, die am Schluss auch zur Auflockerung des Ost-West-Konfliktes und zum Sieg

---

[47] https://de.sputniknews.com/interviews/20200626327427235-politologe-und-parteimitglied-patzelt-ueber-75-jahre-cdu-und-eine-bittere-pointe–interview/; Zugriff am 26. Januar 2024 erfolglos.

des Westens in diesem Konflikt geführt hat, bin ich sozusagen in einer Anti-Unions-Haltung politisch sozialisiert worden und erst im Laufe der Jahre darauf gekommen, dass an der Union doch sehr vieles auch sehr vernünftig ist.

Sie sind 1953 geboren. Das heißt, wir sprechen hier von den ganz späten 1960er Jahren und dann noch den 1970er Jahren, die SPD-dominiert waren. Das heißt, Sie waren ein Willy Brandt-Anhänger.

Ich bin sogar im Bundestagswahlkampf 1972 mit einem Willy Brandt-Button herumgelaufen und war über die Maßen glücklich, als die sozialliberale Koalition die Wahl wieder gewonnen hatte.

Beschreiben Sie mal die Stimmung, die damals herrschte. Wie haben Sie die CDU/CSU damals wahrgenommen?

Ich hatte den Eindruck, dass sich die CDU an der falschen Front verkämpfte, nämlich in der Abwehr der sogenannten Neuen Ostpolitik. Denn mir leuchtete immer ein, dass man ab und zu durch das Räumen von ohnehin verlorenen Positionen mehr gewinnt als durch einen Kampf, bei dem man seine ganze restliche Kraft opfert. Und so ist mir damals die Union vorgekommen: als eine Partei, die einfach nicht begreifen will, dass die Neue Ostpolitik von Willy Brandt der zukunftsweisende Weg aus jener Sackgasse ist, in welche die Bundesrepublik Deutschland durch die Nichtanerkennung der DDR hineingeraten war. Im gleichen Umfang, in dem die CDU das begriffen hat, also beginnend mit der Stimmenthaltung bei den Ostverträgen und beim Grundlagenvertrag, sind die konstruktiven und positiven Positionen der CDU immer klarer vor Augen getreten – insbesondere: ihr Beharren auf Sozialer Marktwirtschaft, auf West-Integration und auf einer vernünftigen Sicherheitspolitik.

In den 1970ern war es Franz Josef Strauß, der eine wichtige Rollen gespielt hat; in der CSU wird er bis heute verehrt. Haben Sie gefühlt, dass der Hardliner Strauß die CDU damals vor sich her getrieben hat? War die CDU eine Geisel von Strauß?

Nein, das kann man nicht sagen. Und als es Strauß einmal auf den Konflikt hat ankommen lassen, nämlich 1976 mit der Aufkündigung der Fraktionsgemeinschaft zwischen CDU und CSU, da hat ihn Helmut Kohl innerhalb von wenigen Tagen in die Schranken gewiesen und klargemacht, wer innerhalb der Union der Koch und wer der Kellner ist. Wobei dieses Beispiel natürlich nicht stimmt, denn die Mehrheit der Union auf Bundesebene geht darauf zurück, dass die CSU in Bayern unglaublich stark ist und sehr verlässlich sehr viele Direktmandate erringt.

Wer ist aus Ihrer Sicht der größte Politiker in der CSU? Adenauer steht natürlich zur Auswahl, Ludwig Ehrhardt, dann hätten wir Kohl, Merkel. Vielleicht fällt Ihnen noch jemand ein?

Die größten CDU-Politiker sind auf Bundesebene ohne Zweifel Adenauer und Kohl. Dann kommt lange Zeit gar nichts – und dann kommen andere Leute, die sehr lange regieren.

Es war Helmut Kohl, der die Zeit der SPD beendet hat. 1982 ist er ins Amt gekommen. Er blieb dann 5866 Tage. Der gute alte Witz, viele dachten, wir hätten einen absolutistischen Herrscher. Das gilt auch für meine Generation. Ich bin kurz nach seinem Amtsantritt zur Welt gekommen. Wie hat Kohl es geschafft, diese SPD-Dominanz zu durchbrechen?

Kohl hat zweierlei getan. Zum einen war er glaubwürdig beim Versuch, bis zum rechten Rand alles zu integrieren, was sich noch integrieren ließ. Unter Kohl bestand jedenfalls keine Gefahr, dass eine Partei rechts von der Union nicht nur aufkäme, sondern sich dann auch noch in nennenswertem Umfang politisch verfestigte. Obendrein war Kohl klug genug, jene Positionen inhaltlich aufzufüllen und zu besetzen, die an der SPD immer schon vernünftig gewesen sind. Daran wirkte ganz wesentlich sein Sozialminister Norbert Blüm mit. Dessen sogenannter Herz-Jesu-Sozialismus war auch für Helmut Kohl ein wichtiges Anliegen. Und Kohl hat eben die Entspannungspolitik von Willy Brandt fortgeführt. Er war erfolgreich darin, nach rechts Stabilität bewahren zu können und nach links sich so weit der SPD anzupassen oder anzunähern, dass man ihn von links her auch nicht wirkungsvoll angreifen konnte. Dass diese Leistung gelungen ist, und zwar trotz eines 16-jährigen und noch längeren Widerstands, der ihm aus den Massenmedien entgegenschlug, zeigt, wie groß Kohls politisches Können war.

Wenn man seine Leistung mit der 16-jährigen Kanzlerschaft von Angela Merkel vergleicht, wird einem als wesentlicher Unterschied auffallen, dass Angela Merkel eigentlich die ganze Zeit von der Zustimmung der Massenmedien getragen wurde, während Helmut Kohl gegen die Massenmedien meist ankämpfen musste. Deswegen hatte Kohl auch mehr Kraft und politische Substanz an den Tag zu legen, denn es war ihm nicht beschieden, auf den Wogen der öffentlichen Meinung zu surfen. All dem ist anzufügen, dass Kohl großes Glück hatte mit der sich ihm bietenden Möglichkeit der Wiedervereinigung. Denn zuvor war er 1989 um ein Haar gestürzt worden. Unpopulär, wie er damals war, hat ihm allein die von ihm ergriffene Chance auf Deutschlands Wiedervereinigung die zweite Hälfte seiner langen Amtszeit beschert.

Kohl hat also gegen die Medien regiert, wie Sie sagen. Wie hat er es geschafft, zum einen bei den Menschen beliebt genug zu bleiben, und wie hat er zum anderen die Partei unter seine Kontrolle gebracht und gehalten?

Die Kontrolle der Partei ist leicht erklärt. Kohl hat sich wirklich als Teil der Parteifamilie empfunden. Die Partei war für ihn seine politische Heimat. Und noch mehr: Sie war in den Teilen, die loyal zu ihm standen, sein persönlicher Freundeskreis. Er kannte sämtliche CDU-Kreisvorsitzenden und ihr persönliches Umfeld. Er konnte jederzeit mit dem Telefonhörer regieren. Er konnte auch hart durchgreifen, wenn es notwendig war; und wer ihm gegenüber illoyal war, bekam bei ihm keinen Fuß mehr auf den Boden. Kohl war so etwas wie ein mongolischer Reitergeneral, der mit seinen treuen Heerführern kraftvoll ins Gefecht und anschließend ins Saufgelage zieht – und Illoyalität oder Widerstand erbarmungslos niederkämpft. Was die Bevölkerung betrifft, muss man – grob gesprochen – mindestens zwei Gruppen unterscheiden. Bei Intellektuellen war Kohl hoffnungslos unten durch. Es war geradezu schick zu sagen: Es ist eine Schande für Deutschland, diesen Volltrottel als Kanzler zu haben! Einen, der Geschichte machen will, aber nicht einmal das Wort „Geschichte" richtig aussprechen kann, der ist doch eine Blamage für dieses Land! – Aber mit den einfachen Leuten, denen er sich trotz seiner Macht und großen Bildung immer zugehörig empfand, mit denen konnte Kohl von gleich zu gleich sprechen. Und sobald er – wie mit der Sendung „Zur Sache, Kanzler" – ein Format gefunden hatte, das es ihm erlaubte, zeitweise die Schleusenwärter- und die Tormannsfunktion der Massenmedien zu umgehen, hat er sich auch einen weiteren großen Wahlsieg sichern können.

Die Wiedervereinigung ist das, was mit Kohl am stärksten in Verbindung bleiben wird. Sie sagen, das ist ihm ein bisschen in den Schoß gefallen. Wir haben hier bei uns im Sender einige Russlanddeutsche oder Wolgadeutsche. Ich kenne das von denen so, dass ihnen wirklich gesagt wurde: Ihr wählt Helmut. Er hat uns heimgeholt, weil er es ermöglicht hat, dass die Deutschen aus anderen Gebieten nach Deutschland kommen konnten.

Das wird man so feststellen können – wobei schon auch die Zeitumstände wichtig gewesen sind. Die deutsche Minderheit in Rumänien loszuwerden, auch in Russland, hat die innenpolitische Lage dort beruhigt, denn in weiten Kreisen der Deutschen dort gab es große Unzufriedenheit mit den bestehenden, kärglichen Verhältnissen. Und indem man dieses Ferment in den Westen ausreisen ließ – übrigens gegen gewaltige Zahlungen, wie im Fall von Rumänien – hat man sich an der innenpolitischen Front mancherlei Entlastung verschafft. Unterm Strich erweist sich die Heimkehr der Russlanddeutschen oder der Rumäniendeutschen als eine zweischneidige Sache. Denn wie viel mehr kulturelle und menschliche Kontakte hätten wir jetzt, wenn es in all jenen Ländern noch weiterhin die einstigen, so großen deutschen Minderheiten gäbe!

Wir lassen mal das rot-grüne Projekt liegen und beschäftigen uns heute mit 75 Jahren CDU. Und damit, wie die CDU heute dasteht. Wir nähern uns dem mit rasanten Schritten. Denn da gibt es ja nur noch einen Namen – Angela Merkel. Sie hat es also geschafft, sich aus dem Schatten freizukämpfen, vom kleinen Mädchen zur großen Kanzlerin. Wenn wir nach der nächsten Bundestagswahl das Finden einer Koalition ein bisschen verzögern – ungefähr bis Heiligabend –, dann wird sie sogar Kohl überdauern, was die Amtszeit angeht. Sie haben aber schon angedeutet, dass Sie die Führung von Angela Merkel als weniger historisch betrachten als die von Kohl oder Adenauer.

Kohl hat gegen die öffentliche Meinung angekämpft und vieles durchgesetzt, was durchzusetzen ihm schwer gemacht wurde – ob das nun der Vollzug des NATO-Nachrüstungsbeschlusses war, den er von seinem sozialdemokratischen Amtsvorgänger geerbt hatte, oder die Wiedervereinigung, die ja gegen einen nennenswerten Teil des politischen und medialen Establishments durchzusetzen war, welches große Hoffnungen in den Fortbestand einer sozialdemokratisierten DDR setzte. Angela Merkel – nachdem sie ihre erste Bundestagswahl fast verloren hatte, die man sicher gewonnen glaubte – entwickelte ein sehr intensives Gefühl für Stimmungslagen in den Medien und in der öffentlichen Meinung, soweit diese von den Medien beeinflusst wird. Und sie hat, wenn man ihre Politik betrachtet, eigentlich immer nur nachvollzogen, was in der öffentlichen Meinung an Trends da war. Irgendwann war beispielsweise die öffentliche Meinung so, dass der Ausstieg aus der friedlichen Nutzung der Kernenergie mehrheitlich gewünscht wurde. Irgendwann war die öffentliche Meinung so, dass man die Wehrpflicht auszusetzen hatte. Irgendwann war die öffentliche Meinung so, dass Deutschland als reiches Land sämtliche Migrationswilligen in der Welt gefälligst aufzunehmen oder in andere europäische Staaten umzuverteilen hätte. Kurzum: Angela Merkels Erfolgsgeheimnis liegt daran, dass sie beim Regieren stets nachvollzogen hat, was die öffentliche Meinung – ganz wesentlich von merkelbewundernden Journalisten geprägt – von ihr als Politik wünschte. Und deswegen hat sie es auch geschafft, die ganze Zeit über die beliebteste Politikerin zu sein – mit der etwas bitteren Pointe, dass sie bei ihren nominellen politischen Gegnern, den Grünen und Sozialdemokraten, im Grunde noch beliebter ist als in ihrem eigenen Laden.

Es heißt ja auch, dass das Bundeskanzleramt ausführlich erforscht, was die Deutschen denken. Man kann doch sagen, ist ja wunderbar. Da haben wir eine Kanzlerin, die das tut, was das Volk sagt. Genau dafür haben wir sie auch gewählt.

Demokratie heißt tatsächlich, dass die Regierenden auf das achten, was die Bevölkerung will. Das jeweils zeitnah herauszufinden oder eigene Vermutungen darüber zu überprüfen, ist ohne Zweifel richtig. Auch Kohl hat sich intensiv demoskopisch beraten lassen und eng mit dem Allensbacher Institut für Demoskopie zusammengewirkt. Das ist auch gut so. Aber wenn Politik sich darauf beschränkt, einfach das umzusetzen, was die mehrheitliche Volksmeinung will, dann wird der große Mehrwert der repräsentativen Demokratie verspielt. Einer der sozialdemokratischen Gründerväter der deutschen Politikwissenschaft formulierte ihn einst so: Politik hat den empirisch vorfindbaren Volkswillen zu „veredeln" zu jenem hypothetischen Gemeinwillen, den die Leute dann hätten, wenn sie alles ebenso gründlich bedenken könnten, wie es Politiker können, und wie das von diesen auch zu verlangen ist. Und das heißt: Es ist nichts Falsches daran, wenn die Bundeskanzlerin merkt, was die Deutschen wollen. Aber es ist falsch oder zeugt von einem falschen Amtsverständnis, wenn sie dann einfach das umsetzt, was die Leute gerade wollen, und zwar ohne auf die – auch unerwünschten – Folgen zu blicken. Ein Beispiel dafür sei angefügt: Ein Schuhverkäufer, der einem genau den Schuh verkauft, der einem zwar gefällt, anschließend aber drückt, der macht einen viel schlechteren Job als ein Schuhverkäufer, der einen davor warnt, den eigentlich gewünschten Schuh zu erwerben, weil dieser – wie der Schuhverkäufer weiß – spätestens nach drei Stunden Tragezeit drücken wird, was gewiss nicht im Interesse des Käufers liegen kann.

Angela Merkel also als eine Art stille Populistin oder ein haltungsloses Chamäleon? Das sind zwei Lesarten, die sich da vielleicht anbieten. Aber am Ende des Tages wird spannend sein, was von ihrer Kanzlerschaft bleibt. Und da kann man auch die These vertreten, dass es die Spaltung der Gesellschaft ist. Sie haben die Flüchtlingskrise angesprochen und die aus Sicht vieler Kommentatoren humanitäre Geste, die Grenzen offen zu lassen. Auf der anderen Seite ist auch das Erstarken der AfD möglicherweise damit zu erklären. Was bleibt dann am Ende von Merkel übrig?

Es bleiben am Ende etliche unglückliche Weichenstellungen übrig, die unserem Land gewaltige Folgelasten bescheren. Da ist eine Energiepolitik, die zu instabiler Energieversorgung mit horrenden Kosten geführt hat. Da ist eine Migrationspolitik, die nicht durch eine wirkungsvolle Integration von Migranten in die deutsche Gesellschaft begleitet worden ist. Man könnte noch das eine oder andere aufzählen. Aber das sind die zwei größten Erblasten, die Angela Merkel hinterlässt. Und weil eine in sich unplausible Politik – wie die Energiepolitik und die Migrationspolitik Merkelscher Art – in der Bevölkerung auf vielerlei Widerstand trifft oder weil zunächst auf Unglauben stößt, dass das alles wirklich ernst gemeint wäre, ist unter Angela Merkel vermehrt zum Mittel gegriffen worden, solche Leute, die ihre Politik kritisierten, nicht mit sachlichen Argumenten zu stellen, sondern als persönlich tadelbar auszugeben und entsprechend zu behandeln. Das heißt: Wer unsere Energiepolitik kritisiert, der ist nicht daran interessiert, Atomunfälle zu vermeiden und Wert auf Nachhaltigkeit zu legen; und wer unsere Migrationspolitik kritisiert, der ist einer, der ohnehin keine Ausländer will, ja einfach ein Rassist ist. Auf diese Weise ist unter Angela Merkel das Moralisieren zu einer politischen Gewohnheit geworden, der folgend man gegen Andersdenkende nicht in einem politischen Meinungswettstreit antritt, sondern bei der man Andersdenkende als moralisch minderwertige Gegner und Feinde ausgrenzt. Eben das hat zu einer tiefen Spaltung der Gesellschaft beigetragen. Und diese wird die indirekte Folge der langen Zeit von Angela Merkels Kanzlerschaft sein.

Jetzt haben wir schon drei Krisen, in denen sich etwas Ähnliches abzeichnet. Wir hatten die Euro-Krise, wo es einmal um Alternativlosigkeit ging. Dann ging es um die Flüchtlingskrise, wo Kritiker, wenn sie sich herausgetraut haben, mit dem Rassismusvorwurf belegt wurden. Und jetzt haben wir die Corona-Krise, wo es überhaupt gar keine politische Opposition mehr gegeben hat. Wenn sie sich auf der Straße gebildet hat, wurde sie ebenfalls diskreditiert. Sie deuten an, dass Angela Merkel die Medien in einer eisernen Umarmung hält und diese Umarmung scheinbar gerne erwidert wird?

Es ist nicht so, als ob Angela Merkel die Medien in einer „eisernen Umarmung" hielte. Sondern sie vollzieht einfach jene Politik, die der größte Teil führender deutscher Journalisten für richtig hält. Infolgedessen gibt es stets ein inniges Einvernehmen zwischen dem, was deutsche Journalisten – Edelfedern und Silberzungen – wünschen, und dem, was die Bundeskanzlerin dann auch tut. Sie muss bei den Journalisten auch nichts erzwingen, sondern liefert einfach das, was man von ihr erhofft. Man muss im Übrigen schon unterscheiden zwischen der freiwilligen Fügsamkeit der deutschen Bevölkerung bei der Corona-Krise und der von den Medien herbeigeschriebenen Fügsamkeit bei der Migrationskrise. Die Maßnahmen bei der Corona-Krise leuchteten den meisten Deutschen ein; die Maßnahmen bei der Migrationskrise leuchteten den meisten Deutschen aber nicht ein. Infolgedessen sind auch die Reaktionen sehr unterschiedlich. Mit den „Corona-Protesten" könnte niemals eine Protestpartei groß werden. Im Zug der Anti-Fahrlässigkeits-Proteste bei der Migrationspolitik aber hat sich die AfD verstetigt – und gehört somit ebenfalls zu jenen Erblasten, die Angela Merkel ihrer eigenen Partei und unserem ganzen Land beschert hat.

Blicken wir aber mal auf die Zukunft Ihrer Partei. Wir wissen ja gar nicht, wie es weitergeht mit der CDU. Auch nicht mit dem Land und der Kanzlerschaft. Armin Laschet steht zur Verfügung, Norbert Röttgen, Friedrich Merz. Sie alle wollen zunächst Vorsitzende der CDU werden. Wer wird es denn?

Das lässt sich derzeit überhaupt nicht absehen. Denn nicht nur ist die Corona-Krise nicht vorbei, sondern die Lockerungsversuche führen ihrerseits zu neuen Restriktionsmaßnahmen. Und die wirtschaftlichen Folgeschäden sind ohnehin noch gar nicht richtig zu abzusehen. Obendrein wird vieles davon abhängen, wie sich Merkel in den nächsten sechs Monaten als Vorsitzende des Europäischen Rates schlägt. Das wird für Europa eine schwierige und für Deutschland eine teure Zeit werden. Und je nachdem, wie plausibel ihre Politik während dieser Zeit ist, wird Angela Merkel der CDU größere oder geringere Chancen auf ein anständiges Abschneiden bei der kommenden Bundestagswahl bescheren. Schlägt sie sich gut, dann halte ich es nicht einmal für ausgeschlossen, dass nennenswerte Teile der deutschen Öffentlichkeit zu ihrem Wohnsitz gegenüber der Berliner Museumsinsel pilgern, um sie zu bitten, doch das deutsche Volk noch einige Jahre länger mit ihrer Kanzlerschaft zu beschenken – denn auch die sei inzwischen alternativlos.

Also, 75 Jahre CDU. Es ist soweit. Jetzt wird groß gefeiert. Ein abschließendes Wort von Ihnen. Was meinen Sie: Wohin geht die CDU ohne oder mit Merkel?

Die CDU geht auf eine Grundsatzentscheidung zu, die sie auch durch versuchsweises Nicht-Treffen sehr wohl getroffen haben wird. Die Grundsatzentscheidung ist: Will die CDU eine Partei von der Mitte bis zum rechten Rand sein – oder eine Partei nur der politischen Mitte? Wird die CDU eine

Partei nur der politischen Mitte sein, dann wird sie auf Dauer mit der AfD leben müssen. Und solange die AfD weiterhin in keinem Zustand ist, in dem sie als politischer Partner der CDU infrage kommen könnte, wird die CDU deshalb politische Bündnisse mit den Grünen suchen müssen und folglich Politik zu machen haben, die den Grünen gefällt. Die aber entfremdet die CDU immer weiter von jenen in Deutschland, die sich eben nicht als Grüne oder mittig, sondern als rechts empfinden. Das kann man so machen – schafft dadurch aber eine CDU mit einer wesentlich dünneren Machtbasis, als sie einst die Partei von Adenauer und Kohl besaß.

MAGDEBURGER MACHTKÄMPFE UM EINE MINDERHEITSREGIERUNG

veröffentlicht am 6. Dezember 2020 auf meinem Blog wjpatzelt.de

I.

Machtkämpfe toben in Magdeburg. Sie toben in der CDU und um die CDU herum. In welchem Ausmaß ein persönliches Zerwürfnis zwischen dem Ministerpräsidenten [Rainer Haseloff] und seinem Innenminister [Holger Stahlknecht] zum Rauswurf des letzteren geführt hat, kann nur jemand aus beider Umfeld so recht beurteilen. Doch auch dem außenstehenden Beobachter ist die Einzigartigkeit eines Falles klar, bei dem ein Landesparteivorsitzender durch einen Regierungschef der eigenen Partei dermaßen – und ganz im Wortsinn – erniedrigt wird. Weil freilich Spitzenpolitiker meist rein persönlichen Streit von machtpolitisch Wichtigem zu trennen wissen, ist der ausgetragene Machtkampf viel interessanter als jedes mögliche Beziehungsproblem zwischen Haseloff und Stahlknecht.

Nur wer sich mit dem ersten Blick auf das Geschehen begnügt, wird fest daran glauben, es gehe hier vor allem ums mögliche Kungeln des Ex-Innenministers mit der AfD, also um den jetzt „gottlob letzten Sündenfall" Stahlknechts. Wer hingegen näher hinblickt, erkennt als Anlass des Kampfgeschehens die Krise der CDU. Rasch sieht er jene Falle, welche für die CDU seit einigen Jahren aufgestellt ist und immer wieder ihr Werk tut. Und er versteht die größeren Zusammenhänge der so heftigen Meinungsunterschiede darüber, wie die CDU diese Falle umgehen oder, wieder einmal in ihr gefangen, sich befreien könnte. Das ist nämlich in Sachsen-Anhalt besonders gut zu sehen, war freilich auch schon in Sachsen während des letzten Landtagswahlkampfs bestens zu erkennen. Und im Bund wird diese Falle schon bald selbst für jene fühlbar werden, die von ihrer Existenz bislang nichts wissen wollen.

II.

Die Fallgrube schaufelten Journalisten und Intellektuelle mit der Durchsetzung folgender Regel: „Es gehört sich heutzutage nicht mehr, konservativ oder gar rechts zu sein!" Ein dünnes Brett, doch getarnt als eiserne Brücke, legten über diese Fallgrube solche CDU-Politiker, die während der jetzigen, wohl noch lange andauernden Zeit rot-grüner Medienherrschaft ihren politischen Aufstieg suchen oder mit Erfolg krönen wollen. Und mit dem folgenden Argument bewerben sie das Balancieren über dieses Brett: „Es gibt weiterhin nach jeder Wahl einen sicheren CDU-Weg zur Macht, nämlich eine Koalition mit entweder der SPD oder mit den Grünen oder mit beiden, falls anders keine Parlamentsmehrheit zustande kommt!." Solche Koalitionen wären im Übrigen auch sachlich geboten, weil die Grünen politisch meist Recht hätten; genau deshalb habe man ja viele ihrer Positionen selbst übernommen. Jedenfalls gäbe es eine funktionierende Politik der wirklichen Mitte am besten mit Schwarz-Grün.

Gedrängt wurde die CDU auf dieses schwankende Brett von der AfD als jener Partei, der die Union durch ihre – von der eigenen Führung auferlegte – Sozialdemokratisierung und Vergrünung sehr viele ehemalige CDU-Mitglieder und CDU-Wähler zugetrieben, ihr auch viele frühere Nichtwähler überlassen hat. Deshalb hält die AfD jetzt viel ehemaliges CDU-Gelände von der rechten Mitte bis zum rechten Rand besetzt und macht von dort aus Jagd auf die CDU. Obendrein rütteln Journalisten und Intellektuelle und Grüne und SPD und Linke immer wieder so sehr an diesem dünnen Brett, nämlich durch politische Zumutungen aller Art, dass manche Teile der CDU in die Fallgrube abzustürzen drohen, ja bisweilen wirklich ins politische Nichts fallen. Dann hören die Unionisten von den Intellektuellen und aus den Medien: „Nur im Bündnis mit Grünen oder Sozialdemokraten oder Linken kommt Ihr da wieder heraus – oder heil ans richtige Ufer, nämlich dorthin, wo das ‚Anti-AfD-Bollwerk' steht, als dessen Teil allein ihr politisch akzeptabel seid!"

III.

Ist sie nicht anrührend selbstlos, diese Hilfsbereitschaft? Naiven mag das so scheinen. Tatsächlich ist sie für Grüne und Sozialdemokraten und Linke nichts weiter als politisch vernünftig. Seit nämlich die CDU zu einer

Partei allein der Mitte geworden ist, was sich auch Grüne und Sozialdemokraten zuschreiben, ist der Raum von links bis einschließlich der Mitte prall gefüllt. Nach links hin sind dabei viele Positionen gar mehrfach besetzt. Rechts aber ist eine neue Partei entstanden. Sie macht sich auch wider viele Hoffnungen auf ihren Zerfall bereit – dank politischer Torheit der CDU, dank einer Mischung aus Torheit und folgenblinder Schlauheit auf Seiten von Grünen und Linken. Seither ist nämlich die Linke nach Wahltagen meist zahlenmäßig schwächer, als es jener politische Handlungsverbund zwischen der Mitte und der Rechten wäre, den früher allein die Union darstellte und dessen Bruchstücke inzwischen CDU und AfD sind. Also trauen sich derzeit weder Grüne noch Sozialdemokraten, in Wahlkämpfen ein rot-rot-grünes Bündnis anzusteuern. Das triebe nämlich sehr viele Wähler wieder zur Union oder gar zur AfD. In dieser Lage gibt es somit für Grüne und Sozialdemokraten nur einen einzigen, verlässlich zielführenden Weg zur Regierungsmacht – falls nicht doch, wider derzeitiges Erwarten, eine linke Parlamentsmehrheit zustande käme. Das sind Koalitionen mit der CDU.

Also muss die Union mit zwei Argumenten in solche Koalitionen gelockt oder gar gezwungen werden. Das Funktionsargument lautet: „Es braucht politische Stabilität; und die kann Deutschland und seinen Ländern nur durch Koalitionen der Mitte geschenkt werden!" Ins Realpolitische übersetzt: Die CDU hat sich auf Gedeih und Verderb den Grünen oder Sozialdemokraten auszuliefern; und das hat die für Linke höchst reizvolle Nebenwirkung, dass die Union weiterhin Stimmen an die AfD verliert, also bei der nächsten Regierungsbildung erst recht auf Grüne und Sozialdemokraten angewiesen sein wird. Und das Moralargument lautet: „Die AfD ist eine rechtsextremistische Partei, gegen die – anders als zu Weimarer Zeiten – nun alle Anständigen im Land zusammenstehen müssen!" Im auf die CDU bezogenen Klartext heißt das: Wenn sich die CDU zur AfD je anders denn als ein die AfD verachtender Feind verhalten sollte, dann werden wir dafür verantwortliche CDU-Politiker gerade so behandeln, als wären sie selbst Kalbitz oder Höcke! Letzteres wurde am Fall Stahlknechts gerade vorgeführt – und natürlich umschallt vom Aufruf an die Gesamt-CDU, ja nicht das Magdeburger oder Dresdner oder demnächst Berliner Anti-AfD-Bollwerk zu verlassen.

IV.

Eigentlich könnte die CDU bemerken, dass sie stark genug für einen Umweg um diese Grube wäre oder groß genug, um nötigenfalls allein aus ihr zu klettern. Man müsste sich nur zu neuen taktischen Maßnahmen aufraffen oder seine Klimmzüge an genau solchen Stellen machen, wo Journalisten und Intellektuelle und Grüne und Sozialdemokraten einem den rettenden Halt gerade nicht nach eigener Laune wegziehen können. Der aber befindet sich – wohlgemerkt – gerade nicht dort, wo sich AfDler schadenfroh über den Wackelmann auf dem Balken oder über das Elendshäufchen in der Grube ergötzen. Denn AfDler, oft der CDU abtrünnig geworden, werden es als Renegaten mit der CDU gewiss nicht besser meinen als jene politischen Bettgenossen aus den Reihen von Grünen und Linken, denen jetzt die Union in zeitgeistiger Liebeslust verfallen ist.

V.

Von diesem Bild ins Magdeburger Strategiespiel rückübersetzt: Grüne und SPD demonstrieren der CDU, dass sie alternativlos die politischen Gestaltungswünsche ihrer Koalitionspartner zu erfüllen hat. Und warum? Weil es für die CDU nun einmal keinen anderen legitimen Bundesgenossen gibt. Auch den politischen Gestaltungsweg als CDU allein zu gehen, sich also auf eine wirkliche Minderheitsregierung einzulassen, welche die fallweise erforderlichen Parlamentsmehrheiten Mal um Mal neu aushandeln würde, gilt inzwischen als moralisch verwerflich. Ein solcher Kurs ließe sich in unserer Medienlandschaft deshalb auch nicht lange durchhalten, woran man die CDU durch scharfe Journalistenkommentare vorsorglich erinnert. Wenn also die CDU an einer Koalition mit Grünen und SPD nicht zu deren Bedingungen festhalte (wie derzeit in Sachsen-Anhalt) oder eine solche schon gar nicht einginge (wozu in Sachsen durchaus geraten wurde), dann werde man eben überhaupt nicht mehr mit der CDU zusammenarbeiten, also jede CDU-geführte Minderheitsregierung einfach politisch verhungern lassen. Und falls diese in einer solchen Lage sich dann auch nur ein einziges Mal durch Verhandlungen mit der AfD eine Mehrheit verschaffe, statt demütig bei Grünen und SPD auf Knien oder Brustwarzen anzurutschen, dann werde man die Union moralisch ebenso fertig machen wie einst den Kurzzeit-Ministerpräsidenten von der Thüringer FDP. Denn wer mit der AfD politischen Umgang hält, der hofiert ganz einfach Nazis, weist aufrechte Demokraten zurück und hat deshalb jedes Recht auf Respekt verwirkt.

Sorgfältig wird derzeit von öffentlicher Zurkenntnisnahme ferngehalten, dass ja keineswegs ein Regierungschef sein Amt verliert, wenn Koalitionspartner eine Koalition verlassen oder ihre Minister zum Rücktritt bringen. Es geben dann ja nur diese Minister ihr Amt auf, während die übrigen Regierungsmitglieder im Amt bleiben und neue Minister jederzeit vom – mit ungeschmälerten Rechten weiteramtierenden – Ministerpräsidenten ernannt werden können. Natürlich braucht es auch keine Parlamentsmehrheit für eine Neuwahl des sein Amt ganz einfach weiterführenden Ministerpräsidenten. Und falls der Haushalt verabschiedet ist, sowie – gerade angesichts des, wie in Magdeburg, nahenden Endes einer Wahlperiode – keine zwingend erforderlichen Gesetzesvorlagen mehr zu beschließen sind, dann braucht es ohnehin keine feste parlamentarische Mehrheit für ein sich auf kompetente Verwaltungsführung beschränkendes Regieren. Die parlamentarischen Druckmöglichkeiten sinken so auf Null – und zwar genau so lange, wie Grüne, SPD und Linke nicht den amtierenden CDU-Ministerpräsidenten kraft eigener Mehrheit durch ein konstruktives Misstrauensvotum ablösen können. Als zu tragende politische Last bleibt dann allein der von Journalisten und Intellektuellen gewiss erzeugte Meinungsdruck samt den ihn umlagernden Shitstorms im Internet. Wer aber dem nicht widerstehen kann: Wie vermöchte ein solcher Politiker wirkliche Staatskrisen zu meistern?

Doch ohne erkennbare Gegenwehr seitens der CDU haben inzwischen Journalisten und Intellektuelle und Grüne und SPD und Linke den Gedanken allgegenwärtig gemacht, eine Minderheitsregierung wäre niemals eine echte Minderheitsregierung, sondern bräuchte immer einen verlässlichen Gehilfen. Für die Magdeburger Minderheitsregierung der SPD war das einst die – damals noch als schmuddelig geltende – PDS. Also käme die verlässliche „Tolerierung" einer CDU-geführten Minderheitsregierung künftig von der schmuddeligen AfD, die dadurch ebenso „salonfähig" gemacht würde wie einst die PDS von der SPD. Freilich vertrat die PDS – so der politisch korrekte Subtext – eine gute Sache, die nur zu kommunistischen Zeiten schlecht ausgeführt wurde, während alles, was die AfD wolle, von vornherein fachlich schlecht und moralisch verwerflich wäre. Jedenfalls ist stets von einer „AfD-unterstützten" – und genau deshalb abzulehnenden – Minderheitsregierung zu hören, wann immer über CDU-interne Überlegungen zu Möglichkeiten einer Minderheitsregierung berichtet wird.

Vielleicht sind die Warnungen mancher Unions-Gegner sogar ehrlich gemeint. Es wurde beim einstigen „Magdeburger Modell" ja nicht auf eine echte Minderheitsregierung der SPD ausgegangen, sondern man verschaffte wissentlich und willentlich der PDS mit einem ausdrücklichen „Tolerierungsbündnis" ihre Eintrittskarte zu bundesdeutscher Normalität. Dabei hätte es damals sehr wohl auch die Möglichkeit einer „Koalition der Mitte" zwischen Christ- und Sozialdemokraten gegeben. Nur war eine solche Koalition eben politisch unerwünscht, die Einbindung der PDS indessen medial willkommen. Hingegen ist jetzt gerade die Einbindung der Union in grün-sozialdemokratisch geprägte Koalitionen politisch willkommen, während jegliches Zusammenwirken mit der AfD echte oder aufgesetzte Abscheu erregt. Und freilich hätte man auch damals schon in Magdeburg jenen Weg einer „skandinavischen“ Minderheitsregierung einschlagen können, der für Bundesdeutschland zwar lange Zeit unüblich war, auf Landesebene aber sehr wohl möglich ist.

VI.

Die Linke unter Bodo Ramelow geht diesen Weg derzeit in Thüringen. Sie geht ihn mit medialem Segen und mit machtpolitischem Erfolg. Auf diese Weise wird die Linke gerade dank der von ihr angeführten Minderheitsregierung wohl die nächste Thüringer Landtagswahl gewinnen. Die CDU könnte zwar, gerade so kurz vor Wahlen wie in Sachsen-Anhalt, diesen Weg ebenfalls gehen, vermutlich sogar mit Erfolg. Vielleicht möchte die CDU auf einen solchen Weg sogar wollen, traut sich aber das Dürfen nicht. Deshalb wird sie jetzt wieder einmal zu kuschen haben, nämlich vor Journalisten und Intellektuellen, vor Grünen und Sozialdemokraten und Linken. Das aber wird ihr in allen kommenden Wahlkämpfen folgendes Argument bescheren: „Jede Stimme für die CDU verschafft den Grünen Regierungsmacht. Wer das nicht will, der muss deshalb die FDP oder die AfD wählen.“ Was – außer Bekenntnissen zu vermutlich nicht mehrheitsfähigen Koalitionen mit der FDP – könnte dem die CDU im Wahlkampf entgegensetzen? Gar nichts. Vielmehr muss sie auf Rettung ihrer Regierungsmacht durch die Grünen oder Sozialdemokraten hoffen, was sie anschließend besser denn je ins Beuteschema der AfD passen lässt. Dann bleibt der CDU nur noch die Hoffnung, es werde sich die AfD-Jagdgesellschaft irgendwann doch noch so sehr über Ziele und Stil zerstreiten, dass diese Partei bald nur noch als wirkungslose Horde politisch pubertierender Anzugträger zu agieren vermag.

Doch aufs Prinzip Hoffnung sollte man allenfalls im Bereich der großen politischen Strategie setzen, doch nie bei kurzfristiger politischer Taktik. Bei der wirken sich erfahrungsgemäß selbst kleine Fehler sehr rasch sehr übel aus. Dann bezahlen redliche Leute wie Haseloff fürs Verschwenden guten Willens durch Verzwergung der eigenen Partei, und Urheber klarsichtiger Ratschläge wie Stahlknecht geraten zum Vorteil von CDU-Gegnern ins politische Aus. Das alles wirkt wie eine als alternativlos hinzunehmende Autoaggression der CDU. Die einen blicken auf sie traurig und voller Mitgefühl, die anderen schadenfroh. Denn was sollte es auch die Gegner der CDU bekümmern, wenn sie zur erwünschten Schädigung dieser Partei genau die AfD immer weiter stärken! Ohnehin werden viele von ihnen glauben, sie kämen auf diese Weise beim Kampf gegen die AfD ebenso gut voran wie beim Kampf gegen die CDU. Politischer Torheit sind eben nirgendwo Grenzen gesetzt.

WIE WEITER MIT DER CDU?

veröffentlicht im Januar 2021 bei „Hallo Meinung",[48] desgleichen am 20. Januar 2021 auf meinem Blog wjpatzelt.de

Die CDU hat ihren neuen Vorsitzenden gewählt. Endlich, denn ein Machtvakuum an ihrer Spitze tut keiner Partei gut. Zu bezweifeln ist allerdings, dass es wieder eine zwei Jahrzehnte überspannende Amtsdauer geben wird wie bei den Vorgängern Kohl und Merkel. Je nach den Wahlergebnissen dieses Jahres könnte es sogar auf die kurze Führungsfrist von Annegret Kramp-Karrenbauer hinauslaufen. Denn fortan sichert weder der innerparteiliche „Kampf gegen rechts" den Zusammenhalt des Laschet-Lagers, noch wird man sich dauerhaft auf sonderliche Dankbarkeit der Deutschen ob der Pandemie-Politik ihrer Kanzlerin verlassen können.

Zufrieden sind mit dem sehr knappen Wahlausgang jene, denen die sozialdemokratisierenden und vergrünenden Richtungsentscheidungen Angela Merkels gefallen haben. Vorsichtshalber funktionierte Jens Spahn auch noch unfair die Fragerunde zu einem Wahlaufruf zugunsten der eigenen Seilschaft um. Das passt zu den Befürchtungen von Friedrich Merz, die Parteiregie werde alles ihr Mögliche tun, um ihn als Vorsitzenden zu verhindern. Hingegen unzufrieden sind jetzt jene, die den seit Jahren nach links frontbegradigten Unions-Kurs als ursächlich dafür ansehen, dass die CDU vor der demoskopisch so regierungsnützlichen Corona-Pandemie im Vergleich zu den Grünen so stark an Wählerzuspruch verloren hatte.

Ebenso sind jene mit dem Ergebnis des CDU-Parteitags unzufrieden, nach deren Meinung gerade die Politik der langjährigen Vorsitzenden Merkel den politischen Freiraum für das Aufkommen der AfD als ärgster Unionskonkurrenz geschaffen hat. Sie hätten sich eine Richtungskorrek-

---

[48] Die Textfassung war am 24. Januar 2024 nicht mehr unter dem ursprünglichen Link https://www.hallo-meinung.de/wie-weiter-mit-der-cdu/ erreichbar, sehr wohl aber der wortgleiche Podcast, nämlich unter https://youtu.be/JD2dYZD5bh4 .

tur gewünscht. Jetzt akzeptieren sie zwar ihre Niederlage, sind von der Weisheit der Delegiertenentscheidung aber nicht überzeugt.

Also ist Armin Laschet nur Vorsitzender auf Bewährung. Es gehört zu seinen vielen Herausforderungen, die Partei wieder zu einen. An gutem Willen und an schönen Versprechungen fehlt es dem neuen CDU-Chef zwar nicht. Doch das wird vielleicht nicht ausreichen, um den grundlegenden Richtungsstreit in der Union so beizulegen, dass weder innerparteilich noch bei großen Teilen der Wählerschaft eine Art „innere Kündigung" gegenüber der Union um sich greift. Jedenfalls wollte den Vorsitzenden Laschet vor allem das Establishment der Union, doch viel weniger das Fußvolk. Auf dessen Zusammenhalt und Einsatzbereitschaft aber kommt es für die Breitenwirkung gerade einer solchen Partei an, die sich – anders als die Grünen – gerade nicht auf anhaltendes journalistisches Wohlwollen verlassen kann. Auch Laschet selbst wird nur so lange ein Liebling der etablierten Medien sein, wie er Merkels Werk fortsetzt und auf die Konservativen in der CDU gerade nicht zugeht – und schon gleich gar nicht auf jene Teile der Wählerschaft, die klar rechts von der Mitte stehen.

Tatsächlich hat sich die CDU für die kommenden Jahre klar als eine Partei ausschließlich der politischen Mitte aufgestellt. Mitglieder und Wähler, die einen Mitte-Rechts-Kurs wünschen, hat die Union anscheinend abgeschrieben – und wenn schon nicht in dem, was ihre Anführer sagen, so doch gerade in dem, was diese an Politik durchsetzen. Und die Stimmen solcher Bürgerinnen und Bürger, die ihre Hoffnungen inzwischen in die AfD setzen, will die CDU auch gar nicht mehr zurückhaben. Das hieße nämlich „Fischen am rechten Rand" und gilt als Tabubruch. Tatsächlich wurden politische Auseinandersetzungen in allen Bewerbungsreden nur mit Grünen, Sozialdemokraten und Linken in Aussicht gestellt. Die Wählerschaft der AfD gehört offenbar nicht mehr zu jenem Volk, das die CDU lieber selbst vertreten als einer Konkurrenzpartei als deren Schwungmasse überlassen will. Das läuft darauf hinaus, dass man der AfD fortan einen gar nicht geringen Teil der Bevölkerung nachgerade reserviert. Auf diese Weise geht jene Selbstverstümmelung der Union weiter, die einst mit der Räumung eigener Positionen zugunsten der AfD begann. Grüne, Sozialdemokraten und Linke wird das freuen, die AfD auch. Doch wessen Nutzen – abgesehen von dem unseres Gemeinwesens – müsste ein CDU-Vorsitzender wohl vorrangig im Sinn haben?

Die kommenden Wahlkämpfe und Wahlergebnisse dürften der Union jedenfalls schmerzliche Lernerlebnisse bescheren. Erfahrungsgemäß hängt der Wahlerfolg einer Partei von ihrer Mobilisierungsfähigkeit ab. Doch was soll einen großen Teil der bisherigen CDU-Wählerschaft und die für den konkreten Wahlkampf benötigten Parteimitglieder eigentlich motivieren? Warnungen vor einer SPD-Regierung haben derzeit keine demoskopische Grundlage; ebenso wenig ist beim Blick auf die Umfragetrends bis auf weiteres ein grün-rot-rotes Bündnis abzuwehren. Mobilisierungsnützlich war zwar in Vor-Merkel-Zeiten das Zusammenwirken von Union und Liberalen. Doch ein solches Bündnis wird auch keine Bundestagsmehrheit erringen. Also kann die CDU keine liberalkonservative Mobilisierungswirkung erzielen – und zwar auch deshalb nicht, weil Konservative der CDU inzwischen nur noch so willkommen sind wie das Salatblatt auf der Wurstplatte.

Alle Zeichen stehen jetzt auf Schwarz-Grün – ganz gleich, wen die Union als Kanzlerkandidaten aufstellt. Genau diese Koalition will auch eine Mehrheit in der Union, nötigenfalls unter Beiziehung der FDP. Eine Mehrheit unter den Grünen wünscht sie ebenfalls – und zwar nicht zuletzt deshalb, weil in einer solchen Koalition die Grünen im Zusammenwirken mit sie sehr schätzenden Medien auf wirklich vielen Politikfeldern die Union vor sich hertreiben können. Rechnerisch wird es zu Schwarz-Grün, trotz vieler politischer Streitpunkte zwischen diesen Parteien, nach der kommenden Bundestagswahl wohl keine politisch lebensfähige Alternative geben. Wie aber soll sich unter solchen Umständen die Wählerschaft der Union so mobilisieren lassen, dass der neue CDU-Vorsitzende keine Federn lassen muss?

Wem nämlich diese ganze Richtung nicht passt, der wird entweder zum Nichtwähler oder macht sein Kreuz bei der AfD – oder verhält sich wie viele Unions-Anhänger 1980 bei der Kanzlerkandidatur von Franz Josef Strauß: Er wählt die FDP als das kleinste Übel. Die FDP täte deshalb gut daran, in diesem Jahr um genau solche Stimmen zu werben. Die entsprechende Bankrotterklärung der CDU gab auf dem Parteitag übrigens Friedrich Merz ab: Es zeige sich in Hessen, dass eine wirklich starke CDU auch mit den Grünen gut regieren könne; hingegen wirke sich jede Stimme für die AfD zugunsten eines grün-rot-roten Bündnisses aus. Das heißt im Klartext: Nur noch an der Seite der Grünen lässt sich seitens der Union das Regieren fortsetzen; und also hat das Wahlvolk keine Richtungsentscheidung mehr zu treffen, sondern nur noch das Stärkeverhältnis zwischen Schwarz und Grün zu dosieren.

Völlig klar ist nun auch die strategische Lage der AfD. Sie hat keinerlei Chancen, auf informelle Weise an Regierungsmacht beteiligt zu werden.

Zugleich ist ein Tolerierungs- oder gar Regierungsbündnis zwischen der heutigen AfD und der Union reine Illusion. Eine Mandatsmehrheit der AfD in deutschen Parlamenten ist das erst recht. Also muss sich die AfD entweder in einem Sozial- und Meinungsmilieu einigeln, in dem sie immer hysterischer wird. Oder sie hat sich auf jenen Weg zu begeben, den vor ihr schon die Grünen höchst mühsam zurückgelegt haben: Sie verzichtet auf ein Selbstverständnis als Anti-Parteien-Partei oder als grundlegende Systemalternative, sondern bemüht sich um eine Aufnahme ins etablierte Parteiensystem. Dafür müsste sie freilich erst einmal ihre Bringschuld an Mäßigung im Ton und an Unanstößigkeit im Verhalten ihrer Mandatsträger sowie Mitglieder abtragen. Schaffte sie das, wovon derzeit aber nicht auszugehen ist, dann wäre das die größtmögliche Strafe für eine Union, die zu Merkels und Laschets Zeiten beschlossen hat, niemanden rechts der politischen Mitte mehr vertreten zu wollen.

AUCH FÜR DIE AFD GILT: WER NICHT HÖREN WILL, MUSS FÜHLEN!

veröffentlicht am 3. Februar 2021 auf meinem Blog wjpatzelt.de

Aus gegebenem Anlass, nämlich der sich ausweitenden Beobachtung der AfD durch den Verfassungsschutz, beschreibe ich nachstehend einige zentrale Fehler der AfD.

I. Worum geht es?

Nach Brandenburg, Thüringen und Sachsen-Anhalt findet sich nun – laut Nachrichtenlage – die AfD auch in Sachsen als extremismusverdächtiger Beobachtungsfall eingestuft. Das heißt: Der Verfassungsschutz darf sie mit geheimdienstlichen Mitteln hinsichtlich ihres Umgangs mit unserer freiheitlichen demokratischen Grundordnung kontrollieren.

Ich will hier nicht erörtern, ob und inwieweit die Ämter für Verfassungsschutz parteipolitisch funktionalisiert werden. Gerade wer dies – wie die meisten Mitglieder und Anhänger der AfD – so einschätzt, müsste sich ohnehin in ganz besonders umsichtiger Weise darum bemühen, genau so zu handeln, wie das offensichtlich richtig wäre, nämlich: als jemand, der als Mitglied einer Partei oder als Staatsbürger an seiner Unterstützung freiheitlicher Demokratie keinerlei Verdacht aufkommen lässt und der insgesamt in einer Weise redet sowie handelt, die auch jede unfaire Verleumdung haltlos sein lässt.

Doch so hat sich die AfD in den letzten Jahren gerade nicht verhalten. Vielmehr hat sie ihre Einstufung als extremismusverdächtig, die den meisten AfD-Gegnern sehr willkommen ist, durch eigenes Tun und Lassen selbst herbeigeführt. Alle Ratschläge, zum Besten unserer von verfassungstreuen Parteien getragenen Demokratie gerade *nicht* in einer mit guten Gründen vorwerfbaren Weise aufzutreten, hat jedenfalls Sachsens AfD in den Wind geschlagen. Und so gilt auch für sie nun zu Recht: Wer nicht hören will, der wird fühlen.

Die AfD für ihr Fehlverhalten zu kritisieren steht gerade mir zu. Im Unterschied zu den meisten Kollegen meines Faches habe ich mich nämlich stets um einen fairen Umgang mit der AfD bemüht. Mehr noch: Ich habe sowohl in öffentlichen Äußerungen als auch in internen Vorträgen, desgleichen in einem 2015 für die AfD-Fraktion im Sächsischen Landtag verfassten Gutachten, ausdrücklich jenen Weg aufgezeigt, dem entlang die AfD zu einer zwar unwillkommenen und weithin abgelehnten, doch fraglos zu unserem normalen Parteienspektrum gehörenden Partei hätte werden können.

Im Folgenden werde ich zeigen, an welche meiner klaren Ratschläge sich die AfD – wider alle politische Vernunft – gerade nicht gehalten hat. Zwar freut es mich als CDU-Mitglied, wenn es der AfD als Rivalin der CDU politisch nicht gut geht. Doch noch mehr ärgert es mich als politischen Analytiker, wenn sich eine Partei aufgrund von ideologischer Verbohrtheit oder politischer Torheit aus freien Stücken solche Schäden zufügt, die sich hätten vermeiden lassen, wenn man den vielen, rechtzeitig und klar erteilten Ratschlägen gefolgt wäre. Und als politischen Bildner verdrießt es mich ohnehin sehr, dass meine Bemühungen um die Förderung politischer Vernunft bei der AfD so erfolglos waren. Immerhin muss ich mir nicht vorwerfen lassen, falsche Entwicklungen nur kritisiert, nicht aber auch mit zielführenden Korrekturvorschlägen versehen zu haben.

Nachstehend kommentiere ich – in eckigen Klammern und kenntlich am kursiven Fettdruck – Auszüge aus zweien meiner ganz ausdrücklich für die AfD verfassten Texte. Beide sind längst in Gänze veröffentlicht. Der eine ist jenes – in ganz abwegiger Weise nicht nur von der ZEIT skandalisierte – Gutachten, das ich im Januar 2015 für die 2014 neu in den

Sächsischen Landtag gewählte AfD geschrieben habe.[49] Sein Anlass war die Bitte der damaligen Fraktionsführung, ihr beim Erlernen ihrer Rolle als parlamentarischer Oppositionspartei zu helfen. Der andere ist meine Rede auf dem Berliner „Extremismuskongress" der AfD im März 2017.[50] Dort sollte ich – auf Einladung der AfD – sprechen über „Mögliche Trägergruppen von Extremismus: Autonome, Wutbürger, enthemmte Mitte". Also sprach ich auch von jenen „Wutbürgern" und „Leuten aus der enthemmten Mitte", die bei der AfD ihre politische Heimat gefunden haben.[51] Diese Rede wurde übrigens von manchen Linken, die sich – wie üblich – für tatsächlich Gesagtes gar nicht interessierten, als so abscheulich ausgegeben, dass man meinte, mir einige Wochen später mein Auto abfackeln zu wollen.[52] Nicht nur Rechte begeben sich also auf dumme und kriminelle Abwege ...

II. Kommentierte Auszüge aus meinem Gutachten für die AfD-Fraktion im Sächsischen Landtag vom Januar 2015

Titel dieses – inzwischen vollständig veröffentlichten[53] – Gutachtens war „Der Sächsische Koalitionsvertrag von 2014 im Licht des AfD-Wahlprogramms. Ansatzpunkte parlamentarischer Oppositionsarbeit". Der auszugsweise zitierte Text des Gutachtens ist normal gesetzt, jeglicher Kommentar kursiv sowie in eckigen Klammern. Die Zwischenüberschriften sind die des Gutachtens.

Teil A, ... II. ... 3. ...

„Die AfD hat Interesse daran, von einer – in manchen Bereichen allzu schnell und wild gewachsenen – Protestpartei zu einer professionellen, seriöse politische Arbeit leistenden Partei zu werden *[das scheint hinsichtlich der Mehrheit in der sächsischen AfD ein Irrtum meinerseits ge-*

---

[49] Von mir veröffentlicht unter https://wjpatzelt.de/2020/02/01/patzelt-geheimgutachten-fuer-die-afd/.

[50] Von mir veröffentlicht unter https://wjpatzelt.de/2017/03/19/afd-extremismuskongress-berlin/.

[51] Dazu siehe auch die Berichterstattung in der ZEIT, verfasst von Thoralf Staudt: https://www.zeit.de/politik/deutschland/2017-03/afd-extremismus-kongress-pazderski?utm_referrer=https%3A%2F%2Fwww.google.com; Zugriff am 26. Januar 2024.

[52] Als ersten von mehreren Zeitungsberichten dazu siehe https://www.saechsische.de/professor-patzelts-auto-abgebrannt-3646694.html, Zugriff am 15. Juli 2023. Meine Sicht des ganzen Vorfalls findet sich in https://wjpatzelt.de/2017/04/09/pegida-und-wie-ein-auto-ins-brennen-kam/; Zugriff am 21. Juli 2023

[53] Natürlich erst nach Ablauf der Wahlperiode veröffentlichte ich es mit Zustimmung des Auftraggebers, der AfD-Fraktion im Sächsischen Landtag, unter https://wjpatzelt.de/2020/02/01/patzelt-geheimgutachten-fuer-die-afd/.

wesen zu sein. Jedenfalls handelte diese Partei in den Folgejahren nicht so, wie es einem solchen Interesse dienlich gewesen wäre]. Das verlangt nicht nur nach Herstellung einer gerade in Konfliktlagen leistungsfähigen Führungsstruktur, sondern auch nach Trennung von Parteimitgliedern, die durch Worte oder Taten den Seriositäts- und Professionalitätsanspruch der AfD diskreditieren *[Letzteres geschah jahrelang mehrfach, während eine Trennung von solchen Parteimitgliedern seitens der sächsischen AfD nicht nur nicht erreicht, sondern anscheinend auch gar nicht ernsthaft versucht wurde].* Sondern obendrein muss die AfD, ihrer zu erreichenden bzw. zu sichernden Machtstellung wegen, weiterhin folgendes Wählerpotential anziehen: im Besonderen die von der CDU in den letzten Jahren vernachlässigten Bürger zwischen rechter Mitte und rechtem Rand *[der CDU riet ich schon lange vor dem Aufkommen der AfD, sich gerade solche Leute nicht dauerhaft zu entfremden; und seit dem Aufkommen der AfD rate ich der CDU, nun erst recht wirksame Gegenmaßnahmen zu genau dieser, allein im Interesse der AfD liegenden Strategie zu ergreifen]*, im Allgemeinen jene Leute, denen der sozialliberal-grün-liberalkonservative Politikkonsens in politischer Klasse und Öffentlichkeit insgesamt zu links und zu „gutmenschenartig abgehoben" vorkommt. Dabei muss die AfD sowohl eine Vereinnahmung durch die CDU als auch Versuche seitens der SPD unterlaufen, als rechtspopulistisch, ja rechtsradikal ins politische Abseits gedrängt zu werden *[diesbezüglich ist Sachsens AfD eindeutig gescheitert – falls sie nicht ohnehin, anders als von mir 2014/15 eingeschätzt, genau im rechtspopulistischen bzw. rechtsradikalen Milieu ihren dauerhaften politischen Ort finden wollte].* Dafür bietet sich eine Verbindung dreier Strategien an:

- Gegenüber der CDU muss immer wieder betont werden, dass man vielfach klassische Unionspositionen vertritt, welche die CDU aber aufgegeben hat, um nach links rücken zu können. Dergestalt bietet sich die AfD als Alternative für frühere oder potentielle CDU-Wähler an und lässt die CDU gerade bei Abgrenzungsversuchen blass aussehen *[dieser Strategie ist Sachsens AfD – wenn überhaupt – nur auf höchst widersprüchliche Weise gefolgt, denn über kaum eine andere Partei äußern sich nun schon jahrelang so viele Anführer, Mitglieder und Anhänger der AfD so hämisch und mitunter auch hetzerisch wie über die CDU].*
- Gegenüber der SPD muss in plausibler Weise gezeigt werden, dass man vielfach traditionell sozialdemokratische, ja überhaupt linke Positionen vertritt. Auf diese Weise unterläuft man Versuche, als rechtsradikal ausgegrenzt zu werden *[auch diesbezüglich waren keine nennenswerten Bemühungen seitens der sächsischen AfD zu erkennen.*

Stattdessen geriet die Betonung sozialer Anliegen in Verbindung mit völkischen Äußerungen zu einer unscharfen Position, die man als „national-sozial" bezeichnen kann].

- Gegenüber der – ihrerseits so vielfältigen und spannungsdurchzogenen – eigenen Partei und (möglichen) Wählerschaft muss in nachvollziehbarer Weise zum Ausdruck gebracht werden, dass man sehr wohl vielerlei Unbehagen mit den etablierten Parteien, mit lange Zeit unhinterfragt konsentierter Politik und überhaupt mit der Funktionsweise unserer politischen Institutionen im Mehr-Ebenen-Verbund des europäischen Politiksystems teilt. Doch zugleich muss in einladender Weise vor Augen geführt werden, dass auch gute und nicht ohne weiteres beseitigbare Gründe zu fragwürdigen Zuständen führen können; dass einfaches Denken zwar meist Klarheit schafft, den zu bewältigenden Problemen aber oft nicht gerecht wird; und dass eine Alternative zum Bestehenden sich auf die realen Gegebenheiten erst einmal einlassen muss, wenn man diese wirklich verändern will *[nichts lag Sachsens AfD anscheinend ferner, als genau diesen Rat zu befolgen. Vielmehr versuchten viele ihrer Anführer, Mitglieder und Anhänger sich nachgerade in einem Überbietungswettbewerb darin, wer sich radikaler und quasi-revolutionärer zu den bestehenden Zuständen, zu laufenden Entwicklungen und zu den für dies alles verantwortlichen Politikerinnen und Politikern äußern könne. Jene „teaching function", die Walter Bagehot – bis heute ein Klassiker der Parlamentarismustheorie – im 19. Jh. den Parlamenten und Parlamentariern zuwies, haben die Abgeordneten der AfD jedenfalls nicht gespielt. Ob sie das so wollten oder nicht: Sie begnügten sich jedenfalls mit einer Rolle als Verstärker, Vereinfacher und Zuspitzer].*

Weil sowohl die tatsächlich verfolgten Gegenstrategien von CDU und SPD noch unklar sind *[Hinweis: Dieses Gutachten entstand im Januar 2015 und somit ein halbes Jahr, bevor sich die AfD auf dem Essener Parteitag als „PEGIDA-Partei" aufzustellen begann, und lange bevor das Einwanderungsgeschehen von 2015/16 zum Treibsatz spektakulärer AfD-Wahlerfolge wurde]* als auch Ungewissheit darüber besteht, welche Wähler die AfD tatsächlich gewinnen oder verlieren kann, falls sie sich entschlossen als „staatstragende Partei rechts von der CDU" aufstellt, kann der Kurs der AfD in den nächsten Jahren schwerlich ein anderer sein als ein „Lernen aus Versuch und Irrtum" *[bilanzierend ist festzustellen: Es waren am politischen Verhalten von Sachsens AfD während der letzten Jahre wirklich vielerlei Irrtümer zu erkennen; doch nie sind Versuche der sächsischen AfD aufgefallen, aus eigenen Irrtümern zu lernen. Deshalb ist die AfD heute dem Kampf gegen sie inhaltlich hilflos ausgeliefert. Dass – wie es sich für ei-*

nen Rechtsstaat gehört – die Gerichte wenigstens nacheilend immer wieder für ein Grundniveau an verfahrensmäßiger Fairness im Umgang mit der AfD sorgen ändert an dieser politischen Lage der AfD überhaupt nichts]. Ihn *[d.h. den von mir empfohlenen Kurs]* zu steuern, verlangt besonders viel an Führungskraft und Führungskunst *[doch sowohl an entsprechender Führungskraft als auch an Führungskunst fehlte es Sachsens AfD während der letzten Jahre, und vermutlich mangelte es auch schon an entsprechendem Führungswillen].* Er *[d.h.: der von mir empfohlene Kurs]* kann besonders leicht scheitern, wenn in Parlamentsfraktionen und Parteigliederungen keine Einigkeit über jene taktischen Kalküle zu schaffen ist, denen ein solcher Kurs zu folgen hat, wenn er überhaupt einer des Lernens sein soll *[der von außen erkennbare Konsens in den Reihen von Sachsens AfD bestand nun aber augenscheinlich darin, sich um Kritik an ihr nicht zu scheren, sondern sich zu verhärten und in eine innerparteilich radikalisierende Überbietungsspirale zu begeben].*

Konkrete Folgerungen für die AfD aus ihrer Rolle als Opposition

Zwar ist die AfD als Partei mit europapolitischer Thematik entstanden und erhielt ihre ersten Mandate im Europaparlament. Doch ihre öffentliche Wahrnehmung wird während der nächsten Jahre sehr stark von ihren Landtagsfraktionen geprägt werden. Durch Bewährung oder Versagen bei der Landtagsarbeit, durch Aufsteigen oder Ausbleiben angesehener Politiker auf Landesebene wird das Schicksal der AfD entschieden werden – zumindest soweit, wie derlei in den Händen der Partei selbst liegt *[den Eindruck, sich bei der Arbeit im Parlament zu bewähren, hat Sachsens AfD während der letzten Jahre aber durchaus nicht vermittelt].* Das zu setzende Ziel muss für die sächsische AfD jedenfalls sein, nach der laufenden Wahlperiode wieder in den Landtag gewählt zu werden – und zuvor allen anderen Landesverbänden ein gutes Beispiel seriöser AfD-Politik zu geben *[erreicht wurde zwar das Doppelziel der AfD, sowohl wieder in den Landtag gewählt zu werden als auch die CDU vor sich herzutreiben. Doch ein Beispiel für seriöse Politik hat die AfD in Sachsen keineswegs gegeben. Deshalb ist sie für ihre vielen Gegner für absehbare Zukunft zu einer teils verhassten, teils verachteten Partei geworden. Gewiss vermag die AfD weiterhin zu emotionalisieren, auch politischen Protest zu mobilisieren und der CDU zu schaden. Doch als politischer Partner hat sie sich unmöglich gemacht – und bleibt zugleich ganz ohne Aussicht, je eine eigene Mandatsmehrheit im Landtag zu erringen. Alles in allem hat sich die AfD durch jahrelanges Handeln, das sich um aus der Funktionslogik unseres politischen Systems abgeleitete Ratschläge nicht scheren wollte, selbst ins politische Abseits begeben].*

Die Rolle, welche den AfD-Fraktionen in den Landtagen zukommt, ist derzeit überall die der Opposition. Also wird sich die AfD in der Rolle der parlamentarischen Opposition entweder zu einer professionellen und respektierten Partei entwickeln – oder genau daran scheitern *[als Opposition trat die AfD sehr wohl auf, doch nicht als eine in glaubwürdiger Weise verfassungsloyale und fachlich oder persönlich respektable Opposition. Also ist Sachsens AfD auch bei der Erfüllung der legitimen Alternativfunktion parlamentarischer Opposition klar gescheitert].*

.... Teil C ....

Durchschlagkräftig wird derlei *[nämlich der Versuch, sich mit guten Argumenten gegen den Vorwurf zu wehren, eine „unseriöse" bzw. „rechtspopulistische" Partei zu sein]* aber nur dann sein, wenn die AfD es auch noch schafft, als „rechtsradikal" oder „rechtsextremistisch" etikettierbare Mitglieder von halbwegs wichtigen Parteifunktionen fernzuhalten sowie sicherzustellen, dass kein Parteimitglied mit entsprechend ausdeutbaren Äußerungen auffällt *[gerade das aber hat Sachsens AfD nicht geschafft, ja vermutlich auch gar nicht wirklich angestrebt].* Und beim politisch plausiblen Versuch, das Gewicht der AfD durch ein Ansaugen des Pegida-Potentials zu steigern, ist gerade in dieser Hinsicht vorsichtig zu verfahren, obendrein mit der Bereitschaft zu – falls nötig – raschen und klaren Abgrenzungen. Gewiss ist ein solcher Kurs nicht ohne Risiken. ... *[Es wäre aber wichtig gewesen, es mit einem solchen Kurs wenigstens zu versuchen, denn sich in der von der CDU geöffneten „Repräsentationslücke" am rechten Rand festzusetzen, war]* nicht nur eine große machtpolitische Chance der AfD, sondern auch eine wichtige, mit großer Verantwortung beladene politische Aufgabe. Denn der „rechte Rand" soll ja gerade nicht in den Extremismus abdriften, darf dann aber eben auch nicht in der Konfrontation einer „rechten Partei" mit den übrigen – aus Außenseiterperspektive oft „Systemparteien" genannten – Parteien ab- und ausgegrenzt werden. Vielmehr muss es darum gehen, diesen Rand mittels einer fraglos auf dem Boden der freiheitlichen demokratischen Grundordnung stehenden und zumindest mit der CDU koalitionsfähigen Partei in unsere Demokratie einzubinden" *[dieses Ziel, ohnehin von der CDU abgelehnt, hat sich Sachsens AfD aber nie gesetzt. Vielmehr steigerte sie sich in immer verachtungsvollere Äußerungen über die CDU hinein. Am Ende wurde die AfD also nicht nur seitens anderer Parteien, der Zivilgesellschaft und der Medien isoliert, was zur Entstehungszeit der AfD durchaus noch ungerecht war. Sondern Sachsens AfD hat sich während der letzten Jahre selbst isoliert, und zwar teils absichtlich, teils fahrlässig aus selbstberauschter politischer Torheit. Insofern geschieht ihr schon auch recht mit vielem, was ihr derzeit widerfährt.]*

III. Kommentierter Auszug aus meiner Rede auf dem Berliner „Extremismuskongress" der AfD am 18. März 2017

„Die folgenden, oft wiederkehrenden Merkmale der Trägergruppen von Extremismus wurden in vergleichenden Untersuchungen ausfindig gemacht:

- Erstens ist da ein Selbstverständnis dahingehend, dass man sehr wohl in der Lage sei, in politischen Dingen ganz zweifelsfrei „die Wahrheit" ausfindig zu machen. Das kann der „wahre Volkswille" sein, auch die anzustrebende „höhere Entwicklungsstufe" von Menschen oder von Gesellschaften oder ganz schlicht „der wirkliche Zustand unserer Demokratie" *[genau dieses Selbstverständnis hegt ein Großteil der AfD-Mitglieder und AfD-Sympathisanten]*.
- Weil man also ohnehin „die Wahrheit" kennt, braucht man sich – zweitens – nicht auf Diskussionen mit Andersdenkenden einzulassen, denn wer „die Wahrheit" *nicht* kennt, ist dumm oder schlecht. Also gibt es keinen vernünftigen Grund, Andersdenkende zu akzeptieren; allenfalls ertragen muss man sie. Nie soll man ihnen eine Bühne bieten, denn auf der würden sie ja doch nur Falsches anstelle des Richtigen verbreiten. Also gilt: Lasst die Andersdenkenden nicht zu Wort kommen, verhindert ihre Veranstaltungen – und wenn das nicht geht, dann stört sie wenigstens! *[Weil – anders als ihre Gegnerschaft – die AfD nicht über die kommunikative Hegemonie im Land verfügt, kann sie diese Ausgrenzungsstrategie nicht nutzen. Ihre Mitglieder und Anhänger begnügen sich deshalb mit Weghören, Murren und diskursiver Rechthaberei. Das ist aber auch nicht vorbildlich – und lässt vermuten, die AfD würde es durchaus nicht anders halten als ihre Gegner, wenn sie selbst die kommunikative Hegemonie besäße sowie ihre eigenen Kriterien politischer Korrektheit durchsetzen könnte.]*
- Diese beiden Überzeugungen, man selbst habe Recht und Andersdenkende brauche es deshalb nicht, finden – drittens – leicht einen gemeinsamen Nenner. Der lautet: Andersartiges ist bedrohlich – und nötigenfalls zu bekämpfen. Der Andersartige kann der mit einer „anderen Wahrheit" sein, etwa mit anderem Glauben oder mit anderen Politikvorstellungen. Der Andersartige kann auch der mit anderen Interessen sein – etwa dem, für ein Anliegen zu demonstrieren, das man selbst scharf ablehnt. Und der Andersartige kann einfach anders aussehen – wie Hautfarbe, Bekleidung oder durch Verhalten. In allen diesen Fällen identifiziert man eine an solchen Merkmalen identifizierte *Gruppe* als bedrohlich und verhält sich dann zu ihren Angehörigen *feindlich [Solche Wahrnehmungen und Handlungsweisen tei-*

len viele AfD-Mitglieder und AfD-Sympathisanten mit jenen Linken oder Grünen, denen sie „gegnerschaftlich verbunden" sind. Deshalb kritisiere ich stets gleichermaßen alle politischen Gruppierungen, die sich nicht an die Spielregeln einer freiheitlichen Demokratie und des für sie typischen pluralistischen Parteienstreits halten]. Oft wirkt dabei die Behauptung plausibel, dass der Andersartige weniger wert sei als man selbst. Und wenn ihm durch eigenes Tun oder Lassen geschadet wird, dann ist das eben so und nicht weiter schlimm. „Gruppenbezogene Menschenfeindlichkeit" nennt man das inzwischen; und „menschenbezogene Gruppenfeindlichkeit" wäre vielleicht auch kein irreführender Begriff. Natürlich ist „gruppenbezogene Menschenfeindlichkeit" nicht weniger verachtenswert, wenn sie gerade nicht – wie sehr oft – rassistisch oder sozialdarwinistisch grundiert ist, sondern schlicht und einfach politische Ursachen hat *[... und eben das ist in der giftigen Auseinandersetzung von AfD-Mitgliedern und AfD-Sympathisanten mit „Systemlingen", oder der von Linken und Grünen mit der AfD, ganz ohne Zweifel der Fall].*

Ob gruppenbezogene Menschenfeindlichkeit zur Gewalttätigkeit führt oder sich allein im Reden, Schreiben und Zustimmen ergeht, hängt ganz von den jeweiligen Umständen ab. Ferner hat es den Anschein, als spielten Persönlichkeitsdefekte – wie auch immer entstanden – eine wichtige Rolle beim Übergang von einer gruppenbezogen menschenfeindlichen Gesinnung hin zum gewalttätigen Handeln gegen abgelehnte Andersartige. Außerdem gibt es gute Gründe für die Vermutung, es lasse sich allein schon durch unwidersprochene Worte eine Stimmung, gar ein lokales oder regionales Meinungsklima aufbauen, in dem politisch motivierte Gewalttaten wahrscheinlicher sind, als sie das ohne vorherige Kultivierung gruppenbezogener Menschenfeindlichkeit wären *[klar vor Augen stehen bei alledem vielerlei kommunikative Praxen auch – doch freilich nicht nur – von AfD-Mitgliedern oder von AfD-Sympathisanten im Internet, bei internen Veranstaltungen oder bei Demonstrationen].*

Deshalb muss man solchen Anfängen unbedingt wehren. Daraus aber ergibt sich dann auch eine ganz besondere Verantwortung politischer Parteien für jenen Teil des politischen Spektrums, aus dem heraus gerade ihnen Vertrauen entgegengebracht wird *[das wiederum heißt ganz unmissverständlich: Es ist die AfD in ganz besonderer Weise für ein vernunftgeleitetes Einwirken auf den „rechten Rand" unserer Gesellschaft zuständig – und sie ist das erst recht, seit die CDU diese Aufgabe nicht länger erfüllen will].* Gleiches gilt natürlich auch für Parteien, die sich als solche *aus* der Mitte der Gesellschaft und *für* die Mitte der Gesellschaft verstehen. Denn keineswegs ist es so, als ob Extremismus als Haltung der beschriebenen Art eine Sache allein gesellschaftlicher Randgruppen wäre. Sogar sehr oft entsteht sie in der „Mitte" der Gesellschaft *[insofern sind Hinweise darauf, bei einer Organisation oder Partei befänden sich vor allem solche Leute, die nach sozialer Schicht und nach Bildungsstand „aus der Mitte der Gesellschaft stammen", in keiner Weise Belege dafür, in dieser Organisation oder Partei betätige man sich nicht extremistisch, also: nicht aktiv als Gegner unserer freiheitlichen demokratischen Grundordnung]*. Harmlos ist es noch, wenn der eine ein philosophischer Sonderling wird, der andere ein esoterischer Spinner. Doch Gefahr zieht auf, wenn jemand zum hochemotionalen ideologischen Radikalen heranwächst; und Gefahr ist da, wenn sich da jemand – zumal gemeinsam mit anderen – in tätige Feindschaft zur ihn umgebenden freiheitlichen demokratischen Grundordnung begibt *[das aber tun – wissentlich oder nicht – jene, die dem AfD-Vorsitzenden Meuthen Vorwürfe deshalb machen, weil er seine Partei öffentlich zur glaubwürdigen Bekundung von Treue zur freiheitlichen demokratischen Grundordnung unseres Staates aufgerufen hat]*.

IV. Was lehrt das alles?

Erstens: Es wäre für unser Land besser gewesen, die Union hätte nie jene Repräsentationslücke aufreißen lassen, in der sich nun die AfD mit ihren Parlamentsfraktionen festgesetzt hat.

Zweitens: Nachdem die AfD von dieser politischen Torheit der Union profitieren konnte, wäre es für die AfD ihrerseits besser gewesen, wenn sie sich eindeutig als eine verfassungstreue und politisch vernünftige Partei aufgestellt hätte. Das wäre eine solche gewesen, die einesteils von ihr wahrgenommene Politikfehler klar kritisiert – und andernteils jenen eine ansehnliche politische Heimat bietet, die zwar von der Union enttäuscht sind, doch sich auf keinerlei Rassismus oder Faschismus einlassen wollen.

Drittens: Gegen Ideologievernarrtheit und Torheit ist auch mit jahrelang wiederholten und sachlich schwer anfechtbaren Argumenten nicht anzukommen.

Und viertens: Wer in der Politik Vernunft voranbringen will, wird zwar wahrscheinlich scheitern; wer das aber gar nicht erst versucht, macht es sich allzu bequem in seiner Rolle als politisch kundiger Intellektueller. Insofern erkenne ich zwar, dass ich mit meinen politischen Ratschlägen allseits erfolglos war – bin aber sehr zufrieden damit, dass ich sie stets klar vorgetragen habe und weder ängstlich schwieg noch mich je opportunistisch am gern Gehörten ausrichtete.

FÜR DIE KATZ: RATSCHLÄGE AN DIE AFD

veröffentlicht unter dem Titel „Mit Vernunft und Maß" am 19. Februar 2021 in der „Jungen Freiheit" 8/21 auf S. 18, desgleichen unter dem hier verwendeten Titel auf meinem Blog wjpatzelt.de

Die AfD steht vor einer Weggabelung. Der eine Weg führt endgültig in den politischen Sumpf, der andere zur Rolle eines zwar unwillkommenen, doch wirkungsvollen Mitspielers in den deutschen Parlamenten. Immer schon habe ich der AfD geraten, sich gerade nicht auf Extremismus, Radikalismus, Rassismus, Antisemitismus und Demagogie einzulassen, sondern – trotz vieler auszuhaltender Anfeindungen – die Rolle einer normalen Oppositionspartei zu erlernen und sich in ihr dann vorbildlich zu verhalten. Das alles traf seitens einer Mehrheit in der AfD auf taube Ohren oder wurde besserwisserisch zurückgewiesen.

In etlichen Bundesländern wurde die AfD vom Verfassungsschutz als extremismusverdächtig eingestuft. Womöglich droht das auch der Bundespartei. Die so bewirkte Ächtung wird es gesellschaftlichen Leistungsträgern bald unmöglich machen, sich für die AfD einzusetzen. Das ist ja auch der erwünschte Effekt. Zwar versteht man, dass deshalb über eine politische Funktionalisierung des Verfassungsschutzes geschimpft wird. Doch die richtige Reaktion wäre es, sich nun erst recht so zu verhalten, dass Zweifel an der Treue zu unserer freiheitlichen demokratischen Grundordnung zerstreut werden. Und natürlich dürfen entsprechende Bekenntnisse nicht vorgeblendet sein, sondern müssen der tatsächlichen inneren Haltung entsprechen – und den Taten erst recht.

Doch so haben sich viele AfDler in den letzten Jahren gerade nicht verhalten. Manche haben die Einstufung ihrer Partei als rechtsextremistisch nachgerade provoziert. Auch hat die AfD erst spät – und weithin ohne Unterstützung der ganzen Partei – mit juristischer Gegenwehr begonnen. Stattdessen geben sich manche AfD-Politiker nachgerade stolz darauf, vom „System" sozusagen verfolgt zu werden, denn man wähnt sich im Widerstand gegen eine neue Nationale Front. Dabei wird übersehen, dass die dem SED-Staat Widerstehenden einen ganz anderen Tonfall pflegten als die AfD und dass gegnerische Fouls in einer Demokratie etwas anders sind als Staatsterror in einer Diktatur.

Es haben viele Mitglieder und Anhänger der AfD anscheinend noch nicht begriffen, dass eine strikte Trennung von Regierungskritik und Systemgegnerschaft die Voraussetzung politischer Freiheit ist. Eine Regierung und die sie tragenden Parteien darf man sehr wohl scharf angreifen – nicht aber eine Verfassungsordnung, nur weil deren Spielregeln derzeit den Gegner an der Macht sein lassen. Doch in der AfD meinen inzwischen viele, nicht nur das ihnen verhasste System der „Altparteien" gehöre auf den Müllhaufen, sondern unsere ganze politische Ordnung. Warum nur erkennen die nicht, dass solches zur nachträglichen Bestätigung derer gerät, die schon Bernd Luckes AfD als Wiedergängerin der Nazis ausgaben? Offenbar sind der AfD allzu viele Leute zugelaufen, die gut in die NPD passten, wichtigtuerische Selbstdarstellung mögen oder biographische Wunden durch Beifall eines rhetorisch angefixten Publikums zu heilen versuchen.

Zweifellos haben sich viele ihrer Gegner von Anfang an unfair zur AfD verhalten. Das begann mit Verleumdungen von Luckes Partei als rechtsextrem, setzte sich fort in der – oft einer „Feigheit vor dem Feind" gleichenden – Ausgrenzung von AfD-Vertretern aus Podiumsdiskussionen und Talkshows, zeigt sich im Druck auf Hoteliers und Gastronomen, ja keine AfD-Veranstaltungen zu beherbergen, äußert sich in Gewalttaten gegen AfD-Wahlkampfstände oder AfD-Politiker und mündet in unverhohlene Schadenfreude, wann immer AfDler ihre Partei blamieren. Die richtige Reaktion auf solche Fouls wäre es, gerade nicht zum von Gegnern lustvoll gezeichneten Zerrbild zu werden. Doch immer, wenn genau das in den Reihen der AfD versucht wurde, standen selbstberauschte Rechtsdemagogen dagegen auf. Oft setzten sie sich durch. Erst Jörg Meuthen – selbst spät zur Einsicht gelangt – konnte für die „Realos" zwei, drei aufsehenerregende Etappensiege erringen.

Womöglich gewinnen aber doch wieder die „Fundis" beim zentralen Richtungsstreit ihrer Partei. Bei ihm geht es darum, ob die AfD im deutschen Parteiensystem einfach den von der Union wider viele Warnungen verlassenen Raum zwischen der rechten Mitte und dem rechten Rand besetzen, ansonsten aber ein ganz normaler Mitbewerber um Wählerstimmen sein sollte. Zur AfD gelangte Wutbürger und einflussreiche Anführer wollen genau das nicht. Sie wünschen sie eine Anti-System-Partei, die irgendwann „aufräumt". Taktisch sind sie davon überzeugt, Anziehungskraft und Mobilisierungswirkung auch auf klar Rechtsradikale wäre ein legitimes, ja unverzichtbares Mittel zum Zweck weiterer Wahlerfolge.

Diese Rechnung kann bei den kommenden Wahlen sogar aufgehen. Immerhin muss – und will – sich die Union fortan, falls nicht ohnehin in die Opposition verbannt, alternativlos auf Regierungsbündnisse mit den Grünen einlassen, allenfalls ergänzt um eine weitere Partei. Die zur AfD abgewanderten Wähler möchte die Union ohnehin nicht mehr zurückgewinnen. Sie könnte das auch gar nicht mehr. Denn bei den von der Union zur AfD Übergegangenen ist die Empörung über Vertrauensbrüche der CDU-Kanzlerin gegenüber Nicht-Linken einfach zu groß. Die erkennen sie bei der Euro-Politik, bei der Energiepolitik, erst recht bei der Migrationspolitik. Zwar mögen AfDler die nun dauerhaft zu erwartenden schwarz-grünen und grün-schwarzen Koalitionen inhaltlich nicht. Doch sie passen der AfD bestens ins strategische Kalkül. Als einzige gegen Schwarz-Grün stehende Kraft kann die AfD nämlich sehr wirkungsvoll auf die von ihr abgrundtief verachtete CDU einschlagen; und bei einer von Rot-Grün – mit oder ohne FDP – aus ihren Regierungsstellungen vertriebenen Union kann sie das auch noch mit berechtigter Häme tun. Es hat sich nämlich die Union selbst um ihre einst selbstverständlichen Chancen gebracht, durch Repräsentation nicht nur der politischen Mitte, sondern auch der meisten Wähler zwischen der rechten Mitte und dem rechten Rand, der zentrale Machtblock Bundesdeutschlands zu bleiben.

Also wird eine klar systemgegnerische AfD auch am Ende dieses Jahres in vielen deutschen Parlamenten eine große – oder gar die größte – Oppositionsfraktion sein. Doch dann? Was nutzt es eigentlich, wenn diese Rolle keinerlei Machtperspektiven bietet? Und solche können sich auch gar nicht auftun, solange nicht die AfD dem Beispiel der Grünen gefolgt ist, also ihre „Fundis" zugunsten der „Realos" niedergerungen hat. Gestaltungsmacht würde die AfD nämlich nur dann gewinnen, wenn sie einst von einer Anti-Establishment-Partei zu einer solchen Partei geworden wäre, die nicht bloß ein medial wirksames Anderssein, sondern ein – dann auch politisch nachzuweisendes – qualitatives Bessersein zu ihrem Anspruch machte. Lächerlich ist jedenfalls die Hoffnung mancher AfDler, es reiche ihr Stil irgendwann zur absoluten Parlamentsmehrheit ihrer Partei. Auch relative Mehrheiten wird es allenfalls in ostdeutschen Landtagen geben; und selbst diese bringen so lange keine Macht ein, wie die AfD keinen Koalitionspartner findet. Doch auf eine rechtsdemagogische oder rechtsradikale AfD kann sich niemand einlassen, der moralisch oder politisch bei Trost ist. Also treibt gerade jene AfD, die von Luckes zu

Höckes Partei geworden ist, unser Land zu einem Kurs, den zwar Grüne und Linke wollen, jene aber gerade nicht, die einst in der AfD ein Korrektiv Merkel'scher Politik erhofften.

Dem dienliche Ratschläge bekam die AfD während der letzten Jahre oft. Sie trafen freilich auf taube Ohren, häufiger noch auf selbstgefällige Besserwisserei. Doch die Ratschläge bleiben richtig: Die AfD sollte in den Parlamenten seriöse Arbeit leisten und deren Wirkungen nicht durch skandalisierbare Polemik verderben; sie sollte sich keinesfalls als „NPD light" aufstellen; und sie sollte nicht zur thematisch beschränkten Protestmaschinerie werden, sondern ein stimmiges, wirklichkeitstaugliches Politikprogramm entwickeln. Dieses bräuchte gewiss nicht für Linke plausibel sein. Doch einleuchten sollte es all jenen, die sich weder als mittig noch als links empfinden, sehr wohl aber als rechts – und dabei gerade kein Verlangen nach Chauvinismus, Nazismus oder Rassismus hegen. Auch sollten AfD-Sprecher stets betont sachlich und gemäßigt bleiben, wenn ihre Gegner, wie so oft, emotional und hyperventilierend auftreten. Die Partei sollte sich auch von den Lieblingszielscheiben ihrer Gegner trennen oder diese zumindest ins Abseits stellen. Und sie sollte in den eigenen Reihen und in ihrer Anhängerschaft nicht Ressentiments fördern, sondern mäßigend wirken – wie einst, zum Besten unseres Landes, die SPD hinsichtlich der revolutionären Linken.

Doch zumal in ihren ostdeutschen Landesverbänden will man eine solche AfD mehrheitlich nicht. Deren Wortführern bundesweit zu folgen machte das AfD-Milieu deshalb dauerhaft zur rechtsradikalen Schmuddelecke unseres Landes. Diese trägt jetzt schon viel zur Vergiftung von Deutschlands politischer Kultur bei – teils direkt durch Reden und Handeln im AfD-Milieu, teils indirekt über Reaktionen von etablierten Parteien und Antifa, die sich ihrerseits gleich gar nicht an die Spielregeln unserer freiheitlichen Demokratie halten. Jene AfD-Politiker, deren Bekundung von Zuneigung zu unserem Land mehr ist als bloß ein abwehrender Reflex auf die Verachtung Deutschlands unter Linken, sollten genau hier ihre jetzt zu erfüllende staatspolitische Pflicht erkennen. Die gründet in der Einsicht, dass nur eine vernünftige, gemäßigte, den Respekt auch von Gegnern verdienende AfD zum Partner der politischen Mitte werden kann. Exakt hier hat die AfD eine Bringschuld abzutragen, weil sie wirklich nicht nur durch Boshaftigkeit ihrer Rivalen, sondern weithin durch eigenes Tun und Lassen zum politischen Paria geworden ist. Ob das aber eine Mehrheit der Anführer und Mitglieder der AfD einsieht? Und dann auch die politische Kraft oder überhaupt weitere Gelegenheiten hat, die AfD auf einen solchen Kurs zu führen?

AFD-GEGNER UND IHRE FEHLER

veröffentlicht am 14. März 2021 bei „Hallo Meinung" sowohl als Text wie auch als Podcast, desgleichen am 15. März unter dem hier verwendeten Titel auf meinem Blog wjpatzelt.de

I.

Mehrfach habe ich in den letzten Wochen erklärt, was alles die AfD falsch macht. Ich glaube nicht, dass meine Korrekturvorschläge von einer Mehrheit in der AfD aufgegriffen und umgesetzt werden. Das muss mich auch nicht kümmern, denn für die AfD bin ich nicht verantwortlich.

Umgekehrt erkläre ich auch schon seit vielen Jahren, was alles die Gegner der AfD falsch machen. Auch da werden meine Korrekturvorschläge nicht aufgegriffen und nicht umgesetzt. Das kümmert mich allerdings schon.

Der vorrangige Grund ist nicht, dass die AfD sehr davon profitiert, wenn ihre Gegner so falsch mit ihr umgehen. Sondern es haben zuallererst die Gegner der AfD jenes Gift in unsere politischen Debatten eingebracht, das dann auch die AfD – ganz wesentlich in Reaktion auf die ihr entgegengebrachte Feindseligkeit – ihrerseits toxisch gemacht hat.

Jetzt leben wir alle, die Gegner und die Freunde der AfD, in einer sehr übel gewordenen politischen Kultur. Das tut keinem von uns gut. Und weil ich als öffentlicher Intellektueller mich für die Beschaffenheit und Entwicklung unseres Gemeinwesens mitverantwortlich fühle, mag ich der Spirale von wechselseitiger Herabsetzung nicht schweigend zusehen. Also kritisiere ich unverdrossen, was auf beiden Seiten falsch ist. Und diesmal geht es nicht um Fehler der AfD, sondern um die Fehler ihrer Gegner.

II.

Wie aber erkennt man, was politisch richtig oder falsch ist? Es ist nicht so, als ob man alles das für politisch richtig halten sollte, was einem gefällt, und alles das für falsch, was man nicht mag. Die Welt der Politik ist auch nicht so einfach beschaffen, dass man die Richtigkeit oder Falschheit von Handlungen danach bemessen könnte, ob sie mit bestimmten eigenen Werten in Übereinklang stehen oder nicht. Denn zwar kann man es auch in einem Krieg nicht ernsthaft für gut halten, dass Soldaten getötet werden. Doch war es seitens von Polen oder von Engländern wirklich falsch, im Krieg gegen Deutschland gar nicht wenige deutsche Soldaten zu töten?

So schmerzlich diese Einsicht auch sein mag: Im wirklichen, im nicht bloß ausgedachten politischen Leben kommt es stets auf Abwägungen an. Das sind Abwägungen zwischen Werten von unterschiedlicher Wichtigkeit, zwischen Zielen von unterschiedlichem Rang und Abwägungen zum richtigen Verhältnis von Zielen und Mitteln. Im letzteren Fall heißt die Faustregel: Politik ist ganz gewiss dann falsch, wenn die von ihr eingesetzten Mittel die angestrebten Ziele nicht erreichen.

AfD-Gegner verhalten sich also falsch, wenn ihre Handlungen die AfD stabilisieren oder gar stärken. Und AfD-Politiker verhalten sich falsch, wenn ihre Handlungen den Einfluss der AfD auf die deutsche Politik eher verringern als vergrößern.

III.

Und wo stehe ich selbst in der Auseinandersetzung zwischen AfDlern und ihren Gegnern? Als Mensch hasse ich jeden Rassismus und Extremismus. Deshalb trete ich gegen jede Partei oder zivilgesellschaftliche Vereinigung auf, der zu Recht das eine oder andere zugeschrieben wird. Als Staatsbürger wählte ich früher die SPD und setze ich mein Kreuz seit langem, je nach politischer Großwetterlage, bei der CDU oder bei der FDP. Und als Politikanalytiker ist mir das Schicksal einer jeden einzelnen Partei, einschließlich meiner eigenen, gerade so egal wie dem Gärtner das Schicksal jeder einzelnen Tomatenstaude – solange nur insgesamt die Pflanzen im Gewächshaus gedeihen und dieses unbeschädigt bleibt.

Es ist zugleich komisch und tragisch, dass unglaublich viele Leute eine so leicht verständliche Position eben doch nicht begreifen. Viel lieber meinen die meisten, man müsse seinen Fußballverstand immer dann abschalten, wenn die eigene Lieblingsmannschaft auf dem Platz steht. Doch gerade dann sollte sowohl ihr Trainer als auch ein guter Sportreporter seine Gefühle einklammern und sich konzentrieren auf Themen wie spielerisches Potential und zielführende Taktik. Mein Lehrmeister Machiavelli hat diese analytische Grundhaltung schon vor einem halben Jahrtausend gelehrt, wird dafür aber bis heute von politischen Naivlingen und von Ideologen kritisiert.

IV.

Der bis heute nachwirkende Grundfehler aller AfD-Gegner besteht nicht darin, dass sie diese neue Partei wieder wegbekommen wollen. Das ist in einer pluralistischen Parteiendemokratie ein völlig legitimes politisches Ziel. Dieses Ziel wird aber nicht erreicht, solange man keine zutreffende Analyse der Gründe für das Aufkommen der AfD geleistet hat. Dann gehen AfD-Gegner nämlich von einer unrealistischen Lagebeurteilung aus und wenden in falscher Taktik die falschen Kampfmittel an.

Fast alle AfD-Gegner missverstehen aber bis heute, dass die Hauptursache der AfD-Erfolge nicht in einer radikalen Ideologie dieser Partei liegt und schon gar nicht in der Anziehungskraft ihrer Rechtsradikalen. Sie liegt vielmehr in realen Politikproblemen, deren zutreffende Erkenntnis und erfolgreiche Behandlung viele im Lande den etablierten Parteien einfach nicht mehr zutrauen. Statt aber das als Tatsache zu akzeptieren, waren schon zur Zeit des AfD-Gründers Lucke die meisten AfD-Gegner von Folgendem überzeugt: Rückständige Chauvinisten wollen da unter dem Deckmantel einer Kritik an Deutschlands Eurozonenpolitik die Europafreundlichkeit unseres Landes beenden und zum Nationalismus zurückkehren; nichts als Rassismus tobt sich aus im Gewand einer Kritik an Angela Merkels humanitärer Zuwanderungspolitik; und neuer Faschismus regt sich unter dem Deckmantel einer Kritik an den „Altparteien" und an Deutschlands Regierungssystem.

Tatsächlich riskiert man in Deutschland den Ausschluss aus den Reihen der politisch Anständigen mit öffentlichen Überlegungen darüber, was wohl an Deutschlands Politik der europäischen Schuldenvergemeinschaftung falsch sein könnte – oder gar an einer staatlich verlangten Willkommenskultur für sämtliche Zuwanderungswillige. Es wird wirklich sehr rasch zum Ketzer erklärt und auf den Scheiterhaufen der „cancel culture" gebracht, wer nicht vorsichtshalber das Dogma aufsagt, die Politik der deutschen Kanzlerin werde stets von den höchsten Werten geleitet, immer vom Ende her bedacht, umsichtig auf die besten Interessen unserer Nachbarn abgestimmt und sei deshalb ganz alternativlos. Nachgerade die Erbsünde der AfD besteht in ihrer Dreistigkeit, die Möglichkeit einer Alternative zur Politik von Angela Merkel oder von Grün-Rot überhaupt in Aussicht zu stellen. Weil es aber in den Augen der allermeisten AfD-Gegner eine solche Alternative gar nicht geben kann, sondern allenfalls ein klareres grünes oder soziales Profil von Unionspolitik, halten sie es auch für völlig wertlos, mit AfD-Politikern zu diskutieren. Folgendes ist ihre Überzeugung: Von den in arroganter Dummheit und menschenfeindlicher Hetzlust verrammelten AfDlern kann man rein gar nichts Sinnvolles hören. Ihnen etwas beibringen zu wollen, ist noch sinnloser. Das Einzige, was helfen kann, ist ein flächendeckender „Kampf gegen rechts".

Der braucht immer mehr Staatsmillionen und immer mehr medienbejubelte Netzwerke von grün-linken Aktivistinnen und Aktivisten. Und es schadet dann auch nicht, diesen Kampf mit Mitteln zu ergänzen, die teils den Seelen, teils den Körpern von AfDlern zusetzen. Diffamieren, ausgrenzen, einschüchtern, berufliche Laufbahnen zerstören: Das sind die Mittel des psychischen Kampfes. Und die Autos von AfDlern verbrennen, ihre Büros beschädigen, ihren Vermietern drohen, ab und zu einen AfD-Wahlkampfstand umwerfen oder so manchen AfD-Politiker verprügeln: Das sind die Mittel des physischen Kampfes. Allesamt gelten sie durch ihren guten Zweck wenn schon nicht als geheiligt, so doch als grundsätzlich gerechtfertigt. Und wenn das alles nicht reicht, um die AfD loszuwerden? Dann muss sie eben verboten werden. Warum nur halten sich die Innenmister damit auf, den Verfassungsschutz bloß zur Erzeugung politischen Drucks einzusetzen? Denn was braucht es überhaupt weitere Beweise gegen die AfD? Jeder Anständige weiß doch ohnehin, dass es diese Partei gar nicht geben dürfte!

V.

Eigentlich könnte jedermann – und jeder Frau – auffallen, dass solche Umgangsweisen mit einem politischen Gegner nicht wirklich vom Geist freiheitlicher Demokratie erfüllt sind. Außerdem haben alle diese Maßnahmen die unter allgemeinem Beifall ausgegrenzten AfD-Sympathisanten doch nirgendwo für die etablierten Parteien oder unseren Staat zurückgewonnen. Allenfalls ein Klima der öffentlichen Heuchelei wurde geschaffen, hinter dem an Wahltagen die tatsächliche Stimmungslage im Land sichtbar wird. Unterm Strich wirkte sich diese ganze Abgrenzerei und Ausgrenzerei gerade so aus wie Erich Honeckers Satz, man weine den „Republikflüchtlingen" keine Träne nach. Und wie viel „Feigheit vor dem Feind" wird wohl im Spiel gewesen sein, wann immer es die „Anständigen im Land" verweigerten, sich zu AfD-Leuten auf ein Debattenpodium zu setzen, um sie dort vor einem möglichst großen Publikum argumentierend zu besiegen!

Tatsächlich spüren in unserem Land immer noch sehr viele, welches Verhalten gegenüber Gegnern fair ist – und welche Handlungen allenfalls als gut gemeint einherkommen, doch nicht wirklich gut getan sind. Also muss es niemanden wundern, wenn die AfD – trotz erregungsstarker Abwehrschlachten gegen sie – am Ende dieses Wahljahres nicht dezimiert oder gar verschwunden sein wird. Das wäre übrigens nicht das erste Mal, dass ein politischer Kampf durch eigene Fehler verloren wird.

GEDANKEN ÜBER ANGELA MERKEL

veröffentlicht am 1. März 2021 sowohl bei „Hallo Meinung" als Text und Podcast,[54] desgleichen unter dem hier verwendeten Titel auf meinem Blog wjpatzelt.de

Nein, ich glaube nicht, dass Angela Merkel sich als „IM Erika" daran gemacht hat, Deutschland zu ruinieren. Ich glaube aber, dass man ihre Regierungszeit in zwanzig Jahren sehr viel kritischer sehen wird, als es derzeit die Mehrheit im Lande tut. Ich glaube zwar kein bisschen, dass es angemessen ist, Angela Merkel als eine politische Verbrecherin hinzustellen. Doch ebenso wenig halte ich es für richtig, bei ihr stets alternativlose politische Klugheit zu vermuten. Und weil Angela Merkel noch im Amt und weiterhin mächtig ist, stehen noch keine Pflichten an, über eine von uns Gegangene möglichst nur Gutes zu sagen.

Also sage ich aus *freien* Stücken gar nicht wenig *wirklich* Gutes über sie. Es ist keine geringe außenpolitische und menschliche Leistung, das wiedervereinigte Deutschland, den aufs Neue großen Machtblock in Europas Mitte, gerade nicht zum billigen Schreckgespenst deutschlandkritischer Nachbarn gemacht zu haben. Es ist lobenswert, dass Angela Merkel stets ohne das Alpha-Tier-Gehabe eines Gerhard Schröder auftrat, weshalb man ihr gern das Fehlen von Charisma nach Art Willy Brandts nachsieht. Nachgerade bewundernswert ist, mit welchem Gespür für den richtigen Augenblick eigenen Machtzugriffs sie ihren Förderer Helmut Kohl und ihren Rivalen Friedrich Merz abserviert hat. Unbedingt nachahmenswert ist ihre Selbstdisziplin, die sie schon jahrzehntelang vor Politikerskandalen und Lächerlichkeit bewahrt. Und ohne wirklich großes politisches Können bleibt man nicht 18 Jahre lang Parteivorsitzende und 16 Jahre lang Bundeskanzlerin.

[54] https://www.hallo-meinung.de/gedanken-ueber-angela-merkel/ und https://www.youtube.com/watch?v=zpjP2tnlt2Y&feature=youtu.be; Zugriff am 26. Januar 2024 misslang.

Dennoch überwiegt in Angela Merkels Partei- und Regierungsbilanz der von ihr angerichtete Schaden. Hinsichtlich ihrer Außenpolitik muss ein faires Urteil zwar berücksichtigen, dass man für internationale Beziehungen Mitspieler braucht, die man sich aber – wie Trump oder Putin – nicht aussuchen kann. Indessen hat Angela Merkel aus eigenem Entschluss das Nordstream II-Projekt unterstützt, es auch ganz realitätsfern der deutschen Öffentlichkeit als „rein wirtschaftlich" verkauft – und auf diese Weise einen weiteren Riss zwischen Deutschland und seinen Verbündeten geschaffen. Obendrein hat die Kanzlerin mit diesem Projekt bewirkt, dass sich die geopolitische Lage der Balten, Polen und – vor allem – der Ukrainer drastisch verschlechtert hat. Zugleich hat sie sichergestellt, dass ausgerechnet wir Russland auf lange Zeit verlässliche Milliardeneinnahmen für seine weitere Aufrüstung beschaffen werden. Im Übrigen hat Angela Merkel mit ihrem Unverständnis für die Auseinandersetzung polnischer und ungarischer Nicht-Kommunisten mit dem Erbe des Realsozialismus unser Land vom verlässlichen Freund der ostmitteleuropäischen Staaten zum Anführer von deren europäischen Gegnern gemacht. Das beeinträchtigt Deutschlands moderierende Führungsrolle in Europa.

Zudem hat die Kanzlerin mit ihrer nachgiebigen Politik gegenüber routinemäßig schuldenseligen Euro-Ländern unserer Finanz- und Versicherungswirtschaft große Risiken beschert. Deutschlands Industrie hat sie durch Vernachlässigung infrastruktureller Innovationen sowie durch die Aufbürdung von immer mehr sozialstaatlichen und bürokratischen Pflichten geschwächt. Und der von Angela Merkel veranlasste, klar stimmungsgeleitete und letztlich grünpopulistische Ausstieg aus der friedlichen Nutzung der Kernenergie hat unserem Land hohe Strompreise, Netzwerkinstabilität und die Abhängigkeit von Energieimporten gebracht – und das auch noch mit der Pointe, dass die importierte Energie von Kernkraftwerken stammt oder aus russischem Erdgas besteht, welches gerade nicht erneuerbar ist.

Am schlimmsten aber sind die gesellschaftspolitischen Verheerungen. Die Migrationspolitik der Kanzlerin war gekennzeichnet durch eine 180 Grad-Wende, durch wirklichkeitsblinden Moralismus sowie durch Unredlichkeit. Vor sechs Jahren ließen sich unsere Grenzen angeblich nicht gegen unerwünschte Zuwanderung sichern – bei der Abwehr eines Virus dann aber doch. Europapolitisch isolierte Merkels Migrationspolitik unser Land gegenüber unseren nicht ganz so migrationseuphorischen Nachbarn. Und sozialpolitisch führte sie zur Schaffung einer neuen, von Sozialtransfers lebenden und kulturell nicht integrierten Unterschicht.

Das hat uns den explosiven französischen Verhältnissen näher gebracht. Zudem wurde unser innenpolitisches Klima vergiftet, als die medialen und politischen Claqueure Angela Merkels ohne erkennbares Widerstreben der Kanzlerin als zentralen politischen Glaubenssatz durchsetzten: „Nur wer Merkels alternativlose Politik vertritt, ist anständig oder klug genug, um ernst genommen zu werden".

Sehr üble Folgen hatten auch die parteipolitischen Fehler Angela Merkels. Als CDU-Vorsitzende besaß sie wohl nie ein Gespür für jenes stets neu auszugleichende Zusammenwirken von zukunftsoffener Liberalität, von realistischer Sozialität und von vertrauenssicherndem Konservatismus, das einst der westdeutschen CDU ihren Erfolgsweg wies. Vielmehr ging Angela Merkel nach ihrem fast verpatzten ersten Bundestagswahlkampf in der Konkurrenz zwischen Deutschlands Parteien stets den Weg des geringsten Widerstands. Zur Daumenregel ihrer Parteiführung wurde: Was immer an CDU-Positionen einer grün-linken Journalistenmehrheit missfällt, muss abgeräumt werden. Gerade so verfuhr sie mit der allgemeinen Wehrpflicht, bei der Energiepolitik, bei der Stabilitätspolitik in der Eurozone, bei der Migrationspolitik und auch bei der Familienpolitik.

Für alle diese Veränderungen früherer CDU-Positionen mochten ja durchaus erwägenswerte Gründe sprechen. Außerdem ist nichts allein schon deshalb falsch, weil Grüne oder Sozialdemokraten es fordern. Doch es macht einen wirklich großen Unterschied, ob man sich einer neuen Mehrheit mit neuen Wünschen irgendwann fügt oder ob man gar nicht erst die Abwehr solcher Neuerungen versucht, die man bislang mit guten Gründen abgelehnt hat. Die Führung der Merkel-CDU hat jedenfalls bei allen diesen parteipolitischen Umorientierungen die öffentlichen Debatten einfach laufen lassen und sich mit der Rolle eines trudelnden Korkens auf zeitmodischen Stromschnellen begnügt.

Das ist der CDU wirklich schlecht bekommen. Vergönnt sei dieser Partei, dass sie sich so ein Wählerpotential bei den Grünen erschlossen hat. Ob die Deutschen dann aber nicht lieber das Original als die Kopie wählen werden? Und als die „pragmatischste SPD, die Bundesdeutschland je hatte", trug die CDU wirklich viel dazu bei, dass die Sozialdemokratie inzwischen einen Großteil ihrer Wählerschaft verloren hat. Das ist – scheint mir – nicht gut für unser Land. Vor allem aber hat die Merkel-CDU durch ihre inhaltliche Neuaufstellung als Partei *ausschließlich* der politischen Mitte bereitwillig Platz für die AfD gemacht, und zwar wider viele Warnungen. An diese neue Konkurrenzpartei verlor die CDU inzwischen viele Mitglieder, und noch viel mehr Wählerinnen und Wähler. Obendrein erklärte die CDU-Führung teils aus Furcht vor linker Kritik, teils aus Arroganz, all den zur AfD abgewanderten Wählern weine man auch keine Träne nach. Vielmehr grenze man sich fortan strikt selbst dann gegen die AfD ab, wenn diese Partei frühere CDU-Positionen vertreten sollte. Auf genau diese Weise brachte Angela Merkel die CDU um ihre einst fraglose Dominanz auf dem gesamten politischen Spielfeld zwischen der Mitte und dem rechten Rand. Stattdessen begab sich die CDU in eine strategische Abhängigkeit von den Grünen. Das wird dieser Partei womöglich das traurige Schicksal der SPD bescheren.

Weshalb aber verhielt sich Angela Merkel so?

Es stimmt einfach nicht, dass sie stets „alle Probleme vom Ende her bedenkt". Vielmehr achtete sie seit Beginn ihrer Kanzlerschaft grundsätzlich darauf, in Übereinstimmung mit der jeweiligen öffentlichen Meinung zu handeln. Nichts scheute sie mehr, als bei den – überwiegend grünlinks sympathisierenden – Journalistinnen und Journalisten gleichsam in Ungnade zu fallen. Wer gutwillig ist, kann das ein Streben nach demokratischer Dauerlegitimierung nennen. Wer kritisch blieb, der nennt das Opportunismus.

Auch bei ihm lässt sich Angela Merkel zweifellos von Grundwerten unserer Verfassung leiten. Sie orientiert sich aber offensichtlich nicht an dem, was man einst die „Werte der CDU" genannt hätte – abgesehen davon, dass für diese Partei weiterhin die Ausübung von Regierungsmacht der oberste Wert ist. Tatsächlich passt Angela Merkel vor allem deshalb so gut zur CDU, weil sie vom grundsätzlichen Pragmatismus dieser Partei sowie von deren großer Loyalität zu Wahlsiegern profitiert. Doch inhaltlich könnte Angela Merkel auch eine Sozialdemokratin oder eine Grüne sein.

Genau deshalb mochte der stark grün-links geprägte Medienbetrieb sie auch so sehr. Er ermöglichte es ihr, dass sie – wie keiner ihrer Vorgänger – stets Spitzenplätze demoskopisch ermittelter Beliebtheit erreichte. Doch die Ursachen *aktuellen* Politikeransehens sind nun einmal nicht die gleichen wie die eines *nachhaltigen* politischen Erfolgs. Deshalb ist Angela Merkels politische Bilanz bestenfalls durchwachsen.

Inzwischen befremdet auch immer mehr ihre offensichtliche Lust am „Durchregieren". Der aufgeklärte Absolutismus scheint unserer Kanzlerin jedenfalls nicht wesensfremd zu sein. Natürlich bedarf gerade ein solcher Regierungsstil einer überzeugenden moralischen Ausrichtung.

An der muss man bei Angela Merkel zwar nicht zweifeln. Doch die von ihr – durchaus auch eigennützig – zugelassene Moralisierung der Gegenstände auch von Sachdebatten mindert klar die Vorteile unserer eigentlich auf praktizierten Pluralismus gegründeten Demokratie. Deren Nutzen besteht nämlich im nötigenfalls auch *aufgezwungenen* Lernen aus einem *fairen* Streit über Ziele, Mittel und Prioritäten in der Politik. Alles in allem wurde für Angela Merkel ihre Zeit als Spitzenpolitikerin zum persönlichen Triumph. Doch unser Land nahm während jener Jahre etlichen Schaden. Deutschland hat freilich noch viel Schlimmeres auch schon überstanden.

DIE ÜBLE LAGE DER CDU

veröffentlicht am 17. März 2021 unter dem Titel „Glanzlos, mutlos, orientierungslos" in der „Preußischen Allgemeinen Zeitung",[55] desgleichen unter dem hier verwendeten Titel auf meinem Blog wjpatzelt.de

Wie gut, dass der „Maskenskandal" vor den jüngsten Landtagswahlen in Baden-Württemberg und Rheinland-Pfalz öffentlich wurde! Denn nun ist klar, dass bloß Einzelne das Vertrauen in die CDU geschädigt haben. Von ihnen trennt man sich, und dann geht es mit Zuversicht in die kommenden Wahlkämpfe. Hat nicht die CDU in der Corona-Krise durch ihre beherzte Politik Zehntausende von Leben gerettet? Na also!

Nein. Denn als einzig Tröstliches kann von CDU-Freunden vermerkt werden, dass nach dem Wahldebakel kein Unionspolitiker öffentlich so argumentiert hat. Selbst wenn jener Skandal in jedem der beiden Wahlländer die CDU gleich um einen ganzen Prozentpunkt gebracht hätte, blieben die anderen Stimmenverluste der Union jämmerlich genug. Beschämend billig waren auch die meisten Erklärungsversuche für den CDU-Niedergang im Südwesten. Weder war es originell noch ging es der Sache auf den Grund, dass auf die Unzufriedenheit mit Corona-Maßnahmen der CDU-geführten Bundesregierung sowie auf die Popularität der beiden im Amt bestätigten Regierungschefs von Grünen und SPD hingewiesen wurde. Gewiss sind beides wichtige Ursachen des CDU-Desasters. Doch die viel wichtigeren, da nicht kurz- oder mittelfristig zu behebenden Ver-

[55] https://paz.de/artikel/glanzlos-mutlos-orientierungslos-a4300.html; Zugriff am 26. Januar 2024.

sagensgründe wurden gestern sorgsam beschwiegen. Das sind die politische Kurzsichtigkeit, die programmatische Unbelehrbarkeit sowie die inhaltlichen Fehler der CDU.

Deren Landesführungen tun immer noch so, als wäre Wählervertrauen ein gut verzinstes Guthaben, von dem man nach Belieben abheben kann, weil es nötigenfalls „durch bundespolitischen Rückenwind" wieder aufgefüllt wird. Doch derzeit wird für vergangenes Fehlverhalten bezahlt. „Pfadabhängigkeit" nennt man das. In Baden-Württemberg musste nämlich 2005 der wenig beeindruckende Günther Oettinger den bodenständig-vertrauenswürdigen Erwin Teufel unbedingt in Pension schicken; und als er selbst zum Problemfall geworden war, ließ ihm 2010 die CDU den Möchtegern-Konservativen Stefan Mappus nachfolgen. Der küsste beim Stuttgarter Bahnhofsbau das wohlsituierte Wutbürgertum wach. Doch da war der Rückhalt der CDU im Land ohnehin schon ausgedünnt. Und in Rheinland-Pfalz musste 1988 das Duo Wilhelm & Wagner unbedingt den populären Ministerpräsidenten Bernhard Vogel stürzen. Seither ist dort nur noch die SPD „nah bei de Leut" (Kurz Beck), während die CDU einen Herausforderer nach dem anderen verschleißt. Verschuldet wurde der Niedergang jeweils durch eine karrieristische Vergiftung des innerparteilichen Klimas samt dauerhafter Schwächung des inneren Zusammenhalts. Bis heute hat sich keine der beiden Landesparteien davon erholt. Ob die CDU diesen Weg inzwischen auch auf Bundesebene geht?

Nicht doch! Sie hat ja nun einen neuen, unumstrittenen Vorsitzenden. Der verwaltet nicht bloß manches Merkel-Erbe, sondern hat bislang auch davon abgesehen, sich chemotherapeutisch am vermeintlichen Krebsgeschwür der WerteUnion zu versuchen. Auch genoss er am Wahlabend gleichsam Welpenschutz. Aber er kann natürlich nicht jene großen Fehler ungeschehen machen, welche die Bundes-CDU während des letzten Jahrzehnts begangen hat. Genau für sie bezahlten zwei ihrer Landesverbände am letzten Sonntag. Denen in Thüringen droht das im Herbst 2024 und der ganzen Partei bei der Bundestagswahl von 2025. Vielleicht motiviert die absehbare Niederlage sie dazu – wieder einmal – einen CSU-Mann einfahren zu lassen.

Der Kern des jetzigen Elends der CDU ist das Missverständnis des Großteils ihrer Anführer, ihre großen Sympathiewerte hätten jener der Partei und nicht ganz persönlich der Kanzlerin gegolten. Die nämlich war schon nach wenigen Jahren im Amt zum Liebling der mehrheitlich grün-roten Journalistenschaft geworden. Sie hatte sich das redlich verdient, indem sie ihre Politik stets nacheilend an dem ausrichtete, was die Meinungsmacher für richtig hielten. Höhepunkte dessen waren der Atomausstieg und die Zuwanderungspolitik. Solches Wohlverhalten bescherte Angela Merkel den Ruf, eine Mischung aus politischem Mozart, Mutter Theresa und wandelnder Weisheit zu sein. Seit aber – aufgrund ihres nahenden Abschieds – niemand mehr um ihre Gunst buhlen muss, nimmt die Zahl derer ab, welche der Kaiserin immer wieder neuen politischen Kleider lautstark rühmen. Doch ohne derlei Frohbotschaft wirkt die CDU wegen der Mediokrität ihres parlamentarischen Personals recht glanzlos. Obendrein wurde sie entkernt von einer langjährigen Vorsitzenden, die je nach Tagesform „ein bisschen" sozial, liberal oder – igitt – konservativ sein mochte, doch seit fast einem Jahrzehnt nicht mehr überzeugend zu erklären verstand, wofür Bundesdeutschlands einst prägende Partei verlässlich stünde. Die Kanzlerin kennt man jetzt sehr wohl, doch die CDU nicht mehr wirklich. Und beliebt ist Angela Merkel vor allem bei den Grünen und Roten, die ihre Partei aber niemals wählen werden.

Ohne Merkels Mediengunst wird die Union nun wieder zum hässlichen Entlein deutscher Politik. Übel sei ihre Moral, was nach Don Kohleone unseligen Angedenkens nun die Maskenprofiteure bestätigt hätten. Schlimm wäre ihre Fahrlässigkeit bei der Rettung von Weltklima und Menschheit. Und ganz verachtenswert sei ihre Bockigkeit bei der Exkommunikation von AfDlern. Arbeitet sie mit manchen denn nicht kommunalpolitisch zusammen, obwohl doch strenge Trennstriche mehrfach beeidet wurden? Kein Wunder, dass am Wahlabend bei Grünen und Linken stolz, zufrieden und lautstark erklang: Bewiesen ist nun, dass es die CDU zum Regieren in Deutschland nicht länger braucht. Und falls sich Grüne, SPD und FDP aufeinander einlassen, benötigt man auch gar nicht mehr die wählerabschreckende Linke, um die Union in die Opposition zu zwingen – jetzt am Neckar, bald an der Spree. Tatsächlich fehlte den Grünen und der SPD ihr zentrales Mobilisierungsthema, wenn sie im Wahlkampf nicht auf Regierungsmacht ohne die Union ausgingen, sondern nicht mehr versprächen, als im Dienst eines künftigen CDU-Kanzlers möglichst aufmüpfig zu sein.

Jedenfalls ist die CDU vom Stabilitätsanker unseres Parteiensystems zum politischen Spielball geworden. Mit dem kickt nun die FDP, die man politisch auszuhungern gedachte, gemeinsam mit der durch Merkels Aufstieg geschädigten SPD sowie den Grünen, welche die Affenliebe von CDU-Funktionären in etwa so erwidern wie manche jungen Frauen die Avancen reicher alter Männer. So kommt es eben, wenn eine einst auch rechts stimmengewinnende Partei nur noch in der Mitte stehen will: Sie verliert ihre eigenständige Mehrheits- und Koalitionsfähigkeit, weshalb sie bald schon nach der Pfeife derer zu tanzen hat, die seit Willy Brandts Zeiten sich die „neue Mitte" nicht nur nennen, sondern sie – in Gestalt vieler Großstadt-Grüner – auch sind. Anschließend nötige CDU-Verrenkungen entfremden ihr aber viele Wählerinnen und Wähler auf Dauer. Dann droht das Verzwergungsschicksal der SPD.

Der gegenüber stellte sich die Merkel-CDU als die pragmatischste SPD auf, die es je gab. Jedenfalls leistete die CDU gegen SPD-Wünsche nur noch hinhaltenden Widerstand. So brachte sie die Sozialdemokraten zwar um ihre plausibelsten Politikinhalte, da aus Forderungen inzwischen Tatsachen wurden, und trieb die SPD weithin in den Selbstruin einer auf Identitätspolitik fixierten Minderheitenpartei. Eine solche Strategie scheitert aber überall dort, wo ein sich traditionell gebender sozialdemokratischer Regierungschef gar noch mit dem Vorzug von Weiblichkeit auftritt. Und wie viel hat man sich im Konrad-Adenauer-Haus, beraten von allerlei Umfrage-Gurus, nicht darauf zugute gehalten, dass die CDU nach dem Abwurf von Traditionsballast mit ihren neuen umwelt-, gesellschafts- und genderpolitischen Programminhalten nun auch im Wählerreservoir der Grünen wildern könne! Die Wahlen würden ja in der Mitte gewonnen, also bei der grünen Wählerschaft, die man jetzt eben an die Union binden müsse. Krachend ist das in Baden-Württemberg gescheitert – und zwar nicht nur an Winfried Kretschmann, sondern an der Richtigkeit einer alten Wahlkampfweisheit: Wenn jemand zwischen dem Original und einer Kopie wählen kann, wählt er das Original!

Doch diesen Satz verbrauchte die CDU nachgerade inflationär an der AfD. CDU-Spitzenpolitiker taten mit ihm gerade so, als würde man ihnen ernsthaft den Kurs der Höckes und Maiers empfehlen.[56] Dort freilich, wo es nicht um demagogische Selbstberauschung geht, sondern um Politikinhalte, besetzt die AfD tatsächlich etliche Originalpositionen der CDU. Die werden wirklich gewählt. Nur hat sie die Union leider hasenfüßig der AfD überlassen, sobald der Ruf erschallte, man klänge wie die AfD. Richtige Inhalte werden aber nicht dadurch falsch, dass auch der politische Gegner sie vertritt. Falsch ist es nur, dass man sie – wie die CDU unter Journalistendruck – dem Gegner überhaupt zum Alleingebrauch überlässt.

[56] Björn Höcke ist der von vielen als Rechtsextremist angesehene AfD-Fraktionsvorsitzende im Thüringer Landtag. Jens Maier ist ein – inzwischen in den einstweiligen Ruhestand versetzter – Richter, der Bundestagsabgeordneter der AfD und Angehöriger ihres rechtsradikalen Flügels war.

Dieser Gegner hat zwar in Baden-Württemberg und Rheinland-Pfalz bis zu einem Drittel der vor fünf Jahren gewonnenen Stimmen verloren. Doch das geschah, weil diesmal das Migrationsthema von der politischen Tagesordnung abgesetzt war, die Stuttgarter AfD-Fraktion jahrelang ein schauderliches Spektakel aufführte und die verblendete Selbstradikalisierung der ostdeutschen AfD im Westen die Reihen derer immer mehr dezimierte, welche einst die AfD als Gegengewicht zur Merkel-CDU begrüßten. Unter solchen Umständen wird zum größten Horror der Union eine AfD, in der die Realos obsiegen, die sich im Reden und Tun mäßigt sowie sich der Union öffentlichkeitswirksam als Koalitionspartner anbietet. Wer nämlich seitens der CDU in den nächsten Jahren eine Koalition mit der AfD eingehen wollte, beginge schlicht politischen Selbstmord. Doch wer mit den Grünen zusammengeht, bewirkt nun einmal eine weitere Wählerwanderung weg von der CDU – und zwar nicht hin, wie derzeit, zu den Nichtwählern, sondern hin zu einer AfD, die sich als die CDU Kohls oder Erhards zu inszenieren verstünde. Deshalb sollte sich die CDU keinesfalls damit trösten, dass die AfD in Baden-Württemberg und Rheinland-Pfalz anteilsmäßig noch mehr verloren hat als sie. Denn dass es die AfD als innerlich zerstrittene und allenthalben geächtete Partei überhaupt noch fast zweistellig gibt ist jenes „Zeichen an der Wand", das die Union in diesem Wahljahr besser nicht übersieht.

DUELL KÜNFTIGER VERLIERER

veröffentlicht am 16. April 2021 unter dem Titel „Zerrieben und zerkriegt" in der „Jungen Freiheit", desgleichen unter dem hier verwendeten Titel auf meinem Blog wjpatzelt.de

Wer meine jahrelangen Analysen von Fehlentscheidungen der CDU verfolgt hat, was auf meinem Blog wjpatzelt.de sehr leicht möglich ist, der erkennt: Vor allem nachstehend Beschriebene wurden längst gewarnt; doch sämtliche Ratschläge, deren Befolgung das sich anbahnende Desaster hätten abwenden können, wurden töricht in den Wind geschlagen. Und wer auch immer Kanzlerkandidat wird, Laschet oder Söder, wird seinen Namen mit dem schlimmsten Debakel in der bisherigen Geschichte der Union verbunden finden. Schade, dass es so weit gekommen ist!

So hätte es sein können: Schockiert durch große Verluste bei den Landtagswahlen von 2016 machte sich die CDU an eine gründliche Suche nach deren Ursachen. Die fand man in der Eurozonenpolitik, der Migrationspolitik und in einer alternativlosen Mittigkeitslust der Parteigranden. Nach weiteren ernüchternden Erlebnissen im Wahljahr 2017 führte die Parteivorsitzende eine Grundsatzdebatte herbei und trat, nachdem sie einen den Neubeginn verkörpernden Nachfolger aufgebaut hatte, von ihren Partei- und Staatsämtern zurück. Seit 2019 wurde dann ein Kurs gesteuert, auf dem man die frühere Unionsdominanz von der politischen Mitte bis zu den Quellgründen jenes Rechtspopulismus wieder erlangte, den man leichtfertig, auch zum Nachteil für Land und Partei, sich selbst überlassen hatte. Unangefochten und ohne Richtungs- oder Kandidatenstreit ging man deshalb 2021 in den Bundestagswahlkampf.

Doch statt so zu handeln, träumte man sich in der Unionsführung Folgendes zurecht: Die vielen, seit 2015 an die AfD verlorenen CDU-Wähler würden durch eine strikte Abgrenzung von ihrer jetzigen Partei teils zurückgewonnen, teils zu Nichtwählern gemacht. Letzteres stärke die Union, nämlich prozentual. Und neue Wähler gewinne man in der sich wandelnden Bevölkerung dadurch, dass man – nach den Sozialdemokraten – nun auch den Grünen ihre Themen und Argumente abjage. Als Liebling deutscher Medienleute bahne dann Angela Merkel ihrer getreuen Nachfolgerschaft die Siegerstraße ins Kanzleramt.

Schäume waren solche Träume. Jetzt befürchtet die Union sogar den Verlust der Regierungsmacht im Bund. Zerrieben hat sich die CDU bei der Durchsetzung eines solchen neuen Bundesvorsitzenden, der gerade nicht für einen Neubeginn stehen sollte. Zerkriegt hat sich die Partei beim – die Zurkenntnisnahme der Wirklichkeit vermeidenden – Streit über die Ursachen ihres Niedergangs. Zerstritten hat sich die CDU mit der CSU über der Frage, wer wie vielen Mandatsträgern ihre Pfründe wirklich sichern kann Und erstaunt gibt sich das CDU-Establishment ob des demoskopischen Befunds, dass nur ein kleiner Teil der Deutschen dem CDU-Chef auch die Kanzlerschaft zutraut, doch ein viel größerer Teil dem Charme eines politisch begnadeten Franken einst üblen Rufs erliegt. Obendrein gewinnen die ehedem so abschreckend zerstrittenen Grünen beim politischen Schönheitswettbewerb – und hämt die SPD, ausgerechnet die Union gefährde Deutschlands Regierungsfähigkeit. Derweil lässt die Kanzlerin wissen, sie gehe das alles nichts mehr an; außerdem sei sie bis zum Herbst vollauf mit alternativlos-sachlichem Regieren beschäftigt.

Für Armin Laschet wäre es der politische Todeskuss gewesen, hätte die CDU-Führung seine Kandidatur nicht unterstützt. Zum politisch Untoten wird er dennoch, wenn sich die CSU mit Markus Söder durchsetzt. Zwar wurde dessen wie unaufhaltsam erscheinender Aufstieg durch Laschets wirkungsvolles Netzwerken aufgehalten. Doch Söders rhetorisch vergoldetes Charisma lässt sich allein durch Machttechnik nicht ersetzen. Vielleicht wäre es sogar vernünftig, wieder einmal einen CSU-Chef die Bundestagswahl verlieren zu lassen – und dann, wie Kohl und Merkel, für schmerzliche Tage des Zurücksteckens mit langjähriger Kanzlerschaft gratifiziert zu werden. Ist die CDU aber wirklich schon so verzweifelt, dass Laschet sich auf ein solches Glücksspiel einließe?

Söder jedenfalls vergibt sich nichts, wenn er kein Kanzlerkandidat wird. Mit staatsmännischer Miene geruhte er, im Fall eines Hilferufs den Anführer auch für die viel größere Schwesterpartei zu geben. Schlägt die sein Angebot aus und büßt im Herbst viele Stimmen ein, dann liegt die Schuld gewiss nicht bei ihm. Während der kommenden Monate könnte er sich sogar klammheimlich über jede Journalistenfrage danach freuen, ob Laschet – wie einst Kohl – wohl auch als Oppositionsführer nach Berlin ginge. Sich da bedeckt zu halten, bekam unter ähnlichen Umständen schon jenem Norbert Röttgen schlecht, der lange als „Muttis Klügster" galt. Verliert hingegen ein Kanzlerkandidat Söder, so bleibt er eben in Bayern, und zwar womöglich gar als angesehener Ministerpräsident wie einst Strauß und Stoiber. Im Übrigen hoffen nun viele von denen in der CDU, die dem vermiedenen Kurswechsel mit Friedrich Merz nachtrauern, sie könnten – nach dem solidarischen Mittragen einer scheiternden Kanzlerkandidatur – ab dem Herbst die Gelegenheit nutzen, die dann offensichtlich heruntergewirtschaftete CDU neu aufzustellen.

Dass den Freunden der CDU solche Albträume auch tagsüber kommen liegt an der üblen Lage dieser Partei. Nach rechts hat sie unwiederbringlich so viele Stimmen an die AfD verloren, wie sich aus der Sympathisantenschaft der Grünen niemals neu gewinnen lassen. Deshalb muss die CDU im Herbst wenn schon nicht in die Opposition, so doch ins Regierungsbündnis mit den Grünen. In ihm wird sie aber angreifbarer sein denn je – zumal seitens einer solchen AfD, die nicht nur ein normales Deutschland wollte, sondern sich obendrein als eine normale Partei aufstellte. Alle diese Qualen der Union beim Finden eines siegverheißenden Anführers und eines nicht weiter nach unten führenden Kurses gehören zu den Erblasten Angela Merkels. Die empfanden zwar viele als eine „gute Bundesmutti". Doch für ihre Partei war sie eine freundlich-kühle Stiefmutter, die das Familiengefährt beim „Fahren auf Sicht" in eine Sackgasse steuerte.

POLITISCHE OFFENBARUNGSEIDE

veröffentlicht am 22. April 2021 unter dem Titel „Tage der Offenbarung" in der „Preußischen Allgemeinen Zeitung",[57] desgleichen unter dem hier verwendeten Titel auf meinem Blog wjpatzelt.de

Wahlkämpfe sind Hochfeste repräsentativer Demokratie. Solange sie dauern, verzichten Politiker und Parteien aus Eigeninteresse darauf, der Bürgerschaft herab vom hohen Ross zu kommen. Sie versuchen es vielmehr mit Überzeugen oder Überreden und reagieren auf manchen Widerspruch sogar mit Hinhören und mit Argumenten. Jedenfalls sind Wahlkämpfe solche Zeiten, in denen auch hochmütige Politiker sich demütigen – oder gedemütigt werden.

Zugleich geraten Wahlkämpfe samt der Vorbereitung auf sie zu einer Reihe von Offenbarungseiden. Spätestens ab dem Wahlabend lässt sich über tatsächliche Machtverhältnisse nicht mehr der Schleier von Beschwörungsformeln oder Beschönigungsphrasen breiten. Politisch Recht gehabt hat dann der, dessen Partei Stimmen gewonnen hat, und nicht länger jener, dem Journalisten die am besten verwertbaren Stichworte geboten haben. Und im Vorfeld all dessen zeigt sich, was eine Partei wirklich auf die Waage bringen kann: an Tüchtigkeit und Stehvermögen ihres Personals, an Stimmigkeit ihrer Positionen, an möglichen Bündnispartnern.

Einen ersten Offenbarungseid erlebten wir gerade. Die Union erwies sich als zutiefst zerrissen zwischen einer CDU, deren Establishment nach langem Ringen einen Vorsitzenden wählte, den schon bei seiner Wahl große Teile der Parteibasis nicht haben wollten, weshalb sie ihn nun auch als Anführer im Wahlkampf ablehnten. Und da ist eine CSU, deren Vorsitzender Populismus von oben betreibt, um nicht nur seinem politischen Lager zu dienen, sondern auch seinem Ego. Letzteres ist legitim und gehört zur Demokratie. In der muss ja nicht das Amt zum Mann kommen, sondern ein Bewerber zum Amt. Doch für ein ehedem „bürgerlich" genanntes Lager ist es durchaus unvorteilhaft, wenn ein sich aufdrängender Leitwolf erklärt, Programme und Inhalte wären nachrangig, denn es zähle vor allem die eigene Persönlichkeit und deren demoskopisch messbare Anziehungskraft. Genau so reden Populisten: Der Anführer wisse um des Volkes Wünsche, was doch seine guten Umfragewerte bewiesen; zwischen ihn und die Gefolgschaft sollten sich weder Parteigremien

---

[57] https://paz.de/artikel/tage-der-offenbarung-a4539.html; Zugriff am 26. Januar 2024.

noch Programme schieben; und gerade das Vereinfachen schwieriger Zusammenhänge auf billige Symbole wäre ein Qualitätsnachweis: Kreuze aufhängen in einem Jahr, Bäume umarmen im nächsten. Wer Stetigkeit, Ehrlichkeit, pragmatische Prinzipientreue und prinzipienfesten Pragmatismus für bürgerliche Tugenden hält, der erkennt: Der Vorsitzende der CSU ist zwar ein Volkstribun mit taktischem Geschick, muss sich als seriöser Politiker aber erst noch beweisen.

Auch inhaltlich ist der kommende Wahlkampf für die Union während ihres scharfen Kandidatenwettbewerbs zum Offenbarungseid geworden. Denn wofür steht sie wirklich? Wie will sie unsere Migrantengesellschaft vor soziokulturellen und ethnischen Spaltungen bewahren, nachdem sie von einer umsichtigen Zuwanderungspolitik abgerückt ist und keine Vorstellungen mehr von einer solchen Leitkultur hat, die unsere bunte Gesellschaft verlässlich zusammenhalten könnte? Wie will die Union eine stabile und wettbewerbsfähige Energieversorgung sichern, wenn sie zugleich auf erneuerbare Energien setzt und die Kernenergie abstellt – obwohl allein die letztere verlässlich jene Energiemenge verfügbar macht, die für Wasserstoffwirtschaft, Elektromobilität und eine digitale Gesellschaft nun einmal erforderlich ist? Und welche Rolle sollen Nationalstaaten in der EU spielen? Etwa die von deutschen Bundesländern, denen dereinst eine Brüsseler Kanzlerin den alternativlos richtigen Weg durch Krisenzeiten weist? Was folgt aus der Antwort dann für eine sinnvolle EU-Politik der deutschen Regierung? Und was will die Union für den nicht nur technisch-wissenschaftlichen, sondern auch für den kulturellen und ethischen Bildungsstand in Deutschland tun? Was will sie unter „Konservatismus" verstehen – und in welche konkreten Politikangebote soll derlei übersetzt werden? Wen genau will die Union mit welchen Angeboten gewinnen? Und welcher Wurm wird wohl welchem Fisch schmecken – und nicht nur von den Anglern gelobt werden?

Gut zwei Jahrzehnte nach Angela Merkels Übernahme der CDU gibt es auf keine dieser Fragen eine klare, sowohl parteieinheitliche als auch in Wahlkampfdebatten erfolgreich vertretbare Antwort. Es gibt auch keine konstruktiven parteiinternen Diskussionen darüber, wie derlei Antworten ausfallen sollten. Allenfalls wurde geklärt, dass die CDU solche Debatten gar nicht will. Sie sei nämlich eine Regierungspartei – und keine, die sich nach SPD-Vorbild an programmatischen Akzentsetzungen aufreibe. Tatsächlich war jahrelang die einzige parteiintern als wichtig behandelte Frage die, wie man zu Angela Merkel stehe. Dabei galt auch nur eine einzige Antwort als zulässig: Man bewundere ihre Arbeit und werde ihr Erbe bewahren. Danach beurteilte man ebenfalls, wer als ihr Nachfolger im Parteivorsitz infrage käme – ganz gleich, wen man sich an der Parteibasis wünschte. Deshalb hat es schon seine Stimmigkeit, wenn auch am Ende der Amtszeit der Kanzlerin Merkel deren Machtstil fortgesetzt wird. Der bestand darin, die eigenen Entscheidungen am Konjunkturverlauf der öffentlichen Meinung auszurichten, dabei stets auf positive Rückkoppelungen mit meinungsprägenden Spitzenjournalisten auszugehen und bei alledem so sachlich zu reden, als ergäbe sich die eigene Politik mit naturwissenschaftlicher Zwangsläufigkeit. Deshalb wollte man jetzt auch nicht irgendwelche Inhalte zum zentralen Kriterium der Kandidatenauswahl machen, sondern demoskopische Beliebtheitswerte. Die zeigen tatsächlich, wen meinungsformende Journalisten jeweils am liebsten mögen. Dabei verhält sich die Union so, als habe es nie einen Kanzlerkandidaten aus Würselen gegeben, der rasch vom Format eines roten Riesen auf das eines weißen Zwerges schrumpfte.

Dessen Fall sollte der Union eine grundsätzliche Lehre sein. Denn am liebsten mögen Deutschlands Journalisten ohnehin niemanden von CDU oder CSU. Ihre Lieblinge sind die Grünen, die in dieser Favoritenrolle der SPD nachgefolgt sind. Auch Angela Merkel war viel weniger als CDU-Politikerin populär denn vielmehr als eine Kanzlerin, die ihrer widerstrebenden Partei erst die Vorlieben der SPD und später das Denken der Grünen aufdrückte. Ganz in dieser Entwicklungslinie liegt es, dass die Union nun alternativlos – wenn schon nicht der Oppositionsrolle – einer Koalition mit den Grünen entgegentreibt. Jedenfalls wird sie sich lieber einer Kanzlerin Baerbock als Juniorpartner ergeben, als an der Seite der – von ihr mitverschuldeten – AfD Oppositionsarbeit zu betreiben.

Genau diese Interessen- und Machtkonstellation ist der dritte Offenbarungseid, der zur Zeit geleistet wird. Legitimerweise wollen die Grünen in Deutschland mehr gestalten als bislang. Das wird bequemer im Bündnis mit der Union gelingen als in jeder anderen Koalition. Die Union wiederum will unbedingt weiterregieren, was ihr aber – wenn nicht ein Wunder geschieht – nur an der Seite der Grünen beschieden sein wird. Also müssen sich nun zwei Parteien als Konkurrenten präsentieren, die weitgehend das Gleiche wollen und – um es zu erreichen – im Wahlkampf auf nicht mehr als auf Feldvorteile für Koalitionsverhandlungen ausgehen können.

Und wenn die zwei einander dennoch mit Nachdruck zusetzen sollten, also Laschet diesmal nicht die AfD zum Hauptgegner erklärte, sondern Annalena Baerbock und ihre Partei? Dann würden die Grünen leicht angreifbar von links: Warum nur schlügen sie ein wirkliches Reformbündnis mit SPD und Linker aus, oder auch mit der widerborstigen FDP, wenn die Union doch weiterhin die Grünen bekämpfe? Immerhin gäbe es nun erstmals die Chance, CDU und CSU auf Bundesebene abzulösen, also endlich dem Original – statt nur der merkelgrünen Kopie – zur Gestaltungsmacht zu verhelfen! Die Union würde wiederum angreifbar von rechts mit der Frage, warum man überhaupt eine Koalition mit den Grünen für sinnvoll halte, wenn man doch in so vielen Dingen uneinig wäre. Dem ließe sich nur das schicksalsergebene Argument von der Alternativlosigkeit eines Bündnisses mit den Grünen entgegensetzen – oder die Hoffnung auf ein wundersames Erstarken der FDP. Beides aber kündete von Schwäche, nicht von Stärke. Und aufs wirkungsvollste wäre die heruntergewirtschaftete Union angreifbar von einer AfD, die sich nicht als Anti-System-Partei aufführte.

Wie wird mit solchen Offenbarungseiden die für jeden Wahlkampf wichtige Parteibasis umgehen? Viele Grüne, an deren Fundi-Seele TV das Realopaar an der Spitze so lange genagt hat, werden fragen, weshalb man sich auf Wasserträgerdienste für die inhaltlich und kulturell so sehr verachtete Union einlassen soll. Das wird zum Sand im Getriebe des grünen Wahlkampfs – und gar erst dann, wenn Baerbock abstürzen sollte wie einst Ikarus. Bei der Union hingegen fragt man sich beim Kandidaten Laschet, warum man sich für jemanden ins Zeug legen soll, den das Parteiestablishment gleich zweimal den Lieblingen der Parteibasis vorgezogen hat, nämlich Merz und Söder.

So bleibt die Frage nach dem anstehenden journalistischen Offenbarungseid. Wird das Herbeischreiben grüner Regierungsmacht weitergehen – und zwar auch angesichts einer Kandidatin, die für das wichtigste Regierungsamt innerhalb der EU keinerlei passende Erfahrung mitbringt? Die bislang auch eher vom ihr zugeschriebenen Charisma lebt als von einer Bewährung unter Stress, wie sie Laschet inzwischen mehrfach bestand? Und wird der nun nicht immer wieder hören müssen, er habe durchs Bestehen auf der eigenen Kandidatur das Elend der Union noch vergrößert?

Man sieht: Wenn eine Partei vom richtigen Kurs abgekommen ist, dann merkt sie das zwar oft erst Jahre später. Doch merken wird sie es – und dafür büßen. Lange schon tut das die SPD. Jetzt ist die Union dran. Sie bezahlt dafür, dass sie sich so lange teils willig, teils zähneknirschend einer Parteivorsitzenden und Kanzlerin untergeordnet hat, die sie inhaltlich entkernte, ihrer nichtpopulistischen Sympathieträger beraubte und von links her erpressbar machte. Da war jenes Erbe klar besser, das einst Helmut Kohl hinterließ.

LASCHET? – LASCHET!

Interview mit „The Epoch Times", dort veröffentlicht am 22. April 2021 unter dem Titel „Union braucht jetzt Inhalte", [58] ***desgleichen am 29. April unter dem hier verwendeten Titel auf meinem Blog wjpatzelt.de***

Die Würfel sind gefallen, Armin Laschet ist der neue Kanzlerkandidat der Union. Sein Konkurrent Markus Söder hat bestätigt, dass er die Entscheidung unterstützt. Was bedeutet das nun für den kommenden Unionswahlkampf?

Armin Laschet hat in durchaus beeindruckender Weise wieder einmal Stehvermögen gezeigt. Es ist keine geringe Leistung, sich im Ringen gegen die CSU auch noch gegen den Widerstand von Ministerpräsidenten-Kollegen, der Jungen Union und eines Teils der Parteibasis durchzusetzen. Das zeugt von einer Nervenstärke, die Achtung gebietet. Hätte er nicht gewonnen, so wäre er auch als Parteivorsitzender beschädigt gewesen. Hingegen kann Söder seine Nichtkandidatur leicht ertragen, denn er bleibt ganz ungefährdet CSU-Vorsitzender und bayerischer Ministerpräsident. Geht es für die Union bei der Bundestagswahl dann nicht ganz so schlimm aus, wie viele das derzeit befürchten, so kann er betonen, dass er selbst sehr viel dazu beigetragen habe – nämlich durch seinen und seiner Partei unermüdlichen Einsatz für Laschet. Geht es aber übel aus für die CDU, dann kann er sagen: Genau das habe er kommen sehen und deswegen seine Hilfe angeboten, nur sei die leider nicht erwünscht gewesen; und obwohl er das nun niemandem nachtrage, erwarte er von der CDU sehr wohl Besserung, und zwar auch bei der Personalpolitik. Insgesamt ist, so mein Eindruck, die CDU aus einer sehr schwierigen inneren Auseinandersetzung zwar mit etlichen Blessuren herausgekommen, hat aber insgesamt keinen Schaden genommen. Bei diesem Streit zeigte sich übrigens, wie inhaltlich entkernt die Union inzwischen ist, denn zu keiner Zeit wurde die Person eines Kandidaten mit irgendwelchen Inhalten verbunden. Anscheinend hat man auch gar keine besonderen Inhalte mehr, die personifiziert werden könnten – außer der Lust aufs Regieren.

Bedeutet das, egal ob es Laschet oder Söder gemacht hat, am Unionswahlkampf hätte das nichts geändert?

---

[58] https://www.epochtimes.de/politik/deutschland/laschet-vs-baerbock-union-braucht-jetzt-inhalte-wenn-sie-den-wahlkampf-gewinnen-will-a3497021.html; Zugriff am 26. Januar 2024.

Sehr wohl wird der Wahlkampf nun anders aussehen. Söder ist nämlich ein begnadeter „Populist von oben" – und Laschet gerade nicht. Also muss man sich nun endlich um politische Inhalte kümmern und auch ein plausibles Wahlkampfprogramm schreiben. Dabei sind folgende Fragen vordringlich zu beantworten: Wie geht die Union im Wahlkampf mit den Grünen und ihrer so nett auftretenden Kanzlerkandidatin um? Wo wird versucht, die Grenzen von Baerbock und ihrer Partei sichtbar sowie zum Angriffsziel zu machen? Was stellt die Union jener Wählerschaft in Aussicht, die schon zur AfD abgewandert ist oder sich nun erst recht das Abwandern zur AfD überlegt? Was stellt man denen in Aussicht, die mit dem Gedanken spielen, bei dieser Wahl die FDP zu wählen? Und was bietet man jenen an, die nicht mehr die Merkel-grüne Kopie wählen wollen, sondern gleich das grüne Original?

Es ist zwar so, dass die CDU recht hilflos einer Koalition mit den Grünen entgegentrudelt und eigentlich nur noch die Hoffnung hegt, in diesem Bündnis wenigstens der Seniorpartner sein zu können. Doch diesen Weg hat nicht Laschet gebahnt, sondern Angela Merkel. Vor allem sie hat nämlich dafür gesorgt, dass die CDU dauerhaft rund zehn Prozent der einst ihr zugute kommenden Stimmen an die AfD verliert – und dass ohnehin für viele in Deutschland die CDU nichts anderes ist als eine etwas vernünftigere Version der Grünen. In deren Augen wächst nun zusammen, was zusammengehört. Eben das treibt wiederum jene, die einen ganz anderen politischen Kurs wollen, weiterhin der AfD zu. Und weil die Union mit der AfD auf alle absehbare Zeit nicht zusammenwirken kann, bleibt ihr nichts anderes übrig, als eine Koalition mit den Grünen auch zu wollen.

Sollten die Grünen die Wahlen gewinnen, glauben Sie, dass diese die Union tatsächlich als Koalitionspartner wählen, vorausgesetzt natürlich, es würde stimmenmäßig reichen? Oder ginge deren Wahl dann nicht eher Richtung grün-rot-rot?

Das hängt davon ab, wie sich die Linkspartei im Wahlkampf aufstellt. Frau Baerbock wird sich sehr hüten, eine Linkskoalition in Aussicht zu stellen. Das triebe nämlich der CDU solche Stimmen zu, die andernfalls den Grünen zugute kämen. Doch ich habe keine Zweifel daran, dass eine rechnerisch mögliche Koalition aus Grünen, SPD und FDP auch wirklich geschmiedet würde, weil nämlich weder Baerbock noch Habeck den Grünen erklären könnten, warum man die sich bietende Chance auf eine die Machtablösung der Union nicht ergreifen sollte. Eine Koalition mit den Linken könnte ich mir hingegen nur dann vorstellen, wenn diese

Partei Frau Wagenknecht folgte; das wird aber niemals so kommen. Also stellt sich für die Grünen bei Überlegungen zu einer Linkskoalition die Frage, wie man mit dem starken pazifistischen Flügel der Linken umgehen könnte. Deutschland ist nun einmal eine wichtige Militärmacht im westlichen Bündnis und wird sich zumal zu Russlands Vorgehen gegenüber der Ostukraine verhalten müssen. Außerdem haben die Grünen zu bedenken, wie weit die Linke mit ihren Vorstellungen zur sozialstaatlichen Umverteilung gehen will. Immerhin sind die Grünen inzwischen die „Partei der Besserverdienenden" – und wissen als solche sehr wohl um jene Popularitätsschäden, den allzu linke Visionen anrichten können.

Die Politik der neuen Bundesregierung müsse Klimaschutz für alle Bereiche zum Maßstab machen, sagte Annalena Baerbock, nachdem sie als Kanzlerkandidatin der Grünen bestätigt wurde. Es sei die Aufgabe unserer Zeit und ihrer Generation. Das zeigt eigentlich deutlich, wo das Hauptaugenmerk ihrer möglichen Kanzlerschaft liegen wird. Ist das wirklich das, was Deutschland am dringendsten braucht?

1861 formulierte der Dichter Emanuel Geibel in einem damals berühmten Gedicht über „Deutschlands Beruf" folgende Schlusszeilen: „Und es mag am deutschen Wesen / einmal noch die Welt genesen." Jenes deutsche Wesen, an dem die Welt heute genesen soll, ist offenbar die Leidenschaft für den Schutz des Weltklimas. Genau den zu ermöglichen versprechen wir von Deutschland aus, nämlich mittels einer besonders vorbildlichen Klimapolitik. Natürlich ist eine Verlangsamung des Klimawandels ein wichtiges Ziel, denn eine Erderwärmung, die noch mehr Teile unseres Planeten unfruchtbar oder gar unbewohnbar machte, wäre eine Katastrophe. Doch es stimmt schon auch nachdenklich, wenn eine Partei ihre Ziele so hoch ansetzt, dass man in der politischen Praxis jederzeit unter einer solchen Messlatte hindurchgehen kann. Und tatsächlich haben wir in Deutschland auch noch andere Herausforderungen, als mit unserem vergleichsweise kleinen Völkchen gleich noch das ganze Weltklima zu retten. Dieses Ziel ständig zu beschwören, wirkt auf mich wie eine Mischung aus Übermut und Hochmut. Vordringlich angehen müsste man hierzulande die Sicherung des gesellschaftlichen Zusammenhalts, die Lösung des Rentenproblems und die Gewährleistung einer sowohl stabilen als auch bezahlbaren Energieversorgung. Vergessen wir übrigens nicht das Schicksal der Grünen beim Wiedervereinigungswahlkampf von 1990. Damals plakatierten sie übermütig: „Alle reden von Deutschland – wir reden vom Klima." Das ging für die Grünen gar nicht gut aus. Jetzt reden zwar alle vom Klima; doch vielleicht reden sehr viele vor der Wahl auch wieder von anderen Themen, die sich aufgrund aktueller Krisen aufdrängen. Ob dann wirklich für alle der Klimaschutz einen tauglichen Maßstab abgibt?

Könnte die Kanzlerkandidatin Annalena Barbock am Ende gar nützlich sein für einen Wahlerfolg der Union?

Das ist schwer abzusehen. Frau Baerbock ist derzeit Deutschlands größte Sympathieträgerin. Doch daran kann bereits ein misslungenes Interview manches ändern. Bald schon wird sich Frau Baerbock auch die Themen nicht mehr aussuchen können, zu denen sie beschlagen sein muss. Warten wir also ab, wie gut sie mit dieser Herausforderung zurechtkommt. Noch hat sie sich keinen Fauxpas geleistet wie Robert Habeck. Bloß das Kobalt mit dem Kobold zu vermengen war gewiss keine Katastrophe – doch vielversprechend war das auch nicht. Warten wir einfach ab, wie sie sich in ihrer neuen Rolle bewährt!

DAS ELEND DER „ASYMMETRISCHEN DEMOBILISIERUNG“

veröffentlicht am 14. Mai 2021 in der „Preußischen Allgemeinen Zeitung“, desgleichen am 22. Mai unter dem gleichen Titel auf meinem Blog wjpatzelt.de

Was haben wir für eine kluge Kanzlerin! Wann immer ein Thema unangenehm wird, räumt sie es einfach ab – und das war's dann. Gleichgeschlechtliche Ehen? Macht doch, was ihr wollt; mich als Regierungschefin geht das nichts an! Friedliche Nutzung der Kernenergie? Das lassen wir am besten, weil derlei uns – kurz nach Fukushima – den Wahlkampf in Baden-Württemberg versauen wird.

Was, bitte, soll an diesem Umgang mit hinderlichen Debatten falsch sein? Nicht nur regiert die Kanzlerin seit 16 Jahren, sondern sie ist auch so gut wie immer Deutschlands beliebteste Politikerin. Treibt da Merkels Kritiker nicht der blanke Neid, wenn schon nicht politische Dummheit? Doch es liegen die Dinge nicht so einfach.

Erstens werden Wahlkämpfe inhaltsarm, wenn gerade jene Streitthemen aus ihnen herausgehalten werden, die viele Leute im Land bewegen. Welch befriedende Kraft hatten doch die Ergebnisse jener Wahlkämpfe, in denen Kanzler ihr politisches Schicksal mit umstrittenen Positionen verbanden – wie 1972 Brandt mit der neuen Ostpolitik, 1983 Kohl mit der NATO-Nachrüstung! Gehört es nicht gar zu den Leitgedanken von Demokratie, dass Wähler über die einzuschlagende politische Richtung eines Landes entscheiden – und nicht nur darüber, welche Spitzenpolitiker fortan Dienstwägen bekommen und ihre Gefolgsleute auf Ministerialposten hieven dürfen? Der einstige SPD-Kanzlerkandidat Martin Schulz hatte ja ganz Recht, als er das Heraushalten von wichtigen Themen aus dem Wahlkampf einen „Anschlag auf die Demokratie“ nannte!

Zweitens *klingt* „asymmetrische Demobilisierung“ nur nach höherer Weisheit. Ihr Kerngedanke aber ist politischer Kitsch: Es wird im Wahlkampf nicht mobilisiert und polarisiert, sondern man geht mit plausibel klingenden Anliegen des Gegners einfach so entgegenkommend um, dass dieser doch glatt auf besondere Anstrengungen beim Einwerben von Wählerstimmen verzichtet – während die eigenen Leute sich dankbar um die eigene Fahne scharen. Doch am Ende gilt für die Politik wie beim Fußball: „Die Wahrheit is‘ aufm Platz!“ Den aber hat die themenabräumende Union großenteils an ihre Gegner verloren: In den neuen Bundesländern nahmen sich ihn die AfDler, bundesweit die Grünen. Was die CDU-Führung da strategisch anstellte, war also wirklich kein „Bringer“.

Vielmehr war das alles im Wesentlichen ein Surfen auf den Wogen des Zeitgeists, das Walten opportunistischen Herdentriebs, auch Feigheit vor den Gegnern von links und rechts. Den ersteren redete man nach dem Mund, sowohl in Talkshows als auch programmatisch. Die letzteren hingegen überließ man sich selbst, verschanzt hinter einem „Trennstrich“. Doch ihren Rivalen muss sich eine Partei samt ihrer Anführerschaft schon auch stellen, wenn sie nicht zum Gegenstand erst von Verwunderung, dann von Spott und am Ende von Mitleid werden will. Gerade so ist es nun aber der CDU ergangen. Immer wieder ist sie den Themen der von einer sympathisierenden Journalistenschaft gepushten Grünen nachgelaufen – und hat nicht wahrhaben wollen, dass beim Versuch einer Neueroberung von politischem Gelände die meisten lieber dem Original als der Kopie trauen. Hingegen hat die Union eigene Positionen, die einflussreichen Publizisten und Intellektuellen nicht mehr gefielen, kampflos der AfD überlassen. Doch es trog die Hoffnung, große Teile der Wählerschaft wären ebenso bereit zum Einknicken vor dem Zeitgeist wie das Establishment von CDU und CSU.

Der nach jedem Strohhalm haschenden Sozialdemokratie mag man mangelnde Standfestigkeit nachsehen. Doch was nützt uns eine Union, die nicht mehr ihre angestammte Rolle als reformwillige Sachwalterin des Bewährten spielen will, sondern die einer Doppelgängerin von visionären Grünen? Wie fatal, dass kaum einer mehr etwas von Dialektik versteht, also von jener Synthese, die des Widerstreits von These und Antithese bedarf ...

DIE UNION IM ZANGENGRIFF

veröffentlicht am 4. Juni 2021 in der „Preußischen Allgemeinen Zeitung", ebenso am gleichen Tag unter demselben Titel auf meinem Blog wjpatzelt.de

In Sachsen-Anhalt überholt die AfD am kommenden Sonntag vielleicht doch nicht die CDU. Das wäre dann ein Verdienst des vertrauenswürdigen Ministerpräsidenten Haseloff. Gewiss aber wird die AfD nicht aufs Niveau einer Splitterpartei geschrumpft sein. Das freilich war die große Hoffnung jenes nachgerade Allparteien-Bündnisses gegen die AfD, das im April 2016 zu Magdeburg geschmiedet wurde. Und noch heute glauben viele: Würden alle selbsternannt Anständigen gegen die AfD zusammenstehen, dann schämten sich deren Wähler so sehr, dass der Anti-Merkel-Spuk rasch vorbei wäre. In genau diesem Sinn ahmte man in Sachsen vor zwei Jahren das Magdeburger Bündnis nach. Jedenfalls gilt es weiterhin als der politischen Weisheit letzter Schluss, alle zu ächten, die auch rechts der politischen Mitte Bürger vermuten, die an sich zu binden demokratischen Parteien gut anstünde.

Selten war man sich in Deutschland so einig im Kampf gegen eine Protestpartei, und kaum einmal entsprach reales Ausgrenzen so klar den politisch erwünschten Vorgaben. Nur der in Aussicht gestellte Erfolg will sich nicht einstellen. Trotz Beobachtung durch den Verfassungsschutz und belobigter Aggressivität gegen deren Politiker gelingt es nicht, die AfD bundesweit unter zehn Stimmenprozent zu drücken. Und in Sachsen-Anhalt jubiliert die CDU – wie einst in Sachsen – schon darüber, wenigstens ein bisschen vor der verhassten Alternativpartei zu liegen. Unter diesen Umständen nimmt es die Union fast klaglos hin, durch Präsenz der AfD in den Parlamenten zu solchen Koalitionen getrieben zu werden, die vor der Gründung der AfD nicht als „interessant" gegolten hätten, sondern als parteischädigend. Jetzt aber fährt die Union damit fort, durch Koalitionen mit den Grünen die AfD weiterhin zu mästen.

Wer in guten Zeiten „Alternativlosigkeit" als taktisches Argument säte, der erntet nun in schlechten Zeiten reale Alternativlosigkeit als strategisches Dilemma. Doch der Weg in dieses Schlamassel war durchaus nicht alternativlos. Es war nicht zwingend, solche Wähler der AfD zuzutreiben, die konservativ in dem Sinne waren, dass sie mühsam Erreichtes wie eine befriedete innenpolitische Kultur und einen funktionierenden Wohlfahrtsstaat nicht durch leichtfertige Politik gefährdet haben wollten. Es war nur unglaublich bequem, Kritiker der Eurozonenpolitik wie die Gründer der AfD erst als europafeindlich, dann als nationalistisch und am Ende als rechtsradikal hinzustellen – und Kritiker selbstermächtigten Einwanderns als schlicht menschenverachtend und rassistisch. Rasch wurde als politisch korrekte Selbstverständlichkeit durchgesetzt: An den Positionen solcher Leute kann gar nichts stimmen!

Dass man auf diese Weise ausgerechnet vor den Rechtsradikalen im Land, ihrerseits enttäuscht von üblen Figuren an der Spitze der NPD, eine neue Sammlungsbewegung bewarb, in der dann viele rechte Glücksritter und Demagogen eine ihnen bislang verschlossene Karriere machten: Das begriffen die politisch Rechtgläubigen im Lande einfach nicht. Und als die Hoffnung zerstob, im Kampf zwischen Gut und Böse ließe sich die AfD dezimieren, da galt nicht etwa diese Strategie als gescheitert. Nein – sie werde nur nicht konsequent genug umgesetzt! Also zieht man die Scheidelinie hin zu den Unanständigen jetzt schon innerhalb der Union. Bald mag zum Mantra werden, politische Mitwirkungsrechte hätte die von Natur aus rechtslastige Union nur so lange, wie sie in passenden Koalitionen unter die Kuratel von Grünen und Linken gestellt sei. Sowohl das kommende Magdeburger Wahlergebnis als auch der Ausgang der Bundestagswahlen sowie der Landtagswahlen in Mecklenburg-Vorpommern und Berlin werden zeigen, dass die Union wirklich nicht länger Herrin ihres eigenen Schicksals ist. Vielmehr steckt sie im Zangengriff von Grünen und AfD. Aus dem hätte sie nur die Bundes-CDU durch eine klare Neupositionierung befreien können. Das aber wollten die Altmaiers, Wanderwitze & Co. gerade nicht. Lieber ließen sie die CDU-Vorsitzende Kramp-Karrenbauer verschleißen, als einen Kernfehler der Merkel-Ära zu korrigieren. Der besteht darin, überhaupt Freiraum für das Großwerden der AfD geschaffen zu haben. Doch angeblich hat die CDU – gerade in Ostdeutschland – damit überhaupt nichts zu tun, denn unter AfD-Wählern rege sich nur jener Rechtsextremismus, der den DDR-Antifaschismus wundersam überstand.

Was hätte unter solchen Umständen der Ministerpräsident Haseloff wohl anderes tun können, als im letzten Jahr seinen Fast-Nachfolger

Stahlknecht zu entlassen? Der hatte doch glatt über eine CDU-Minderheitsregierung nachgedacht, um die Union aus der Fesselung durch Koalitionen mit Grünen und SPD zu befreien! Das ging freilich schon vor zwei Jahren dem sächsischen Ministerpräsidenten Kretschmer zu weit, obwohl der als Wahlsieger durchaus die Autorität zur Durchsetzung eines solchen Kurses gehabt hätte. Es darf nämlich zwar die CDU - wie in Thüringen - eine linke Minderheitsregierung mittragen; doch gar nicht geht eine CDU-Minderheitsregierung, an deren Politik bisweilen auch AfD-Abgeordnete Gefallen fänden. Was kann an diesem Dilemma eigentlich der neue CDU-Chef ändern, zumal auf Bundesebene - schon wegen der Rolle des Bundesrats bei der Gesetzgebung - allein eine Minderheitsregierung von Grünen und SPD vorstellbar ist, doch keine der Union?

Noch ist nicht einmal klar, ob Armin Laschet dieses Unions-Dilemma überhaupt als ein reales, nicht bloß „eingeredetes" Problem begriffen hat. Unbekannt ist auch, ob er jenes einstige „konservative Milieu" in der Union und in deren Umfeld neu stabilisieren will, in dem diese Partei einst auch wurzelte. Dabei könnte gerade auf dessen Grund die Union den Grünen solche Avancen zum pluralistischen Miteinander machen, bei dem eine Synthese aus dem Bewahren des Bewährten und aus lernwilliger Modernisierung entstehen könnte. Doch selbst wenn Laschet die Union neu einen und vom Abklatsch wieder zum Original machen wollte, könnte er doch nichts daran ändern, dass inzwischen - gerade in den neuen Bundesländern - die CDU zum allenfalls notwendigen Übel geworden ist, bei vielen zu einer nachgerade verachteten Partei. Der AfD gilt sie als „links-grün versifft", den Linken und Grünen als allzu unsichere Kantonistin beim kreuzzugartigen „Kampf gegen rechts". Wenigstens mit Liebesentzug muss bestraft werden, wer jemanden wie Hans-Georg Maaßen als Bundestagskandidaten akzeptiert! Denn distanziert sich der CDU-Vorsitzende nicht klar von diesem Merkel-Kritiker im Besonderen und von der üblen WerteUnion im Allgemeinen, dann lässt er doch einen weiteren Riss in der Brandmauer gegen die AfD entstehen! Also wäre genau er dafür haftbar, wenn der Sinkflug der Union weiterginge - so, als ob dieser nicht angefangen hätte mit der Selbstverstümmelung der CDU an ihrer konservativen Wurzel.

Tatsächlich ist noch nicht erkennbar, wie sich die Nach-Merkel-CDU überhaupt aufzustellen gedenkt. Will sie wirklich neue Bindungskraft entfalten gegenüber jenen, die sie zur AfD hin verlassen haben, oder die sich aus der Schar der Nichtwähler jener AfD zuwandten, die inzwischen zur Arbeiterpartei unseres Landes geworden ist? Deren Probleme könnte die CDU zwar aufgreifen, müsste dann aber in Rechnung stellen, dass

SPD und Linke jede soziale Forderung verdoppeln und alles später Realisierte als „höchstens halb gelungen" kritisieren werden. Und gar den Sozialstaat als des nationalen Rahmens bedürfend hinstellen, gerade in Zeiten der Globalisierung? Das Soziale also mit dem Nationalen verbinden? Igitt – klingt das nicht nach AfD, gar nach einem neuen National-Sozialismus?

Doch sollte sich ausgerechnet die Partei der sozialen Marktwirtschaft und der deutschen Westintegration von solchen Verleumdungsdrohungen einschüchtern lassen? Muss wirklich der von sozialdemokratischen Skandinaviern gepflogene Patriotismus für die Union weiterhin tabu bleiben? Anscheinend ja. Obendrein sperrt sich die CDU dagegen, ihr Programm – wie zu Kohls Zeiten – im kontrapunktischen Zusammenwirken solcher Persönlichkeiten sichtbar zu machen, die für durchaus Spannungsgeladenes stehen: der eine für gekonntes Wirtschaften, der andere für Herz-Jesu-Sozialismus, der nächste für freiheitliches Verfassungsdenken, ein weiterer für aufgeklärten Patriotismus. Doch inzwischen reicht es der Union, wenn fränkische Volkstribune Bäume umarmen. Und heimlich beneidet man die Grünen: Herrlich diskussionslos haben sie eine hübsche Heilige zur Ikone gemacht – und vom Verfassungsgericht auch noch einen Gestaltungsauftrag für ihre Klimapolitik bekommen!

An der Orientierungslosigkeit der CDU wird sich wohl so schnell nichts ändern. Fürs Mitregierendürfen schluckt sie nämlich jede Kröte. Ihr gutwilliger Pragmatismus ist zwar besser als linkes Sektierertum, doch weder wirklich gut noch politisch nachhaltig. Erst eine alternative Linkskoalition auf Bundesebene würde der Union ein klares Profil aufzwingen. Sie zu schmieden, fehlt den Grünen aber die Courage, den Linken der Weitblick und der SPD die Durchsetzungsmacht. Also wird es die Union noch jahrelang ertragen müssen, nach der Musik langjähriger Konkurrenten zu tanzen. Bezahlen wird sie dafür durch anhaltende Stimmenverluste an die AfD. Und eindämmen wird diese Verluste nur eine solche AfD, die der CDU den Gefallen tun, wider manchen innerparteilichen Widerstand weiter im Sumpf des Rechtspopulismus zu waten und immer wieder Rechtsradikalen die von ihnen ersehnte Plattform zu bieten. Doch wie könnte sich die orientierungslos gewordene Union gegen eine AfD wehren, die wie Straußens CSU aufträte?

Und wie sollen sich unter so ungewissen Aussichten bislang treue CDU-Wähler verhalten, die weder weitere Wasserträgerdienste der Union für die Grünen wünschen noch für die AfD stimmen wollen? Vielleicht wird – wie einst bei der Kanzlerkandidatur von Franz-Josef Strauß oder nach Merkels erster Großer Koalition – wieder die FDP zum Strohhalm, an den sich viele klammern. Möge der dann aber so viel Halt bieten wie zu Genschers Zeiten und nicht Treibgut sein wie bei Westerwelle ...

WAHLERGEBNIS SACHSEN-ANHALT: KURZANALYSE

veröffentlicht am 7. Juni 2021 auf meinem Blog wjpatzelt.de[59]

Ganz unerwartet gut hat bei der Landtagswahl in Sachsen-Anhalt die CDU abgeschnitten (37,1%, +7,3). Linke und SPD erlitten mit 11,0% bzw. 8,4% sehr schmerzliche Verluste von -5,3 bzw. -2,2. Die AfD verlor ebenfalls 3,5 Prozentpunkte, blieb aber zweitstärkste Partei (20,8%), und zwar mit großem Abstand sowohl zur CDU (Differenz: 16,3%) als auch zur Linken (Differenz: 9,8%). Der Wiedereinzug der FDP (6,4%, +1,5) in den Landtag war hingegen keine Überraschung, weil diese Partei sich als akzeptable Alternative zur CDU anbietet. Und über das bescheidene Ergebnis der Grünen (5,9%, +0,7) kann sich nur wundern, wer ostdeutsche Problemwahrnehmungen verkennt sowie den medial verfertigten Vorglanz einer grünen Kanzlerschaft für etwas hielt, das einen harten Wahlkampf unbeschadet überstünde. Im Grunde sind nur die Ergebnisse von CDU, AfD sowie der Linken samt SPD erklärungsbedürftig.

Am meisten überrascht der große Stimmenzuwachs der Union. Lange erschien ein enges Rennen mit der AfD als wahrscheinlich, auch – wie 2016 – ein die Umfragebefunde weit übertreffendes Abschneiden der AfD. Ferner fehlt der Bundes-CDU weiterhin ein klares inhaltliches Profil. Außerdem galt sie als durch ihren so lange schwelenden Führungsstreit beschädigt. Noch ist unklar, welche Rolle ein sehr kurzfristiger Stimmungsumschwung zugunsten der Union spielte. Doch eine plausible Erklärung des CDU-Erfolgs ist jetzt schon möglich.

Erstens vertraute das Wahlvolk sehr stark dem zum allseits geachteten Landesvater gewordenen Ministerpräsidenten Haseloff. Der bewies

[59] Siehe dazu auch meine längere Wahlanalyse unter dem Titel „Eine Wahl, die allen Parteien zu denken geben sollte", in der „Preußischen Allgemeinen Zeitung" vom 9. Juni 2021 (https://paz.de/artikel/eine-wahl-die-allen-parteien-zu-denken-geben-sollte-a4826.html; Zugriff am 29. Januar 2024).

außerdem, dass „neue, unverbrauchte Gesichter" kein wirklich erforderlicher Schlüssel zum Wahlerfolg sind. Vielmehr gewann ein „alter weißer Mann", der an persönlicher Autorität alle übrigen Spitzenkandidaten überragte. Auch stand nie in Zweifel, dass er sein Amt behalten werde, zumal er sogar unter scharfen „Kenia-Kritikern" als Garant des maximal Möglichen an „CDU-Vernunft" galt. Zweitens gelang es den Konkurrenzparteien nicht, Haseloff und der Union eine Diskussion über die Abgrenzung zur AfD aufzudrängen. MIt der harten Entmachtung seines Erbprinzen Stahlknecht hatte der Ministerpräsident nämlich nicht nur durch Worte, sondern auch durch Taten klargemacht, dass es mit ihm wirklich kein Zusammenwirken mit der AfD geben werde. Drittens konnte diesmal, anders als 2016, kein AfD-förderliches Anti-Merkel-Wahlverhalten die CDU beschädigen: Es ging einfach nicht um die ohnehin nicht mehr lange amtierende Kanzlerin. Und viertens ließ die seit 2016 auch in Sachsen-Anhalt beobachtbare Rechtsradikalisierung von AfD-Politikern gerade angesichts der glaubhaft gemachten Möglichkeit, die AfD werde die CDU überholen, nicht nur Konservative ihr Wahlkreuz recht leichten Herzens bei der CDU setzen. Vielmehr gewann die CDU diesmal nicht nur – per Saldo – rund 37.000 Stimmen aus den Reihen früherer Nichtwähler hinzu, sondern auch rund 15.000 von der SPD sowie 14.000 von der Linken. Denen erschien jetzt die CDU als das kleinere Übel.

Bei der AfD sind weniger deren Stimmenverluste erklärungsbedürftig als vielmehr ihr weiterhin gutes Abschneiden. Immerhin hatten sich vor fünf Jahren Union, SPD und Grüne zu einer – aus CDU-Sicht ziemlich unnatürlichen – Koalition zusammengeschlossen, um AfD-Wählern die völlige Aussichtslosigkeit ihres Wunsches vor Augen zu führen, in der Landespolitik AfD-Positionen berücksichtigt zu bekommen. Und eine Verzwergung der AfD hoffte man obendrein zu bewirken durch Schneiden im Landtag und ansonsten demonstrative Verachtung. Außerdem war die AfD-Geschichte der letzten Jahre voller Radikalismen und Skandale, was diese Partei nicht nur zum leichten Ziel plausibler Kritik machte, sondern auch zum geächteten Beobachtungsfall des Verfassungsschutzes. Unter solchen Umständen lassen sich AfD-Verluste von keinen vier Prozentpunkten bei mehr als einem Fünftel der Wählerstimmen schwerlich als ein großer Erfolg im „Kampf gegen rechts" ausgeben. Verloren hat die AfD – per Saldo – vielmehr dorthin, woher ihre Wahlerfolge im Wesentlichen kamen: nämlich rund 16.000 Wähler an die CDU. Ferner verlor sie unterm Strich jeweils rund 2000 Stimmen an die Nichtwähler und an die SPD. Dass die AfD obendrein – wieder per Saldo – sogar 3000 Stimmen von früheren Wählern der Linken gewann, lässt im Übrigen Zweifel daran wachsen, ob wirklich immer nur Rechtsextremisten für die AfD votieren.

Jedenfalls breitet sich nun mancherlei Ahnung aus, dass an der bisherigen Anti-AfD-Strategie etliches fehlerhaft war. Immer öfter wird nun die Weisheit einer Beschimpfung aller AfD-Wähler bezweifelt, desgleichen der Wert eines Ausweichens etablierter Politiker vor wirklich inhaltlichen Debatten mit AfD-Politikern. Obendrein wird nun bedacht, ob es nicht doch möglich wäre, die Anziehungskraft der AfD auf zumal Unions- und Nichtwähler zu mindern. Jedenfalls ist es der CDU in Sachsen-Anhalt durchaus gelungen, eine merkliche Anzahl von AfD-Wählern zurückzugewinnen. Und wie auch immer es welche Partei künftig mit der AfD halten will: Es wird wohl in Rechnung zu stellen sein, dass die Wähler sogar unter sehr AfD-widrigen Umständen diese Partei fast so stark machten wie Linke, SPD und Grüne zusammen.

Ob nun aber die AfD die ihrerseits fälligen Schlüsse eher aus ihren Verlusten oder aus ihrem Erfolg ziehen wird? Denn warum verliert sie ausgerechnet in einem zwischen ihr und der Union polarisierten Wahlkampf so unübersehbar zugunsten einer CDU, die früher eine so leichte Beute war? Und das ausgerechnet in einem Land, in dem über 60% der Wähler offensichtlich keine links-grüne Politik wünschen? Welche Machtchancen vergibt sich also die AfD so lange, wie sie eine rechtspopulistische Plattform auch rechtsradikaler Demagogen ist? Wie lange erträgt sie die Peinlichkeit, sich öffentlich einer ansonsten von ihr beschimpften Partei als Koalitions- oder Tolerierungspartner anzudienen – und dabei genau zu wissen, dass man sie aus guten Gründen zurückweisen wird? Welche inhaltlichen und stilistischen Korrekturen müsste die AfD wohl vornehmen, wenn sie nicht immer wieder das ihr jüngst von Haseloff bereitete Schicksal erleiden will? Und wie ließe sich auf entsprechende innerparteiliche Mehrheitsverhältnisse ausgehen? Antworten auf diese Fragen werden die AfD noch längere Zeit zu einer innerlich zerrissenen Partei machen, was demoskopisch und an Wahltagen ziemlich schaden kann.

Doch noch viel größer sind die politischen Herausforderungen, die das Magdeburger Wahlergebnis der Linken und der SPD stellt. Gemeinsam haben beide Parteien noch mehr Stimmenanteile verloren, als die CDU hinzugewonnen hat. Selbst zusammen mit den Grünen haben SPD und Linke weit weniger als die Hälfte jener Stimmen errungen, die insgesamt auf CDU, FDP und AfD entfallen sind. Ausgerechnet im Land des einstigen „Magdeburger Modells" ist die politische Linke klar in die Minderheit geraten, ja hat sogar an die AfD Stimmen verloren. Obendrein befinden sich die Linke und die SPD bundesweit in einer ähnlich bedrängten Lage, weshalb sich Sachsen-Anhalt nicht als Sonderfall abtun lässt. Es wäre deshalb Zeit, strategisch über dieses ganze Schlamassel nachzudenken und die folgenden Fragen zu stellen. Hat man wohl einen Pyrrhus-Sieg errungen mit der öffentlichen und politischen Durchsetzung des Gebots, dass die CDU eine Partei nur noch der Mitte sein darf – und nicht mehr auch der Platzhirsch zwischen Mitte und rechtem Rand? So dass die Union nun das politische Weideland der vergangenen Schmidt- und Schröder-SPD besetzt hält? Und deshalb die so schwach gewordene SPD nun sowohl den Grünen als auch der Linken jede gemeinsame Machtperspektive nimmt?

Zwar muss die CDU, weil sie die AfD als Partner weder haben kann noch haben will, nun noch jahrelang die nicht mehr aus eigener Kraft an die Regierung gelangenden Sozialdemokraten und Grünen gleichsam im Huckepack an den Kabinettstisch tragen. Ob es das aber ausgerechnet aus linker Perspektive rechtfertigen kann, die AfD dauerhaft am rechten Flügel unangefochten sein zu lassen? Immerhin vermeidet man es um nachgerade jeden Preis, die CDU wieder in die rechte Mitte zu drängen, obwohl sie dort doch die AfD viel wirksamer kleinhalten könnte, als es der in Sachsen-Anhalt so deutlich gescheiterte rhetorisch-symbolische „Kampf gegen rechts" vermag. Und wenn nun – wie es den Anschein hat – Linke und SPD die verbliebene Arbeiterklasse samt den kleinen Leuten zur AfD treiben, weil sie selbst viel lieber die identitätspolitischen Sachwalter von Minderheiten sein wollen: Warum sollten dann jene „Somewheres", die auf einen wirtschaftlich funktionierenden und gut zusammenhaltenden Sozialstaat angewiesen sind, weiterhin die politische Linke wählen? Und für Prestige- und Haltungslinke in großstädtischen Milieus hat es ohnehin viel mehr Chic, mit den Grünen zu flirten ...

Sowohl der Linken als auch der AfD beschert das Wahlergebnis in Sachsen-Anhalt also erhebliche Herausforderungen, wenn auch höchst unterschiedliche. Doch auch die CDU sollte nicht glauben, sie wäre nun – wie weiland nach der Martin-Schulz-Niederlage im Saarland – schon auf dem sicheren Weg zu künftigen Wahlsiegen. Ihre inhaltlichen Orientierungsprobleme sind nämlich weiterhin ungelöst, und der faktisch bequeme Polarisierungskurs gegen die AfD wird auf Bundesebene nicht erfolgreich sein: Zu unbedeutend bleibt dort die AfD, als dass sie so einfach wie in Sachsen-Anhalt als mobilisierendes Schreckgespenst dienen könnte. Hingegen darf die FDP im Herbst auf solche frühere Unionswähler hoffen, die weder Wasserträgerdienste zum Nutzen der Grünen mögen noch für die AfD stimmen wollen. Und die Grünen müssen sich einfach mit Fassung darein schicken, dass nicht jeder schöne Schein die Härteprüfungen politischen Seins zu überstehen vermag.

WANDERWITZENS OSTKUNDE

veröffentlicht am 6. Juni 2021 bei „Hallo Meinung",[60] sodann am 9. Juni 2021 auf meinem Blog wjpatzelt.de

Warum wählt in den neuen Bundesländern gut jeder Fünfte die AfD, im Westen aber nur rund jeder Zehnte? Deutschlands anscheinend bester Ossi-Kenner, der Ost-Beauftragte der Bundesregierung, hat uns den Grund neulich genannt: Weil die Ostdeutschen „diktatursozialisiert" sind. Das wirke sich auch drei Jahrzehnte nach dem Ende der DDR noch aus. Die einzige Hoffnung für Ostdeutschlands Demokratie besteht also darin, dass die – sozusagen – „Erlebnisgeneration" der DDR irgendwann das Zeitliche segnet.

Dann bleibt zwar weiterhin unklar, warum im längst so vorbildlich-demokratischen deutschen Westen die AfD trotzdem meist um die zehn Prozent der Stimmen erhält. Doch womöglich gibt es sogar in Helldeutschland einen Bodensatz an Faschisten und Rassisten. Nun ja, die BRD war eben ein reaktionär-restaurativer Staat, der nie mit den Nazis so wirklich gebrochen hat! Umso mehr wundert es freilich, dass der jahrzehntelange antifaschistische Kampf des ersten sozialistischen Staates auf deutschem Boden anscheinend keine besseren Früchte getragen hat als die Wahlerfolge der AfD. Vielleicht war der SED-Staat ja eben doch in erster Linie eine Diktatur.

Wenn unser Wanderwitz einer lernbegierigen Zuhörerschaft genau das letztere mitteilen will, dann stimme ich ihm gerne zu. Tatsächlich zeigen vergleichende Untersuchungen politischer Kultur, dass in den neuen Bundesländern bis heute ein anders akzentuiertes Demokratieverständnis als in Westen vorherrscht. Empirische Studien führen auch vor Augen, dass es im Osten weniger Unterstützungsbereitschaft als im Westen für die Demokratie gibt – und zwar nicht für die Demokratie als Idee, sondern für die Weise, in der Demokratie hierzulande praktiziert wird. Ferner findet man in Ostdeutschland schon seit den 1990er Jahren eine noch viel größere Politikverdrossenheit, Politikerverdrossenheit und Parteienverdrossenheit, als man sie auch im Westen erkennt. Dazu trug nicht wenig bei, dass seit der – angeblich so sehr missratenen – Wiedervereinigung „die Politik" aufs Heftigste beschimpft wurde, und zwar

[60] Siehe https://www.hallo-meinung.de/wanderwitzens-ostkunde/; Zugriff am 26. Januar 2024 misslang.

zunächst von Seiten der politischen Linken, nun seit vielen Jahren von Seiten der politischen Rechten. Obendrein kann man zeigen, dass eine nachwirkende DDR-Sozialisierung samt dem damals alle persönlichen Fehlhaltungen überdeckenden Staats-Antifaschismus auch dazu beigetragen hat, dass freiheitliches Verfassungsdenken zwischen Ostsee und tschechischer Grenze noch viel weniger in Blüte steht als im Westen.

Im Übrigen ist ja auch die Diffamierungslust, das Praktizieren von Cancel Culture und die anti-rechte Gewalttätigkeit bundesdeutscher Antifaschisten nicht wirklich ein leuchtendes Vorbild für jene AfDler, von deren Beschimpfung man sich doch hoffentlich nicht auch noch ein Wahlkreuz bei SPD und Grünen erhofft. Und auf ein Wahlkreuz von AfDlern bei der CDU wollen wir ohnehin nicht ausgehen; das wäre ja ein verbotenes „Fischen am rechten Rand"! Soll man also zehn bis an die 25 Prozent AfD-Wähler nun einfach einer sich schon jahrelang radikalisierenden Partei überlassen? Wohl auch nicht. Am besten verbieten wir die AfD einfach – wenigstens so lange, bis es in der ehemaligen DDR nur noch klar westdeutsch geprägte Generationen von lupenreinen Demokraten gibt!

Das Letztere wird wohl auch unser guter Wanderwitz so ähnlich sehen. Trotzdem sollte er jene Schuld nicht beschweigen, die niemand anderes als seine CDU an den Wahlerfolgen der AfD hat – und zwar nicht nur im Osten, sondern im ganzen Land. Fällt denn ihm und seinesgleichen gar nicht auf, dass etwa in Sachsen heute genau jene Regionen AfD-Land sind, in denen man früher einen schwarzen Besenstiel aufstellen konnte und ins Parlament gewählt bekam? Waren wohl die Ossi-Faschisten so lange durchaus gut zu leiden, wie sie noch die CDU wählten? Oder wäre es besser gewesen, wenn damals eben doch nicht die CDU solche Leute an sich gebunden hätte, sondern wenn noch viel, viel mehr von ihnen Wähler der NPD und der DVU gewesen wären? Oder war es vielleicht sogar gut, dass so viele Jahre lang Helmut Kohls CDU all jenen eine vernünftige politische Heimat bot, die ohne entsprechende Bindekraft der CDU nun einmal leicht ins Radikale abschwirren? Und vielleicht waren ja sogar – und sind weiterhin – viele AfD-Wähler gar keine diktaturverdorbenen Faschisten und Rassisten?

Was für ein abwegiger Gedanke! Rote Karte – und aus ist es mit dem Zuhören oder dem Weiterlesen!

Doch es zeigen nun einmal die regelmäßig nach Parlamentswahlen durchgeführten und größenordnungsmäßig durchaus verlässlichen Wählerwanderungsanalysen, dass die AfD-Wählerschaft sich zu besonders großen Teilen aus ehemaligen CDU-Wählern und aus solchen früheren Nicht-Wählern zusammensetzt, die inzwischen auf Seiten der AfD ein für sie passendes Politik- oder Protestangebot zu erkennen meinen. Obendrein wandern mittlerweile die Restbestände der Arbeiterklasse zur AfD ab: frühere SPD-Wähler im Westen, einstige Wähler von PDS und Linkspartei im Osten. Eine einleuchtende Erklärung dafür hat unlängst Sarah Wagenknecht veröffentlicht. Also täte ein CDU-Berufspolitiker wie unser Ostbeauftragter gut daran, nach Fehlern seiner eigenen Partei zu suchen.

Allerdings – so schließt er messerscharf – „es kann nicht sein, was nicht sein darf". Nein, die CDU jener großen Vorsitzenden, zu deren Zeiten Wanderwitz seine Parteikarriere machte, wird gewiss an der AfD nicht schuld sein. Wie, da gäbe es sehr wohl Hinweise auf eine Verursacherrolle der CDU? Etwa, dass die AfD aus Kritik an der Eurozonenpolitik Merkels entstand? Nun, in der AfD sammeln sich eben europafeindliche Chauvinisten! Dass der AfD zuneigt, wer Merkels Energiepolitik kritisiert? Das liegt doch daran, dass sich in der AfD Atomfans mit Klimaleugnern zusammentun! Und es hätten seit dem Jahr 2015 Deutschlands Probleme mit Hunderttausenden von jetzt so recht nicht integrierten Zuwanderern der AfD auf ihre bleibende Erfolgsspur verholfen? Ja, allein schon an einem solchen Gedanken erkennt man doch, dass die AfD wirklich nur eine Sammlungsbewegung von Rassistinnen und Rassisten ist! Denn alle diese Politiken der CDU waren – wie Deutschlands Wanderwitze genau wissen – nicht nur gut gemeint und ohnehin alternativlos, sondern außerdem sehr gut getan. Allenfalls kurzsichtige Rücksichtnahmen auf die dummen Konservativen in der Union können womöglich Anlass gegeben haben zur einen oder anderen vielleicht ja ansatzweise berechtigten Kritik an Merkels glanzvoller Politik.

Zwar behaupten viele AfDler, sie hätten sich ihrer neuen Partei wegen von ihnen erkannter Politikfehler der CDU zugewandt. Und auch deshalb, weil sich inzwischen sogar die Union zur Befürworterin von Gendersprache gemacht habe, von linker Identitätspolitik, von ächtender Jagd auf politisch nicht 150-Prozentige. Doch natürlich durchschauen wir solche Lügen. Mit denen lenken AfDler nur davon ab, dass sie jetzt endlich das gefunden haben, wonach ihresgleichen immer schon suchte: eine rassistische Nazi-Partei. Und man lasse sich bitte nicht davon täuschen, dass

[56] Björn Höcke ist der von vielen als Rechtsextremist angesehene AfD-Fraktionsvorsitzende im Thüringer Landtag. Jens Maier ist ein – inzwischen in den einstweiligen Ruhestand versetzter – Richter, der Bundestagsabgeordneter der AfD und Angehöriger ihres rechtsradikalen Flügels war.

AfDler – im engen Schulterschluss mit Corona-Leugnern und mit Verschwörungstheoretikern – gegen eine sogenannte Merkel-Diktatur wettern. Denn nur gegen die Kanzlerin und gegen die von Merkel für sympathisch befundenen Grünen haben sie etwas. Doch letztlich projizieren sie über einen psychischen Abspaltungsmechanismus auf Deutschlands Meisterstaatsfrau bloß das, was die AfD eigentlich anstrebt: die Neuerrichtung einer faschistischen Diktatur. Wie gut, dass der Analytiker Wanderwitz uns das jetzt endlich so klar gesagt hat!

Allerdings gerate ich soeben ins Zweifeln, ob denn wirklich die DDR jene Fascho-Diktatur war, welche die AfDler bis heute prägt. Hat Wanderwitz hinsichtlich der „Diktatursozialisation" vielleicht etwas Wichtiges zu sagen unterlassen? Nämlich dass Deutschlands Faschismus womöglich in der DDR im Gewand des Antifaschismus weiterwirkte? Und dass die von solchem Nachwirken Betroffenen in Ost und West dies deshalb so selten mitbekommen, weil sie stets im Hochgefühl der eigenen moralischen Überlegenheit leben?

Nein, diesen Gedanken lassen wir lieber. Der lenkte ja nur ab von der politisch korrekten Kritik allein an der AfD. Oder an den Ossis aus Dunkeldeutschland. Und vom Lob für die Analysekraft von Deutschlands oberstem Ostkundler.

WAS FALSCH LÄUFT – UND WAS WIR TUN SOLLTEN

veröffentlicht am 20. Juni 2021 bei „Hallo Meinung",[61] desgleichen am 22. Juni 2021 auf meinem Blog wjpatzelt.de

Woran merken viele, dass in unserem Land gar nicht wenig in eine falsche Richtung läuft?

- Wir haben weniger junge Leute, als an Älteren während der kommenden Jahrzehnte in den Ruhestand treten. Doch wir tun nichts, um die Kinderzahl so zu steigern, dass die Altersverteilung in zwei, drei Jahrzehnten wieder stabil sein kann.
- Die Dänen lassen Asylverfahren im eigenen Lande nicht mehr zu, und die Griechen schicken bereits akzeptierte Asylbewerber weiter nach

[61] https://www.youtube.com/c/HalloMeinungwas-bei-uns-falsch-laeuft-und-was-wir-selber-tun-sollten/; Zugriff am 26. Januar 2024 erfolglos.

Deutschland, wo sie ein zweites Mal das Asylverfahren durchlaufen. Doch wir tun so, als sei unsere Zuwanderungspolitik sinnvoll und als gäbe es mit der Migration nach Deutschland kein Problem.

- Wir nennen Antisemitismus eine Saat, deren Frucht der Völkermord ist – und wir schauen weg vom nach Deutschland importierten muslimischen Anti-Judaismus und Anti-Israelismus.
- Wir haben die höchsten Strompreise in Europa, kaufen viel Strom bei Flaute teuer ein und *bezahlen* umgekehrt andere fürs Abnehmen von Strom aus Deutschland, wenn hier die Sonne allzu lange scheint. Doch wir tun so, als wäre unsere Energiepolitik vernünftig.
- Wir wünschen uns mehr Elektromobilität, und wir wollen eine umweltfreundliche Wasserstoffwirtschaft aufbauen. Doch wir lehnen die Erzeugung der erforderlichen Energie durch Kernkraftwerke ab.
- Wir beklagen Bildungs- und Kompetenzmängel junger Leute, verweigern uns aber allen Maßnahmen, die das Leistungsniveau unserer Schulen und Hochschulen nachhaltig heben könnten.
- Wir schimpfen über Politiker, die seit jungen Jahren nichts weiter als das politische Handwerk kennen und die sich deshalb schwertun, für sachlich Gebotenes eigene Karriererisiken in Kauf zu nehmen. Doch wir ändern nichts daran, welche Leute wir in eine politische Laufbahn locken.
- Wir erleben, dass europäische Amtsträger und Politiker versuchen, innerstaatlich verbindliche Entscheidungen unseres Bundesverfassungsgerichtes zu überspielen. Doch wir tun so, als führe es in die bestmögliche Zukunft der Europäischen Union, wenn wir die im Rahmen von Nationalstaaten funktionierende Demokratie zugunsten der Macht von Amtsträgern der EU immer wirkungsloser machen.
- Wir beklagen den Aufstieg von Rechtspopulismus und den Anstieg von rechtsradikaler Gewalt. Doch wir bahnen den davon Angezogenen keine Wege zurück zu uns, sondern wir machen die Kennzeichnung unerwünschter Meinungen als „rechts" zum Mittel im politischen Kampf – und ziehen dann gegenüber all jenen einen dicken Trennstrich, die wir zuvor als „für unseren Geschmack zu rechts" diffamiert haben.
- Wir sagen stolz, dass es in Deutschland keine Beschränkung der Freiheit des Meinens und Redens gibt. Doch wir achten sorgsam darauf, das N-Wort oder das Z-Wort nicht vor anderen zu verwenden – und uns ja nicht über inklusiv gemeinte Knacklaute öffentlich lustig zu machen.

Da passt vieles einfach nicht zusammen. Da gerät allzu viel in schädliche Wirkungsbereiche, was uns in vernünftiger Dosierung durchaus noch gutgetan hat. Da kennen die einen Politiker nur noch ein „Weiter so!" – und wissen die anderen Politiker nichts Besseres, als riskante Politiken noch weiter auszubauen und gar zu beschleunigen. Da empört man sich gern im Familien- und Bekanntenkreis – und fügt dann an, leider könne man gegen all diesen Widersinn doch gar nichts machen. Und also glauben dann gar nicht wenige, die Probleme unseres Gemeinwesens wären unlösbar, denn das ganze System sei das Problem. Gewechselt hat da aber nur die politische Seite, von der dieser Ruf erschallt. In den 1960er Jahren, bis hinein in die 1980er Jahre, behauptete das nämlich die radikale Linke. Doch seit die gemäßigte Linke die meisten journalistischen, kulturellen und politisch-administrativen Führungspositionen in Deutschland besetzt hat, behauptet dasselbe die ganz ungemäßigte Rechte.

Falsch liegen *beide* – die Linke früher, die Rechte jetzt. Man *kann* nämlich in unserem Land Fehler abstellen, falsche Entwicklungen korrigieren, üble Zustände zum Besseren wenden. Nur muss man Fehler, Falsches und Übles erst einmal tatsachengetreu benennen. Und zwar nicht polternd oder schäumend, denn das wirkt abstoßend auf erst noch zu überzeugende Zuhörer. Sondern sprechen muss man von Missständen mit sanfter Klarheit, mit geduldiger Vernunft, mit durch Ironie abgepufferter Streitlust. Auf diese Weise muss man von den Missständen im Land auch *immer wieder* sprechen – und zwar vor allem vor Andersdenkenden, die nicht hören und nicht glauben wollen, was man ihnen sagt. Nur ein solches Diskussionsverhalten macht eine freiheitliche Gesellschaft lernfähig. Ohnehin können wir es nur durch *Lernen* voneinander schaffen, unser sehr bunt gewordenes Land zusammenzuhalten. Rechthaberei samt hemmungsloser Herabsetzung Andersdenkender hat hingegen schon manche Bevölkerung entzweit, manche Kultur ruiniert, manche freiheitliche Ordnung zu Fall gebracht.

Doch auch bei unseren Reaktionen auf Missstände passt vieles in Deutschland nicht zusammen. Gar nicht wenige, die sich der Verteidigung unserer freiheitlichen demokratischen Grundordnung verschrieben haben, finden Selbstbestätigung im Verachten bloßer Gegner. Viele, die gern das Lob einer vielfältigen Gesellschaft singen, ertragen politisch Andersdenkende durchaus nicht. Viele, die gegen Ausgrenzungen auftreten, wie sie sexistisch, rassistisch, klassistisch oder identitätspolitisch vorgenommen werden, haben ein rundum gutes Gefühl, wenn sie selbst ausgrenzen können. Und sie *erfinden* nötigenfalls sogar Rechtfertigungen für die selbstgefällig von ihnen praktizierte Verleumderei, Cancel Culture und Bestrafung von „Kontaktschuld".

Wir kommen aus diesem Wirkungskreislauf, der uns alle nach unten zieht, so lange nicht heraus, wie nicht wirklich viele bei sich selbst und in ihrem Bekanntenkreis damit beginnen, derlei ungutes Verhalten zu unterlassen sowie bei anderen auf entsprechende Besserung hinzuwirken. Nur wenn wir endlich wieder zu einer Debattenkultur finden, die unserer pluralistischen Demokratie angemessen ist, erarbeiten wir uns neue Chancen darauf, die beschriebenen Fehlentwicklungen in unserem Land aufzuhalten und die eingerissenen Missstände abzustellen. Dabei bringt es überhaupt nichts, Haltungskorrekturen erst einmal von den jeweiligen Gegnern einzufordern. Wir müssen schon *selbst* das Richtige tun – auch wenn wir nicht immer, oder gar sogleich, darauf hoffen können, dass andere unserem guten Beispiel folgen werden. Es ist nun einmal so, wie Erich Kästner das einst in einen trefflichen Merksatz fasste: „Es gibt nichts Gutes. Außer: man tut es!"

Deshalb sollten wir es auch nicht mit wohlfeilem Klagen und mit unverbindlichem Schimpfen darüber bewenden lassen, was alles in Deutschland schlecht ist und falsch läuft. *Tun* wir lieber das Richtige und Notwendige. Und tun wir es im konkreten Fall auch unter dem stets bestehenden Risiko, dass wir uns täuschen können, dass andere nicht mitmachen – oder dass einige uns übel mitspielen möchten. Seien wir also zwar gutwillig und zum richtigen Handeln entschlossen, doch niemals naiv. Dann weisen die zu gehenden Wege die klassischen Kardinaltugenden: das Ringen um Klugheit, das Streben nach Mäßigung, das Ausgehen auf Gerechtigkeit – und das Praktizieren von Mut. Fangen wir mit alledem an – und am besten gleich heute!

ZUM CDU-WAHLPROGRAMM 2021

Interview mit Nancy McDonnell, erschienen in „The Epoch Times" am 25. Juni 2021 unter dem Titel „Die CDU will jene Probleme lösen, welche die Grünen nur zum Ausdruck bringen konnten"[62]

Herr Patzelt, in unserem letzten Gespräch sagten Sie, die Union könne den kommenden Wahlkampf nur mit dem richtigen Wahlprogramm gewinnen. Jetzt ist es da. Wie ist Ihr Gesamteindruck?

---

[62] https://www.epochtimes.de/politik/deutschland/politologe-patzelt-die-cdu-will-jene-probleme-loesen-welche-die-gruenen-nur-zum-ausdruck-bringen-koennen-a 3542802.html; Zugriff am 29. Januar 2024.

Ich würde sagen, mit „Stabilität und Erneuerung" wurde eine Richtung gewiesen, die einer halbwegs konservativen Partei durchaus angemessen ist. Die zentrale Frage lautet nun nicht mehr einfach, ob Angela Merkels Kurs – worin auch immer er zu welcher Zeit bestand – fortgesetzt werden soll oder nicht. Vielmehr ist jetzt inhaltlich zu erkennen, was die Partei im Wesentlichen will. Insofern ist das ein Programm, mit dem die Union gut in den Bundestagswahlkampf ziehen kann.

Inwiefern unterscheidet es sich von früheren Wahlprogrammen unter Angela Merkel?

Die CDU definiert sich nicht mehr nach ihrer Haltung zur Kanzlerin, sondern greift inhaltlich das meiste von dem auf, was in Deutschland an Problemen eben da ist – von der Energiepolitik bis hin zur Wirtschaftspolitik, von der Sozialpolitik bis zur Sicherheitspolitik. Dabei beharrt die Union darauf, dass sie ihre maßvoll formulierten Ziele auch umsetzen kann. Das mag bei der Schönheitskonkurrenz mit anderen Parteien im Wahlkampf durchaus hilfreich sein. Und weil die CDU inzwischen schon wieder 16 Jahre lang regiert hat, kann sie ohnehin nicht sagen, dass allzu viel allzu falsch war und es deshalb einen großen Neubeginn brauche.

Die Aussage ist vielmehr: Wir haben vieles richtig gemacht, müssen aber weitergehen. Und das, was offensichtlich nicht richtig war, das betont man eben nicht. Etwa ist zur Migrations- und Integrationspolitik sehr wenig zu lesen, obwohl diesbezüglich die CDU-Kanzlerin Deutschland besonders stark verändert hat, und zwar nicht bloß zum Vorteil des Landes. Jetzt steht im Wahlprogramm da eigentlich nur, dass gegen Clankriminalität vorgegangen werden muss, und dass es gilt, Fluchtursachen zu beseitigen. Das ist nicht verkehrt, trifft aber nicht wirklich die innenpolitisch verursachten und deshalb innenpolitisch abzustellenden Fehler.

Die Grünen gelten als stärkster Konkurrent für die Union. Ist das Programm ein Gegenentwurf zur Politik der Grünen oder ist man sich hier weitgehend einig?

Natürlich sucht die CDU Profilierung auch gegenüber jenen Grünen, denen man sich programmatisch sehr angenähert hat. Das läuft dann auf die Aussage hinaus: Die Grünen haben gewiss auch gute Ideen, die man selbst teilt; doch es wäre dieser Partei nicht zuzutrauen, dass sie aus ihren Ideen tragfähige politische Wirklichkeit gestalten könne. In vielen Zielen sei man sich also einig; doch anders als die grüne Konkurrenzpartei stelle man in Aussicht, jene Ziele auch so zu erreichen, dass Deutschland dabei nicht deindustrialisiert werde. Das eigene Profil besteht dann darin, dass man als CDU verspricht, jene Probleme auch zu lösen, welche die Grünen bloß publikumswirksam zum Ausdruck brächten.

Keine Steuererhöhungen und möglichst schnell zur schwarzen Null. Wie soll das konkret aussehen?

Die Strategie der Union läuft wie immer darauf hinaus, der Wirtschaft solche Rahmenbedingungen zu schaffen, unter denen sie florieren, auch Arbeitsplätze schaffen kann, weshalb sie dann solche Profite machen werde, aus denen dem Staat üppige Steuern und Sozialabgaben zufließen könnten. Sobald das so komme, wäre auch wieder eine „schwarze Null" möglich. Steuererhöhungen brauchte es dann ebenso wenig wie während der Jahre vor der Corona-Krise. Und angesichts der Finanzrisiken, die unser Land zur Bewältigung der Euro-Begleitschäden inzwischen eingegangen ist, wäre es ohnehin illusorisch, jetzt obendrein Steuersenkungen in Aussicht zu stellen.

SPD-Generalsekretär Lars Klingbeil sprach von „sozialer Kälte" im Programm der CDU. Stimmt das?

Ich kann diesen Vorwurf nicht nachvollziehen. Er stimmte wohl nur, wenn soziale Wärme in Steuer- und Abgabenerhöhungen samt anschließender Ausweitung der Staatstätigkeit bestünde. Doch in Wirklichkeit ist die CDU hinsichtlich ihrer Wählerschaft inzwischen zur Partei der kleinen Leute geworden und genießt gerade bei diesen Vertrauen – im Unterschied zu den Grünen, die inzwischen die Partei der akademisch gebildeten Besserverdienenden sind.

Der CSU-Teil der Union will sogar die Mütterrente stärker ausbauen und stellt damit eine Forderung, die es nicht ins CDU-Wahlprogramm geschafft hat. Doch auch dort findet sich etwa die Absicht, Alleinerziehende besserzustellen und entsprechende Steuerfreibeträge anzuheben. Allenfalls fehlt im CDU-Programm jene „Rhetorik der sozialen Wärme", an der man oft SPD-Texte erkennt. Doch ansonsten verwechselt mancher SPD-Politiker offenbar die sozialdemokratisierte CDU mit der FDP.

Wie ist in dem Zusammenhang der staatliche Rentensparplan für Kinder einzuordnen? Demnach soll der Bund für Kinder monatlich Beträge in Fonds oder auf persönliche Konten einzahlen. Das klingt doch auf den ersten Blick sehr sozial, aber ist das auch umsetzbar?

Irgendwann und von irgend jemand müssen die Renten ja bezahlt werden! Jetzt schon müssen aus dem Bundeshaushalt, also aus Steuermitteln, sehr große Zuschüsse in die Rentenkasse geleistet werden. Auch wird das Zahlenverhältnis zwischen Rentenzahlern und Rentenempfängern immer ungünstiger. Also muss man für die Zukunft besser vorsorgen als bislang.

In diesem Zusammenhang ist das staatliche Ansparen von Rentenbeiträgen natürlich eine vernünftige Problemlösung. Sie gibt es – zumindest auf dem Papier – längst im Bereich der Beamtenpensionen. Beamte bekommen nämlich in ihren jüngeren Dienstjahren weniger Geld, als ihnen fiktiv zusteht; und die Differenz soll vom Staat eigentlich für die Pensionskasse zurückgelegt werden. Die Frage ist nur, ob das auch immer so geschieht, dem Prinzip also die Praxis entspricht.

Im Grunde kann sich der Staat hier aber sogar vom Verfassungsgericht leiten lassen. Dieses nämlich hat unlängst der Politik auferlegt, jetzt schon Klimaschutzpolitik so zu betreiben, dass deren Kosten auch für die nachrückende Generation erträglich sind. Diese Pflicht lässt sich gut in den Rentenbereich übertragen. Und tatsächlich ist Politik gut beraten, wenn sie heute schon auf die Bewältigbarkeit künftiger Aufgaben hinwirkt, sich also am Prinzip der Nachhaltigkeit ausrichtet.

Weniger Bürokratie, mehr Polizei – kann man damit Wähler von der AfD zurückgewinnen?

Weniger Bürokratie ist doch auch ein altes Ziel der FDP, sogar ein altes Ziel der Union aus Oppositionszeiten! Und starke Polizeipräsenz in Problemgebieten und zu Problemzeiten ist ebenfalls ein altes Unionsanliegen. Da muss man also keine „Anbiederung an die AfD" wittern, sondern erkennt allenfalls die Einsicht in unterlaufene eigene Fehler. Der Kanzlerkandidat Armin Laschet fährt ohnehin seit einigen Jahren einen sehr konsequenten Kurs gegen die sich ausbreitende Clankriminalität.

Allerdings muss man schon hinzufügen, dass auch CDU-geführte Landesregierungen um der Stabilisierung der Staatsfinanzen willen bei der Polizei einen gewaltigen Stellenabbau betrieben haben. Das kritisieren die Polizeigewerkschaften schon lange mit Recht. Und was die Bürokratie betrifft: Deren Wuchern hat viel mit dem Streben nach Einzelfallgerechtigkeit sowie dem Wunsch nach Kontrolle über die Wirtschaft zu tun. Das Verlangen nach beidem wird aber auch in Zukunft nicht abnehmen.

Die SPD sagt, das Wahlprogramm der CDU sei vom Wirtschaftsflügel um Carsten Linnemann und Friedrich Merz geschrieben worden, statt vom Kanzlerkandidaten Armin Laschet. Kann man das so stehen lassen?

Nachdem Deutschland eine große Wirtschaftsmacht ist und unser Wohlstand vom Florieren unserer Wirtschaft abhängt, wäre es völlig verantwortungslos, wenn gerade eine Dauerregierungspartei wie die CDU nicht die programmatische Berücksichtigung von wirtschaftspolitischem Sachverstand sicherstellen würde. Dafür ist in der Union vor allem die Mittelstandsvereinigung zuständig – und hat die CDU in Person von Friedrich Merz nun wieder einen an die Spitze strebenden Politiker, dem Wirtschaftskompetenz nicht wirklich abzusprechen ist. Um die SPD stünde es vermutlich besser, wenn auch sie solcher Kompetenz mehr Raum gäbe. Im Übrigen sind in der CDU auch weiterhin die Herz-Jesu-Sozialisten stark und werden dafür sorgen, dass gerade die kleinen Leute mit der Wirtschafts- und Sozialpolitik der Union halbwegs zufrieden sind.

Ist die Zeit der „Konservativen" vorbei, oder erleben sie gerade einen neuen Aufschwung?

In einer Zeit, in der Nachhaltigkeit samt der Aufrechterhaltung bisheriger Klima- und Biotopverhältnisse ganz oben stehen, wird man nicht wirklich vom Fehlen einer konservativen Grundstimmung sprechen können. Das gleiche gilt beim von fast allen Parteien geführten Ringen um die Sicherung unserer freiheitlichen demokratischen Grundordnung, also des bestehenden politischen Systems. Tatsächlich sind Grüne und Sozialdemokraten viel konservativer, als sie das zugeben wollen.

Der Grund liegt darin, dass sie ein sehr verzerrtes Feindbild von Konservatismus öffentlich durchgesetzt haben, das natürlich auch in der Union niemand mit sich verbunden haben will: Konservativ wäre, wer hierzulande eine männerdominierte, homogene weiße Gesellschaft wünscht, in der gesellschaftliche Ungleichheit als normal und technischer Fortschritt als ein Übel angesehen wird. Die Zeit eines solchen Konservatismus – wenn er denn je mehr als ein Zerrbild war – ist tatsächlich vorbei. Auch in der Union vertritt ihn niemand.

Noch ein paar Worte zur Rolle der AfD im Wahlkampf?

Diesmal gelingt es anscheinend nicht, die Haltung der CDU zur AfD zu einem zentralen Wahlkampfthema zu machen. Erstens gibt es ohnehin keine realistische Möglichkeit einer Koalition aus Union und AfD oder einer Minderheitsregierung der Union, der die AfD Unterstützung leisten könnte. Zweitens geht es gar nicht mehr um Angela Merkel, deren scharfe Ablehnung sehr viele weg von der Union und hin zur AfD getrieben hat. Drittens haben die Ergebnisse der Landtagswahl in Sachsen-Anhalt gezeigt, dass eine überzogene Dämonisierung der AfD für die politische Linke sogar schädlich sein kann.

Damals haben nämlich – ausweislich der Wählerwanderungsanalysen – Tausende von ehemaligen Wählern der SPD und sogar der Linken die CDU als das „kleinere Übel" gewählt, nachdem Spukgeschichten dahingehend verbreitet worden waren, die AfD könne sogar zur stärksten politischen Kraft werden. Das wird sie auf Bundesebene ohnehin nicht, und vielleicht kehren in diesbezüglich hysterisch gewordene öffentliche Debatten sogar allmählich wieder Vernunft und Augenmaß zurück.

HOCHMUT KOMMT VOR DEM FALL

veröffentlicht gegen Ende August 2021 bei „Hallo Meinung",[63] sodann am 30. August 2021 auf meinem Blog wjpatzelt.de

Der Sinkflug der Unionsparteien im Bundestagswahlkampf und die eher verzweifelte Lage ihres Kanzlerkandidaten ist der – nun auch von Gesundbetern nicht mehr abstreitbare – größere Zusammenhang, in dem am letzten Wochenende bei „Hallo Meinung" meine nachstehende, absichtlich in Alltagssprache gehaltene Analyse erschien.

Im Grunde enthält sie nichts Neues. Die dort dargestellten Zusammenhänge beschreibe ich seit vielen Jahren, und ich warnte – auf meinem Blog nachlesbar seit 2015 – bei jeder passenden Gelegenheit die Unionsparteien vor jener strategischen Sackgasse, in welche sie bei weiterer Selbstgefälligkeit unweigerlich geraten würden. Und genau in der befinden sie sich nun auch wirklich.

Jetzt also nähert sich die „Stunde der Wahrheit". Das ist wohl auch gut so. Denn eine Therapie für die Ursachen des Ansehensverfalls der Union kann erst dann entwickelt werden, wenn wenigstens die meisten Verantwortlichen jene zutreffende Diagnose akzeptieren, die sie nun schon jahrelang

[63] Als Podcast siehe https://www.youtube.com/watch?v=wJu1-L_QpU0; Zugriff am 26. Januar 2024.

zwar immer wieder zu hören bekamen, doch zu keinem Zeitpunkt ernsthaft erörtern wollten.

Warten wir aber erst einmal ab, ob die Union wenigstens aus Schaden klug wird – nachdem sie sich zu guten Zeiten ganz irrtümlich für unfehlbar hielt.

Hochmut kommt vor dem Fall. Dieser fast immer richtige Satz bewahrheitet sich derzeit am Beispiel der Unionsparteien. Siegesgewiss gingen sie monatelang auf eine Koalition mit den Grünen aus – herabschauend auf FDP und SPD, angewidert von der AfD. Und nun beschleicht sie Angst, nicht nur wieder einmal ihr bislang schlechtestes Wahlergebnis zu erzielen, sondern auch noch in der Opposition zu landen. Solche Furcht lindert nicht einmal mehr die Hoffnung, jetzt schon den Spitzenkandidaten Laschet als Sündenbock in die politische Wüste schicken zu können und sich in Deutschlands Süden nach einer Lichtgestalt umzusehen. Denn auch die CSU des immer opportunistischer auftretenden bayerischen Ministerpräsidenten ist im Sinkflug. Derzeit erklären das viele als Strafaktion der Bürgerschaft wegen der Unterstützung eines falschen Kanzlerkandidaten. Doch mit einigem Abstand werden auch jene Gesundbeter erkennen, dass selbst im weiß-blauen Freistaat die Union sehr viele ihrer Anhänger vergrault hat, weshalb sie politisch mehr und mehr vereinsamt.

Durchaus absehbar war das alles für den Fall, dass die mehrheitliche Journalistensympathie für grüne und sozialdemokratische Politik nicht länger über Angela Merkel auch der Union zugute kommen würde. Natürlich hat man in der Union ebenfalls um diesen Zusammenhang gewusst, ihn aber anders gedeutet und formuliert. Denn Friedrich Merz galt es als Parteivorsitzenden zu verhindern, weil grün-sozialdemokratische Merkel-Wähler nicht abgeschreckt werden sollten; die WerteUnion war als Krebsgeschwür aus dem Parteigewebe der Union zu entfernen, damit die Union nicht – durch deren Duldung – Beifall von der falschen Seite bekomme; und erst Kramp-Karrenbauer, dann Laschet mussten an die Spitze der CDU und somit der Union, weil sie Kontinuität, also eine Fortsetzung jenes Merkel-Kurses verhießen, der Deutschlands Journalisten so lieb und für die Union scheinbar alternativlos gut war.

Dass es für die Union aber eine „Zeit nach Merkel" geben würde, behandelte man als strategisch ebenso belanglos wie die Frage, ob die Hoffnung wirklich weise wäre, man könne die – auch aufgrund eigener schroffer Zurückweisung – endgültig zur AfD abwandernden Unionswähler durch die Bindung ansonsten grüner Stimmbürger an die Union kompensieren. Tatsächlich erklärten gerade CDU und CSU die meisten Positionen der Grünen zu solchen „aus der Mitte der Gesellschaft" und machten sie auf diese Weise mehrheitsfähig. Zugleich flaggte die Union etliche ihrer früheren Positionen als rechtsradikal aus und trennte sich so von jenem Teil ihrer einstigen Wählerschaft, dessen fortan nicht mehr gewinnbaren Stimmen man jetzt eben doch als Verluste erlebt. Beides waren jene Strategiefehler, deren Folgen nun die Union nach unten ziehen. Es macht für CDU und CSU nun einmal einen fühlbaren Unterschied, ob man dauerhaft mit einer AfD leben muss, die in den neuen Bundesländern bis auf 20 Prozent, im Westen bis auf zehn Prozent der Wählerstimmen kommen kann; und es macht im Wahlkampf einen Unterschied, ob man in auch personalpolitisch glaubhafter Weise eine Korrektur Merkelscher Europa-, Energie- und Migrationspolitik in Aussicht stellen kann.

Offenkundig vermag die Union das nicht, zumindest nicht in diesem Wahlkampf. Also wählt nun die Grünen oder die SPD, wer eine Alternative zu bisheriger Politik ohnehin für entbehrlich, ja für gefährlich hält, weil an Merkels Kurs und Kurswechseln nichts wirklich falsch gewesen wäre. Wer aber beides als oft fehlerhaft erachtet, der wählt nun entweder die AfD als klarste Alternative zum Bestehenden – oder, falls ihn der Zustand dieser Partei abschreckt, stimmt für die FDP. Und wer Merkels Politik vor allem darin als falsch ansieht, dass sie zu wenig grün und nicht links genug gewesen wäre, der stimmt jetzt eben für die Linke. Letzteres fällt für die Union zwar nicht sehr ins Gewicht. Doch sehr wohl tut das die Abwendung von Merkel-Fans hin zu den Grünen und zur SPD – und erst recht der vermutlich dauerhafte Wählerverlust an die AfD.

Beide Lecks im Pool ihrer bisherigen Wählerschaft kann die Union bis auf Weiteres nicht mehr abdichten. Ohnehin werden sie von der Unionsführung bis heute gar nicht als Lecks begriffen, sondern wurden von dieser als „wünschenswerte Öffnung zur Mitte" bzw. als „notwendige Abgrenzung nach rechts" sogar selbst verursacht. AfD-Wähler wären nämlich – so die Mehrheitsmeinung der Unionsführer – immer schon rechtsradikal und somit eine Hypothek der Union, die man nun endlich los sei. Und den Positionen von Grünen und SPD gehöre ohnehin die Zukunft, weshalb diese Positionen auch ihrerseits einzunehmen die Union dauerhaft auf die Siegerstraße bringen werde.

Im Grunde kann man den im politischen Tagesbetrieb befangenen Unionspolitikern solche Fehleinschätzungen nicht einmal allzu sehr verübeln. Sie beteten da einfach nach, was viele Journalisten und Berater ihnen vorbeteten. Immerhin entspricht Sympathie für die Grünen und

Verachtung für die AfD dem Durchschnittscredo der deutschen Journalistenschaft. Genau deshalb bescherte diese auch der anfangs so skeptisch betrachteten Grünenfreundin und AfD-Verächterin Merkel ihre – für deutsche Kanzler so unübliche – Rolle als Dauerliebling von Medien sowie als Spitzenreiterin bei Beliebtheitsumfragen. Davon profitierte die Union nun viele Jahre lang. Leichtfertig – und zu Unrecht – nahm die Union das für eine in ihrer „guten Politik" begründete Dauertatsache, nicht aber für einen flüchtigen Vorteil, der sich nur einer zeitweisen, an Merkels Regierungsrolle gebundenen journalistischen Gunstgewährung verdankte.

Zweifel an der dauerhaften Erfolgsträchtigkeit ihres für alternativlos gehaltenen Kurses kamen der Unionsführung erst, als die Grünen die Union bei der demoskopischen Standardfrage nach dem Abstimmungsverhalten bei einer Bundestagswahl „am kommenden Sonntag" einholten. Sie wuchsen, als Annalena Baerbock wie eine jugendliche Vollenderin von Angela Merkels journalistisch bewundertem Werk zum Medienliebling wurde. Kurzfristige Entlastung für die Union schuf dann die rasche Entzauberung der grünen Kanzlerkandidatin. An deren Stelle als wenn schon nicht politischer Liebling, so doch als politische Respektsperson trat dann aber der sozialdemokratische Kanzlerkandidat. Auch der steht für eine Fortsetzung vieler Politiken Angela Merkels und macht somit eine Stimmabgabe zugunsten der Sozialdemokraten umso plausibler, je weniger die Esken & Kühnert-SPD in Erscheinung tritt – und als je schwächer der Unionskandidat sich erweist oder immerhin beschrieben wird.

Aus dieser misslichen Lage gibt es für die Union bis zum Wahltag keinen selbst zu öffnenden Ausweg mehr. Traute man Grünen und Linken solchen strategischen Weitblick zu, könnte man sogar sagen: Deren Plan, die Union dauerhaft um ihre traditionelle Machtposition zu bringen, ist voll aufgegangen. Denn erst lockte man CDU und CSU auf sozialdemokratische und grüne Positionen; dann zwang man sie zur dauerhaften Abgrenzung von einem auf diese Weise ihr endgültig entfremdeten Teil ihrer früheren Wählerschaft; und fortan kann man die Union – als Partei allein der politischen Mitte – nach Belieben politisch erpressen, weil sie fortan ohne einen linken Koalitionspartner nicht mehr mehrheitsfähig ist, bei einer Zusammenarbeit mit der AfD aber politisch zerfleddert würde.

Obwohl mehrfach vor einem Hineinschlittern in genau diese Lage gewarnt, verfolgten die Merkelianer in der Union ihren Kurs bis heute starrsinnig. Insofern erweist sich ihr parteipolitischer Sieg sogar noch in jenen Wochen als umfassend, in denen er sich als ein Pyrrhussieg herausstellt.

SIEG UND DEBAKEL MIT ANSAGE

veröffentlicht am 27. September 2021 auf meinem Blog wjpatzelt.de

I. Der Gesamtbefund

Das Ergebnis des gestrigen Wahlsonntags ist klar: Die SPD und die Grünen als ihr Wunschkoalitionspartner haben gewonnen, die Unionsparteien hingegen verloren. Zugleich sind Sieg und Niederlage keineswegs spiegelbildlich. SPD und Grüne haben nämlich bloß schwach gewonnen, die Unionsparteien hingegen demütigend verloren.

Königsmacher ist nun wieder, wie schon oft in früheren Zeiten, die FDP: Mit wem sie koaliert, der wird Kanzler. Klugerweise wird die FDP, am besten wohl informell, erst einmal mit den Grünen erkunden, was beide Parteien gemeinsam wollen; und dann wird man den Zuschlag demjenigen geben, der dieser jetzigen Machtmitte unseres Parteiensystems am meisten bietet – und ihr vielleicht auch das freundlichste Gesicht zeigt.

Die Linke hat jenes Vertrauenskapital weitestgehend aufgezehrt, das ihr einst die PDS einbrachte; also wird sie den Weg jeder linken Splitterpartei gehen: Sie wächst, wenn die Sozialdemokraten in der Mitte regieren, und sie schrumpft, wenn sich die SPD ihrerseits linke Sehnsüchte zu eigen macht.

Am unangenehmsten für die Union sind – wie immer schon – die Wahlergebnisse der AfD. Vor allem – doch nicht nur – im Osten hat die sich als eine sehr ins Gewicht fallende Partei rechts der Union durchgesetzt. Und in ganz Deutschland kann die AfD nun wohl dauerhaft auf so viel an Stammwählerschaft zählen, dass ihre Gleichsetzung mit bloßem Protestgehabe den etablierten Parteien schlicht in die Tasche lügt.

Falls es einen Plan linker Unionsgegner gegeben haben sollte, CDU und CSU zunächst so weit nach links zu locken, dass ihre rechten Wähler sich einer neuen Partei zuwenden, um dann die Union zu einer so scharfen Abgrenzung von ihren früheren Positionen zu zwingen, dass sie strukturell mehrheitsunfähig wird: Dann wäre dieser Plan voll aufgegangen. Doch vermutlich hat es einen solchen Plan nie gegeben, sondern ist die Union einfach ihren Illusionen über die nachhaltige Tragfähigkeit des unter ihrer Vorsitzenden Merkel eingeschlagenen Kurses zum Opfer gefallen.

Die jahrelangen schmeichelnden Umfragewerte für die CDU galten nämlich nie dieser Partei selbst, sondern allein der langjährigen Vorsitzenden und Kanzlerin. Die aber wurde zur unangefochtenen Sympathieträgerin dadurch, dass sie ihre Politik stets an den Umschwüngen der öffentlichen Meinung ausrichtete sowie – durch die Pflege eines guten Verhältnisses zu jenen Spitzenjournalistinnen und Spitzenjournalisten, welche ihrerseits die öffentliche Meinung mitprägen – verlässlich dafür sorgte, dass sie selbst ins bestmögliche Licht gerückt wurde. Doch als, seit dem beginnenden Ende der Merkel-Zeit, sich die öffentlich bekundeten Sympathien der medial-politischen Klasse wieder ungestört auf die Grünen, dann auf die SPD ausrichteten, wurde die Union als eine ziemlich unzulängliche Kopie von Sozialdemokraten und Grünen erkennbar. Deren frühere Kerninhalte zu vertreten, machte nämlich in den Reihen der Union nämlich lange schon zur unerwünschten Person und blieb deshalb für die Gesamtlinie der Unionsparteien folgenlos.

II. Wählerwanderungen und Wählerbindungen

Man versteht das am Wahltag Geschehene vor allem dann, wenn man es im Zeitfenster jener Prozesse betrachtet, die zu ihm führten. Kurzfristig sind das die Wählerwanderungen. Deren Analyse zeigt:

- Von ihren Wählern hat die Union seit der letzten Bundestagswahl knapp zwei Millionen an die SPD und gut eine Million an die Grünen verloren, ferner 1,3 Millionen an die FDP und eine Million an die Nichtwähler. Zur AfD wanderten rund 400.000 ab. Am besten wird man das wohl dahingehend zusammenfassen, dass die Union ihre durch Sozialdemokratisierung und Vergrünung angezogene Laufkundschaft wieder an SPD und Grüne verlor, ihre einstige Stammwählerschaft aber erneut nicht halten konnte.
- Die SPD gewann knapp zwei Millionen Wähler von der Union und knapp 1,3 Millionen von den Nichtwählern, ferner gut 800.000 von der Linken, 700.000 von den Grünen und 520.000 von der FDP. Dass die SPD diesmal auch 420.000 frühere AfD-Wähler anzog, wirft erneut die Frage auf, ob die AfD denn wirklich eine Partei allein von Rassisten und Faschisten ist.
- Die Grünen gewannen eine gute Million Stimmen von der Union, knapp eine Million von der SPD, gut 600.000 von der Linken und eine gute halbe Million aus den Reihen früherer Nichtwähler. Sie haben – auch durch die zentrale Platzierung des Klimathemas durch den größten Teil der Politiker- und Journalistenschaft – in ganz besonderer Weise das vorherrschende Zeitgefühl angesprochen.

- Die FDP gewann 1,3 Million Stimmen von der Union, knapp eine halbe Million von den bisherigen Nichtwählern, deutlich unter 200.000 von Linken (!) und Grünen, sowie 340.000 von der SPD und 380.000 von der AfD. Letzteres legt wieder einmal mehr die Frage nahe, ob man das Aufkommen und die Verfestigung der AfD wohl wirklich am wirklichkeitsnächsten als ein Aufkommen von Neonazismus versteht. Im Übrigen erkennt man, wie sehr die FDP als vielseitig zum Austarieren genutztes Gegengewicht zu Union, SPD und Grünen dient.
- Die AfD verlor gut 800.000 Stimmen an die Nichtwähler. Sie hat offensichtlich viele Hoffnungen enttäuscht. Ansonsten verlor sie ziemlich ausgewogen an die Union (490.000) und an die SPD (420.000), ferner 380.000 ihrer früheren Wähler an die FDP und jeweils deutlich unter 100.000 an die Grünen (80.000) und die Linke (70.000).

Insgesamt wird einmal mehr klar, wie fehlerhaft die Einschätzung der unser Parteiensystem so tiefgreifend verändernden AfD als einer Partei *allein* von Rechtsradikalen gewesen ist. Auf sie wurde allerdings die – offensichtlich gerade nicht erfolgreiche – „Anti-AfD-Strategie" aller anderen Parteien sowie von Zivilgesellschaft und Medien gegründet. Ob das jetzt endlich begriffen wird und man zu einer wirkungsvolleren Strategie im Umgang mit der AfD findet, steht freilich in den Sternen.

Ansonsten versteht man diese aktuellen Wählerwanderungen am besten im Zusammenhang mit den langfristigen Veränderungen des Wahlverhaltens. Die lassen sich so umreißen:

- Beide Unionsparteien haben – und zwar zum fortgesetzten Mal – die schlechtesten Ergebnisse ihrer Geschichte bei Bundestagswahlen erzielt. Das macht jede Analyse oberflächlich, die nur auf kurzfristige Einflüsse wie den Spitzenkandidaten und dessen Auswahlprozess blickt. Eine viel größere Rolle spielt, dass die Union durch ihre Aneignung vieler sozialdemokratischer und grüner Positionen diese bis weit hinein in die rechte Mitte als nicht weiter problematisch, ja sogar als alternativlos zukunftsträchtig erscheinen ließ. Deshalb stimmten nun sehr viele Wähler lieber für das sozialdemokratische und grüne Original als für dessen Unionskopie. Obendrein hat die CDU im Osten nun endgültig einen Großteil ihrer früheren Wähler zur AfD hin vertrieben. Das zeigt der Blick insbesondere auf die Wahlgeographie Sachsens, Thüringens, Mecklenburg-Vorpommerns und Brandenburgs.
- Die SPD hat sich die von Angela Merkel zur Union hinübergezogenen Wähler zurückgeholt. Das gelang einesteils durch das Fehlen Angela

Merkels im Unionswahlkampf, andernteils durch die rasch verblassende Anziehungskraft der Kanzlerkandidatin der Grünen. Von ihrer früheren Stärke zu Zeiten Schröders, Schmidts und Brandts ist die SPD aber weit entfernt – vor allem, weil sie seit langem die Stimmen aus der linken politischen Mitte mit den Grünen teilen muss. Also wird sich an der Aufsplitterung unseres Parteiensystems links der Mitte nichts mehr ändern. Ihre dortige Schwäche wird für die SPD im Grunde nur erträglicher gemacht durch die fortan ebenfalls nicht mehr zu beseitigende Aufsplitterung des Parteiensystems rechts der Mitte, was dauerhaft die Union schwächen wird.

- Die FDP war und bleibt eine Funktionspartei und riskiert ihre parlamentarische Existenz immer dann, wenn die von ihr gerade erfüllte Funktion nicht den politischen Umschichtungswünschen der Wählerschaft entspricht. Das macht ihr diesmal die Rolle bei der Regierungsbildung besonders schwer. Wenn sie nämlich nicht mit der SPD koaliert, zieht sie den Zorn jener knappen Bevölkerungshälfte auf sich, die – als Wählerschaft von SPD, Grünen und Linken – einen Kurswechsel wünscht; koaliert sie aber nicht mit der Union, so verscheucht sie ein Viertel jener Wähler, die sie soeben von dort an sich gezogen hat.
- Die AfD hat die aufgrund der Politik Angela Merkels aufgerissene Repräsentationslücke rechts der Union gefüllt und sich in ihr dauerhaft festgesetzt. Sollte sie ihren innerparteilichen Streit dahingehend beilegen, dass sie sich künftig ohne Zweifel an ihrer Verfassungstreue ins deutsche Parteiensystem einordnet, so vermöchte sie zweierlei zu erreichen: Sie könnte die Union in den neuen Bundesländern dauerhaft marginalisieren – und sie in den alten Bundesländern zu einer Partei machen, die stets zum eigenen Nachteil mit SPD oder Grünen koalieren muss, und zwar so lange, wie sie nicht – wie eines Tages vielleicht eben doch – zum dann machtpolitisch sehr heruntergekommenen Partner der AfD werden will. Es ist freilich noch ganz unklar, ob die AfD die strategischen Chancen eines solchen Normalisierungskurses begreift – und erst recht, ob es in absehbarer Zeit eine AfD-Führung geben wird, die einen solchen Kurs innerparteilich durchsetzen könnte.

III. Konsequenzen

Die Union hat es nach ihren vielen Wahlniederlagen der letzten Jahre stets vermieden, eine tatsachengetreue Analyse ihres Niedergangs zu versuchen. Also konnte sie auch keine für sie hilfreichen Konsequenzen aus deren Ergebnissen ziehen. Über allem stand das Gebot, Loyalität zu jener Kanzlerin zu üben, deren Politik die zentrale Ursache für die derzeitige schlechte Lage der Union ist. Es ist nicht zu erwarten, dass die Nachwirkungen solcher Willfährigkeit seitens von Unionsfunktionären und Parteivolk rasch abklingen. Vor allem wird es keine Kurskorrektur der Union geben, falls es ihr gelingt, eine Koalition mit Grünen und FDP zu schmieden. Misslingt ihr das aber, so wird ein Großteil der Partei sich wohl mit der Erklärung begnügen, man habe eben auf den falschen Kanzlerkandidaten gesetzt. Belässt man es freilich bei dieser oberflächlichen Einschätzung, dann geht der Niedergang der Union weiter. Lediglich die CSU kann hoffen, aus der Opposition gegen die kommende, SPD-geführte Bundesregierung Kapital für die nächste, wirklich schicksalhafte bayerische Landtagswahl zu schlagen.

Bei der SPD wird viel davon abhängen, ob sie Olaf Scholz als Kanzler ebenso desavouieren und zum Aufgeben zwingen wird, wie das ihrer Parteilinken einst mit Helmut Schmidt gelang. Zwar beschwieg sie im Wahlkampf eisern, dass sie Olaf Scholz – da „zu rechts" – um keinen Preis als Parteivorsitzenden wollte. Doch sobald es ums Regieren geht, entfällt jeder Grund, die errungene Macht nicht für eine klar linkere SPD-Politik nutzen zu wollen.

Die Grünen werden vor die Aufgabe gestellt sein, in der kommenden Koalition ihren fraglos erfolgreichen „Realo-Flügel" weiterhin stark zu halten. Das kann im gleichen Umfang gelingen, wie Robert Habeck die innerparteiliche Debatte zu moderieren und auf einem plausiblen Kurs zu halten vermag.

Die FDP wird sich in jeder Koalition aus den schon erläuterten Gründen schwertun. Wer immer mit ihr koaliert – ohnehin die Grünen, vermutlich die SPD, und unter besonderen Umständen trotz ihrer Niederlage vielleicht doch noch die Union – wird schon im Eigeninteresse gut daran tun, in der kommenden Bundesregierung möglichst viel an liberaler Ordnungs- und Wirtschaftspolitik zuzulassen.

Die Linke muss entscheiden, ob sie den Weg zur Rolle einer Splitterpartei weitergehen will. Ideal für Deutschland wäre es, wenn sie die Wiedervereinigung mit der SPD suchte.

Die AfD steht ebenso vor einer Weichenstellung: Will sie ihren Kurs als Anti-Establishment-Partei bzw. gar Anti-System-Partei fortsetzen, bei dem sie ihr Wählerpotential inzwischen ausgeschöpft hat und ohne jede unmittelbare Machtperspektive bleibt, oder will sie anstreben, nicht nur dauerhaft ihren Platz rechts neben der Union zu verteidigen, sondern sich eines Tages auch als Koalitionspartner zu qualifizieren. Das Ringen um diese Entscheidung kann die AfD allerdings in eine jener Existenzkrisen treiben, welche die FDP nun schon mehrfach zu überstehen hatte.

Die besten Folgen hat das Wahlergebnis vom letzten Sonntag für unser parlamentarisches Regierungssystem: Es wird wieder einmal vor Augen geführt, dass die politische Macht vom Parlament auszugehen hat – und nicht von einem quasi-plebiszitär bestimmten Bundeskanzler, der sich anschießend ans „Durchregieren" macht. Es wäre schön, wenn der nächste Deutsche Bundestag sich in genau diesem Sinn als ein selbstbewusst machtverleihendes Parlament verhielte – und nicht, wie in der Vergangenheit mit den damaligen übergroßen Merkel-Mehrheiten, als gefolgschaftswilliger Abnickapparat.

Im Übrigen gälte es, das Wahlrecht nach baden-württembergischen Vorbild zu ändern.[64] Dieses verbindet in ihren Wahlkreisen direkt gewählte Abgeordnete mit einer Porportionalität der Sitzzahlen insgesamt; und dank des Fehlens von schon vorab den Direktmandaten zur Seite gestellten Listenmandaten sorgte es für einen deutlich kleineren Bundestag – und zwar ohne jede Verkleinerung der Wahlkreise. Doch das ist ein Thema für spätere Analysen.

NEUES SPIEL, NEUES GLÜCK. BEMERKUNGEN ZUM REGIERUNGSWECHSEL

veröffentlicht am 4. Oktober 2021 auf meinem Blog wjpatzelt.de

I. Zwei wertvolle Züge pluralistischer Demokratie

Zu den wertvollen Zügen pluralistischer Demokratie gehört die Chance, durch Politik Neues zu erkunden. Stimmenzuwächse von Parteien bei Wahlen eröffnen derlei Chancen, desgleichen solche Wahlniederlagen, die eine Partei um ihre Regierungsmacht bringen und dann tiefgreifende Per-

[64] Anmerkung vom Januar 2024: Leider geschah genau das Gegenteil: Nicht das Personalitätsprinzip („Erststimme", „Wahlkreisstimme") wurde gestärkt, sondern das Parteiprinzip („Zweitstimme", „Listenstimme"); und leider schlug man inzwischen auch in Baden-Württemberg selbst diesen falschen Weg einer Wahlrechtsreform ein.

sonalwechsel, gar Kurswechsel zur Folge haben können. In einer solchen Übergangszeit befindet sich derzeit Deutschland. Die Union ist abgestürzt; und Sozialdemokraten sowie Grüne samt Liberalen haben so viel an Wählerunterstützung gewonnen, dass sie gemeinsam Neues versuchen können. Sie werden das wohl auch tun. Und das ist gar nicht schlecht so.

Zwar gibt es in der Politik so wenig wie sonst im Leben dafür Gewähr, dass gut Gemeintes sich wirklich gut auswirkt. Mehr lässt sich nun einmal nicht in Aussicht stellen als ein umsichtiges Vorgehen im Dreischritt von Versuch, Irrtum bzw. Bewährung sowie anschließender Fehlerkorrektur, falls sich eine solche als notwendig erweist. Also sollte man bei einer neuen Regierung nie mit vorauseilender Schadenfreude auf Fehler warten. Vor denen sollte man lieber vernehmlich warnen. Zugleich soll man es für möglich halten, dass man selbst die Lage falsch beurteilt und sich grundlos Sorgen macht. Obendrein sollte man allen Regierenden die Daumen drücken, dass sie begangene Fehler bald willig einsehen und dann rasch abstellen. Zwar werden die Folgen von Fehlern trotzdem fortwirken. Doch das ist eine unvermeidliche Lebenstatsache, die man zwar bedauern kann, doch hinzunehmen hat.

Falls sich eine Gesellschaft dazu aufrafft, in der eben beschriebenen Gelassenheit mit politischen Fehlern umzugehen, kann sie auch einen weiteren, sehr wichtigen Vorzug von pluralistischer Demokratie erkennen. Die bietet nämlich nicht nur Chancen auf die Erkundung von neuen Wegen. Vielmehr setzt sie die jeweils Regierenden auch unter großen Lerndruck – und zwar gerade so lange, wie es eine kritische Öffentlichkeit und praktizierten politischen Wettbewerb gibt. Der Wirkungszusammenhang sieht so aus: Gerade dann, wenn Neues versucht wird, richtet sich die öffentliche Aufmerksamkeit sehr darauf, ob diese Versuche auch gelingen. Lässt sich derlei aber auch nach Ablauf der in Aussicht gestellten Frist selbst ansatzweise nicht erkennen, dann war wohl etwas mit der Problemdiagnose oder mit dem politischen Therapieversuch falsch, womöglich auch mit beidem. Also gibt es konkreten Anlass zum Dazulernen. Das freilich braucht auch öffentlichen Druck: durch mediale Kritik, durch Demonstrationen, durch Abstrafungen bei Wahlen.

Das alles gilt ebenso, wenn eine neue Regierung manche Politik einer früheren Regierung in der Hoffnung aufgibt, allein schon dadurch entstehe Besseres. Jedenfalls ist die angemessene Beobachterrolle die des kritischen und selbstkritischen Bilanzierens. Zum Problem für politisches Lernen kann freilich – neben ausbleibender öffentlicher Kritik sowie fehlendem öffentlichen Korrekturdruck – auch die Anhängerschaft derer werden, die da politisch experimentieren, um Wege zu besseren Zuständen zu erkunden. Was nämlich den einen als Lernen aus besser oder schlechter gelungenen Versuchen gilt, erscheint den anderen oft als Verrat an früheren Grundsätzen. Auch das ist verständlich, denn bisweilen muss man die Nebenwirkungen von Reformen eben über längere Zeit ertragen, wenn in der Sache selbst Fortschritte erzielt werden sollen. Außerdem kann man stets – und mit Recht – auch auf denselben Sachverhalt aus verschiedenen Perspektiven blicken.

II. Was sich gerade ändert

Noch ist nicht verlässlich abzusehen, welche Partei die nächste Bundesregierung führen wird. Klar ist aber jetzt schon, dass nicht quasi-plebiszitär legitimierte Anführer „großer" Parteien huldvoll den Anführern „kleiner" Parteien einen Platz am Kabinettstisch anbieten werden und dafür politische Gegenleistungen verlangen können. Vielmehr ist die Erosion der ehedem „großen" Parteien – Union und SPD – so weit fortgeschritten, dass es zu einer Rollenumkehr gekommen ist. Es klären jetzt nämlich die Anführer der ehedem „kleinen" Parteien – nämlich Grüne und FDP – untereinander ab, ob und wie weit sie miteinander regieren wollen oder können; und auf der Grundlage eines solchen Einvernehmens bieten sie dann der SPD oder der Union an, zur von ihnen gewünschten Politik beizutragen und der gemeinsamen Regierung vorzusitzen.

Das beendet jene Zeiten des Durchregierens, an die wir uns zum Nachteil unserer parlamentarischen Demokratie gewöhnt haben. Es wird kaum mehr so sein, dass der Regierungschef mit seinen Vertrauten im Rahmen des womöglich schon vor zwei, drei Jahren vereinbarten Koalitionsvertrags einen Kurs vorgibt und dann von den Vorsitzenden der Koalitionsfraktionen im Parlament durchsetzen lässt. Sondern viel mehr als früher wird es auf den – inzwischen durchaus entziehbaren und einer anderen Partei zusagbaren – Gefolgschaftswillen der einstmals „kleineren" und damals nachgerade alternativlos in eine Koalition eingebundenen Fraktionen ankommen. Das macht den Bundestag zu einem nicht nur in der Theorie, sondern auch in der Praxis wichtigeren politischen Akteur, als er es in den letzten Jahren gewesen ist. Gewiss bezahlen wir das mit verringerter Regierungsstabilität. Doch erhalten werden wir eine größere Reaktionsbereitschaft der jeweiligen Parlamentsmehrheit auf Willensbekundungen aus der Bevölkerung.

Besonders gut ist es, dass die Grünen und die FDP, die einander lange Zeit mit lustvoll-herabsetzenden Vorwürfen überzogen, nun zur Zusammenarbeit gezwungen sind, falls sie denn regieren wollen. Gelingt eine Bereinigung ihres so lange verbohrten Verhältnisses, dann wird das ebenso befreiend sein wie einst das Gelingen der Zusammenarbeit von Christ- und Sozialdemokraten während der ersten und noch wirklich großen Koalition. Auf diese Weise eröffnet das Ergebnis der Bundestagswahl neue Chancen für unsere parlamentarische Demokratie. Hoffentlich werden sie auch genutzt.

Die folgenden Bemerkungen über Hoffnungen, die sich – neben Sorgen – auf die kommende Regierungszeit richten, gehen von einer SPD-geführten Koalition aus. Sie nämlich scheint derzeit wahrscheinlicher zu sein als ein CDU-geführtes Regierungsbündnis. Ohnehin ist die Union nun nicht nur jahrelang und konsequent den Weg auf jenen Abgrund hin gegangen, an dessen Rand sie nun steht. Sondern sie lässt jetzt auch noch keine Gelegenheit aus, jedweden eigenen Kanzlerprätendenten um seine Autorität zu bringen sowie jede Aussicht auf ein Weiterregieren sowohl den eigenen Anhängern als auch der Bevölkerung zu vermiesen. Die Fehlleistungen der Union gehen also auch „nach Merkel" weiter. Also wird der nächste Teil dieses Textes wohl aktuell bleiben.

III. Ein Blick zurück und ein Blick nach vorn

Um die Chancen des kommenden Regierungswechsels hin zu Rot-Gelb-Grün abschätzen zu können, lohnt vorab der Blick zurück. In den Jahren nach der Wiedervereinigung war Deutschland hinsichtlich seiner Wirtschaft zum „kranken Mann" Europas geworden. Veränderungen im Arbeitsrecht und bei der Rentenpolitik erschienen sinnvoll. Doch was der damaligen Unions-FDP-Regierung unter Kanzler Kohl als Ausweg aus der Krise erschien, das hielt die SPD-Opposition unter Oskar Lafontaine für einen unerträglichen Abbau sozialer Errungenschaften. Und weil SPD und Grüne damals die Mehrheit im Bundesrat hatten, blockierten sie dort nicht nur alle Reformversuche von Union und FDP, sondern sie versprachen auch, die wenigen trotzdem durchgesetzten Kleinreformen Helmut Kohls nach einem Wahlsieg rückgängig zu machen. So geschah das dann auch.

Nur wurde dadurch der deutschen Wirtschaft gerade nicht aufgeholfen. Vielmehr krankte sie weiterhin – und immer fühlbarer. Da schwenkte der innenpolitisch arg unter Druck geratene, Monate vorher fast abgewählte Bundeskanzler Schröder im Frühjahr 2003 doch noch um. Eilends ließ er ausarbeiten, und zwar ohne sonderliche Beteiligung seiner Partei, was später als „Agenda 2010" berühmt wurde. Diese ging sogar weit über das hinaus, was Kanzler Kohl sich gegen links-grünen Widerstand überhaupt zu versuchen getraut hatte. Dankbar für diese zwar späte, doch nun endlich handlungsleitend gewordene Einsicht unterstützte, ja verschärfte die inzwischen den Bundesrat dominierende Union die Schrödersche „Agenda 2010„. Also wurden ihre Projekte zum Gesetz und gelangen auch vielfach.

Allerdings war unter Sozialdemokraten die Abneigung gegen diese, so lange von ihnen ausdrücklich abgelehnten Reformen so tief verwurzelt, dass Gerhard Schröder sie gegen die eigene Partei und gegen jenen Teil der Gesellschaft durchsetzen musste, der ihn 1998 ins Kanzleramt gebracht hatte. Also dankte man Schröder und der SPD den wirtschaftspolitischen Durchbruch der „Agenda 2010" gerade nicht. Vielmehr entstand nun als Dauerkonkurrenz der SPD die bundesweite Linke, und die zur erhofften Machtsicherung vorzeitig herbeigeführte Bundestagswahl brachte eben doch die Union zurück an die Macht. Deren Kanzlerin profitierte dann viele Jahre lang – samt der Union sowie ganz zu Lasten der SPD – von den politischen Erträgen der Schröderschen Reformen. Erst 16 Jahre später war das auf solche Weise in den Schoß Gefallene verspielt.

Diese Geschichte im Sinn, können wir nun vorausblicken. Denn auch die erforderlichen Reformen hin zu einer wirklich nachhaltigen Migrations- und Integrationspolitik Deutschlands waren gegen die rot-grüne Mehrheit in Bundesrat und Medien schlicht nicht machbar. Die Union versuchte sich seit etlichen Jahren auch gar nicht mehr daran, ja fand ihrerseits Reformen großenteils gar nicht mehr erforderlich. Ähnliches gilt für die künftige Sicherstellung einer solchen Energieversorgung Deutschlands, die ohne stets steigende Preise, ohne immer wieder erforderlichen Import von Atom- und Kohlestrom aus dem Ausland sowie ohne Risiken für die Netzwerkstabilität auskommt.

Auf beiden Politikfeldern wird die kommende Ampelkoalition zunächst jenen Weg weiterverfolgen, ja sogar das Schritttempo erhöhen, auf dem die Union nur widerwillig oder eigentlich gar nicht mitgehen wollte. Es werden die letzten Atom- und Kohlekraftwerke abgeschaltet werden; erst recht wird dann zu hohen Preisen immer wieder Atom- und Kohlestrom aus dem Ausland importiert; alsbald werden sich politische Konsequenzen aus jener Abhängigkeit Deutschlands von russischem Erdgas ergeben, in die man sich zur Schließung der bewusst aufgerissenen Deckungslücke beim deutschen Energiebedarf begeben hat; und der Versuch, die Erzeugung von Wind- und Sonnenenergie immer weiter auszubauen, wird bundesweite Aufsässigkeit derer herbeiführen, welche die

Folgen der fortan erforderlichen Landschaftsveränderungen vor ihren Fenstern oder in ihrem Hintergarten erleben. Das wiederum macht die Wahrscheinlichkeit ziemlich groß, dass spätestens zu Beginn der nächsten Wahlperiode die – vermutlich knapp im Amt bestätigte – Ampelkoalition die Weichen hin zur Einführung einer neuen Generation vom Atomkraftwerken stellen wird. Das wird dann nämlich als der sinnvollste Weg erscheinen, um zwar den durch wachsende E-Mobilität, aufzubauende Wasserstoffwirtschaft und zunehmende Digitalisierung erzeugten Mehrbedarf an Energie zu decken, zugleich aber ohne eine weitere Verbrennung fossiler Energieträger auszukommen – und auf diese Weise weiter den Glauben zu nähren, von Deutschland aus ließe sich das Erdklima stabilisieren.

Ebenso werden wir mindestens im ersten Jahr der neuen SPD-geführten Bundesregierung einen weiteren Ausbau der Möglichkeiten erleben, selbstermächtigt nach Deutschland einzuwandern sowie unabschiebbar in den sozialen Sicherungssystemen dieses Landes zu verweilen. Ferner wird die Ausgestaltung unserer multiethnischen und multikulturellen Gesellschaft dahingehend vorangetrieben werden, dass einander fremd bleibende ethnische Gruppen schlicht nebeneinander leben, es auf wirkliche Integration in die Gesellschaft der länger schon im Lande Lebenden also gar nicht ankommt. Bei allfälligen Konflikten wird man sich dann daran machen, jene Spielregeln einfach neu auszuhandeln oder machtgestützt durchzusetzen, nach denen die jeweiligen Gebiete und Ansprüche gegeneinander abgegrenzt werden. Die vermutlich unschönen Folgen dieser Mischung aus Treibenlassen und Beschleunigen des sich bereits Ereignenden werden sodann noch zwei, drei weitere Jahre lang nach Kräften bemäntelt werden, nämlich durch Verzicht auf die Erhebung aussagekräftiger Daten sowie durch die Kaltstellung von Befürwortern einer anderen Zuwanderungs- und Integrationspolitik. Die Beschreibung von Zuständen und Entwicklungen, die Anlass zu Reformen einer solchen Politik geben könnten, wird während jener Jahre wohl mehr noch denn bislang als Bekundung von Rassismus sowie als menschenfeindliche Hetze hingestellt werden. Im Lauf der Zeit wird freilich unter denen, welche diese politische Entwicklung aufgrund ihrer Regierungsmehrheit und ihrer Regierungsämter zu verantworten haben, allmählich die Einsicht reifen, dass man schon lange vor 2015 in der Migrations- und Integrationspolitik einen falschen Kurs eingeschlagen hat, den es nun endlich zu korrigieren gilt. Auf die Unterstützung der Union wird man dann ebenso bauen können wie bei den in einigen Jahren zu erwartenden Korrekturen unserer Energiepolitik.

Die Kurzformel für solche Prozesse, die politischen Beobachtern trotz kurzfristiger Politikfehler mittelfristige Zuversicht nahelegen, lautet seit langem: „Nur Nixon konnte nach Peking reisen." Denn ebenso wie nur ein als Kommunistenfresser ausgewiesener Politiker innenpolitische Unterstützung dafür zu finden vermochte, Wege zum Miteinander zwischen einer kommunistischen und einer kapitalistischen Macht zu öffnen, und ebenso wie nur ein SPD-Führer die Chance hatte, solche Reformen durchzusetzen, die – solange von einer Unionsregierung versucht – durch die Sozialdemokraten blockiert wurden, wird nur eine rot-grüne Regierung es bewerkstelligen können, gegen Skepsis im eigenen Lager die erforderliche Wende bei der Energie- und Migrationspolitik herbeizuführen.

Wenn also die kommende Ampelkoalition in vermutlich wenigen Jahren, auch ganz entgegen den ernstlichen Absichten, tiefsten Wünschen und innersten Überzeugungen von heutigen Sozialdemokraten und Grünen, unser Land wieder zu einer vernünftigen Energie- bzw. Migrations- und Integrationspolitik führen wird: Wie sollten wir das wohl bewerten und durchaus auch vorab? Vielleicht mit der sarkastischen, auf die ehedem realsozialistischen Staaten gemünzten Formulierung, es wäre der Kommunismus nun einmal der längstmögliche Umweg vom Kapitalismus zum Kapitalismus? Mit Empörung über Prinzipienverräter, die durch die Ausübung von Regierungsmacht korrumpiert wären? Zur Verzweiflung gebracht durch die Einsicht, dass immer wieder erst einmal Falsches geschehen sein und üble Folgen nach sich gezogen haben muss, damit solche Falschheit eingesehen und der Blick für das Richtige aufgetan wird? Oder mit Dankbarkeit dafür, dass pluralistische Demokratie gerade so funktioniert, wie sie auch zu funktionieren verspricht: nämlich mit der Eröffnung von Chancen, etwas Neues auszuprobieren – und mit dem Druck hin zum Lernen, wenn das Neue eben doch nicht so funktioniert, wie man sich das erhoffte?

Uneingeschränkt rate ich zur letztgenannten Haltung. Und sollte uns die neue Regierung mit ihrer angekündigten Klima- und Energiepolitik samt der in Aussicht gestellten, weiterhin für alternativlos gehaltenen Willkommenskultur tatsächlich in jene herrlichen Zeiten führen, die Sozialdemokraten und Grüne uns im Wahlkampf verheißen haben, dann werde ich mich auch gerne selbst an eine steile Lernkurve machen. Denn Evolution ist nun einmal ein Prozess ohne ein vorbestimmtes Ende – wenngleich mit Algorithmen, die auch durch das Wegwünschen nicht vergehen.

IV. Der Union ins Stammbuch

Seit weit über einem Jahrzehnt benutze ich immer wieder die Formulierung, die sächsische CDU werde „implodieren", wenn sie sich nicht zu einer anderen Haltung als einer von Bräsigkeit, Selbstbezüglichkeit und Arroganz aufraffe. Nun hat sich diese Implosion vollzogen. Opportunistisch den Moden des Zeitgeistes zu folgen und lieber am Berliner Hof als bei den Leuten im Land angesehen zu sein, hat sich unverkennbar gerade so ausgewirkt, wie das auch zu erwarten war. Also wird Sachsens CDU fortan sehr schmerzlich erleben, dass sich Vertrauen viel leichter verspielen als neu erringen lässt. Und auch die Bundes-CDU wird sich schon bald nicht mehr der Einsicht verschließen können, dass angesichts einer gerade auf ihre sozialdemokratischen und grünen Züge stolzen Union es niemand den Wählern verübeln kann, wenn sie statt einer immer nur nacheilenden Unions-Kopie gleich das sozialdemokratische oder grüne Original wählen. Jedenfalls lautet die strategische Frage, wofür es eigentlich die Union noch brauchen soll, wenn SPD und Grüne doch ohnehin die – ausweislich ihrer Lippenbekenntnisse – auch von der Union geforderte Politik vollziehen, nur eben klarer und konsequenter, als das die Union unternähme.

Womöglich wäre dennoch ein Fortbestand der Union wünschenswert, nämlich als Warnerin vor unvorsichtiger Politik, als Mahnerin ob schädlicher Nebenwirkungen populärer Maßnahmen, auch als Stabilitätsanker deutscher Politik. Müsste sich dann aber die Union nicht allmählich überlegen, ob an dem, was gemeinhin „Konservatismus" genannt wird, wohl auch etwas an sich Schätzenswertes wäre? Ob sich im Konservatismus gar etwas für eine pluralistische Demokratie funktional Erforderliches fände? Und ob zum eigenen Niedergang nicht sehr wesentlich beigetragen haben mag, dass sich Angela Merkels Union im dialektischen Ablauf politischer Prozesse allzu lange der Rolle einer Antithese verweigert hat, als nämlich Medien und öffentliche Meinung die Kernthesen genau der politischen Konkurrenz zur Union kulturell hegemonial gemacht hatten? Dass also die Union von ihr glaubwürdig vertretbare Inhalte – starke Wirtschaft, umfassende Nachhaltigkeit, gerechte Ordnung, aufgeklärter Patriotismus – am besten nicht entlang dem Zeitgeist formuliert, sondern in Auseinandersetzung mit dem Zeitgeist ausarbeitet?

Warten wir nun ab, ob – nach ihrem nun schon jahrelangen Sinkflug – die Union angesichts ihrer jüngsten, dramatischen Wahlniederlage endlich die intellektuelle Kraft und emotionale Stärke aufbringt, gerade ihren eigenen Beitrag zum Absturz der Partei, ja nachgerade zu einer politischen Selbstverstümmelung zu erkennen. Gelangt die Union aber auch jetzt nicht zu einer sachgerechten Diagnose und wirksamen Therapie ihrer Schwächen, dann kann sie leicht zum Opfer der AfD werden, falls die sich – derzeit wenig wahrscheinlich – in für sich selbst vorteilhafter Weise weiterenwickelte: nämlich weg von einer jetzt großenteils in rechtsradikalen Irrtümern befangenen Bewegung und hin zu einer realistischen sowie staatsmittragenden Partei, die einfach rechts von einer sich nur noch in der „Mitte" platzierenden Union steht – und somit auf einem einst von der Union beherrschten Gelände.

Falls das so käme und die AfD zur wirkungsvollen Konkurrenz einer sich nicht reformierenden Union würde, hätte ich meinem 2019 erschienenen Buch „CDU, AfD und die politische Torheit" (Weltbuch-Verlag, Dresden) wohl noch einen zweiten Band anzufügen. Der handelte dann nicht wie der erste Band vom selbstverschuldeten Abstieg der CDU, sondern auch noch von ihrem selbstverschuldeten Ende als einer Partei, die Deutschland aus eigener Kraft zu gestalten vermag.

WÜRDELOSE UNION

veröffentlicht am 10. Oktober 2021 bei „Hallo Meinung", desgleichen am 11. Oktober 2021 auf meinem Blog wjpatzelt.de

Würdelos. Das ist das richtige Wort dafür, wie die Politiker der Union mit ihrem Spitzenkandidaten Laschet umgehen, mit ihrer Partei umgehen, mit sich selbst umgehen.

Da haben die Delegierten der CDU zweimal verhindert, dass ihre Partei einen Alternativkurs zu dem der Kanzlerin einschlug. Dafür wählte man AKK und Armin Laschet. Von denen nämlich versprach man sich eine Fortsetzung der Merkelschen Politik. Doch bald schon wurden beide wie politischer Abfall behandelt, als sie – auf unterschiedliche Weise – die in sie gesetzten Erwartungen nicht erfüllten. Dabei sorgten sie wirklich nur für die Kontinuität des Merkel-Kurses, scheiterten allerdings genau deshalb. Doch wieso lädt man die Schuld dafür nur bei den Gewählten ab, nicht aber bei denen, die AKK und Laschet gegen starken innerparteilichen Widerstand, insbesondere des Parteifußvolks, einst durchgesetzt haben? Man kommt wohl kaum am Schluss vorbei, dass es der Wagen namens CDU gar nicht mehr verdient, überhaupt von jemandem gezogen zu werden.

Da hat die CDU ihre Kanzlerin jahrelang eine christdemokratische Position nach der anderen aufgeben lassen, um lieb Kind beim grünen und sozialdemokratischen Zeitgeist zu werden und zu bleiben. Da hat die CDU zugesehen, wie die Kanzlerin angesichts des inhaltlich von ihr verursachten Niedergangs der Union zwar den Parteivorsitz abgab, das Kanzleramt aber behielt – und somit ihren Nachfolgern an der Spitze der CDU jede Chance nahm, mit einem Bonus als Regierungschef in den absehbaren Wahlkampf zu gehen. Und jetzt sieht die CDU kommentarlos der Kanzlerin zu, wie diese dem Untergang der CDU zusieht – gerade so, als ob jene Partei, der sie „nahesteht ... äh – angehört", für Angela Merkel nichts weiter war als jener „Mohr, der seine Schuldigkeit getan hat" und jetzt gehen kann. Diese Formulierung stammt übrigens von Friedrich Schiller, nicht von mir; und also distanziere ich mich wohl besser von ihm und von seinen Werken.

Und da haben die Delegierten auf CDU-Parteitagen, also die Mandatsträger und Funktionäre der Partei, immer wieder – und immer wieder sehr viele Minuten lang – ihre Kanzlerin beklatscht, haben sie gegen alle Kritik verteidigt und haben jene beschimpft, die genau vor dem Weg in den jetzigen Niedergang gewarnt sowie Alternativen zu ihm aufgezeigt haben. Und jetzt haben eben dieselben Leute die Stirn, eine Erneuerung der Union „an Haupt und Gliedern" zu fordern und zu verkünden, wirklich „kein Stein darf auf dem anderen bleiben". Es ist mit dieser Partei anscheinend wie mit anderen einst führenden Parteien deutscher Staaten: Niemand ist schuld am Scheitern außer jenen wenigen, denen man selbst einst zujubelte. Wenn aber der Beifall für die Parteispitze schon zu den guten Zeiten der Partei angeblich nicht ernst gemeint war: Welche Urteilskraft soll man solchen Leuten dann in der jetzigen Krise zuschreiben? Waren sie früher töricht, sind jetzt aber klug? Vermutlich waren sie großenteils einfach Karrieristen – die nun, durchs Verdrängen der einst lautesten Jubler, einfach die nächste Karrierestufe erklimmen wollen.

Immerhin ist sich die Union weiterhin darin treu, dass sie prinzipienlos bleibt. Sozusagen södert sie einfach weiter. Vorgestern kümmerte es die Union nicht, dass sie klassische Unionspositionen bei der Verteidigungspolitik, Energiepolitik, Währungspolitik und Migrationspolitik opportunistisch räumte. Gestern kümmerte es sie nicht, dass sie die Verfechter ehemaliger Unionspositionen als Rechtspopulisten und als Steigbügelhalter der AfD verleumdete. Heute kümmert es sie nicht, dass die Gläubigen von gestern nun Alternativen zum ehedem für alternativlos Erklärten fordern. Und morgen wird es die das Elend geschäftig verwaltenden Parteioberen nicht mehr kümmern, dass überhaupt jemand der Niedergang der Union bekümmert hat. Es gibt sie ja immerhin noch, nämlich als einen kleineren Koalitionspartner und als Funktionspartei.

Was also soll man als Nichtlinker in dieser Lage machen? Aus den Unionsparteien austreten? Einer Konkurrenzpartei beitreten? Innerparteilich auf Einsicht und Korrekturen hinwirken? Oder in die innere Emigration gehen und resigniert der einstigen politischen Heimat beim Verrotten oder Selbstverstümmeln zusehen? Soll man überhaupt zur Kenntnis nehmen, wie zufrieden die einstige CDU-Vorsitzende den künftigen SPD-Kanzler als ihren Testamentsvollstrecker beim Amtswechsel willkommen heißt?

Jeder wird da nach eigenem Naturell und nach dem Grad der persönlichen Leidensfähigkeit verfahren. Vielleicht erweist sich als besonders schlau, wer Angela Merkel jene große Weichenstellerin hin zu einer solchen sozialdemokratisch-grünen Regierungsweise nennt, die endlich unser Land modernisiert und von einer Gefahr fürs Weltklima zum Retter des allgemeinen Menschenrechts aufs Aus- und Zuwandern macht. Vielleicht ist klug, wer das Beseitigen von Bestehendem für ein Grundgesetz allen Wandels hält. Womöglich ist sogar weise, wer sich in die Unmöglichkeit schickt, einen solchen Unfug aufzuhalten, dem sich eine Mehrheit gerade fügen will. Und wer obendrein ein weiches Herz hat, mag auch jene bedauern, die alsbald den Schaden haben – und zwar auch dann, wenn sie ihn nicht selbst herbeiführten.

Nein – diese Bemerkungen beziehen sich nicht auf die kommende Politik der neuen Koalition. Sondern das alles betraf jenes schmerzliche Schicksal der Union, das gutwillige Mahner und Warner leider nicht aufhalten konnten. Möge der Partei deshalb ein berühmtes Wort jener Kanzlerin im Ohr klingen, die den Niedergang der Partei herbeigeführt hat: „Jetzt sind die schlimmen Zeiten nun einmal da; also müssen wir das Geschehen einfach ordnen – und ja, wir schaffen das!"

Als ob eine solche Haltung reichte! Der Krug geht nun einmal so lange zum Brunnen, bis er bricht. Dann aber will niemand der Schuldige gewesen sein. Heinrich von Kleist schrieb dazu immerhin ein Lustspiel – Angela Merkel hingegen ein Trauerspiel. Nun ja, mir als einem Grünen oder einem Sozialdemokraten kann das alles nicht nur egal, sondern auch

---

[61] https://www.youtube.com/c/HalloMeinungwas-bei-uns-falsch-laeuft-und-was-wir-selber-tun-sollten/; Zugriff am 26. Januar 2024 erfolglos.

recht sein – und einem AfDler sowieso. Bravo, Angela Merkel, und bravo, Ihr Spitzenkräfte der Union!

MILIEUENTWICKLUNG UND UNIONSSTRATEGIE

veröffentlicht als „Wo könnte die Union wieder wachsen?" im Oktober 2021 bei „Hallo Meinung", desgleichen unter dem hier verwendeten Titel am 24. Oktober 2021 auf meinem Blog wjpatzelt.de

Seit mit PEGIDA auch in Deutschland der Rechtspopulismus an die Oberfläche des politischen Geschehens drang und in Form der AfD eine ins Gewicht fallende Partei fand, gab ich der Union Ratschläge, wie sie dieser Entwicklung wehren könne. Ich empfahl als Doppelstrategie, einesteils durch Festhalten oder Neubesetzen lange Zeit bewährter Unionspositionen die frühere Bindekraft dieser Partei von der Mitte bis zum rechten Rand aufrechtzuerhalten und andernteils der AfD – wenn man sie schon nicht an Wahltagen aus den Parlamenten drängen könne – solche Anreize zu setzen, in Reaktion auf welche diese Partei die Rechtsradikalen in ihren Reihen randständig machen wolle sowie als Gesamtpartei zu einem klar unsere freiheitliche demokratische Grundordnung tragenden Teil unseres Parteiensystems werden könne. Diese Strategie wurde teils gar nicht begriffen, teils emotionsgetrieben abgelehnt. Zu den Folgen solcher Versäumnisse gehört – gerade in Sachsen – die Implosion der CDU und der Aufstieg einer klar systemverachtenden AfD zur stimmenstärksten Partei.

Obendrein hat sich die Entwicklung und Auseinanderentwicklung jener soziokulturellen Milieus fortgesetzt, in denen unsere Parteien wurzeln und aus denen sie Unterstützung erfahren. Was die Union trotz der umrissenen Doppelentwicklung – Milieuwandel und selbstverschuldeter Machtabstieg – immer noch tun könnte, um das Schicksal der italienischen Democrazia Cristiana zu vermeiden, geht aus der nachstehenden Kurzanalyse hervor. Ich wette freilich, dass die Union auch weiterhin bei ihrer Bräsigkeit bleibt. Schade!

Parteien wurzeln in sozialen Milieus. Also ist ihr Schicksal verschränkt mit dem ihrer Anhängermilieus. Deshalb sind Studien zu soziokulturellen Milieus und zu deren Wandel sehr wichtig für die Festlegung einer parteipolitischen Strategie. Die besiegte Union sollte deshalb nicht nur nach neuen Anführern suchen, sondern vor allem nach plausiblen Positionen. Die aber müssen obendrein zu jenen Milieus passen, die man an sich binden will. Eine neue Studie des SINUS-Instituts zeigt, dass die bisherige „bürgerliche Mitte" sich nun entlang von Themen wie „Pluralisierung der Lebensformen" oder „Migration" in verschiedene Richtungen zersetzt.[65] Es driften nämlich die dortigen Lebens- und Wertewelten auseinander. Das aber macht es nichtssagend, sich schlicht eine „Partei der Mitte" zu nennen. Genau das hat freilich die Union getan, um ja nicht als „rechts" verschrien zu werden. Deshalb wandten sich die „Optimisten" aus der auseinanderstrebenden politischen Mitte nun den Sozialdemokraten und Grünen zu, deren Politik ja nur bei bleibend guter Wirtschaftsentwicklung umsetzbar ist. „Skeptiker und Pessimisten" hingegen gesellten sich zur AfD. Auf diese Weise nahm der gesellschaftliche Zusammenhalt gerade dort ab, wo man ihn stiften und sichern muss: in der Mitte.

Was aber kann gerade dort zusammenhalten? Die SINUS-Studie fand, dass Nachhaltigkeit allen Sozialmilieus als plausibles Politikkonzept gilt. Je nach Lebenslage und Milieuinteressen wird Nachhaltigkeit allerdings sehr unterschiedlich verstanden. Genau hier könnte die CDU ansetzen. Zu ihren Leitwerten gehört nämlich immer schon die Nachhaltigkeit, wurde freilich oft nur im schwachen Sinn von „bewährter Tradition" verstanden. Doch darüber hinausgehende intellektuelle und programmatische Anstrengungen eröffneten gute Chancen auf eine milieuverbindende Konkretisierung dessen, was als „umfassende Nachhaltigkeit" wünschenswert wäre. Die reichte nämlich von der ökologischen und energetischen Nachhaltigkeit über die finanzielle und demographische Nachhaltigkeit bis hin zur kulturellen Nachhaltigkeit. Dann ließen sich sogar die Bevölkerungs- und Bildungspolitik, die Migrations- und Integrationspolitik entlang der wirklich alle Politikfelder umfangenden Leitidee aufrechterhaltbarer Entwicklung erörtern und gestalten. Zusätzliche konservative Akzente setzte dann einesteils eine historisch informierte Vision umfassend gerechter Ordnung, andernteils die Befürwortung eines aufgeklärten Patriotismus.

Mit alledem ließen sich die auseinanderstrebenden Milieus der bisherigen Mitte programmatisch zusammenhalten und zugleich jene Diskursräume zurückgewinnen, aus denen sich die Union durchs trotzige Beschweigen von AfD-Positionen selbst ausgesperrt hat. Zu den seitens der Union erforderlichen intellektuellen Anstrengungen motiviert vielleicht doch noch die wohl kommende Einsicht, dass die ganze Serie ih-

---

[65] https://www.sinus-institut.de/media-center/presse/sinus-milieus-2021; Zugriff am 27. Januar 2024.

rer Niederlagen im Kern auf inhaltliche Profillosigkeit und deshalb argumentative Hilflosigkeit zurückzuführen ist. Verweigert sich die Union aber programmatischen Mühen, dann wird das – in der SINUS-Studie neu entdeckte – Milieu der progressiven und realistischen „Neo-Ökologen", die sowohl pragmatisch als auch experimentierfreudig sind, die Union womöglich dauerhaft hin zum Realo-Flügel der Grünen verlassen, während die Union zugleich die liberal-intellektuellen „Sozial-Ökologen" an eine erneuerte Sozialdemokratie verliert. Zugleich dürfte jener Teil der Bürgerschaft, den die Unionspolitik der letzten Jahre über Deutschlands Zukunft besorgt gemacht hat, von der Union dauerhaft zur AfD überwechseln – zumindest dann, wenn diese zu ihren Anfängen als einer nicht-rechtsradikalen Alternativpartei zurückfände.

Dann aber könnte die Union ihre bislang staatspolitisch so wertvolle Funktion nicht mehr erfüllen, zwischen Mitte und rechtem Rand die gesamte nicht-linke Bürgerschaft zusammenzuhalten und ebenso Akademikerkreise mit bildungsfernen Schichten zu verbinden. Nur dadurch aber wirkte die Union sowohl dem – von der SINUS-Studie aufgedeckten – Auseinanderstreben der Mitte nach links und rechts entgegen, desgleichen jenem Riss im Parteiensystem zwischen „Mitte" und „rechts", der seit dem Aufkommen der AfD sich zu verfestigen begann.

Zur gleichen Lagebeurteilung führen Befunde einer Untersuchung der Paris School of Economics.[66] Dort fand man heraus, welcher Wandel der Wählerschaft sich in 21 westlichen Demokratien in über 300 Wahlen zwischen 1948 und 2020 abzeichnet. Sozialdemokratische und linke Parteien finden – anders als früher – ihre Wähler nun vor allem in Akademikerkreisen, viel seltener hingegen in Schichten mit niedrigem Bildungsstand und niedrigem Einkommen. Dort ziehen nun ausdrücklich rechte, oft einwanderungskritische Parteien sehr viele Wähler an. Konservative und liberale Parteien finden vielerlei Unterstützung wiederum in einkommensstarken und besser gebildeten Schichten. Auf diese Weise entsteht ein stark selbstbezügliches „Multi-Eliten-Parteiensystem". In ihm wählen höher Gebildete vor allem links, Einkommensstarke überwiegend konservativ; und die weniger gebildeten, auch einkommensschwächeren Bevölkerungsschichten überlässt man den Rechtspopulisten. Dann freilich muss sich niemand wundern, wenn diese jenem Gemeinwesen innerlich kündigen, das weder ihre Gefühlswelten und Denkweisen ernst nimmt noch ihre Interessen respektiert.

[66] Siehe den einschlägigen Bericht in https://jungefreiheit.de/kultur/gesellschaft/2021/waehler-und-ihre-parteipraeferenzen/; Zugriff am 26. Januar 2024.

Schlecht stehen die Chancen dafür, dass die selbstgefällig gewordenen Akademikerparteien der politischen Linken diese Bevölkerungsgruppen wieder ansprechen oder gar an sich binden können. Unter den etablierten Parteien hat bei solchen Versuchen allein die Union Aussichten auf Erfolg. Doch dafür müsste sie sich wieder selbst in jenen Milieus verankern wollen, müsste sie auch die dort verstandene Sprache beherrschen sowie mit solchen Positionen auftreten, welche die auseinanderstrebenden Interessen zu bündeln vermöchten. Gerade mit dem Einstehen für eine gerechte Ordnung, für umfassende Nachhaltigkeit und für aufgeklärten Patriotismus erreichte man aber wohl auch jene Milieus, in denen sehr viele nach rechts abgedriftet sind. Warten wir ab, ob die Union ihr Kernproblem allmählich begreift und sich doch noch zu dessen Lösung aufrafft.

LIBERALKONSERVATIVE SINNSUCHE

veröffentlicht am 12. November 2021 sowohl in der „Preußischen Allgemeinen Zeitung" als auch auf meinem Blog wjpatzelt.de., desgleichen am 23. November 2021 unter dem Titel „Mehr Intellektualität täte der CDU gut" in „The European"[67]

Man sollte meinen, dass einer Partei, die 16 Jahre lang regiert hat, alle wichtigen Politikfelder samt deren Herausforderungen vertraut sind. Und dass sie Ahnung davon hat, wie man anstehende Probleme lösen kann. Zwar kann man trotz solcher Kompetenz als Regierungspartei abgewählt werden. Aber auch dann könnte man weiterhin wissen, wofür man steht und was man bei sich bietender Gelegenheit erreichen will. Also muss es durchaus nicht sein, dass eine Wahlniederlage zum Orientierungsverlust und zur Kopflosigkeit einer Partei führt.

Doch vermutlich ist naiv, wer so denkt. Die CDU jedenfalls macht nicht den Eindruck, als habe sie während ihrer langen Regierungszeit so viel gelernt, dass sie nun sattelfest wäre beim Ritt über die zu beherrschenden Politikfelder: Klima- und Energiepolitik, Migrations- und Integrationspolitik, Europa- und Sicherheitspolitik. Anscheinend beschränkten sich die internen Diskussionen der Union allzu lange auf die Frage, ob

---

[67] https://www.theeuropean.de/gesellschaft-kultur/ist-die-cdu-mehr-als-ein-kanzler-wahlverein; Zugriff am 27. Januar 2024.

man die CDU-Kanzlerin Merkel unterstütze – ganz gleich, welche Politik zu führen sie jeweils geruhte.

Nun bekommt bittere Genugtuung, wer schon lange mit grimmigem Sarkasmus behauptete, die CDU sei inhaltlich entkernt und einmal mehr zum chefhörigen Kanzlerwahlverein geschrumpft. Heftig stritten das noch unlängst die Parteioberen ab. Und noch jetzt streiten jene Nachlassverwalter darüber, ob die Partei denn wirklich einen anderen Neuanfang brauche, als den Kurs der letzten Merkel-Jahre mit einem neuen Anführer fortzusetzen. Oder ob ein Neubeginn „in der Mitte bleiben" oder „nach rechts" führen müsse. Oder ob die Union konservativer oder progressiver zu sein habe. Bezeichnenderweise verknüpft das alles kaum einer mit aus den Tatsachen abgeleiteten sachpolitischen Positionen. Dann freilich sind auch vermeintliche Ortsbestimmungen wie „Mitte" oder „konservativ" nichts weiter als Leerformeln, nicht mehr als politikrhetorisches Spielgeld. Deshalb wundert es auch gar nicht, wenn manche Parteihäuptlinge so tun, als erledige die erhoffte Einigung auf einen einzigen Kandidaten für den Parteivorsitz auch schon weitere Debatten zur Sache. Denn wenn die nicht klar ist, kann sie wirklich ein jeder vertreten.

Glücklicherweise wollen nicht alle CDU-Mitglieder, wollen nicht alle Anhänger der Union auf Debatten um Inhalte verzichten. Die WerteUnion forderte lange schon von den Unionsparteien, und zwar ganz zum Unwillen der sich unfehlbar-alternativlos dünkenden Parteiführung, dass man sich stärker von marktwirtschaftlichen Überzeugungen leiten lasse, die uns anvertraute Natur wirkungsvoller bewahre, die Politik klar an den Interessen von Familien orientierte, die pluralistische Demokratie samt der sie tragenden Kultur sichere, auch Recht und Ordnung entschlossener aufrechterhalte, in der EU am Subsidiaritätsprinzip festhalte sowie einen aufgeklärten Patriotismus pflege.

Doch während die WerteUnion weiterhin hofft, diese Anliegen würden in ihrer Partei eines Tages wieder mehr sein als nur Lippenbekenntnisse, gruppierten sich außerhalb der Union etliche ihrer früheren Mitglieder zum Bürgerlich-Freiheitlichen Aufbruch, weil sie vom Flirtkurs der Union mit Grünen und Sozialdemokraten zutiefst enttäuscht sind. Zwar ist fraglich, welche Hebelwirkung eine solche Gruppierung außerhalb der Union entwickeln kann. Immerhin braucht jeder Kolben einen ihn umgebenden Zylinder, wenn er Antriebskraft erzeugen soll. Doch das vielfältige Engagement beim Bürgerlich-Freiheitlichen Aufbruch oder bei ähnlichen Unternehmungen zeigt, wie viele in unserem Land der Union helfen und diese Partei wieder auf Erfolgskurs bringen wollen.

Schon einen Schritt weiter betätigt sich eine Kampagnenagentur, die unlängst unter dem Namen „TheRepublic“ gegründet wurde. Mit ihrem englischen Namen hofft sie, „cool“ und „nicht gestrig“ zu wirken. Nun ja. Sie will die „Kampagnenfähigkeit der liberal-konservativen Kräfte unseres Landes“ stärken und stellt auf ihrer Webseite das „Produzieren pointierter Inhalte und Kampagnen“ in Aussicht. Sie tut im Grunde so, als gäbe es in der Union bereits geklärte Positionen, die sich offensiv vertreten ließen. Damit wird der Karren vor das Pferd gespannt. Dennoch werden Sympathisanten der Union den Veranstaltern dieses Medienauftritts die Daumen drücken. Immerhin arbeitet man für ein „bürgerliches Deutschland“, das auf „Freiheit, Sicherheit und Wohlstand ausgeht“, und will „die politische Linksdrift in Deutschland stoppen“.

Einst hätte man in der Union das alles für schlicht normal gehalten. Jetzt aber flüstert man warnend, da gewinne ein neuer innerparteilicher Flügel an Gewicht, der mit anderen Flügeln der Partei rivalisiere und der Union das langjährige Selbstzerstörungsschauspiel der SPD bescheren werde; also weg damit. Sogar der Umstand, dass hinter TheRepublic ein früherer CSU-Mitarbeiter steht und dass Friedrich Merz dieses Vorhaben – bislang noch – unterstützt, unterband nicht das sofortige Aufkommen vermeintlich wissenden Raunens, hier bahne sich wieder einmal ein Aufguss von AfD-Denke den Weg in die Union. Und schon ist – wie gleich nach dem Aufkommen der WerteUnion – das am schrillsten blinkende Stoppschild Deutschlands errichtet. Es darf einfach nicht wahr sein, dass die Union vielen ihrer früheren Wähler „zu zeitgeistig“ geworden ist, „zu prinzipienlos“, „zu links“ – was immer das bedeuten mag.

Also klärt man besser, was wohl wirklich der Fall ist. Dann erst kann man der Union wieder aufhelfen. Dem will sich eine „Denkfabrik“ widmen, die ebenfalls neu gegründet wurde. Sie trägt den Namen R21, wobei „R“ für „Republik“ steht und „21“ wohl für unser neues Jahrhundert. Gesichter dieser Denkfabrik sind die ehemalige Bundesministerin Kristina Schröder sowie der Mainzer Geschichtsprofessor Andreas Rödder. Wie bei anderen Initiativen diesseits der politischen Linken, die sich um die Zukunft unseres Landes sorgen, gehört zu den Zielen die Neubelebung von Freiheit, Pluralismus und Eigenverantwortung, desgleichen die Entwicklung von Strategien und Konzepten bürgerlicher Politik. Als dem dienende „Ideenschmiede“ setzt man auf Freiheit und Eigenverantwortung, auf soziale Marktwirtschaft und einen schlanken Staat, auf eine pluralistische Gesellschaft mit Generationengerechtigkeit, auf einen verantwortungsvollen Umgang mit unseren natürlichen Ressourcen sowie auf Deutschlands partnerschaftliche Einbindung in Europa.

Nichts von alledem müsste in der Union Neuigkeitswert haben. Alles das könnte nicht nur die Politik, sondern auch die Rhetorik der Union prägen – im stimmigen Zusammenklang, und seit vielen Jahren. Doch Reden und Tun fallen auseinander. Immerhin wird bislang nicht behauptet wie einst beim Aufkommen der WerteUnion, solche Forderungen wären unnötig, denn derlei Unionsdefizite gäbe es gar nicht. Die Wahlniederlage aber machte solche jetzt unverkennbar – auch für jene, die weiterhin ihre Augen gern verschlössen. Also wäre es hilfreich, wenn die neuen Gruppierungen nicht konkurrierten, sondern sich vernetzten. Und schön wäre es, wenn wenigstens die neue Unionsführung begriffe, dass innerparteiliche Pluralität nicht schadet, sondern nützt – jedenfalls dann, wenn man auf wechselseitiges Lernen ausgeht. Dann hörte man auch mehr auf die Mitnahmewünsche der eigenen Stammkundschaft als auf die Ausgrenzungsforderungen seitens von politischen Gegnern.

Wenn nun Unionsfreunde eine „Denkfabrik" gründen und eine neue Debattenplattform schaffen, dann stellt sich durchaus die Frage, ob denn CDU und CSU gar keine eigenen, auch öffentlichkeitswirksamen „Think Tanks" hätten. Was also ist mit der millionenschweren Konrad-Adenauer-Stiftung, was mit der Hanns-Seidel-Stiftung? Hat dort wirklich niemand gemerkt, dass es mit der Union abwärts geht? Niemand auf die Gründe dafür geachtet? Keiner seine Einsichten aufgeschrieben? Jeder es vermieden, innerparteiliche Debatten über die Stimmigkeit des gefahrenen Kurses anzustoßen? Obwohl die doch dazu verholfen hätten, nicht jetzt erst durch erlittenen Schaden klug zu werden!

Natürlich gab es in beiden Stiftungen wache Analytiker. Es gab gewiss das eine oder andere kritische Strategiepapier. Vielleicht gelangte aus solchen sogar mancher Gedanke in Publikationen, welche die jeweilige Stiftungsleitung absegnete. Doch inhaltliche Debatten über Fehlerhaftes und Verbesserungswürdiges wurden in den beiden Stiftungen nur bei garantierter Echolosigkeit geführt. Leitsatz war, der Parteiführung nicht in die Quere zu kommen. Schon gar nicht wollte man die Chefetagen verärgern durch die Schaffung von Resonanzräumen für solche Intellektuelle, die der Union nicht nur zuneigen, sondern auch öffentlich für sie einstehen. Jedenfalls wollte man das nicht, falls die auch anderes im Sinn hätten als das tägliche Lob für die Parteiführung. Doch eine Partei bringt sich um jeden Nutzen eines Think Tanks, wenn sie ihn nur zur Datenbeschaffung oder als Rechtfertigungsmaschinerie gebraucht.

Dem zu Bonner Zeiten berühmten Publizisten Johannes Gross wird das süffisante Wort zugeschrieben, die CDU sei eine unintellektuelle Partei

– und wäre auch noch stolz darauf. Dafür waren die letzten anderthalb Jahrzehnte der Union eine Probe aufs Exempel. Vermutlich täte es der CDU gut, beim Ringen um ihre inhaltliche Neuorientierung wenigstens halb so gern auf ihr zugetane Intellektuelle zu setzen, wie das von jeher die SPD tut. Gerade dann hätte sie eine Chance, nicht nur neues Vertrauen in ihre Wirtschaftskompetenz zu gewinnen, sondern auch die kulturelle Hegemonie im politischen Gelände um die folgenden programmatischen Eckpunkte zu erringen: Politik für eine gerechte Ordnung, was das Verlangen nach Gerechtigkeit mit der Sicherung von Recht und Ordnung verbände; Schaffung umfassender Nachhaltigkeit, also von der Ökologie und Energie über Finanzen und Wirtschaft bis hin zu Demographie und Kultur; und Vorleben eines aufgeklärten Patriotismus, der nicht ausgrenzt, sondern gerade eine Einwanderungsgesellschaft zusammenhält. Eben das wären wohl auch jene Inhalte, auf die hin sich eine Union erneuern müsste, die wieder mehrheitsfähig werden will.

„GUT JEDER ZEHNTE CDULER IST WEITERHIN EIN MERKELIANER“

Interview mit Nancy McDonnell, veröffentlicht am 24. Dezember 2021 auf „The Epoch Times“[68]

Herr Patzelt, Friedrich Merz hat die Wahl zum neuen CDU-Vorsitzenden gewonnen, obwohl er die letzten beiden Wahlen innerhalb der letzten drei Jahre nicht für sich entscheiden konnte. Hat sein Sieg etwas mit dem Weggang Merkels zu tun?

Natürlich! Genau das um Angela Merkel gescharte Partei-Establishment hat es zweimal geschafft, Friedrich Merz als Parteivorsitzenden zu verhindern. Das geschah mit dem Argument, es gelte den erfolgreichen Merkel-Kurs fortzusetzen und eine „Achsenverschiebung“ der CDU weg von Angela Merkels Positionen zu verhindern.

Als die langjährige Vorsitzende und Kanzlerin nun nicht mehr zur Wahl stand und sich die CDU ohne sie als ziemlich unattraktiv erwies, durfte zum ersten Mal auch das CDU-Fußvolk zur Klärung der Frage beitragen:

---

[68] https://www.epochtimes.de/politik/deutschland/gut-jeder-zehnte-cduler-ist-weiterhin-ein-merkelianer-a3660234.html; Zugriff am 27. Januar 2024.

Soll es weitergehen in der Richtung Merkels – oder war wohl gerade Merkels Kurs am Abschmieren der CDU schuld?

Das Wahlergebnis zeigt: Gut jeder zehnte CDUler ist weiterhin ein Merkelianer – und gut 60 Prozent erhoffen eine Kurskorrektur durch eines der Männeropfer Merkels. So zeigt sich: Mit Merkel hat auch ihre Prätorianergarde an Verhinderungsmacht eingebüßt.

Welchen Stempel wird Merz der CDU aufdrücken? Wofür steht er?

Das muss man abwarten. Wer so lange wie er von der Bundespolitik weg war, wird wohl ebenso anders geworden sein, wie das den politischen Umständen unseres Landes im letzten Jahrzehnt widerfahren ist. Bislang ist Merz vor allem eine Projektionsfläche für Hoffnungen und Befürchtungen. Aus seinen ersten Aussagen scheint sich aber schließen zu lassen, dass die Partei eher einen will, als deren Risse durch weitere innerparteiliche Trennstriche zu vergrößern. Obendrein hat es den Anschein, als werde er die Bundesregierung weniger dafür kritisieren, dass sie Merkels grün-sozialdemokratischen Kurs nicht entschlossen genug fortsetzt, sondern eher dafür, dass sie ihn dort nicht korrigiert, wo er Missstände eher vergrößert als abbaut.

Welche Aufgaben kommen auf ihn zu? Sicherlich soll er die Partei wieder regierungsfähig machen. Wenn das nun Ihre Aufgabe wäre und nicht seine, wie würden Sie die Partei wieder auf Vordermann bringen?

Seine Hauptaufgabe wäre es, in der CDU eine zunächst einmal ergebnisoffene, doch eben auch zielführende Diskussion darüber einzuleiten, wofür diese Partei wirklich stehen will. Das betrifft einesteils ihre konkreten Politikziele, zumal bei der Migrations-, Europa- und Energiepolitik. Hier wird sich die CDU nämlich mit einer entschlossenen Fortschreibung des von Angela Merkel auf den Weg Gebrachten durch die neue Bundesregierung auseinandersetzen müssen.

Eine überzeugende Auseinandersetzung damit wird die CDU aber nicht zustande bringen, wenn sie ihre Orientierung weiterhin eher beim medial Befürworteten und demoskopisch Vermessenen sucht als bei einer klaren Vorstellung davon, was die Partei wirklich will – und ob das Gewünschte auch gelingen kann.

Andernteils muss sich die CDU um eine inhaltliche Füllung jener Leerformeln bemühen, die sie großenteils selbst benutzt, die sie oft aber auch

– da gleichsam frei verfügbar – nur angehängt bekommt. Zu diesen Leerformeln gehört zumal die Rede vom „christlichen Menschenbild", vom „Konservatismus", von der „Mitte" und von der „Rechten".

Erst wenn der CDU-Kompass diesbezüglich wieder auf klare Marschzahlen ausgerichtet ist, wird ihm zu folgen die Partei an erstrebte Ziele bringen, etwa zur Wiedererringung von Einfluss auf öffentliche Debatten und zu steigenden Wählerzahlen.

Diesbezüglich habe ich auch sehr klare Vorstellungen, denn mir scheint, dass die CDU ihre Programmatik an genau drei Leitkonzepten ausrichten sollte: umfassende Nachhaltigkeit, also von der ökologischen und energetischen über die fiskalische und demographische bis hin zur kulturellen Nachhaltigkeit; gerechte Ordnung, was „Recht und Ordnung" an den Leitwert der Gerechtigkeit bindet; und aufgeklärter Patriotismus.

Als Grundlage der Erreichung solcher Ziele muss die CDU für eine unsere Wirtschaft umfassend stärkende Politik stehen, und ihre politische Rolle muss sie auffassen als die einer gutwilligen, doch tatsachen- und vernunftgeleiteten Prüfinstanz aller zeitgeistigen Vorstellungen. Letzteres wäre übrigens die von mir angeratene Definition von Konservatismus.

Kann man jetzt schon abschätzen, wofür eine erneuerte CDU stehen wird, oder ist das noch zu früh gefragt?

Man weiß doch noch gar nicht, was das sich bildende Team um Friedrich Merz unter einer „erneuerten CDU" verstehen will! Ob das sozusagen die Fortsetzung des bisherigen Unionskurses unter einem anderen Gesicht ist oder ob eine Korrektur jener CDU-Positionen, denen einstige CDU-Wähler nun eher skeptisch oder ohnehin ablehnend gegenüberstehen, zumal bei der Migrations-, Europa- und Energiepolitik.

Ich vermute, dass auch Friedrich Merz diesbezüglich noch keine klaren Vorstellungen hat – zumal er ja nicht allein handeln kann, sondern auch das Parteiestablishment auf seine Seite bekommen muss. Dieses aber hatte lange Zeit gerade keine klaren Vorstellungen davon, wofür diese Partei sinnvollerweise stehen könnte – wenn nicht für Angela Merkel und ihre jeweiligen Positionen. Tatsächlich ist die CDU immer dann ziemlich stark gewesen, wenn sie sich auf das Kanzleramt Hoffnungen machen oder dieses gar besetzen konnte. Solche Zeiten sind einstweilen aber vorbei.

Kann man sagen, dass die CDU mit ihren konservativen Werten, die sie einst hatte, auf jeden Fall verschwinden wird?

Mir scheint nicht, dass die CDU in den letzten Jahrzehnten so etwas wie „konservative" Werte verfolgte. In der Partei gab es zwar vielerlei Gerede über „konservative" Werte – zustimmend intoniert bei den einen, ablehnend bei den anderen. Doch allein schon die Frage, was denn ein konservativer Wert sei, macht CDUler ziemlich verlegen. Was immer sie dann vorbringen, ist in der Regel ein Wert, den die Konservativen des 19. Jahrhunderts bekämpft haben – etwa: die Ausgestaltung eines Staates nach demokratischen Grundsätzen.

Wenn man die Werte, welche zu haben die CDU behauptet, wirklich der Reihe nach ansieht, dann wird man leicht erkennen, dass sie allesamt einmal revolutionäre Werte waren – die sich inzwischen aber wider viele Erwartungen früherer Konservativer in der Praxis bewährt haben.

Sogar das Christentum ist ja eine revolutionäre Religion, deren Gründer von den Konservativen seiner Zeit zu Tode gebracht wurde. Man sieht: Die CDU sollte sich endlich einen reflektierten, wirklich tragfähigen Begriff von Konservatismus erarbeiten. Ob das eine Partei aber will, die Intellektuelles so sehr verachtet, wie das die meisten CDU-Anführer seit langem tun?

Eine Frage zur AfD. Alexander Gauland definierte den modernen Konservativen in seinem Buch „Anleitung zum Konservativsein" als jemanden, der sich gegen zu schnelle, von außen übergestülpte Veränderungen wehrt, für die der Mensch noch gar nicht reif genug ist. Könnte man in diesem Sinne sagen, die AfD bleibt unter Umständen als einzig konservative Partei übrig?

Tatsächlich kann man konservativ sein als den in die Praxis umgesetzten Versuch verstehen, Bewährtes festzuhalten und nicht jeder neuen Mode unbesehen zu folgen. Das meint: Konservative versuchen, den – immer wieder erforderlichen – Wandel so zu gestalten, dass Bewährtes bewahrt, doch neuen Herausforderungen angepasst wird.

Eine Folge von solcher Politik wäre, dass Leute, denen mancher Wandel zu schnell vonstatten geht, nicht die Notwendigkeit verspüren, jeder bislang einflussreichen Partei innerlich zu kündigen und diese dann äußerlich herabzusetzen oder zu bekämpfen. Eine gerade so verstandene „konservative" Partei täte einem Land gut.

Ich bezweifle aber, dass ausgerechnet die AfD eine konservative Partei in diesem Sinn ist. Ihre öffentlichen Töne klingen eher nach Sprüchen, die ich aus der Studentenrevolution kenne: „Die Probleme des Systems sind unlösbar; das System ist das Problem!" oder „Macht kaputt, was euch kaputtmacht" – bis hin zu „Deutschland ist auf dem Weg in eine Diktatur; doch Widerstand ist machbar, Herr Nachbar!"

Im Übrigen zeigt das Herumeiern der AfD bei Antworten auf die Frage, ob und wieweit es Impfungen gegen das Corona-Virus bräuchte, dass diese Partei selbst noch keinen Kompass besitzt, sondern auszuloten versucht, auf welche Weise sie möglichst breite Unterstützung gewinnen kann. Doch eine Partei ohne vernünftigen Kompass kann zu Konservierendes nun einmal nicht von zu Veränderndem unterscheiden.

Und wie geht es nun mit der WerteUnion weiter?

Wenn die CDU auf einen Kurs gelangt, der denen einleuchtet, welche der Union wieder an die 40 Prozent der Wählerstimmen bescheren, ist die Mission der WerteUnion erfüllt. Wenn die WerteUnion bei der Klärung und Erarbeitung eines entsprechenden Kurses mitarbeiten kann, werden sich ihre Mitglieder freuen.

Und wenn die neue CDU-Führung die WerteUnion nicht länger als „Krebsgeschwür" bezeichnete und behandelte, sondern sie als gleichsam den Jesuitenorden der Partei nutzte, bekäme die Union für ihre Arbeit regelrecht ein Kraftpaket.[69] Außerdem ist die WerteUnion ja nur eine von vielen seit einiger Zeit sich aufstellenden innerparteilichen Initiativen, die wieder eine jederzeit mehrheitsfähige Union aufbauen wollen.

---

[69] Anmerkung vom Januar 2024: Auch das kam leider sehr anders, als es für die CDU gut gewesen wäre. Die Abgrenzung schon von der Lucke-AfD wurde nämlich vollends auf die WerteUnion als „innerparteilicher AfD" übertragen, so dass diese sich inzwischen als eigene Partei von der CDU abspaltete. Sollte – was derzeit noch ganz unklar ist – die WerteUnion bei den kommenden Wahlen auf fünf Prozent der Wählerstimmen und mehr kommen, dann hätte die CDU einmal mehr in ihrem eigenen „Kampf gegen rechts" einen Pyrrhus-Sieg errungen, sich also ganz blindlings weiter geschwächt.

CDU – WIE WEITER?

veröffentlicht unter dem Titel „Weit mehr als eine Vorstandswahl" am 21. Januar 2022 in der „Preußischen Allgemeinen Zeitung",[70] desgleichen unter dem hier verwendeten Titel am 20. Januar 2022 auf meinem Blog wjpatzelt.de

Schon manches Unternehmen trieb auf die Pleite zu, während leitende Angestellte wähnten, es wäre auf gutem Weg. Viele Warnungen vor einem solchen Schicksal hat die CDU-Führung während der letzten Jahre ignoriert. Unheilankündigende „Zeichen an der Wand" hat sie für unbeachtlich erklärt: das innerparteiliche Grummeln, den Aufstieg der AfD, die Arroganz der Verwalter links-grüner Hegemonie, die immer geringere parteipolitische Rendite von Politikvorhaben, die der Kanzlerin am Herzen lagen. Und innerparteiliche Debatten, soweit überhaupt geführt, verbanden nicht mehr, sondern spalteten. Gefordert war, die Politik der Parteivorsitzenden – worin auch immer sie nach wiederholten Kehren bestand – stets für richtig, da eben alternativlos zu halten; und unwürdig weiterer Parteimitgliedschaft sei, wer Gegenteiliges öffentlich verträte. Zweimal verhinderte das Funktionärskorps der Partei auch die Wahl eines Vorsitzenden, der eine Korrektur jenes Kurses zumindest nicht ablehnte.

Erst die Niederlage bei der Bundestagswahl zerriss jenen Verblendungszusammenhang, in den das CDU-Establishment sich eingesponnen hatte. Seit nicht mehr das oft fremdgesteuerte Alltagsgeschäft des Regierens zu verwalten ist, sondern es eigenständige Opposition zu betreiben gilt, keimt jedenfalls die Einsicht, dass die Union kaum mehr orientierungsstiftende Inhalte besitzt. Eigentlich müsste sie der neuen Bundesregierung nur applaudieren, denn die führt die Politik Angela Merkels weiter – nur eben mit der Behauptung, fortan werde wirksamer regiert. Umfragen zeigen übrigens, dass dies einer Mehrheit der Deutschen gefällt, die zwar Angela Merkel mochte, nicht aber die CDU.

Wie kann man sich da als Union aufstellen? Soll man beklagen, dass die neue Regierung den Merkel-Kurs vielleicht doch nicht so wirkungsvoll fortsetzt, wie das verheißen wurde? Soll man hinweisen auf die Widersprüche zwischen den verfolgten politischen Vorhaben, etwa zwischen

[70] https://paz.de/artikel/weit-mehr-als-eine-vorstandswahl-a6169.html; Zugriff am 29. Januar 2024.

Energie- und Klimapolitik, oder zwischen der Sicherung unseres Sozialstaates und der Duldung selbstermächtigter Zuwanderung? Auf die zunehmende Isolation eines Landes im Kreis seiner Nachbarn, das bei alledem vieles sehr anders machen will, als es jenen als vernünftig erscheint?

Was aber, wenn diese Widersprüche bereits für die Politik Angela Merkels typisch waren? Soll sich die CDU jetzt von ihrer – einst auf Parteitagen minutenlang gefeierten – Übermutter abwenden? Doch mit welchen Begleitschäden für den innerparteilichen Zusammenhalt? Und von woher könnte die CDU überhaupt neue Orientierung gewinnen, falls sie das denn wirklich wollte?

Vermutlich werden Diskussionen darüber wenig bringen, ob die CDU „in der Mitte bleiben" oder „nach rechts rücken" sollte. Die Rede von der Mitte, in welcher sich inzwischen auch Grüne, SPD und FDP zu tummeln behaupten, ist ja eine Leerformel, solange nicht klar ist, was genau denn „links" oder „rechts" wäre. Dass aber die Inhalte von „links" derzeit unbestimmt sind, zeigen die mitleiderregend abwertenden Stellungnahmen der Linkspartei zu entsprechenden Klärungsversuchen, wie sie ihre kluge, frühere Vorzeigekommunistin Wagenknecht unternimmt. Und „rechts" ist seit langem nur noch eine Abfallhalde für nicht nur in sich schlechte, sondern für letztlich alle abgelehnten politischen Positionen, die man nicht als „zu links" zu kritisieren vermag. Natürlich kann sich die Union auf einen solchen Müllplatz nicht begeben, ohne als „AfD light" fertiggemacht zu werden.

Wie wäre es mit dem „christlichen Menschenbild"? Dieses wird immer wieder als Alleinstellungsmerkmal der Union angeführt. Doch erstens gibt ein „Menschenbild" noch lange keine Orientierung bei wichtigen Fragen wie danach, ob man sich von russischem Erdgas abhängig machen oder bewaffnete Drohnen beschaffen sollte. Zweitens kommen jene CDU-Politiker, die man nach den Inhalten eines „christlichen" Menschenbildes fragt, erfahrungsgemäß nicht über Sprechblasen und Gemeinplätze hinaus, die für gewinnbare politische Debatten dann nicht ausreichen. Drittens legt eine weitgehend säkularisierte Kultur, in der Deutschlands Christen demnächst eine Minderheit sein werden, ohnehin auf Christliches kaum Wert – sofern Pfarrer nicht Windräder so segnen wie einst die Kanonen.

Und der Konservatismus? CDU-interne Debatten um ihn sind meist ein intellektuelles Trauerspiel. Die einen wissen gar nicht, dass der CDU am

Herzen liegende Inhalte wie Republik, soziale Marktwirtschaft und gleiches Recht für alle den Konservativen des 19. Jh. als Übel galten, gegen die man das Land schützen müsse. Doch so naiver Konservatismus verfehlt die Siegerstraße. Andere wissen das wohl, können aber nicht sagen, worin sich ein Konservativer von solchen Leuten unterscheide, die einfach zu vorurteilsbeladen sind, als dass sie den Wert von Neuem rechtzeitig erkennen würden. Bei denen riecht Konservatismus ranzig. Die nächsten setzen Konservatismus gleich mit „Bewahrung der Schöpfung" und glauben deshalb, ein Konservativer müsse an die Seite von natur- und klimaschützenden Grünen. Manche meinen sogar, es gehörten „christlich" und „konservativ" zusammen – gerade so, als wäre nicht der Religionsstifter selbst von den Konservativen seiner Zeit ums Leben gebracht worden, weil er unter anderem lehrte, das Bestehende sei meist nicht das Bestmögliche und oft auch gar nicht das Richtige!

Sollte man unter solchen Umständen nicht besser auf den Begriff und die ohnehin erst noch zu klärende Sache des Konservatismus verzichten, wenn es um die Selbstverständigung der CDU geht? Das hat die Partei nun lange versucht. Trotzdem hat man ihr das K-Wort immer wieder aufgeklebt. Verständlicherweise, denn kaum etwas schändet einen Gegner in Deutschland wirkungsvoller als das Beiwort „konservativ"! Getoppt wird das nur von der – inzwischen wie selbstverständlich gehandhabten – Wortkombination „rechtskonservativ". Also wäre der CDU anzuraten, den von ihr ohnehin nicht loszuwerdenden Begriff des Konservatismus nun neu mit überzeugenden und anziehenden Inhalten auszustatten. Natürlich ist dabei auch das Verhältnis solcher Inhalte zu jener Tradition zu klären, in welcher – entstanden als ablehnende Reaktion auf die Französische Revolution – der europäische Konservatismus nun einmal wurzelt.

Es wird dabei nicht reichen, Konservatismus vor allem als Methode anzusehen, mit der auf neue Herausforderungen reagiert wird, mit bewährten Ordnungsstrukturen, funktionierenden Hierarchien und bereitwilligem Lernen im Sinn. Oder Konservatismus auszuweisen als Liebe zu guten Traditionen, als Respekt vor den sie tragenden Werten, als Haltung, bei der sich das als besser behauptete Neue rechtfertigen muss, nicht aber vorrangig das bewährte Alte. Man muss schon auch jene Inhalte benennen, für die eine sich als auch – nicht nur – konservativ begreifende CDU stünde.

Das gelingt am besten mit dem folgenden Begriffsdreieck. An der linken Spitze steht „gerechte Ordnung". Hier geht es zunächst einmal um Recht und Ordnung, also um die zentralen Elemente jenes stabilen Zustands gesellschaftlicher Verhältnisse, die man in der italienischen Renaissance „lo stato" nannte. Doch es geht nicht um irgendeine machtgestützte Ordnung. Recht und Ordnung werden nämlich nur dann auf Dauer bestehen, wenn sie als gerecht empfunden werden. Dazu trägt am verlässlichsten bei, dass Recht und Ordnung so, wie in einem konkreten Staat verwirklicht, auch tatsächlich gerecht sind. Deshalb gerät Konservatismus nur mitsamt angestrebter Gerechtigkeit zu einer wirklich stimmigen Haltung. Also ist das Verlangen nach Gerechtigkeit kein nur linkes Anliegen oder eine utopistische fixe Idee, über die sich ein Konservativer mokieren dürfte.

An der Spitze oder Basis jenes Dreiecks steht „Nachhaltigkeit", bzw. – in leicht anderer Betrachtungsweise – „aufrechterhaltbare Entwicklung". Das ist gleichsam der konservativste aller Wünsche eines Konservativen. Es sollen nämlich dem, was besteht und bewährt ist und sich gleichwohl weiterentwickelt, gerade im Lauf seiner Weiterentwicklung nicht die es tragenden Grundlagen zerstört werden. Konkret geht es hier um demographische Nachhaltigkeit, um fiskalische, energetische, ökologische und auch kulturelle Nachhaltigkeit. Das alles wird konkret auf sämtlichen Politikfeldern, die ein moderner Staat zu bestellen hat. Konservatismus darf deshalb nie einer bloß aufgesetzten Maske gleichen, sondern muss alles Entwerfen, Aushandeln und Umsetzen von politischen Konzepten prägen.

An der rechten Spitze jenes Dreiecks steht „Patriotismus". Der bezieht sich auf das Vaterland, auf die Heimat. Dort wuchs man auf und fühlt sich zugehörig – oder dort zog man einst hin, schlug dann Wurzeln und empfindet sich seither dort zu Hause. Wer eine solche Heimat oder ein solches Vaterland besitzt, der möchte dort meist auch ein gutes Gemeinwesen bestehen sehen. Nicht selten will man selbst zu dessen Gedeihen beitragen. Genau diese Bereitschaft sowie die aus ihr folgende, gemeinsinnige Tätigkeit ist gemeint, wenn vom Patriotismus die Rede ist. Der ist somit genau das, was eine Gesellschaft wirklich zusammenhalten kann. Natürlich kann auch jeder Einwanderer zum Patrioten seines neuen Landes werden, denn beim Patriotismus kommt es nie auf die Herkunft an, sondern allein auf das bereitwillige Zusammenwirken im Dienst einer gemeinsamen Zukunft.

Leicht ist zu erkennen, dass sich von diesem Politikdreieck her eine neue, systematische, in sich stimmige, auch plakatierbare Programmatik der CDU entfalten ließe. Mit der könnte sie nicht nur ihre Oppositionsrolle sachgerecht ausüben, sondern erneut eine weit ausgreifende Anziehungskraft entwickeln. Doch fraglich ist, ob der neue Vorsitzende eine gründliche, programmatische Debatte wirklich zulässt. Und ganz unklar ist zudem, ob die CDU denn überhaupt die Leute dafür hat, diese politisch-intellektuelle Aufgabe anzugehen. Karrieristen werden sie jedenfalls nicht meistern. Doch vielleicht zieht die kommende, wohl mehrjährige Oppositionszeit der Union wieder solche Leute an, denen es nicht nur um ihr Ego, sondern auch um die wichtige Sache der CDU geht.

NICHT EINMAL ANGELA MERKEL ERGREIFT NOCH PARTEI FÜR ANGELA MERKEL!

veröffentlicht am 20. April 2022 in der „Preußischen Allgemeinen Zeitung“[71]

Wenig hört man in diesen Kriegswochen von jener Staatslenkerin, die so lange – und auch ganz unangefochten – Deutschlands beliebteste Politikerin war. Könnte nicht gerade sie, einst für den Friedensnobelpreis im Gespräch und weiterhin mit vielen wichtigen Politikern gut vertraut, auf einen Friedensschluss zwischen Russland und der Ukraine hinwirken? Hat sie das denn nicht schon in der Vergangenheit versucht?

Gewiss, kein Kanzler sollte seinem Nachfolger die Schau stehlen. Hilft die Altkanzlerin unserer Regierung also wohl im Stillen? Anscheinend nicht, denn Deutschlands Politik wendet sich klar von dem ab, was unter Angela Merkel als „alternativlos“ galt. Doch warum verteidigt sie ihr Werk nicht öffentlich? Viele Sozialdemokraten, die sich Kanzler Scholz widersetzen, wären dafür dankbar! Oder schadete Merkels Kritik an der Regierungspolitik deutschen Interessen? Doch die wahrt man auch nicht, wenn man einer für falsch gehaltenen Politik nur zusieht.

Oder merkt die Altkanzlerin einfach, dass sich manches nun doch als anders herausstellt, als sie es einst ihrer Politik zugrunde legte, vermeidet sie also schlicht das Eingeständnis von Irrtümern? Mag es sogar sein, dass sich unsere landesweiten Medien – anders als einst bei Helmut

---

[71] https://paz.de/artikel/nicht-einmal-angela-merkel-ergreift-noch-partei-fuer-angela-merkel-a6683.html; Zugriff am 29. Januar 2024.

Schmidt – nicht mehr sonderlich um Merkels Präsenz und Interviews bemühen, weil es Edelfedern und Talkmastern unangenehm wäre, nicht länger Haltbares von der einstigen Kanzlerin trotzdem verteidigt zu erleben? Und weil sie nicht erdulden wollen, dass Merkel für irrtümlich erklärt, was Großjournalisten einst mit vernichtender Verachtung für Widerspruch selbst vertreten haben?

Jedenfalls werden grobe Fehler aus Merkels Regierungsjahren immer offensichtlicher. Da machte man sich energiepolitisch von einem Angebotsmonopolisten abhängig, auf den man im Konfliktfall keinen verlässlichen Einfluss hat. Zwar erfüllte die Sowjetunion im Kalten Krieg stets ihre Lieferverpflichtungen bei Öl und Gas. Doch dass es mit Russland zu einem heißen Krieg kommen könnte, in dessen Verlauf Energielieferungen zu einer wechselseitig schadenden Waffe würden – das kam in einem solchen Weltbild nicht vor. Politik ist nun aber nicht Physik mit stets gleichen Gesetzmäßigkeiten. Vielmehr ist sie, mitsamt ihren Wirkungszusammenhängen, jeweils nur ein Zwischenprodukt von nicht endender Geschichte. Deshalb rechnet man besser mit der künftigen Möglichkeit von derzeit noch Unwahrscheinlichem – was umso besser gelingt, je mehr Geschichte man kennt und versteht.

Auch wären wir von russischen Energielieferungen nicht so stark abhängig, wenn wir zur Schließung von Deckungslücken nicht erst noch Tausende von Windrädern samt Stromleitungen bauen müssten. Oder wenn wir weiterhin Kernkraftwerke hätten, die verlässlich Strom im eigenen Land erzeugten. Doch unbedingt musste Merkel den Grünen einst ihr identitätsstiftendes Mobilisierungsthema wegnehmen – und zwar nicht durch Argumente, sondern dadurch, dass sie die verlangte Abschaltung von Kernkraftwerken gleich selbst verwirklichte. Das war zwar gut für Merkels Ansehen bei Grünen, Sozialdemokraten und Journalisten. Doch die absehbaren Folgen wirken sich schlecht für Deutschland aus.

Und erst das Trauerspiel mit der Bundeswehr! Zwar fing das Elend nicht erst mit Merkel an. Doch sie vergrößerte es, statt es abzuwenden. Jetzt steht Deutschland als sicherheitspolitischer Möchtegern und außenpolitischer Gernegroß da, dem andere zu Recht misstrauen. Obendrein werden die Folgeprobleme Merkelscher Migrationspolitik für Deutschlands Parteiensystem und gesellschaftlichen Zusammenhalt immer sichtbarer.

Zwar kann man diese Fehler inzwischen öffentlich kritisieren, ohne gleich als Rechtspopulist aus Medien und öffentlichen Diskursen verbannt zu werden. Mit Angela Merkel aber bringt man derlei tunlichst nicht in Verbindung. Es war einfach der Zeitgeist, dem doch „wir alle" gefolgt sind; und inzwischen „aufgewacht", fänden wir die Welt verändert vor.

Doch deren Wirkungszusammenhänge sind die gleichen geblieben; sie erweisen sich nur als anders, als viele das einst wahrhaben wollten. Und an eben jener illusionären Welt hat Merkel viele Entscheidungen ausgerichtet. Zwar tat sie das auf eine informelle Allparteienkoalition gestützt, die von der Linken bis weit in die CDU reichte. Auch rechtfertigten die meisten einflussreichen Medien Merkels Politik. Also decken weitverbreitete Wünsche, die eigenen Fehler vergessen zu machen, auch die Fehler der Altkanzlerin.

Zumindest die CDU wird einer Debatte über ihre Rolle zu Merkels Zeiten auf Dauer nicht entgehen können. War diese Partei ein Mitläuferverein politischer Opportunisten? Oder haben sich in ihr Sach- und Personalbestände an weiterhin nutzbarer politischer Vernunft erhalten? Diese Frage zielt keineswegs nur auf Vergangenheitsbewältigung, sondern weist klar nach vorn. Denn nur eine solche Union wird gegenüber einer vielleicht vom Merkel-Kurs abrückenden Ampelregierung eine glaubwürdige Opposition sein können, die sich von Merkels Fehlern nicht nur distanziert, sondern das durch geeignete Personalentscheidungen auch verstetigt.

ZUR LANDTAGSWAHL IN SCHLESWIG-HOLSTEIN

veröffentlicht am 11. Mai 2022 unter dem Titel „Das Ergebnis von Kiel gibt allen Parteien zu denken" in der „Preußischen Allgemeinen Zeitung"[72]

Wir hatten keinen spannenden Wahlabend erwartet. In Schleswig-Holstein würde die CDU gewinnen, die Partei der Grünen sich gut halten, die SPD etliche Wunden zu lecken haben. Und doch bescherte die Kieler Landtagswahl Analytikern Feinschmeckerkost.

Die CDU gelangte wieder in einst gewohnte Höhen von mehr als 40 Prozent und feierte wie in alten Zeiten. Die Grünen genossen es, die SPD ne-

---

72 https://paz.de/artikel/das-ergebnis-von-kiel-gibt-allen-parteien-zu-denken-a6793.html; Zugriff am 29. Januar 2024.

ben sich schrumpfen zu sehen. Tatsächlich macht es einen Unterschied, ob der Charmeur Habeck das Gesicht einer Partei abgibt oder der Miesepeter Stegner. Die FDP halbierte ohne ihren Talkshow-Meister Kubicki an der Spitze fast ihre Stimmenzahl. Und die AfD flog erstmals in ihrer jungen Geschichte aus einem Landtag.

Der im Amt bestätigte Kieler Regierungschef Daniel Günther trat vor allem als Integrator von Deutschlands traditionellen Parteien auf. Als solcher gewann er stark hinzu aus den Reihen von SPD und FDP. Auch ein nennenswerter Teil von Grünen-Wählern stimmte für ihn. So in etwa hatten sich CDU-Strategen zu Angela Merkels Zeiten die Zukunft der Union gewünscht. Vermutlich fühlen sie sich nun bestätigt. Sie sollten aber nicht vergessen, dass dieser Erfolg in einem kleinen, vielfach für Deutschland untypischen Bundesland gelang.

Die Grünen müssen nun klären, ob sie weiter gemäß ihrem Grundgefühl eine linke Partei an der Seite der SPD sein wollen, die nur in Zeiten von deren Schwäche mit der CDU zusammengeht – oder ob sie, wie es dem Bildungsstand und Geldbeutel ihrer Wähler entspräche, eine verlässlich bürgerliche Kraft sein möchten. Umgekehrt steht die CDU vor der Frage, ob sie der FDP verlässlich das Mitregieren in Aussicht stellen will, wann immer die Wähler das zulassen, oder ob sie das Risiko eingehen soll, die Liberalen der SPD zuzutreiben, falls sie die Grünen als „natürlichen Partner“ behandelte.[73]

Diesbezüglich wird viel vom Wahlausgang in Nordrhein-Westfalen am kommenden Sonntag und von der Spannungsdynamik in der Berliner Ampelkoalition abhängen. Freilich sind auch dauerhaftere Faktoren zu erwägen. Zu denen gehört, dass die Union vor allem bei älteren und weniger gebildeten Wählern Zuspruch findet, die grüne Partei hingegen bei den jüngeren mit höherer formaler Bildung. Lässt sich daraus eine „neue Mitte“ schaffen? Oder werden umstrittene Themen solche Bündnisse allzu oft entlang von Sollbruchstellen aufsprengen, die mit Lebenserfahrung und Echokammern zu tun haben?

Das Abschneiden der AfD weckt bei ihren Gegnern die Hoffnung, nun wirke endlich die gegen sie hochgezogene Brandmauer. Tatsächlich könnte das jahrelange Wachstum der Partei in ein Schrumpfen übergehen, falls folgende Faktoren weiter von Gewicht sein sollten: Erstens verlangen

[73] Anmerkung vom Januar 2024: Am Ende der Verhandlungen kam es zu einer schwarz-grünen Koalition.

auch Anhänger einer Protestpartei irgendwann auch nach politischen Inhalten, die zu realen Problemen passen und in sich stimmig sind. Solche Inhalte wusste die AfD weder bei der Corona-Pandemie noch angesichts von Russlands Krieg anzubieten. Zweitens fehlen der Partei ihre zwei großen Mobilisierungsthemen: Angela Merkel – und die öffentliche Sichtbarkeit einer Zuwanderung, die nicht aus Flüchtlingen, sondern aus selbstermächtigten Migranten besteht.

Mobilisierungslähmend ist für die Partei auch die offene Frage, ob sich dauerhaft die rechtsaußen stehende Mitgliederschaft durchsetzt oder ob sich konservative und ordoliberale Demokraten die Chance auf eine Kursänderung hin zu einstigen Lucke- oder Petry-Positionen erarbeiten können. Von Relevanz ist auch die Frage, ob die Union sich vielleicht doch wieder als Partei auch derer anbieten wird, die nicht links oder mittig sind, aber unstrittig innerhalb des Verfassungsbogens stehen. Im Norden jedenfalls verteilten sich die Verluste der AfD zu knapp zwei Dritteln – in dieser Reihenfolge – auf Nichtwähler, CDU und Liberale. Das sind jene Reservoirs, aus denen sich einst bundesweit ihre Erfolge speisten.

Für die SPD wiederum stellt sich die Frage, wie gut sie durch Zeiten kommen kann, in denen linke Illusionen an der harten Wirklichkeit zerschellen. Da zerstiebt der Traum vom Frieden dank Friedenswilligkeit und von einer regelbasierten internationalen Ordnung; da platzt die Hoffnung auf „Wandel durch Handel" am Falle Russlands, mit dem so viele Deutsche eine Art politische Romantik verbindet; und da wird mehr und mehr die Weiternutzung von Kernenergie zum Silberstreif am dunklen Horizont der Verfügbarkeit und der Kosten fossiler Energieträger, während das Aufstellen von Windrädern und Solarmodulen sich im Unterholz von Planungsrecht, Verwaltungsjustiz und Widerstand vor Ort verfängt.

Wieviel schadet es der SPD, wenn sich ihre aus Gründen der Geschlechterparität in Ministerämter berufene Damenriege als sachlich hilflos und politisch leichtgewichtig erweist? Und wie geht es weiter, wenn die Grünen ihre politisch profitablere Passfähigkeit zur CDU nicht nur entdecken, sondern bald in immer mehr Bundesländern ausleben?

Dann wird es wohl Zeit, dass die SPD der CDU vormacht, wie nützlich es sein kann, wenn eine Partei mindestens zwei Flügel hat und diese auch politisch nutzt. Die Sozialdemokraten bräuchten einen starken linken Flügel, der – anders als heute – denen in der Partei nicht ihre sozialdemokratische Identität bestritte, die sich auch in der CDU heimisch fühlen könnten. Und die CDU müsste sich wieder trauen, auch einen einflussreichen konservativen Flügel zu haben, der diese Partei von rechts her schwerer angreifbar machte als zu Merkels Zeiten.

Freilich verlangt politisches Fliegen auf weit ausholenden Schwingen große Fähigkeiten zum koordinierten Gewährenlassen und zum Zusammenhalten in unvermeidlichen Spannungszeiten. Derlei Führung darf innerparteiliche Debatten weder ersticken wie zur Zeit der Merkel-CDU noch sie aus dem Ruder laufen lassen wie einst in Willy Brandts SPD. Das ist viel verlangt. Doch die Zeiten fordern das.

DIE UNION PEILT DEN BEQUEMEN WEG AN DIE MACHT AN

veröffentlicht am 7. Juli 2022 in der „Preußischen Allgemeinen Zeitung"[74]

Hat die CDU jetzt wieder Oberwasser? Immerhin überholte sie zuletzt an Popularität die SPD und wurde in zwei Bundesländern Seniorpartner in Koalitionen mit den Grünen. Diese liegen in der Sonntagsfrage nun an zweiter Stelle und können sich parlamentarischer Weiterexistenz viel sicherer sein als die FDP. Gehört die Zukunft also Schwarz-Grün?

Tatsächlich besitzt die CDU-Bindekraft bei älteren Leuten mit nicht-akademischem Hintergrund und unterdurchschnittlichem Einkommen in ländlichen Regionen, während die Grünen junge Leute sowie gut verdienende Akademiker in den Städten an sich binden. So ergänzen sich beide Wählerschaften zu einer kaum mehr bezwingbaren Mehrheit. Auch beanspruchen beide Parteien, für die „politische Mitte" zu stehen. Also scheint dieser Machtblock dauerhaft eine „Demokratie der Mitte" zu gewährleisten, die weder von links noch von rechts zu gefährden ist.

Folgt man dieser Deutung, dann war wohl Angela Merkels Neuausrichtung der CDU für ihre Partei und für unser Land höchst vorteilhaft. Und deshalb sollte Friedrich Merz die Union weiterhin auf einem grünverträglichen Kurs halten. Der nämlich beschert seiner Partei eine dauerhafte Machtperspektive – und dem Land eine Politik fortschrittlicher Vernunft.

---

[74] https://paz.de/artikel/die-union-peilt-den-bequemen-weg-an-die-macht-an-a7109.html, Zugriff am 29. Januar 2024.

CDU-Taktiker mit engem Planungshorizont mögen diese Sichtweise. Doch tragfähiger wäre es, die Nachhaltigkeit grüner Lernprozesse zu hinterfragen, auf die Auswirkungen staatspolitischer Fehlsteuerungen zu achten und die Abhängigkeit politischer Parteien von den Spielzügen ihrer Konkurrenten zu bedenken.

Inhaltlich erleichtert es die Zusammenarbeit von Union und Grünen derzeit, dass letztere ihren Fundamentalpazifismus aufgegeben haben, am Fall der Ukraine die Tugenden von Vaterlandsliebe und Wehrhaftigkeit entdecken sowie zu begreifen beginnen, dass Energiepreise nicht nur ein klimapolitisches Steuerungsmittel sind, sondern große Risiken für jene Sozialpolitik bergen, von der die Legitimitätslage unseres Staates abhängt.

Doch wie nachhaltig werden diese Lernprozesse nach einem Abklingen der jetzigen Krisen sein? Wie verlässlich ist die innerparteiliche Unterstützung für die überraschenden Positionsveränderungen von Habeck und Baerbock?

Aus staatspolitischer Sicht wäre zu erwägen, ob die grüne Windradpolitik nicht bald schon an Baurecht und Naturschutz scheitern mag. Oder ob der Versuch eines energiepolitischen Durchregierens nicht politisch-partizipatorische Errungenschaften der letzten Jahre zerstören kann. Und ob grüne Vorlieben für Identitätspolitik und Wokeness nicht bisherige diskursive Freiheitsmöglichkeiten allzu schmerzhaft beschneiden werden.

Wenn aber Empörung über die Folgen grüner Fehlsteuerungen und Bevormundung einst auch die vergrünte CDU trifft: Wie wird es sich dann auswirken, dass diese Partei jene zehn Prozent der Wähler anscheinend ganz aufgegeben hat, die inzwischen die AfD wählen? Diese Art von politischer Selbstverstümmelung zwingt doch jetzt die CDU immer wieder an die Seite der Grünen. Eben das führt dazu, dass die CDU nun eben keine Partei mehr ist, die von der Mitte bis zum rechten Rand alle politisch halbwegs Zurechnungsfähigen an sich zu binden versteht und deshalb ein aus eigener Kraft dominanter politischer Akteur sein könnte. Als Partner der Grünen entfremdet sich die Union hingegen allen, welche die traditionellen grünen Positionen nicht mögen und den neuen nicht trauen.

Und im für die Union schlimmsten Fall hört die AfD eines Tages auf, sich im rechten Gedankensumpf zu suhlen, und findet zurück zu ihrer anfänglichen Position als bürgerliches Korrektiv der CDU. Dessen dann neuerliche Wählerattraktivität schadete sehr einer Union, die durch vielerlei Scheitern der mitgetragenen grünen Politikvorhaben diskreditiert wäre.

Ob die CDU-Führung dies bedenkt? Eher scheint sie die Dinge bequem treiben zu lassen – hoffend, dass die AfD zu keiner Gefahr mehr wird und die Grünen ihr „natürlicher Partner“ bleiben. Doch wird diese Rechnung auch aufgehen?

DIE CDU NACH SECHS MONATEN MERZ

veröffentlicht in „Badische Neueste Nachrichten“ am 20. September 2022 unter dem Titel „Union muss sich von Fehlern der Merkel-Ära distanzieren“[75]

Viele litten am Niedergang der CDU während der letzten Jahre. Besonders schmerzte er jene, die eine wichtige Ursache in der Sozialdemokratisierung und Angrünung der Union erkannten. In deren Verlauf entkoppelte sich das Ansehen der CDU-Kanzlerin von dem ihrer Partei: Merkel wurde für genau jene Fehlentscheidungen in der Energie-, Migrations- und Sicherheitspolitik gelobt, deren damals schon absehbare Folgen die CDU in der Wählergunst nach unten zogen. Das bescherte der Union die AfD als seither jegliche CDU-Dominanz verhindernde Rivalin. Und wer aus den Reihen der Union auf diesen Wirkungszusammenhang hinwies, wurde zum Teil einer rückwärtsgewandten, illoyalen Parteiminderheit erklärt und um konstruktiven Einfluss gebracht.

In dieser Lage wurde der von Angela Merkel einst bezwungene Friedrich Merz zur Projektionsfläche vieler Aufbruchshoffnungen. Noch wurde aber kein neuer Kurs eingeschlagen. Im Gegenteil hat sich der neue Vorsitzende von Kritikern der Altkanzlerin demonstrativ ferngehalten. Als innerparteilicher Friedenswille wäre das lobenswert. Doch pflichtvergessen wäre es, dächte die Parteiführung wirklich nicht voraus und signalisierte erforderliche Kurskorrekturen. Immerhin ist die bleierne Zeit der späten Merkel-Jahre vorbei. Dennoch gleicht die jetzige Programmdebatte mehr einer Beschäftigungstherapie als dem einstigen SPD-Aufbruch zum Godesberger Programm.

Damals wandte sich die SPD-Führung von einstigen Fehlpositionierungen bei Westintegration und Wirtschaftspolitik ab. Doch heute scheut die CDU-Führung eine Distanzierung von Fehlentscheidungen der Mer-

---

[75] https://bnn.de/nachrichten/deutschland-und-welt/werner-patzelt-union-muss-sich-von-fehlern-der-merkel-ara-distanzieren; Zugriff am 29. Januar 2024.

kel-Ära. Man versteht das, wurde die zu korrigierende Politik doch von weiten Teilen der Partei mitgetragen und stand im Einklang mit der damals dominierenden öffentlichen Meinung. Doch jene Fehler bloß abzustellen, ohne sie als Fehler einzugestehen, wird wenig beim Versuch helfen, verlorenes Vertrauen zurückzugewinnen - oder gar jene Wählerschaft zu erreichen, die man leichtfertig zur AfD getrieben oder politisch heimatlos gemacht hat. Im Übrigen geht, angesichts der derzeitigen Politikwende auch bei Grünen und SPD, in der Medienberichterstattung eine rein pragmatische Kurskorrektur der CDU leicht unter. Auch stärkt es den CDU-Vorsitzenden nicht, wenn er zwar im Bundestag gute Reden hält, doch der innerparteilichen Auseinandersetzung mit Merkels fortbestehender Anhängerschaft aus dem Wege geht.

Freilich sind seine Spielräume auch strategisch beschränkt. Innerparteiliche Positionsveränderungen fallen nämlich leichter, wenn sie mit neuen Machtperspektiven verbunden sind. Doch seit die Union törichterweise so viele einstige eigene Anhänger zur AfD oder Nichtwählerschaft vertrieben hat, besitzt sie eine realistische Machtperspektive nur noch in Bündnissen mit den Grünen. Doch mit diesen regierend, entfremdet sich die CDU immer mehr einstige Wähler. Die einen stimmen dann lieber fürs grüne Original, während die anderen ihre einstige Partei durchs Ankreuzen der AfD bestrafen - oder gar nicht wählen gehen. Dagegen hilft es auch nicht, dass man gendert, Frauenparität durchsetzt oder sich mit Regenbogenfahnen schmückt. Aus dieser üblen strategischen Lage, rundum selbst verschuldet, kann die CDU aus eigener Kraft ohnehin nicht mehr ausbrechen. Sie muss vielmehr auf Fehler ihrer zwei wichtigsten Konkurrenten warten: der AfD und der Grünen.

Allerdings sollte sich die Union schon auch Offensivkraft fürs Ausnutzen solcher Fehler zulegen. Das verlangt Klarheit darüber, wofür genau die CDU steht und weshalb ihre Positionen wohl gut sind. Dass es da dramatisch an Aussagefähigkeit mangelt, hat 2019 die völlige Hilflosigkeit der Unionsführung beim Umgang mit einem Youtuber gezeigt, der - zum weit verbreiteten Gaudium - von der Zerstörung der CDU phantasierte. Allerdings wird nicht allein schon ein neues Programm die CDU angriffsfähig machen. Niemand hört nämlich einer Auflistung von zwei Dutzend klugen Positionen zu oder behält dann etwas vom Gehörten. Viel wichtiger ist es, mit sehr wenigen Worten sagen zu können, wofür eine Partei steht. Allerdings müssen die Leitbegriffe einer seriösen Partei auf durchaus Komplexes verweisen. Dem diente es, wenn die CDU ihr ganzes Programm ins folgende Dreieck verdichtete und entlang seiner Eckbegriffe verträte.

An der Spitze stünde „Nachhaltigkeit“, untersetzt durch konkrete Politikprogramme zur ökologischen, energetischen, fiskalischen, demographischen und kulturellen Nachhaltigkeit. Am linken Eck stünde „gerechte Ordnung“. Natürlich gehören dazu auch Recht und Ordnung; doch beides hat Bestand nur im Dienst von Gerechtigkeit. Also braucht die CDU durchhaltbare Positionen zur Chancengerechtigkeit, Ergebnisgerechtigkeit, Generationengerechtigkeit, Geschlechtergerechtigkeit und sozialen Gerechtigkeit. Am rechten Eck schließlich stünde „aufgeklärter Patriotismus“, also die bereitwillige Übernahme von Verantwortung für jenes Land, in dem man lebt; die Zuneigung zu jenen Leuten, mit denen man dort zusammenlebt; der Wunsch, deren Kultur den nächsten Generationen weiterzugeben; und obendrein die Bereitschaft, für die Bewahrung des Erreichten auch persönliche Opfer zu bringen. Im Übrigen kommt es beim aufgeklärten Patriotismus nie auf die Herkunft an, sondern nur auf guten Willen für eine gemeinsame Zukunft.

Außerdem muss sich die CDU wieder der Sache des Konservatismus annehmen. Statt bereits jenen Begriff den Unionsgegnern weiterhin als Angriffswaffe zu überlassen, sollte ihn die Union ihrerseits inhaltlich füllen und dann selbstbewusst verwenden. Zu betonen wäre dabei einerseits, dass Konservatismus jene besondere Haltung zur Wirklichkeit und zu deren Wandel meint, in der man für Neuerungen immer offen ist, Begründungen aber stets für das Neue verlangt, nicht aber für das, was sich – wie etwa Ehe und Familie – jahrhundertelang bewährt hat. Andererseits wäre zu zeigen, dass es ohnehin nichts Konservativeres gibt als das Ringen um umfassende Nachhaltigkeit. Warum eigentlich lässt sich auch die neue CDU-Führung nicht auf derlei geistespolitische Herausforderungen ein?

KOMMENDE SOZIALE UNRUHEN?

Interview mit Silke Hellwig, veröffentlicht unter dem Titel „Es findet sich politischer Raum für Proteste“ im „Weserkurier“ am 28. August 2022,[76] desgleichen unter dem hier verwendeten Titel am 30. August 2022 auf meinem Blog wjpatzelt.de

[76] https://www.weser-kurier.de/politik/inland/politologe-werner-patzelt-ueber-die-befuerchtungen-von-sozialen-unruhen-doc7mekdy63bkn3i0q0ndu; Zugriff am 27. Januar 2024.

Herr Patzelt, vielfach wird dieser Tage davor gewarnt, dass es im Herbst zu sozialen Unruhen kommen könne. Wie schätzen Sie die Lage ein?

Die meisten spüren es ganz persönlich, wenn die Lebensmittel- oder Energiepreise steigen. Manche sind auch alarmiert über Berichte, dass unsere Städte für den Winter öffentliche Wärmeräume planen, weil es am Gas fürs Beheizen von Wohnungen fehlen könne. Anders als bei der Migrationsdebatte hilft da auch der Hinweis nicht, Rassisten stellten die Lage schlechter dar, als sie sei. Und anders als bei der Corona-Debatte lässt sich nun nicht behaupten, es gäbe gar kein Problem – oder alle konkreten staatliche Maßnahmen seien alternativlos. Also findet sich politischer Raum für Proteste.

Bundeskanzler Olaf Scholz wurde vor wenigen Tagen in Neuruppin ausgebuht. Robert Habeck erlebte ähnliches Ende Juli in Bayreuth – sind das die Vorboten?

Leider zieht sich die Bereitschaft, auf diese Weise Respektlosigkeit zu demonstrieren, inzwischen durch unsere ganze Gesellschaft. Früher hat man höchstens Franz Josef Strauß als Nazi und Helmut Kohl als Dummkopf ausgepfiffen, hat also – in den Augen vieler – die Richtigen getroffen. Doch nun trifft es auch, ironisch formuliert, die Sozialdemokraten als Sachwalter des allzeit Richtigen und die Grünen als Sachwalter des stets Guten. Das ist neu. Mindestens zwei Ursachen gibt es dafür.

Welche?

Kurzfristig wirkt sich hier die Enttäuschung vieler Leute aus, dass die Ampel-Regierung nun eine andere Politik macht, als sie im Wahlkampf versprochen und im Koalitionsvertrag ausgeflaggt hat. Das waren weitere soziale Reformen, die Fortsetzung der Energiewende und eine friedliche Außenpolitik. Unter dem Druck der Wirklichkeit handelt man nun anders. Das empört viele, welche die Wirklichkeit weiterhin anders wahrnehmen als inzwischen die Regierung.

Welches ist der andere Faktor?

Ein ins Gewicht fallender Teil der Bevölkerung hat seit der Euro-Rettungspolitik, spätestens seit der Migrationspolitik von 2015, den Eindruck, dass Deutschlands Politikerschaft unser Land in eine falsche Richtung steuert. Nach erfolglosem Protest dagegen haben viele unserem politischen System innerlich gekündigt. Und weil dessen Politik – gerade unter Angela Merkel – sehr stark sozialdemokratisch und grün ausgerichtet war, vollzogen eine solche innere Kündigung besonders viele von denen, die politisch rechts stehen. Eben das kennen wir seit langem als Rechtspopulismus. Dessen Richtung passte uns nicht, und dessen Anliegen bezeichneten wir meist als unbegründet. Wendet sich populistische Empörung aber fortan vor allem gegen die Waffenlieferungen und Wirtschaftssanktionen der jetzigen Ampelregierung, dann wird sich derlei Kritik weder als völlig unbegründet noch als rechtsradikal hinstellen lassen. Und dann gerät Deutschland in eine sehr brisante Protestlage.

Angela Merkel stand für eine sozialdemokratisch-liberale Politik?

So haben das viele Wähler beurteilt, die sich von der Union abwandten. Auch kam die Ampelkoalition nicht zuletzt wegen des weit verbreiteten Eindrucks zustande, die CDU könne jenen richtigen Kurs, den Angela Merkel eingeschlagen habe, nicht mehr durchhalten, weil die innerparteiliche Rechte sich widersetze. Wer also für Merkel war und mit der Vor-Merkel-Union ohnehin nichts anfangen konnte, hat in dieser Lage Scholz oder Habeck gewählt. Von diesen erwartete man, dass sie die – vermeintlich – alternativlos richtigen Entscheidungen Merkels nun nachhaltig umsetzten: Kernkraftwerke abschalten, russisches Erdgas als Brückenenergie nutzen, Bundeswehr und NATO ja nicht als Gefahr für Russland erscheinen lassen. Alle diese Entscheidungen wurden durchaus nicht gegen die Sozialdemokraten und Grüne getroffen, sondern von diesen unterstützt.

Sie haben in einem Interview mit der „Welt" gesagt: „Es gibt in der Bevölkerung Misstrauen darüber, ob die Politik wirklich weiß, was sie tut." Woher resultiert dieses Misstrauen?

Seit 2015 fragen sich viele, wie vernünftig es denn ist, jeden, der es nach Deutschland schafft, praktisch bedingungslos in unserem Land aufzunehmen und das Ergebnis dann als eine wünschenswerte multiethnische und multikulturelle Gesellschaft zu feiern. Derlei Zweifel an der Migrationspolitik strahlten dann in viele andere Politikfelder aus. Gemeinsamer Nenner ist meist die Kritik an einer Politikerschaft, die immer öfter eine Laufbahn vom Kreißsaal über den Hörsaal in den Plenarsaal gemacht hat, der es also am lebenspraktischen Erfahrungshorizont zu fehlen scheint.

Inwiefern trägt die noble Hochzeit von Bundesfinanzminister Christian Lindner auf Sylt zu diesem Unbehagen bei?

So wenig wie ein Tropfen zu einem Fass – der es aber dennoch zum Überlaufen bringen kann!

In einem anderen Interview haben Sie gesagt: „Leichter ließe sich zwischen den Befürwortern und den Kritikern derzeitiger Corona-Politik ins Gespräch kommen, wenn nicht an der Regierungspolitik selbst so vieles unschlüssig und wankelmütig wäre – und wenn die jeweils ergriffenen Maßnahmen nicht stets so vertreten würden, als wäre jede zweifelnde Nachfrage von Dummdreistigkeit oder Verschwörungstheorie getragen." Hatte die Corona-Politik eine neue Qualität, was ihre Rigorosität betrifft?

Viele verstehen, dass Politik ein Handeln unter den Bedingungen von Ungewissheit ist, das deshalb oft in Form von Versuch und Irrtum erfolgt und erst allmählich eine klare Linie findet. Doch gerade dann empört es, wenn Politiker schon ihre ersten Deutungs- und Handlungsversuche als ganz alternativlos ausgeben, wenn es dann später am Eingeständnis von Irrtümern fehlt – und wenn stattdessen jegliche Kritik am Regierungskurs als ignorant, böswillig oder staatsfeindlich hingestellt wird. Letzteres war sehr erfolgreich bei der Kritik an der Migrationspolitik, funktionierte nicht mehr so recht bei der Aufsässigkeit gegen die Corona-Politik und wird ganz versagen bei Protesten gegen die Folgen unserer bisherigen Energiepolitik.

Bei den Protesten gegen die Corona-Politik war bemerkenswert, dass sich die Kritik durch alle Bevölkerungs- und Altersschichten gezogen hat.

Ja. Die einen waren wegen corona-politischer Freiheitseinschränkungen besorgt, andere zweifelten an der Qualität der Datengrundlagen jener Politik. Jedenfalls gelang es nicht, jegliche Kritik zu staatsfeindlichem Unsinn oder Proteste pauschal zu rechtsradikalen Umtrieben zu erklären.

Die Corona-Auflagen haben jeden betroffen, die höheren Preise auch. Womöglich erwarten die von Frieden, Freiheit und Wohlstand verwöhnten Deutschen von der Politik, dass sie Krisen regelt, ohne dass die Bürger in Mitleidenschaft gezogen werden.

Wir sind nicht nur eine weiterhin nazi-traumatisierte Nation, sondern auch eine sehr verwöhnte Gesellschaft. Deshalb sehen viele keinen Sinn mehr darin, wegen übergeordneter Ziele Opfer zu bringen oder um des Gemeinwohls willen persönliche Einschränkungen hinzunehmen. Etwa empfanden viele den Wehr- und Zivildienst als Zumutung. Trotzdem bewundern sie heute oft jene Ukrainer, die sich den russischen Aggressoren entgegenstellen. Ob wir wohl am ukrainischen Beispielsfall neuerliche Opferbereitschaft erlernen?

Eine andere Form des Protests wählen junge Menschen, die sich beispielsweise auf Straßen kleben, um den Verkehr zu stören und Aufmerksamkeit für ihre Klimapolitik-Forderungen zu erhalten. Was ist von dieser Form des Protests zu halten?

Sie ist von recht billiger Konventionalität. Heute klebt man sich an Straßen, während man sich früher an Bäume oder Gleise kettete, um Rodungen und Castor-Transporte zu verhindern.

Sie ignorieren die parlamentarische Demokratie.

Das trifft nicht den zentralen Punkt. Viele empfinden einfach, dass man sich mit dem Mehrheitswillen nicht abfinden dürfe, wenn der auf Falsches und Lebensbedrohliches hinausläuft. Man schließt also Privatmoral und Politik kurz, was dann unbeugsamen Widerstand auch gegen Parlamentsentscheidungen nahelegt.

Wird Protest in dieser Form zunehmen?

Aufgesetzter Protest wie jener der „last generation" dürfte verblassen, lebensweltlich begründeter Protest sich hingegen verstärken, sobald es um Gasknappheit, Netzausfälle und einen weiteren Anstieg der Energie- und Lebensmittelpreise geht. Das sind nämlich Probleme, auf die – anders als auf den Klimawandel – Deutschlands Politiker einen fühlbaren Einfluss haben.

Sie sagen, ob sich der Protest verstärkt oder sich Demonstranten vernetzen, hänge auch davon ab, ob die Politik plausibel sei. Haben Sie ein Beispiel für plausible Politik?

Plausibel wäre das Eingeständnis, dass wir nicht nur ein Gasproblem, sondern auch ein Stromproblem haben – zumal viele bald schon ihre Zimmer mit strombetriebenen Heizgeräten wärmen werden. Also wäre es plausibel, unsere verbliebenen Kernkraftwerke eben doch nicht abzuschalten. Doch derart Plausibles unterbleibt immer noch, weil ihm ein Kernelement grüner Identität entgegensteht. Dabei gewänne unser Energieminister durchaus an Popularität, wenn er seine Partei hier auf einen realistischen Kurs brächte.

Protest, betonen Sie, gehört zur Demokratie. Wann wird er gefährlich?

Immer dann, wenn jene Spielregeln nicht mehr befolgt werden, die ihrerseits den politischen Streit erträglich, ja wertvoll machen. Diese Regeln verlangen eine argumentative Auseinandersetzung gerade mit abgelehnten Meinungen, die grundsätzliche, auch kommunikative Gewaltfreiheit, desgleichen faire Maßstäbe bei der Berichterstattung über politischen Protest sowie über jene, die ihn vollziehen. Unbedingt sollten wir aufhören, unwillkommene Demonstrationen auch noch als gefährlich auszugeben. Umgekehrt sollten wir stets jede Gewaltanwendung außer der kritisieren, die zur Durchsetzung von Regeln erforderlich ist.

Medien tragen Verantwortung? Inwiefern?

Journalisten sollen beispielsweise genau hinschauen und differenziert über Folgendes berichten: Wer demonstriert wirklich? Aus welchen Gründen? Wer hat echte Sorgen? Wer gibt sie nur vor? – Es sollte jedenfalls nie wieder so sein wie einst bei den Pegida-Demonstrationen, als gerade jene meinten, besonders gut Bescheid zu wissen, die nie in Sachsen waren und schon gar nicht mit einem der Demonstranten gesprochen hatten. Außerdem sollten sich die Medien vom üblichen Versuch fernhalten, gleich alle Demonstranten für radikal zu erklären, sobald unter ihnen etliche Rechts- oder Linksradikale entdeckt werden. Besser wäre es, Forderungen danach zu unterstützen, dass eine Mehrheit von Vernünftigen sich nie die Lufthoheit über ein Demonstrationsgeschehen durch eine Minderheit von mitprotestierenden Radikalen nehmen lassen darf.

Sie haben mit Studenten zu den Teilnehmern von Pegida-Demonstrationen geforscht. Damit sind Sie ziemlich angeeckt.

Viele mochten unseren Befund nicht, dass eben nicht alle Demonstranten Rassisten und Nazis waren. Also machte man sich teils an verleumderische Methodenkritik, teils an infame politische Unterstellungen. Im Übrigen nutzen manche den damaligen Shitstorm, um alte Rechnungen mit mir zu begleichen.

Manche Bürger behaupten, die Meinungsfreiheit sei eingeschränkt, man dürfe nicht mehr ohne Weiteres sagen, was man denke.

Das stimmt so nicht. Sehr wohl gibt es in Deutschland Meinungsfreiheit. Doch der Preis fürs Vertreten einer abweichenden Meinung ist inzwischen sehr angestiegen.

NIEDERSACHSEN UND DAS VERHÄLTNIS ZWISCHEN CDU UND AFD

***veröffentlicht als „Niedersachsen offenbart ein Grundsatzproblem der Union" am 7. Oktober 2022 in der „Preußischen Allgemeinen Zeitung"*[77]**

Mancher CDUler versteht die Welt nicht mehr. Nicht, weil die Unionsführung – wie zu Merkels Zeiten – sozialdemokratisch-grüne Politik macht. An solches Treibenlassen medial gepushter Entwicklungen hat man sich auch unter dem neuen CDU-Vorsitzenden Merz gewöhnt. Aber viele wundern sich, dass Niedersachsens CDU – anders als die Bundes-CDU – vom bundesweiten Sinkflug der Sozialdemokraten seit dem Frühjahr und dem der Grünen seit Anfang Herbst nicht profitiert. Ist es denn nicht ein politisches Naturgesetz, dass miese Zeiten für die Bundesregierung den Oppositionsparteien nützen?

Eigentlich könnten die Umfrageergebnisse der AfD lehren, warum es für die CDU schlecht läuft. Denn bundesweit hat die AfD seit dem Frühsommer von zwölf auf 14 Prozent zugelegt, in Niedersachsen von gut fünf auf über zehn Prozent. Diese – wie man vielfach vermittelt bekommt – von „dunkeldeutschen" Ossis gemästete Anti-Verfassungs-Partei verhungert anscheinend auch im politisch vorbildlichen Niedersachsen nicht. Vielmehr grast sie gut auf einstigen CDU-Wiesen. Doch statt über derlei Zusammenhänge nachzudenken, schließt der politisch korrekte Beobachter messerscharf: Es kann nicht sein, was nicht sein darf!

Und es darf nun einmal nicht sein, dass der sozialdemokratisch-grüne Merkel-Kurs viele einstige CDU-Anhänger zur AfD vertrieben hat. Dann freilich bleibt rätselhaft, warum das jetzt offenkundige Scheitern von Merkels sozialdemokratisch-grün eingeforderter Energiepolitik solche Wähler nicht der CDU zuführt, die nun von der Ampel enttäuscht sind. Doch wohin wandern die wohl ab, wenn in Niedersachsen gut sechs Prozent weniger als 2017 diesmal ihr Wahlkreuz bei der CDU setzen wollen, knapp fünf Prozent jedoch mehr bei der AfD?

Klar, die Grünen legen zu, nämlich um sieben Prozent, wohl zu Lasten von SPD und CDU. Es zahlt sich eben aus, wenn man den meisten Journalis-

---

[77] https://paz.de/artikel/niedersachsen-offenbart-ein-grundsatzproblem-der-union-a7610.html; Zugriff am 29. Januar 2024.

ten sympathisch ist. Mangelndes Medienwohlwollen als Dauerproblem der CDU wurde aber nicht dadurch gelöst, dass man so gut wie alle grünen Positionen übernahm. Im Zweifel wird ja doch das Original gewählt. Stimmen gewann Angela Merkel auf diese Weise ohnehin nur für sich selbst, da viele ihre Partei nur als den in Kauf zu nehmenden Kanzlerwahlverein ankreuzten – und noch viele mehr mit zusammengebissenen Zähnen bloß als das kleinere Übel.

Zum Dauerproblem der CDU wird nun die AfD. Zwar ist es immer noch politisch unkorrekt, die Stimmenanteile von Union und „Alternative" zusammenzuzählen, um so einen groben Eindruck über die Stärke von Deutschlands nicht-linkem Lager zu gewinnen. Unternimmt man das heimlich dennoch, so käme man derzeit auf etwa 38 Prozent nichtlinke Wähler in Niedersachsen und auf 42 Prozent bundesweit. Zählte man noch die Stimmenanteile der FDP hinzu, die von ihren jetzigen Bündnispartnern arg in Mitleidenschaft gezogen wird, dann käme man gar auf über 42 Prozent Nichtlinke in Niedersachen, auf 49 Prozent bundesweit.

Natürlich sind solche Rechnungen müßig. Womöglich zieht die FDP gar nicht mehr in den niedersächsischen Landtag ein. Auch ereilt jeden CDU-Politiker der mediale Todeskuss, wenn er beim Flirten mit AfDlern ertappt wird. Und in den Reihen der AfD hat nichts mehr Sex-Appeal als hämisches Reden über die Union.

Also befindet sich die CDU lieber im machtpolitischen Abseits als in einer politischen Zweckgemeinschaft mit der AfD. Spiegelbildlich sieht das nicht anders aus. Doch weil Regierungsmehrheiten der CDU unter derlei Umständen nur noch mit den Grünen möglich sind, wird jede Stimme für die CDU zu einer für die Grünen. Wer das nicht will, wählt AfD, denn einflussloser als das Wahlkreuz für die CDU macht ihn das auch nicht. Eigentlich wären solche Zusammenhänge leicht zu verstehen. Doch die CDU-Führung will wohl weiterhin nur durch neuen Schaden klüger werden, als sie es derzeit ist.

GROẞER SIEG ODER BILLIGER TRIUMPH? – DER „REICHSBÜRGER-PUTSCH“ VON 2022

veröffentlicht als „Der Frust sitzt tief“ am 23. Dezember 2022 in der „Preußischen Allgemeinen Zeitung,“[78] desgleichen unter dem hier verwendeten Titel am 28. Dezember 2022 auf meinem Blog wjpatzelt.de

I.

Wie gut für Deutschland! Unsere wachsame Regierung schaffte es, einen Putsch zu verhindern. Von 3000 Polizisten wurden gut zwei Dutzend Verschwörer verhaftet, darunter ein 71-jähriger Adeliger, ein früheres Bundestagsmitglied und ein ehemaliger Kommunalpolitiker der rechtsstehenden AfD, zwei im Ruhestand befindliche höhere Offiziere der Bundeswehr, ein aktiver Unteroffizier eines Elitecorps, ein früherer höherer Kriminalbeamter, ein Koch, ein Opernsänger, ein Pilot, ein Rechtsanwalt und ein Dachdecker. Des Umsturzversuchs beschuldigt werden gut fünfzig Leute, unterstützt von womöglich weiteren fünfzig. Gefunden wurden – neben Munition und viel Geld – an die 90 Waffen, darunter gut 60 bei einem der Mittäterschaft beschuldigten Waffenhändler. Von all denen waren zehn nicht in legalem Besitz. Allzu imposant war jener „militärische Arm“ der Putschisten also nicht, von dem 286 erst noch aufzustellende „Heimatschutzkompanien“ geführt werden sollten. Ob es wohl unter den Rechtsbegriff des „untauglichen Versuchs“ fällt, dass die Verhafteten den Bundestag zu stürmen, Politiker zu ermorden und die Macht im Land zu übernehmen trachteten?

Sie alle waren Mitglieder oder Anhänger der „Reichsbürgerbewegung“. Das ist ein Kreis von derzeit gut 22.000 Leuten, welche die Bundesrepublik Deutschland nicht für einen Staat, sondern für eine in Frankfurt registrierte Firma halten. Die sei weiterhin unter der Kontrolle der (westlichen) Siegermächte des Zweiten Weltkriegs, was man der Bevölkerung aber verhehle. Jedenfalls gäbe es hierzulande keine legitime politische Autorität. Deshalb seien alle patriotischen Deutschen aufgerufen, ihr nie untergegangenes Reich neu aufzurichten. Offen ist für solche Leute nur, wer genau und wann die Macht ergreifen soll. Bislang machten die

---

[78] https://paz.de/artikel/der-frust-sitzt-tief-a8035.html; Zugriff am 28. Januar 2024.

Reichsbürger in diesem Zusammenhang ihre Erfahrungen mit mindestens einem selbsternannten König, einer provisorischen Reichsregierung und manchen lächerlichen „offiziösen Dokumenten" jenes imaginierten Reiches.

II.

Was sagt es freilich über einen Staat, dessen Regierung stolz verkündet, sie habe gerade unsere Republik vor Leuten gerettet, die der ehemalige grün-sozialdemokratische Innenminister Otto Schily schlicht eine „skurrile Spinnertruppe" nannte? Was besagt es über Deutschlands Sicherheitsorgane, dass ziemlich viele Journalisten jeweils zielsicher vor Ort waren, als Leute wie etwa Prinz Heinrich XIII. von Reuß-Köstritz verhaftet wurden, vorgesehen als künftiges Staatsoberhaupt? Und was sagt es über Deutschlands öffentlich-rechtliches Fernsehen, dass es sofort Sondersendungen über die erfolgreiche Abwehr eines anscheinend unmittelbar bevorstehenden Staatsstreichs gab?

Als naive Reaktion bietet sich große Erleichterung an. Immerhin ist unsere Demokratie ja wirklich gerettet worden – wenn auch nicht ganz so dramatisch wie im März 1920, als der anti-republikanische Kapp-Putsch innerhalb von vier Tagen niedergeschlagen wurde, oder wie im November 1923, als Hitlers Umsturzversuch innerhalb eines einzigen Tages scheiterte. Wie gut, dass heute alle etablierten Medien, gemeinsam mit den allermeisten Politikern, sich unentwegt im Kampf gegen rechts engagieren! Deshalb wird der gerade errungene antifaschistische Sieg nicht so vergeblich sein wie zu Weimarer Zeiten die Verteidigung der Demokratie.

III.

Doch es bei solcher Ironie zu belassen wäre unangemessen. Sowohl im Treiben der Reichsbürger als auch in jener Polizeiaktion mitsamt ihrer politischen-medialen Begleitung und Nachbereitung werden nämlich tiefgreifende Probleme unserer politischen Kultur sichtbar. Schon die Reichsbürgerbewegung selbst ist ein Warnsignal. Wie beschädigt muss bereits das Selbstbild eines Volkes sein, aus dessen Reihen Tausende die Existenz ihres eigenen Staates bestreiten? Wie kann es sein, dass ein Bundesstaat mit nicht weniger als 17 Ämtern für Verfassungsschutz, der obendrein jährlich Milliarden Euro für politische Bildungsprojekte und soziale Absicherungsprogramme ausgibt, sich anscheinend wirklich von Leuten und Vorgängen bedroht empfindet, die bestens in eine Operette passen? Ist es wohl möglich, dass jene, die unser Land regieren, endlich doch bemerken, dass die von ihnen so lautstark bekämpften Rechtspopulisten gleichsam nur die Spitze eines ganzen Eisberges sind, der aus tiefempfundener und weithin geteilter Frustration wirklich sehr vieler Leute über schlecht laufende Elitenprojekte zur Umgestaltung Deutschlands besteht – etwa der recht untätig hingenommenen selbstermächtigten Einwanderung von jährlich vielen Zehntausenden in Deutschlands Sozialsysteme oder einer Energiepolitik, die Deutschlands Industrie und Arbeitsplätze gefährdet?

Vermutlich wirkt da auch echte Furcht vor der AfD als einer Partei, zu deren Alleinstellungsmerkmalen es gehört, ungefiltert und ungeschönt auch jenen Besorgnissen von Bürgern Ausdruck zu geben, die öffentlich anzusprechen als politisch unkorrekt gilt, was von den Bütteln unserer Unterbindungs- und Ausgrenzungskultur dann auch lustvoll bestraft wird. Vielleicht wäre die ganze Geschichte von der Unterbindung jenes Staatstreichs auch als die höchst offizielle Ankündigung unserer Regierung zu „lesen", dass jene Zeiten nun vorbei sind, in denen es noch politische Auseinandersetzungen zwischen den Anständigen und den Unanständigen im Lande geben durfte – und dass fortan Lenins Frage „Wer-wen?" ganz handfest zu beantworten ist. Oder fand die Regierung einfach eine gute Gelegenheit, die öffentliche Aufmerksamkeit wegzuziehen von unseren Problemen mit Energieversorgung und Energiepreisen, von Deutschlands unzulänglicher Verteidigungskraft und von jenen Gefährdungen unserer inneren Sicherheit, die sich der weiterhin kaum kontrollierten Zuwanderung verdanken?

IV.

Natürlich sollten wir nicht unsererseits Verschwörungstheorien aufsitzen. Gönnen wir einfach unserer Regierung die Freude, eine ganz praktische Verschwörung aufgedeckt zu haben. Gerade deshalb gilt es aber ernst zu nehmen, dass tatsächlich enge Bande bestehen zwischen der Reichsbürgerbewegung und vielen Anhängern der AfD sowie einigen ihrer Funktionäre, und wohl auch hin zu etlichen Angehörigen von Deutschlands Armee und Polizei. Vor allem aber können wir einmal mehr die Spaltung erkennen zwischen denen, die unser Land auf einem guten Weg wähnen, sowie jenen, die ganz und gar nicht dieser Meinung sind. Nachgerade persönlichen Hass scheint es inzwischen zu geben zwischen den Verteidigern und den Herausforderern von Deutschlands gegenwärtigem politischen System, politischem Stil und konkreten Politikzielen. Vor diesem Hintergrund kann man sich die jüngste Razzia gegen die

Reichsbürgerszene samt den zunehmenden Versuchen einer nicht nur Isolierung, sondern auch politischen Kriminalisierung der AfD sogar als Teile desselben Puzzles vorstellen.

Überhaupt war der „bevorstehende Putsch" nur die neueste Folge jener ganz falschen politischen Reaktionen, mit denen Deutschlands Medien und Politikerschaft von Angela Merkels CDU bis hin zur Linken auf jene besorgten Bürgerinnen und Bürger reagiert haben, die sich im Winter 2014/15 auf Dresdens Straßen bemerkbar machten, später bundesweit zu „Wutbürgern" wurden,und die alsbald unserem Regierungssystem samt den es tragenden Parteien innerlich zu kündigen begannen. Angesichts ihrer wurde „Querdenker" von einem lobend gemeinten Begriff für kritische Linke zu einem Schimpfwort für protestierende Nicht-Linke. Die wiederum setzen nun allen Ernstes ihre Hoffnungen in die AfD – und zwar weniger, weil sie ihr mehr zutrauten als den längst etablierten Parteien, sondern weil sich Verachtung für unser Establishment derzeit nicht schmerzender ausdrücken lässt als durch das Wahlkreuz bei der AfD. Zu ihm treibt durchaus nicht immer jener Rassismus, in dem man zur hohen Zeit von PEGIDA den Schlüssel zum Verständnis des neuerlichen Systemprotests gefunden zu haben glaubte. Dazu treibt auch eher selten jener Nazismus, den Russlands Präsident inzwischen sogar der ganzen ukrainischen Regierung zuschreibt. Selbst die Rede vom Rechtspopulismus ist meist eher hilflos als erkenntnisträchtig. Besser verstünde man, was nun leider seit etlichen Jahren in unserem Land vorgeht, entlang einer Bereitschaft, die Zukunftsängste der deutschen Mittelschichten wirklich ernst zu nehmen und von den bislang problemverschärfenden Fehlreaktionen auf Bürgerproteste endlich abzulassen. Nicht die Protestierenden delegitimieren nämlich unseren Staat an erster Stelle, sondern das besorgen solche Politiker, die ihren Aufgaben nicht gewachsen sind oder weiterhin jugendlichen Illusionen nachlaufen.

V.

Politische Vernunft würde nahelegen, alle jene Probleme ehrlich anzusprechen und redlich zu diskutieren, die zu Deutschlands derzeitiger innenpolitischen Polarisierung geführt haben. Doch solche inhaltlichen Auseinandersetzungen sind während des letzten Jahrzehnts sowohl vermieden als auch verhindert worden. Zuvor hatte sich eine Repräsentationslücke aufgetan zwischen der politischen Linken sowie der sich allein auf die politische Mitte beschränkenden Union auf der einen Seite und Deutschlands weit rechts eingestellten Leuten auf der anderen Seite. In dieser Repräsentationslücke begann die AfD zu gedeihen, und in ihr lässt sie es sich weiterhin gut gehen. Heute ist die AfD die stärkste Partei in Ostdeutschland, und in vielen Regionen Westdeutschlands ist sie stärker als die Liberalen. Zugleich ist für die kommenden Jahre jede Hoffnung vergeblich, die AfD wäre fähig oder gar willens, ihren Marsch auf immer radikalere Positionen einzustellen, wie sie von vielen Anhängern und Mitgliedern vertreten werden, ohne sich auch schon in den aus früheren Zeiten stammenden Parteiprogrammen widerzuspiegeln. Und weil außerdem die Union ihre einstigen, nun zur AfD abgewanderten Wähler weder aufs Neue ansprechen will noch bei ihnen überhaupt Gehör finden dürfte, wird für alle absehbare Zeit die Kluft zwischen Deutschlands politischen Lagern nicht geschlossen werden. Also sollten wir uns auf weitere Gewalttätigkeiten zwischen den einander feindlichen Heerhaufen einstellen. Zwar mag der unterbundene „Putsch" operettenhaft gewesen sein. Doch keineswegs gilt das für die zugrunde liegenden Probleme von Deutschlands fehlerhafter und neurotischer politischer Kultur.

DIE CDU UND IHR „PROBLEMFALL" HANS-GEORG MAAßEN

veröffentlicht am 1. Februar 2023 in der „Preußischen Allgemeinen Zeitung",[79] desgleichen unter demselben Titel am 2. Februar 2023 auf meinem Blog wjpatzelt.de

Es gibt nicht mehr viele gute Geister, von denen die CDU noch verlassen werden könnte. 2015 weigerte sie sich zu begreifen, dass die AfD zur gefährlichen Konkurrentin deshalb aufstieg, weil Merkels Union eine Repräsentationslücke rechts von sich hatte aufreißen lassen. Als im Frühjahr 2016 auch ein Blinder den Einflussgewinn der AfD nach deren ostdeutschen Wahlsiegen sehen konnte, setzte die CDU alle Hoffnungen aufs Ausgrenzen. Zugleich hätschelte sie die Grünen mit Affenliebe und erfüllte ihnen alle Politikwünsche, von der Zuwanderungspolitik über die Energiepolitik bis zum eigenen Kampf gegen Konservative. Kuschliges Koalieren mit den Lieblingen akademischer Bürgerkreise war das Wunschziel. Auch wollten CDU-Politiker endlich geliebt werden von Deutschlands Progressiven und von jenen Journalisten, die zu weit mehr

[79] https://paz.de/artikel/die-union-und-ihr-problemfall-hans-georg-maaszen-a8293.html; Zugriff am 24. Januar 2024.

als der Hälfte grüne Ikonen bewundern und grüner Politik anwaltschaftlich dienen.

Um da Liebkind zu werden, war manches Opfer zu bringen. Merkel & Co. taten das gerne. Was macht es schon, wenn man Wähler an die AfD verliert! Die Kutsche zur erhofften Dauermacht als williger Helfer der Grünen fährt doch nur in der politischen Mitte. Wen muss es da kümmern, dass mehr und mehr Konservative der CDU innerlich kündigen und lieber aufs Wählen verzichten als eine Partei anzukreuzen, die ihnen mit lustvollen Fußtritten kommt! Wenn gar, über den Machtabstieg ihrer Partei besorgt, manche CDUler die bisherigen Werte der Union ausdrücklich hochhalten und deshalb auf Kurskorrekturen hinwirken wollen: Was anderes sind die wohl als Nestbeschmutzer? Und falls es zu politisch-medialen Hetzjagden auf die eigenen Leute kommt: Rettet man dann nicht besser die eigene Haut, indem man sich selbst daran macht, Missliebige vom Hof zu jagen?

So hält es die CDU derzeit mit Hans-Georg Maaßen. Keine Verleumdung, keine Wortverdreherei seitens von Gegnern ist ihr zu dummdreist, als dass nicht auch CDU-Anführer sie sich zu eigen machten. Das Elend fing an, als im Herbst 2018 der damalige Verfassungsschutzpräsident keine belastbaren Beweise für medial breit thematisierte Chemnitzer Hetzjagden auf Ausländer fand und das auch noch öffentlich sagte. Seither muss er für die Peinlichkeit büßen, dass die Bundesregierung von ihren angeblich vielen Videobeweisen nur das „Hase, du bleibst hier!"-Filmchen von der „Antifa Zeckenbiss" vorzeigen konnte.[80] Fortan galt für Linke und Merkelianer: „Maaßen muss weg!" Doch statt sich ins politische Nirwana zu trollen, erfrechte der sich zur Kandidatur als CDU-Wahlkreisbewerber in Thüringen. Anschließend gehörte es sich für CDU-Politiker, auch gegen eigene Leute Wahlkampf zu machen – außer, sie gehören zum Freundeskreis um Schleswig-Holsteins Ministerpräsidenten. Außerdem trat der böse Maaßen einst der – angeblich – parteischädigenden WerteUnion bei und folgte gar dem politisch verirrten Ex-Vorsitzenden Otte an deren Spitze. Da hilft wohl nur noch eines: Auf zur Treibjagd, und Waid-

[80] Das Video findet sich unter https://twitter.com/AZeckenbiss/status/103379 0392037199873; zum Kontext siehe https://de.wikipedia.org/wiki/Hasi-Video sowie https://www.cicero.de/innenpolitik/chemnitz-video-hetzjagd-hans-georg-maassen-tichys-einblick/plus, Zugriff jeweils am 31. Januar 2024.

manns Heil! Vielleicht wird man ja gleich die ganze WerteUnion los und bekommt die CDU endlich konservativenfrei.[81]

Schauen wir jetzt, ob Maaßen nicht nur die Standfestigkeit, sondern auch die Argumentationskunst von Thilo Sarrazin besitzt und mit ihr die CDU vorzuführen vermag. Sogar außerhalb der Union drücken ihm dafür viele die Daumen. Mehr noch wünschen ihm künftig mehr Fortüne bei der Formulierung von sachlich plausiblen und ideologisch unverbauten Positionen. Und vermutlich ist gar nicht Maaßen das große Problem der CDU, sondern schlicht die Unfähigkeit dieser Partei, ihre strategische Lage zu begreifen. Die ist nämlich zum Verzweifeln: Durch dauerhafte Stimmenverluste an AfD und Nichtwähler für unabsehbare Zeit an die Seite der Grünen gezwungen, kann sie nicht länger eine große Partei auch der rechten Mitte sein, die Deutschlands Kurs entscheidend bestimmt.

DIE CDU NACH MAAßEN

vermutlich noch veröffentlichter Text, 2023

Die CDU will eine Partei nur noch der politischen Mitte sein. Links von ihr erkennt sie politische Gefährten, nämlich Grüne und Sozialdemokraten. In Thüringen toleriert sie sogar eine linksgeführte Minderheitsregierung. Rechts von sich sieht die CDU aber nur noch Feinde. Deren abscheulichster ist zwar die AfD. Doch der Kampf gegen rechts fängt traditionell in den eigenen Reihen an. Vor zwanzig Jahren wurde Martin Hohmann aus Fraktion und Partei vertrieben; nun soll es Hans-Ge-

---

[81] Anm. vom Januar 2024: Siehe dazu auch die unlängst getätigte Aussage des sächsischen Ministerpräsidenten Kretschmer, für die CDU käme nicht nur irgendwelches Zusammenwirken mit der AfD keinesfalls in Frage, sondern auch keinerlei Zusammenarbeit mit der WerteUnion (https://www.stern.de/gesellschaft/regional/thueringen/parteien--kretschmer-schliesst-zusammenarbeit-mit-werteunion-aus--34386656.html; Zugriff am 31. Januar 2024). Seine Begründung: „Die haben einen solchen Hass nicht nur auf die CDU und die CSU, sondern auch auf das, was wir so den gesunden Menschenverstand nennen: Leben und leben lassen." Dem wird man anfügen sollen, dass die WerteUnion sich für die Wahl von Friedrich Merz an die Parteispitze eingesetzt hat, bis unlängst größtenteils aus langjährigen CDU-Mitgliedern bestand und nichts anderes wollte, als die CDU wieder auf einen von den Politikfehlern Angela Merkels freien Kurs zu bringen. Es war ganz im Gegenteil die CDU, welche ihrerseits die WerteUnion „hasste", sie ein „Krebsgeschwür" nannte und ihren Vorsitzenden Maaßen mit einem Parteiausschlussverfahren überzog, das vom zuständigen Kreisverband zurückgewiesen wurde, wogegen der Bundesvorstand der CDU dann Berufung einlegte. Der Grundfehler der CDU in der Ära Merkel, nämlich Konservative auszugrenzen und zur politischen Konkurrenz zu vergraulen, wird also fortgesetzt – gerade so, als wolle man nicht einmal aus längst eingetretenem Schaden klüger werden.

org Maaßen treffen. Derlei gewollte Einflusslosigkeit vorausahnend, trollten sich gar nicht wenige Unionsmitglieder von selbst, und wirklich nicht nur die Gaulands oder Krahs. Viele von ihnen wurden zu den – politisch oft nicht lange überlebenden – Leistungsträgern der AfD.

Christdemokraten weinten ihnen keine Träne nach, sondern sahen ihre Ab- und Ausgrenzungswünsche erfüllt. Natürlich kann man das so machen. In keinem Gesetz steht, dass die Union die politische Heimat auch von Leuten rechts der politischen Mitte sein muss. Nur fragt sich mancher, ob hundertprozentige Mittigkeit samt demonstrativer Sympathie für Grüne und Sozialdemokraten auch klug ist. Einerseits klug für die CDU; immerhin leidet nun auch sie am „Gesetz der Sozialistenspirale". Das lautet: Je reiner die Lehre, umso kleiner der Kreis ihrer Anhänger. Und andererseits klug für unser Land: Richten Rechte in der AfD nicht größeren politischen Schaden an als Konservative in der Union? Jedenfalls stärkten Dregger und Strauß die Union, während zur AfD gemobbte CDUler der gefährlichsten Konkurrenz ihrer Ex-Partei nützlich sind.

Ob das Friedrich Merz wirklich nicht begreifen kann? Dann wäre er nicht nur als Taktiker, sondern auch als Stratege seiner Bezwingerin Merkel unterlegen. Ob er sich gegen die grüngeneigten Merkelianer seiner Partei einfach nicht durchsetzen kann? Dann wäre er politisch feige, wenn er das trotz besserer Einsicht nicht versuchte, oder politisch schwach, wenn er sich im Ringen um Mehrheiten nicht durchsetzen könnte. Ob er die Verengung der CDU auf nichts als die politische Mitte vielleicht auch gar nicht rückgängig machen will? Dann wäre er jener CDU-Vorsitzende, der seine Partei von den durchschnittlich 30 Prozent, die Merkels Erbe waren, auf durchschnittlich 20 Prozent führte und damit das Werk von Adenauer und Kohl ruinierte. Jedenfalls erweist sich seine Ankündigung, er werde die AfD „halbieren", als präpotent und von seinem tatsächlichen Vermögen ungedeckt.

Mit dem Ausschlussverfahren gegen Maaßen beugt sich die CDU jedenfalls einmal mehr linken Durchsetzungsansprüchen sowie dem grünen Medienklima. Wenn das die Union zu alter Stärke führte, dann könnte man solche Konsequenz durchaus loben. Doch seit die Union mit ihrer „Frontbegradigung nach links" begann, schuf sie nur Raum für eine neue Partei zur ihrer Rechten. Zu deren Gunsten ist sie seit spätestens 2016 im politischen Sinkflug. Wen die CDU noch nicht zu den Nichtwählern oder AfD-Sympathisanten verscheucht hat, der hat dieser Partei meist innerlich gekündigt und wird sie in den kommenden Wahlkämpfen dem selbstverschuldeten Schicksal überlassen.

Obendrein hat das „Kleinbonum" in der Merkel/Merz-Partei, nämlich die WerteUnion, noch keinen Asterix oder Obelix gefunden. Sie gilt der Unionsführung schlicht als Horde von Nestbeschmutzern, die man endlich loswerden müsste. Warum also nicht auch die Mitgliedschaft in der WerteUnion als Verstoß gegen die Parteigrundsätze ausflaggen und, zusammen mit ihrem Vorsitzenden, die ganze Bande ausschließen? – Schön; und was dann? Werden anschließend Anhänger der Grünen lieber die Kopie als das Original wählen? AfD-Wähler reumütig zurückkehren? Sich AfD-Politiker so sehr schämen, dass sie ihre Partei auflösen? Nichts von alledem wird eintreten. Die CDU wird nur eine weitere Häutung auf dem Weg zu einem prekären Zustand wie dem der SPD vollzogen haben.

Im schlimmsten Fall werden sich jene nicht mehr aufhalten lassen, die nach einer neuen Partei „zwischen Union und AfD" verlangen. Würde die – wider alle realistischen Erwartungen – zum Erfolg, so wäre es um jede Hoffnung der CDU geschehen, je wieder an ihre großen Zeiten anknüpfen zu können. Im klügeren Fall verzichtete die kaltgestellte liberalkonservative Minderheit der Union auf eine Abspaltung und auf die Gründung einer Konkurrenzpartei. Die neue Truppe würde nämlich, falls mediales Totschweigen nicht reichte, niedergekämpft als „AfD light". Im Übrigen erstickte es die Neugründung ohnehin, wenn die AfD begriffe, dass sie – bislang rein theoretisch – die CDU sehr wohl beerben könnte, stellte sie nur ihre rechtsradikalen Lautsprecher ab und machte sie sich als die „gute alte Vor-Merkel-CDU" glaubwürdig. Oder sobald die CDU einsähe, dass sie als Partei bloß der Mitte nur zum Mehrheitsbeschaffer derer wird, welche ihr Grün- und Linkssein rundum stolz und in ihrer Spielhälfte alternativlos attraktiv macht.

Was also bleibt für Maaßen & Co., gleich ob geduldet wie eine Fliege an der Kaffeetafel oder ausgeschlossen? Das innere Exil! Das freilich ist kein ehrenrühriger, sondern allenfalls ein schwieriger und vielen verdächtiger Ort. Doch an ihm kann man durchaus überleben – und eines Tages aufs Ende seiner einstigen Gegner zurückblicken. Das wendet zwar nichts zum Besseren, hat einen selbst aber vor Schlimmerem bewahrt. Und wer kann schon einen Zug von rechthaberischen Lemmingen aufhalten?

DAS ELEND DER CDU – GERADE ALS STÄRKSTE PARTEI

veröffentlicht am 13. Februar 2023 auf meinem Blog wjpatzelt.de

Jetzt könnten eigentlich auch politisch Blinde jene üble Lage erkennen, in welche sich die Christdemokraten haben treiben lassen. Sie zeigt sich in Berlin nämlich wie unter einer Lupe. Da wurde die Union zur mit Abstand stärksten Partei der Bundeshauptstadt. Auch hat sie seit der letzten Wahl – anders als die AfD – nicht bloß einen einzigen Prozentpunkt an Stimmen hinzugewonnen, sondern um gut zehn Prozent zugelegt. Doch Sozialdemokraten, Grüne und Linke machen, ganz zu Recht, auf Folgendes aufmerksam: Zur Übernahme der Exekutivmacht braucht es im parlamentarischen Regierungssystem nun einmal die Mehrheit im Parlament – zumindest dann, wenn sich, anders als in Thüringen, keine Minderheitsregierung installieren und handlungsfähig halten lässt.

Eine solche Mehrheit hat aber weiterhin die bisherige Berliner Koalition. Wenn es also bei SPD, Grünen und Linken den politischen Willen gibt, ihre Koalition fortzusetzen, dann nützt der – von niemandem bestrittene – Wahlsieg der Berliner CDU überhaupt nichts. Allenfalls niedlich ist das Argument, eine Fortführung der bisherigen Koalition widerspräche dem sonntags kenntlich gewordenen „Wählerwillen". Erstens gilt: Mehrheit ist Mehrheit; und die hat weiterhin die bisherige Koalition. Zweitens stört es doch schon jahrelang auch die CDU selbst nicht, dass bei der Eurozonenpolitik, der Migrationspolitik oder der Energiepolitik durchaus eine andere Politik betrieben wird, als eine Mehrheit der Bevölkerung sie wünscht. Wichtig scheint ja nur zu sein, dass „die richtige Politik" betrieben wird – und das ist jene, die unser kulturell hegemoniales Milieu der Grünen und Linken entwirft.

Nun also buhlt die Berliner Union ums Einheiraten in dieses Milieu. Die Grünen haben schon wissen lassen, eine CDU-Koalition mit ihnen gäbe es nur beim willigen Einschwenken auf den eigenen Kurs. Und die SPD-Führung machte klar, eigentlich bekomme unserem gesellschaftlichen Zusammenhalt viel besser eine Fortführung der sozialdemokratisch geführten Links-Koalition als ein Zusammenwirken mit jener Union, die sich im Wahlkampf so böse nach links abgegrenzt habe. Deshalb steht die CDU jetzt ziemlich einsam da – in Berlin und in Deutschland.

Die FDP nämlich, jahrzehntelange Unionspartnerin, wird entweder aus dem Parlament gewählt (wie soeben in Berlin), regiert lieber schlecht mit SPD und Grünen als gar nicht (wie im Bund) oder ist zu schwach, als dass mit ihr allein eine Unionsregierung eine Parlamentsmehrheit hätte (wie weithin in Deutschland). Zwischen Union und AfD wiederum befindet sich ein sehr tiefer Graben, den einst die CDU auszuheben begonnen hat – und zwar auf Geheiß von SPD, Grünen und Linken, gepeitscht obendrein von grün-links sympathisierenden Medienleuten. Daraufhin benutzte die AfD das ausgeschachtete Füllgut zur Errichtung einer eigenen politischen Fluchtburg. Aus der macht sie nun hämische Ausfälle gegen die sich windende Union.

Denn diese wird derzeit, schutzlos geworden gegen links und rechts, von allen Seiten her angegriffen. Zur AfD hin eine deckende Mehrheit zu suchen geht rechnerisch nicht und wird von der CDU auch gar nicht gewollt. Zu demütigend wäre ja das christdemokratische Eingeständnis, der Kurs von Abgrenzung und Ausgrenzung nach rechts hätte nicht die AfD geschwächt, sondern die eigene Partei. Sich jetzt durch ein Bündnis mit Grünen oder Sozialdemokraten doch noch ins Rote Rathaus zu flüchten muss deshalb durch demütiges Kuschen vor den Forderungen des jeweiligen Koalitionspartners erkauft werden.

Letzteres zu verlangen ist auch fair, denn mit nicht viel mehr als 28 Prozent der Stimmen gibt es nun einmal keinen eigenen Gestaltungsanspruch, der machtpolitisch gedeckt wäre. Und nachdem die Bundes-CDU ohnehin seit Jahren dem Glaubenssatz folgt, gerade im Bündnis mit den Grünen finde sie ihren Stammplatz in der politischen Mitte, geschieht es ihr ohnehin recht, wenn sie jetzt grüne Kreide zu fressen hat. Freilich gilt dann erst recht, dass der Wähler anschließend lieber das Original als die Kopie wählt – vor allem, wenn er sich noch nicht im Pensionsalter befindet.

Hingegen lieber für das CDU-Original als für eine Kopie zu stimmen war das Motto von strategisch wichtigen Teilen der Wählerschaft, als die CDU noch sie selbst sein wollte, nämlich eine bunte Truppe aus Liberalen, Sozialen und Konservativen. Damals konnten neue Parteien, die sich rechts der Union bildeten, im Wesentlichen nur Radikale anziehen. So blieb es so lange, wie die CDU die eigenen Positionen als Partei auch für vernünftige Leute rechts der politischen Mitte noch verteidigte. Genau deshalb dominierte sie damals von der Mitte bis zum rechten Narrensaum und trieb, durch so ermöglichte Wahlsiege, die Linke zur Verzweiflung.

Jetzt aber wird die „Union der reinen Mitte" ihrerseits als ein Narr behandelt, der sich von Grünen oder Sozialdemokraten willig am Nasenring in Regierungsämter geleiten lässt – oder eben in der Opposition zu bleiben hat. Bravo für das strategische Können von Grünlinks, und buh für die politischen Torheiten der Union!

EINE PARTEI NAMENS AFD

veröffentlicht am 10. Februar 2023 in „DIE TAGESPOST" unter dem Titel „Die Heimstatt des Protests",[82] desgleichen am 10. Februar 2023 auf meinem Blog wjpatzelt.de

Seit der internationalen Finanzkrise von 2007/08 kritisierten Mitglieder von FDP und Union immer lauter, einen wie leichtfertigen Umgang nicht nur die Regierungen von Mittelmeerstaaten, sondern auch die deutsche Regierung mit der europäischen Währung pflegten, nämlich mit ihrer Stabilität und mit drohenden deutschen Haftungsrisiken. Das machte aber wenig Eindruck auf die damalige Bundeskanzlerin Angela Merkel. Also gründeten diese Kritiker vor zehn Jahren, genauer gesagt am 6. Februar 2013 eine neue Partei. Die sollte Deutschland Politikalternativen anbieten. Dass es überhaupt solche gäbe, hatte die Kanzlerin da schon jahrelang verneint.

Wir erinnern uns: In den 1980er Jahren wollte ein damaliger hessischer Ministerpräsident von der SPD den neuen grünen Rivalen mit „Dachlatten" kommen. Das scheiterte. Im Falle der AfD hingegen wurde zur Kampfeslist, dass man der neuen Partei buchstäblich die „Nazi-Schelle" umhängte. Das hat Folgen bis heute. Wann immer honorige Leute wie Bernd Lucke, Karl Adam, Frauke Petry, Hans-Olaf Henkel und Joachim Starbatty die Positionen ihrer Partei darlegten, wurde umsichtig-fies die folgende Argumentationskette um sie geschlungen: Wer gegen Deutschlands alternativlose Europolitik ist, bekämpft auch Deutschlands Europapolitik; das tun aber nur Nationalisten; die sind allesamt rechts, ja eigentlich rechtsextremistisch; und weil aus der Geschichte gelernt wurde, schon den Anfängen müsse man wehren, sei ein entschlossener Kampf gegen die AfD alternativlos.

---

[82] https://www.die-tagespost.de/politik/die-heimstatt-des-protests-art-235626; Zugriff am 28. Januar 2024.

Gern hörten Deutschlands wirklich Rechte davon, mit respektablen Akademikern aus den Reihen von FDP und CDU an der Spitze gäbe es nun auch für sie eine vorzeigbare Partei. Wie schön, nach langen Zeiten der dauerschmuddeligen NPD und DVU! Also strömten viele Rechte und ganz Rechte in die AfD, darunter nicht wenige Quertreiber und Querulanten, Angeber und politisch Gescheiterte. Der Parteigründer Lucke roch den Braten und mühte sich ab, den Charakterwandel seiner Schöpfung durch problematische, gar üble Neumitglieder abzuwehren. Das misslang, weil sehr viele auf eine neue Partei rechts der Union geradezu gewartet hatten. Die nämlich wollte schon jahrelang nur noch Leute aus der politischen Mitte an sich binden.

Schon rasch verbreitete sich in der AfD ein neuer Ton. Gerade lautstarker Protest führte zu schnellem Wachstum. Solcher Erfolg riet deshalb zu noch schärferem Protestgehabe. Bald entstand emotionalisierender Streit über den sinnvollerweise zu steuernden Kurs der Partei. Dieser Streit dauert bis heute an. Inzwischen hat er nicht nur drei Parteivorsitzende verschlissen, sondern auch viele Vernünftige aus der AfD vertrieben oder in ihr kaltgestellt.

2013, kurz nach der Parteigründung, verfehlte man knapp den Einzug in den Bundestag und in Hessens Landtag. Im Folgejahr zog die AfD zwar ins Europäische Parlament und in die Landtage von Sachsen, Brandenburg und Thüringen ein. Doch anschließend erlahmte das öffentliche Interesse an ihr. Intern zerstritt sie sich. Das hätte es mit ihr dann auch sein können.

Im Winter 2014/15 gerieten dann der AfD die bundesweiten Reaktionen auf Dresdens PEGIDA zum Mästungsprogramm. Die „Patriotischen Europäer gegen die Islamisierung des Abendlandes" konnten, so hörte man allenthalben, bei gar nichts Recht haben. Weder gab es in Europa irgendwelche absehbaren Probleme mit sich politisierenden Muslimen, noch war vernünftigerweise zu befürchten, Deutschlands Offenheit für politisch Verfolgte könne je zu anderem führen als zur Dankbarkeit gegenüber unserem Land und zur raschen Integration der „neuen Deutschen" in dessen Arbeitsgesellschaft. Das einzige Problem sei das Fehlen von flächendeckender Willkommenskultur.

Das bestritten die PEGIDA-Leute, und ihre polemischen Vorbeter taten das – mit bundesweiter Resonanz – erst recht. Also konnten sie alle nichts anderes sein als Dummköpfe und Rassisten. Bloß die AfD stimmte den PEGIDA-Positionen weitgehend zu. So wuchs zusammen, was sich unter gleichem Ausgrenzungsdruck als zusammengehörig empfand. Die AfD wurde zu „PEGIDA im Parlament", und PEGIDA zur „AfD auf der Straße". Die Corona-Zeit samt der von ihr hervorgebrachten Protestbewegung erstickte anschließend Dresdens PEGIDA-Demos, die weitgehend ohnehin nur noch Lokalfolklore waren. Doch ihr Tonfall lebt – gerade im Osten – auf vielen AfD-Kundgebungen weiter, und ebenso in Parlamentsreden von AfD-Abgeordneten.

Dann kamen im Herbst 2015 zu Hunderttausenden nicht nur politisch verfolgte Frauen und Kinder nach Deutschland, sondern vor allem junge Männer. Viele davon stammten aus nordafrikanischen Ferienländern von Deutschen. Doch davon redete besser nicht in der Öffentlichkeit, wer respektabel bleiben wollte. Allerdings brachte bald schon die „Kölner Silvesternacht", vor allem die anfängliche mediale Schönung des Geschehenen, viele in Deutschland auf einen für sie plausiblen Gedanken: Man müsse kein Rassist sein, um zum besorgten Bürger zu werden, wenn angesichts des europaweiten Migrationsgeschehens die deutsche Regierung immer wieder erkläre, Deutschlands Grenzen ließen sich keinesfalls mehr kontrollieren. Genau das aber behaupteten die sich wechselseitig als demokratisch anerkennenden Parteien von der Linken bis zur Union, und noch viel einhelliger taten dies die tonangebenden Medien. Wer das nicht so sah, der galt nun rasch als Rassist und Nazi, zumindest aber als ein Sympathisant der AfD.

Tatsächliche Migrationsfolgen sind freilich härter als jede ideologische Sprechblase. Wann immer eine solche platzte, wirkte das auf die AfD wie ein Regenschauer in der Wüste. Spätestens bei den fünf Landtagswahlen im Frühjahr 2016 wurde absehbar, dass der Aufstieg der AfD dauerhaft wäre. Doch ihren Gegnern fiel nichts Besseres ein, als die alten, untauglichen Bekämpfungsversuche fortzusetzen: AfD-Themen für bloß eingebildet erklären, auf die AfD schimpfen, nicht mit AfDlern reden. Bald kam es wie im Märchen mit dem Schäfer, der allzu oft das Kommen des Wolfes ausrief. Zugleich wurde jene Grenze, ab der man Politiker, Journalisten und andere zum staatstragenden „Abschuss" freigibt, vom rechten Rand der CDU ins Innere dieser Partei verlegt. Deshalb macht man jetzt auch regelrechte „Fascho-Jagd" auf den ehemaligen Verfassungsschutzpräsidenten Hans-Georg Maaßen.

Derweil kommt die AfD im Osten auf ziemlich stabile Wähleranteile von knapp einem Drittel, im Westen von rund einem Zehntel. Wenn Anbräunung samt Ausgrenzung als Anti-AfD-Strategie ernst gemeint waren, hat diese Strategie offenbar nichts getaugt. War das alles aber nur ein politisches Routinespiel, dann war es leichtfertig und verantwortungslos. Tatsächlich gibt es nun eine Art „ostdeutsche Volkspartei" namens AfD. Sie wurde zur Heimstatt von Protest gegen ein – so wahrgenommen – „übergestülptes Politiksystem", wie er seit der Wiedervereinigung nie verstummte. Jetzt finden sich in der AfD wirklich auch Rechtsradikale, die aber nicht länger in einer Splitterpartei isoliert sind. Und insgesamt wurde Innenpolitik zum Kampf aller gegen die AfD. Der wird in gegen die AfD gerichtete Minderheitsregierungen münden, wie jetzt schon in Thüringen. Derweil hofft man, das Bundesverfassungsgericht werde die AfD verbieten.

Was lief da alles schief? Da war politisch-korrekte Blindheit gegenüber neuen Problemen Deutschlands – zumal jenen, die mit der sich ändernden Zusammensetzung der hierzulande Lebenden zu tun haben. Da war Arroganz der Macht: Unerwünschte Wahlen, etwa von AfDlern zu parlamentarischen Vizepräsidenten, müssen misslingen – oder haben, da unverzeihlich, rasch rückgängig gemacht zu werden. Es fehlte die Einsicht, dass dort, wo wirklich besorgte Bürger sich von der etablierten Politikerschaft nicht repräsentiert fühlen, eben eine neue Partei zur Dauergröße werden kann – einst die Grünen, jetzt die AfD. Und es wird weiterhin nicht begriffen, dass allenthalben in Europa rechte Parteien gegen die Folgen jahrzehntelanger, sozialliberal-grüner Politik anrennen, zumal gegen die Zukunftsprobleme mit unseren sozialen Sicherungssystemen und mit dem abnehmenden gesellschaftlichen Zusammenhalt. Deutsche Sonderwege führen da in eine Sackgasse.

GRÜNE OFFENBARUNGEN UND BÜRGERLICHE PERSPEKTIVEN

veröffentlicht am 18. Mai 2023 in der „Preußischen Allgemeinen Zeitung"[83]

Natürlich ist Bremen zu klein, um aus dem dortigen Wahlergebnis Bundestrends ableiten zu können. Doch allgemeine Einsichten lassen sich hier fallstudienartig überprüfen, und zwar ziemlich gut.

---

[83] https://paz.de/artikel/gruene-offenbarungen-und-buergerliche-perspektiven-a8876.html; Zugriff am 28. Januar 2024.

Die SPD als klassische Regierungspartei Bremens verbesserte sich um rund fünf Prozentpunkte vom freilich schlechtesten Wahlergebnis, das sie je an der Weser erzielte, auf ihr nunmehr zweitschlechtestes. Jetzt liegt sie wieder auf dem ersten Platz, obwohl ihr dauerregiertes Land bei vielen Leistungsvergleichen weiterhin die letzten Plätze belegt. Am meisten zu loben ist für das Bremer Wahlergebnis denn auch der populäre SPD-Spitzenkandidat. Gut eigentlich, wie sehr es immer noch auf Persönlichkeit und Persönlichkeiten ankommt!

Die mitregierende Linkspartei verlor nur wenig. Als Erfolg empfindet sie, dass sie diesmal nicht für bundesweite Zerstrittenheit zu büßen hatte. So richtig zufrieden machte sie das aber nicht, denn gewählt wurde im sowieso sehr linken Bremen. Dort gibt es, ganz umgekehrt, für die FDP keine Heimspiele. Noch ein wenig weiter zur nahenden Fünf-Prozent-Schwelle abgesunken, überlebte sie dennoch als Parlamentspartei. Solche Wahlabende sind für die FDP nichts Ungewohntes, denn Liberalismus wird in Deutschland allenfalls als Korrektiv nachgefragt. Tatsächlich lässt sich ohne bürgerlichen Koalitionspartner von der FDP allenfalls eine Verhinderung von größeren Übeln in Aussicht stellen. Für die jetzige Ampelpartei ist das freilich nur ein Mauerblümchen-Argument.

Die Grünen rutschten um gut fünf Prozentpunkte auf das Niveau der Linken. Mit der Volkspartei von Akademikern und Gutmenschen wird es wohl nichts werden. Hier kam auch noch Hochmut vor dem Sinkflug. Obendrein machte die grüne Bundespartei, zuständig in Berlin für alles Gute, Wahre und Schöne, ziemlich Schluss mit der Illusion, tolle Wort- und Sprechblasen würden Wirklichkeitsmauern verschieben, nicht aber an ihnen platzen. Doch wenn Pazifisten zu Waffenlieferanten werden und grüne Wirtschaftspolitiker stark energieabhängige Firmen ins Ausland vertreiben, dann sinkt eben die Bereitschaft von Wählern, grüne Ansagen für höhere Weisheit zu halten. Zwar werden grüne Regierungsbeteiligungen noch lange üblich sein, nicht zuletzt in Allparteien-Bündnissen gegen die AfD. Doch ihr Zauber ist verflogen – und nicht nur, weil Lobbyismus und Clanwirtschaft als Teile des grünen Geschäftsmodells ruchbar wurden.

Besonders aufschlussreich ist der Aufstieg der „Bürger in Wut". Sie errangen fast jede zehnte Wählerstimme. Natürlich profitierten sie davon, dass sich Bremens AfD durch parteiübliche Torheiten selbst aus dem Rennen genommen hatte. Deutlich mehr zusätzliche Stimmen als von ihren bisherigen Wählern erhielten sie nun von jenen, die vor vier Jahren ihr Kreuz bei der AfD gemacht hatten. Obendrein kam gewichtiger weiterer Zuwachs von der CDU. Wieder einmal zeigt sich jenes Zehntel der westdeutschen Wählerschaft, dem die Union zu weit nach links gerückt ist, als dass man sie weiterhin wählen wollte. Im Osten ist das sogar gut ein Viertel.

Irgendwann werden Grüne und Linke, vielleicht sogar Deutschlands Intellektuelle und Politikwissenschaftler, womöglich doch noch erkennen, dass es nicht reicht, über die regelmäßig guten Wahlergebnisse von Parteien weit rechts der Mitte bestürzt oder entsetzt zu sein. Besser wäre es, die Gründe dafür zu begreifen. Die aber gehen weit über jenen „Rassismus & Faschismus“ hinaus, an dem Deutschlands Linke sich ebenso routiniert wie ergebnislos abarbeiten.

Doch auch für die Union wird es erst noch kommende ostdeutsche Wahldesaster brauchen, bis sie einsieht: Es war politisch höchst ungekonnt, sich mit moralingeschwellter Brust ans Verscheuchen von so vielen Wählern und ans Ausgrenzen jener Partei zu machen, der man eigene Anhänger und Mitglieder einst selbstgefällig zutrieb. Auch in Bremen hat die CDU keineswegs um die rechte Wählerschaft gekämpft. Wie überall wollte man sich anschlussfähig für die Grünen machen – gerade so, als ob diese in der Union mehr sähen als einen Zweitkutscher zur Regierungsmacht, bei dem man nur einsteigt, wenn keine rote Droschke verfügbar ist.

Zwar hat die Union in Bremen nur wenig verloren. Sie liegt aber wieder sehr deutlich hinter der SPD. Weder wurde ihr ein „Regierungsauftrag“ erteilt, noch ergibt sich ihr Wahlergebnis aus einer „Wechselstimmung“. Eigene Gestaltungsmacht hat sie nicht errungen. Vielmehr müsste sie dankbar sein, wenn die SPD sie anstelle von Grünen und Linken zum Juniorpartner und Mehrheitsbeschaffer kürte.[84] Vielleicht reicht der heutigen Union tatsächlich das Backen so kleiner Brötchen, gnadenhalber verzehrt an einer Tafel links von ihr. Dann muss die CDU nur weitermachen wie bisher, kann also noch jahrelang ihr Heil in Vergrünung, Sozialdemokratisierung und dem Bestreben suchen, möglichst vielen Journalisten links der Mitte zu gefallen.

Wie anders sähen ihre Chancen aus, hätte sie den in Westdeutschland üblichen Zehnerblock an Wählerstimmen nicht rechten Parteien überlassen, sondern – über einen starken Parteiflügel rechts der Mitte

[84] Anmerkung vom Januar 2024: Am Ende entstand im Bremen eine rot-grün-rote Koalition.

– wie ehedem an sich gebunden! Wie anders wären dann die Anreize für andere Parteien, sich anschlussfähig zu einer weiterhin auf dem politischen Spielfeld dominierenden Union zu machen! Dann entstünden eines Tages auch wieder Alternativen zu rot- und grün-schwarzen Bündnissen. Doch bislang wurde die CDU durch den sich selbst zugefügten Schaden durchaus nicht wieder klug.

Ob ihr solches Klugwerden überhaupt je wieder gelingen wird, ist ebenso ungewiss wie die Fähigkeit der AfD zur Einsicht, welch große Gestaltungschancen sie durch Verbalradikalismus und unklare Verfassungstreue vergibt. Warten wir also weiterhin geduldig auf politisches Lernen aus solchen Wahlergebnissen.

WAS, WENN DIE AFD IM OSTEN STÄRKSTE PARTEI WIRD?

veröffentlicht am 3. Juni 2023 auf meinem Blog wjpatzelt.de

Wer nicht hören will, muss fühlen. Das bewahrheitet sich wieder einmal auf dem heißen Boden deutscher Parteipolitik. In Brandenburg, Sachsen und Thüringen gewinnt nun ausgerechnet die allseits ausgegrenzte AfD bei der demoskopischen „Sonntagsfrage", und zwar ziemlich stabil. Deshalb macht sich kein Realist mehr große Hoffnungen, noch mehr „Kampf gegen rechts" könne die wirklichen Wahlergebnisse sehr anders ausfallen lassen. Und dass die AfD noch rasch vom Verfassungsgericht verboten würde, ist im deutschen Rechtsstaat sowohl wegen der Verfahrensabläufe als aufgrund unserer demokratischen Spielregeln höchst unwahrscheinlich.

Wie also mag es weitergehen, wenn in den ostdeutschen Ländern die AfD am Wahlabend wirklich vorn liegen sollte? Lassen wir Empörungsquatsch beiseite wie das Gerede vom politisch zurückgebliebenen Dunkeldeutschland. Verzichten wir auch auf Krokodilstränen über eine Demokratie, die durch freie Wahlen zur Verliererin geworden sei. Bedenken wir besser das, was machtpolitisch ansteht.

Keineswegs wird es zu Koalitionen zwischen CDU und AfD kommen. Erstens überlebte im dann zu erwartenden medialen Sperrfeuer kein CDU-Politiker einen solchen Versuch. Immerhin bräche er Hunderte von heiligen Eiden, mit denen seine Partei solchen Bündnissen abgeschworen hat. Zweitens verachten AfDler keine Partei mehr als die CDU. Die Grünen nimmt man dort wenigstens als ideologische Feindestruppe ernst; doch die CDU gilt der AfD schlicht als ein Haufen prinzipienloser Opportunisten. Dem zur Regierungsmacht zu verhelfen, gar ohne selbst den Chef der Staatskanzlei zu stellen liefe außerdem auf politische Selbstverstümmelung hinaus.

Viel größere politische Rendite bringen der AfD zwei Alternativen. Entweder wird es eine Art von All-Parteien-Koalitionen gegen die AfD geben, wohl unter dem Feldzeichen einer „Solidarität der Demokraten". Als Teil eines solchen Bündnisses, das seinen Schwerpunkt zwangsläufig links der Mitte hat, lässt sich die CDU dann überaus wirkungsvoll von rechts her bekämpfen. Zerfiele aber eine solche Anti-AfD-Koalition während der langen fünf Jahre, die sie überstehen müsste, dann wird am nächsten Wahltag dafür vor allem die CDU bezahlen – und zwar aufs Konto der von ihr durch ein Linksbündnis ausgegrenzten AfD.

Wo sich aber keine Anti-AfD-Koalition schmieden lässt, weil die CDU vor einem zur parlamentarischen Mehrheitsbildung erforderlichen Bündnis mit der Linken vielleicht doch zurückschreckt, dort wird das Thüringer Beispiel Schule machen. Irgendeine Partei wird nämlich eine die Landtagsmehrheit verfehlende Koalition schon an die Regierung bringen, falls sich nur auf diese Weise die AfD von der Regierungsmacht fernhalten lässt. Auf Gegnerschaft gegründete Minderheitsregierungen sind aber – wie sich in Thüringen zeigt – sehr stabil, weil zu ihrem Sturz nur ein konstruktives Misstrauensvotum führen kann, d.h. ein anderes politisches Bündnis. Ein solches gäbe es allerdings nur unter Einschluss jener AfD, die von der Macht fernzuhalten aber genau der Zweck einer solchen Minderheitsregierung ist.

Könnte die CDU eine solche Minderheitsregierung allein anführen, dann gäbe es immerhin eine gewisse Chance für sie, durch eine Rückkehr zu früher populären Positionen solche Wähler erneut an sich zu binden, die zuvor nicht mehr zur Wahl gingen oder zur AfD abgewandert sind. Doch stark genug für eine alleinige CDU-Minderheitsregierung ist die Union im Osten nirgendwo mehr. Als Partner einer links-grünen Minderheitsregierung, oder durch deren Tolerierung, vertreibt die Union dann aber noch mehr Wähler zur AfD als bislang schon.

Verderben kann die AfD ihre so stark gewordene strategische Stellung nur noch selbst. Nazistische Töne können sie jederzeit um ihren Vorsprung bringen. Dauerhaft ausbleibende Kompetenz bei der Erarbeitung von tragfähigen Lösungen für jene Probleme, deren Schwären große Wähleranteile von den sie verursachenden Parteien abrücken ließ, kann Wahlsiege rasch zerrinnen lassen. Und mangelnde Geduld beim Ertragen von Geschäftsordnungstricks, mit denen AfD-Abgeordnete wohl auch weiterhin von Parlamentsämtern ferngehalten werden, mag jene Nachsicht rasch enden lassen, die von Unfairness bewirkt wird.

Bestürzende Kurzsichtigkeit politischer Besserwisser hat diese Lage herbeigeführt. Als deren absehbares Eintreten sich noch hätte abwenden lassen, nämlich zwischen 2014 und 2016, wollten die meisten im Lande keinesfalls hören, dass nicht nur Rassisten und Faschisten zu ernsthaft besorgten Bürgern würden, wenn sie auf Deutschlands Zukunft als fahrlässiges Einwanderungsland blickten. Noch weniger wollte man in den Folgejahren hören, dass die AfD gerade dann nicht verschwinden werde, wenn die etablierten Parteien die Sorgen von deren Wählern für unbeachtlich oder böswillig erklärten, diese also gerade nicht selbst aufgriffen. Und schon gar nicht wollte man hören, dass es unserer Demokratie mehr schaden als nützen würde, wenn die Union ihren einstigen, nun mit der AfD sympathisierenden Wählern lieber mit rhetorischen Fußtritten käme als mit einem Versuch, Resthoffnungen auf eine Wiederkehr der einst vernünftigen CDU zu bestärken.

Geschenkt, dass Linke, Sozialdemokraten, Grüne und die Mehrzahl von Deutschlands Journalisten die Union jahrelang zu solchen Torheiten trieben, ja diese sogar als höhere politische Weisheit ausgaben. Geschenkt auch, dass die Merkelianer in der CDU derlei Dummheiten für besonders klug hielten und recht hoffnungsfroh begingen. Wäre es aber nicht allmählich Zeit für eine realistische Bewertung des Versuchten? Doch das ist wohl zu viel verlangt von einer Politikerschaft, die auch erst Russlands Einmarsch in die Ukraine brauchte, um auf einem anderen wichtigen Politikfeld ihre zu korrigierenden Irrtümer einzusehen ...

AFD VERBIETEN, STREITVERWEIGERUNG FORTSETZEN?

veröffentlicht als „Der Gipfel der Politikverweigerung" am 16. Juni 2023 in der „Preußischen Allgemeinen Zeitung", desgleichen unter dem hier verwendeten Titel am 18. Juni 2023 auf meinem Blog wjpatzelt.de

Anders als vom Ehepartner kann man sich von einer ungeliebten Partei nicht scheiden lassen. Doch man hofft auf einen Schiedsrichter, der sie vom Spielfeld weist. Wenn das nicht die Bürger- und Wählerschaft tut, sondern einer ungemochten Partei sogar noch Höhenflüge beschert, dann hofft man aufs Verfassungsgericht.

Die Rede ist natürlich von der AfD sowie von medial weithin aufgegriffenen Anregungen, der Bundestag, der Bundesrat oder die Bundesregierung möge ein Verbotsverfahren starten. Die Argumente wurden unlängst vom – parteipolitisch nicht sonderlich ausgewogenen – „Deutschen Institut für Menschenrechte"[85] frei Haus geliefert. Der schöne Traum geht dahin, dass unser Parteienstaat möglichst schon vor den kommenden Wahlgängen ziemlich AfD-frei wäre. Zwar wird das entlang vernünftiger Verfahrensregeln und rechtsstaatlicher Prinzipien nicht so kommen. Doch der Traum ist da und geht weiter. Offenbar gärt da vielerlei unter der Oberfläche des politischen Tagesgeschäfts.

Gewünscht wird ein Stopp des Machtzuwachses der AfD und sowie Abschwächung von Ausbreitungsprozessen ihres Gedankenguts. Den Nachweis der Verfassungswidrigkeit dieser Partei führt man dahingehend, dass die AfD zwischen Deutschen unterscheide, welche die deutsche Kultur trügen, und solchen, die sich dem verschlössen – etwa als ihrer Herkunftsidentität bewusste Passdeutsche. Weil aber die Leitidee unseres Staates die Achtung und der Schutz der Menschenwürde ist, diese aber – so formuliert 2017 im NPD-Urteil – „egalitär" sei, wäre die AfD evident verfassungswidrig. Ausdrücklich widersetze sie sich – so Höcke im Jahr 2018 – einer „Afrikanisierung und Orientalisierung" Deutschlands. Verwegene Kabarettisten könnten zwar fragen, ob das nicht aus identitätspolitischen Gründen doch noch zulässig werden dürfte, sobald biodeutsche „Weißbrote", wie fortschrittlicherseits in Aussicht gestellt, zur

[85] Anm. vom Januar 2024: Siehe dessen Selbstdarstellung unter https://www.institut-fuer-menschenrechte.de.

schützenswerten Minderheit geworden wären. Aber jenseits von allem Sarkasmus wiegt viel schwerer die aus dem rechtsstaatlichen Verhältnismäßigkeitsgebot abgeleitete Aussage des Bundesverfassungsgerichts im NPD-Urteil, Voraussetzung eines Parteiverbotes wäre, dass das Erreichen verfassungsfeindlicher Ziele nicht völlig aussichtslos sein dürfe. Doch nicht einmal als eine Wahlperiode lang stärkste Oppositionspartei im Bundestag hat die AfD unsere Verfassung aus den Angeln zu heben vermocht. Und an die Regierungsmacht wird sie vor dem – ganz unwahrscheinlichen – Erreichen absoluter Parlamentsmehrheiten im nächsten Jahrzehnt ohnehin nicht gelangen.

Den Schlüssel zur Einordnung des ganzen Vorgangs lieferte das Bundesverfassungsgericht schon 1956, als es die KPD auflöste. Damals wurde betont, ein Parteiverbot dürfe kein „bloßes Weltanschauungs- oder Gesinnungsverbot sein". Mit der Gesinnung des Drittels „harter" AfD-Anhänger und mit den Weltanschauungen derer, die bei der Sonntagsfrage und am Wahltag die AfD zu einer inzwischen sehr ins Gewicht fallenden Partei machen, kann man sich aber jederzeit auseinandersetzen. Es wird wohl noch nie ein öffentlicher Vortrag deshalb abgesagt worden sein, weil er eine Kritik von AfD-Programmatik oder AfD-Sprache ankündigte. Wenn also trotz der Möglichkeit, der AfD entschieden entgegenzutreten, diese Partei in Diskursen und in Parlamenten immer mehr Raum gewann, wird wohl etwas am jahrelangen Umgang mit der AfD falsch gewesen sein.

Gerade so ist es auch. Im Grunde wurde ihr gegenüber Politikverweigerung betrieben. Statt zu ergründen, ob diese Partei womöglich aufgrund realer Probleme in unserem Land so viel Zuspruch errang, und statt sich ans Beheben solcher Probleme zu machen (etwa durch Reformen unserer Eurozonen-, Migrations-, Energie- und Sicherheitspolitik), wurde ein Großteil politischer Energie darauf verwendet, Phobien und Phantasmagorien, Polemikpathos und sprachlich-historische Fehlgriffe von AfD-Anhängern, AfD-Mitgliedern und AfD-Politikern aufzuspießen sowie mit Empörungskanonaden zu erwidern. Geschenkt, dass derlei eben auch zum politischen Streit gehört. Doch besser wäre es gewesen, die Kritik am in so manchen AfD-Reden rhetorisch Überschießenden und moralisch Unterirdischen einzubetten in ein allgemein nachvollziehbares Ernstnehmen jener politischen Gestaltungsaufgaben, zu denen sich AfDler auf ihre Weise positionieren – und die Grünen auf eine ziemlich andere Weise. Dann hätte ein politischer Diskurs entstehen können, in dem man mit Tatsachenbehauptungen, Zusammenhangsaussagen und Prognosen vernünftig umgegangen wäre – und nicht, samt selbstschützender Heuchelei, ausgrenzend mit Andersdenkenden. So aber muss niemand mehr AfD-Positionen wirklich kennen, sondern kann je nach Laune, Gemüt oder innerer Haltung sich unserer politischen Inquisition anschließen oder widersetzen. Letzteres tun inzwischen viele, was die Inquisitoren ängstigt.

Das jetzige Verlangen nach einem AfD-Verbot ist also vor allem die Fortsetzung des Versuchs, der AfD anders als durch politische Mittel beizukommen. Was als diskursive und menschliche Ausgrenzung begann, soll nun als staats- und strafrechtliche Ausgrenzung weitergeführt werden. Das anzustreben, obwohl kein Erfolg in Aussicht steht ist eine weitere, freiwillig begangene politische Dummheit. Unfreiwillig werden sich der jene Anti-AfD-Allparteienregierungen oder Anti-AfD-Minderheitsregierungen zugesellen, die zumindest in Ostdeutschland ins Haus stehen. Politisch alternativlos, wird von ihnen die AfD profitieren. Wie dumm, dass alle Chancen verpasst wurden, die AfD-Realos zu Lasten der Fundis durch Aussicht auf die Integration einer – und nur einer – klar verfassungstragenden AfD zu stärken!

DIE CDU BEFINDET SICH IN EINER STRATEGISCHEN SACKGASSE

Interview mit Jan Emendörfer, veröffentlicht als RND-Interview am 14. Juli 2023,[86] desgleichen in den „Dresdner Neuesten Nachrichten" am 17. Juli 2023[87]

Herr Prof. Patzelt, die AfD liegt derzeit bei Umfragen im Bund um die 20 Prozent und in Thüringen sogar bei 34 Prozent. Wie erklären Sie sich das?

Es gibt nun mal in Deutschland auch Rechte, nicht nur Mittige und Linke. Die Rechten waren früher bei der CDU gut aufgehoben. Dort gab es immer jemanden, der für sie sprach. Als dann aber unter Angela Merkel die CDU angefangen hat, nur noch eine Partei der Mitte sein zu wollen, und als die CDU sich strategisch darauf einzurichten begann, dass ihre

---

[86] https://www.rnd.de/politik/politikwissenschaftler-patzelt-die-cdu-befindet-sich-in-einer-strategischen-sackgasse-KCGKKEZFQNDCFGRJVGTRN2HGWE.html; Zugriff am 28. Januar 2024.

[87] https://www.dnn.de/mitteldeutschland/dresdner-politikwissenschaftler-patzelt-die-cdu-befindet-sich-in-einer-strategischen-sackgasse-F4FRL6FJHBHAFFUCI2YOL-RATXA.html; Zugriff am 28. Januar 2024.

Zukunft in Koalitionen mit den Grünen liegen würde, sind die Rechten immer mehr vernachlässigt worden. Sie wurden sozusagen heimatlos.

Das Ganze wurde zur Explosion gebracht durch die Migrationspolitik von 2015. Die Frühzündung dafür waren die Pegida-Demonstrationen in Dresden. Auf die reagierte man dann völlig falsch, indem man die Leute dort einfach als „Pegidioten" abstempelte und sich nicht inhaltlich mit ihnen auseinandersetzte. Es ist mit dem Migrationsthema nie offensiv in der Weise umgegangen worden, dass man öffentlich erwogen hätte, ob es bei andauernd starker Migration aus dem islamischen Kulturkreis womöglich Begleitprobleme gäbe und wie man diese dann realistischerweise lösen könne. Diesbezüglich besorgte Bürger galten einfach als Rassisten.

Die AfD allerdings erkannte schnell, welches Potential in den Themen der Pegida-Demonstranten steckte, und sie schaffte es schon 2016, das in Wahlerfolge umzumünzen. Seit sie damals in mehreren Bundesländern zweistellige Ergebnisse holte, ist die AfD eine machtpolitisch ernst zu nehmende Partei. Vor allem strategisch falsche Reaktionen auf ihr Aufkommen haben diese Folge gezeitigt.

Worin lagen denn die falschen Reaktionen?

Ausgangspunkt war die Behauptung, alle von AfDlern vorgebrachten Sorgen wären nur Hirngespinste ohne jede Grundlage in der Wirklichkeit. Durchaus nicht gäbe es Zuwanderung von besorgniserregender Art; und angebliche Messerstechereien oder sexuelle Übergriffe von Migranten würden rein rassistisch aufgebauscht. Probleme mit dem Euro gäbe es letztlich auch nicht, Inflation sei nicht zu befürchten und Atomkraftwerke könne man unbesorgt abschalten.

Mit den Positionen der AfD zu alledem haben die allermeisten sich nie ernsthaft auseinandergesetzt, sondern sich mit der Aussage zufrieden gegeben, da kämen nur Phrasen und Dünnbrettbohrerei. Sodann hängte man allen AfDlern die Schelle des Rechtsextremismus oder gar Nazismus um – nicht nur, aber auch deshalb, weil das in Deutschland eines der wirkungsvollsten Kampfmittel gegen politische Gegner ist.

Folglich sollten AfDler auch nicht auf Podien bei Diskussionsveranstaltungen oder gar im Fernsehstudio zugelassen werden, weil man ihrer Demagogie doch keine Bühne bieten solle. Auf diese Weise ließ man die AfD allerdings inhaltlich unbehelligt, und in diesem durch Ausgrenzung nachgerade stabilisierten Schutzraum konnte sie wuchern und zu ihrer heutigen Größe gedeihen.

Warum ist der Zuspruch in Ostdeutschland noch einmal wesentlich größer als im Westen?

Im Osten gibt es seit der Wiedervereinigung eine Protesttradition, die sich gegen das „übergestülpte westdeutsche System" richtet. Früher hat die PDS beziehungsweise die Linke solchem Protest gegen westdeutsche Elitenpolitik authentisch Ausdruck verliehen. Jetzt tut das die AfD. Die konkreten Protestinhalte sind zwar andere, doch das Argumentationsmuster ist gleich geblieben: „Westlich sozialisierte politische Eliten glauben moralisch besser zu sein und alles besser zu wissen als wir, und deshalb setzen sie arrogant über unsere Köpfe hinweg Politik durch. Wir, das Volk, zählen nicht mehr – und dagegen lehnen wir uns auf!"

Warum ist die CDU keine Alternative für dieses Wählerpotential?

Die CDU befindet sich in einer strategischen Sackgasse. Zugunsten der AfD geschrumpft, hat sie keine anderen Chancen mehr auf die Regierungsmacht als in Bündnissen mit der SPD oder den Grünen. Dann aber kann sie für den Wähler auch keine Alternative mehr zur herrschenden Ampel-Politik sein. Obendrein bemerken viele sehr wohl, dass die Ampel-Koalition im Grunde nur die Politik der CDU/SPD-Koalition unter Angela Merkel fortsetzt, nur eben wuchtiger und mit etlichen Fehlern bei der Regierungstechnik.

Was viele Leute heute an der Ampel verdrießt, das verdross gar nicht wenige im Grunde schon an Angela Merkels Politik, die ihrerseits den politischen Raum für das Aufkommen der AfD schuf. Zu Recht also erinnern Ampel-Politiker die CDU immer wieder daran, dass beispielsweise sie selbst jene Energiewende gewollt hatte, die jetzt eben umgesetzt werde.

Aus der Sicht vieler Wähler heißt das aber: „Zu Merkels Zeiten wählten wir die AfD, um die CDU wieder auf einen vernünftigen Kurs zu drängen – und jetzt wählen wir die AfD, weil jede Stimme für die CDU am Ende doch nur die Grünen oder die Sozialdemokraten an die Macht bringt." In dieser selbstgewählten Sackgasse verzwergt nun die CDU, und wird nicht länger als politisch mögliche Alternative zur Regierung wahrgenommen.

Wie ließe sich das ändern?

Auf keinen Fall dadurch, dass man weiterhin das Spiel „Alle gegen einen" betreibt. Es fragen sich nämlich viele Leute, ob dieses Spiel bei der Wahl eines Landrates oder eines Bürgermeisters wirklich fair ist – und entscheiden sich dann gegen jene, die als unfair wahrgenommen werden. Allparteienbündnisse gegen die AfD funktionieren nur dann, wenn AfD-Politiker wieder einmal skandalöse Aussagen und Positionen von ihrer Anhängerschaft bejubelt bekommen – was zum Vorteil ihrer Gegner immer noch häufig geschieht. Man stelle sich aber einmal vor, die AfD würde als vernünftige Partei rechts der CDU auftreten: Rasch würde die Union dann auf das Niveau der Grünen oder der Sozialdemokraten absacken!

Bei den Analysen zu den Wahlsiegen der AfD-Kandidaten in Sonneberg und Raguhn-Jeßnitz war viel davon die Rede, die Ampelpolitik sei „nicht richtig erklärt" worden. Sehen Sie das auch so?

Es ist ganz denkfaul, das Hochkommen der AfD mit der Ampelpolitik zu erklären. Im Raum steht vielmehr ein „weißer Elefant", und den beschweigen die meisten weiterhin nach Kräften. Denn anders, als von der schwarzen bis hin zur grünen Politikerschaft immer wieder vorgebetet, hat sich das Migrationsthema eben nicht erledigt. Immer wieder bemerken viele im Land, dass ein sehr großer Teil der Zugewanderten weder in unser Arbeitsleben noch in unsere Alltagskultur integriert ist.

Und sichtbar wird immer mehr, dass Sorgen ob der anhaltenden Zuwanderung keine deutsche Spezialität sind, die man mit nachwirkendem Nazismus erklären und durch den „Kampf gegen rechts" beseitigen könnte, sondern dass solche Sorgen sich allenthalben in Europa finden.

Sie spielen auf den europaweit anwachsenden Rechtspopulismus an?

Tatsächlich zeigen empirische Untersuchungen, dass quer über die EU-Staaten die Abgeordneten im Durchschnitt weiter links stehen als die sie wählende Bevölkerung und dass überall im Durchschnitt die Politiker weitergehende Migration klar stärker befürworten als die von ihnen repräsentierten Staatsvölker. Genau das brachte in ganz Europa den Rechtspopulismus zum Aufblühen, prägt immer wieder die Wahlen und führt oftmals klar rechte Regierungen herbei.

Dass dieser Zusammenhang nicht in den Mittelpunkt der Analysen gerückt wird, halte ich für eine ärgerliche Pflichtvergessenheit von Sozialwissenschaftlern und Intellektuellen. Auch die Medien beziehe ich in diese Kritik ein, weil nämlich allzu viele Journalisten beim Thema Migration sehr an der Oberfläche konventioneller Argumentationsmuster bleiben.

Wo ist der Ausweg?

Vor allem sollte man nicht allein schon die Thematisierung unerwünschter Tatsachen unterbinden. Etwa wurde, als nach Krawallen in Berlin unlängst die dortige CDU nach den Vornamen der polizeilich identifizierten Täter fragte, das sofort als Ausdruck einer abzulehnenden rassistischen Haltung kritisiert. Womöglich war da ja wirklich Rassismus dabei. Doch zunächst einmal ist es ein legitimes Bedürfnis, um den sozialen und migrantischen oder nicht-migrantischen Hintergrund von vermutlichen Tätern zu wissen.

Jedenfalls sollte man nicht fürsorglich die Leser oder Hörer bevormunden, indem man ihnen solche Informationen vorenthält, die sie vielleicht auf als falsch erachtete Gedanken bringen könnten. Hier löst politische Prüderie leider die gottlob überwundene sexuelle Prüderie nahtlos ab. Solcher neu aufkommenden, auf ihre gutmenschliche Art höchst kitschigen Spießbürgerlichkeit sollte man jene empirisch belehrte, kritische Haltung entgegensetzen, die ihrerseits dann rationale Diskussionen auch über unangenehme Themen ermöglicht.

DER EINZIGE WEG, DIE AFD ZU BÄNDIGEN, IST SIE EINZUBINDEN

veröffentlicht als „Patzelts Montags-Analyse" am 25. Juli 2023 auf „NIUS – die Stimme der Mehrheit"[88]

Fängt man mit dem Knöpfen eines Hemdes falsch an, dann kann man sich bei jedem neuen Knopf noch so viel Mühe geben – und wird doch kein gutes Ende finden. Genau so geht es der CDU jetzt mit der AfD. Deshalb wird einem Parteivorsitzenden, der nicht den Ausgangsfehler korrigiert, auch alles weitere misslingen. So geht es jetzt Friedrich Merz.

Der Ausgangsfehler war, dass die Union die AfD hat groß werden lassen, vor allem durch – gerade so auch gewollt – eine riskante Eurozonenpoli-

---

[88] https://www.nius.de/Politik/gastbeitrag-von-politikwissenschaftler-werner-j-patzelt-der-einzige-weg-die-afd-zu-baendigen-ist-sie-einzubinden/8ac25413-dab1-445d-b960-ab0745c00b74; Zugriff am 27. Januar 2024.

tik und eine unplausible Migrationspolitik. Der Folgefehler war, dass die Union nicht den Ursachen des Aufstiegs der AfD abzuhelfen versuchte, sondern sich allein an dessen Folgen abarbeitete. Dem diente die pflichtschuldige Darstellung der AfD als einer Horde von Nazis, desgleichen ein umfassendes Kontakt- und Kooperationsverbot. An letzteres hielt sich das Wahlvolk aber nicht.

Obendrein fehlte Deutschlands etablierten Parteien der Mumm, doch wirklich ein Parteiverbotsverfahren gegen die AfD anzustrengen, wenn man schon der Überzeugung war, aus so vielen ehemaligen CDU-Angehörigen und CDU-Wählern wären inzwischen auszugrenzende Verfassungsfeinde geworden. Doch anscheinend ist man reihum gar nicht sicher, ob die im politischen Diskurs erforderlichen Anti-AfD-Sprechblasen nicht am rauen Gemäuer höchstrichterlicher Faktensuche zerplatzen würden. Also wächst die AfD bei Umfragen stetig, ja besetzt auch mehr und mehr Wahlämter, während die CDU schrumpft und – darob zerstritten – ihre Führungsleute verschleißt. Es reicht halt nicht, sich als „AfD-Halbierer" auf den Kandidatenlaufsteg zu bringen.

Vielmehr sollte man auch eine realistische Strategie haben – und obendrein die Kraft, sie gegen Widerstände durchzuhalten. Seit klar ist, dass der ritualisierte „Kampf gegen rechts" der AfD nicht geschadet, sondern genutzt hat, wird womöglich doch noch begriffen, dass nur zwei Strategien nachhaltig entweder gegen die AfD helfen – oder zumindest gegen eine demokratiegefährdende Rolle dieser Partei. Entweder muss die CDU versuchen, selbst wieder als glaubwürdige Anwältin jener Anliegen aufzutreten, um derentwillen so viele Unionsmitglieder und Unionswähler in den letzten Jahren zur AfD abgewandert sind. Sie müsste also jene Repräsentationslücke schließen, die sie mutwillig aufreißen ließ, als sie nur noch eine Partei der Mitte mit linksgrünen Liebschaften sein wollte, nicht mehr aber auch die politische Heimat von Rechten, etwa von Migrationsskeptikern, Kulturpatrioten und Konservativen.

Vielleicht ist aber die Zeit auch vorbei, in der eine Rückgewinnung von AfD-Wählern möglich war. Es verachten nämlich AfDler inzwischen keine Partei mehr als die CDU, von der sie sich seit Angela Merkels Zeiten verraten fühlen. Gehindert hat an einer rechtzeitigen Rückkehr auf den früheren Erfolgsweg der CDU vor allem die grotesk dumme Rede davon, dann würden sehr viele gleich ein – gerade einmal zehn Jahre altes – „Original" namens AfD wählen, nicht aber die über siebzigjährige CDU, die doch alle vernünftigen AfD-Anliegen jahrzehntelang mit großem politischen Integrationserfolg vertreten hat. Wenn also die AfD nicht nur nicht mehr verschwinden wird, sondern inzwischen sogar die Möglichkeit hat, in manchen Parlamenten zur stärksten Fraktion zu werden, ja Personenwahlen auch gegen Allparteienbündnisse zu gewinnen, dann sollte man darauf ausgehen, dass sie die ihr vom Wähler zugewiesene Macht möglichst nicht missbrauchen wird.

Der AfD Ausschussvorsitze oder ernsthafte Aufmerksamkeit für ihre Parlamentsreden vorzuenthalten, erwies sich als dafür nur so lange geeignet, wie man diese Partei für einen bedauerlichen Unfall deutscher Zeitgeschichte halten konnte. Doch mittlerweile sollte man lieber auf eine nachhaltige Problemlösung ausgehen. Die aber kann nur darin bestehen, dass sich die AfD von innen her so wandelt, wie das einst die PDS vollzog und wie das – noch länger zurückliegend – die als Antisystem-Partei gestarteten Grünen unternahmen. Also ist zu überlegen, wie man solche Wandlungsprozesse einer Partei unterstützt, deren rhetorische Herabsetzung und politische Ausgrenzung sie bislang zu einer immer weiter gehenden Radikalisierung angehalten hat.

In dieser Lage wäre es womöglich ein gangbarer Weg, dass die CDU der AfD ein glaubwürdiges Abrücken von abwegigen Positionen abforderte, die Unterlassung rechtsradikaler Demagogie, auch das Auswechseln wenig vertrauenswürdiger Spitzenleute – und zwar als Preis für eine *anschließend* denkbare Kooperation. Unter solchen Umständen hätten pragmatische Realos in der AfD erstmals die Chance, sich gegen die ideologischen Parteifundis durchzusetzen. Sie könnten auf Parteitagen nämlich einen Weg aufzeigen, mit dem sich die vernünftigeren Ziele der AfD anschließend tatsächlich verwirklichen ließen, nämlich im Zusammenwirken mit schon etablierten Parteien. Das wären zwar gewiss nicht die Grünen oder die Sozialdemokraten, womöglich aber jene Landesverbände der Union, die den Merkel-Kurs als jenen erkennen, der in die Sackgasse unvermeidlicher Bündnisse mit Grünen und Sozialdemokraten führte und die CDU dort nun festhält.[89]

---

[89] Hierzu meine folgenden, durch journalistische Überschriftgestaltung mitunter sinnverdrehend akzentuierten Beiträge: https://wjpatzelt.de/2017/06/06/die-cdu-die-afd-und-einige-koalitionsfragen/ oder https://www.businessinsider.de/politik/cdu-sachsen-planspiele-schueren-neue-aengste-ueber-afd-vormarsch-2019-7/; siehe auch meine früheste Erwähnung einer möglichen CDU/AfD-Koalition in https://wjpatzelt.de/2015/12/13/eine-mutige-strategie-fuer-frau-merkel/.– Halbwegs korrekt in der Wiedergabe meiner Haltung: https://www.tagesspiegel.de/politik/patzelt-warnt-cdu-vor-koalition-mit-afd-5541454.html; klarstellend meinerseits: https://wjpatzelt.de/2018/06/24/die-union-die-afd-und-meine-grundsaetze/Zugriffe jeweils am 31. Januar 2024.

Seitens der CDU verlangte diese Abschüttelung ihrer selbstverschuldeten Erpressbarkeit durch Grüne und Sozialdemokraten einen sehr schmerzhaften Strategiewechsel. Nicht nur müsste man sich den eigenen Fehlern während der – an innerparteilichen Beifallsstürmen nicht armen – Merkel-Ära stellen. Nicht nur müsste man Hunderte von ernst gemeinten oder opportunistisch geleisteten Eiden brechen, niemals mit der AfD zusammenzuarbeiten. Sondern jene Unionspolitiker, welche auf diesen Strategiewechsel hinwirken wollten, müssten auch bereit sein, im sofort ausgelösten medialen und innerparteilichen Sperrfeuer nötigenfalls den politischen Heldentod zu sterben.

Doch wie vernünftig ist es umgekehrt, beim Umgang mit der AfD es immer wieder neu mit der nun seit einem Jahrzehnt scheiternden Ausgrenzungsstrategie zu versuchen? Selbst kluges Taktieren wird ja in schweren politischen Gefechten die Gefolgschaft nur dann an ihren Feldherrn binden, wenn sie diesen von einer Strategie geleitet glaubt, die auch Erfolg verspricht. Vor dem so umrissenen Hintergrund ist klar, warum Friedrich Merz zu scheitern droht – und ebenso, wofür er jetzt kämpfen müsste, wenn er sich als jener politische Anführer erweisen wollte, als den er sich bislang eher imaginiert als präsentiert. Er muss, sozusagen, das ganze CDU-Hemd erst einmal wieder aufknöpfen, also die Fehler der Merkel-Zeit klar benennen und mit sachlich gehaltvollen Alternativkonzepten verkoppeln, für die er dann Mehrheiten erkämpft. Inhaltlich reichen jene Fehler von der verfehlten Migrations- und Energiepolitik über die fahrlässige Sicherheits- und Wirtschaftspolitik bis hin zur Verlotterung von Bildungswesen und Alltagskultur.

Sodann müssen der AfD seitens der Union ganz konkrete Forderungen dahingehend gestellt werden, worin diese Partei sich ändern müsste, um anschließend als Tolerierungs- oder Kooperationspartner infrage zu kommen. Einmal zu dieser Strategie entschlossen, muss dann ein riskanter innerparteilicher Machtkampf eröffnet und ausgefochten werden. Der aber braucht wohlüberlegte, nicht anschließend klärungsbedürftige Formulierungen sowie eine Personalpolitik, die glaubwürdig den bisherigen Kurs der Partei korrigiert. Es gibt keine Gewähr dafür, dass Friedrich Merz der Richtige für eine solche Führungsrolle ist, obschon er weiterhin die Chance hat, sich als dafür tauglich zu erweisen.

Es ist außerdem nicht sicher, dass – unterstellt, Merz und sein Team könnten innerparteilich siegen – die unterlegene Parteiminderheit der neuen Mehrheit folgen würde, also nicht ihrerseits zu den Grünen, Sozialdemokraten oder ins politische Nirwana abwanderte. Obendrein fehlt bislang jede Garantie dafür, dass sich die AfD wirklich auf ihre ideologische Abrüstung, auf demagogische Selbstentwaffnung und auf pragmatische Bündnispolitik einließe. Doch sicher ist, dass ein bloßes „Weiter so" der CDU die Verzwergung und der AfD immer mehr politischen Einfluss bescheren wird. Aber solange die AfD gerade so ist, wie sie derzeit nun einmal ist, gibt es eben gute Gründe für Zweifel daran, dass die AfD ihre wachsende Macht zum Guten unseres Landes zu nutzen verstünde. Doch gerade solche Zweifel sollten dazu treiben, die AfD öffentlich mit Argumenten zu stellen und mit konkreten Forderungen zu behelligen.

JETZT IST MERZ EINE GERUPFTE ENTE

Interview mit Michael Gabel, veröffentlicht am 25. Juli 2023 in der „Südwestpresse"[90]

Hat Herr Merz Recht, wenn er sagt, dass die CDU „nach Wegen suchen" muss, wie auf kommunaler Ebene mit der AfD umzugehen ist?

Man muss da gar nicht nach Wegen suchen. Die ergeben sich schlicht aus den Geschäftsordnungen der jeweiligen Gemeinderäte und Kreistage. Also machte Merz eine Nichtaussage, die politisch töricht eingerahmt war.

Inwiefern?

Das Rahmenthema ist doch, ob die Anti-AfD-Brandmauern der CDU halten. Wenn man in einer solchen Lage als Parteivorsitzender eine Selbstverständlichkeit wie die beschriebene betont, dann wirkt das wie eine Weichenstellung von der CDU hin zur AfD.

Wird über gelegentliche Kooperationen auf kommunaler Ebene im politischen Berlin aufgeregter diskutiert als vor Ort?

Ja, und auch in den Landeshauptstädten. Es ist nämlich von der einstigen CDU-Vorsitzenden Merkel der – von den meisten Parteien und Medien

[90] https://www.swp.de/politik/politikwissenschaftler-patzelt-ueber-den-umgang-mit-der-afd-_jetzt-ist-merz-eine-gerupfte-ente_-71265257.html; Zugriff am 28. Januar 2024.

beklatschte – Befehl ergangen, niemals mit AfDlern zusammenzuwirken. Obwohl Merkel nun weg ist, wird entsprechender Gehorsam allseits weiterhin gefordert. Und weil Befehlsverstöße dem jetzigen CDU-Vorsitzenden skandalisierend vorgehalten werden können, achten seine Gegner darauf, ob denn nicht irgendwo ein CDU-Fraktionsvorsitzender einem AfD-Bürgermeister zu nahe kommt.

Bis zu welcher Ebene sollten aus Ihrer Sicht Gespräche mit AfD-Abgeordneten normal sein, ab welcher Ebene nicht mehr?

Es ist eine zivilisatorische Hochleistung, dass in repräsentativ zusammengesetzten Parlamenten stellvertretend für die Gesellschaft zwischen allen politischen Lagern friedlich gestritten wird. Dass diese zivilisatorische Leistung durch die parlamentarische Ausgrenzung der AfD beeinträchtigt wird ist tragisch für unsere Demokratie. Es geht ja gar nicht darum, der AfD im Parlament zuzustimmen, sondern nur darum, mit ihr ernst gemeint und vor aller Augen zu streiten. Indem man das unterlässt, schenkt man der AfD einen kommunikativen Schutzraum, in dem sie nicht durch Rede und Gegenrede behelligt wird. Dann freilich können AfD-Vertreter auch keine argumentativen Blößen zeigen. Um gegen sie zu gewinnen, reicht einfach die Behauptung nicht, die AfD hätte doch gar keine tauglichen Argumente. Besser wäre es, das nachweisen zu wollen!

Was halten Sie von der Idee, die AfD in einem Bundesland auch mal mitregieren zu lassen, um sie so zu „entzaubern"?

Das kann gelingen, aber auch schief gehen. Also macht man sich ans Entzaubern besser durch Argumente als durchs Regierenlassen.

Wird die AfD also immer weiter zulegen, und man kann nichts dagegen machen?

Nur dann, wenn die CDU eine Partei auch von wieder rechten Leuten sein wollte, also nicht nur der politischen Mitte! Die CDU müsste also erneut Positionen besetzen, die früher für sie typisch waren, seit langem aber der AfD überlassen wurden. Falls auch das keine Wähler zurückbringt, sollte man bei Richtungsstreitigkeiten in der AfD Anreize dafür geben, dass sich die Realos durchsetzen können, nicht aber weiterhin die Radikalen. Tut man nichts von beidem, dann bleibt nur die Hoffnung auf weitere Dummheit in den Reihen der AfD dergestalt, dass man rechtsdemagogische Lautsprecher bejubelt und so diese Partei bei weiten Teilen des Wahlvolks unmöglich macht.

Dass die CDU stark in die Mitte drängt mag unter Merkel der Fall gewesen sein, aber doch nicht mehr unter Merz?

Merz hat sich von Merkelianern umgeben lassen. Deren Ratschlägen folgend, hat er alle jene Parteikonservativen enttäuscht, die auf ihn ihre Hoffnungen gesetzt hatten. Jetzt ist er eine gerupfte Ente.

DER BISHERIGE UMGANG MIT DER AFD FÜHRT IN EINE POLITISCHE SACKGASSE

Interview mit Fabian Hartmann, veröffentlicht am 10. August 2023 auf WEB.de[91]

Herr Professor Patzelt, in Ostdeutschland stehen im kommenden Jahr drei Landtagswahlen an. Was sagt es über den Zustand der Demokratie aus, wenn die AfD zweimal stärkste Kraft werden könnte?

Es sagt vor allem darüber etwas aus, ob die Menschen den etablierten Parteien zutrauen, die Probleme unserer Gesellschaft zu lösen. Und die sind groß. Sie reichen von ungesteuerter Zuwanderung samt mangelhafter Integration bis hin zu einer Energiepolitik, die den Wirtschaftsstandort Deutschland gefährdet.

Zugespitzt formuliert: Was unsere Demokratie bedroht, ist weniger das Erstarken der AfD. Es ist vielmehr politische Pfuscherei, durch die unsere staatstragenden Parteien die AfD erst haben entstehen und groß werden lassen. Bei vielen Wählern herrscht der Eindruck: Die etablierten Parteien verweigern die Arbeit.

Und das tun sie aus Ihrer Sicht?

Tatsache ist, dass viele es so sehen, gerade im Osten. Hier gibt es eine nicht kleine Minderheit, die meint, dass sich unser Land in einer ähnlichen Lage befindet wie die späte DDR, der Zusammenbruch also bevor-

[91] https://web.de/magazine/politik/politikwissenschaftler-umgang-afd-fuehrt-politische-sackgasse-38507174; Zugriff am 27. Januar 2024.

steht. Sie glauben, das Land geht vor die Hunde, aber keiner traue sich, die Gründe zu benennen und die Probleme zu lösen. Ob es tatsächlich so schlimm ist, steht auf einem anderen Blatt. Wichtig ist aber, dass es diese Wahrnehmung gibt. Und dass sie viele dazu veranlasst, die AfD zu wählen.

Die Wahrnehmung muss ziemlich verzerrt sein, wenn man die Bundesrepublik mit der späten DDR gleichsetzt.

Natürlich war die Situation in der späten DDR nicht dieselbe wie in der jetzigen Bundesrepublik. Doch was sehr viele Leute meinen, es allerdings windschief ausdrücken, ist das Folgende: Auch die DDR-Führung hätte sehen können, dass ihre Wirtschaft strukturell nicht wettbewerbsfähig ist und dass sich ein großer Teil der Bevölkerung den real existierenden Sozialismus nicht wirklich wünscht.

Und heute – das ist die im Osten weithin wahrgenommene Parallele – wollen die etablierten Parteien nicht sehen, dass es bei vielen Themen, nicht nur bei Migration und Integration, massive Probleme gibt. Die Politik tut einfach so, als gäbe es die nicht und grenzt stattdessen jene aus, die darauf aufmerksam machen. Wer das so wahrnimmt, der kehrt sich zunächst von den etablierten Parteien und Politikern ab und im schlimmsten Fall vom ganzen System – so wie einst in der DDR.

Die AfD hat sich auf ihrem Parteitag am Wochenende – wenn auch verklausuliert – für ein Ende der EU ausgesprochen. Ihr Führungspersonal agiert immer extremer. Was ist daran für Wähler attraktiv?

Viele sind schlicht der Meinung, dass die AfD Dinge anspricht, die es wert sind, debattiert zu werden, von denen die anderen Parteien aber lieber die Finger lassen. Wenn etwa die AfD davon spricht, die jetzige EU solle durch ein „Europa der Vaterländer" ersetzt werden, dann empfinden viele volle Zustimmung: Man sollte doch wirklich davon abkommen, dass von Brüssel aus immer wieder Politik gemacht und dann auch in den EU-Staaten durchgesetzt wird, für die es im eigenen Land gar keine mehrheitliche Zustimmung gibt. Dass oft als schlechter Europäer hingestellt wird, wer diese Beobachtung teilt und für eine Fehlentwicklung hält das nährt dann mehr und mehr Ressentiments gegen die EU. Genau diese Ressentiments und deren Ursachen adressiert die AfD.

Doch solange man – wie in der Vergangenheit – über AfD-Forderungen nicht wirklich diskutiert, bekommt die Wählerschaft auch nicht mit, wie wenig praxistauglich viele AfD-Ideen selbst dann sind, wenn sie sich auf reale – und nicht bloß eingebildete – Probleme beziehen.

Schon der Begriff „Europa der Vaterländer" ist schwierig. Er ist vor allem in rechtsextremen Kreisen beliebt.

Ja. Doch es lohnt sich, die Sache auch von einer anderen Seite zu betrachten. Es gilt inzwischen fast jeder als rechtsextremer Nationalist, der bestreitet, Europa müsse immer enger zusammenwachsen, oder Brüssel brauche noch mehr Kompetenzen. Dabei zeigt sich doch in der so dringlichen Migrationspolitik, dass es gerade nicht die EU ist, welche die unkontrollierte Zuwanderung bremst. Es sind die Nationalstaaten, allen voran Dänemark und Schweden, die das Problem anpacken. Die Faustregel ist jedenfalls falsch, dass etwas schon dann rechtsradikal ist, wenn es die AfD vorbringt.

Was ist aus Ihrer Sicht der größte Fehler im Umgang mit der AfD?

Dass man von Anfang an lieber *über* sie statt *mit* ihr gesprochen hat. Miteinander zu sprechen heißt doch nicht, dem anderen eine Bühne zur ungestörten Selbstdarstellung zu bieten, denn man stellt ja immer auch seinen eigenen Gegenstandpunkt dar. Beim politischen Gespräch geht es also darum, die Argumente des anderen zu hinterfragen, sie zu kritisieren und auseinanderzunehmen – idealerweise vor einem großen Publikum. Nur: Das ist nicht passiert.

Sondern?

Stattdessen hat man der AfD durch eigene Gesprächsverweigerung eine Art kommunikativen Schutzraum beschert, in dem die Partei sich dann bequem radikalisieren konnte. Jetzt rächt es sich, dass der Kampf gegen die AfD im Grunde nur darin bestand, dass man mit möglichst scharfen Worten sagte: Ihr seid rechts, ihr seid dumm, mit euch reden wir nicht.

Die heutige Höcke-AfD ist nicht die AfD des Parteigründers und Wirtschaftsprofessors Bernd Lucke. Wie soll da Diskurs stattfinden?

Diese Frage beschreibt genau das Problem: Mit der Lucke-AfD, auch mit der AfD unter Frauke Petry, die bis 2017 an der Spitze stand, wäre ein Streit um die Sache noch möglich gewesen. Doch genau das unterblieb. Damals wurden die Weichen derart falsch gestellt, dass wir uns heute einer AfD gegenüberfinden, die sich radikalisiert hat und zum demagogischen Sprachrohr derer geworden ist, die – und zwar oft sogar mit diskutablen Gründen – vielerlei Zustände in unserem Land für schwer erträglich halten.

Und wie lässt sich eine solche AfD kleinbekommen?

Von außen wohl gar nicht mehr. Tatsächlich ist die AfD so stark geworden, dass sie sich im Grunde nur noch selbst besiegen kann. Das könnte dadurch geschehen, dass ihre Rhetorik noch schriller wird und sie so potentielle Wähler abschreckt. Oder durch eine inhaltliche Radikalisierung, die ein aussichtsreiches Parteiverbotsverfahren möglich macht.

Doch so weit sind wir noch nicht. Daher zunächst ein Gedankenspiel: Was würde wohl passieren, wenn die AfD bei einer der nächsten Landtagswahlen stärkste Kraft werden sollte und anschließend eine Fast-Allparteien-Koalition, womöglich von der CDU bis zur Linken, gegen sie gebildet werden würde – wer würde davon profitieren?

Jedenfalls würde es den bislang staatstragenden Parteien schaden, wenn ein unliebsamer AfD-Erfolg dazu führt, dass vom ungeschriebenen parlamentarischen Brauch – die stärkste Partei versucht, eine Regierung aus halbwegs zusammenpassenden Partnern zu bilden – abgewichen wird. Da zeigt sich: Die jahrelang falsch angelegte Auseinandersetzung mit der AfD führt in eine politische Sackgasse, im schlimmsten Fall in eine institutionelle Krise.

Was würden Sie Ihrer Partei, der CDU, in dieser Situation raten?

Ich erlebe die CDU seit Jahren als beratungsresistent. Doch um nicht zu kneifen, sage ich Folgendes: Wenn die Union nicht weiter wie ein schreckgelähmtes Kaninchen auf die Schlange namens AfD starren will, dann muss sie endlich die politische Initiative ergreifen.

Und das geht nicht in permanenter Abgrenzung, sondern indem man solchen Streit in die AfD hineinträgt, der ihre Mitglieder auseinandertreibt. Das gelänge womöglich mit folgender Formel: Die AfD wird nie allein, sondern immer nur gemeinsam mit der CDU politische Gestaltungskraft erlangen können. Doch ein solches Zusammenwirken kommt für die CDU nur dann infrage, wenn sich die AfD zuvor drei Forderungen erfüllt hat, nämlich Abstand von demagogischer Rhetorik, Aufgabe inakzeptabler politischer Forderungen, Trennung von üblen Anführern.

Es ist sehr unrealistisch, dass das passiert.

Natürlich ist es das. Weder wird die CDU den Mumm aufbringen, hier konkret zu werden, noch wird der extreme Flügel der AfD diese Forderungen erfüllen. Dennoch wäre es sinnvoll, meinem Rat zu folgen. Denn die CDU käme so endlich in die Rolle eines Angreifers und würde spaltenden Streit in die AfD tragen.

Dort gibt es tatsächlich weiterhin Leute, die mit der Demagogie eines Björn Höcke samt den inhaltlich unplausiblen Positionen seines Flügels nichts anfangen können. Nur verloren diese Realos bislang jeden innerparteilichen Streit, weil sie keinerlei Macht- und Mitgestaltungsperspektive aufzeigen konnten. Das könnte sich durch meinen Vorschlag ändern. Und es wäre spannend, diese Diskussion zu sehen.

FALSCHES AM „KAMPF GEGEN DIE AFD"

veröffentlicht als „Patzelts Montags-Analyse" am 13. August 2023 auf „NIUS – die Stimme der Mehrheit"[92]

AfD-Redner langen heftig zu, wenn sie über Deutschlands etablierte Politikerschaft und praktizierte Demokratie sprechen, auch über Deutschlands Geschichte vor und nach den Diktaturen. Was sie sagen, ist manchmal sachlich falsch, steht öfters in hässlichen Zusammenhängen, ist nicht selten demagogisch. Doch nicht immer ist das alles so. Ohnehin wird selten die Demokratie schlechthin, sondern meist deren jetzige Praxis aufs Korn genommen.

AfD-Kritiker langen ebenfalls heftig zu, wenn sie ihren Kampf gegen rechts betreiben. Was sie sagen, behauptet stets Wahrheitsgehalt, stellt AfD-Gegner regelmäßig als moralisch überlegen dar, klingt oft nach einer Mischung aus Kitsch und Hass. Den einen gefällt das, anderen schon weniger. Bislang jedenfalls hatte das alles weder bei der Verbesserung un-

[92] https://www.nius.de/Politik/umgang-mit-der-afd-inhaltliche-auseinandersetzung-statt-blinder-hasstiraden/15a748a4-0611-4ee8-9708-6383694f35c6; Zugriff am 27. Januar 2024.

serer Demokratie noch beim Wiederkleinbekommen der AfD nennenswerte Wirkungen. Eine Ursache mag sein, dass rhetorisches Übermaß abstumpft und an Mobilisierungswirkung verliert. Der wichtigere Grund ist aber, dass *Schutz der Demokratie* und *Kampf gegen die AfD* nicht genau dasselbe sind. Gerade das merkt man an den Folgen des seit Jahren Unternommenen.

Unsere freiheitliche demokratische Grundordnung lebt nämlich davon, dass in Staat und Gesellschaft gemäß den sie tragenden Grundsätzen gehandelt wird. Zu denen gehören praktizierter Pluralismus und fair geführter politischer Streit. Außerdem verteidigt man die Würde des Menschen, immerhin Leitwert unserer Verfassung, nur höchst unzulänglich, wenn man sie nicht auch beim politischen Gegner achtet und schützt. Ferner hilft ein politischer Streit, der eher simuliert als redlich ausgetragen wird, nur wenig bei der Sicherung der Legitimität unseres Staatswesens. Und vor einer Partei eher im Kreis der Verwalter des Schönen, Guten und Wahren zu warnen, als sich mit deren – anscheinend immer wählerattraktiveren – Positionen sachlich auseinanderzusetzen, hat die AfD schlicht mit einem kommunikativen Schutzraum umgeben. In dem konnte sie sich vor aller Augen radikalisieren – und gedieh dabei prächtig.

Geschenkt, dass AfD-Radikalismus und AfD-Demagogie Gefahren für unsere Demokratie sind. Doch gefährdet allein die AfD unsere Demokratie? Tun das nicht ebenfalls jene, die sich politischen Problemen – selbstermächtigte Migration ohne Integration, wirtschaftsblinde Energiepolitik, Bildungsverfall, Geburtenrückgang ... – seit langem nicht mehr mit realistischen Lösungsvorschlägen stellen? Wohl eben das machte viele im Land zu besorgten Bürgern und trieb sie der AfD zu. Und gefährden unsere Demokratie nicht auch jene, die deren tragende Prinzipien verraten, indem sie – womöglich gar aus Feigheit vor dem Gegner – sich möglichst nicht auf öffentliche Streitgespräche mit AfDlern einlassen, sondern lieber mit deren Partei einen unsere politische Kultur schädigenden Überbietungswettbewerb an Schimpftiraden vollführen? Oder eine an Boden gewinnende Rivalin einfach vom Bundesverfassungsgericht verbieten lassen wollen, statt sich ihr im regelkonform geführten politischen Kampf zu stellen?

Eben diese Fehler beim Verteidigen unserer pluralistisch-repräsentativen Demokratie einzusehen und dann auch abzustellen diente unserem Staatswesen weit mehr als die ständige Wiederholung von inzwischen recht ritualartigen Hinweisen auf Goebbels-Anklänge oder die Wahlerfolge der NSDAP. Politische Selbstkritik bringt zwar weniger Beifall als die Erfüllung von Bekenntniserwartungen eines hingabebereiten Publikums. Doch sie verbesserte sehr unsere strategischen Fähigkeiten bei der Sicherung politischer Freiheit. Das aber bräuchten wir – gerade dann, wenn wir unsere Demokratie als gefährdet einschätzen.

NUR DIE AFD SELBST KANN NOCH IHRE WÄHLER ABSCHRECKEN

Interview mit Norbert Schäfer, veröffentlicht am 17. August 2023 in „PRO. Das christliche Medienmagazin"[93]

Herr Patzelt, Sie sagen, dass die CDU unter Bundeskanzlerin Merkel die Wählerschaft rechts der Mitte sehr vernachlässigt hat. Wie kann aus Ihrer Sicht die CDU diese abgehängte Wählerschaft zurückgewinnen?

Vielleicht gar nicht mehr! Immerhin hat man diese Wähler jahrelang und systematisch vergrault. Das ist wie bei einem Autounfall: Man fährt leichtsinnig, baut einen Unfall, verliert ein Bein. Aus dem Krankenhaus zurück, bereut man den Leichtsinn – wird aber trotzdem sein Bein nicht mehr zurückbekommen. Das könnte nun das Schicksal der CDU sein. Jahrelang ging sie mit der AfD dahingehend leichtfertig um, dass sie wenig von den tatsächlichen Gründen von deren Aufstieg begreifen wollte, sondern sich mit den Sprechblasen vom abzuwehrenden Rechtspopulismus und Faschismus begnügte.

Doch strategisch sinnvoll wäre weiterhin genau das, was die Union stets mehrheitlich verweigerte. Zunächst einmal sollte sie einsehen, dass viele Leute sich nun einmal nicht in der Mitte verorten, sondern eben rechts der Mitte. Ist diese Tatsache akzeptiert, lässt sich anschließend begreifen: Wenn die CDU nur Leute aus der politischen Mitte ansprechen will, dann muss sie sich nicht wundern, wenn jene, die sich als rechts empfinden, die AfD wählen.

Daraus wiederum ergibt sich: Falls die Union die dorthin abgewanderten Leute zurückgewinnen will, muss sie jene Herausforderungen anspre-

---

[93] https://www.pro-medienmagazin.de/politologe-nur-die-afd-selbst-kann-ihre-waehler-abschrecken/; Zugriff am 28. Januar 2024.

chen und mit plausiblen Lösungsvorschlägen versehen, die rechts der Mitte stehenden Deutschen so sehr auf den Nägeln brennen, dass sie – und sei es nur, um ein Zeichen zu setzen – die AfD wählen. Derlei reicht von der Begrenzung selbstermächtigter Zuwanderung über die Pflege eines kulturellen, auch die Zugewanderten integrierenden Patriotismus bis hin zum typisch konservativen Verzicht auf waghalsige politische Veränderungen auf allzu vielen Politikfeldern, etwa bei der Energiepolitik. Alle diese Themen müsste die CDU wieder besetzen, falls sie patriotische Konservative lieber zurückgewinnen als einer Radikalisierung im Umfeld der AfD überlassen will.

Ich bezweifle aber, dass die Union solche Kurskorrekturen vornehmen wird. Innerparteilich und seitens der Medien stößt allein ja schon die Forderung danach auf entschiedenen Widerspruch. Auch sieht weiterhin eine Mehrheit in der CDU die Zukunft ihrer Partei an der Seite der Grünen. Also lässt man lieber Leute mit rechten Einstellungen zur AfD abdriften, als dass man den Verlust jener vergleichsweise wenigen grünen Wechselwähler riskierte, die einst Angela Merkel angezogen hat. Doch selbst im Fall einer Kurskorrektur bleibt fraglich, ob die CDU für die Rechten im Land überhaupt noch glaubwürdig ist. AfD-Wähler verachten nämlich keine Partei mehr als die Union, von der man sich seit Merkels Zeiten verraten fühlt. Also kann die CDU nur in der Theorie, doch nicht in der Praxis Wirkungsvolles tun, um an die AfD verlorene oder dorthin vertriebene Wähler zurückzugewinnen. Nur die AfD selbst kann – bei weiterer Radikalisierung – ihre Wähler abschrecken.

In der Debatte um die AfD wird oft von einer „Brandmauer nach rechts" gesprochen. Bedeutet das nicht auch, dass die Menschen jenseits dieser Brandmauer sich und ihren Problemen selber überlassen werden?

Ja. Zwar ist es richtig, sich nicht mit Extremisten einzulassen. Auch ist es klug, nicht alle von deren Positionen als eigener Befassung wert zu behandeln. Doch hilfreich ist dieser Rat nur, wenn es um zwei bis fünf Prozent verstockte Extremisten geht. Seit allerdings auch solche Positionen als rechtsextrem gelten, welche die CDU vor 20 Jahren noch selbst vertreten hat, etwa bei der Migrationspolitik, beim Beharren auf der Existenz einer deutschen Kultur oder beim Vorrang des Subsidiaritätsprinzips in der EU, muss man schon sehr laut fragen, ob jene Brandmauer denn an der richtigen Stelle errichtet wurde.

Rückt man sie nämlich immer weiter vom rechten Rand hin zur einstigen Mitte, dann schließt man auch immer mehr Leute von einer Repräsentation durch die Union aus.[94] Dann aber muss man sich nicht wundern, wenn rechts neben der Brandmauer ein immer größeres politisches Biotop entsteht, das durch populistische Stimmungsmache und demagogische Reden erhebliche Anziehungskraft für jene entwickelt, welche die Union politisch heimatlos gemacht hat. Wenn derzeit in den neuen Bundesländern jeder dritte Wahlbürger außerhalb der Brandmauer steht, dann hat man durch den Mauerbau unsere Gesellschaft offenbar vor allem gespalten, hat aber nicht erfolgreich den 2013 entstandenen Schwelbrand eingedämmt.

Ist die AfD denn nun eine radikale oder eine extremistische Partei?

Das hängt davon ab, wie man Extremismus definiert. Das geht als politischer Kampfbegriff oder als Rechtsbegriff. Letzterer versteht Extremismus weder als Radikalismus noch als politische Dummheit, sondern als aktiven Kampf gegen unsere freiheitliche demokratische Grundordnung. Als Kampfbegriff benutzt, kann man hingegen ganze Landesverbände der AfD als „gesichert rechtsextremistisch" einschätzen sowie ein flottes AfD-Verbot fordern. Leider hat auch der Verfassungsschutzpräsident sich diesbezüglich mit der Klage hervorgetan, seine Behörde könne doch den Kampf gegen die AfD nicht allein führen. Als ob der Kampf gegen eine Partei die Aufgabe des Verfassungsschutzes wäre! Dieser hat einfach solche Informationen zu sammeln und öffentlich verfügbar zu machen, auf deren Grundlage dann von Parteien, Medien und der Zivilgesellschaft der politische Kampf gegen Extremisten zu führen ist. Und der wird ja auch geführt, wenngleich nach rechts entschiedener als nach links.

Sucht man nun aber nach jenen Argumenten, mit denen der AfD klar verfassungsfeindliches Treiben zugeschrieben wird, dann trifft man regelmäßig auf die folgende Gedankenkette: Die AfD zählt nur Deutsche zu jenem Volk, das in unserer Demokratie das Sagen hat; also vertritt sie keinen politischen, sondern einen rassistischen Volksbegriff; und eben das ist mit der Würde des Menschen, dem Leitwert unserer Verfassungsordnung, nicht vereinbar. Mich überzeugt dieser „Nachweis von Extremismus" nicht, denn auch die AfD bestreitet mehrheitlich nicht das Recht von Vietnamesen oder Nigerianern, sich auf die in unserem Land schon

[94] Anm. vom Januar 2024: Das begann mit der Unlust, in den PEGIDA-Demonstranten irgend etwas anders zu sehen als dumpfe Rassisten, setzte sich fort in der Wahrnehmung der AfD als nicht weiter als einer Vereinigung von erst Rechtspopulisten, dann Rechtsradikalen und inzwischen Rechtsextremisten, und mündet nun in den ausgrenzenden Umgang mit den „inneren Feinden" der einst so vielgestaltigen – und deshalb auch so erfolgreichen – Union.

länger bestehende Kultur einzulassen sowie, falls sie das wollen, die deutsche Staatsbürgerschaft zu erwerben. Also meine ich: Weithin ist die AfD populistisch, sind viele ihrer Mitglieder radikal, zentrale Anführer demagogisch. Doch politische Torheit oder Stillosigkeit sind etwas anderes als der Kampf gegen die freiheitliche demokratische Grundordnung.

Gibt es Erkenntnisse darüber, wie viel Prozent der AfD-Wähler letztlich wirklich auch rechtsextremes Gedankengut verinnerlicht haben und wie viele von anderen Parteien schlicht frustriert sind?

Ja. Ungefähr ein Drittel der jetzigen AfD-Wähler sind überzeugte AfDler, während zwei Drittel diese Partei aus Protest oder aus Mangel an sonstigen Alternativen zur vorherrschenden Politik wählen. Rechts sind wohl alle AfDler, rechtsradikal gar nicht wenige; doch wie viele als rechtsextrem zu bezeichnen sind, hängt vom verwendeten Extremismusbegriff ab. Nimmt man den staatsrechtlichen, so scheint die derzeit bestmögliche Schätzung auf weniger als ein Drittel hinauszulaufen.

Hat die Parteienforschung untersucht, wie es um die Religionszugehörigkeit von AfD-Wählern bestellt ist? Welche Weltanschauung wird da vertreten?

Erstens ist in Ostdeutschland, wo die AfD am stärksten ist, die Anzahl von Christen mit einem Fünftel sehr gering. Auch lag schon bei PEGIDA, wie derzeit bei der AfD, der Christenanteil deutlich unter dem in der Bevölkerung. Zweitens schätzen viele AfDler das Christentum nicht als Religion, sondern als Kulturträger. Ihnen geht es um jene deutsche und europäische Kultur, bei deren Prägung das Christentum nun einmal eine wichtige Rolle spielte. Drittens wird die AfD von sehr vielen gewählt, denen die aufstrebende „woke" Richtung nicht passt. Diese trifft zwar im protestantischen Bereich auf recht viel Sympathie, prägt aber die Christenheit in Deutschland durchaus nicht insgesamt. Vielmehr entzweien sich da die „Woken" und die „Konservativen". Eben das wirkt sich auch auf das Verhältnis zwischen Christen und der AfD aus. Für die letztere spielt das Christentum nämlich eine doppelte Rolle: einerseits als oft erwünschtes Kulturchristentum, andernteils als Hochburg von Konservativen beim Kampf gegen einen woken Liberalismus, der Religion allenfalls noch als Gefahr ernst nimmt.

Kann man sagen, dass sich Christen bei Themen wie Gender, Islam, Religionsfreiheit, Abtreibung und Klimaschutz nicht mehr von den anderen Parteien in irgendeiner Form repräsentiert fühlen?

Bei allen diesen Themen gibt es keine einheitliche Haltung von Christen. Das Gendern hat ohnehin nichts mit christlicher Religion zu tun, sondern ist eine rein soziokulturelle Mode. Beim Klimaschutz kann man zwar die Schöpfungstheologie bemühen, kommt aber mit dem gesunden Menschenverstand zu ähnlichen Ergebnissen. Die anderen Themen spalten die Christenheit zwischen „Woken" und „Konservativen", und zwar kirchlich gerade so wie weltlich. Also erstreckt sich die – von der Union verschuldete – Repräsentationslücke vom weltlichen in den kirchlichen Bereich hinein. Das eröffnete der AfD genau dann kirchliche Einwurzelungsmöglichkeiten, wenn sie von Radikalismus und Demagogie abließe.

Was die CDU betrifft, wird keiner im Ernst behaupten, sie sei eine christliche Partei. Das kann sie im Osten auch gar nicht sein, weil es dort nur 20 Prozent – bundesweit auch bloß noch 50 Prozent – Christen gibt, von denen außerdem ein Großteil den Grünen zuneigt. Also muss die CDU als auf parlamentarische Mehrheiten ausgehende Partei ebenfalls Nicht-Christen ansprechen. Deshalb wird ihr „christliches Menschenbild" so ausgestaltet, dass es auch Muslimen und Buddhisten einleuchten kann, ebenso Agnostikern und Atheisten. Zwar sind die Aktivsten in der Union immer noch stark christlich geprägt. Doch gerade in den ostdeutschen CDU-Verbänden hat der größte Teil der Mitglieder – ebenso wie die Wählerschaft – mit dem Christentum nicht mehr viel am Hut.

Ich möchte noch auf die politische Kultur zu sprechen kommen. Im Bundestag sind jüngst zwei Anträge zur Neuregelung der Sterbehilfe durchgefallen. Ein Grund dafür ist, dass die Abgeordneten der AfD beide Anträge mit einem „Nein" beschieden haben. Die Abgeordneten der AfD waren – nach meiner Beobachtung – aber in dem ganzen parlamentarischen Verfahren der Abgeordnetengruppen nicht eingebunden. Wo liegt aus Ihrer Sicht die Grenze zwischen strikter politischer Hygiene und zielgerichtetem politischen Handeln?

Hier muss man weiter ausholen. Zu den großen zivilisatorischen und kulturellen Errungenschaften Europas gehört die Erfindung des demokratischen Parlamentarismus. Dessen Kern sind Vertretungskörperschaften, welche mittels streitiger Debatten von Abgeordneten die Meinungsvielfalt der vertretenen Bevölkerung widerspiegeln. Genau dort wird, mit anschließenden verbindlichen Entscheidungen, freiheitssichernder politischer Streit ausgetragen, stellvertretend für die repräsentierte Bevölkerung, vor aller Augen und möglichst zivilisiert.

Doch leider verfahren wir seit dem Einzug der AfD in die Parlamente nicht mehr gemäß diesen Prinzipien. Statt mit AfDlern ernsthaft und publikumswirksam zu diskutieren, hört man diesen in der Regel nur zu, um eigene, oft herabsetzende Zwischenrufe geschickt zu platzieren. AfD-Abgeordnete sind da spiegelbildlich aber nicht besser. Was also fehlt, ist eine redliche, inhaltliche Auseinandersetzung mit der AfD. An ihrer statt wurde eine mit sozialen Strafandrohungen bewehrte Frontlinie zwischen den „Anständigen" und „der AfD" aufgebaut, an welcher der für parlamentarische Demokratie unverzichtbare Streit um die Sache weniger praktiziert als vielmehr simuliert wird. So entstand allerdings ein kommunikativer Schutzraum um die AfD. Diese Partei muss nun gar keine wohl überlegten Argumente mehr vorbringen, weil sich mit diesen ohnehin niemand ernsthaft auseinandersetzen wird. Auf diese Weise seit Jahren argumentativ – nicht menschlich – unbehelligt, konnte die AfD große populistische Anziehungskraft entwickeln.

Also sollten wir endlich begreifen: Politisches Ausgrenzen hat nicht die gleiche Wirkung wie argumentatives Auseinandernehmen! Und wenn nicht einmal bei einem so wichtigen Thema wie der Sterbehilfe die AfD in die politischen Diskurse einbezogen wird, dann werden wichtige Prinzipien unseres Parlamentarismus schlicht verraten. Das aber schlägt offensichtlich nicht zum Nachteil, sondern zum Vorteil der AfD aus, der so eine Opferrolle angeboten wird. Und wenn nun der Einwand kommt, es versuche die AfD doch nur, sich im Parlament als wählbare Partei zu präsentieren sowie von ihren Extremisten abzulenken: Wäre es dann nicht viel zielführender, die Schwächen von AfD-Positionen im Parlament inhaltlich bloßzustellen, dabei die argumentative Gegenwehr von AfD-Politikern auf wählerattraktive Weise zu überwinden und AfD-Extremismus eher auf der Faktenebene vor Augen zu führen, als ihn durch intensives Schimpfen allenfalls zu beglaubigen?

In der Öffentlichkeit lässt man Wähler und Protagonisten der AfD gerne etwas dümmlich oder plump dastehen. Welchen Effekt hat diese Stigmatisierung?

Ein Effekt ist, dass Arroganz wahrgenommen und durch eigene Abkehr erwidert wird. Es hat doch wirklich der AfD nicht sonderlich geschadet, dass ihre Gegner sich seit langem als die „Klugen und moralisch Wertvollen" gegenüber den „dummen und moralisch verkommenen" AfDlern inszenieren! Das hat nur Gegenarroganz der folgenden Art hervorgerufen: „Genau wir wissen alles besser als die Etablierten – und weil die das merken, kommen sie uns ja auch gar nicht erst mit Argumenten!"

Diese Spaltung bringt in unsere politischen Diskurse einen Ton der Respektlosigkeit, Unseriosität, Häme und Angriffslust, der jedes menschliche Miteinander erschwert. Das führt bis hin zum selbstgerechten Abbruch der kommunikativen Auseinandersetzung mit Gegnern – oder zu neuen Tatbeständen wie einer „Kontaktschuld", für die es anschließend zu büßen gilt. Doch politische Legitimität entsteht nun einmal allein aus politischer Kommunikation. Deshalb entlegitimieren wir selbst, ganz anders als doch beabsichtigt, unser politisches System durch jene Kommunikationsverweigerung – und wundern uns anschließend darüber, dass gar nicht wenige AfDler dann unseren Staat tatsächlich für illegitim halten. Mir scheint jedenfalls, dass falsche Reaktionen auf den Aufstieg der AfD in deren Reihen Extremismus regelrecht herangezüchtet haben.

Und von diesem Vorwurf nehme ich die Kirchen ausdrücklich nicht aus. Die bedenken anscheinend nicht, dass sich schon Jesus gegen den Vorwurf wehren musste, er setze sich unzulässigerweise mit Sündern zusammen – also, auf heutige Diskurslagen bezogen, auch mit AfDlern. Teils die Konservativen, teils die besonders Wohlmeinenden hielten ihm damals vor: „Was macht es wohl mit Deiner Glaubwürdigkeit, wenn Du Dich mit solchem Gesindel abgibst?" Und Jesus antwortete, dass nicht die Gesunden den Arzt bräuchten, sondern die Kranken – und dass ein guter Hirte gerade den verlorenen Schafen nachgehe. Weil mir scheint, dass Jesus hier völlig Recht hat, stört es mich durchaus, dass ausgerechnet im christlichen Bereich der Pharisäerreflex so stark ist, dem folgend man den Umgang mit politischen Sündern strikt ablehnen und verlorenen AfD-Schafen keinesfalls nachgehen will. Anscheinend werden in den Reihen von Christen, oder seitens der Kirchen, wichtige Aussagen Jesu nicht mehr als ernstlich zu befolgen wahrgenommen. Dabei sicherte gerade deren Umsetzung in die Praxis den gesellschaftlichen Zusammenhalt.

DIE CDU SOLLTE BEDINGUNGEN FÜR EIN ZUSAMMENWIRKEN MIT DER AFD STELLEN

Interview mit Oliver Stock, veröffentlicht am 15. September 2023 in „The European",[95] desgleichen am 18. September 2023 unter dem Titel „Politik-Experte unterbreitet CDU überraschenden AfD-Vorschlag" auf FOCUS online[96]

Wie einig ist die AfD?

Es gibt einen Realo- und einen Fundi-Flügel. Bisher hat sich keiner endgültig durchgesetzt.

Wie einst bei den Grünen?

Das ist ein sehr erkenntnisträchtiger Vergleich.

Wofür stehen Realos und Fundis bei der AfD?

Die Fundis vertreten überschäumend die „reine Lehre". Es geht ihnen um Sorgen um die Zukunft Deutschlands, um Furcht vor Überfremdung, um die Ausgrenzung von Grünen und Woken. Sie sind ferner der Meinung, dass Wahlerfolge der AfD davon abhängen, dass diese „Bewegung" ja keine Kompromisse macht. Im Osten stimmt das auch, weshalb Björn Höcke oder Leute wie der Verleger Götz Kubitschek große Resonanz in rechten Bevölkerungskreisen finden. Die Realos hingegen suchen nach einer direkt wirksamen Machtperspektive. Sie wollen koalitionsfähig werden, um Einfluss auf Regierungshandeln zu gewinnen und Politik mitgestalten zu können. Bislang hat sich bei der AfD dieser Flügel aber nicht durchgesetzt.

Anders als bei den Grünen damals.

---

[95] https://www.theeuropean.de/politik/werner-patzelt-im-gespraech-ueber-die-cdu-und-afd-in-thueringen, Zugriff am 27. Januar 2024.

[96] https://www.focus.de/politik/deutschland/cdu-und-afd-in-thueringen-die-union-darf-nicht-mehr-wie-ein-kaninchen-auf-die-giftschlange-schauen_id_206276641.html; Zugriff am 27. Januar 2024.

Für die Grünen gab es nämlich eine Machtperspektive! Die bot ihnen die SPD, seit Willy Brandt an einem Wahlabend im Fernsehen erklärt hatte, man müsse die Wählerstimmen für SPD und Grüne zusammenzählen, um den Wählerwillen insgesamt zu erkennen. Dieses unverhüllte Kooperationsangebot stärkte bei den Grünen die Realos. Dennoch dauerte es noch lange, bis sie sich durchsetzen konnten.

Dann müsste jetzt die CDU so ein Angebot machen?

Das kann sie nicht, denn jeder Unionspolitiker, der das macht, stirbt im medialen Sperrfeuer sofort den politischen Heldentod.

Was könnte die Union tun?

Sie sollte nicht mehr auf die AfD starren wie ein Kaninchen auf die Giftschlange, sondern sollte endlich in die Offensive gehen. Dafür wäre dreierlei zu unternehmen. Erstens sollte die Union wieder Positionen besetzen, die der Großteil ihrer einstigen Wählerschaft für richtig hält. Das gilt vor allem für die Migrations- und Energiepolitik. Auf beiden Feldern läuft die Union seit Jahren den Grünen hinterher. Solchermaßen ließen CDU und CSU eine Repräsentationslücke aufreißen, die anschließend durch die AfD besetzt wurde. Korrigierte die Union endlich ihre wählervertreibenden Positionen, dann entstünden konstruktiv nutzbare Schnittstellen zur AfD. Zweitens müsste die CDU sich endlich auf den „kommunikativen Nahkampf" mit der AfD einlassen, also mit AfDlern öffentlich um konkrete Inhalte streiten. Die AfD zu schneiden und ernst genommene Diskussionen mit deren Politikern zu vermeiden, umgab doch die AfD im Grunde nur mit einer kommunikativen Schutzzone. Offensichtlich brachte es gar nichts, die AfD nicht als normalen politischen Gegner zu behandeln, sondern mit ihr nur wie mit dem Krokodil im Kasperltheater umzugehen, auf das man zum allgemeinen Gaudium einprügelt. Doch in der Politik geht es um viel mehr als um publikumsgefälliges Kasperltheater. Jedenfalls dachten AfDler überhaupt nicht daran, sich durch selbstberauschtes Schimpfgehabe ihrer Gegner vertreiben zu lassen. Also sollte, drittens, die CDU zum Angriff übergehen, indem sie von sich aus Bedingungen für ein Zusammenwirken mit der AfD stellt.

Also doch ein Angebot!

---

[82] https://www.die-tagespost.de/politik/die-heimstatt-des-protests-art-235626; Zugriff am 28. Januar 2024.

Nein, es geht um Vorbedingungen für überhaupt erst dann mögliche Angebote, wenn die AfD den verlangten Verhaltensänderungen gerecht wird. Die zu übermittelnde Botschaft lautet also: Jegliches Zusammenwirken verbietet sich ohnehin, solange die AfD nicht mancherlei unterlässt und anderes tut.

Welche Bedingungen soll die CDU nennen?

Erstens: verbesserte politische Hygiene! Die Union muss klarmachen, auf welche Parolen und Haltungen jeder zu verzichten hat, der mit ihr zusammenwirken will. Zweitens: das Personal. Es muss klar gesagt und plausibel begründet werden, welche AfDler für die Union unzumutbar sind.

Björn Höcke zum Beispiel?

... und wohl nicht als einziger! Und drittens: Verzicht auf für Deutschland schädliche Positionen, etwa auf das Verlangen nach der Abschaffung statt nach einer Reform der EU.

Das soll die Union fordern?

Ja, denn mit solchen Forderungen trüge die Union zumindest Streit in die AfD – und eröffnete idealerweise den Realos eine Machtperspektive unter der Bedingung, dass sie die AfD in eine normale, unsere freiheitliche demokratische Grundordnung mittragende Partei umbauen. Das wäre in jedem Fall besser, als auf Dauer mit einer rechtsradikalen AfD umgehen zu müssen. Am besten wäre es freilich gewesen, wenn die Union der AfD gar nicht erst jene politischen Räume eröffnet hätte, in denen sie ihre wichtigste Rivalin werden konnte. Doch wer nicht hören will, wird eben fühlen!

Hat die CDU gerade in Thüringen ein Tabu gebrochen, weil sie Stimmen der AfD für eine politische Entscheidung im Landtag nutzte?

Die CDU hat das Tabu gebrochen, lieber einflusslos zu sein, als sich Unterstützung von der AfD geben zu lassen. Deshalb ist auch nicht verwunderlich, dass sie dafür von jenen besonders scharf kritisiert wird, die jahrelang die CDU immer in ihre eigenen politischen Regierungs- oder Tolerierungsbündnisse hineingezogen haben – nämlich SPD, Grüne und Linke.

DER VERTRAUENSVERLUST ERREICHT BEDROHLICHE AUSMAẞE.

***veröffentlicht am 23. August 2023 in der „Preußischen Allgemeinen Zeitung“,*[97]**

Politikwissenschaftler brachten vor gut zwei Jahrzehnten den Begriff der „Postdemokratie“ in die politische Debatte. Dieser bezeichnet Staaten, in denen das äußere Gepränge von Demokratie weiterhin vorhanden ist, also von der Meinungsfreiheit über freie Wahlen bis zum wiederkehrenden Regierungswechsel. Doch die Politikerschaft schert sich nicht länger um solche Anliegen der Bevölkerung, die sie selbst nicht teilt. Vielmehr macht sie sich selbstbezüglich ans Beschweigen des Unerwünschten, ans Erziehen der Falschdenkenden, ans Ausgrenzen von Quertreibern. Inmitten demokratischer Verfahren entsteht auf diese Weise ein Obrigkeitsstaat, dessen Träger alles besser wissen wollen als das gemeine Volk, die sich ihren Kritikern moralisch überlegen dünken und die das Ringen mit Gegnern als „Kampf für die Demokratie“ wahrnehmen.

Wer Demokratie versteht als die Befugnis, nach Wahlsieg und Koalitionsbildung gemäß eigener Lust und Laune zu regieren, wird höchstens diese Beschreibung solcher Herrschaftspraxis für unfair, die Sache selbst aber für in Ordnung halten. Dennoch hat diese Art von Regierungsführung wenig mit repräsentativer Demokratie zu tun. Diese lebt nämlich davon, dass Regierende und Regierte unabhängig voneinander zu ihren Urteilen gelangen können, und dass sich aus konkurrierenden Urteilen auch sehr scharfe Konflikte zwischen der Bevölkerung und ihren Politikern entwickeln können. Diese werden anschließend genau dadurch beigelegt, dass die Regierenden ihre Politik entweder überzeugender erklären oder sie gemäß anhaltend vorgebrachten Bürgerwünschen verändern.

Doch in Deutschland erleben wir seit längerem, dass von Regierungsvorhaben abweichende Sichtweisen wie rein destruktives „Querdenken“ wahrgenommen und mit sozialer Ächtung bestraft werden, dass Dauerkritik an der politischen Klasse als demokratiefeindlich, gar als verfassungsfeindlich hingestellt wird und dass zum Regierungsanliegen nicht der legitimierende Konflikt mit Andersdenkenden geworden ist, son-

---

[97] https://paz.de/artikel/der-vertrauensverlust-erreicht-bedrohliche-ausmasze-a9395.html; Zugriff am 28. Januar 2024.

dern die Stilllegung gerade jener Konflikte, die zu Politikwechseln Anlass geben könnten.

Zwar besteht der Mehrwert repräsentativer Demokratie genau darin, dass gewählte Politiker nicht einfach nachvollziehen müssen, was da seitens von Interessenvertretern oder Basisbewegungen an – oft fehlerhaften – Sichtweisen und Wünschen jeweils an sie herangetragen wird. Vielmehr haben die Politiker einer repräsentativen Demokratie, wie das der deutsche Politikwissenschaftler Ernst Fraenkel einst formulierte, den empirisch vorfindbaren Volkswillen zu jenem hypothetischen Allgemeinwillen zu „veredeln", den die Leute im Land wohl dann hätten, wenn sie sich genauso sorgsam mit zu bewältigenden Problemen befassen könnten, wie das die Amtspflicht gewählter Politiker ist.

Was aber, wenn die Politikerschaft diese Pflicht gerade nicht erfüllt? Also ins eigene Weltbild nicht passende Bevölkerungswünsche ignoriert, verpönt, sanktioniert – statt sich debattierend auf diese einzulassen und sie bei politischen Entscheidungen mitzubedenken? Wenn Regierende sich beim Streit mit Andersdenkenden lieber auf den Feuerschutz politisch nahestehender Journalisten verlassen oder auf eine Schutztruppe von – womöglich mit Staatsgeldern erst handlungsfähig gemachten – „zivilgesellschaftlichen" Gruppen? Dann wird die Politikerschaft selbst zum Schwachpunkt einer institutionell weiterhin funktionierenden Demokratie. Und wenn das nicht nur Politikwissenschaftler merken, dann kommt es zu genau dem, was in Deutschland mit nun immer mehr Besorgnis demoskopisch festgestellt und an Wahltagen dann unübersehbar wird: Ein Großteil der Bürger hat das Vertrauen in Politiker und Parteien verloren – und beginnt sogar, an der bestehenden Demokratie selbst zu zweifeln.

Beobachter ohne Wunschdenken muss das nicht wundern. Da wird seit Jahren an ausdrücklichen Bevölkerungswünschen vorbeiregiert, ja gegen sie regiert – und zwar nicht nur von der Ampelregierung. Von ihrer Mark wollten die Deutschen nur unter der Bedingung lassen, dass der Euro ebenso wertbeständig wäre und dass eigene Land nicht für leichtfertige Politik anderer Staaten in Haftung genommen würde. Die CDU-Regierung Angela Merkels behandelte das als ziemlich nachrangig, und die damaligen Oppositionsparteien klatschten Beifall. Menschen in Not beistehen wollen die allermeisten Deutschen weiterhin. Doch nie wollten sie unser Asyl- und Flüchtlingsrecht massenhaft ausgenutzt oder die eigene Regierung solche Fehlentwicklungen auch noch anfeuern sehen. Die CDU-Regierung Angela Merkels tat das aber, und die damaligen Oppositionsparteien klatschten Beifall. Eine Mehrheit in Deutschland wünscht inzwischen eine nicht-linke und nicht-grüne Politik, und zwar von der Sicherung einer wirtschaftlich wettbewerbsfähigen Energieversorgung bis hin zur Bewahrung der Selbstverständlichkeit bisheriger Mehrheitskultur. Doch auch nach dem Abgang Angela Merkels sehen CDU-Politiker keine Alternative dazu, regelmäßig in formellen oder informellen Regierungsbündnissen mit Sozialdemokraten, Grünen und auch Linken genau solche Politik zu machen, zu deren Abwehr mehr und mehr Leute ihr Wahlkreuz bei der AfD setzen.

Derweil lädt die Politikerschaft unserem Staat immer mehr Lasten auf, schwächt aber dessen wirtschaftliche Grundlagen. Zugleich sieht man in Spitzenämtern immer weniger gestandene Leute, sondern Karrieristen, die außer Politik nichts gelernt haben. Deren Lernprozesse im Amt sind dann eher peinlich als lobenswert. Wen wundert es da, dass viele unser Land einem Systemzusammenbruch zugehen sehen – und gar an der in Deutschland praktizierten Demokratie verzweifeln?

IM OSTEN GEHT DIE SONNE AUF. DIE WESTDEUTSCHEN WENDEN SICH ZUNEHMEND SELBSTGEFÄLLIG VON DEN OSTDEUTSCHEN AB.

veröffentlicht am 28. September 2023 in der „Weltwoche"

Als typisch für „die" Ostdeutschen nahmen Millionen von Westdeutschen die PEGIDA-Demonstranten von 2014/15 wahr. Die erschienen ihnen wie verbitterte ältere Leute, die sich wöchentlich zum Murren gegen ein weltoffenes Deutschland versammelten. Und wie sie gar zu empörten Schreihälsen wurden, wenn man ihnen mit der Wahrheit über sie kam! Die klang so: dumm, ressentimentgeladen, ganz unwürdig jener Demokratie, die ihnen der Westen geschenkt hatte. „Dunkeldeutsche" hießen sie bald, weil sie – offenbar weniger hell als die Wessis – schlicht Rassismus auslebten und faschistischen Mief verbreiteten. Und zwar nicht bloß in Dresden, der Hauptstadt des vermutlich bald scheiternden CDU-Staates Sachsen. Gegen sie brauchte es unbedingt Einheitsfronten quer übers Land.

Trotzdem wählten bald schon mehr und mehr Ossis die AfD, und zwar nicht nur im rechtsregierten Sachsen, sondern auch im sozialdemokratischen Brandenburg sowie in den lange einvernehmlich linksregierten Ländern Sachsen-Anhalt und Mecklenburg-Vorpommern. In Thüringen ergab sich die CDU sogar dem AfD-Gottseibeiuns Höcke. Kein Wunder, dass die westdeutsche Direktorin einer wichtigen Akademie für politische Bildung kürzlich im kleinen Kreis betonen musste, sie fahre gar nicht mehr gern in den Osten – nämlich unter Leute, von denen jeder Dritte die AfD wähle. Anscheinend hatte die Mauer durchaus einen Vorzug: Die östlich von ihr zwar schlecht ausgeführte, doch an sich gute Idee des Sozialismus hielt jenen Nazismus in Schach, den derweil im Westen die Studentenrevolutionäre von 1968 auf ihrem „Marsch durch die Institutionen" sogar besiegten.

Doch nicht nur politisch-kulturell gelten die Hinzugekommenen aus dem Osten vielen sich vorbildlich dünkenden Westdeutschen als schwere Last. Etwa verschlang es Unmengen von Geld, die Ossis überhaupt aufzupäppeln – und trotzdem schaffen sie bis heute nur eine geringere durchschnittliche Produktivität als im Westen. Eine steuerkräftige Unternehmenslandschaft aufzubauen misslang ihnen ohnehin. Wie viel Zeit verstrich eigentlich zwischen dem Weltkrieg und Westdeutschlands Wirtschaftswunder? Eben! Doch die Ossis jammern lieber, als sich anzustrengen – vielleicht, weil der Westen sie allzu freigebig auffing, nachdem sie das eigene Land zugrunde gerichtet hatten. Und jetzt wählen sie gar noch rechtsradikal und schaden wissentlich Deutschlands Demokratie!

Keine dieser Anschuldigungen ist frei erfunden. Wer die eine hört, muss auch nicht lange auf viele weitere warten. Manches hat sogar einen wahren Kern. Vor allem ist nicht zu bestreiten, dass der Aufstieg des heutigen deutschen Rechtspopulismus vom ostdeutschen Landesteil ausging. Analytisch Tiefbegabte schieben das auf politisch ungebildete ostdeutsche Hassredner, die seit der Wiedervereinigung mit Deutschlands freiheitlicher Ordnung nicht zurechtkämen. Also verschöben sie die Grenzen des Sagbaren – und die des Tunlichen erst recht.

Klügere prägten das Bild von den Ostdeutschen als „Avantgarde". Anfangs bezog man es nur auf prekäre Wirtschafts- und Gesellschaftsverhältnisse, derentwegen man im Osten eher als im Westen erlebe, was wohl auf alle zukäme. Vor allem ging es um den Zusammenbruch einer auf Arbeit gegründeten Gesellschaft, um deshalb geborstenes Selbstwertgefühl, um Orientierungslosigkeit, die nach neuen Sicherheiten suchen ließ. Inzwischen zeigt sich aber, dass auch die Risiken womöglich kommender Zusammenbrüche im Osten viel sensibler erfühlt werden als im Westen. Dort musste man seit 1945 allerdings auch keinen Systemkollaps mehr erleben. Hingegen sind den meisten Ostdeutschen älterer und mittlerer Jahrgänge die Wirren der „Wendezeit" noch sehr gegenwärtig. Also wittern sie, wie bedroht ihre seither erbrachte Lebensleistung ist, wenn Politiken fortgesetzt werden, die das ganze Land in eine Sackgasse zu führen scheinen, ja in eine „regulative Katastrophe", wie sie im Winter 1989/90 die DDR erlebte.

Den Abschied von der als Unterpfand künftigen Wohlstands ersehnten D-Mark nahm man noch hin, nämlich im Vertrauen auf Politikerzusagen, in der Eurozone werde es keine Haftungsrisiken zugunsten finanziell sorgloser Länder geben. Beim Einsetzen der Migrationswelle von 2015 befürchtete man dann sehr wohl, in großen Städten könne es bald Zustände wie in Dortmund-Nordstadt oder Berlin-Kreuzberg geben. Oder in ländlichen Gegenden würden die Gesellschaftsverhältnisse, ohnehin prekär geworden aufgrund von Arbeitslosigkeit und des Wegzugs junger Leute, durch die Ansiedlung von sehr vielen Migranten leichtfertig zum Kippen gebracht. Zu DDR-Zeiten stolz auf das eigene Bildungswesen und auf die Alltagstauglichkeit der – in kärglichen Zeiten entstandenen – deutschen Tugenden, stieß es außerdem in der sich jahrzehntelang als antifaschistisch verstehenden Ost-Gesellschaft sehr übel auf, wenn von deutscher Kultur nun behauptet wurde, sie führe geradewegs in den Nazismus oder wäre, jenseits einer gemeinsamen Verkehrssprache, gar nicht greifbar. Fraglos deutsch sein wollten nämlich sowohl die Träger als auch die Gegner der DDR. Und wenn nach vierzig Jahren schon der eigene sozialistische Staat aufzugeben war, was die einen schmerzte und die anderen freute, dann sollte sich das im Rahmen eines wiedervereinten Deutschlands vollziehen, doch nicht zugunsten einer solchen EU, in der Europas Nationalstaaten zu nichts weiter würden als zu dem, was heute die deutschen Länder in Deutschlands Bundesrepublik sind.

Derzeit sehen besonders viele Ostdeutsche ihren Staat auf dem Weg einer leichtfertigen Verschuldungspolitik in der Eurozone, einer Migrationspolitik ohne Augenmaß samt Überforderung des gesellschaftlichen Zusammenhalts, auch der Preisgabe von bewährter Bildung, obendrein der Verachtung eigener Kultur. Überdies befürchten viele, ein vor allem der EU verpflichtetes Deutschland werde in diesem Staatenverbund ebenso selbstzerstörerisch aufgehen wie einst Preußen im Deutschen Reich. Und ohne die wirtschaftliche Stabilisierungswirkung von Großunternehmen, die im eigenen Landesteil nicht ansässig sind, erleben Ostdeutsche sehr unmittelbar die schwierige Lage ihrer Wirtschaft.

Obendrein leiden sie unter der Ratlosigkeit ihrer Regierungen angesichts des Zusammenwirkens der aufziehenden demographischen Krise mit den Folgen von Wirtschaftssanktionen gegen Russland. Dieser Staat bedroht zwar traditionell seine Nachbarn, war aber seit dem 19. Jh. gerade mit Ostdeutschland in einer alle Kriege überdauernden romantischen Beziehung verbunden. Die wiederum geht dort Hand in Hand mit einer Antipathie gegenüber den USA, welche die in den Altbundesländern weit übertrifft.

Ähnliche Entwicklungen erlebt und empfindet man zwar auch dort. Doch in Westdeutschland gibt es ein viel höheres Niveau an materieller Absicherung. Also fehlt weithin die im Osten sehr verbreitete Einschätzung, die jetzt sichtbaren „Zeichen an der Wand" beträfen auch einen selbst. Vielleicht verstünde mancher im Westen seine ostdeutschen Landsleute besser, läse er wieder einmal Heinrich Heines Ballade vom selbstgefälligen König Belsazar.

Vor diesem Hintergrund kann man ostdeutschen Protest gegen westdeutsche Politik gut verstehen, wenn diese sich klüger gibt, als sie wirklich ist. Die sich, wie es scheint, auch selbstgefällig auf den Weg macht, realsozialistische Erfahrungen mit der Übernutzung von Ressourcen und mit fehlgeleitetem Vertrauen auf politische Führungskunst zu wiederholen. Und derlei begreift vor allem, wer vom arroganten Westlerglauben an die eigene Überlegenheit ablässt.

Muss man das Verstandene auch für rundum gut befinden? Gewiss nicht. Auch richtige ostdeutsche Gegenbewegungen können nämlich ins Übertriebene führen, gar üble Anschlusswirkungen zeitigen. Durchaus nicht muss man gegen Weltoffenheit Nationalismus setzen, gegen überschießende Humanität sprungbereiten Alltagsrassismus, gegen die Frustrationserlebnisse praktizierter Demokratie die Hoffnung auf eine erneut alle Verhältnisse umstoßende Partei. Für den Weg in eine gute, gemeinsame Zukunft reichen wechselseitige Neugier, Respekt vor jeweils anderen Erfahrungen, Lust aufs Lernen voneinander, die geduldige Bereitschaft zum fairen politischen Streit. Was ist eigentlich falsch mit so vielen Deutschen, die das nicht begreifen wollen?

WAR DEUTSCHLANDS „KAMPF GEGEN RECHTS" VERGEBLICH?

***veröffentlicht als „Patzelts Montags-Analyse" am 9. Oktober 2023 auf „NIUS – die Stimme der Mehrheit"*[98]**

War er wohl vergeblich, Deutschlands „Kampf gegen rechts"? Und das, obwohl er flächendeckend von Journalisten, Künstlern, Wissenschaftlern, zivilgesellschaftlichen Gruppen und fast der ganzen Politikerschaft geführt wurde?

Doch zu welchem anderen Schluss sollte man wohl kommen, wenn nun bei der „Sonntagsfrage" die AfD im Osten weithin die stärkste Partei ist, im Bund die zweitstärkste, und wenn zugleich die neueste „Mitte-Studie" der Friedrich-Ebert-Stiftung herausfindet, dass 8,3 Prozent der Deutschen ein klar „rechtsextremes" Weltbild haben – nach nur 2,5 Prozent im Jahr 2014 und gar bloß 1,7 Prozent im Jahr 2020/21!

Erstens könnte man entgegnen, ohne den „Kampf gegen rechts" hätte nun vielleicht gar jeder fünfte Deutsche ein „rechtsextremes" Weltbild, und die AfD käme fast allenthalben auf absolute Mehrheiten. Also habe dieser Kampf eben doch unsere Demokratie gesichert. Zu fragen bliebe dann allerdings noch, warum eine vor zehn Jahren im Grunde erledigte und inzwischen von Verfassungsschutzämtern als „erwiesen rechtsextrem" bezeichnete Partei so stark werden konnte – und weshalb solcher Rechtsextremismus, aller historischen und politischen Bildungsarbeit zum Trotz, weiterhin im Aufstieg ist.

Zweitens mag man einwenden, etliche Befunde zum Ausmaß des deutschen Rechtsextremismus stimmten einfach nicht. Ideologische Voreingenommenheit präge den Forschungsansatz, irreführende Interviewfragen produzierten erwünschte Ergebnisse, und ins Bild nicht Passendes unterschlage man bei der Berichterstattung. Doch bei den „Mitte-Studien" ist die Erhebungsmethode einwandfrei: Grundlage sind standardisierte Telefoninterviews mit einer Zufallsauswahl von gut 2000 Befragten. Auch ist es sozialwissenschaftlich bewährt, die anhand von Bewertungsskalen getätigten Antworten auf Interviewfragen für jeden

---

[98] https://www.nius.de/Analyse/patzelts-montags-analyse-war-er-vergeblich-deutschlands-kampf-gegen-rechts/0d4c888e-9804-4d26-98fb-36e32c421d90; Zugriff am 27. Januar 2024.

erkundeten Einstellungskomplex durch Aufsummieren der „Antwortziffern" zu Skalen zusammenzufassen.

Folglich wird man, drittens, sich die Interviewfragen ansehen müssen. Dazu halten die Autoren der Studie selbst dadurch an, dass sie die fraglichen Interviewaussagen danach vergleichen, wo die Befragten sich jeweils politisch - auf einer fünfstufigen Skala - zwischen „links" und „rechts" verorten. Als „eher rechts" bezeichneten sich 14 Prozent der Befragten, als ganz „rechts" weitere zwei Prozent. Mit 16 Prozent sind das klar weniger Deutsche, als derzeit behaupten, bei einer Bundestagswahl am nächsten Sonntag würden sie die AfD wählen. Außerdem stuften sich als „eher links" 25 Prozent der Befragten ein, als ganz „links" vier Prozent. Diese 29 Prozent – im Vergleich zu 16 Prozent Rechten – korrigieren das Bild vom gewaltigen Rechtsruck doch sehr. Vor allem aber fällt auf, dass zwar 38,5 Prozent derer, die sich als ganz „rechts" bezeichnen, und 19,7 Prozent derer, die sich als „eher rechts" einschätzen, ein - gemäß den Befunden der Mitte-Studie - „manifest rechtsextremes Weltbild" haben, dass sich dies aber auch bei nicht weniger 12,2 Prozent derer so verhält, die sich als ganz „links" bezeichnen. Ebenso wird bei 7,9 Prozent der SPD-Anhänger ein „rechtsextremes Weltbild" ausgemacht, doch nur bei 6,3 Prozent der Anhänger von CDU und CSU.

Sind diese Befunde schlüssig? Gibt es in Deutschland wohl 12,2 Prozent „rechtsextreme Linkradikale"? Ist - in einer Formulierung des italienischen Schriftstellers Ignazio Silone - der Faschismus dabei, als „Antifaschismus" zurückzukehren? Irgendetwas scheint da nicht zu stimmen – entweder nicht am Selbstbild von Linken oder nicht an jenen Fragen, mit denen Rechtsextremismus festgestellt werden soll. Letzteres lässt sich sogar plausibilisieren.

Beispielsweise wurde als Beleg für eine rechtsextreme Einstellung die Zustimmung zur folgenden Aussage gewertet: „Im nationalen Interesse ist unter bestimmten Umständen eine Diktatur die bessere Staatsform." Kann aber nicht auch die Diktatur der Arbeiterklasse unter Führung der kommunistischen Partei im nationalen Interesse liegen, wie das etwa für die antifaschistische DDR behauptet wurde? Muss also die Befürwortung einer Diktatur immer eine rechtsextreme Einstellung bekunden? Und kann denn nicht auch – wie etwa in Frankreich, Spanien oder Italien – ein Linker die folgende Aussage befürworten: „Wir sollten endlich wieder Mut zu einem starken Nationalgefühl haben."

Und lässt sich angesichts der – inzwischen auch von Sozialdemokraten und Grünen eingeräumten – Magnetwirkung des deutschen sozialen Sicherungssystems auf internationale Migrationsströme es wirklich vor allem einer rechtsextremen Einstellung zuschreiben, wenn jemand der folgenden Aussage zustimmt: „Die Ausländer kommen nur hierher, um unseren Sozialstaat auszunutzen." Zeugt es auch verlässlich von Rechtsextremismus, wenn jemand bejaht, was in deutschen Migrationsdiskussionen jetzt schon fast zum parteiübergreifenden Konsens geworden ist: „Die Bundesrepublik ist durch die vielen Ausländer in einem gefährlichen Maß überfremdet."

Gewiss: Allen diesen Aussagen stimmen besonders viele Rechte zu. Doch vermutlich hat sich in der Bevölkerung der Klang und politische Ort dieser Aussagen während des letzten Jahrzehnts verändert. Als im Jahr 2014 der deutsche Rechtspopulismus gemeinsam mit den Zuwanderungszahlen seinen Aufstieg nahm, konnten diese ausländerbezogenen Aussagen sehr wohl erfassen, was damals vor allem Rechte dachten. Doch nun thematisieren sie solche Sorgen, die fast unsere ganze Gesellschaft durchziehen. Obendrein hatte derlei schon im Jahr 1982 der damalige SPD-Kanzler Helmut Schmidt höchst drastisch so formuliert: „Wir können nicht mehr Ausländer verdauen, das gibt Mord und Totschlag." Ferner muss bei der inzwischen sehr tief greifenden Europäisierung von vielen, wichtigen Politikbereichen die Betonung des Werts von Nationalstaatlichkeit durchaus nicht allein Rechtsextremismus anzeigen, sondern kann ebenfalls die Bekundung des Wunsches ausdrücken, es solle mehr Wertschätzung von Nationalstaaten geben, nämlich als bewährte Gehäuse von Demokratie und sozialer Absicherung.

Also sollten man jene auf den ersten Blick alarmierenden Befunde zum Anlass von Nachdenken darüber nehmen, ob – und wie – man sozialwissenschaftliche Befragungsmodelle zur Erhebung von Rechtsextremismus wohl nachjustieren müsste. Wenn sich nämlich Problemlagen und auf sie bezogene Debatten verändern, so verändert das meist auch deren Wahrnehmung und sprachliche Erfassung. Doch zugleich kann jene politische Grundeinstellung durchaus unverändert bleiben, von der aus man sich an Politik und an den sie prägenden Gesprächen beteiligt. Dann aber wäre demokratieförderlichen Einstellungen viel mehr als durch einen stark gefühlsgetriebenen „Kampf gegen rechts" dadurch geholfen, dass man anstehende Herausforderungen und mögliche Problemlösungen sachlich erörterte.

VON DER POLITISCHEN POLARISIERUNG ZUR POLITISCHEN GEWALTTÄTIGKEIT

veröffentlicht als „Patzelts Montags-Analyse" am 26. Oktober 2023 auf „NIUS – die Stimme der Mehrheit"[99]

Es sollte wundern, wenn aus Aufrufen zum Kampf gegen Leute nicht irgendwann auch Gewalt gegen sie würde. Rassenhass und Klassenhass bereiteten den Weg zum Massenmord an Juden und Kulaken. Scheiterhaufen brannten als Ergebnis des Verlangens, Ketzer und Hexen zu bekämpfen. Viele Diktaturen machen sich obendrein zum Leitsatz: „Wer nicht für uns ist, der ist gegen uns." Dann gehört zum erwarteten, staatstreuen „Haltungzeigen" alles zwischen dem Grüßen von kunstvoll aufgestellten Gesslerhüten und dem Denunzieren von Abweichlern. Zwar wird auch unter solchen Umständen nur eine Minderheit zu Verbrechern, wie einst die RAF-Terroristen als Seitenlinie von Studentenrevolte und Vulgärmarxismus. Doch der willigen Helfer sind immer viele und der Beobachter mit klammheimlicher Freude noch viele mehr.

Leider sind das alles keine „rein akademischen" Betrachtungen, also solche, die sich auf für den Alltag unbeachtliche Sachverhalte richten, die ihrerseits erst durch selbstzweckhafte Theoretisierung zum Gegenstand intellektuellen Binnentreibens werden. Gegen Parteibüros und Autos, gegen Wahlplakate und Wahlkampfstände von AfD und Grünen wird nämlich in der Wirklichkeit oft gewalttätig vorgegangen, und gegen die jeweiligen Parteileute nicht selten auch. AfDler verachten viele Gegner als „linksgrün versifft" und lassen sie das mitunter nicht nur hören, sondern auch fühlen. Und Linke haben mehrfach öffentlich zur Gewaltanwendung gegen AfDler aufgerufen, ja sogar entsprechende Anschriftslisten veröffentlicht. Nicht zuletzt machten Bilder von übel zugerichteten Gesichtern zweier AfDler die Runde durch die Medien, und in Leipzig wurde eine Linksaktivistin wegen bandenmäßiger Gewalt gegen Rechte sogar verurteilt.

Wer mag, kann sich auf einen kindischen Überbietungswettbewerb dahingehend einlassen, ob die medial berichtete quantitative Überzahl von Gewalttaten gegen Grüne wohl aufgewogen würde durch qualitativ härtere Gewalt gegen AfDler. Wer Mängel an politischem Geschmack vorwei-

[99] https://www.nius.de/search?term=patzelt; Zugriff am 27. Januar 2024 erfolglos.

sen will, kann eigenen Verbalradikalismus auch mit beredter Wehleidigkeit angesichts der einem selbst widerfahrenen Kränkungen verbinden. Am Ende solchen wechselwirkenden Verhaltens steht recht unvermeidlich die Vergiftung politischer Kommunikation, der Zerfall einer Gesellschaft zwischen selbsternannt „Anständigen" und deren Hasspersonen, der Umschlag von Demagogie in körperliche Brutalität, die Politisierung der Justiz. Ob es dann bloß zur Demokratieblockade kommt wie derzeit in den USA oder zum Bürgerkrieg wie einst in der alten römischen Republik beim Streit um überfällige Agrarreformen, das hängt von zufälligen Eskalationsketten ebenso ab wie von fallweiser Ruchlosigkeit opportunistischer Politiker.

Es ist noch nicht abzusehen, ob auch unser Land auf solche Lagen zusteuert. Jedenfalls wird es allmählich schwer regierbar, insbesondere aufgrund des selbsterzeugten Zwangs zur Bildung von Allparteienkoalitionen gegen die immer populärere AfD. Doch der Weg dahin wurde eingeschlagen, seit anspornende politische Gegnerschaft unter wechselseitigem Wohlbehagen ersetzt wurde durch niedermachende politische Feindschaft. Weil dank des erfolgreichen Marsches von einstigen Studentenrevolutionären, auch von deren Epigonen, durch unsere Institutionen die intellektuelle und kulturelle Hegemonie inzwischen bei den Linksgrünen liegt, treffen die Folgen solcher Fehlentwicklungen derzeit vor allem die politische Rechte. Bei den PEGIDA-Demonstrationen stellte man ihnen nur die öffentliche Beleuchtung ihrer Versammlungsplätze ab; doch die AfD wollen viele lieber verfassungsgerichtlich verbieten lassen als mit den Mitteln pluralistischer Demokratie bekämpfen. Und je besser die Umfrage- und Wahlergebnisse jener Partei werden, umso mehr scheint der Leitsatz „no pasarán!" auch Versuche einer Einschüchterung von AfD-Politikern zu rechtfertigen.

Man möge sich aber nicht täuschen. Würde der „Kampf gegen rechts" auf diese Weise gewonnen, dann bräche keine Blütezeit gutwilligen politischen Streits an, sondern würde unser Land sehr lange Zeit unter einer erzieherischen linksgrünen Meinungsdiktatur ächzen. Gewönne aber die Rechte nicht nur die Mehrheit der Wählerstimmen, sondern auch parlamentarische Gestaltungsmacht, dann würde sie sich – nach den von ihr erlebten Zeiten ständiger Herabsetzung und Ausgrenzung – gemäß menschlichem Ermessen nicht versöhnlich geben, sondern sich lustvoll mit den vielfältigen Möglichkeiten unseres Rechtswegestaates rächen.

Wollen wir wirklich so töricht sein, es zu beiden üblen Folgen der nun schon jahrelangen Polarisierungsdynamik kommen zu lassen? Warum nur versuchen wir es nicht mit jenen Mitteln, die freiheitliche Staaten von jeher lernfähig und leistungsstark gemacht haben? Diese bestehen darin, den Bereich dessen, worüber guten Willens gestritten werden darf, möglichst groß zu halten, den „unstreitigen Sektor“ aber möglichst klein. Keineswegs mehr darf dieser unumstrittene Minimalkonsens umfassen als die grundlegenden – und dann auch plausibel interpretierten – Werte unserer Verfassungsordnung, die Einhaltung vereinbarter Spielregeln samt Gewaltfreiheit in Wort und Tat sowie die Nutzung jener Institutionen beim politischen Streit, die unser Staatswesen zum Zweck pluralistisch-demokratischer Streitaustragung nun einmal eingerichtet hat.

Leider ist nun nicht mehr bloß den Anfängen politisch üblen Treibens zu wehren. Inzwischen gilt es, dessen voll entfaltete Eigendynamik aufzuhalten. Das verlangt nach Mut nicht nur gegenüber politischen Gegnern, sondern gerade auch gegenüber den eigenen politischen Freunden – nämlich stets dann, wenn diese sich mit guten Absichten in eine Radikalisierungsfalle begeben. Wer daraus nicht mehr ausbrechen will, der macht sich selbst dann zum Gegner, wenn man seine Ziele teilt. Und wendete er sich dann auch noch gegen den uns Demokraten verbindenden Minimalkonsens, dann wäre er zum wirklichen Feind der freiheitlichen demokratischen Grundordnung geworden. Genau einen solchen soll man – wie es das Bundesverfassungsgericht tut – einen „Extremisten“ nennen, nicht aber einen jeden politischen Gegner, der einem nur scharf kommt.

ZU DEN LANDTAGSWAHLEN IN HESSEN UND BAYERN

veröffentlicht unter dem Titel „Ein tektonisches Rumoren“ am 11. Oktober 2023 in der „Preußischen Allgemeinen Zeitung“[100]

Erdbeben entstehen, wenn sich die Platten der Erdkruste gegeneinander reiben und Spannungen aufkommen. Nicht anders ist es mit politischen Erdbeben. Ihnen gehen Spannungen zwischen Denkweisen, Wünschen und Interessen der Bevölkerung sowie den großen Beutegemeinschaften der politischen Klasse voraus. Demokratien ermöglichen durch re-

[100] https://paz.de/artikel/ein-tektonisches-rumoren-a9709.html; Zugriff am 27. Januar 2024.

gelmäßige Wahlen ein schrittweises Ausgleichen jener Spannungen. Will die Politikerschaft aber nicht ernst nehmen, was sich in den tieferen Schichten der Gesellschaft aufstaut, dann wird der Wahltag nicht nur zum Zahltag, sondern kann das Wahlergebnis manche Parteien in die Bedeutungslosigkeit versinken, andere wie einen Feuerwerkskörper aufstrahlen lassen.

Die Landtagswahlen in Hessen und Bayern brachten zwar kein politisches Erdbeben. Sie ließen aber erkennen, wie sich ein solches im nächsten Jahr ausnehmen mag, falls unsere Parteien so tun, als hätte es gar kein tektonisches Rumoren gegeben. Immerhin konnten nicht weniger als 13 Millionen Deutsche zur Wahl gehen. Fast drei Viertel der Wahlberechtigten taten das in Bayern, zwei Drittel in Hessen. Mehr als Hessens schwarz-grüne Stetigkeit mobilisierten anscheinend linke Anbräunungsversuche gegenüber dem Chef der Freien Wähler, desgleichen das schnöde, auf Mediengefälligkeit ausgehende Agieren des Ministerpräsidenten.

Hessen, lange Zeit ein SPD-regiertes Land, fiel 1999 an eine noch ziemlich rechte CDU, weil die SPD sich dort sehr links positionierte. Bis 2013 koalierte Hessens CDU mit der FDP, seither mit den Grünen, und zwar sehr geräuschlos. Die CSU regiert Bayern – darin eine deutsche Ausnahme – schon seit 1946, nur unterbrochen von einer SPD-geführten Vierer-Koalition zwischen 1957 und 1960. Während der jahrzehntelangen CSU-Herrschaft, meist bei absoluter Mehrheit, wurde Bayern umfassend modernisiert. Nur zwischen 2008 und 2013 brauchte es eine Koalition mit der FDP. Diese kostete die Partnerpartei aber das parlamentarische Leben. Anders ging es mit den „Freien Wählern", dem Partner seit 2018. In Bayern erfolgreich wie nirgendwo sonst, gewannen die am Sonntag sogar noch hinzu. Zugleich widerfuhr der CSU seit spätestens 2018 ein spektakulärer Machtverlust. Einst toller Wahlergebnisse von 50 plus x Prozent sicher, stürzte die CSU damals auf rund 37 Prozent ab. Davon erholte sie sich nicht mehr. Gegen Arroganz der Macht samt karrieristischem Parteinachwuchs ist offenbar auch Södersche Drehhoferei kein Heilmittel. Bodenständigkeit und praktische Vernunft als klassische CSU-Tugenden sind derzeit eher bei den Freien Wählern zu finden.

Nur auf den ersten Blick brachte der Wahlabend keine Überraschungen. Die Unions-Ministerpräsidenten Bayerns und Hessens können ihre Koalitionen fortsetzen und werden das auch tun – Söder innerhalb des eigenen Lagers mit den ob neuen Selbstbewusstseins von ihm zunehmend ungeliebten Freien Wählern, Rhein mit vernünftigen Grünen als

CDU-Traumpartnern seit Merkels Zeiten.[101] Zudem hat die CDU in Hessen stark hinzugewonnen, die CSU in Bayern nur wenig verloren. Also kündigt die CSU zwar eine sorgfältige Analyse ihres Wahlergebnisses an, wird dabei aber ebenso kurz springen wie die CDU nach den zu Merkels Spätzeit einsetzenden Wahlniederlagen. Und weil Hessens CDU ihren starken Zuwachs gar in einer Koalition mit den Grünen erzielte, sieht sich die CDU jetzt wieder auf dem Erfolgsweg. Allerdings war Bayerns CSU mit ihrem klaren Nein zur Koalition mit den Grünen nicht minder erfolgreich, agiert freilich in einem – anders als in Hessen – recht konservativen politischen Klima. Jedenfalls wird bis zum absehbaren CDU-Desaster bei den kommenden ostdeutschen Landtagswahlen der CDU-Richtungsstreit wohl nicht entschieden werden. Das wiederum macht alle Bemerkungen über CDU-Kanzlerkandidaten zum müßigen Partygeplauder.

Natürlich war zu erwarten, dass die Parteien der Ampelregierung abgestraft würden. So geschah es auch. In Bayern schrumpften die Grünen deutlich, die Sozialdemokraten gar noch in ihrem ohnehin schon einstelligen Anteil an Wählerstimmen. Die FDP schaffte es gleich gar nicht mehr ins Parlament. Ähnlich ist das Bild in Hessen: Die Grünen verloren am stärksten; auch die SPD sank deutlich ab; und die ebenfalls gerupfte FDP gelangte gerade noch in den Landtag. Die grünen Sonnenblumen sind welk geworden, und der Zauber von Rot-Grün vergeht. Die FDP kämpft einmal mehr ums Überleben. Etliche Koalitionäre versuchen zwar ihren Schmerz mit dem Hinweis zu lindern, fast noch jede Bundesregierung sei zur Halbzeit sehr unpopulär gewesen. Kleinreden lassen sich die Verluste der Ampelparteien um insgesamt 6,6 Prozent in Bayern, gar um 12,2 Prozent in Hessen, aber auch nicht. Sie sind außerdem Teil der großen bundesweiten Enttäuschung über die Politik der Bundesregierung. In den Ampelparteien fordern deshalb viele inzwischen Kurskorrekturen, sind aber darüber zerstritten, in welche fortan veränderte Richtung das Staatsschiff zu steuern wäre. Ein Großteil des Wahlvolks möchte sogar Neuwahlen. Doch wie verträgt sich das eigentlich mit der inzwischen beliebten Forderung, die Wahlperiode solle fünf Jahre dauern, damit es mehr Zeit zur „nicht durch Wahlkämpfe behelligten" parlamentarischen Arbeit gäbe?

Tatsächlich machte die Ampelregierung grobe handwerkliche Fehler, vor allem bei ihrer oft ideologiegetriebenen und stets hektischen Gesetzgebungsarbeit. Darüber hinaus wirkt vielerlei grün-rote Reformpo-

---

[101] Das kam freilich anders als von mir erwartet; siehe den übernächsten Beitrag in diesem Band.

litik inzwischen wie aus der Zeit gefallen: die Energie- und Klimapolitik, die Wirtschafts- und Sozialpolitik, erst recht die übers Treibenlassen kaum hinausgelangte Migrationspolitik. Bei alledem hat die Ampelregierung, allerdings viel entschlossener, im Grunde nur fortgesetzt, was bereits unionsgeführte Merkel-Regierungen auf den Weg gebracht hatten. Letzteres wiederum geschah unter einst starkem Druck von SPD, Grünen und jenem Großteil der Journalistenschaft, welcher mit jenen Politiken sympathisierte. Deshalb profitiert die Union nun, ohne eigene Distanzierung von Merkel-Fehlern, bloß wenig vom Verdruss über die Ampelregierung.

Genau hier stauen sich tektonische Spannungen auf. Es nützt nämlich das Scheitern einstiger Lieblingspolitiken von Union, SPD und Grünen vor allem der AfD. Die wurde in Hessen zur zweitstärksten Partei, in Bayern zur drittstärksten mit nur geringem Rückstand auf die – ebenfalls klar rechts der politischen Mitte positionierten – Freien Wähler. Vor SPD und Grünen liegt die AfD stets. In den ostdeutschen Bundesländern mit Landtagswahlen im kommenden Jahr wird sie, ausweislich derzeitiger Umfragen, wohl die CDU überholen. Nicht-linksgrüne Bevölkerungsmehrheiten gibt es jetzt schon quer über Deutschland. In Bayern summieren sich die Stimmenanteile von CSU, Freien Wählern und AfD auf nicht weniger als 67,4 Prozent, in Hessen auf 56,5 Prozent, zu denen man jeweils noch die Stimmenanteile der FDP zählen kann. Hingegen ist auf der Linken die einstige ostdeutsche Volkspartei PDS in die Bedeutungslosigkeit versunken, seit sie sich in den Westen ausdehnte und ihren Namen ins Inhaltsleere änderte. Und die SPD erlebt mit den sie oft überholenden Grünen genau das Schicksal, welches bald der CDU seitens der AfD blühen mag: Erst lässt man links oder rechts neben sich eine Repräsentationslücke aufreißen; dann nimmt man nicht ernst, was in dieser entsteht; und anschließend setzt man an die Stelle ernsthaften politischen Ringens entweder das Fraternisieren oder arrogantes Ausgrenzen. Ersteres zog die SPD, letzteres die Union zum Nutzen ihrer neuen Rivalen nach unten.

In dieser Klage klammern sich SPD, Grüne und die mit beiden Parteien sympathisierenden Medien an den Versuch dauerhaften Verhinderns, dass die nicht-linke Bevölkerungsmehrheit in nicht-linke Parlamentsmehrheiten umgesetzt würde. Eben das unmöglich zu machen ist ja der Sinn jener heiligen Eide, die man der Union routinemäßig abverlangt: Nie und unter keinerlei Bedingungen werde sie dank Unterstützung durch die AfD solche politischen Entscheidungen herbeiführen, welche zwar die Union, nicht aber die deutsche Linke wünscht! Doch wie soll sich das in den neuen Bundesländern ab 2024 anders als durch Anti-AfD-Allparteienregierungen durchhalten lassen? Die aber werden der AfD sehr nützen, der CDU hingegen gewaltig schaden. Wem hilft es eigentlich, wenn im linken Kampf gegen die AfD die um unser Land so verdienstvolle Union ruiniert wird?

Im Übrigen hatte das tektonische Rumoren vom Wochenende einen ganz besonderen Klang. Es war nämlich vor allem die – inzwischen von über zwei Dritteln der Bevölkerung abgelehnte – Migrationspolitik, welche der AfD erneut Wähler zutrieb. Gar aus allen politischen Lagern kamen sie in Bayern und Hessen, die allermeisten von der CSU, den Nichtwählern und – in Hessen – von der CDU. Der Grund ist offensichtlich: Seit einem Jahrzehnt wird es in Deutschland vermieden, die Befürwortung oder Ablehnung der wie alternativlos geduldeten, selbstermächtigten Zuwanderung zum Thema von Wahlkämpfen zu machen. Und weil es dem Wahlvolk so verwehrt blieb, eine klare Entscheidung zur Migrationspolitik selbst zu treffen, dient die Wahl der AfD inzwischen als Quasi-Plebiszit.

Was wären die anzuratenden politischen Konsequenzen aus diesem weiteren Machtaufstieg der AfD? Vor allem gilt es zu begreifen, dass der Aufschwung der AfD keineswegs allein von daher kommt, dass die „von der Demokratie überforderten Ostdeutschen" sich als rechtsradikal erwiesen und deshalb ihre Stimmen der AfD gäben. Denn vor allem spricht die AfD solche Bürger an, die sich *Sorgen* um Deutschlands Zukunft machen. Und die Zahl derart besorgter Bürger wächst jetzt eben auch in Westdeutschland, wo – anders als im Osten – nach 1945 kein zweiter, durch falsche Politik herbeigeführter Systemzusammenbruch für derlei Gefahren hatte sensibilisieren können. Unbedingt ist deshalb beim Migrations- und Energieproblem zu einer Politik zu finden, die in sich plausibel sowie trotz vieler Widrigkeiten durchhaltbar ist. Und nicht zuletzt sollte man nicht länger auf die AfD starren wie das Kaninchen auf die Schlange, sondern sich mit ihren Positionen ernsthaft auseinandersetzen, also beim Reden über die AfD nicht einfach nur auf Beifall aus dem jeweils eigenen Lager ausgehen. Dann könnte man auch mit diskutablen Forderungen auf die AfD zugehen: Trennt Euch von demagogischer Rhetorik, unvernünftigen Positionen und nicht vertrauenswürdigen Personen, wenn ihr politisch mitgestalten wollt!

CDU UND AFD: LEHREN AUS HESSEN UND BAYERN

Interview mit Erik Rusch, erschienen in „The Epoch Times" am 12. Oktober 2023 unter dem Titel „AfD-Wahl war ein Quasi-Volksentscheid für den politischen Kurswechsel"[102]

Vielleicht schauen wir uns zunächst mal Bayern an. Der Verlust an Stimmen der CSU war ja auf den ersten Blick nicht so groß. Allerdings sieht es danach aus, als ob das auch mit der als negativ empfundenen Politik in Berlin zusammenhängt. Hat die CSU tatsächlich davon profitiert?

In Bayern verhält es sich – wie auch der Blick auf die Stimmkreisebene zeigt – so, dass die CSU Stimmen sowohl an die Freien Wähler als auch an die AfD verloren hat. Insgesamt wurden in Bayern die nicht-linken Parteien deutlich gestärkt. Doch die CSU hat ihre frühere Bindekraft hinsichtlich aller Kräfte rechts der politischen Mitte eingebüßt. Sie muss sich diese Rolle nun mit den Freien Wählern und der AfD teilen.

Es ist eindeutig, dass die Freien Wähler und die AfD dazugewonnen haben. Worin liegt das für Sie begründet?

Das muss man für beide Parteien getrennt betrachten. Die Freien Wähler versammeln sich vielfach um frühere CSU- oder CSU-nahe Politiker, die auf lokaler Ebene – und später auf Landesebene – von der CSU nicht ernst genommen oder akzeptiert worden sind. Als Freie Wähler stellen sie sich nun gegen ihre frühere Partei, die CSU. Sie sind aber konservativ eingestellt wie die CSU und außerdem meist bürgernäher als ein großer Teil der inzwischen sehr opportunistischen CSU-Nachwuchspolitiker. Deshalb genießen die Freien Wähler bei der Bevölkerung viel Vertrauen. Gerade in früheren CSU-Stammgebieten wie dem Bayerischen Wald sind die Freien Wähler der CSU weit vorausgeeilt.

Was die AfD betrifft, erweist es sich jetzt endgültig als Legende, dass sie letztlich nur für solche Ostdeutsche attraktiv wäre, die in Deutschlands Demokratie nie richtig angekommen sind, oder für dumme Leute, die einfach eine „traditionell rechte Gesinnung" zum Ausdruck bringen wol-

[102] https://www.epochtimes.de/politik/deutschland/werner-patzelt-afd-wahl- war-ein-quasi-volksentscheid-fuer-den-politischen-kurswechsel-a4440673.html; Zugriff am 29. Januar 2024.

len. Vielmehr erweist sich die AfD als jene Partei, die von solchen Leuten gewählt wird, die Deutschland durch seine etablierte Politikerschaft auf einen schlechten Kurs gebracht empfinden. Im Osten hatten die Leute diesen Eindruck viel früher als im Westen, weil dort ja auch erst 1989/90 ein neuerlicher Systemzusammenbruch stattgefunden hat.

Im Westen hingegen dauerte es länger, bis viele Leute begriffen, dass etliche Politikern wie die – schon von der Großen Koalition eingeleitete – Migrationspolitik, die Energiepolitik, auch die Fesselung unserer Wirtschaft durch immer dichtere bürokratische Vorgaben unserem Land nicht gut tun. Die Wahl der AfD ist deshalb in der Regel ein Quasi-Plebiszit – also eine Quasi-Volksentscheidung – zur Frage, ob eine Landes- oder Bundesregierung ihren politischen Kurs fortsetzen oder ändern soll. Wenn man die Sache so betrachtet, dann versteht man sehr klar, warum vom allgemeinen Verdruss über die Bundesregierung die AfD viel stärker als die Union profitiert hat.

Sehen Sie bei der Landtagswahl in Hessen auch, dass Wähler den Ampelparteien die rote Karte gezeigt haben und sich daher für die Oppositionsparteien auf Bundesebene – CDU und AfD – entschieden haben?

Klar, auch in Hessen haben die Bundestagsoppositionsparteien gewonnen und die Regierungsparteien verloren. Dass dort sowohl die CDU als auch die AfD hinzugewonnen haben ist Ausdruck der Tatsache, dass die Bevölkerungsmehrheit inzwischen anders tickt als jene Parteien, aus denen derzeit die meisten parlamentarischen Mehrheiten bestehen.

Jedenfalls wählt die Bevölkerung quer über Deutschland mehrheitlich nichtlinke Parteien, während – außerhalb von Bayern – regelmäßig linke Parteien die parlamentarische Mehrheit bilden, je nach Erfordernis mit oder ohne Einschluss der CDU. Der hessische Ministerpräsident hat das Verdienst, dass seine schwarz-grüne Koalition nach geräuschloser Regierungsarbeit sogar bestätigt worden ist – und zwar wegen der CDU, nicht wegen der Grünen.

Das heißt, auf Hessen bezogen hat man offenbar gedacht, dass man mit der CDU besser dran ist, weil man mit der Ampelpolitik unzufrieden ist?

Es gab keinen Anlass, in Hessen die CDU abzuwählen. Und weil niemand glaubhaft machte, die derzeit nicht koalierbare AfD könne das Land überhaupt oder gar besser regieren, war die hessische CDU in einer ziemlich guten Position. Sie hatte auch eine denkbar schwache Gegenkandidatin in Gestalt der Bundesinnenministerin Faeser. Daraus, dass sie mit dem Ausgang der Hessenwahl zufrieden sein kann, sollte die CDU aber nicht den Schluss ziehen, schwarz-grüne Bündnisse wären wirklich der dauerhaft erfolgreiche Zukunftsweg der CDU.

In Bayern will die Koalition aus CSU und Freien Wählern die Regierungsarbeit fortsetzen. In Hessen zeigt sich Ministerpräsident Boris Rhein (CDU) offen zu den möglichen Konstellationen für eine neue Regierungskoalition. Was meinen Sie, wie wird sich Herr Rhein letztlich entscheiden?

Nachdem die Koalition mit den Grünen in Hessen in den vergangenen Jahren gut funktioniert hatte, die Grünen obendrein geschwächt sind und in den nächsten Jahren politisch wohl noch schwächer werden, ist es für die CDU recht bequem, die Koalition mit den Grünen fortzusetzen.

Vor allem aber gibt es für die hessische CDU keinen Grund dafür, die Partei der uneinsichtigen Wahlverliererin und migrationspolitischen Arbeitsverweigerin Nancy Faeser (SPD) – oder gar diese selbst – in die Regierung aufzunehmen. Anders wäre es nur, wenn sich bundespolitisch eine neue Konstellation ergeben sollte, zum Beispiel, weil die jetzige Bundesregierung auseinanderbricht.

Dadurch würde eine der Not entsprungene Große Koalition auf Bundesebene die Koalitionskalküle auf Landesebene verändern. Aber derlei steht derzeit nicht in Aussicht. Also wird es wohl auf eine Fortsetzung der schwarz-grünen Koalition hinauslaufen.[103]

Sowohl in Bayern als auch in Hessen haben sich die konservativen Parteien durchgesetzt und Stimmengewinne erzielt. Sehen Sie darin ein klares Signal nach Berlin?

Dieses Signal könnte eigentlich schon längst in Berlin angekommen sein! Bei allen Wahlen der letzten Jahre – und längst, bevor die jetzige Koalition so unpopulär wurde – haben die Ergebnisse der AfD gezeigt, dass ein nennenswerter Teil der Deutschen unser Staatsschiff auf einem falschen Kurs sieht.

Zunächst waren es vor allem die Ostdeutschen, die dies mit ihrer Wahlstimme anzeigten. Inzwischen tun das auch viele Westdeutsche. Und tatsächlich setzt die Ampelregierung bislang jene Politik fort, die Angela

[103] Das erwies sich als prognostischer Irrtum; siehe den folgenden Beitrag.

Merkel unter Druck von Grünen, Sozialdemokraten und entsprechend sympathisierenden Medien begonnen hat, vor allem in der Energiepolitik und bei der Migrationspolitik.

Allerdings handelt die Ampelregierung sowohl entschiedener als auch weniger umsichtig als die Kanzlerin Merkel. Folglich ist die Ampelpolitik auch noch fehlerhafter als die der vorherigen CDU-Regierung. Davon aber profitiert so lange vor allem die AfD, wie die CDU nicht die Fehler der Merkel-Ära aufarbeitet.

Das Signal besagt also: Es ist keineswegs so, dass rot-grüne Reformprojekte dem Land schlicht gut tun und das Land voranbringen; vielmehr muss man rot-grüne Politikprojekte endlich auf einen realistischen Planungs- und Umsetzungspfad bringen.

Die Energiepolitik muss dahingehend verändert werden, dass wieder die Kernenergie genutzt werden kann. Und bei der Migrationspolitik braucht es die drastische Beschränkung selbstermächtigter Einwanderung, die Aufhebung praktischer Abschiebehemmnisse sowie starke Anreize dafür, dass Migranten sich alsbald in unseren Arbeitsmarkt integrieren lassen, nicht aber im sozialen Sicherungssystem verbleiben. Passende Arbeitsplätze ohne die Erforderlichkeit einer sehr anspruchsvollen Ausbildung oder nennenswerter Sprachkenntnisse gibt es inzwischen ohnehin zuhauf.

BORIS RHEIN LÖST DAS GRÜNE GÄNGELBAND

veröffentlicht am 16. November 2023 in der „Jungen Freiheit"[104]

Die Grünen, lange Sehnsuchtspartner der Union, bekamen vom hessischen CDU-Ministerpräsidenten den Laufpass. Das nach zehn Jahren einer guten politischen Ehe – und zugunsten einer SPD, die in Hessen ihr schlechtestes Nachkriegsergebnis einfuhr und nun hinter der AfD sowie leicht vor den Grünen liegt. Warum verhielt sich Boris Rhein so?

---

[104] https://jungefreiheit.de/debatte/kommentar/2023/leitet-boris-rhein-eine-neuausrichtung-der-cdu-auch-auf-bundesebene-ein/; Zugriff am 27. Januar 2024.

Die hessische CDU erreichte 2003, also vor Angela Merkels Regierungszeit, fast 49 Prozent der Stimmen. 2018 dann, nach 13 Merkel-Jahren an der CDU-Spitze, war sie auf 27 Prozent gesunken. Jetzt, ohne Merkel sowie angesichts einer höchst unpopulären Ampelregierung, legte Hessens CDU zwar um sieben Prozent zu. Trotzdem ist sie zu schwach geworden, um mit der gerade noch in den Landtag gekommenen FDP eine Regierung bilden zu können. Ohne einen stärkeren Koalitionspartner ging es also nicht.

Als Kellnerin konnte Chefkoch Boris die SPD, durch einen weiteren Absturz um fast fünf Prozent stark gedemütigt, viel leichter gewinnen als die ebenfalls gefledderten Grünen. Die Sozialdemokraten sahen nämlich williger ein, dass gerade die Migrationspolitik alle etablierten Parteien nach unten gezogen hatte, und dass deren ideologische Rechtfertigungen die konkreten Anschlussprobleme in den Kommunen nicht mehr überblenden können. Vielleicht hat die CDU auch insgesamt einzusehen begonnen, dass die Politik der Grünen diese Partei zwar zum Liebling von Medien und Akademikern machte, ja auch bis zur Macht auf Bundesebene führte, dass eben diese Politik aber der lange schon die Grünen hofierenden Union ein bundesweites Absinken bescherte, nämlich von „vor-willkommenskulturellen" gut 41 Prozent auf „20 plus x" kurz vor dem Angriff Putins auf die Ukraine.

Wirklichkeitseinbrüche wie dieser in die politischen Wohlfühlblasen Deutschlands beenden nun schrittweise jene Ära, in der Leute, die sich fortschrittlich dünken, der politischen Weisheit letzten Schluss in grünen Politikzielen zu erkennen glauben. Zwar machten sich auch die Sozialdemokraten nach Helmut Schmidts Regierungszeit den – bis vor kurzem – so modischen grünen Pazifismus zu eigen. Doch erst Angela Merkel rundete ihn politisch ab durch die Nutzung der Bundeswehr für Einsparungen im Bundeshaushalt. Dann irrlichterte die CDU-Kanzlerin bei der Nutzung der Kernenergie: Kaum war von ihr die Laufzeit der Atomkraftwerke verlängert worden, verkündete Merkel auch schon – aus Angst mehr vor einem demoskopischen als vor einem wirklichen Tsunami – für Strom aus Kernkraft jenes Aus, das die Grünen seit ihren Anfängen gefordert hatten. Obendrein verwirklichte gerade die CDU die grünen und sozialdemokratischen Wünsche nach einer multikulturellen Gesellschaft in Deutschland, indem ihre Mehrheit die selbstermächtigte Zuwanderung als politisch nicht einzuschränkendes Menschenrecht und die Skeptiker als verblendete Rassisten ausgab. Und ja, dass der Islam zu Deutschland gehöre, verkündete zum Wohlgefallen der Grünen ein von Angela Merkel ausersehener Bundespräsident – und dass der Islamismus gar nichts mit dem Islam zu tun hätte, erklärte die Kanzlerin gleich selbst.

Derweil stiegen die Stimmenanteile der 2013 knapp nicht in den Bundestag gelangten AfD auf über zehn Prozent der Stimmen bundesweit, bei derzeitigen Antworten auf die „Sonntagsfrage" sogar auf das Doppelte. In Hessen wuchs die AfD bei Landtagswahlen zwischen 2013 und heute von gut vier auf jetzt über 18 Prozent. Von den ostdeutschen Wahlperspektiven der AfD muss man ohnehin nicht lange handeln. Überall entspricht dem Aufstieg der AfD ein Abstieg der CDU. Gäbe es nicht das Tabu, die Stimmenanteile von CDU und AfD zu addieren, dann wäre es zur auch im öffentlichen Diskurs erörterten Tatsache geworden, dass diesen Parteien in Hessen die Stimmen von 53 Prozent der Wähler zufielen. Zusammen mit fünf Prozent FDP-Stimmen läuft das auf eine sehr klare Mehrheit von Wählern hinaus, die ausdrücklich nicht-links und nicht-grün abstimmen.

Nun wird man beträchtliche Teile der heutigen CDU weiterhin als sozialdemokratisiert und angegrünt einschätzen dürfen. Doch vermutlich ist auch den hessischen Parteistrategen beim Blick auf die Wählerwanderungsanalysen aufgefallen, dass gar nicht wenige Leute seit Jahren lieber das grüne Original wählen als Unionskarrieristen im grünen Tarnfleck. Weil ferner viele Unionisten beim Umgang mit den in ihrer Partei verbliebenen Konservativen ganz offensichtlich große Sorgen ob möglicher Kontaktschuld umtreiben, erringt die AfD die Masse ihrer Stimmenzuwächse weiterhin nicht nur aus den Reihen früherer Nichtwähler, sondern auch enttäuschter CDU-Wähler. Wer übrigens die Positionen von Grünen und AfD zur Migrationspolitik, zur Energiepolitik und zum eigenen Land vergleicht, der merkt unweigerlich, dass die AfD – wie viel Rechtsradikalismus und Rassismus unter ihren Mitgliedern auch gären mag – in erster Linie die politisch-populäre Antwort auf Deutschlands Reise in grüne Illusionsgefilde ist. Die aber führte, unter Beifall von Grünen und Sozialdemokraten, eine CDU-Kanzlerin an.

Das Wählerverhalten rät der Union somit zu einer strategischen Neuausrichtung. Die aber braucht passende Mehrheitsverhältnisse. In Baden-Württemberg fehlen sie bis mindestens 2026. In Hessen waren sie gegeben, klarer noch als in Bayern, wo die Grünen nur eine Möchtegern-Alternative zu Aiwangers Partei waren. Vor diesem Hintergrund hat Boris Rhein nun Schützenhilfe für Friedrich Merz geleistet, vermutlich zum Missfallen von Hendrik Wüst und Daniel Günther. Die hoffen weiterhin auf die grüne Partei als Nachfolgerin jener FDP, mit der die Union jahrzehntelang zum eigenen und zu Deutschlands Vorteil regierte. Doch auch wenn sie schrumpfen sollten, werden die Grünen einflussreich bleiben, solange ihre Sympathisanten wichtige Positionen in den Medien, an Universitäten und bei öffentlich einflussreichen zivilgesellschaftlichen Organisationen innehaben und ihre Reihen gegen Eindringlinge abschotten.

Weiterhin findet sich kein Weg, Deutschlands inzwischen nicht-linke Wählermehrheit in ebenso nicht-linke Parlamentsmehrheiten umzusetzen. Nur dann aber ließe sich Politik wieder als respektable Mehrheitspolitik betreiben – und nicht länger als ein Erziehungsprojekt von Minderheiten. Genau darauf reagiert die Bevölkerung umso zorniger durch Zuwendung zur AfD oder wartend auf Wagenknechts Querfront-Partei, je öfter sich die CDU als Steigbügelhalterin woker Minderheiten verdingt. In Hessen hat sie jetzt ein Zeichen gesetzt – und das war auch gut so.

DIE FOLGEN EINER VERWEIGERUNG

veröffentlicht am 19. November 2023 in der „Preußischen Allgemeinen Zeitung"[105]

Anders als nach dem Ersten Weltkrieg hat Deutschland nach dem Zweiten Weltkrieg begriffen, dass man Schuld am Scheitern besser bei sich selbst als bei anderen sucht. Solches Aufarbeiten von Vergangenem hat unserem Land gutgetan. Doch bei der CDU-Führung wartet man auf jene Einsicht weiterhin vergebens, und zwar trotz inzwischen großer Wählerverluste. Man versteht auch den Grund: Es fällt schwer, dasjenige als irregeleitet einzugestehen, was man selbst ehedem mit voller Überzeugung vertrat. Noch schmerzlicher ist es, einst umjubelte Führungsleute für an jenen Übeln ursächlich zu erklären, an denen man nun leidet.

Natürlich ist die Rede von Angela Merkel und ihren Paladinen. Es ist nämlich deren Politik, welche die Union derzeit nur von Fehlern der Konkurrenz profitieren, doch nicht wieder zu eigener Stärke gelangen lässt. Warum aber verhält sich die – vielfach gewarnte – CDU-Führung seit vielen Jahren so trotzblind wie ein illusionsfixierter Pubertierender? Weil sie, ebenso geschmeichelt wie schlecht beraten, seit Angela Merkels Bei-

---

[105] https://paz.de/artikel/die-folgen-einer-verweigerung-a9960.html, Zugriff am 27. Januar 2024.

nahe-Scheitern von 2005 gegen Gerhard Schröder genau jenem Zeitgeist folgte, der in grünen Politikzielen den letzten Schluss politischer Weisheit zu erkennen glaubt. Zwar machten sich schon die Sozialdemokraten nach Helmut Schmidts Regierungszeit jenen grünen Pazifismus zu eigen, der bis zu Putins Angriff auf die Ukraine höchst modisch war. Doch Angela Merkel rundete ihn politisch ab durch die Nutzung der Bundeswehr für Einsparungen im Bundeshaushalt. Dann irrlichterte die CDU-Kanzlerin bei der Nutzung der Kernenergie: Kaum war von ihr die Laufzeit der Atomkraftwerke verlängert, verkündete sie – mehr aus Angst vor einem demoskopischen als vor einem wirklichen Tsunami – für diese jenes Aus, das die Grünen seit ihren Anfängen gefordert hatten. Obendrein verwirklichte gerade die CDU grüne und sozialdemokratische Wünsche nach einer multikulturellen Gesellschaft in Deutschland, indem sie mehrheitlich die selbstermächtigte Zuwanderung als politisch nicht einzuschränkendes Menschenrecht und die Kritiker als verblendete Rassisten ausgab. Und ja, dass der Islam zu Deutschland gehöre, verkündete zum Wohlgefallen der Grünen ein von Angela Merkel ausersehener Bundespräsident – und dass der Islamismus gar nichts mit dem Islam zu tun hätte, erklärte die Kanzlerin gleich selbst.

Nur aber erweist sich jene schöne neue Welt als doch nicht ganz so schön, wie das einst in Aussicht gestellt, geglaubt und bejubelt wurde. Viele Illusionsblasen platzen gerade an der rauen Wirklichkeit. Zwar bekommen, seit die CDU bundespolitisch aus dem Rennen ist, vor allem SPD und FDP den Bevölkerungszorn über die brechstangenartige Durchsetzung grüner und woker Ziele ab. Doch viele im Land haben nicht vergessen, dass die Ampel im Grunde nur das fortzusetzen versucht, was – unter medial verstärktem rot-grünen Druck – bereits die CDU-Kanzlerin auf den Weg brachte.

Die war, wie ein Großteil ihrer Partei, ständiger Angriffe von selbsterklärt Fortschrittlichen müde. Und weil es wirklich keine Freude macht, stets als rückwärtsgewandt-muffig dargestellt zu werden, begann Angela Merkel eine große Frontbegradigung. Indem sie als demoskopisch wirkungsvoll nachgewiesene Argumente von SPD und Grünen selbst zu vertreten begann, schnürte sie den Sozialdemokraten nach und nach die politische Luft ab und hoffte auf die Grünen als Nachfolger jener FDP, mit der die Union jahrzehntelang gut und gerne regiert hatte. Etliche erfolgreiche Wahlen gaben dieser Strategie Recht. Doch wer – wie Deutschlands Armee im Ersten Weltkrieg – strategisch nach links schwenkt, sollte eben auch den rechten Flügel stark und im aktiven Gefechtsverband der Truppe halten.

Das aber ignorierten die Merkelianer lustvoll. Genau in der Mitte warte der größte Teil der Wählerschaft darauf, von einer sozialen, liberalen und ökologischen Union abgeholt zu werden. Ihretwegen müsse man die Konservativen in der Partei kleinhalten. Außerhalb der Union hätten die ohnehin keine Alternative zum Wahlkreuz bei der CDU – insbesondere dann nicht, wenn man die Gleichsetzung von „konservativ" und „rechts" mitsamt der Ansicht zur Selbstverständlichkeit mache, dass „rechts" keine hinnehmbare Meinungshaltung,sondern ein rassistisch-faschistischer Einstellungskomplex wäre. Da aber müsse man, geschichtlich belehrt, schon den Anfängen wehren. Deutschlands Linke, ohnehin viel mehr mit Angela Merkel als mit deren Partei sympathisierend, stellte dafür gern die Hilfstruppen.

Als Nebenwirkung entsprechender Shitstorms und Ausgrenzungen kam es dann so, dass zur Rechten der Union die AfD als starke, im Osten gar stärkste und gewiss nicht mehr von selbst vergehende Partei aufwuchs. Durchaus hätte sich das verhindern lassen, wenn Merkels Regierung nicht die Haftungsrisiken Deutschlands in der Eurozone leichtfertig heruntergespielt und die CDU nicht viele einst erfolgreiche Positionen in der Migrations- und Energiepolitik zugunsten der AfD geräumt hätte. CDU-schädigend war auch, dass man nicht einer inhaltlichen Auseinandersetzung mit der AfD den Vorzug gab vor jener billigen Beschimpferei, welche die AfD ja nicht geschwächt, sondern – auch dank vielerlei Solidarisierung gegen unfaire Wettbewerbspraxen – nur gestärkt hat. Erst eigene Fehler begehen, dann die Kritik nicht ernst nehmen und alsbald die Kritiker ausgrenzen: Das wies den Weg nach unten.

Ganz zum eigenen Nachteil wurde die CDU zu einer Partei nur noch der Mitte, nicht aber auch von Leuten, die rechts der Mitte stehen. Deshalb schwächelnd, wird die Union immer wieder in Koalitionen gezwungen, die sich ihr einst aus Gründen der Selbstachtung verboten hätten. In Stuttgart dient sie, nach jahrelanger personalpolitischer Selbstdemontage, als Juniorpartner der Grünen; und in Sachsen ist sie von einer bestimmenden politischen Kraft zum Hündchen geworden, mit dem der grüne Schwanz wedelt. So wird es auch bleiben, solange man die Ursachen solchen Abstiegs nicht bei sich selbst sucht und dann abstellt.

Doch immer noch sind CDU-Fortschritte auf dem Weg zur Neubesinnung mit dem Millimeterband zu messen. Erst drei Jahre nach ihrer migrationspolitischen Wende merkte die fast allmächtige Parteivorsitzende Merkel, dass die Reize ihrer Politik gerade bei bisherigen CDU-Wählern immer weniger verfingen. Jedenfalls gab sie den Parteivorsitz auf, als ihre Partei 2018 bei den hessischen Landtagswahlen von 38 Prozent auf 27 Prozent abgestürzt war. Weiterhin vom Kanzleramt aus herrschend, konnte sie den CDU-Tanker dennoch auf jenem kräfteschonenden Kurs halten, der grünen und woken politischen Strömungen folgt. Die beobachtete sie mit großer demoskopischer Sorgfalt und formte sie zugleich mit, indem sie beim Bewerben ihrer Politik mit populären und mächtigen Journalistinnen sowie Journalisten zusammenwirkte. Weil diese ohnehin die grüne Agenda schätzten, fuhr Angela Merkel damit gut bis zum Ende ihrer Kanzlerschaft. Doch seither verblasst ihr Ruhm.

Derweil kamen und gingen zwei merkelgefällige Parteivorsitzende aus weichem Holz. Den jetzigen brachte, nach zwei Niederlagen auf Parteitagen, erst die Basis ins Amt. Dafür hatten vor allem die Konservativen in der CDU getrommelt. Anschließend brüskierte deren Günstling lieber seine bisherigen Unterstützer, als dass er mit jenen den Richtungsstreit gesucht hätte, welche die CDU auf den demoskopischen Weg nach unten geführt hatten. Sich vor aus den eigenen Reihen bescherten Niederlagen zu fürchten, hat Friedrich Merz nämlich gelernt. Und so kauert bis heute die CDU kraftlos vor einer Schlange namens AfD, ganz ideenlos ob einer anderen Angriffsstrategie als der so offenkundig gescheiterten.

Wer die Positionen von Grünen und AfD zur Migrationspolitik, zur Energiepolitik und zum eigenen Land vergleicht, der merkt im Übrigen, dass die AfD – wie viel Rechtsradikalismus und Rassismus auch immer unter ihren Mitgliedern gären mag – in erster Linie die politisch-populäre Antwort auf Deutschlands Reise in grüne Illusionsgefilde ist. Die aber führte niemand anderes als die CDU-Kanzlerin an. Seit allerdings die Grünen eher als Zerstörer deutschen Wohlstands denn als die Schöpfer eines international vorbildlichen Landes wahrgenommen werden, rettet sich vor ihnen, wer kann. Ob eine Flucht vor der Unpopularität und Gestrigkeit der Grünen nach Hessenart die Union aber wirklich davor bewahren wird, nur noch als das im Vergleich zur AfD geringere Übel zu gelten?

Vermutlich nicht. Denn was sind die Folgen von Merkels langer Regierungszeit? Eine Zuwanderung ohne Integration, mit der – neben wachsender Kriminalität – muslimischer Antisemitismus ins Land kam. Eine Energiepolitik, die Deutschlands Strompreise zu den höchsten in Europa macht und nun viele Politiker auf die schiefe Ebene von Dauersubventionen für politisch ruinierte Unternehmen lockt. Eine Sicherheitspolitik, mit der Deutschland das revisionistische Russland nicht etwa abschreckte, sondern sich von ihm energiepolitisch abhängig machte. Und ein

Sozialstaat, dessen Kosten durch Überlastung bei schrumpfender Wirtschaftskraft aus dem Ruder laufen.

Wie findet man da wieder heraus? Mit der taktischen Flexibilität von Minderheitsregierungen? Dank Schaffung einer Mehrheit aus Mitte und rechter Mitte? Dafür müsste die AfD sich einen Großteil ihrer radikalen Rhetorik abschminken, verrannte Positionen aufgeben und solche Leute vom Spielfeld in die Kabine schicken, mit denen zusammenzuwirken der Union nicht zuzumuten ist. Doch bislang findet sich kein Weg, Deutschlands inzwischen klar nicht-linke Wählermehrheit in ebenso nicht-linke Parlamentsmehrheiten umzusetzen. Nur dann aber ließe sich Politik wieder als respektable Mehrheitspolitik betreiben – und nicht länger als ein Erziehungsprojekt von Minderheiten. Welche Chancen böten sich da der Union, wenn die sich denn politisch traute! Doch vermutlich hat die CDU-Führung in dieser Sache weniger ein Erkenntnisproblem als vielmehr Umsetzungsschwierigkeiten. Die Vergangenheit zu bewältigen ist nun einmal schwer – auch für die CDU.

GRÜNE AN IHREN GRENZEN

veröffentlicht am 20. November 2023 unter dem Titel „Verlieren die Grünen den Kampf um realistische Migrationspolitik, setzt ein Abwärtsprozess ein" auf FOCUS.de[106]

Wen die Götter verderben wollen, dem erfüllen sie angeblich seine Wünsche. An den Kragen geht es den erfolgsverwöhnten Grünen zwar noch nicht. Doch in Schwierigkeiten sind sie schon geraten, nachdem sie vor zwei Jahren mit Popularitätsbestnoten auf eine Gipfelhöhe ihres Ansehens gelangt waren. Jetzt stagniert ihr weiterer Aufstieg demoskopisch und sinken bei Wahlen ihre Stimmenanteile real. Vor allem wirken einst höchst wählerattraktive Themen – Atomausstieg, Klimawandel, Pazifismus, multikulturelle Gesellschaft ... – nun eher ranzig und wie von gestern. Schnöde tauschte Hessens Ministerpräsident denn auch unlängst die Grünen gegen die SPD als neuen Koalitionspartner aus. Und jederzeit könnte der Kanzler sie auch in der Bundesregierung auswechseln, nämlich gegen die Union. Was ist da los?

---

[106] https://www.focus.de/politik/deutschland/gastbeitrag-von-werner-patzelt-ist-das-gruene-zeitalter-schon-vorbei_id_246257573.html; Zugriff am 27. Januar 2024.

Der Aufstieg der Grünen begann als Opposition gegen zunächst sozialdemokratische, dann christdemokratische Realpolitik. Dem Kanzler Schmidt zerstörte ihr Pazifismus seine innenpolitische Machtgrundlage. Am Kanzler Kohl scheiterten die Grünen zwar 16 Jahre lang, machten dann aber – nach innerparteilicher Besiegung ihrer Fundamentalisten – eine ansehnliche Karriere an der Seite des Kanzlers Schröder. Doch ihre ganz große Zeit begann mit der Kanzlerin Merkel. Die nämlich folgte, nach ihrem Beinahe-Scheitern von 2005 gegen Gerhard Schröder, umsichtig jenem Zeitgeist, der in grünen Politikzielen der politischen Weisheit letzten Schluss zu erkennen glaubte.

Zwar hatten nach Helmut Schmidts Regierungszeit sich auch viele Sozialdemokraten jenen grünen Pazifismus zu eigen gemacht, der bis zu Putins Angriff auf die Ukraine höchst modisch war. Doch Angela Merkel rundete ihn politisch ab durch die Nutzung der Bundeswehr für Einsparungen im Bundeshaushalt. Auch folgte die CDU-Kanzlerin grünen Forderungen bei der Nutzung der Kernenergie: Kaum war von ihr die Laufzeit der Atomkraftwerke verlängert worden, verkündete sie auch schon deren Aus – und zwar aus Angst mehr vor einem demoskopischen als vor einem wirklichen Tsunami. Zugleich erfüllte Angela Merkel seit 2015 langjährige Wünsche der Grünen nach Schaffung einer multikulturellen Gesellschaft in Deutschland. Die CDU gab sogar mehrheitlich das selbstermächtigte Zuwandern nach Deutschland als politisch nicht einzuschränkendes Menschenrecht aus – und die Kritiker solchen Treibenlassens als verblendete Rassisten. Obendrein verkündete zum Wohlgefallen der Grünen ein von Angela Merkel ausersehener Bundespräsident, dass der Islam zu Deutschland gehöre.

Als die Kanzlerin dann 2021 abtrat, versank ihre von Konservativen weitgehend gesäuberte Partei zunächst in politischer Bedeutungslosigkeit. Die Grünen aber machten sich daran, in der neuen Ampelregierung alles das voranzutreiben, was – unter ihrem medialen Druck – Angela Merkel zwar begonnen, doch nicht fertig gebracht hatte. Das reichte von einer angeblich in Aussicht stehenden Rettung des Weltklimas bis zur Praxis einer widerspruchsfrei wertebasierten und obendrein feministischen Außenpolitik, von der Lösung des migrantischen Integrationsproblems durch rasche Einbürgerung bis zum weiteren Ausbau unseres Sozialstaats samt erzieherischer Regulierung der Wirtschaft.

Nur aber erweist sich jene schöne neue Welt als doch nicht ganz so schön, wie das einst in Aussicht gestellt, geglaubt und bejubelt wurde. Viele Illusionsblasen platzen gerade. Da greift doch Russland tatsächlich einen Nachbarstaat an. Da zeigen sich zugewanderte Muslime nicht als Anhänger unserer gutwilligen Gesellschaftsordnung, sondern fordern ein Kalifat im sich stolz säkularisierenden Deutschland, ja im Täterland des Holocaust sogar die Zerstörung Israels. Da führt grüngeprägte Energiepolitik zu Europas höchsten Strompreisen und zum Verlangen nach einer Dauersubventionierung von rein politisch um ihre Wettbewerbsfähigkeit gebrachten Unternehmen. Da wächst der so schön perfektionierte Sozialstaat ins Unfinanzierbare - und die Anzahl arbeitsunwilliger Bürgergeldempfänger in die Hunderttausende. Da zieht Deutschlands streberhafte Klimapolitik nicht - wie erhofft - einen Großteil der Welt mit sich, sondern zeitigt in Europa ungläubiges Kopfschütteln.

Zwar bekommen, seit die CDU bundespolitisch aus dem Rennen ist, vor allem die Ampelparteien den Bevölkerungszorn über die brechstangenartige Durchsetzung grüner und woker Ziele ab. Doch viele im Land haben nicht vergessen, dass die jetzige Regierung im Grunde nur fortzusetzen versucht, was - unter medial verstärktem rot-grünen Druck - bereits die CDU-Kanzlerin auf den Weg brachte. Auch deshalb wuchs, seit die CDU obendrein eine grünende Partei nur der politischen Mitte sein wollte, nicht aber auch die politische Vertretung von Leuten rechts der Mitte, genau dort die AfD zu einer starken, gewiss nicht mehr von selbst vergehenden Partei heran.

Wer nun die Positionen von Grünen und AfD zur Migrationspolitik, zur Energiepolitik und zum eigenen Land vergleicht, der merkt rasch, dass die AfD - wie viel Rechtsradikalismus und Rassismus auch immer unter ihren Mitgliedern gären mag - in erster Linie die politisch-populäre Antwort auf Deutschlands Reise in grüne Gefilde ist. Die aber werden von vielen seit einiger Zeit als vermintes Gelände wahrgenommen. Entdeckungen wie der markante Israel- und Judenhass unter bewunderten Klimarettern unterminieren außerdem die frühere Selbstverständlichkeit, mit der die Grünen für Sachwalter genau des Guten, ihre Gegner aber für Wegbereiter von Schlechtem gehalten wurden. Da lässt unsere politische Landschaft sich auch emotional polarisieren zwischen den Grünen und der AfD. Die dient inzwischen nämlich als wichtigste Projektionsfläche aller Hoffnungen derer, die sich eine entschlossene Korrektur grüner Politikfehler wünschen.

Auch die seitens der AfD immer stärker unter Druck geratende Union setzt sich nun schrittweise von den Grünen ab. Zugleich sind die Sozialdemokraten so schwach an Wählerstimmen und Parlamentsmandaten geworden, dass sich die - ganz auf Koalitionen angewiesene - Machtperspektive der Grünen nunmehr eintrübt. Doch auf diese Weise verfällt jene Geschäftsgrundlage, auf die sich seit Joschka Fischers Zeit die innerparteiliche Dominanz der Realos gründet. Verlieren aber bei den Grünen die Kretschmanns ihren Kampf um eine realistische Migrationspolitik, dann wird bei dieser Partei ein Abwärtsprozess von der Art der „Sozialistenspirale" einsetzen: Je reiner die Lehre, desto kleiner der Kreis ihrer Anhänger.

Noch sind die guten Zeiten der Grünen zwar nicht vorbei. Doch die Ressourcen ihres Machtaufstiegs sind verbraucht. Wer erst einmal weit oben steht, hat ohnehin meist einen Weg vor sich, der vor allem nach unten führt. Also bleibt abzuwarten, wie die recht arrogant gewordenen Grünen mit ihrer sich nun anbahnenden, zweiten Großkrise umgehen werden. Schon in die erste führte sie eine selbstgefällige Problemverkennung, als sie nämlich ausgerechnet nach der Wiedervereinigung im Bundestagswahlkampf von 1990 plakatierten, alle redeten von Deutschland – sie aber vom Wetter. Ob die Grünen es diesmal besser machen?

WARUM ES OPPOSITION BRAUCHT – UND WESHALB DEREN FEHLEN SCHADET

veröffentlicht als „Patzelts Montags-Analyse" am 27. November 2023 auf „NIUS – die Stimme der Mehrheit"[107]

Parlamentarische Opposition ist für ein Staatswesen das, was das Feuer für die Kochkunst ist. Ohne die kann man zwar leben, doch meist eher schlecht. Und regieren lässt sich auch ohne Opposition. Das aber bekommt den Regierten nicht gut, wie das Beispiel vieler Diktaturen zeigt. Loben wir also die Opposition, wann immer sie ihre Aufgaben erfüllt. Doch zu denen gehört das Regieren gerade nicht – und das Mitregieren nur in Notstandszeiten. Dass die Opposition der Regierung bei deren Gestaltungsvorhaben zu helfen habe, glauben aber seit Jahrzehnten leider an die zwei Drittel der Deutschen.

Doch nicht der Regierung wegen gibt es die Opposition, sondern um des Gemeinwohls willen. Allerdings muss schon auch darüber gestritten

[107] https://www.nius.de/search?term=patzelt; Zugriff am 27. Januar 2024 erfolglos.

werden, worin das Gemeinwohl jeweils bestehen mag und welche Wege zu ihm führen. Verlässlich erkennt man es nämlich allenfalls im Nachhinein – zwar oft aus der Geschichte über Wesentliches belehrt, doch ohne Gewähr, dass Erfahrungen von gestern wirklich noch morgen helfen werden. Deshalb ist die eigentliche Natur der Opposition andauernder Streit mit denen, welche die Last eines möglichst gemeinwohlverträglichen Regierens tragen müssen. Doch die wollten sie ja auch schultern.

Gewiss bleibt ein Streit steril, der sich aufs Kritisieren beschränkt. Besser ist es, Alternativen zum Regierungshandeln aufzuzeigen und für diese zu werben. Konkret wären das Sachalternativen, Programmalternativen und Personalalternativen. Wenn eine Regierung dann erklärt, ihre Politik sei alternativlos, verhält sie sich schlicht arrogant. Meist bekommt sie bald eine viel unangenehmere Opposition als jene, die sie durch öffentlichen Streit über behauptete Alternativen womöglich hätte niederringen können.

Wirklich erforderliche, nicht einfach nur eingebildete Alternativen aufzuzeigen, verlangt der Opposition aber viel Sach- und Denkarbeit ab. Sie muss nämlich herauszufinden versuchen, welche Vorhaben und Maßnahmen der Regierung das Gemeinwohl eher schädigen als fördern. Sie hat der Regierung solche Themen aufzuzwingen, die der Opposition als fürs Gemeinwohl wichtig erscheinen, von der Regierung aber gemieden werden. Und sie braucht wirkungsvolle Öffentlichkeitsarbeit mit eingängigen Formeln, anziehenden Gesichtern und realistischen Ansagen darüber, wie sich am Wahltag die Politik in welche Richtung verändern ließe. Das aber spaltet nicht das Staatsvolk, sondern hält es – im Gegenteil – zusammen. Denn nur wenn dieses mitbekommt, dass solche Regierungspolitik, die man in seinen Reihen als falsch erachtet, auch aus den Reihen etablierter Politiker mit den Waffen friedlichen Streits bekämpft wird, entsteht kein Verlangen erst nach Protestparteien, dann nach Revolten. Funktionsgerecht und gekonnt ausgeübte Opposition ist somit die beste Stimulanz für wechselseitiges politisches Lernen, ist Kraftfutter für den staatsstabilisierenden Legitimitätsglauben und dient als Teststrecke für politisches Führungspersonal.

Gerade derzeit brauchte es leistungsstarke Opposition. Weder ist die Politik unserer Ampelregierung in sich stimmig noch zeitigt sie absehbar gute Folgen für unser Land. Und rechtskonform ist es schon gar nicht, sich durch Zweckentfremdung von inzwischen nicht mehr nötigen Kreditermächtigungen fehlendes Geld für immer gigantischere Gestaltungsabsichten zu beschaffen – und das unter absichtlicher Umgehung der verfassungsmäßigen Schuldenbremse. Die hatte ohnehin keinen anderen Zweck, als solche Dreistigkeiten samt haushälterischem Leichtsinn zu unterbinden.

Immerhin hatte sich die Unionsopposition im Bundestag aufgerafft, in dieser Sache die Regierung vor dem Bundesverfassungsgericht zu verklagen. Das wurde zum auch politischen Erfolg. So wäre es wohl ebenfalls im Jahr 2015 gewesen, wenn die von Bayerns Regierung vorbereitete Klage über Rechtsverletzungen der Bundesregierung beim Migrationsgeschehen in Karlsruhe auch wirklich eingegangen wäre. Wie, damit hätte man die eigene Kanzlerin angegriffen? Folgt denn aus politischer Nähe tatsächlich die sachliche Angemessenheit eines Klageverzichts? Eher war es so: Zum bleibenden Schaden unseres Landes fehlte damals eine klageberechtigte Opposition, da nachgerade ein Allparteienbündnis jene Politik betrieb!

Damit sind wir beim Kern des noch aktuellen Elends. Erstens setzt die Ampelregierung bei der Migrations-, Energie- und Sozialpolitik genau das fort, was die Union zu Angela Merkels Zeiten für alternativlos erklärte. Erst das Verfassungsgericht ließ gemeinsame Illusionsblasen über die finanzielle Machbarkeit unserer kostspieligen Energie-, Sozial- und Migrationspolitik platzen. Glaubwürdig vor Gericht ziehen konnte die Union aber vor allem, weil sie selbst einige Jahre lang ausgeglichene Haushalte zustande gebracht hatte. Doch statt jetzt klarzumachen, dass sie auch jede weitere finanzielle Trickserei der Regierung vor das Verfassungsgereicht bringen werde, fängt die CDU nun selber an, die grundgesetzliche Schuldenbremse als „Zukunftsbremse" zu denunzieren. Das aber wird dieses rechtliche Mittel oppositioneller Regierungskontrolle bald schon um seine Wirksamkeit bringen.

Zweitens rostet bis heute nicht die Liebe der Unionsmehrheit zu den Grünen. Sie auszuleben, war Merkel & Co. vielerlei Dehnen und Beugen bisheriger Prinzipien wert. Dabei hat sich rasch gezeigt, dass die ganze Affäre sehr einseitig war. Obendrein machte der Unionsflirt mit den Grünen die AfD als grundsätzliche Grünengegnerin sehr stark und führte die Union in ihr jetziges strategisches Dilemma. Denn entweder klingt klare Regierungskritik auch bei ihr „nach AfD" – oder die Union mästet die AfD durchs Schonen ihres grünen Lieblings bzw. sozialdemokratischen Mehrheitsbeschaffers.

Drittens versteht sich die Union weiterhin als Regierungspartei, die nur kurzfristig von ungünstigen Winden ans Oppositionsufer getrieben wurde. Dort verhält sie sich lieber als „Regierung im Wartestand" denn als machthungrige Gegnerin der Regierung. Wie anders hielt das Oskar Lafontaine, als er schon lange vor 1998 anfing, sinnvolle Reformversuche von Kanzler Kohl im Bundesrat zu stoppen – nur um anschließend die Reformunfähigkeit der Kohlschen Regierung kritisieren zu können! Geschenkt, dass die SPD nachher mit der Agenda 2010 genau das selbstschädigend nachholen musste, woran sie den Kanzler Kohl gehindert hatte. Doch immerhin hatte Lafontaine als faktischer Oppositionsführer ein Alternativkonzept zu dem der Regierung, wenn auch ein fehlerhaftes. Die heutige Union hingegen traut sich das öffentliche Vertreten einer klaren Alternative immer noch nicht zu.

Einerseits gestünde sie damit ein, dass die Ampelregierung gerade auf jenen Politikfeldern scheitert, die einst von der Union zum Flirt mit Grünen und Sozialdemokratie betreten wurden. Andererseits scheint es in der Union inzwischen so viele Parteiopportunisten mit mittelmäßigem Sachverstand zu geben, dass man der Ampel lieber beim Aussitzen einer selbsterzeugten Regierungskrise hilft, als dass man grundsätzliche Kritik an ihr dorthin steuerte, wo die am Politikschlendrian leidende Mehrheit der Bürgerschaft ihrerseits mitgestalten könnte. Das wäre in den Wahllokalen, und zwar nach einem Wahlkampf, in dem die Union überzeugende Sach-, Programm- und Personalalternativen aufgeboten hätte – gerade so wie einst Helmut Kohl. Doch woher das alles nehmen, nach so lange denkfaul genossener Mediokrität *in capite et in membris*, also an Haupt und Gliedern ...

VIEL GLÜCK, LIEBE SAHRA WAGENKNECHT!

veröffentlicht am 29. November 2023 in der „Weltwoche. Deutschland"

Ihr Wahlkreuz bei der Partei von Horst Schlämmer zu setzen, konnten sich im Jahr 2010 nicht weniger als 18 Prozent der deutschen Wählerschaft vorstellen. Der war angeblich stellvertretender Chefredakteur des „Grevenbroicher Tagblatts", in Wirklichkeit aber die zentrale Kunstfigur einer Filmkomödie des Komikers Hape Kerkeling. Und sogar 27 Prozent der Deutschen konnten sich unlängst vorstellen, die kommende „Wagenknecht-Partei" zu wählen; 12 Prozent wollten das auch wirklich tun. Im

Durchschnitt liegt das beim Potential der einstigen „Schlämmer-Partei". Nur gibt es Sahra Wagenknecht wirklich, ihre Partei bald auch. Woher kommen aber die so ähnlichen Umfragebefunde für eine Ausgeburt politischer Spaßmacherei?

Offenbar gibt es im deutschen Wahlvolk eine Lücke zwischen dem, was es an politischem Personal, an politischen Parteien und an politischen Positionen angeboten bekommt, und dem, was es sich – wie verschwommen auch immer – tatsächlich wünscht. Unter solchen Umständen probiert man gern Neues aus, vor allem dann, wenn dieses in der Öffentlichkeit interessant oder einladend daherkommt. Zweitens denken anscheinend viele übers Wählen so nach, als ginge es um nicht mehr als um die wechselnde Vorliebe für Bier, Wein oder Wasser zur Mahlzeit. Und drittens halten es nicht wenige mit ihrer Wahlstimme wohl so wie mit jenem Film, den man statt eines anderen ansieht: Wenn nicht schon der angekündigte Inhalt anmacht, dann geben Schauspieler den Ausschlag.

Tatsächlich ist Sahra Wagenknecht, die kluge und hübsche Fürstin deutscher Talkshows, eine höchst attraktive Spitzenbesetzung. Auch ist ihre politische Story vielversprechend: Wer kann schon etwas gegen Frieden, Freiheit, soziale Gerechtigkeit und wirtschaftliche Vernunft haben! Oder wer möchte nicht, umgekehrt, ein baldiges Ende jetziger Kriege, mehr sorgenlos nutzbare Meinungsfreiheit, höhere Löhne und Renten sowie eine Wirtschafts- und Energiepolitik, die Deutschland nicht entindustrialisiert? Und wer möchte nicht obendrein das Ende selbstermächtigter Zuwanderung in unser Land, das sich zwischen jugendlichen Migranten und schon länger hier Lebenden kulturell polarisiert, während seine Sozialsysteme bald schon überfordert sein werden!

Das alles verspricht Wagenknechts noch gar nicht gegründete Partei. Kein Wunder deshalb, dass diese bei knapp der Hälfte der Deutschen auf keinerlei Ablehnung stößt, ja bei über einem Zehntel sogar Vorfreude weckt. Nur sind die Beweggründe für diese Art von Willkommenskultur sehr unterschiedlich. Auch Linke wollen inzwischen die Begrenzung von Zuwanderung, weil deren Endlosigkeit einerseits die Rechten stärkt und andererseits Deutschlands Kommunen sowie unsere Sozialhaushalte wirklich an Grenzen ihrer Leistungsfähigkeit treibt. Also tut es vielen gut, dass man – dank der Marxistin Wagenknecht – inzwischen ein Zuwanderungskritiker sein kann, ohne dass man sich wehrlos einen fremdenfeindlichen Rechtsradikalen nennen lassen muss. Und AfDler sind glücklich, dass ihr so lange als rassistisch hingestellter Migrationskurs inzwischen von ganz links her als in der Sache richtig unterstützt wird.

Gemeinsam sehen Anhänger von Union und AfD derzeit schadenfroh, wie Wagenknechts Abspaltung von der Linken diese Partei schwächt, vermutlich bis zur politischen Unbeachtlichkeit. Und Grüne sowie Sozialdemokraten hoffen – samt allen Unionsleuten – inständig allesamt darauf, die Wagenknecht-Partei möge das so lange gesuchte Gegenmittel zum Gedeihen der AfD sein. Weil die nämlich vom Migrationsthema lebe, nähme ihr eine ebenso migrationsablehnende Partei von links her das sie mästende Kraftfutter weg. Als ob das die Union durch eine Neubesetzung ihrer einstigen Positionen nicht auch hätte versuchen können! Doch nun will sie wohl in Wagenknechts Schatten ihre allzu viele Jahre lang sehr falsche Migrationspolitik klammheimlich korrigieren. Dann gibt es auch noch den üblichen Charme einer Querfront. Und politische Rechenkünstler auf Klippschulniveau versteigen sich inzwischen gar zum folgenden Kalkül: Migrationspolitisch rechts, sozial- und wirtschaftspolitisch aber links, wäre Wagenknechts kommende Partei im Durchschnitt eine Partei der Mitte, mit der man sich also guten Gewissens auf bald schon erforderliche All-Parteien-Koalitionen gegen die AfD einlassen könne.

Doch Träume sind Schäume, gerade in der Politik. Zwischen Wagenknechts Glänzen als Debattenkünstlerin und der Mühsal konkreter Parteiführung liegen tiefe Klüfte. Dorthin sind auch schon echte Volkstribune wie Franz Schönhuber abgestürzt. Nur ein scheinbarer Ausweg ist es, sich von politischen Muschkoten eine Bühne zur publikumsattraktiven Selbstdarstellung bauen und garnieren zu lassen. Politik ist nämlich kein Popkonzert, bei dem Madonna alles, die Vorband aber wenig gilt. Und gerade bei linken Parteien verwandeln sich Genossen rasch in Gegner. Noch sind jedenfalls keine Landesverbände gegründet, noch keine Namenslisten von weiteren Parteiführern bekannt, noch die unvermeidlichen Programmdebatten nicht geführt. Und auch mediale Sympathie, wie Wagenknecht & Co. sie derzeit genießen, trägt nicht ewig. Hier schreckt das Beispiel der ziemlich lange journalistisch hofierten Piratenpartei.

Viel Glück also, kluge Sahra! Sie werden es brauchen. Ich bezweifle zwar, dass Ihre Partei auf dem Wahlzettel genauso erfolgreich sein wird wie auf den Fragebögen der Demoskopen. Doch wenn Sie es immerhin schaffen könnten, die Migrationspolitik zu einem quer über alle Lager redlich erörterten Thema zu machen, hätten Sie unserem Land einen großen Dienst erwiesen. Und zwar einen, der wirklich nur einer Linken glücken kann.

DIE CHANCE DER CDU

***veröffentlicht am 8. Dezember 2023 in der „Weltwoche"*[108]**

Parteien haben die Beweglichkeit eines Tankers. Also sollte man auf der Brücke rechtzeitig erkennen, ob der bisherige Kurs weiterhin zum angestrebten Ziel oder, da nun in anderen Regionen angelangt, in Untiefen führt. Schwierig wird es damit, wenn Kapitän und Offiziere das Drohen von Gefahren nicht wahrhaben wollen. Und übel kommt es, wenn beim erwogenen Richtungswechsel der Platz zum Manövrieren fehlt. So ungefähr geht es Deutschlands CDU.

Auf einen guten Kurs brachte sie einst, dass die Union als Sammlungsbewegung begann. Weder ganz konservativ, noch ganz liberal, noch ganz christlich-sozial war sie in ihren Anfängen, sondern, auf recht heterogene Weise, von alledem ziemlich viel. Entsprechenden Streit der Vorkämpfer ihrer Flügel hielt sie aus. Dank seiner sprach sie sogar sehr breite Wählerkreise an. Seit weit über zwei Jahrzehnten will sie freilich nicht mehr konservativ sein, sondern linksgrünen Medien gefallen. So verlor sie über die Jahre nach „rechts", was sie „in der Mitte" dann doch nicht an sich binden konnte. Dass das Glitzerwort „ökologisch", welches die Union von den Grünen her anzieht, letztlich „konservativ" meint, empfinden zwar etliche CDUler. Sie unterließen aber die intellektuelle und menschliche Anstrengung, sich gerade von einem *konservativen* Politikansatz her den Realos unter den Grünen anzunähern.

Zum lange zielführenden Kurs der Union gehörte ebenfalls die Bereitschaft, beim Widerstreit des Wünschenswerten mit dem Machbaren sich aufs letztere eizulassen. Etwa galt es bis weit in die 1960er Jahre hinein als wünschenswert, beim Reden über Deutschlands anzustrebende Wiedervereinigung auch Schlesien nicht zu vergessen. Doch mangels jeder Machbarkeit eines solchen Vorhabens freute sich die Union gut zwanzig Jahr später auch über ein künftiges Gesamtdeutschland ohne Schlesien, Pommern und Preußen. Ziele um ihrer selbst willen zu verfolgen war nämlich jahrzehntelang gerade kein Anliegen der CDU. Das wurde anders, als der Atomausstieg und unbehindertes Einwandern wie moralische Handlungs- oder Duldungspflichten zu gelten anfingen. Eben das veränderte den Kurs der Union hin zur absehbaren Kollision mit den Untiefen der Wirklichkeit.

---

[108] https://weltwoche.de/daily/die-chance-der-cdu/; Zugriff am 27. Januar 2024.

Dritter Gesichtspunkt jeder Kursbestimmung der Union war das kompromisslose Trachten danach, Parteien rechts von der CDU entweder gar nicht aufkommen zu lassen – oder, wenn es sie denn gab, möglichst bald überflüssig zu machen, um dann deren Reste aufzusaugen. Gerade so wurden alle Konkurrenten von der „Deutschen Partei" über den „Bund der Heimatvertriebenen und Entrechteten" bis hin zu den sich am Asylwesen hochrankenden „Republikanern" erfolgreich bekämpft. Dabei erwies es sich als zielführend, die vernünftigeren unter den gegnerischen Anliegen dem eigenen Gestaltungsprogramm anzufügen, Fehler von gegnerischen Anführern auszuschlachten und bei alledem sich selbst als vertrauenswürdige Alternative einer zurückzugewinnenden Wählerschaft anzubieten. Seit sich allerdings die AfD ab 2015 jene früheren migrationspolitischen Forderungen der Union zu eigen machte, die Angela Merkel widerstrebten, versuchte man es mit bloßem Einschlagen auf die unerwünschte Konkurrenz. Zudem grenzte sich die CDU fortan von fast allen Positionen ab, welche die AfD sonst noch vertrat, auch wenn man selbst – wie bei der Familien- und Kulturpolitik – Urheberrechte hätte geltend machen können. Obendrein trieb die CDU gerade in Ostdeutschland durch grün- und linksgefällige Wählerbeschimpfungen einen großen Teil ihrer ehedem eigenen Anhängerschaft der AfD zu. Anschließend fing der CDU-Tanker an, stellenweise auf Grund zu laufen.

In dieser Lage meinten die Kapitänin Merkel und ihre Offiziere, sich aus den – anfangs noch sachten – Untiefen durch „Volle Fahrt voraus!" befreien zu können. AfD-kritische Polemiken wurden immer schriller, Eidesleistungen zur ewigen Nicht-Kooperation mit dieser Partei immer häufiger. Dass die AfD sich dennoch – oder gerade deshalb – zu Lasten der Union würde stabilisieren können, hielt man wider vielerlei Warnungen für unwahrscheinlich. Und dass die zunächst kleingeredeten, dann beschwiegenen und bis heute nicht wirkungsvoll angegangenen Kollateralschäden deutscher Willkommens- und Duldungskultur die AfD langfristig mästen würden, wollte die Schiffsführung schlicht nicht glauben. Sie merkte auch nicht, in eine wie enge Bucht ohne sonderliche Wendemöglichkeiten sie ihren Tanker hineinlocken ließ, als sie jenes ihr von links her angesonnene Bild von „Brandmauern" akzeptierte, welche gerade die Union gegenüber der AfD zu errichten und zu sichern habe. Denn mit wem kann die CDU wohl noch eine parlamentarische Mehrheit bilden, wenn sie durch jahrelange Wählerwanderungen hin zur AfD so schwach geworden ist, dass Koalitionen mit der ihr nahestehenden, doch inzwischen ums Überleben kämpfenden FDP nicht mehr ausreichen, sie aber jegliches Zusammenwirken mit der AfD ausgeschlossen hat?

Also muss die Union gegen eine – ausweislich der üblichen Stimmenanteile von Union und AfD – klar nicht-linke Mehrheit in der Bevölkerung, in den Parlamenten inzwischen Mitte-Links-Mehrheiten, setzen. Die aber schaden ihr regelmäßig. Gerade so, als wären grüne Machtperspektiven ein Bonus für die Union, gab die CDU bis vor kurzem sogar lieber den Grünen als den Sozialdemokraten den Zuschlag. Mitunter muss sie sogar mit beiden Parteien eine Anti-AfD-Koalition schmieden. Zu den Folgen gehört dann, dass deutlich CDU-geprägte Politik ausbleibt, und zwar selbst dann, wenn die CDU – wie derzeit in Sachsen – mehr als doppelt so stark ist wie ihre zwei linken Koalitionspartner zusammen.

Zumal die Grünen profitierten jahrelang von solchen Konstellationen. Nicht nur waren sie die Lieblinge der Journalisten sowie von Unionspolitikern, die zu Merkels Zeiten aufstiegen. Sondern die Grünen nutzten stets auch ihr politisches Erpressungspotential, denn ohne sie kamen meist keine Anti-AfD-Koalitionen zustande. Obendrein verfolgten die Grünen wirkliche Gestaltungsziele, während der Union zur politischen Sinnerfüllung meist das Mitregieren ausreichte. Verschlimmert wird inzwischen die Lage der Union dadurch, dass sich genau die AfD als „Anti-Grünen-Partei“ aufgestellt hat. Deshalb bekommt sie weiteren Auftrieb sowohl durch CDU-Politik entlang grüner Wünsche als auch durch die neuerdings sich häufenden Ansagen aus Unionskreisen, Hauptgegner wären fortan die Grünen. Was wohl lässt sich unter solchen Umständen AfD-Behauptungen entgegensetzen, es gleiche sich nun die Union der viel erfolgreicheren AfD an – weshalb kluge Wähler besser für das anti-grüne AfD-Original als für dessen unglaubwürdige CDU-Kopie stimmten?

Hoffnung kann den Leuten auf dem Unions-Tanker eigentlich nur machen, dass politische Fehler der politischen Konkurrenz in jener Bucht, in der man nun feststeckt, sich wie ein Gezeitenhub auswirken. Und weil seinetwegen die Unpopularität der Ampel-Regierung jene Küstenlinie erweitert, die für Unionsmanöver nutzbar ist, könnte der neue Kapitän womöglich einen Kurs zurück in offene Gewässer setzen. Allerdings bräuchte er dafür die Mithilfe seiner Besatzung – und vermutlich das Abwerfen von Ladungsballast, um eine weitere Handbreit Wasser unter dem Kiel zu bekommen. Doch wie will Merz – falls er überhaupt eine solche Absicht hätte – seine Führungsleute vom Wert eines neuen Kurses überzeugen, wenn doch der bisherige Kurs als alternativlos und nur eben nicht kraftvoll genug galt? Immerhin wurde dieser aus einst plausiblen Gründen eingeschlagen.

Es war nämlich die CDU schlicht dessen überdrüssig geworden, als „konservativ“ oder gar als „rechts“ nachgerade beschimpft zu werden. Anschließend verlor Angela Merkel fast ihre erste, monatelang als gewonnen behandelte Bundestagswahl, weil ihr damaliger Kurs als viel zu (wirtschafts-)liberal kritisiert wurde. In der folgenden, faktisch aufgezwungenen Koalition mit der SPD kam es dann – auch dank medialer Streicheleinheiten – ziemlich bald zur habituellen Sozialdemokratisierung der Union. Und als die folgende Koalition mit der FDP gerade auch deshalb zum wechselseitigen Missvergnügen geriet, wurden eben die Grünen zu Wunschpartnern der CDU – freilich mehr in den Medien als in den Reihen der Partei selbst. Entsprechende Spannungen erzeugten dann Solidarität mit der Parteivorsitzenden und einen unerbittlichen Kampf gegen weiterhin bockige Konservative. Bei diesem setzten sich die Merkelianer durch und führen heute ein Nachhutgefecht gegen Hans-Georg Maaßen und die WerteUnion als den, sozusagen, letzten Mohikanern einer Vor-Merkel-CDU.

Was tun in dieser Lage? Als naheliegend gilt es vielen, sich aufs allmähliche Verlöschen der Regierungs-Ampel zu verlassen. Dann hofft man auf deren Zerrüttung im Streit um die Anpassung verabredeter Vorhaben an den rechtlich verfügbaren Finanzierungrahmen. Zwar kann die FDP – anders als 1982 – sich aus einer ranzig gewordenen SPD-Koalition nicht einfach an die Seite eines neuen Partners retten. Union und FDP sind einfach zu schwach geworden für ein erfolgreiches konstruktives Misstrauensvotum – und würden an einem mit Unterstützung der AfD erfolgreichen Misstrauensvotum im kommenden Wahlkampf schwer leiden. Doch eine Minderheitsregierung Scholz/Habeck ohne die FDP, die von nirgendwo im Bundestag Unterstützung erhielte, wäre bald noch unpopulärer, als das die Ampel jetzt schon ist. Irgendwann würde dann, so das Kalkül, der politische Druck auf eine Vertrauensfrage des Kanzlers derart steigen, dass die absehbare Abstimmungsniederlage dem Bundespräsidenten die Auflösung des Bundestages nahe legte, woraufhin die CDU sehr gute Aussichten hätte, den nächsten Bundeskanzler zu stellen. Eben deshalb winkt den Unionsbewerbern um die Kanzlerkandidatur nun politische Macht – und nicht nur die Sündenbockrolle eines Wahlverlierers.

Natürlich verbindet sich beim Schaulaufen von Kanzlerprätendenten eigener Ehrgeiz mit jenen strategischen Entscheidungen, die zur Befriedigung oder Enttäuschung dieses Ehrgeizes führen können. Deshalb muss vor Augen stehen, dass auch eine bei Bundestagswahlen mit relativer Mehrheit siegreiche Union wohl nicht so stark sein wird, dass sie allein mit der FDP regieren könnte. Soll sie dann erneut eine jener Mitte-Links-Koalitionen mit Sozialdemokraten oder Grünen anstreben, die jahrelang die AfD gestärkt und die CDU geschwächt haben? Soll zumindest ein Bündnis mit den oft arroganten Grünen ausgeschlossen werden, um Merkels großkoalitionäres Zeitalter neu zu beleben? Oder wäre es an der Zeit, die AfD ins Spiel zu bringen, damit einer rechten Bevölkerungsmehrheit nicht erneut – und zum Nachteil der CDU – eine linke Parlamentsmehrheit entgegengesetzt werden muss?

Es ist klar, dass jeder Unionspolitiker ins Risiko des politischen Heldentods rennt, der solche Gedankenspiele öffentlich anstellt. Allerdings ist auch zu erkennen, wie man sich gegen gewiss nicht ausbleibende Giftpfeile wappnen könnte. Erstens müssten CDU-Anführer der eigenen Partei nahebringen, dass es wenig bringt, vor einer Königskobra namens AfD wie ein Kaninchen zu sitzen, das passiv auf deren Angriff wartet. Man muss schon selbst in die Offensive gelangen – zugleich aber einsehen, dass die bisherige Herabsetzungs- und Ausgrenzungsstrategie gegenüber der AfD völlig gescheitert ist. Zweitens müssten CDU-Politiker unüberhörbar darauf aufmerksam machen, dass es in Deutschland zwar eine rechte Bevölkerungsmehrheit gibt, dass diese aber genau so lange nicht in parlamentarische Mehrheiten umgesetzt werden kann, wie sich die AfD nicht ändert. Um diesbezüglich offensiv zu werden, müsste die CDU präzis angeben und auch mit plausiblen Gründen untersetzen, von welcher Rhetorik, von welchen Positionen und von welchen Personen sich die AfD zu trennen hätte, wenn irgendwelche Zusammenarbeit zwischen ihr und der Union auf Landes- oder Bundesebene möglich werden sollte. Und viertens müsste sich die CDU darauf einstellen, dass die erste Reaktion der AfD auf solche Forderungen in deren hämisch-herablassender Zurückweisung bestehen wird, dass also eine solche Offensive frustrationstolerant als eine Langfriststrategie betrieben werden muss. Bei der käme es darauf an, jene „Realos" in der AfD zu ermutigen, die bislang noch jede innerparteiliche Auseinandersetzung mit den „Fundis" verloren haben, weil sie nie eine Machtperspektive aufzeigen konnten, die attraktiver gewesen wäre als das demagogisch-populistische Protestgehabe derer, welche die AfD als grundsätzlich systemkritische politische Bewegung aufstellen wollen.

Gewiss kann die CDU auch weiterhin so tun, als erledige sich ihr Problem mit der AfD irgendwann von selbst. Doch wie vernünftig ist es wohl, einen bislang nicht erfolgreichen Kurs einfach deshalb fortzusetzen, weil man sich ans Treibenlassen gewöhnt hat?

DER SINKFLUG DER AMPEL-REGIERUNG

ursprünglich erschienen am 29. Dezember 2023 unter dem Titel „Die Ampel hat sich mit Illusionen besoffen" auf FOCUS.online,[109] nachveröffentlicht unter dem Titel „Die Ampel schlittert unaufhaltsam ihrem Schicksal entgegen" in der „Weltwoche" vom 5. 1. 2024, desgleichen am 12. Januar 2024 auf meinem Blog wjpatzelt.de

Der Sinkflug der Ampelregierung geht weiter. Kann ihr wirklich nichts neuen Auftrieb geben? Theoretisch schon. Doch in der Praxis verhält es sich mit Scholz & Co. wie mit einem Alkoholkranken, der den Rat zum Verzicht auf liebgewordenen Stoff mit der Behauptung zurückweist, das angebliche Problem – wenn überhaupt bestehend – wäre längst im Griff.

Was aber ist das Kernproblem dieser Regierung? In ihr regiert eine Minderheit gegen die nunmehr erfahrungsbelehrten Wünsche und Interessen der Bevölkerungsmehrheit. Die Anliegen dieser Mehrheit zu vertreten, wurde seit rund einem Jahrzehnt als rechtspopulistisch abgetan. Gar für moralisch minderwertig erklärt wurde die Forderung nach einem Ende der selbstermächtigten Zuwanderung nach Deutschland, und als ganz nachrangig ausgegeben wurde das Verlangen nach niedrigen Energiepreisen, nämlich angesichts des – im Fall einer anderen Energiepolitik – nicht mehr abzuwendenden Hitzetods der Menschheit.

Am Elend der Ampelregierung ändert es auch nichts, dass sie fast überall nur die Politik der CDU-Kanzlerin Merkel fortsetzt. Denn schon deren Kurs wurde von der heutigen Kanzler-SPD mitgeprägt, von den Grünen eingefordert und von tonangebenden Medien als alternativlos gepriesen. Das machte Angela Merkel höchst populär und brachte die CDU zum Vergrünen, solange die Folgen solcher Politik nicht weithin fühlbar waren. Doch allenthalben sichtbar sind nunmehr die Nebenwirkungen der einst gottesdienstartig gefeierten Willkommenskultur und einer Weltklimarettung nach deutschem Wesen.

Als höchst befreiend würden derzeit die meisten im Lande eine Rede zur „Zeitenwende" auch hinsichtlich unserer Migrations- und Energiepolitik

[109] https://www.focus.de/politik/gastkommentar-von-werner-patzelt-die-ampel-hat-sich-mit-illusionen-besoffen-ich-hoffe-auf-einen-heilsamen-kater_id_259532053.html; Zugriff am 27. Januar 2024.

empfinden. Diese müsste allerdings ebenso klar die bisherigen Fehler benennen und tatkräftige Abhilfe in Aussicht stellen, wie das einst des Kanzlers Rede nach Russlands Einmarsch in der Ukraine tat. Wer als Sozialdemokrat oder Grüner solchen Aufbruchsgeist ebenso glaubwürdig verkörpern könnte wie Deutschlands derzeitiger Verteidigungsminister, der würde wohl auch dessen Anstieg an öffentlicher Beliebtheit erleben. Das Erfolgsgeheimnis wäre einmal mehr: Man gibt sich nicht wie „von der Wirklichkeit feindlich umzingelt", sondern spricht klar aus, welche realen, durchs Wegwünschen nicht vergehenden Zusammenhänge beim politischen Handeln berücksichtigt werden müssen – und stellt sich dann bereitwillig samt Sachverstand auf sie ein.

Zu jenen Sachverhalten, aus denen sich Gebote praktischer Politik ergeben, gehört derzeit vor allem, dass solche Zeiten des Überflusses vorbei sind, in denen der deutsche Sozialstaat auch ohne haushaltsrechtliche Tricksereien immer mehr ausgebaut und seit 2015 auch noch auf Zusicherungen für alle Menschen ausgedehnt werden konnte, die in Deutschland noch lieber leben wollen als in anderen freiheitlichen Staaten. Zum in unseren Zeiten schlicht hinzunehmenden Rahmen deutscher Politik gehört ebenfalls, dass es sehr töricht wäre, die Grenzen der Belastbarkeit unserer Wirtschaft noch weiter auszutesten, nämlich durch bürokratische Gängelung und habgierige Gewinnabschöpfung seitens des Staates. Oder dass ein bloßes Wegsubventionieren jener rein politisch herbeigeführten Höhe unserer für Wirtschaft und Wohlstand schädlichen Energiepreise den bisherigen politischen Dummheiten nur eine weitere hinzufügte. Obendrein gehört zu den endlich einzusehenden Grenzen des Regierens in Deutschland, dass ein Großteil der Bürgerschaft nicht nur des belehrenden Tons in regierungsseitig geschätzten Medien überdrüssig ist, sondern dass die Leute im Land überhaupt beginnen, allergisch auf weiteres politisches Erziehungsverhalten zu reagieren.

Dieses begann damit, dass regierungskritische Positionen – sofern nicht klar links, grün oder woke – als rechtspopulistisch, rechtsradikal oder gar rechtsextrem ausgegeben sowie mit Ausgrenzungsgeboten hinsichtlich jener Leute versehen wurden, die sich als besorgte Bürger oder gar empört äußerten. Nicht vergessen wurde, wie sich staatliches Erziehungsverhalten während der Corona-Pandemie in Freiheitseingriffe umsetzte, die allzu oft als Mischung aus Hilflosigkeit und Willkür anmuteten, aber dennoch vertreten wurden wie ein Ausbund an wissenschaftlicher Weisheit und politischer Klugheit. Von etlichen wird auch nicht vergessen, dass Politiker bei Demonstrationen gegen die Corona-Politik Wasserwerfer einsetzen ließen, während Anti-

Israel-Kundgebungen weiterhin wie palästinensisch-islamische Folkloreveranstaltungen behandelt werden. Und das Fass zum Überlaufen bringt für viele, dass nicht einmal das Wahlkreuz für die Unionsparteien ein Ende grün dominierter Politik bewirken kann, weil nämlich noch jahrelang kein Unionspolitiker es wagen darf, andere als Anti-AfD-Koalitionen zu schmieden – und weil sich viele unbeliebte Politiker von SPD, Grünen und Linken genau in CDU-geführten Anti-AfD-Koalitionen an der Macht halten werden.

Vielleicht sähe in dieser Lage der wirkungsvollste Befreiungsschlag der Ampelparteien so aus: Ihre Bosse erklärten öffentlich, dass eine politische Position nicht allein schon dadurch falsch wird, dass auch die AfD sie vertritt, weshalb man sich fortan auf sachlichen Streit auch um die politischen Einschätzungen und Vorschläge der AfD einlassen werde. Man fügte dem idealerweise hinzu, dass es womöglich besser gewesen wäre, schon eher auf Warnungen vor einer möglichen „Islamisierung des Abendlandes" zu hören, wie sie vor knapp zehn Jahren lautstark in Dresden erklangen. Auch könnte man betonen, dass gerade die Unionsparteien große Verantwortung für die jetzt so üble Lage trügen – und zwar nicht nur deshalb, weil die von ihnen heftig bejubelte Kanzlerin Politikwenden hinein in Sackgassen unternahm, sondern weil CDU und CSU vor knapp zwanzig Jahren aufhörten, von der rechten Mitte bis zu gerade noch akzeptablen Leuten am rechten Rand wirklich alle ins Gewicht fallenden nicht-linken Kräfte in einer pluralistischen Union zusammenzuführen und allein in deren Reihen auf dann konstruktive Weise wirkkräftig zu machen. Draufsetzen ließe sich noch der Vorwurf an die größte Oppositionspartei, dass die Union zu unser aller Nachteil weiterhin keinerlei Versuche unternimmt, der AfD ebenso Anreize für den Wandel hin zu einer koalitionsfähigen Partei zu bieten, wie das einst die SPD in vorbildlicher Weise hinsichtlich von Grünen und PDS vorgemacht hat.

Gewiss merkt jeder, der diese Vorschläge liest, dass sie bei den Ampelparteien auf die gleiche Zustimmung stoßen werden wie die Bitte einer Ehefrau, ihr Mann möge mit dem Trinken aufhören. Dabei läge es doch in dessen eigenem Interesse, sich einer solchen Bitte nicht zu verschließen. Und tatsächlich passt dieses Beispiel nicht nur bestens zur derzeitigen Lage der Ampelkoalition, sondern auch zu jener der Union. Regelrecht besoffen haben sie sich alle an Deutschlands Wandel zur Multikulturalität und Multiethnizität, die nun doch nicht ganz so doll geworden sind, an unserer weltrettenden Klima- und Energiepolitik, an einer Erziehungs- und Sozialpolitik, die möglichst jedem auch ohne sonderliche Bildungs- und Leistungsanstrengung ein auskömmliches Leben ermöglicht. Immer noch wird jeder Kater mit weiteren Schlucken aus der Pulle politischer Illusionen bekämpft – und immer noch nicht mit Lernwillen, Selbstdisziplin und den Mühen eines Neuanfangs. Aber gerade den wünscht sich ein Großteil derer, die schon länger im Lande leben.

ZUM OSTDEUTSCHEN WAHLJAHR 2024

veröffentlicht am 3. Januar 2024 auf meinem Blog wjpatzelt.de.

Die Vorgeschichte: Andreas Debski publizierte am 2. Januar in der „Leipziger Volkszeitung" einen Artikel über die kommenden ostdeutschen Wahlen.[110] Im Vorfeld stellte er mir vier Fragen, um Teile der Antworten in seinem Artikel zu verwenden. Weil ich meine anderen Aussagen ebenfalls für wissenswert hielt, setzte ich das vollständige „Quasi-Interview" auf meinen Blog.

So spannend war es wohl noch nie, sowohl in Sachsen als auch in Thüringen. Mit welchen Erwartungen gehen Sie in das politische Jahr 2024? Inwieweit werden die politischen Lager „durcheinander gerüttelt"?

Die einschlägigen Umfragen in Verbindung mit inzwischen mehrjährigen Trends lassen erwarten, dass die AfD bei den kommenden ostdeutschen Wahlen zur stärksten Partei wird. Doch weil man in Politik, Journalismus und Wissenschaft die wichtigste Ursache für den Aufstieg der AfD weiterhin in einem Rechtsruck der Bevölkerung sieht, nicht aber in falscher und nun vor aller Augen scheiternder Politik, liegen sämtliche wirksamen politischen Gegenmittel außer Reichweite. Das zu erkennen und trotzdem nicht von bislang erfolglosen Anti-AfD-Strategien ablassen zu können bringt die etablierten Parteien zu Verzweiflungstaten wie der, die Landesämter für Verfassungsschutz ins Spiel zu bringen, ohne anschließend die Traute zu einem nicht nur geforderten, sondern auch tatsächlich herbeigeführten Parteiverbotsverfahren zu haben.

---

110 https://www.lvz.de/mitteldeutschland/sachsen-steht-vor-drei-wahlen-politiker-sollen-mehr-mit-afd-streiten-VIFIKX7MCJEOLK67ENKB36DHGI.html; Zugriff am 27. Januar 2024.

Stichwort Sachsen: Die CDU muss um ihre Vormacht bangen, die AfD könnte stärkste Partei werden. Mit welchen Konsequenzen rechnen Sie für den Wahlkampf und später bei der (schwierigen) Regierungsbildung?

Sachsens CDU wird im Wahlkampf nicht um das Eingeständnis herumkommen, dass sie ab dem Herbst erneut mit Grünen, Sozialdemokraten und wem sonst auch immer eine Anti-AfD-Koalition bilden wird. Ausschließen wird sie derlei auf keinen Fall. Das aber wird weitere bisherige CDU-Wähler, die einen linksgrünen Kurs nicht länger ertragen wollen, der AfD zutreiben. Unterstellt, dass die AfD keine absolute Mehrheit im neuen Landtag erringt, wird die Regierungsbildung also ganz einfach: Alle gegen die AfD – und sei es in Gestalt einer linkstolerierten Minderheitsregierung unter CDU-Führung. Dass die Sachsenunion dabei noch mehr als bislang von früheren eigenen Gestaltungsansprüchen wird aufgeben müssen, ist die zwangsläufige Folge ihrer zurückliegenden Fehlentscheidungen.

Die AfD will Rathäuser und Stadt/Gemeinderäte bei den Kommunalwahlen erobern, im Landtag die dominierende Kraft werden. Sehen Sie ein „blaues" Sachsen (Thüringen) aufziehen? Welche Fehler sollten die anderen Parteien unbedingt vermeiden – und welche strategische Ausrichtung fahren? Oder wird die Rolle der AfD möglicherweise überschätzt?

Weil die nachhaltige Machtbasis einer deutschen Partei ihre kommunale Verankerung ist, strebt die AfD klugerweise in die Rathäuser. Die politische Großwetterlage erleichtert ihr das auch. Sollte sich die AfD auf kommunaler Ebene dann weitgehend skandalfrei, womöglich gar erfolgreich verhalten, wäre ihr Wandel von einer Protestbewegung zu einer etablierten Partei ziemlich vorangeschritten. Nur die Koalitionsfähigkeit auf Landesebene fehlte ihr dann noch. Also sollten sich die bislang etablierten Parteien nicht länger mit der wechselseitigen Zusicherung beruhigen, die AfD werde überschätzt und rasch verschwinden, wenn man sie nur ignoriere. Und waltete in unserer Politik mehr Vernunft, als sie bislang an den Tag gelegt wurde, dann würde man nun rasch den alten Fehler abstellen, vor allem *über* die AfD zu reden, doch sich nicht in öffentlichen Streit *mit* ihren Politikern über deren Problemwahrnehmungen und Politikvorschläge einzulassen.

Wenn man es aber weiterhin, statt sich auf persönliche politische Auseinandersetzungen einzulassen, mit der abschreckend gemeinten Etikettierung aller AfD-Politiker als rechtsextrem versuchen will, dann besteht der größte Fehler darin, nun nicht rasch auch noch ein Parteiverbotsverfahren herbeizuführen – oder die für rechtsextrem erklärten AfD-Politiker zumindest mit einem Verfahren nach Art. 18 Grundgesetz zur Verwirkung ihrer Grundrechte zu überziehen. Ein solches Verfahren kann vor dem Bundesverfassungsgericht eine jede Landesregierung in Gang bringen. Tut sie das nicht, dann müssen ihre Warnungen vor rechtsextremen AfD-Politikern eher als Wahlkampfgetöse denn als ernsthafte Sorge um unsere Demokratie gelten.

Was wäre Ihr Rat als Politikexperte, um gut durch das „Superwahljahr" zu kommen?

Vor allem sollte man begreifen, was die wirklichen, von mir seit vielen Jahren öffentlich erläuterten Gründe für den Aufstieg der AfD sind. Dann würde man einesteils öffentlich mit AfD-Politikern streiten – und obendrein solche Politiken korrigieren, die von großen Teilen der Bürgerschaft mit plausiblen Argumenten abgelehnt werden. Beides könnte das Wahljahr zu mehr als einer bloßen Abrechnung mit den etablierten Parteien machen. Sodann sollte man die eigenen Positionen nicht mit moralisierend überhöhter Rechthaberei vortragen, sondern als durchaus kritisierbare Beiträge zum ganz legitimen politischen Streit. Im Übrigen sollte man entweder vor dem Bundesverfassungsgericht Eilverfahren zum Verbot der AfD oder zur Verwirkung der Grundrechte von AfD-Politikern herbeiführen – oder eben darauf verzichten, der AfD andauernd mit ehrenrührigen Einschätzungen als rechtsextremistisch zu kommen. Wenn man nämlich diesen Vorwurf schon selbst nicht als „gerichtsfest" einschätzt, dann sollte man ihn auch nicht zur politischen Brunnenvergiftung nutzen – zumindest dann nicht, wenn einem die pluralistische Demokratie wirklich am Herzen liegt.

AMPELKRISE, CDU-KRISE UND DIE AFD

Interview mit Patrick Hyslop, veröffentlicht am 8. Januar 2024 unter dem Titel „Umfragekrise der Ampel" in der Chemnitzer „Freien Presse".[111]

Ab S. 374 folgt jener zweite Teil des Interviews, der wohl noch nicht publiziert wurde.

Laut jüngster Forsa-Sonntagsfrage kämen die Ampelparteien zusammen nur noch auf 32 Prozent der Stimmen. Auch sind derzeit 55 Prozent der Deutschen für Neuwahlen. Warum steht die Ampel so schlecht da?

Die Bundesregierung führt jenen Kurs weiter, den Angela Merkel eingeschlagen hat, teils weil sie ihn so wollte, teils weil sie von Sozialdemokraten und Grünen dazu gedrängt und dabei gegen ihren eigene Partei unterstützt worden ist. Mit diesem Kurs hat Merkel die CDU heruntergewirtschaftet.

Eben diesen Kurs führt die Ampel-Regierung jetzt bei der Klimapolitik, bei der Energiepolitik und bei der Migrationspolitik weiter. Deshalb muss man sich nicht wundern, dass die Ampel jetzt vom gleichen Schicksal heimgesucht wird, mit dem die CDU geschlagen war, solange sie die Regierungspolitik der Ampel sozusagen vorweggenommen hat.

Wer profitiert von den schlechten Werten der Ampel?

Sämtliche Umfragen zeigen, dass sie in erster Linie der AfD nützen. Die Union profitiert hingegen noch nicht sonderlich davon, weil eben vielen im Lande klar ist, dass die Ampel-Regierung genau die frühere CDU-Politik fortsetzt – nur eben noch entschiedener.

Gar nicht wenige sind deshalb zum folgenden Schluss gelangt: „Wann immer man die CDU wählt, bekommt man am Ende grüne Politik. Warum also sollten wir, die wir den grünen Kurs der Bundesregierung keineswegs wollen, noch einmal unser Vertrauen in die CDU setzen? Die wird,

---

[111] https://www.freiepresse.de/nachrichten/deutschland/umfragekrise-der-ampel-kommen-jetzt-neuwahlen-und-eine-neue-partei-zwischen-cdu-und-afd-herr-patzelt-artikel13184292#google_vignette; Zugriff am 27. Januar 2024.

um regieren zu können, ja gewiss wieder eine Koalition mit den Grünen oder mit den Sozialdemokraten oder mit beiden eingehen. Und also kommt für uns eine Wahl der CDU nicht mehr infrage."

Die AfD aber profitiert vom schlechten Ansehen der Ampel gerade auch deshalb, weil sie sich klar als die Anti-Grünen-Partei Deutschlands aufgestellt hat. Dies ist inzwischen wohl auch die treffendste Charakterisierung der AfD: Sie ist die Partei der Anti-Grünen und der Anti-Woken. Weil grün und woke zu sein wiederum vielen als Inbegriff von Modernität und Humanität gilt, bekommt die AfD mit Überzeugungskraft zugeschrieben, rückwärtsgewandt und antihumanitär zu sein. Und indem die AfD ihre zeitgeistwidrigen Positionen auch noch mit gepfefferter Rhetorik bis hin zur Demagogie vertritt, gilt sie vielen dann auch noch als rechtsradikal bis „gesichert rechtsextrem".

Immer wieder steht das Wort „Neuwahlen" im Raum. Was müsste passieren, damit es zu Neuwahlen kommen kann?

Neuwahlen können auf Bundesebene nicht durch ein Volksbegehren herbeigeführt werden. Auch hat der Bundestag kein Selbstauflösungsrecht. Die verfassungsmäßige Voraussetzung für Neuwahlen wäre deshalb, dass der Bundeskanzler dem Bundestag die Vertrauensfrage stellt, dass diese Vertrauensfrage negativ beschieden wird und dass anschließend der Bundespräsident den Bundestag auflöst.

Im Grunde ist dieser Weg einfach zu gehen, auch wenn er von den Verfassungsvätern nicht als Quasi-Selbstauflösungsrecht des Bundestages gedacht war. Die Bundeskanzler Brandt, Kohl und Schröder haben ihn bislang beschritten. Brandt und Kohl erwarteten von vorgezogenen Neuwahlen einen Sieg, Schröder erhoffte ihn zumindest. Nur Brandt aber hatte tatsächlich die parlamentarische Mehrheit verloren.

Käme es jetzt zu Neuwahlen, so würde die SPD eine klare Niederlage einfahren. Die Grünen dürften, da sie weiterhin Günstlinge der Medien sind, halbwegs stabil bleiben. Die FDP bekäme womöglich das parlamentarische Lebenslied ausgeblasen. Und der Aufstieg der AfD zu einem dauerhaften politischen Akteur würde bekräftigt. Die CDU wird wohl jetzige Neuwahlen gewinnen, doch weiterhin zu schwach bleiben, um mit einer einzigen Partei wie der FDP zu koalieren. Weil sie aber mit der AfD, der vermutlich zweitstärksten Partei eines kommenden Bundestages, nicht zusammenwirken kann, müsste sie eben eine Koalition mit den Grünen oder – bzw. und – den Sozialdemokraten eingehen. Anschließende Abstrafungen bei den kommenden Landtagswahlen samt einem weiteren Erstarken der AfD wären die Folge.

Angesichts dieser Lagebeurteilung ist ziemlich klar: Außer der AfD kann keine Partei ein aufrichtiges Interesse an baldigen Neuwahlen haben.

Neuwahlen derzeit also sehr unwahrscheinlich?

Das ist nicht gesagt, weil in der Politik auch Verzweiflungstaten nicht auszuschließen sind. Bedenken Sie etwa die folgende Möglichkeit: Die FDP könnte sich so stark als Sachwalter finanzpolitischer Vernunft und wirtschaftsliberaler Rationalität aufführen, dass dem Bundeskanzler gar keine Alternative bliebe, als seinen Finanzminister zu entlassen, der ihm auf der Nase herumtanzt. Dann hätten wir eine Minderheitsregierung.

Die hätte aber, wenn sie ihre bisherigen Prinzipien nicht aufgeben wollte, kaum Gestaltungsmöglichkeiten. Falls ihre Amtszeit ohne Haushalt für 2024 startete, unterläge sie nämlich den Grundsätzen der vorläufigen Haushaltsführung. Pro Monat dürfte sie dann ein Zwölftel des letzten gültigen Haushalts verausgaben.

Die Schuldenbremse ließe sich ohne parlamentarische Mehrheit auch nicht aussetzen; ohne die aber wird sich eine SPD/Grünen-Regierung schwerlich auf einen Haushaltsentwurf einigen können. Irgendwann gäbe es für den zur ganz lahmen Ente gewordenen Bundeskanzler keinen anderen Ausweg, als doch noch die Vertrauensfrage zu stellen und Neuwahlen zu wagen.

Blicken wir mal auf die FDP. Derzeit läuft eine Mitgliederbefragung zum Verbleib in der Ampel. Was denken Sie, wie das ausgeht: Lässt die FDP die Ampel platzen?

Ich weiß zu wenig von der innerparteilichen Stimmung, um das Befragungsergebnis vorherzusehen. Eine rein rationale Einschätzung führt zum Befund: Wenn die FDP eine Chance haben will, in den Bundestag zurückzukehren, dann darf sie nicht vom Sinkflug der Ampel weiter nach unten gezogen werden.

Dann müsste sie sich jetzt, wie damals Graf Lambsdorff als Wirtschaftsminister der sozialliberalen Koalition, als die einzige Partei der Ampelregierung inszenieren, die in Sachen Finanz- und Wirtschaftspolitik noch halbwegs vernünftig ist und die deshalb – vorgeblich allein aus staatspolitischer Verantwortung – nun die Reißleine zieht.

Als Partei, die sich lieber vom Bundeskanzler aus der Regierung werfen lässt als weiterhin das Land auf einem schlechten Kurs zu halten, könnte die FDP mit erneuerter Glaubwürdigkeit in den Wahlkampf gehen. Zwar wäre ihr Wiedereinzug in den Bundestag keineswegs sicher. Doch wenigstens die Chance wäre gewahrt. Falls die FDP immer noch Anführer haben sollte, denen sowohl politische Vernunft als auch Traute und Tatkraft zu eigen wären, könnten sie genau diese Option wählen.

Aber man muss hier schon auch fair sein: Genscher konnte das 1982 deshalb tun, weil die CDU als Koalitionspartner bereitstand und auch groß genug für eine gemeinsame Koalition war. Für die FDP jetzt wäre es das hingegen ein Sprung in einen Abgrund ohne Wissen darum, ob es in dem auch Fangnetze gibt.

Nehmen wir mal an, die FDP zieht die Reißleine nicht. Was bedeutet der Verbleib in der Ampel für die Partei?

Dann wird die FDP als Anhängsel rot-grüner Politik wahrgenommen, nicht als Vertreter einer liberalen und wirtschaftsförderlichen Politik. Dafür wird sie demoskopisch und an Wahltagen betraft werden.

Natürlich wird auch die SPD für ihre Weiterführung der Regierung bestraft werden. Doch für die FDP ist das Risiko des Weiterregierens ungleich größer, weil sie, anders als die SPD, keinen Speck mehr auf den Rippen hat.

Eine Alternative zu Neuwahlen wäre ein Koalitionswechsel, zum Beispiel das Wiederaufleben der Großen Koalition. Eine Option für Scholz?

Das ist eine recht theoretische Option. Entweder müsste sich der CDU-Chef als Minister bei Scholz verdingen, was bei einer Partei, die demoskopisch mehr als doppelt so stark ist wie die SPD, den innerparteilichen Selbstmord bedeutete. Oder der jetzige Bundeskanzler Scholz müsste den CDU-Chef Merz als seinen Nachfolger akzeptieren, was angesichts der zahlenmäßig vor der CDU/CSU liegenden Bundestagsfraktion der SPD innerparteilich gewiss schwer zu vermitteln wäre. Also wird das theoretisch Mögliche wohl nicht in die Praxis umgesetzt werden.

Wird die Ampel bis zum regulären Ende der Legislaturperiode regieren?

Meine Prognose hinsichtlich der Regierungsdauer der Ampel war stets: entweder ohne Hinzulernen zwei Jahre – oder, bei erfolgreichem Hinzulernen, zwei Wahlperioden. Bald wird sich zeigen, ob es wirklich nur gut zwei Jahre werden. Selbst dann bleibt zu sehen, wie lange die jeweilige Basis der Ampelparteien weitere Ansehens- und Stimmenverluste wirklich noch aushalten wird.

Rein theoretisch ließe sich der Niedergang der Ampel zwar jederzeit aufhalten. Erstens müsste sie sich nur zu einer Migrationspolitik durchringen, wie sie die Sozialdemokraten inzwischen in Schweden, in Dänemark und in anderen Ländern betreiben. Zweitens müsste sie sich in der Klimapolitik zu jenem Realismus bereitfinden, den jene Staaten bei der Weltklimakonferenz an den Tag legten, die künftig eben doch wieder zur Grundlastsicherung auf die Kernenergie setzen wollen. Und drittens müsste die Ampelregierung damit aufhören, unsere Wirtschaft weiter mit bürokratischen Auflagen und Zusatzkosten zu strangulieren. Idealerweise würde sie gar – wie einst der Kanzler Schröder mit der Agenda 2010 – damit anfangen, jene vielen Stricke zu zerschneiden, mit denen unsere Wirtschaft inzwischen aufs Neue gefesselt ist. Aber wie könnten selbst die Vernünftigen in den Ampelparteien ihren teilweise immer noch ideologisch sehr verblendeten Mitgliedern den Wert solcher Politikwechsel klarmachen?

Kürzlich berichtete die „Welt", dass seit Monaten Gespräche laufen im politischen Spektrum zwischen CDU und AFD. Wer redet da mit wem?

Das weiß ich im Einzelnen nicht. Bekannt sind mir aber grundsätzliche Versuche, zwischen CDU und AfD eine neue politische Kraft zu etablieren, die weder jenen Kurs nach links fortsetzt, der die CDU um ihre einst stattlichen Mehrheiten gebracht hat, noch so AfD-nah ist, dass man diese Gruppierung als rechtsradikal oder gar als rechtsextrem bekämpfen könnte.

Eine neue politische Kraft soll also entstehen im bisherigen Niemandsland zwischen der als rechtsextrem etikettierten AfD und der – in den Augen vieler – „linksvergrünten" CDU. Dieses Niemandsland kam auf, als die CDU ihre Bindekraft nach rechts verlor, ja sie zur Zeit von Angela Merkel auch gar nicht mehr haben wollte, während man zugleich die AfD sich selbst überließ. In der haben sich dann schrittweise Demagogen und Radikale durchgesetzt. Also kann sich mit der AfD nun niemand einlassen, der politisch überleben will, während sie doch bei den nächsten Landtagswahlen im Osten die stärkste Partei werden wird. In dieser Lage suchen gar nicht wenige nach einem neuen politischen Hafen, nämlich zwischen Union und AfD.

Was wären denn die politischen Inhalte dieser Gruppierung?

Erstens ist das eine auf Kontrolle und Ordnung setzende Migrationspolitik. Abgelehnt wird eine grundsätzlich Aufnahmebereitschaft Deutschlands für alle, die einfach nach Deutschland zuwandern wollen, samt deren sozialstaatlicher Versorgung auf Bürgergeldniveau während eines sich über Jahre erstreckenden Asylverfahren, an dessen Ende dann üblicherweise eine Duldung des Verbleibens in Deutschland steht.

Zweitens geht es um eine veränderte Klima- und Energiepolitik, welche dem Anstieg der Energiepreise insbesondere dadurch in den Weg tritt, dass allzu ehrgeizige Klimaziele eben aufgegeben werden, dass man auch auf eine neuerliche Nutzung von Kernenergie für die Grundlastversorgung ausgeht, und zwar nicht nur dergestalt, dass man – wie derzeit – Atomstrom aus dem Ausland einführt.

Drittens gibt es vielerlei sonstige neu auszurichtende Politikbereiche. Insbesondere wäre das eine Sozialpolitik, die mehr auf das Einfordern von Leistungen setzte als darauf, dass der Staat – insbesondere durch ein immer weiter erhöhtes Bürgergeld – ein auskömmliches Leben auch ganz ohne Teilnahme am legalen Arbeitsmarkt ermöglicht.

Wie wahrscheinlich ist es, dass daraus wirklich eine neue politische Partei entsteht?

Das hängt von mindestens zwei Faktoren ab. Erstens ist das die künftige Positionierung der CDU. Sollte diese Partei zu erkennen geben, dass der Entwurf ihres neuen Grundsatzprogramms tatsächlich ernst gemeint wäre, dann verengte sich der Spielraum für die Gründung einer Partei zwischen Union und AFD sehr, weil nämlich die CDU zu ihren früheren, höchst wählerattraktiven Positionen zurückkehrte. Umgekehrt stiegen die Chancen für eine neue Partei zwischen CDU und AfD, wenn sich in der CDU weiterhin Merkelianer durchsetzten und jene Politik weiter vorantrieben, die überhaupt erst zur Entstehung der AfD und sodann zum Verlangen nach einer neuen Partei zwischen geschrumpfter CDU und wachsender AfD führte.

Zweitens hängt vieles davon ab, ob diese neue Partei bei den Medien auf eine halbwegs freundliche Aufnahme trifft oder ob sie gleich als „AfD light" ausgeflaggt werden kann. Im letzteren Fall dürften ihr vor allem AfDler vom Realo-Flügel dieser Partei zuströmen, was ihr erhebliche Probleme beim doch erwünschten Zusammenwirken mit der CDU bescheren würde. Eine neue Partei rechts der CDU muss sich also sowohl programmatisch als auch rhetorisch vor Fehltritten sehr in Acht nehmen.

Im Übrigen hängt viel vom Abschneiden bei der Europawahl ab. Die ist immer eine Testwahl für neue politische Gruppierungen, da sich bei ihr zeigt, wie stark deren potentielle Resonanzen in der Bevölkerung sind. Also wirken die Europawahlen wie eine Weggabelung: Geht es weiter in Richtung einer stabilen Partei – oder bleibt man eine Eintagsfliege?

Nehmen wir mal an, die Partei würde entstehen. Wie attraktiv wäre sie für konservative Wähler, denen die CDU seit Merkel zu links, die AfD aber zu weit rechts ist?

Das hängt stark davon ab, ob bei CDU-Anhängern sich Vertrauen dahingehend ausbreitet, ihre Partei würde wirklich eine Kurskorrektur weg von der Merkel-Politik vollziehen. Wüchse solches Vertrauen, dann schadete das den Chancen einer neuen Partei rechts von der CDU. Sollte es in der CDU hingegen beim Alten bleiben, dann steigerte das die Attraktivität einer solchen Partei.

Sie haben es schon angesprochen: Die Gruppierung möchte zur Europawahl 2024 antreten. Denken Sie, dass sie dabei etwas reißen könnte?

Das hängt – neben der gerade beschriebenen Großwetterlage – sehr davon ab, wie sich die Union im Europawahlkampf aufstellt. Denn natürlich wird genau jene Migrationspolitik ein zentrales Wahlkampfthema sein, welche die CDU zum Nutzen der AfD seit 2015 betrieben und jahrelang gerade gegen die AfD verteidigt hat.

Zu den wichtigen Themen in diesem Wahlkampf wird aber auch jenes Ausmaß an nationaler Souveränität gehören, welches es gegenüber der Europäischen Union zu verteidigen gelte – also, ob die Europäische Union das Subsidiaritätsprinzip zurückdrängen und in einzelstaatliche Bereiche wie die Bildungs- und Kulturpolitik hineinregieren darf.

Je nachdem, wie sich die CDU zu Themen wie Migration und Subsidiarität, aber auch zu nationaler Kultur und kultureller Diversität in Europa verhält, werden die Chancen einer neuen Alternativpartei bei der Europawahl größer oder kleiner sein.

GEFÄHRLICHES BRODELN

veröffentlicht am 11. Januar 2024 in der „Preußischen Allgemeinen Zeitung“[112]

Unter dem Erdmantel brodelt Magma. Reißt der es überdeckende Boden, dann quillt es an die Oberfläche. Nicht anders verhält es sich mit gesellschaftlicher Empörung. Nur solange die wirtschaftlichen, kulturellen und politischen Zustände eines Landes halbwegs stabil sind, hält das Deckgebirge des Alltags. Zwar kann Politik anwachsender Wut ihre Wucht nehmen, falls Maßnahmen mit unguten Nebenwirkungen eingestellt werden. Ist aber das Deckgebirge ohnehin dünn wie in den neuen Bundesländern, dann werden Vulkanausbrüche wahrscheinlich – wie einst bei den PEGIDA-Demonstrationen in Dresden. Ändern dann Politiker nicht ihren Kurs oder Stil, dann wird die politische Magmablase sich ausdehnen und immer längere Oberflächenrisse herbeiführen.

Dass es sich so ähnlich mit dem jetzigen deutschen Protestgeschehen verhält, kann jedem auffallen, der seinen Blickwinkel nicht verengt. Einwände gegen die Abschaffung der D-Mark konnte man noch mit der Verheißung übertönen, der Euro würde ebenfalls stabil sein und gewiss nicht deutsche Haftungsrisiken bei wirtschafts- oder finanzpolitischen Krisen anderer Euro-Länder nach sich ziehen. Gleichwohl bestanden Sorgen ob des „Teuro“ fort. Sie nährten die frühe AfD. Um sich von der nicht weiter stören zu lassen, definierte man sie rasch als eine rechtspopulistische Eintagsfliege, die man sachlich nicht ernst nehmen müsse. Als es später in Dresden zu den aufsehenerregenden Demonstrationen von „patriotischen Europäern“ gegen die von ihnen befürchtete „Islamisierung des Abendlandes“ kam, wurden die allmontäglich geäußerten Befürchtungen als rassistische Hirngespinste abgetan. Remedur versprach man sich von einer gutwilligen Öffnung Deutschlands für muslimische Zuwanderer samt Volkspädagogik in Sachen Willkommenskultur. Beides trieb immer mehr Leute zunächst auf Dresdens Straßen und dann zur AfD. Um wiederum dem zu wehren, redete man immer lautstärker von jenen Rechtsradikalen, die sich sowohl den PEGIDA-Demonstrationen als auch der AfD anschlossen. Daraus leitete man eine staatsbürgerliche Pflicht ab, weder zu PEGIDA zu gehen noch in der AfD mitzuwirken.

---

[112] https://paz.de/artikel/gefaehrliches-brodeln-a10330.html; Zugriff am 29. Januar 2024.

Unterdessen wuchsen PEGIDA und AfD zu einer systemverdrossenen Protestgemeinschaft zusammen, mit der aus Dresdner Lokalfolklore eine bundesweit aufstrebende Partei wurde. Angesichts dessen verfiel man in Medien und Politik törichterweise darauf, die AfD-mästende Zuwanderung nach Deutschland möglichst zu beschweigen und anlässlich wiederholten Terrors von Muslimen zu erklären, derlei hätte gar nichts mit dem Islam zu tun. Als dann die Corona-Politik Freiheitsrechte fühlbar auch dann einschränkte, wenn die vorzubringenden Begründungen nicht sonderlich plausibel waren, wurden Proteste dagegen nicht nur von Wasserwerfern begleitet, sondern oft absichtsvoll mit dem Verdacht garniert, dort marschiere vor allem rechtsradikales AfD-Gesindel. Letzteres sei gar nicht an der kritisierten Politik interessiert, sondern vor allem am Miesmachen. Dumm zwar, dass sich viele grüne Akademiker und Anthroposophen dort fanden, wo die tatsächliche Zusammensetzung der Corona-Demonstranten untersucht wurde. Doch trotzdem war klar, dass im Dienst normativ alternativloser Regierungspolitik der „Kampf gegen rechts" wieder einmal intensiviert werden müsse.

Dann kam im Herbst 2021 eine sich als fortschrittlich und auf Respekt gegründet verstehende Koalition an die Macht. Gemäß ihrer Selbstdarstellung wusste sie nicht nur um das wahre Gemeinwohl, sondern kannte auch den alternativlosen Weg zu ihm. Wenn dafür die Aufgabe des traditionellen links-grünen Pazifismus notwendig war, nur zu! Und wer konnte wohl besser die Energiewende vom Aus für alle Kernkraftwerke bis hin zum Heizungsgesetz voranbringen als solche Staatssekretäre und Abteilungsleiter, die zuvor Lobbyisten grüner Verbände waren? Nur scheiterte sehr viel an der Widerständigkeit der Wirklichkeit und an der Widerborstigkeit jenes großen Lümmels namens Volk, der am Wahltag so frech sein Kreuz an falscher Stelle setzt. Inzwischen lässt es sich allerdings nicht mehr mangelhafter Öffentlichkeitsarbeit oder unzulänglichem Erklären zuschreiben, wenn das Ansehen der Ampelkoalition weiter verfällt. Es ist schon ihre falsche oder zumindest unzulänglich ausgeführte Politik, deren Weiterführungsversuch gar nicht anders kann, als ideologiefixiert, abgehoben und selbstgefällig zu wirken.

Derweil wuchs die AfD immer weiter. Die kommenden ostdeutschen Landtagswahlen werden sie wahrscheinlich auch zur Wahlsiegerin klar vor der CDU machen – und diese, da anschließend Anti-AfD-Koalitionen mit Grünen oder Linken eingehend, noch weiter schrumpfen lassen. Dann fiel auch noch das Bundesverfassungsgericht der Ampelregierung in den Arm, fies angerufen von der Union im Bundestag. Wider alle schönen Planungen sollte die Regierung nun Euromilliarden einsparen, die ihr gerichtlich gleichsam entzogen wurden. Und was macht das Volk? Statt erkennen zu lassen, dass in unserem so reichen Land Steuererhöhungen oder Subventionsstreichungen, die für Humanität und Fortschritt erforderlich wären, doch kein Problem sein dürften, hat es großenteils Verständnis für Proteste wie die der Bauern!

Wie schade, dass die sich nicht so leicht als rassistisch hinstellen lassen wie einst die PEGIDA-Demonstrationen. Auch nicht so bequem als rechtspopulistisch wie Proteste gegen die Corona-Politik. Warnen wird man aber schon sollen, dass nun Rechtsradikale derlei Veranstaltungen „kapern" könnten. Und sogar zu skandalisieren wird sein, dass aufgebrachte Bauern - angeblich - den Wirtschaftsminister angeblich nicht seiner Fähre entsteigen ließen. Womöglich sind das alles ja Vorzeichen eines Umsturzversuchs, weshalb gar ans allgemeine Widerstandsrecht nach Art. 20,4 des Grundgesetzes zu denken wäre. Im Übrigen ließe sich derlei nicht mit den einstigen Demonstrationen gegen Braunkohletagebaue oder Atommülllager vergleichen, auch wenn diesen sich altbekannte Linksextremisten gerne anschlossen und Zwillen gegen Polizisten einsetzten. Damals wurde nämlich im Wesentlichen die richtige Haltung gezeigt, jetzt aber klar die falsche!

Das Kriterium dafür? Es ist der Grad, zu dem eine Haltung von unseren linksgrün-woken Eliten geteilt wird. Damit sind wir bei jenem Problem, das dem allgemeinen Grummeln, auch mancherlei politischen Magmaausbrüchen seit längerem zugrunde liegt. Es regieren nämlich - vereinfacht, doch ausweislich demoskopischer Befunde formuliert - fast allenthalben links der politischen Mitte befindliche Parlamentsmehrheiten gegen eine sich parteipolitisch rechts der Mitte aufhaltende Bevölkerungsmehrheit. Rein theoretisch könnte sich diese rechte Bevölkerungsmehrheit zwar in rechte Parlamentsmehrheiten umsetzen lassen. Doch in der Praxis geht das nicht, nämlich wegen der vielen Schwüre der CDU zur Dauerverweigerung parlamentarischen Zusammenwirkens mit der AfD, wegen des unabwendlichen politischen Heldentods eines jeden sich der AfD annähernden CDU-Politikers und auch wegen der zunehmenden Arroganz von AfDlern gegenüber der von ihnen mehrfach abgehängten CDU. Das alles stabilisiert das Deckgebirge oberflächlicher politischer Normalität gegen den Druck des allenthalben in Deutschland emporquellenden AfD-freundlichen Magmas, bewirkt aber auch nicht mehr, als Stützwände für abrutschende Hänge leisten.

Im Grunde wiederholt sich nun deutschlandweit mit den Bauern- oder Spediteursprotesten, was einst bei den Dresdner PEGIDA-Demonstrationen begann, doch nun eben mit größerer Vielfalt der Empörungsgründe. Es wird nämlich das Ungeschick der Ampelregierung bei Sparnotwendigkeiten weithin wahrgenommen als Teil eines Gesamtversagens unserer Politikerschaft, etwa beim Umschwenken auf eine vernünftige Migrationspolitik, auf eine nicht wirtschaftsschädigende Energiepolitik, auf eine nachhaltige Sozialpolitik. Und während sich vor zehn Jahren noch mancher lustig machen wollte über die Bezeichnung „besorgte Bürger" für die PEGIDA-Demonstranten, fällt dies nicht mehr wirklich leicht, seit man den aus arabisch-islamischen Staaten importierten, aggressiven Antisemitismus kennengelernt hat. Den Bauern berechtigte Sorgen abzusprechen, traut sich ohnehin kaum mehr ein Politiker. Zugleich wandelt sich die Ankündigung vom ländlich-bäuerlichen Gillamoos, man wolle sich die Demokratie zurückholen, von einer herablassend kritisierten rhetorischen Formel zur realen Sorge vor dem, was im Klassenkampf einst der eine Arbeiter dem anderen zurief: „Alle Räder stehen still, wenn dein starker Arm es will!"

Vermutlich werden immer mehr gesellschaftliche Gruppen das Räderwerk unserer Gesellschaft zum Stehen zu bringen versuchen, wann immer sie zusätzliche finanzielle Lasten und bürokratische Auflagen ertragen sollen – und zugleich erleben müssen, dass Hunderttausende junger Leute dank sozialstaatlicher Daseinsvorsorge keine sonderliche Lust mehr auf Arbeit und entsprechende Ausbildung haben. Oder wenn ihnen die Folgen dessen immer klarer werden, dass Deutschland jährlich rund 50 Milliarden Euro für Migranten ausgibt, die unser Land nicht gerufen hat und zu einem nennenswerten Teil auch gar nicht brauchen kann, nämlich teils wegen nicht behebbarer Sprach- und Ausbildungsmängel, teils wegen selbstgewünschter kultureller Inkompatibiltät zu unserer Gesellschaft und zu deren Re-geln.

Was tun? Die Regierungsparteien versuchen sich einerseits abwechselnd am Kuschen vor konkreten Forderungen und am selbstgefälligen Herauskehren geistig-moralischer Umgestaltungsansprüche. Andererseits wird folgenblind und bequem schlicht ein Verbot der AfD so gefordert, als wäre diese Partei die Ursache – und nicht einfach die Folge – von schlechtem Regieren und von dessen üblen Nebenwirkungen. Dann veröffentlicht doch endlich das sächsische Gutachten zum AfD-Rechtsextremismus und stellt einen entsprechenden Verbotsantrag! Verlangt endlich vom Verfassungsgericht, dass AfD-Politikern ihre verfassungsfeindlich eingesetzten Grundrechte aberkannt werden! Oder ertragt andernfalls den Vorwurf, dass Euch beim Umgang mit politischem Protest nichts Besseres einfällt als eiferndes Zurückschimpfen.

DEUTSCHLANDS POLARISIERUNG, DEUTSCHLANDS PROTESTE

veröffentlicht als „Patzelts Montags-Analyse" am 15. Januar 2024 auf „NIUS – die Stimme der Mehrheit"[113]

Es zeigen Deutschlands derzeitige Bauernproteste: Um das Verhältnis zwischen Regierenden und Regierten steht es bei uns nicht wirklich gut. Zu PEGIDA-Zeiten beschimpfte, wer immer politisch tonangebend war, jeden resonanzreichen Bürgerprotest gegen die höhere politische Weisheit „derer da oben" als verstockten „Populismus". Inzwischen schleudert man gegen die AfD als Partei, die solchen Protest in Millionen von Wählerstimmen umsetzt, den Bannfluch des Extremismus. Das ist die Bezeichnung für den aktiven Kampf gegen unsere freiheitliche demokratische Grundordnung, also der Name für die verwerflichste aller innenpolitischen Haltungen.

Weil nun aber in Deutschland bloß die wirklich Anständigen Macht ausüben sollen, diese aber bekanntlich grün, sozialdemokratisch oder Merkel-Anhänger sind, haben alle als unanständig zu gelten, die diesen politisch in die Quere kommen – es sei denn, Protest quillt von noch weiter links. Dann sind nämlich die Protestierenden ebenfalls Gute, die sich aber ein wenig verrannt haben. Alle hingegen, welche nicht die alte Ehrenbezeichnung „links" zugeschrieben bekommen oder die sich als „Mitte" der Linken gern zugesellen, ja gar gegen die Politik von Linksgrünen und Mittigen protestieren, sind natürlich „rechts".

Dieses Wort dient aber in Deutschland nicht der schlichten politischen Ortsbestimmung als „nicht-links" und „nicht-mittig". Sondern „rechts" umfasst alles politisch gerade noch zu Duldende wie den Konservatismus, doch mitsamt dem stets zu bekämpfenden Bösen, nämlich Faschismus und Rassismus. Somit ist klar: Wer gegen die Politik der Ampelregierung protestiert, welche sich als links versteht, dem fehlt es nicht nur an Anstand, sondern er hat auch grundsätzlich politisch Unrecht und ist – wissentlich oder nicht – ein Wegbereiter von neuem Nazismus. Wenn also die Bezeichnung als „Rechtspopulist" oder „Rechtsextremist" jemanden für politisch minderwertig erklärt, dann ist das nicht nur so gemeint, sondern so auch gut und richtig.

---

[113] https://www.nius.de/analyse/die-politik-verschleppt-probleme-zivilreligioese-proteste-gegen-rechts-aendern-gar-nichts/525f0f49-653c-47c3-83b7-93799b8aaa83; Zugriff am 31. Januar 2024.

Was waren das für schöne Zeiten, als man seinen linken Freunden auf Briefumschlägen – in Vor-Internetzeiten durchaus privat genutzt – noch eine Freude mit dem Aufkleber machen konnte: „Wer sich nicht wehrt, der lebt verkehrt!" Oder gar mit: „Die Revolution ist machbar, Herr Nachbar!" Damals regierten aber auch die Falschen, nämlich der Aufrüster Schmidt und der dicke Dummkopf Kohl. Außerdem gab es, weil die DDR noch nicht zusammengebrochen war, die große Hoffnung, eine sozialistische Revolution werde westlichen Wohlstand nicht nur nicht gefährden, sondern sogar noch steigern, nämlich durch die Entfesselung sämtlicher Produktivkräfte nach Aufhebung aller Entfremdung. Welcher wirklich anständige Politiker konnte solchen Protest wohl kritisieren? Oder sollte man nicht jene volksdümmlichen Spießer besser ignorieren, die da vor langhaarigen linken Systemverändern warnten?

Doch auf welches Recht will sich heutiger Widerstand gegen jene berufen, die schlicht das Richtige tun? Also von Deutschland aus das Weltklima retten, aller Welt ein gutes Beispiel fürs bedingungslose Aufnehmen von Migranten geben, Bildungsbescheinigungen für jedermann ermöglichen und endlich jene Geschlechtergrenzen beseitigen, an denen doch so viele von uns seit Kindertagen gelitten haben! Den Ehrentitel einer Revolution kann so ein rückwärtsgewandtes Aufstehen gegen linksgrüne und woke Politik gewiss nicht beanspruchen. Angemessen ist da nur die Schandkappe des Extremismus – zumal unter die jegliche Form eines Widerspruchs gegen das passt, was wir Guten für notwendig halten.

Also stellt sich die Frage gar nicht, wie lange unsere Regierung ein rechtspopulistisch verführtes und deshalb zum staatsbürgerlichen Gehorsam nicht länger williges Volk ignorieren kann. Sie darf sich von dessen verblendetem Geschrei ohnehin nicht beirren lassen! Die Regierenden und ihre Unterstützer haben einfach besser zu erklären, dass alles, was sie tun, wenn schon nicht immer sachlich taugt, so doch stets gut gemeint ist. Und in besonderer Weise müssen nun gerade Journalisten „Haltung zeigen", indem sie Protestierern möglichst wenig Gelegenheit zum bedachten Vorbringen ihrer ohnehin untauglichen Sichtweisen geben, dafür aber solche Demonstranten ausführlich zu Wort kommen lassen, die keine gute Figur machen. Überhaupt gilt es, so viel wie möglich ins Schaufenster zu stellen, was sich skandalisieren lässt. Natürlich muss auch wieder über ein AfD-Verbot geredet werden – nicht etwa, weil die Bundesregierung oder eine dafür erforderliche Anzahl von Bundestagsabgeordneten sich zu einem entsprechenden Antrag beim Bundesverfassungsgericht aufraffen wollten, sondern weil derlei Gerede so schön das eigene Gutsein unter Beweis stellt und den allzu stark gewordenen

Gegner wünschenswert anbräunt. Macht ja auch nichts, wenn die AfD dennoch, oder deshalb, in immer mehr Ländern zur zweitstärksten, im Osten gar zur relativ stärksten Partei aufsteigt. Denn wir werden in den Parlamenten einfach Anti-AfD-Koalitionen schmieden, wir echten Demokraten – von der CDU bis zur Linkspartei!

Und falls solche Provokationen der heute Protestierenden in wenigen Jahren die AfD zur absoluten Mehrheit im einen oder anderen deutschen Parlament anwachsen lassen? Dann wird es wohl Zeit ... entweder für den Bürgerkrieg oder fürs Auswandern. Denn alles Übel unseres Landes kommt künftig, wie schon in der Vergangenheit, nun einmal von der AfD – und gewiss nicht von angeblichen (!) Sach- und Stilfehlern unserer Politikerschaft, von deren so überzeugend (!) begründeter Vermeidung öffentlicher Diskussionen mit AfDlern, wobei letztere gewiss nicht (!) AfD-Positionen mit einem kommunikativen Schutzmantel umgeben oder die politikklimatischen Bedingungen für den Aufstieg der Radikalinskis dieser Partei geschaffen haben können. Zweifellos (!) ist die Schaffung einer woken, multikulturellen und genderneutralen Gesellschaft weiterhin eine gute Idee; sie wurde nur beim ersten Anlauf schlecht ausgeführt. Auf also zu weiteren Versuchen!

Und Schluss jetzt mit dem sarkastischen Ton. Natürlich kann eine Diktatur sogar laute Bevölkerungsproteste lange Zeit ignorieren. Doch beim Versuch, das in einem freien Land wie dem unseren zu unternehmen, mag auch eine Demokratie im Alltagsleben diktatorische Züge annehmen. Selbstverständlich muss in einer repräsentativen Demokratie die Regierung nicht alles tun, was eine Bevölkerungsmehrheit gerade wünscht. Doch schon aus Eigeninteresse sollte die Politikerschaft mehrheitliche Forderungen nach Politikkorrekturen schon etliche Jahre vor jenem Wahltag erfüllen, an dem absehbar eine Alternativpartei die absolute Mehrheit der Parlamentsmandate erringen wird. Und gewiss auch dürfen Regierende die ihnen entgegentretenden Demonstranten für unzureichend informiert, für dumm oder gar für schlechte Menschen halten. Doch in einer Demokratie haben auch solche Leute das Recht darauf, von Politikern und Medienleuten anders behandelt zu werden als wie politisches Gesindel, über das man sich im Kreis der Anständigen erregt. Auch kommt gerade in der Politik Hochmut sehr oft vor dem Fall.

Den politischen Ruin von hochfahrenden Bessermenschen und ihren Parteien muss man gewiss nicht bedauern. Doch stürzen sollte man bloß die übel Regierenden – nicht aber jene politische Ordnung, in der man den Politikerberuf doch auch ohne nervende Arroganz und ohne überhebliches Moralisieren ausüben kann.

DER BODEN, AUF DEM DIE AFD GEDEIHT

Interview mit Alexander Wallasch, veröffentlicht unter dem etwas irreführenden Titel „Das hat unsere Politikerschaft mehr und mehr zu einer abgehobenen politischen Klasse gemacht" am 13. Januar 2024 in „The Epoch Times";[114] nachstehend leicht redigiert

Gestern ist bekannt geworden, die WerteUnion wird Partei. Wie bewerten Sie diese Neugründung? Welche Chancen räumen Sie ihr ein?

Wie groß die Chancen der Neugründung sein werden, kann man erst dann erkennen, wenn wir erste demoskopische Umfragen haben. Jetzt aber lässt sich schon sagen, dass die Gründung dieser neuen Partei schade ist. Ich weiß, dass die WerteUnion sich jahrelang bemüht hat, die CDU auf einen Kurs zurückzubringen, mit dem sie wieder 40 plus x Prozent der Stimmen erringen könnte. Ich weiß auch, dass sich die WerteUnion intensiv bemüht hat, mit dem neuen Vorsitzenden Merz, der immerhin ganz wesentlich dank Unterstützung der WerteUnion zum Vorsitzenden geworden ist, gut zusammenzuarbeiten.

Doch leider hat die CDU – mehrheitlich immer noch von Merkel-Anhängern geprägt – alle Vorschläge und Unterstützungsversuche der WerteUnion an sich abperlen lassen, ja die WerteUnion bekämpft. Also entsteht nun eben eine neue Partei. Sollte sie Erfolg haben, wovon ich nicht überzeugt bin, dann wird die CDU künftig keine Wahlergebnisse mehr klar oberhalb von 30 Prozent erringen können.

Sie haben eben das Verhältnis der CDU zu Merkel erwähnt. Jetzt hatte Generalsekretär Carsten Linnemann zuletzt klargemacht, dass es keine Aufarbeitung der Merkel-Ära geben wird. Er hatte sogar angekündigt, Frau Merkel in den Wahlkampf mit einzubinden. Ist das eine sinnvolle Entscheidung? Sind die Bürger so vergesslich?

---

[114] https://www.epochtimes.de/meinung/prof-patzelt-politischer-rassismus-als-grosser-fehler-etablierter-parteien-afd-kuenftig-staerkste-partei-in-ostdeutschland-a4552678.html, Zugriff am 27. Januar 2024.

Wer ein Gegner der CDU ist, wird sich über diese Entscheidung freuen. Wer ein Sozialdemokrat und Grüner ist, der immer mit Frau Merkel inhaltlich gut zurechtkam, wird diese Entscheidung sogar für richtig halten. Wem aber an einer starken CDU gelegen ist, die nicht weitere Wähler hin zur AfD oder zu sonstigen Parteien verliert, der wird diese Entscheidung nicht als gut erachten.

Nach 16 Jahren Kanzlerschaft Angela Merkel ist nämlich klar, dass sie entscheidende Fehler auf den Gebieten der Migrationspolitik, der Energiepolitik, der Sozialpolitik, auch der Sicherheitspolitik gemacht hat. Und sich davon nicht zu distanzieren lässt gleichsam der CDU viele Mühlsteine am Halse hängen.

Drei Landtagswahlen in 2024, Ende des Jahres beginnt schon der Bundeswahlkampf. Erwarten Sie als Politikwissenschaftler spannende Debatten? Schlägt Ihnen das Herz da höher? Oder haben Sie die Nase voll mittlerweile?

Als Politikwissenschaftler kann ich genauso wenig von der Politik die Nase voll haben wie ein Sternekoch vom guten Essen! – In diesem Jahr werden wir zwar erregte Debatten, aber wohl keine wirklich spannenden Auseinandersetzungen bekommen, weil sich sowohl absehen lässt, was eintreten wird, als auch, wie die Fronten verlaufen.

Die AfD wird in Ostdeutschland zur stärksten Partei werden. Die anderen Parteien werden dann Allparteienbündnisse gegen die AfD schmieden. Und die CDU wird, gar wenn sie mit der Linken koalieren müsste, in dieser Rolle weiter schrumpfen.

Bislang begreift die CDU einfach nicht, dass – solange sie sich nicht von der grünen Merkel-Ära distanzieren will und obendrein nach den ostdeutschen Landtagswahlen erneut Koalitionen mit den Grünen eingehen wird – für die Wählerschaft nun einmal ganz klar ist: Jede Stimme für die CDU ist eine Stimme für die Grünen – oder zumindest dafür, dass die Grünen an der Macht bleiben.

Als einzig spannende Diskussion kann ich mir nach den Landtagswahlen eine solche vorstellen, bei der die allenthalben zur Einsicht Kommenden ernsthaft mit jenen streiten, die weiterhin vernagelt bleiben. Natürlich gilt das nicht nur für die CDU, sondern auch für die SPD. Die wird in Sachsen womöglich gar aus dem Landtag fliegen, spielt sich aber immer noch als Bollwerk gegen alles auf, was ihr nicht gefällt. Sie ist freilich ein

Bollwerk mit so geringem Gewicht, dass ihre Selbstdarstellung als „Bollwerk" durchaus an Realsatire grenzt.

Dem „Bündnis Sahra Wagenknecht" wurde im Vorfeld ein Potential von zwölf Prozent zugesprochen. Halten Sie das für realistisch?

Bei Potentialanalysen, wie sie etwa das INSA-Institut durchführt, werden die Leute danach gefragt, welche Partei sie auf gar keinen Fall wählen würden. So kann man erkennen, welchen Prozentanteil eine Partei maximal erreichen könnte. Aber zwischen dem „könnte" und dem, was in der Wahlkabine tatsächlich geschieht, liegt ein weiter Weg.

Mir scheint im Übrigen, dass etliche falsche oder zumindest trügerische Hoffnungen in die Wagenknecht-Partei gesetzt werden. Die eine falsche Hoffnung kommt von folgender Milchmädchenrechnung: Vernünftiges gäbe es links und rechts; also schüfen linke Sozialpolitik und rechte Migrationspolitik gemeinsam eine vernünftige Partei. Beide Politiken brauche unser Land auch; und somit erweise sich, sozusagen im politischen Mittel, die Wagenknecht-Partei als eine ziemlich normale und obendrein notwendige Partei. Also könnten mit ihr die gefledderten Christdemokraten, die Sozialdemokraten und auch die Grünen gut zusammenwirken, um stabile nicht-rechte Regierungen bilden. Derlei scheint mir ein trügerisches Hoffnungsgespinst zu sein. Ich sehe nämlich nicht, wie die grundlegenden Wertansätze beider Politiken zusammenpassen und dann überzeugend gemeinsam vertreten werden könnten.

Die andere trügerische Hoffnung ist die, dass die Wagenknecht-Partei das lange gesuchte und nun gefundene Heilmittel gegen die AfD wäre. Weil die Wagenknecht-Partei für eine scharfe Begrenzung der Zuwanderung nach Deutschland stehe, gäbe es nun keine guten Gründe mehr, die AfD zu wählen. Wer das meint, der bedenkt nicht, dass viele Leute die AfD genau wegen ihrer Überzeugung wählen, sie sei die einzige wirkliche Alternative zu allen etablierten Parteien.

Eine weitere Hoffnung, meist von Rechten gehegt, geht dahin, dass die Wagenknecht-Partei der Linken das endgültige Aus bescheren werde. Das ist halbwegs realistisch, denn ohne den Wagenknecht-Flügel ist es recht unwahrscheinlich, dass die Linke am Wahltag oberhalb von fünf Prozent gelangen wird und in mehrere Parlamente zurückkehren kann.

Nun hatte auch Ministerpräsident Wüst zuletzt angekündigt, dass er die Grenzen besser schützen will, dass er die Asylverfahren im Ausland durch-

führen will und so weiter. Aber diese Verschärfung der Migrationspolitik, wenn das Wagenknecht will und mittlerweile auch Wüst, inwieweit, glauben Sie, ist das auch bei Wagenknecht am Ende nur ein Lippenbekenntnis?

Mir scheint, dass das alles zunächst einmal Lippenbekenntnisse sind. Vielleicht bringt aber jene, die sie ablegen, ein vorsichtiger Schritt hinein in die Praxis zur echten Handlungsbereitschaft. Ich denke da etwa an die Innenministerin, die zunächst behauptete, stationäre Grenzkontrollen brächten überhaupt nichts, und die jetzt erklärt, derlei Kontrollen brächten eben doch ziemlich viel, weshalb sie auch verlängert würden.

Der parteipolitische wichtige Punkt ist hier: Jeder, der sich angesichts des Merkelschen Treibenlassens und der von Sozialdemokraten sowie Grünen unterstützten Migrationspolitik inzwischen der AfD zugewandt hat, wird diesen Positionswandel von Faeser, Wüst und anderen dahingehend wahrnehmen, dass endlich auch diese Leute aufgewacht sind, also nunmehr das wollen, was die AfD schon lange vorschlägt. Und somit gäbe es keinen guten Grund, ausgerechnet jetzt die AfD nicht mehr zu wählen, denn immerhin hätten allein die Wahlkreuze bei der AfD die anderen Parteien auf einen vernünftigen Kurs gebracht.

Das aber heißt: Wer zu spät auf das einspurt, was er eher hätte begreifen können und sollen, der tut sich keinen parteipolitischen Gefallen. Wer zu spät kommt, den bestraft nun einmal das Leben. Vielleicht aber entsteht jetzt endlich politischer Konsens für eine vernünftigere als die bisherige Migrationspolitik.

Nach Jahrzehnten der Politikwissenschaft, da gibt es sicher Kernfragen, die überbleiben. Müssen wir nur eine Politikwende hinbekommen, um Dinge zum Besseren zu verändern? Oder liegt bereits ein Fehler im System vor?

Unser politisches System ist gut gebaut. Es gibt aber einige Verbesserungsmöglichkeiten – und zwar vor allem darin, wie Deutschlands Politiker dieses System benutzen, doch auch an seiner Konstruktion. Von den letzteren will ich zwei nennen:

Die erste Verbesserungsmöglichkeit wäre die Einführung von gesetzesaufhebenden Referenden. Man kann sie auch, wie in sächsischen Debatten, einen „zwingend von der Politik zu berücksichtigenden Volkseinwand“ nennen. Worum geht es?

Das Parlament hat, im üblichen Zusammenwirken mit der Regierung, ein Gesetz beschlossen. Anschließend gibt es – von dringlichen Gesetzen abgesehen – eine Frist von etwa hundert Tagen, in denen eine Antragsinitiative eine verfassungsmäßig vorgegebene Anzahl von Unterschriften für das Begehren sammeln kann, eine Volksabstimmung über das bereits beschlossene Gesetz durchzuführen – und zwar mit der einfachen Frage, ob dieses Gesetz wirklich in Kraft treten soll oder nicht. Kommen ausreichend viele Unterschriften zustande, dann findet diese Volksabstimmung statt und hat ein Ergebnis, das für Parlament und Regierung verpflichtend ist.

Das Wesentliche an diesem Verfassungsinstrument wäre keineswegs die tatsächliche Durchführung einer Volksabstimmung, sondern ist deren grundsätzliche Möglichkeit. Sobald es nämlich diesen verbindlichen „Volkseinwand" gibt, muss die Politikerschaft in Rechnung stellen, dass neue Gesetze nicht nur „verfassungsgerichtsfest" sein müssen, also dem geltenden Verfassungsrecht nicht widersprechen dürfen. Vielmehr müssen sie auch, wie man in der Schweiz sagt, „referendumssicher" sein. Die Folge wäre, dass der Bundestag umstrittene Gesetzesvorhaben genau dann nicht mehr zum tatsächlich geltenden Recht machen könnte, wenn die parlamentarische Mehrheit klar gegen eine Bevölkerungsmehrheit stünde. Letztere Möglichkeit gehört zwar sehr wohl zu einem Repräsentativsystem, muss aber in einer Demokratie die politisch erst einmal überzeugend zu begründende Ausnahme sein.

Zweitens bräuchten wir veränderte Rekrutierungsmuster unseres politischen Personals. Dieses besteht mehr und mehr aus Leuten, die seit Jugendtagen wenig anderes als Politik betrieben haben. Das hat unsere Politikerschaft mehr und mehr zu einer abgehobenen politischen Klasse gemacht. Vieles veränderte und verbesserte sich da, wenn man Vorwahlen für alle Parlamentsmandate einführte.

Das sähe so aus: Wer Kandidat für eine Landtags- oder Bundestagswahl werden will, muss sich erst einmal das Recht zur Kandidatur erstreiten – und zwar nicht in Parteikreisen bei den Nominierungsversammlungen, sondern vor der Bevölkerung bei solchen Vorwahlen, die in jedem Wahlkreis zur Kandidatenkür abgehalten werden, und an denen sich die gesamte Wählerschaft des Wahlkreises beteiligen kann. Um ein solches Verfahren einzuführen, müsste man nicht einmal die Verfassung ändern, sondern nur das Parteiengesetz und die Wahlgesetze. Als Folge würde die heute nicht seltene Karriere zur Ausnahme, dass man vom Kreißsaal über den Hörsaal in den Plenarsaal gelangt. Auch hätten endlich solche

Leute eine Chance darauf, erst in einem solchen Alter hauptberufliche politische Mandate anstreben zu müssen, in dem man schon außerhalb der Politik bewiesen hat, dass man fachliche Qualifikation und politische Führungsfähigkeiten besitzt.

Jetzt kennt man das noch aus den 1970er, 80er Jahren. Die Grünen haben diese Volksentscheide schon früh befürwortet. Aber irgendwie bleibt es immer auf der Strecke ...

Vorwahlen hatten wir – von einigen Versuchen aus den 1970er Jahren abgesehen – tatsächlich noch nie. Und die Einführung von Volksentscheiden scheitert immer wieder daran, dass Parteien – sobald an die Macht gelangt – sich gegen Begrenzungen der Macht von Parteieliten und Parlamentsmehrheiten sträuben. Volksabstimmungen verlangen in der Regel nur die Oppositionsparteien – und meinen diese Forderung anscheinend eher taktisch als ernst. In Sachsen etwa war die Einführung des Volkseinwands Teil des derzeit geltenden Koalitionsvertrags und zuvor Teil des Wahlprogramms der CDU. Diese Reform wurde dann aber während der ganzen Wahlperiode verschleppt, weil die Grünen und die Sozialdemokraten natürlich merkten, dass in einem Land mit rechter Bevölkerungsmehrheit dieses Verfassungsinstrument linke Gestaltungspolitik sehr erschwert. Und das heißt: Statt sich zu überlegen, wie man linke Politik insgesamt wählerattraktiv machen könnte, richtete sich das Sinnen und Trachten eher darauf, sich die Verwirklichung der eigenen parteipolitischen Vorlieben mit passenden Verfahrensregelungen zu erleichtern.

Oft ist die Rede davon, der Ostdeutsche wäre sensibler für eine Verletzung der Demokratie. Aber die Westdeutschen haben eine jahrzehntelange Demokratieerfahrung, die der Ostdeutsche nicht hat. Ist die nichts wert?

Natürlich sind westdeutsche Demokratieerfahrungen viel wert, einschließlich des gewachsenen Vertrauens darauf, dass unsere Demokratie im Wesentlichen funktioniert! Das gibt gerade angesichts neuer politischer Herausforderungen ein ganz anderes Grundgefühl.

Doch hinsichtlich des Ostens muss man bedenken, dass – insbesondere bei der älteren Bevölkerung – zwei Erfahrungen auch über 30 Jahre nach der Wiedervereinigung weiterhin lebendig sind. Erstens ist das die Erfahrung, wie ein Staat, der sich selbst als gesichert glaubte, sich als eine große Industriemacht sah und obendrein über gigantische Repressionsmittel verfügte, trotzdem innerhalb weniger Monate zusammenbrach. Und zwar deshalb, weil nicht nur in den Augen eines großen Teils der

Bevölkerung, sondern ganz tatsächlich vieles an der Politik dieses Staates falsch und nicht nachhaltig war.

Deshalb sagen sich nun viele in Ostdeutschland: Wir wollen nicht noch einmal erleben, dass unser System deshalb zusammenbricht, weil die politische Klasse einfach nicht einsehen will, dass derart schwere Belastungen auf der Bevölkerung und auf dem System liegen, dass die Bevölkerung und das System diese auf Dauer nicht tragen will und auch nicht mehr tragen kann. Dahingehende Risiken wurden besonders stark seit dem Einsetzen der Migrationspolitik von 2015 und als Reaktion auf die weithin akzeptierte Ansage empfunden, man könne Migranten ohnehin nicht aufhalten – und also müssten sie, falls sie das wollten, eben nach Deutschland gelangen können. Das wäre im Übrigen, bei gutem Willen der länger schon im Land Lebenden, auch gar kein sonderliches Problem.

Und zweitens wird nun immer wieder die ostdeutsche Erfahrung aktiviert, dass es mit großen sozialen und persönlichen Kosten verbunden sein kann, seine Meinung so zu sagen, wie man sie wirklich hegt. In der DDR nämlich wusste ein jeder um den Unterschied zwischen dem, was man in der Öffentlichkeit oder am Arbeitsplatz äußern sollte, und dem, was man besser nur im Familien- und Freundeskreis besprach. Mit dem Übergang zur Bundesrepublik Deutschland wurde in Aussicht gestellt, derlei Vorsicht brauche es künftig nicht mehr. In einem freien Land könne man nämlich über alles frei reden, ohne üble Folgen befürchten zu müssen.

Nun aber zu erleben, dass immer wieder Leute für behauptete politische Unkorrektheiten exemplarisch medial bestraft werden, ja dass man im eigenen Alltag immer wieder schräg angesehen oder gar ausgegrenzt wird, wenn man sich politisch unerwünscht äußert: Das enttäuscht und empört gar nicht wenige Ostdeutsche, nämlich als widerwärtige, im neuen System niemals erwartete Erfahrung.

An beiden Problemstellen helfen westdeutsche Erfahrungen nicht weiter. Wir hatten nämlich bis zu den jetzigen Erwartungshaltungen hinsichtlich von politischer Korrektheit keine ähnlichen Herausforderungen, und wir haben auch nie den Zusammenbruch eines Systems erlebt.

Viele Westdeutsche haben 40, 50 Jahre lang diskutiert, debattiert und sich die Köpfe gegenseitig eingeschlagen in diesem demokratischen System. Da erschienen viele Fragen als abschließend beantwortet. Das fing schon mit dem Zusammenleben mit den türkischen Mitbürgern an. Das war ja auf eine Weise feinjustiert. Darf man die westdeutschen Errungenschaften so sehr in den Schatten stellen?

Es sind einfach nicht die gleichen Erfahrungen in denselben Sachbereichen. Richtig wäre es, beide, ost- und westdeutsche Erfahrungen, nebeneinander zu legen und miteinander zu verbinden. Dann würden sie einander gut ergänzen. Aber leider wird meist der eine Erfahrungskomplex gegen den anderen ausgespielt. Die Wessis sagen den Ossis: Ihr könnt da nicht mitreden – und die Ossis geben das Gleiche zurück. Daran ändert anscheinend auch der Generationenwechsel nicht viel.

Treiben die Medien die Politik vor sich her oder andersherum? Was ist der aktuelle Stand?

Natürlich haben die Medien großen Einfluss darauf, was die Politik machen kann. Nicht nur werden ständig demoskopische Umfragen zur Akzeptanz politischer Vorhaben und Entscheidungen durchgeführt oder Ranglisten des Vertrauens in Politiker und Parteien erarbeitet. Beides hat Einfluss auf die Handlungsspielräume und Handlungskraft von Politikern.

Sondern außerdem beeinflussen die Medien – ganz stark vor Wahlkämpfen – den Meinungstrend dahingehend, welche Themen man als Politiker oder Partei mit wohl welcher Resonanz auf welche Weise ansprechen kann. Und vor allen Dingen prägen die Medien, was die Leute über Politik und ihre Handlungsumstände wissen oder immerhin zu wissen glauben. Für die allermeisten Leute spielt sich Politik nämlich außerhalb ihrer eigenen Lebenswelt ab, gelangt also nur über die Medien zu ihrer Kenntnis.

Und weil die Bürgerschaft inzwischen den Eindruck gewonnen hat, nicht mehr von den etablierten Medien nicht in zufriedenstellender Breite über alles das informiert zu werden, was politisch wichtig ist, hat eine Flucht aus bislang gemeinsam genutzten Medien eingesetzt, also aus dem öffentlich-rechtlichen Rundfunk und aus der bisherigen Qualitätspresse. Mehr und mehr kapseln sich Leute in solchen Privatwirklichkeiten ein, die nur über die von ihnen bevorzugten Webseiten zugänglich sind. Diese Art der Pluralisierung hat zur üblen Kehrseite eine Art Zerfall der Öffentlichkeit samt dem Verblassen einer gemeinsam als so-und-nicht-anders wahrgenommenen Wirklichkeit. Beides prägt, was Politik machen kann.

Sehr wichtig scheint mir außerdem der folgende Rückkopplungseffekt zu sein, dessen sich insbesondere Angela Merkel höchst wirkungsvoll bedient hat. Wenn ich als Spitzenpolitiker ausgewählten Journalisten, die mich mögen, exklusive Interviews gebe, dann gewinne ich wunderbare Möglichkeiten der Selbstdarstellung. Wenn ich außerdem durch ständige demoskopische Befragungen, wie sie nach Kohl auch Merkel in Auftrag gegeben hat, systematisch ausfindig mache, wie die Leute quer übers Land denken und wofür sie wie ansprechbar wären, dann kann ich durch Auftritte in millionenfach gesehen Talkshows genau dazu passende Schlüsselworte und Schlüsselargumente setzen. Auf diese Weise präge ich selbst die Diskussionslage samt der Bevölkerungsstimmung mit. Demoskopisch bestätigt, lasse ich die letztere dann in meine eigene parteiinterne und regierungsinterne Willensbildung einfließen und sichere mir so Popularität. Und das alles kann bis zur für glaubwürdig befundenen Behauptung führen: Nach all dem, was uns die Demoskopie und Wissenschaft zeigen, ist die folgende Politik derzeit alternativlos!

Das ist zwar ein Kurzschluss. Doch er hat dank solcher Einbeziehung von – bekanntlich stark mit den Grünen sympathisierenden – Medien samt den entsprechenden Medienwirkungen insbesondere die grüne und sozialdemokratische Politik wesentlich stärker gemacht, als sie in der Bevölkerung tatsächlich Rückhalt besitzt, und er hat rotgrüner Politik in der politischen Arena viel größere Durchsetzungswucht verschafft, als die Bevölkerung sich das wünscht. Eben das führte zum Zustand, dass etwa in Sachsen fast zwei Drittel der Leute rechts ticken, aber dennoch in Parlament und Regierung eine klare linksakzentuierte Politik gemacht wird, die dann von den Massenmedien bollwerkartig als alternativlos dargestellt wird. Zu den Folgen gehören alsbald opponierender Populismus samt einem weiteren Aufstieg der AfD.

Was meint überhaupt „Ideologie"? Es wird ja immer von der grünen Ideologie gesprochen, die alles durchzieht in alle Institutionen.

Im engen Sinn meint „Ideologie" eine für falsch erklärte Weltanschauung, im weiten Sinn eine jede Weltanschauung. Und unter grüner Ideologie versteht man im Grunde den folgenden Ideen- und Handlungskomplex:

Erstens den Kampf gegen die Nutzung der Kernenergie, natürlich als Waffe, doch auch als Mittel zur zivilen Energieversorgung. Zweitens ein großes Verlangen nach Weltoffenheit und praktizierter Migration – aber Migration nicht in der Weise, dass Migranten sich im Ankunftsstaat assimilieren, sondern dass dort dann eine multikulturelle und multiethnische Gesellschaft entsteht. Drittens braucht es grundsätzliche Nicht-Binarität in Geschlechterfragen, also eine breite Akzeptanz von fluider Geschlechtsidentität. Letzteres muss unterstützt werden durch solche Sprache und Schrift, welche jene binäre Kodierung unserer Geschlechtlichkeit, die jahrtausendelang völlig unumstritten war, in Zweifel zieht und möglichst auch verächtlich macht.

Und das vierte Element dieser „woken" Ideologie ist, dass wir die Vergegenwärtigung der Vergangenheit bereinigend verändern müssen. Beispielsweise haben wir von der Gegenwart her zu erkennen, was in der Vergangenheit falsch war, und wir müssen dann die Spuren jenes Falschen wenn schon nicht unsichtbar machen, so doch mindestens auf eine Weise „rahmen", dass ein jeder begreift, in welche Traditionen sich ein anständiger Mensch gerade nicht stellen darf. Das ist insbesondere – jetzt etwas überspitzt – die Tradition von weißen Menschen, denn genau die haben über die Erde im Grunde nur Unglück, Sklaverei, Verelendung und Umweltverschmutzung gebracht. Die Welt wäre jedenfalls besser dran, wenn es allmählich keine reinen „Weißbrote" mehr gäbe.

Diese vier Punkte umschreiben jenen Komplex, den man als „grüne Ideologie" bezeichnet. Betont sei ausdrücklich, dass der Schutz von Natur und Klima zwar zum Überzeugungsbestand der Grünen gehört, nicht aber zu dessen rein ideologischem Bereich.

Letzte Frage, weil das vielleicht damit zusammenhängt: Wer so lange für seine Überzeugung kämpft und sieht, dass sich wenig verändert – wie vermeidet der eine Radikalisierung?

Es gibt dafür einen Weg „von innen" her und einen Weg „von außen" her. Den Weg von innen her hat Wolfgang Biermann schön in einem Lied mit den folgenden Worten beschrieben: „Du, lass dich nicht verhärten in dieser harten Zeit!" Wer davon betroffen ist, dass er ausgegrenzt wird, der soll unbedingt darauf achten, dass er sich innerlich nicht verhärtet, also nicht radikalisiert. Die dabei tragende Hoffnung besteht darin, dass sich das Vernünftige eines Tages eben doch durchsetzen wird. Mit anderen Worten steht es in der Bergpredigt: Die Sanftmütigen werden das Land besitzen – und nicht dauerhaft die Radikalen und Unterdrücker.

Und der andere Weg verläuft so: Von außen her muss man mit politischen Gegnern als Leuten umgehen, die zwar anderes wollen und denken und glauben als man selbst, die aber deswegen doch keine Unmenschen, Dummköpfe oder gleichsam so etwas wie politische Kinderschänder sind. Also muss man sich gerade mit politischen Gegnern sachlich und redlich auseinandersetzen.

Leider hat man genau das in Bezug auf die AfD jahrelang vermieden und vielmehr die eigene argumentative Faulheit und nachgerade „Feigheit vor dem Feind“ mit Einlassungen dahingehend bemäntelt, es seien alle AfDler schlicht einfach dumm, übelgesinnt und rassistisch. Mit ihnen dürfe man auch gar nicht reden, weil sie das doch nur „aufwerten“ würde. Diese Art von „politischem Rassismus“, wie man überspitzt sagen möchte, verhärtet die Ausgegrenzten „von außen“ her. Da haben sämtliche etablierten Parteien unseres Landes wirklich große Fehler begangen.

FEIGHEIT VOR DEM FEIND – WIE UMGEHEN MIT DER AFD?

***veröffentlicht am 13. Januar 2024 in der „Jungen Freiheit“*[115]**

Deutschlands Umgang mit der AfD ist ein Beispiel politischer Torheit. Klügere erkennen, dass dabei auch Anhänger unserer pluralistischen Demokratie wichtige von deren tragenden Grundsätzen verraten und unserer politischen Kultur geschadet haben. Weniger Kluge könnten immerhin erkennen, dass der bisherige „Kampf gegen die AfD“ diese nicht etwa geschwächt, sondern ganz im Gegenteil gestärkt hat. Immer wieder etwas zu tun, was einem zwar gefällt, doch das angestrebte Ziel in immer weitere Ferne rückt, ist aber nicht in erster Linie grundsatztreu, sondern kindisch. Deshalb findet sich bei der Kritik deutschen Umgangs mit der AfD ein gemeinsamer Nenner zwischen denen, welche diese Partei mögen, und jenen, die sie nicht mögen.

So hat es auch zu sein, wenn es einem nicht vorrangig um die parteipolitische Auseinandersetzung geht, sondern um die Aufrechterhaltung einer freiheitlichen Ordnung, in welcher öffentlicher Streit um den richtigen politischen Weg eine Selbstverständlichkeit ist und in der die Entscheidung, welcher Weg dann wirklich eingeschlagen werden soll, ohne Hintergedanken der Bürgerschaft überlassen wird. Tatsächlich begann die Geschichte freiheitlichen Regierens damit, dass man zwischen politi-

---

[115] https://jungefreiheit.de/debatte/kommentar/2024/feigheit-vor-dem-feind-wie-umgehen-mit-der-afd/, Zugriff am 27. Januar 2024.

schen Gegnern und Verfassungsfeinden unterschied und genau dadurch jenen politischen Spielraum schuf, in dem sich seither Opposition entfalten und betätigen kann.

Eben diese Unterscheidung zwischen Verfassungsfeinden, im deutschen Verfassungsrecht „Extremisten" genannt, und bloßen politischen Gegnern versuchen sehr viele beim Umgang mit der AfD seit vielen Jahren einzuebnen. Schon der AfD des Parteigründers Bernd Lucke kam man mit der Schandkappe des Rechtsextremismus; und der jetzigen AfD, die im Süden Ostdeutschlands wohl zur stärksten Partei wird, droht man längst mit einem Parteiverbotsverfahren. Ohnehin wurde der AfD die Legitimität ihrer politischen Wirksamkeit in Parlamenten selbst dort oft bestritten, wo sie zur stärksten Oppositionspartei gewählt worden war. Von Attacken auf Wahlkampfstände und von sozialen Bestrafungsaktionen gegen Leute, die sich nicht an AfD-bezogene Distanzierungsgebote gehalten haben, sei ganz geschwiegen. Dabei gehört zu den Mindestanforderungen unserer freiheitlichen demokratischen Grundordnung, wie sie das Bundesverfassungsgericht schon vor siebzig Jahren festgelegt hat, das Recht auf die Bildung und Ausübung (!) von Opposition.

Natürlich muss Opposition in der Sache ebenso wenig Recht haben wie die jeweilige Regierung. Schon gar nicht hängt ihr Existenzrecht davon ab, dass ihre Inhalte und ihr Stil anderen gefallen. Ihr Mehrwert für eine lernwillige politische Ordnung liegt schlicht darin, dass sie etablierte Positionen nicht einfach hinnimmt, sondern diese hinterfragt, und dass sie Sach-, Programm- und Personalalternativen anbietet. Am Wahltag wird dann von den Bürgerinnen und Bürgern frei entschieden, wer Prokura für die Umsetzung seiner politischen Ziele erhält. Gewiss ist das schmerzlich für jene, die abgewählt werden oder – schon im Vorfeld von Niederlagen – Einbußen an Popularität und politischer Zustimmung erleben.

Doch nichts zwingt Parteien, denen neue Konkurrenz erwächst, zum tatenlosen Geschehenlassen ihres Ansehens- und Machtverfalls. Sie haben jedes Recht und in einer freiheitlichen Medienlandschaft auch umfassende Möglichkeiten, jene politisch zu stellen, die sich als Alternative zu ihnen geben. Doch dann darf man eben nicht nur untereinander über unliebsame Gegner reden, sondern muss persönlich mit ihnen streiten – und zwar vor einem möglichst großen Publikum. Das nämlich gibt am Wahltag den Ausschlag dafür, wer den Einzug ins Parlament verfehlt, wer die Rolle der Opposition zu übernehmen hat, oder wer gar wer regieren darf. Wenn man bei solchen Streitgesprächen eine gute Figur machen will, dann sollte man die politisch zu gestaltenden Tatsachen und Zusammenhänge besser kennen als der Gegner. Man sollte auch die besseren Argumente haben sowie diese noch besser als der Rivale vortragen. Solche Debatten zu scheuen, wie es von Anfang an die Praxis von AfD-Gegnern war ist in der Politik das Seitenstück zu dem, was im Kriege heißt: „Feigheit vor dem Feind". Auch die Folgen sind keine anderen: Der Gegner gewinnt.

Wie sinnvoll wäre es, in einer Kriegslage eine Institution wie die UNO mit der Forderung anzurufen, sie möge dem Kriegsgegner - da anscheinend auf dem Schlachtfeld nicht bezwingbar - doch bitte sein Tun verbieten? Allein schon mit dem ernsthaften Rat zu einer solchen Initiative machte man sich lächerlich. Doch in Deutschland galt es jahrelang wie der politischen Weisheit letzter Schluss, über ein mögliches Verbot der AfD öffentlich zu sinnieren oder es zu fordern. Gottlob warnen nun sogar führende Sozialdemokraten und Grüne vor so selbstschädigender Unvernunft. Doch das heilt den Fehler nicht, zuvor der konkreten Auseinandersetzung mit AfD-Positionen und dem persönlichen Debattieren mit AfD-Politikern ausgewichen zu sein. Stattdessen versuchte man es mit Zaubersprüchen und einer Art Verfluchung der AfD anhand der Formel vom Rechtsextremismus. Doch was brachte dieser Bannfluch? AfD-Politiker zum Verstummen, AfD-Mitglieder zum Parteiaustritt, AfD-Wähler um die Traute zu ihrem Wahlkreuz? Soweit diese Art politischer Schwarzmagie nicht von selbstfälligem Verleumden zeugte, sondern womöglich unserem Gemeinwesen dienen sollte, erwies sich „gut gemeint" einmal mehr als „schlecht getan".

Im Übrigen gewinnt Wähler, wer solche Politik vermeidet, die deren Interessen zuwiderläuft, und wer Politik so erklärt, dass gutwillige Zuhörer den Sinn sogar von solchem Tun oder Lassen begreifen, das sich ihnen zunächst gerade nicht eschließt. Wenn also eine Protestpartei entsteht und etablierte Parteien gar überflügelt, dann kann das sehr wohl ein Zeichen dafür sein, dass man - als deren Gegner - mit der eigenen Politik eben falsch liegt und deshalb nicht mehr dazu fähig ist, sie unterstützungsgewinnend zu erklären.

Eine vernünftige Partei würde in dieser Lage sorgsam erwägen, worin ihre Konkurrenz vielleicht doch Recht haben könnte, würde die eigenen Positionen entsprechend korrigieren, dadurch politisches Lernen praktizieren und auf diese Weise nachweisen, dass unsere pluralistische Demokratie eben nicht nur in der Theorie, sondern auch in der Praxis funktioniert. Doch so haben sich Deutschlands etablierte Parteien gerade nicht verhalten, sondern derlei als ein „Zurückweichen vor Rechtspopulisten" ausgegeben. Wie staatsschädigend dumm!

WIE WEITER MIT DER AFD?

veröffentlicht unter dem Titel „Wir werden keinen Ministerpräsidenten Höcke bekommen" am 15. Januar 2024 im „Focus";[116] desgleichen unter dem hier verwendeten Titel am 16. Januar 2024 auf meinem Blog wjpatzelt.de

Laut den aktuellen Umfragen könnte die AfD dieses Jahr bei den Landtagswahlen in Brandenburg, Sachsen und Thüringen als Sieger hervorgehen. Wie besorgt sind Sie über die starken Zuwächse einer Partei, die in Thüringen und Sachsen als gesichert rechtsextremistisch gilt?

Wovor genau man sich hinsichtlich der AfD unbedingt ängstigen müsste, wüssten wir dann, wenn jene Gutachten endlich veröffentlicht würden, auf welche die Landesämter für Verfassungsschutz ihre Zuschreibungen vom gesicherten Rechtsextremismus der AfD stützen. Es ist höchst ärgerlich, dass uns Bürgerinnen und Bürgern diese Informationen vorenthalten werden. Solange ich aber nicht halbwegs weiß, auf welche Weise genau die AfD aktiv sowie mit einiger Erfolgsaussicht auf die Beseitigung unserer freiheitlichen demokratischen Grundordnung ausgeht, was ja das rechtliche Kriterium für die Feststellung von Extremismus ist, habe ich zu viel Vertrauen in die Stabilität unserer Demokratie und in die Treue unserer Behörden zur Verfassung, als dass ich mir jetzt schon andere als rein parteipolitische Sorgen machen wollte.

Wie erklären Sie sich diese immer weiter steigenden Umfragewerte?

Um einen kritisch gemeinten Begriff aus den 1970er Jahren aufzugreifen: Union, SPD und Grüne erscheinen vielen in Deutschland als die „plurale Fassung einer Einheitspartei". Der stellten sich damals die außerparlamentarische Opposition und einige linke sowie rechte Parteien entgegen. Heute versteht sich die AfD als die Alternative zur von ihr imaginierten „Einheitspartei". Und weil die Politik von Union und SPD seit Jahren stark grün geprägt ist, führt die derzeitige Unpopularität grüner Politikvorhaben, vor allem bei der Energie- und Migrationspolitik, zur Bündelung aller Gegenkräfte bei der AfD als jener Partei, die sich ausdrücklich als „Anti-Grünen-Partei" versteht.

---

[116] https://www.focus.de/politik/trotz-afd-hochs-wir-werden-keinen-ministerpraesidenten-hoecke-bekommen_id_259577136.html?fbclid=IwAR0wf_E8a7Hh1RPuofpuWI1kk-UBT89nJv82lSw7-A0VhFHnrRNPad1qz1w; Zugriff am 27. Januar 2024.

Wie ernst muss man die Umfragewerte nehmen, und wie wahrscheinlich ist es, dass die AfD diese wirklich auch in Stimmen verwandelt kann?

Alle Hoffnungen der Vergangenheit, ein Absinken der AfD bei der „Sonntagsfrage" um ein, zwei Prozentpunkte wäre Vorbote eines sicheren „Abschmierens" dieser Partei, haben sich als trügerisch erwiesen. Und solange die Ampelregierung so unbeliebt bleibt, wie sie binnen kurzem geworden ist, sowie die CDU sich nicht glaubwürdig vom AfD-mästenden Merkel-Kurs distanziert, ändert sich ohnehin nichts an der Alternativfunktion der AfD hinsichtlich aller etablierten Parteien. Ich rate außerdem von der Hoffnung ab, die nun gegründete „Wagenknecht-Partei" wäre das seit langem gesuchte Wundermittel gegen die AfD. Wir haben es inzwischen nämlich mit einer überzeugungsfesten und mittelfristig stabilen Abwendung vom politischen Establishment zu tun.

In Thüringen könnte die AfD mit Björn Höcke bald einen Ministerpräsidenten stellen, der als Nazi gilt und offen völkisches Gedankengut vertritt. Welche Folgen hätte das für die Demokratie?

Solange die Umfragen in etwa so bleiben, wie sie bislang sind, werden wir keinen Ministerpräsidenten Höcke bekommen, sondern eine Art Anti-AfD-Koalition von CDU, Linken, Grünen und SPD. Kurzfristig wird das viele trösten, schon mittelfristig aber der CDU sehr schaden. Der AfD wird die Anti-Höcke-Koalition ebenso nützen wie überhaupt die bisherige Praxis, diese Partei lieber durch Ausgrenzung mit einer Art kommunikativem Schutzraum zu umgeben, als sich mit ihr auf ernstgemeinte Diskussionen um jene Positionen einzulassen, welche die AfD auch bei öffentlichen Auseinandersetzungen mit ihren Gegnern vertritt.

Zu genau solchen Debatten aber käme es unweigerlich, wenn Höcke zum Ministerpräsidenten gewählt würde und im Thüringer Landtag Rede und Antwort stehen müsste. Als Ministerpräsident hätte er sich außerdem im Rahmen der Gesetze zu bewegen. Die aber sind so in unser Rechtssystem eingebunden, dass eine Regierung nur dann deren Deutung und Anwendung beeinflussen kann, wenn sie – wie etwa Angela Merkels Bundesregierungen – den größten Teil der öffentlichen Meinungsmacher auf ihrer Seite hat. Derlei wird bei einem Ministerpräsidenten Höcke gewiss nicht der Fall sein. Und in letzter Instanz gilt bei jedem Versuch, die freiheitliche demokratische Grundordnung zu beseitigen, immer noch das Widerstandsrecht laut Artikel 20,4 des Grundgesetzes. Käme es dabei zu einer Art von regionalem Bürgerkrieg, dann hätten an ihm alle jene Schuld, die durch ihr Tun oder Lassen zu genau der politischen Polarisierung beigetragen haben, die am Ende zur Alternative „Höcke-Diktatur oder bewaffneter Widerstand" führte.

Was halten Sie von den immer lauter werdenden Verbotsdiskussionen um die Partei?

Ich finde, dass wir nun lange genug Verbotsdiskussionen geführt haben. Entweder ermannt sich die Bundesregierung endlich und stellt beim Bundesverfassungsgericht einen Verbotsantrag, oder es tut dies zumindest der ostdeutsche CDU-Angeordnete Wanderwitz. Der erklärt nämlich unentwegt, er hätte die für den Start eines Verbotsverfahrens ausreichende Anzahl von Bundestagsabgeordneten beisammen. Also auf zur Tat! Dann läge der Fall beim Bundesverfassungsgericht, von dem man idealerweise auch noch eine vorläufige Eilentscheidung beantragen sollte.

Wer aber die Traute zu einem derartigen Verfahren nicht hat, der sollte sich die Gründe seines Zögerns klarmachen und dann aus ihnen höchst praktische Folgerungen ziehen. Falls man die inhaltlichen Belege für eine behauptete Verfassungswidrigkeit der AfD als nicht ausreichend überzeugend ansieht, dann sollte man damit aufhören, überhaupt die Forderung nach einem Parteiverbot in die öffentliche Diskussion zu bringen; diese bewirkt dann nämlich nur eine diskursive Brunnenvergiftung. Wer umgekehrt glaubt, die AfD sei inzwischen zu stark geworden, als dass ein Parteiverbotsverfahren vom Staatsvolk als legitim hingenommen würde, der sollte zur genau gleichen Schlussfolgerung kommen – und dann auch mit der Reue darüber beginnen, dass er womöglich selbst jene politische Auseinandersetzung mit der AfD so lange gescheut oder behindert hat, die allein diese Partei schwächen könnte. Und wohlgemerkt: Über eine Partei und deren Positionen oder Personen zu schimpfen ist etwas sehr anderes als eine ernst gemeinte politische Auseinandersetzung!

Ein halbes Jahr bleibt den Demokraten noch, um die Institutionen zu festigen. Welche Szenarien wären möglich, die einen Sieg der AfD bei den Landtagswahlen verhindern würden?

Vorab halte ich die Feststellung für erforderlich, dass unsere Institutionen gerade nicht der Festigkeit entbehren. Üblicherweise beklagen wir doch ganz im Gegenteil deren verkrustete Strukturen. Unsere Institutionen werden jedenfalls auch noch stärkere AfD-Fraktionen in deutschen Parlamenten überdauern. Sodann ist nicht zu erwarten, dass SPD und Grüne in den kommenden Monaten ihre Energie-, Migrations- oder Sozialpolitiken verändern wollten oder könnten, die doch ihrerseits jene Empörung hervorbringen, welche im Osten klar über ein Drittel der Wählerschaft zum Kreuz bei der AfD geneigt macht. Ebenso wenig ist zu erwarten, dass die CDU ernsthafte oder gar glaubwürdige Anstrengungen unternehmen wird, zur AfD abgewanderte Wähler zurückzugewinnen. Ganz im Gegenteil wird die CDU durch den Verlust der Maaßen-Anhängerschaft noch weitere Einbußen an Unterstützung erleiden. Deshalb gibt es auch keine Möglichkeiten mehr zur aktiven Verhinderung von AfD-Wahlsiegen im Osten. Politikfehler von CDU, SPD und Grünen haben die AfD dort so stark werden lassen, dass sie nur noch sich selbst besiegen kann – durch parteiinterne Skandale oder durch plausibel skandalisierbare öffentliche Aussagen.

FÜR DIE SÄCHSISCHE UNION GIBT ES GEGEN DIE AFD KEINE ERFOLGREICHE STRATEGIE MEHR!

Interview mit Alexander Wendt, erschienen unter dem Titel „Von Merkels Erbe distanzieren" am 18. Januar 2024 auf „Tichys Einblick"

In diesem Jahr stehen gleich mehrere große Entscheidungen an: Landtagswahlen in Ostdeutschland, Europawahl, eventuell sogar eine vorgezogene Bundestagswahl – nur ein Drittel der Deutschen glaubt noch, dass die Ampel den regulären Wahltermin erreicht. Um mit den Ost-Wahlen zu beginnen: Die AfD liegt überall in Führung, soll aber per „Brandmauer" isoliert werden. Das hieße: Allparteien-Koalition gegen die AfD. Wie realistisch wäre das in Sachsen und Thüringen?

Nachdem die CDU tausend heilige Eide geschworen hat, zumindest oberhalb der kommunalen Ebene niemals mit der AfD zusammenzuarbeiten, wird die CDU sich je nach Wahlergebnis führend oder mitmachend an Anti-AfD-Koalitionen beteiligen. Wenn die CDU sich dafür mit der Linken zu einem Tolerierungsbündnis zusammenfinden müsste, wäre das nichts weiter als die wohlverdiente Strafe für die langjährige Verweigerung von normaler Parteienkonkurrenz mit der AfD. Doch ein Zusammenwirken mit der AfD würde die CDU erst recht zerreißen.

In der Bundes-CDU gilt bisher eisern: keinerlei Zusammenarbeit mit der AfD, auch keine Minderheitsregierung, die von ihr gestützt wird. In Sachsen selbst gibt es einige Politiker – etwa der CDU-Fraktionschef Christian

Hartmann – die diese Option offen lassen. Wie wird die CDU diesen Konflikt lösen?

Falls nicht die AfD wegen des Scheiterns anderer Parteien als der Union, der Grünen und der Linken an der Fünf-Prozent-Hürde eine absolute Mehrheit erringt, wird sich die CDU gemeinsam mit den Grünen auf eine linkstolerierte Minderheitsregierung einlassen müssen. Ihr wird die AfD als Opposition gegenüberstehen und sehr davon profitieren, dass eine solche Minderheitsregierung eine anhaltende Provokation der klar nicht-linken Bevölkerungsmehrheit Sachsens sein wird.

Sie haben die CDU Sachsen lange Zeit beraten. Wie würde Ihre Strategie im Umgang mit der AfD lauten?

Für die sächsische Union gibt es gegen die AfD keine erfolgreiche Strategie mehr! Durch die Koalition mit Grünen und SPD hat sich die CDU nach den letzten Landtagswahlen, wie ein Schachspieler das ausdrücken würde, auf eine Position begeben, in der sie nun mattgesetzt wird. Hätte die CDU nach den letzten Wahlen den Mut zu einer Minderheitsregierung gehabt, dann wäre das eine realistische Chance gewesen, ein klares Unionsprofil zumindest vorzuzeigen. Jetzt aber verkennt keiner im Sachsenland, dass jede Stimme für die CDU die Grünen auch nach der Landtagswahl an der Macht halten wird. Falls die CDU diese Binsenweisheit im Wahlkampf zugibt, dann treibt sie noch mehr Wähler zur AfD – und falls sie den selbstgesetzten Zwang zur Neuauflage ihres Bündnisses mit den Grünen in Abrede stellt, dann macht sie sich erst recht unglaubwürdig. Das einzig Sinnvolle in dieser Lage wäre es, meinen jahrelang wiederholten Ratschlag zu befolgen: nicht nur über die AfD reden, sondern mit deren verantwortlichen Politikern öffentlich streiten! Nur so kann ein Wähler nämlich erkennen, von welcher Partei er mehr Sachverstand und Vernunft erwarten kann.

Die Ampel insgesamt stützt sich in Umfragen nur noch auf ein Drittel der Wähler, der SPD droht in Sachsen sogar der Rauswurf aus dem Parlament. Trotzdem bleibt die Ampel in der Migrations-, Wirtschafts- und Energiepolitik bei ihrem Kurs. Wie lässt sich erklären, dass Parteien – vor allem SPD und FDP – sehenden Auges in den Abgrund marschieren?

Die FDP ist weitgehend ein Anhängsel von SPD und Grünen und wurde in diese, für sie gewiss schlecht endende Koalition dadurch gezwungen, dass die Union einfach abgewirtschaftet hatte. Blicken wir also auf die wichtigeren Parteien. Erstens sind Grüne und Sozialdemokraten ebenso wie ein immer noch großer Teil der CDU-Führung der Meinung, dass die bisherige Migrations- und Energiepolitik im Grunde richtig war und nur unzulänglich in die Praxis umgesetzt wurde. Zweitens haben die Ampelparteien samt der Union es sich zum Glaubenssatz gemacht, dass eine Position, die auch von der AfD vertreten wird, inhaltlich oder moralisch falsch sein muss. Also darf man sie niemals selbst beziehen – selbst dann nicht, wenn sie einst die eigene Position war, die man leichtfertig zum Nutzen der politischen Konkurrenz aufgegeben hat. Sich so zu verhalten ist zwar dumm. Doch fixe ideologische Ideen, wie sie seit langem die deutsche Politik prägen, zerschellen immer nur an der politischen Wirklichkeit selbst und somit an Wahlniederlagen, lassen sich aber erfahrungsgemäß nicht mit Vernunftgründen um ihre Verführungskraft bringen.

Bisher steht zwar die Union als stärkste Kraft da – erreicht aber auch nur wenig mehr als 30 Prozent. Warum profitiert sie weniger, als man es angesichts der miserablen Ampel-Werte annehmen müsste?

Den wenigsten im Lande bleibt verborgen, dass die Ampelregierung im Wesentlichen die Energie-, Migrations- und Sozialpolitik der Merkel-Regierungen fortsetzt. Diese Politiken wurden zwölf Jahre lang von der jetzigen Kanzlerpartei mitgeprägt und von den Grünen so wirkungsvoll beworben, dass die CDU nachgerade stolz darauf war, sich endlich mit den Grünen koalitionsfähig gemacht zu haben. Solange sich also die CDU nicht von den politischen Fehlleistungen der Merkel-Zeit distanziert, die von der Ampel-Regierung weitestgehend fortgeführt werden, gilt als einzige Alternative zu alledem sehr vielen die AfD. Also profitiert eben diese Partei vom Elend sowohl der Ampelparteien als auch der Union.

Der ehemalige Vorsitzende der CDU-Programmkommission An-dreas Rödder nennt die CDU nach Merkel eine „in sich gespaltene Partei". Wie als Bestätigung dafür gibt es ein neues Programm mit konservativen Akzenten – aber auch die Bitte des CDU-Generalsekretärs, Merkel möge den Wahlkampf der Partei unterstützen. Wie ist es zu erklären, dass die Partei immer noch dermaßen an der Ex-Kanzlerin hängt – zumal das ja umgekehrt offensichtlich nicht der Fall ist?

In den gut zwei Jahrzehnten, in denen Angela Merkel Parteivorsitzende oder Kanzlerin war, hat sich die CDU tiefgreifend verändert. Viele Parteimitglieder – und noch mehr Inhaber von Führungsfunktionen – glauben allen Ernstes, Angela Merkel habe unser Land auch nach 2014 gut regiert, und sie hätte ihrer Partei mit der Öffnung zu den Grünen eine dauerhafte Machtperspektive gesichert. Obendrein sind sie fest davon überzeugt, dass die AfD irgendwie verschwinden wird, sich also die Frage gar nicht stellt, unter welchen Bedingungen die CDU mit dieser neuen Konkurrenzpartei eines Tages zusammenwirken könnte. Gegen diese Leute in der Partei stehen jene, welche die Gründe für den – ja schwer abzustreitenden – Abstieg der CDU und den spiegelbildlichen Aufstieg der AfD in Politikfehlern Merkels sowie in einem Umgang mit der AfD sehen, der redlichen Streit stets verweigerte. Noch halten sich beide Lager die Waage. Erst die absehbaren Niederlagen einer sich nicht von Merkels Erbe distanzierenden CDU werden diesen Burgfrieden stören.

Die Mehrheit der Bürger wünscht sich die Eindämmung der Asylmigration, weniger Belastung für Bürger und Wirtschaft und weniger Belehrung durch die Politik. Warum fällt es den Parteien – und selbst der Union – so schwer, ihre Politik an dieser Bürgermehrheit auszurichten?

Tiefster Grund ist der Siegeszug des Moralisierens in der deutschen Politik. Das selbstermächtigte Einwandern musste unbedingt als eine moralische Entscheidungsfrage behandelt werden, bei der Sorgen um deutsche Eigeninteressen als nachgerade sündhaft galten. Weil außerdem unser Staat, im Unterschied zu den Staaten der Kommunisten und Faschisten, ein wirklich guter ist, hat man ihm gefälligst auch dort zu vertrauen, wo er Wirtschaft und Gesellschaft lieber selbst gestaltet als sie dem Treiben einer Bürgerschaft zu überlassen, die doch womöglich Wirtschaftsliberalen oder Gesellschaftskonservativen auf den Leim gehen würde. Und weil insbesondere Sozialdemokraten und Grüne, und in deren Gefolge die CDU, vermeintlich besser als das einfache, so oft „dunkeldeutsche" Volk wissen, was uns und der Welt wirklich frommt, wäre es nachgerade verantwortungslos, sich da nicht ans Erziehen zu machen. Wofür sonst hätten wir die schönen Gebote politischer Korrektheit!

Nach einer Umfrage im Auftrag von TE, welcher Politiker am ehesten bürgerliche Werte vermittelt, steht Markus Söder noch vor den Vertretern der CDU. Was sagt das über die Union? Und: Wie wird in diesem Jahr die Entscheidung für den Kanzlerkandidaten der Union ausfallen?

Das besagt im allgemeinen, dass für viele sehr im Nebel liegt, an welchen Persönlichkeitsmerkmalen man „bürgerliche Werte" erkennen könnte. Für die Union besagt das, dass Friedrich Merz nicht fest im Sattel sitzt. Die einen mögen ihn nicht, weil er Merkels Kurs zu korrigieren versucht – und die anderen nicht, weil er das mit den Mitteln der Homöopathie unternimmt. Und über das Wahlvolk besagt derlei, dass es sehr gern Opportunisten dort folgt, wo es keine angelischen oder annalenischen Ikonen zu verehren gibt.

Gegen die zusätzlichen Belastungen drohen Bauern, Spediteure und andere Berufsgruppen mit heftigen Protesten und Traktoren-Zügen nach Berlin. Liegt in Deutschland plötzlich ein Gelbwesten-Hauch in der Luft?

Es grummelt hierzu allenthalben nicht nur an der Oberfläche. Vielmehr sammelt sich wieder Protestmagma unter dem Deckgebirge des politischen Alltags. Einst entlud es sich in den Dresdner Pegida-Demonstrationen, die bundesweite Wirkung erzielten. In deren Nachgang quoll aus vielen weiteren Vulkanschloten jene Energie, welche die – im Grund schon besiegte – AfD doch noch hochkommen ließ. Gegen die ebenfalls aufmüpfigen „Corona-Demonstranten" setzte man Wasserwerfer ein, wagt das aber bei den Bauern nicht. Und wer Nachhilfe für seine Vorstellungskraft hinsichtlich von nicht Ausschließbarem braucht, der stelle sich einfach jene Demonstrationen vor, zu denen es quer übers Land nach der Wahl von AfD-Politikern zu ostdeutschen Ministerpräsidenten kommen würde.

WERTEUNION, WAGENKNECHT-PARTEI UND DEUTSCHE REPRÄSENTATIONSLÜCKEN

veröffentlicht als unter dem Titel „Maaßen und Wagenknecht: Jetzt werden die Parteien von links und rechts durcheinandergewirbelt" am 30. Januar 2024 als „Patzelts Montags-Analyse" auf „NIUS – die Stimme der Mehrheit"[117]

Die repräsentative Demokratie erscheint vielen als unvollkommen, nämlich als weder rundum repräsentativ noch als richtig demokratisch. In Wirklichkeit ist sie aber ein sehr verlässlich funktionierender Mechanismus. Der verspricht zu verhindern, dass die Regierenden allzu weit oder allzu lange von dem abweichen können, was die Regierten hinzunehmen bereit sind. Gewiss ist auch repräsentativer Demokratie die Trägheit al-

[117] https://www.nius.de/analyse/maassen-und-wagenknecht-jetzt-werden-die-parteien-von-rechts-und-links-durcheinander-gewirbelt/f7045821-dd44-44b7-ad67-b519107cb423, Zugriff am 31. Januar 2024.

ler Institutionen und Institutionengefüge eigen. Doch es hält wohl niemand ein großes Passagierflugzeug für fehlerhaft, nur weil es etliche Zeit braucht, bis es auf die Reiseflughöhe gelangt oder seinen Landeanflug beendet.

Natürlich können Politiker, Bürgerschaft und die am Politikmachen beteiligten Organisationen – Parteien, Verbände, Medien – ihrerseits die Leistungsfähigkeit repräsentativer Demokratie mindern. Doch die Fehlleistung ist dann nicht die der repräsentativen Demokratie, sondern jene derer, die sie am guten Funktionieren hindern. Etwa so: Nur bestimmte Positionen werden als „vertretbar" oder gar als „sagbar" ausgegeben; die Abstände zwischen den Wahlen werden verlängert; oder die Bindungen zwischen Volk und Volksvertretern werden dadurch gelockert, dass man an die Stelle von Persönlichkeitswahlen in Wahlkreisen mehr und mehr das Ankreuzen von Parteilisten setzt.

Das alles muss bedacht werden, wenn man das Aufkommen der neuen Parteien von Sahra Wagenknecht und Hans-Georg Maaßen von anderen als nur von persönlichen Ursachen her begreifen will – und ebenso vorher schon den Aufstieg der AfD, desgleichen das einstige Hochkommen der Grünen. Zu wenig hilft es beim Durchschauen des Werdens und Vergehens von politischen Bewegungen, wenn man seine Gedanken nur danach ausrichtet, ob einem das Neue als gut oder als schlecht erscheint. Bewertung und Erklärung sind nämlich zwei grundverschiedene Unternehmen.

Wenn nichts ihren Mechanismus beeinträchtigt, dann funktioniert eine repräsentative Demokratie so:

Jeder im Staatsvolk findet in Parteien, Verbänden, Medien und Parlamenten seine eigene Meinung irgendwo und irgendwie von irgendwem vertreten. Mehrheitsmeinungen im Staatsvolk findet man auch fair im Parlament widergespiegelt, desgleichen auch in der sich vollziehenden Politik berücksichtigt. Verändern sich im Staatsvolk Ansichten und Präferenzen, Anliegen und Interessen, so greifen Medien, Verbände und Parteien, auch Parlament und Regierung, diese Veränderungen durch Debatten sowie politisches Umsteuern auf. Geschieht das nicht aus Einsicht sowie mit gutem Willen, dann sorgen hinsichtlich von Parlamenten und Parteien die kommenden Wahlen dafür, dass eine veränderungsunwillige Mehrheit zumindest schrumpft, oft sogar durch eine alternative Mehrheit ersetzt wird. Unter solchem Wählerdruck verändern lernfähige Parteien ihre Positionen und tauschen nötigenfalls ihre Anführer aus. Wenn aber etablierte Parteien zu solchem Wandel nicht willens oder fähig sind, dann entstehen neue Parteien. Diese können erfolgreich sein, wenn sie wirkliche, nicht bloß eingebildete oder medial aufgeblasene Interessen aus dem Wahlvolk vertreten. Das alles erleben wir seit rund zehn Jahren und nun in dramatischer Beschleunigung.

Deutschland lebte nach den Mühen von Wiedervereinigung und Agenda 2010-Reformen im Wohlgefühl, ein reiches und ungefährdetes Land zu sein. Dieses könne und solle sich grundsätzliche Weltoffenheit samt einer Vorbildrolle beim Weltverbessern leisten. In dieser Grundstimmung beseitigte das Zusammenwachsen von Union und Sozialdemokratie in einer Reihe „Großer" Koalitionen die grundsätzliche Alternativfähigkeit unserer Regierungsmehrheiten. Zudem waren in Medien, Zivilgesellschaft und Parlamenten die missionarisch-modischen Grünen zu einer politischen Kraft geworden, welche die bestehenden guten Zustände zu einer noch besseren Zukunft umzugestalten versprach. Die einst marxistische Linke schloss sich dem ökologisch-woken Fortschrittslager an. Dort war man guter Dinge, durch rot-rot-grüne Bündnisse die Union bald schon aufs Daueropponieren zu verweisen. Derweil zog dieses Lager mehr und mehr Akademiker an oder jedenfalls Leute ohne persönlichen Hintergrund als Arbeiter, Dienstleister oder sachnaher Verwalter. So wurde der Kontakt zum Leben des Normalvolks von einem erlebten zum nur noch ideologisch imaginierten.

Zur gleichen Zeit sah sich die Union auf einem Gipfel ihrer Macht. Sogar die linksgrüne Medienmehrheit verehrte die CDU-Kanzlerin. Die behandelte ihrerseits den medial weniger willkommenen, gleichsam rückständigen Rest ihrer Partei recht missmutig wie ein notwendiges Übel. Insgesamt stellte sich die Union auf künftige Dauerkoalitionen mit den Grünen ein, letztere geschätzt als Speerspitze politisch korrekter Klima-, Gender- und Geschichtssensibilität. Hingegen wurde alles Land rechts der – sich fortan als rein „mittig" verstehenden – Union zum politischen Ketzergebiet erklärt. Von dessen Bewohnern habe man sich abzugrenzen, fast wie weiland die „Zivilisierten" von den „Barbaren". Derweil zog die Union viele Karrieristen an, die solche Lifts nach oben nutzen wollten, die nicht nur modisch, sondern auch verlässlich wären. Leute hingegen, die als „Zufriedenheitskonservative" am Bestehenden hingen, behandelte man gern als Fußvolk, für das es ohnehin keine sinnvolle Alternative gäbe, als sich um merkelianische Siegesfahnen zu scharen.

Dann kam die Zeit der visionstrunkenen Eurozonen- und EU-Politik, die Selbstfeier der Willkommenskultur, der weltklimarettende Kitsch. Alledem verfiel das politische Establishment unseres Landes. Alsbald tat sich eine doppelte Repräsentationslücke auf. Die eine verlief zwischen der Merkel-CDU und dem politischen Gelände zwischen rechter Mitte und rechtem Rand. Die andere öffnete sich zwischen selbstgerechten Parteipolitikern links-grün-woker Prägung und jenen Leuten im Land, denen die tägliche Arbeit wenig Zeit für ideologische Flausen lässt, die aber in der eigenen Lebenswelt die realen Folgen gutmenschlicher Migrations-, Energie- und Sozialpolitik zu erleben haben. Die erste Repräsentationslücke schuf Deutschlands medial-politische Klasse mit Absicht und Fleiß; die zweite entstand aus neu aufgekommenen Eigentümlichkeiten unserer staatsbürgerlichen Rekrutierungsmuster und politischen Aufstiegsbedingungen.

Beide Repräsentationslücken füllte zunächst die AfD. Die bekämpfte man von der Linken bis zur CDU mit dem Argument, ihre Kritik an willkommenskultureller Migrationspolitik sei rassistisch, ihr Bürgerbild verfassungsfeindlich, ihre EU-Kritik vom Ansatz her verfehlt. Doch auch Linke im klassischen Sinn begannen, Deutschlands Migrationspolitik als gegen die Interessen jener Unterschichten gerichtet wahrzunehmen, die sie doch vertreten wollten. Und medial gehätschelter Elitenübermut bei der Klima-, Sozial- und Genderpolitik erregte zunächst Erstaunen, dann Empörung unter jenen einfachen Leuten, die zwar das alles nicht, doch die AfD ebenso wenig wollten. Sahra Wagenknecht gab dann denen eine Stimme, die den etablierten Politikmix der „pluralen Fassung einer Einheitspartei" von SPD, Grünen und Union für falsch hielten, mit den länger schon revoltierenden Rechten aber auch nicht gemeinsame Sache machen wollten.

Die Linke reagierte darauf mit immer entschiedenerer Ausgrenzung. Die Quittung ist nun Wagenknechts neue Partei. Spiegelbildlich hielt es die Union. Den Anfang machte sie mit ihrer feindselig formulierten Abgrenzung von der AfD, obwohl doch die Schwungmasse von deren Amtsträgern und Wählern aus dem Unionslager stammte. Und als dann die WerteUnion, gleichsam die „letzten Mohikaner" der einst erfolgreichen Kohl-CDU, auf Korrekturen des faktisch parteischädigenden Merkel-Kurses ausging, da trafen Bannstrahl und Ausgrenzung seitens der CDU-Führung eben sie. Jetzt wird die WerteUnion sich als Partei zwischen Union und AfD positionieren. Das dürfte der Union die Stimmen jener Wähler streitig machen, die sich bei ihr nicht mehr beheimatet, doch auch nicht von der AfD angezogen fühlen. Deren Fehlen könnte für künftige Koalitionsbildungen sehr wichtig werden.

Insgesamt schichtet sich unser Parteiensystem nun um. Zur Zeit der Kanzlerin Merkel begann es, nicht mehr die reale Meinungs- und Interessenverteilung von Deutschlands Wahlvolk widerzuspiegeln. Wuchtvoll kam deshalb die AfD auf und brachte die Union zum Schrumpfen. Jahrzehnte früher hatten ein ähnliches Schicksal schon die Grünen jener SPD bereitet, die zur Zeit Helmut Schmidts eine sicherheits- und energiepolitische Repräsentationslücke links von sich hatte aufkommen lassen. Jetzt dringt in die Repräsentationslücke zwischen ausgrenzender CDU und abstoßender AfD die WerteUnion, mit freilich noch ungewissem Erfolg. Und querfrontartig wächst in der Repräsentationslücke zwischen der Vernunft einfacher Leute und dem Gestaltungsübermut akademisch geprägter Parteianführer auch noch das Bündnis um Sarah Wagenknecht. Unterdessen sinkt die Linkspartei gemeinsam mit der FDP, die sich auf eine Mesalliance eingelassen hat, in die Bedeutungslosigkeit. Auf diese Weise lebt man der SPD das womöglich auch ihr drohende Schicksal einer Partei vor, die weniger für die „Leute im Land" als für die Karrieren ihrer Politiktechniker sorgt.

Wie unser neues Parteiensystem aussehen wird, werden wir am Ende dieses Jahres abschätzen können. Ob man auf seine Veränderungen mit Freude oder Beklemmung sieht, hängt von der eigenen politischen Position ab – und das ist in einer pluralistischen Demokratie allemal legitim. Woran es aber gar nichts zu tadeln gibt, ist die Funktionsweise unserer repräsentativen Demokratie. Einmal mehr sorgt sie nämlich von unten her für jene Anpassung des politischen Kurses derer „da oben" an die Präferenzen im Wahlvolk, die aus eigener Einsicht der Politikerschaft nicht zustande kam.

PROZESSIONEN GEGEN DIE AFD

veröffentlicht als „Patzelts Montags-Analyse" am 22. Januar 2024 unter dem Titel „Die Politik verschleppt Probleme: Zivilreligiöse Proteste gegen rechts ändern gar nichts" auf „NIUS – die Stimme der Mehrheit",[118] desgleichen am selben Tag unter dem hier verwendeten Titel auf meinem Blog wjpatzelt.de

Da nimmt der Bundeskanzler an einer „Demonstration gegen rechts" teil. Da gehen Regierungsmitglieder und Prominente gern zu solchen

[118] https://www.nius.de/Analyse/die-politik-verschleppt-probleme-zivilreligioese-proteste-gegen-rechts-aendern-gar-nichts/525f0f49-653c-47c3-83b7-93799b8aaa83; Zugriff am 27. Januar 2024.

Kundgebungen. Da berichten Journalisten stolz, quer übers Land hätten das Hunderttausende getan. Schön so – oder jedenfalls beruhigend, wie wenn gegen Antisemitismus oder saumselige Klimapolitik protestiert wird.

Kommt hier aber wirklich niemandem das Gefühl, irgendetwas sei an einer solchen Gleichsetzung so recht nicht stimmig? Doch was genau mag da falsch sein?

Wenn gegen saumselige Klimapolitik protestiert wird, dann doch nicht so, als wolle man sich gegen den Wechsel der Jahreszeiten wehren. Die gehören einfach zur Natur. Der Klimawandel aber wird, so scheint es, von Menschen verursacht. Also demonstriert man gegen jene, die das nicht begreifen wollen oder selbst zum Klimawandel beitragen. Der Protest trifft also Schuldige oder solche, die man dafür hält. Und wer gegen Antisemitismus demonstriert, der warnt traditionell vor Nicht-Linken, neuerdings – etwas zaghaft freilich – auch vor Muslimen, die Hass auf Juden nach Deutschland bringen oder ihn hier kultivieren. Dann protestiert man gegen eine Geisteshaltung, die niemand haben sollte.

Durchaus ähnlich ist das bei den „Demonstrationen gegen rechts". Da eint die Überzeugung: Rechts zu sein gehört sich nicht! Also braucht es soziale Ächtung, Verbote, schlimmstenfalls einschüchternde Gewalt. Konkret wird bei Anti-AfD-Protesten bekundet: Wir wollen Euch AfDler nicht, und heimliche Wählerstimmen für diese Partei zeugen von Charakterlosigkeit!

Gewiss darf man das so halten. Freilich könnten ungute Empfindungen aufziehen, sobald man an ähnliche Demonstrationen gegen Woke oder Muslime dächte. Doch heil wird das alles wieder durch die Klarstellung, dass Wokeismus gut ist, Rechtssein hingegen schlecht, und dass Muslime zu Deutschland gehören, AfDler hingegen bis 2013 nie zu Deutschland gehörten und seitdem unsere politische Kultur anscheinend ruiniert haben. Also gibt es auch keinen guten Grund für Anti-Wokeismus-Proteste oder Anti-Islam-Proteste, sehr wohl aber für Anti-AfD-Demonstrationen. Kognitiver oder emotionaler Dissonanz ist solchermaßen abgeholfen.

Dann bleibt trotzdem die Frage, was Regierungsmitglieder auf solchen Demonstrationen zu suchen haben. Sie bekleiden doch ihre einflussreichen Ämter zu keinem anderen Zweck, als mehrheitliche und inhaltlich einwandfreie Bevölkerungswünsche politisch umzusetzen. Sie haben ganz konkrete Möglichkeiten, dem Aufkommen von Antisemitismus oder

Rechtsextremismus zu wehren. Ist es da nicht etwas billig, sich bloß in Protestzüge einzureihen, bei denen das gefordert wird, was man selbst doch tun könnte? Ist es nicht arbeitsscheu, symbolisches Handeln an die Stelle real problemlösender Politik zu setzen?

Diese Frage macht klar, was an Politikerprotesten gegen die AfD so komisch ist. Fiel denn die AfD vor gut zehn Jahren vom Himmel wie eine der biblischen Plagen Ägyptens? Wurde sie seit 2016 groß wie eine der europäischen Pestepidemien, deren Ursachen man ebenso wenig kannte wie verlässliche Heilmittel? Ist die Entstehung der AfD denn nicht, ebenso wie ihr Aufstieg zur stärksten Partei Ostdeutschlands, eine Folge gerade von Politikerhandeln? Ist die AfD wohl kein Ergebnis von Politik, die großen Bevölkerungsteilen missfiel – wie einst die Aufweichung stabilitätsorientierter Eurozonenpolitik oder die weiterhin missfällt wie Deutschlands großmannssüchtige Migrations- und Energiepolitik? Ist die Stärke der AfD denn nicht eine Konsequenz des Kneifens etablierter Politiker vor persönlichen Auseinandersetzungen mit AfD-Anführern im Angesicht eines wahlentscheidend großen Publikums? Verdankt sich das Aufblühen einer radikalisierten AfD nicht weitgehend jenem kommunikativen Schutzraum, den man AfD-Leuten fürs wechselseitige Beklatschen immer markigerer Töne aufgesetzten Volkszorns gesichert hat? Sollten Politiker nicht besser gegen sich selbst als den Mitverursachern so übler Entwicklungen protestieren oder gegen ihr jahrelanges bequemes Zuschauerverhalten als wirkungslose Haltungszeiger?

Vielleicht tun die Politiker auf den Anti-AfD-Kundgebungen letzteres ja sehr wohl – doch unbemerkt so lange, wie der quasi-religiöse Charakter von „Protesten gegen rechts" übersehen wird. Was nämlich unternahm man zwischen Antike und vor-säkularisierter Gegenwart, wenn das Eintreten von Gutem unsicher war oder große Übel nicht nur dräuten, sondern schon über einen gekommen waren? Bei Bedrohung durch die Pest fand man zusammen für Bittgänge, Selbstanklagen vor Gott und ganz reale Selbstbestrafungen, die vom Fasten bis zum Flagellantentum reichen konnten. Und um gute Ernten flehte man auf Flurumzügen, geleitet durch Priester wechselnder Religionen. Wo man sich selbst nicht mehr zu helfen weiß, müssen eben metaphysische Mächte angerufen werden.

Anscheinend deshalb hegen heute so viele das Gefühl, der Gang zu einer Anti-rechts-Kundgebung wäre eine erlöserisch-gute Tat – etwa so wie der jährliche Besuch eines Weihnachtsgottesdienstes. Der bezeugt Solidarität mit Wohlgesinnten, verschafft gute Gefühle, schadet ohnehin nicht, nützt vielleicht. Und zum Seitenstück eines Bittgangs, angeleitet von hoher Geistlichkeit, wird so mancher zivilliturgische Protestzug, an dem eben auch Partei- und Staatsführer teilnehmen – mit oder ohne politische Predigt oder zivilreligiösem Gesang.[119]

Doch von wem erwartet man sich eigentlich Hilfe dank solcher Rituale? Gott scheint das bei den Anti-AfD-Demonstrationen quer über Deutschland nicht zu sein. Eher geht es um ein wohliges Eintauchen in lokales Massenverhalten, dank dessen sich die eigene Verantwortung bestens aufgehoben findet, und zwar in dieses Wortes dreifacher Bedeutung: bewahrt, auf ein höheres Niveau gebracht – und irgendwie auch abgetan. Allzu viele teilen da womöglich die daseinsentlastende Empfindung, durch symbolisches Handeln habe man seine instrumentellen Pflichten auch schon für alle praktischen Zwecke erfüllt.

Ob es aber nicht besser wäre, sich einer politischen Herausforderung wie der durch rechten Populismus, Radikalismus oder gar Extremismus ganz real zu stellen, nämlich mit politischen Mitteln, deren Wirksamkeit auch noch in einschüchterungsfreien Wahlkabinen anhielte? Also durch plausibleres Regierungshandeln und durch eine überzeugendere inhaltliche Auseinandersetzung seitens der etablierten Politikerschaft mit der AfD? Oder, falls das angesichts eines trotzig-aktiven Kampfes von AfDlern gegen unsere freiheitliche Ordnung erforderlich wäre, durch die reale Herbeiführung eines Verfahrens zur Verwirkung persönlicher Grundrechte nach Art. 19,3 des Grundgesetzes, oder durch die Beantragung eines Parteiverbots nach Art. 21,3 unserer Verfassung?

Doch leider wird, statt derlei wirklich zu versuchen, über das alles nur diskutiert. Zudem wird eine Politik wie alternativlos fortgesetzt, die seit vielen Jahren das Verlangen nach Alternativparteien mästet. Und also werden nun politische Bittprozessionen veranstaltet, auf denen man die Abwehr des befürchteten Übels symbolpolitisch simuliert, nicht aber realpolitisch angeht. Oder stellt sich mancher darauf ein, die jetzigen Anti-AfD-Proteste im Fall von weiteren AfD-Wahlsiegen zu Demonstrationen für einen alsbald erforderlichen Bürgerkrieg umzufunktionieren? Dann wäre es wirklich an der Zeit, den Anfängen zu wehren ...

---

[119] Was sich in ethnologischer Perspektive so beschreiben lässt, ist im Übrigen ganz unabhängig von jenen politischen Inhalten, die da zivilliturgisch zum Ausdruck gebracht werden. Siehe dazu etwa Werner J. Patzelt, Missbrauch der Friedlichen Revolution? Montagsdemonstrationen des Jahres 1989 stehen in einer uralten Tradition – und ihre Ausdrucksform wird fortbestehen, in: Horch und Guck. Zeitschrift der Gedenkstätte Museum in der „Runden Ecke" Leipzig, 25. Jg., Heft 82/83, 1-2/2016, S. 92-95.

NACHWORT

Irgendwie ist es folgerichtig, dass jener zivilreligiöse Kampf, den einst die Dresdner „Pro-Demokratie-Demonstranten" lautstark gegen die PEGIDA-Umzüge führten,[120] nun in große, einander wechselseitig bestärkende[121] Versammlungsrituale „gegen rechts" mündet. Stimmig ist auch, dass dies genau jetzt geschieht, da nämlich alle in Form von Politik unternommenen Spiel- und Winkelzüge offensichtlich doch nicht verhindern konnten, dass die AfD – entlang der von PEGIDA-Sympathisanten vorgelebten Empörungslust – zu einer so resonanz- und unterstützungsreichen Partei aufstieg. Stattdessen geht derzeit derart viel Angst vor einem weiteren Erstarken der AfD um, dass sogar Verfassungsänderungen, wenn schon nicht unmittelbar erwogen, so doch öffentlich erörtert werden: auf Landesebene die Abschaffung der Regel, dass ein Ministerpräsident auch mit relativer Landtagsmehrheit gewählt werden kann, und auf Bundesebene die Verlagerung von Teilen eines nachzujustierenden Bundesverfassungsgerichtsgesetzes in das Grundgesetz.

Der Blick in die Geschichte zeigt: Menschliche Torheit und deren, bei Lust auf mehr Vernunft eigentlich vermeidbaren, Folgen führen regelmäßig zum Anflehen von Göttern mit der Bitte, diese möchten jetzt das – warum auch immer Misslungene – doch wieder in Ordnung bringen. Bloß die angerufenen Götter wechseln. In unserer säkularisierten Gesellschaft vergottet sich gleichsam deren „anständig gebliebener" Teil und beglaubigt die erhoffte eigene Wirkungskraft in möglichst mitreißenden Ritualen und Liturgien. Haltungszeigend aufgestanden zu solchen Kundgebungen, scharen sich Gutwillige dann ums staatsbürgerliche Credo und um dessen Symbole (Banner, Flaggen, an Stöckchen hochgehaltene Schilder ...) gerade so wie Katholiken bei der Fronleichnamsprozession um die Monstranz, um Prozessionsfahnen sowie um jene Evangelientexte, die von den Segensaltären aus verkündet werden. So verschafft man sich

[120] Siehe Stine Marg u.a., NoPegida: Die helle Seite der Zivilgesellschaft?, Bielefeld 2016 (transcript Verlag).

[121] Siehe etwa den Demonstrationsaufruf der Grünen in Heidelberg vom 20. Januar 2024 (https://vorwaerts.de/meinung/so-kann-die-spd-die-afd-inhaltlich-stellen) oder den nachstehend verlinkten Bericht in der ZEIT vom 29. Januar 2024 (https://www.zeit.de/politik/deutschland/2024-01/demonstrationen-afd-katrin-goering-eckardt-christian-wulff-ostdeutschland-demokratie-umfrage), desgleichen – zu einer aktuellen Studie des Rheingold-Instituts – Till Schwachenwalde, Demonstrieren schafft ein „Wir-Gefühl", in: WDR Nachrichten vom 31. Januar 2024 (https://www1.wdr.de/nachrichten/studie-demos-gegen-rechtsextremismus100.html), Zugriff jeweils am 1. Februar 2024.

die beglückende, durchaus Handlungskraft verleihende Empfindung, als Teil einer so großen Gemeinschaft könne man doch nicht irren – nicht in seinem guten Glauben, und auch nicht bei den aus ihm entspringenden politischen Werken.

Tatsächlich erklärte man es anfangs 2024 erneut zum Einsetzen eines endgültigen „Abschmierens“ der verhassten AfD, als es zu kleineren Rückgängen der bei demoskopischen Umfragen dieser Partei in Aussicht gestellten Stimmenanteile kam. Und man schrieb diesen „Anfang vom Ende“ dem gemeinsamen „Demonstrieren gegen rechts“ zu, auf das die AfD „regelrecht in Panik“ reagiere – gerade so, wie angeblich der Gottseibeiuns auf Weihwasser und Kreuzzeichen.[122] Ebenso mit den jüngsten Anti-rechts-Demonstrationen erklärten nicht wenige Medienleute die an sich triviale Tatsache, dass bei einer unlängst erfolgten Thüringer Landratswahl der von sämtlichen (!) linken Parteien unterstützte Kandidat der CDU (!) sich wider alle AfD-Hoffnungen gegen den AfD-Bewerber durchsetzen konnte. Übersehen wurde dabei die Pointe, dass bei den jetzigen „Demonstrationen gegen rechts“ neben der AfD und der WerteUnion oft auch die CDU als zu bekämpfender Gegner ausgegeben wird ...

Man erkennt, und zwar nicht nur an der Teilnahme von CDU-Politikern an auch gegen sie gerichteten Demonstrationen: Die politischen Torheiten gehen weiter! Wie weit man es mit ihnen bei den kommenden ostdeutschen Anti-AfD-Regierungsbildungen noch treiben wird, bleibt abzuwarten. Klar ist allenfalls, dass sämtliche im Zusammenhang damit entstehende Empörung die CDU treffen wird. Und womöglich werden nach einer absehbar schlechten CDU-Bilanz des Wahljahres 2024 die Merkelianer in der Union sogar den Sturz des von ihnen ganz ungeliebten Parteivorsitzenden Merz betreiben, um anschließend mit dem Ministerpräsidenten von Nordrhein-Westfalen in den Bundestagswahlkampf zu ziehen. Man muss kein Prophet sein, um für diesen Fall einen weiteren Abstieg der Union samt Aufstieg der AfD vorherzusagen. Ohnehin gibt es in Deutschland eine gewisse Tradition, in unbelehrbarer politischer Verblendung auch nicht gewinnbare Kriege auszulösen und dann bis zum bitteren Ende durchzufechten. Mancher Schaden muss hierzulande anscheinend schon sehr groß ausfallen, um wirklich aus ihm klug zu machen.

---

[122] Siehe dazu das Interview eines Soziologen, welches unter dem Titel „Die AfD zeigt sich hoch verunsichert“ in Tagesschau.de vom 28. Januar 2024 veröffentlicht wurde, erreichbar unter https://www1.wdr.de/nachrichten/studie-demos-gegen-rechtsextremismus100.html; Zugriff am 1. Februar 2024.

Doch immerhin gibt es einige Zeichen der Hoffnung auf einen künftigen Umgang mit der AfD, der sie entweder zu einer vernünftigeren Partei machen kann, als sie das heute ist, oder der ihr wenigstens den weiteren Aufstieg verstellt. In Thüringen etwa kündigte der dortige CDU-Vorsitzende Mario Voigt als neue Strategie an, sich fortan mit der AfD eben doch inhaltlich auseinanderzusetzen, ja sogar das öffentliche Streitgespräch mit Björn Höcke zu suchen.[123] Mit ähnlichen Forderungen lassen sich auch Bundespolitiker der SPD hören.[124] Obendrein finden sich quer über alle politischen Lager inzwischen auch solche Anführer, die unplausible Politiken korrigieren wollen, etwa die Duldung einer selbstermächtigten Einwanderung nach Deutschland oder den Verzicht auf die verlässliche Abschiebung von nicht bleibeberechtigten Migranten. Um wie viel gebremster wäre wohl die Entwicklung von PEGIDA hin zur AfD sowie der Aufstieg des deutschen Rechtspopulismus verlaufen, wenn derlei schon die öffentlich bekundete Position der 2015 amtierenden Bundesregierung sowie der ihr applaudierenden Parteien einschließlich journalistischer Meinungsmacher gewesen wäre! Und natürlich gilt es auch noch weitere Torheiten abzustellen, und zwar von der Klima- und Energiepolitik über die Wirtschafts- und Sozialpolitik bis hin zur Sicherheits- und Rüstungspolitik.[125]

Nicht an allen üblen Entwicklungen auf diesen Politikfeldern ist die Union schuld, obwohl sie bis zur Bundestagswahl von 2021 nicht weniger als 16 Jahre lang regierte. Vielfach haben nämlich die heutigen Ampelparteien, unterstützt vom Großteil der Medienleute und der Akademikerschaft, die Union zu sachlich falschen Entscheidungen gedrängt oder, immerhin, solchen Beifall dafür gespendet, der zu weiteren Fehlentscheidungen verlockte. Und keineswegs vergingen unsere größten politischen Übel, verschwände die AfD wundersamerweise übers Jahr. Umgekehrt würde die AfD durchaus nicht, wie selbstgefällig in Aussicht gestellt, Deutsch-

---

[123] Siehe Robin Alexander, Die neue CDU-Strategie gegen die AfD, in: Die Welt, 29. Januar 2024, erreichbar über https://www.welt.de/politik/deutschland/plus249752864/Landtagswahlen-Die-neue-CDU-Strategie-um-die-AfD-klein-zu-machen.html, Zugriff am 1. Februar 2024.

[124] So längst schon am 18. November 2019 im „Vorwärts" Carsten Schneider, So kann die SPD die AfD inhaltlich stellen, erreichbar über https://vorwaerts.de/meinung/so-kann-die-spd-die-afd-inhaltlich-stellen, und unlängst wieder als Ostbeauftragter der Bundesregierung; siehe https://www.tagesschau.de/inland/innenpolitik/afd-verbot-gegenrede-100.html, Zugriff jeweils am 1. Februar 2024.

[125] Inspirierend hierzu, wie so oft: Harald Martenstein, Deutschland am Rand seiner Kräfte – und die Ampel im Luftreich des Traums, in: Die Welt, 30. Januar 2024, erreichbar über https://www.welt.de/politik/deutschland/harald-martenstein/plus249748670/Deutschland-am-Rand-seiner-Kraefte-und-Ampel-im-Luftreich-des-Traums.html, Zugriff am 1. Februar 2024.

land tatkräftig sanieren können, wenn sie nur – wider alle Erwartungen sowie gegen die Wünsche einer breiten Bevölkerungsmehrheit – alsbald an die Macht gelangte. Eher stürzte eine irgendwo zustande kommende Regierungsbeteiligung der AfD unser Land in bürgerkriegsähnliche Zustände. Von denen zurückblickend, wirkte dann sogar die heutige politisch-emotionale Polarisierung wie ein herrlicher Sommernachmittag vor dem grässlichen Nachtgewitter.

Vielleicht wird also in fünf Jahren ein weiteres Buch über Deutschlands eigentlich vermeidbare politische Torheiten zu veröffentlichen sein. Besser wäre es allerdings, wenn man allenthalben den Wert politischer Vernunft neu entdecken wollte und fortan zivilisiert um jene möglichst vernünftige Politik stritte, die doch allein unsere selbstverschuldeten innenpolitischen Probleme beheben könnte. Und warum sollte man dann nicht gleich selbst eine gemeinwohldienliche Haltung vorleben – also Texte Andersdenkender grundsätzlich verständniswillig lesen, anderen stets lernbereit zuhören sowie die eigene Position gerade dann geduldig-sachlich darlegen, wenn sogar gutwillig begonnene Debatten hitzig werden ...

ÜBER DEN AUTOR

Jahrgang 1953, besuchte **Werner J. Patzelt** zwischen 1963 und 1972 das humanistische Gymnasium Leopoldinum in Passau. Danach leistete er zwei Jahre Dienst bei der Bundeswehr; später wurde er bis zum Major der Reserve befördert. Nach dem Ende des Kalten Krieges beendete er sein militärisches Engagement.

Ab 1974 studierte er Politikwissenschaft, Soziologie und Geschichte an der Universität München, an der Universität Straßburg sowie an der University of Michigan in Ann Arbor. 1980 beendete er sein Studium als Magister Artium (M.A.) an der Universität München. Danach arbeitete er als wissenschaftlicher Mitarbeiter an der Universität Passau, wo er 1984 mit einer Arbeit über „Grundlagen der Ethnomethodologie. Theorie, Empirie und politikwissenschaftlicher Nutzen einer Soziologie des Alltags" zum Dr. phil. promoviert wurde. Nach sechsjähriger Zeit als wissenschaftlicher Assistent habilitierte er sich 1990 mit einer Schrift über „Abgeordnete und Repräsentation. Amtsverständnis und Wahlkreisarbeit" an der Universität Passau. Beide Bücher wurden mit Preisen ausgezeichnet.

In der Folgezeit lehrte er als Gastprofessor an der Universität Salzburg (1990) und an der Technischen Universität Dresden (1991). Dort wurde er im Folgejahr zum Gründungsprofessor des Instituts für Politikwissenschaft bestellt und übernahm eiin Jahr später, nach ordentlichem Berufungsverfahren, den Lehrstuhl für Politische Systeme und Systemvergleich. Einen Ruf nach Münster lehnte er im Jahr 2000 ab. Im März 2019 wurde er emeritiert. 2021/22 ging er als Senior Research Fellow ans Deutsch-Ungarische Institut des Mathias Corvinus Collegium (MCC) in Budapest. Seit September 2023 ist er hauptamtlicher Forschungsdirektor des MCC Brüssel, einer mit europapolitischen Themen befassten Denkfabrik.

Während seiner Dresdner Universitätszeit lehrte er u.a. an der École Pratique des Hautes Études in Paris, an der High School of Economics in Moskau sowie auf Sommerschulen der International Political Science Association (IPSA) in Stellenbosch, Ankara, Antalya, Mexico City und St. Petersburg. Von 2009-2015 war er gewähltes Mitglied des Executive Committee (EC) der IPSA, später bis 2021 als „Summer School Coordinator" ernanntes Mitglied des IPSA-EC.

Seit 1994 CDU-Mitglied, zuvor parteilos, pflegt er im Rahmen seiner wissenschaftlichen Arbeit den Austausch mit Vertretern des gesamten politischen Spektrums, und zwar von der einstigen PDS bis zur AfD. Ferner betätigt er sich als Kommentator und Analytiker des aktuellen politischen Geschehens in Presse, Hörfunk und Fernsehen. Seine Veröffentlichungen umfassen u.a. elf Bücher zur Parlamentarismusforschung, drei Lehrbücher zur Politikwissenschaft und sozialwissenschaftlichen Methodenlehre, vier Bände zur deutschen Migrationspolitik, Demokratiepolitik, Parteipolitik und politischen Bildung sowie eine Monographie über Ungarn.

Ansonsten war Patzelt Mitbegründer und musikalischer Leiter der Angather Chor- und Instrumentalwoche (1978-2002), der Schmochtitzer Chor- und Instrumentalwoche (2003-) sowie der zwischen 1997 und 2022 stattfindenden „Dresdner Chorwochenenden". Zudem macht er Kammermusik als Cellist. Von 2013-2023 war er Vorsitzender des Förderforums der Staatsoperette Dresden. Außerdem ist er u.a. Mitglied des Sächsischen Kultursenats, der „Kommission für Geschichte des Parlamentarismus und der politischen Parteien", der Redaktion der der „Zeitschrift für Parlamentsfragen" sowie Vorsitzender des Wissenschaftlichen Beirats des „Deutschen Instituts für Sachunmittelbare Demokratie".

BUCHTIPP:
„CDU, AFD UND DIE POLITISCHE TORHEIT“
BAND 1 (2019)

WERNER J. PATZELT (D)
CDU, AfD & die politische Torheit
Essays und Kommentare
2014 - 2019

Buch, Softcover, 292 Seiten
21 x 14,8 cm, 1. Auflage
Deutsch, erschienen: 08.03.2019
ISBN: 978-3-906212-43-2
16,90 €

Seit knapp zehn Jahren werden Deutschlands Wahlkämpfe markant geprägt vom Ringen zwischen CDU und AfD. Mittlerweile geht es dabei nicht nur um die Stimmen jener Wähler, die früher ihr Kreuz bei der Union setzten oder gar nicht wählten. Vielmehr gewinnt die AfD seit längerem auch viele Stimmen von früheren Wählern der FDP, SPD und Linken. Inzwischen gibt es sogar so viel Angst vor Regierungsbeteiligungen der AfD, dass Verfassungsänderungen erwogen und schlicht gegen die AfD gerichtete Demonstrationen durchgeführt werden. Was lief so schief, dass überhaupt eine ernstzunehmende Konkurrentin rechts der Union aufkommen konnte? Welche Ursachendiagnosen führten zu den offensichtlich wirkungslosen politischen Therapieversuchen der letzten Jahre? Aus welchen anderen Erklärungen des Aufstiegs der AfD ließen sich für die Zukunft wirkungsvollere praktisch-politische Schlussfolgerungen ziehen? Seit den 1990er Jahren legt der Verfasser immer wieder ...

ZUM BUCH

BUCHTIPP: „DAS GRÜNE PARADOXON – PLÄDOYER FÜR EINE ILLUSIONS-FREIE KLIMAPOLITIK"

HANS-WERNER SINN (D)
DAS GRÜNE PARADOXON
Plädoyer für eine illussionsfreie Klimapolitik

E-Book, ca. 576 Seiten, 1. Auflage
Deutsch, erschienen: 03.10.2020
ISBN: 978-3-906212-61-6
18,99 €

Manche Beiträge zum Klimaschutz sind nicht nur sinnlos, sondern kontraproduktiv, sagt Hans-Werner Sinn. So hat die Beimischung von Biosprit fatale Folgen von globalem Ausmaß: Wenn wir in den Tank stecken, was andere gerne auf dem Teller hätten, pflegen wir unser grünes Gewissen zu Lasten der Menschen in den Schwellen- und Entwicklungsländern.Die europäische Umweltpolitik unterliegt der Illusion, dass sie durch einseitige Maßnahmen zur Verringerung der Emissionen und damit der Nachfrage nach fossilen Rohstoffen die weltweite Produktion solcher Rohstoffe verringern kann. Doch was, wenn die Herren über die Ressourcen nicht mitspielen? Was, wenn sie aus Angst vor einer Verschlechterung der Marktlage sogar noch mehr fördern? Sie müssen ihr Öl und Gas ja nicht an uns verkaufen, sondern können genauso gut die Nicht-Kioto-Länder bedienen, die 70% des globalen CO_2 produzieren. Indem wir mit unserer Sparsamkeit die Energiepreise auf dem Weltmarkt drücken, subventionieren wir den Konsum der Amerikaner und ...